光尘
LUXOPUS

米歇尔
家庭教育
百科

The Big Book of Parenting Solutions

Michele Borba, Ed. D.

[美] 米歇尔·博芭 著

孟天 译

北京联合出版公司
Beijing United Publishing Co.,Ltd.

图书在版编目（CIP）数据

米歇尔家庭教育百科 ／（美）米歇尔·博芭著；孟天译. -- 北京：北京联合出版公司，2024.7. -- ISBN 978-7-5596-7637-5

Ⅰ．G78

中国国家版本馆 CIP 数据核字第 2024T0M455 号

北京市版权局著作权合同登记号　图字：01-2024-2364

"THE BIG BOOK OF PARENTING SOLUTIONS" by Michele Borba
Copyright © 2009 by Michele Borba
This edition arranged with Joelle Delbourgo Associates, Inc.
through Andrew Nurnberg Associates International Limited
本书仅限中国大陆地区发行销售

米歇尔家庭教育百科
著　　者：[美]米歇尔·博芭
译　　者：孟　天
出 品 人：赵红仕
责任编辑：周　杨
装帧设计：创研设
北京联合出版公司出版
（北京市西城区德外大街 83 号楼 9 层　100088）
北京联合天畅文化传播公司发行
文畅阁印刷有限公司印刷　新华书店经销
字数 541 千字　710 毫米 ×1000 毫米　1/16　印张 49
2024 年 7 月第 1 版　2024 年 7 月第 1 次印刷
ISBN 978-7-5596-7637-5
定价：158.00 元

CONTENTS | 目录

第三部分 　品行

第六部分　学校

第七部分　日常生活

第八部分 电子产品

第九部分 特殊问题

序　言

　　坦白讲，我想象不出还有什么工作比养育孩子更有挑战性、更有意义、更令人沮丧也更令人快乐了。养育孩子也许是家长所承担的最重要的角色，也是唯一一个不需要任何证书的角色。然而，这是一个你在完成以后才能弄清楚如何去做的任务。你每天都要面对重重挑战，从督促孩子刷牙、要求他们说"请"、让他们整理自己的床，到处理更令人担忧的问题，例如饮酒、性行为、进食障碍等，养育孩子从来都不轻松。许多家长觉得，在过去这些年里，养育孩子变得更加困难了。

　　我一直专注于儿童发展领域，各种经历激励着我不断深造、探索，我先后获得了学习障碍硕士学位、教育咨询与心理学博士学位。我教过有身心障碍和学习障碍的孩子，也教过有天赋的孩子，还曾短暂地为叛逆的孩子开过一间私人诊所。我曾在全球数百个学校和组织担任顾问，在研讨会上与数千名家长交谈，与许多孩子频繁互动，我汇总了这些年的经验，撰写了多本育儿书籍，养育了三个很棒的儿子。我可以无比自豪地说，悉心养育儿子的过程是迄今为止我接受过的最好的教育培训。回顾这些年来的职业发展，我一直在关注从婴儿到即将步入青春期的孩子的教育问题。

　　我收到许多妈妈发来的寻求建议的邮件。这些问题与我过去收到的问题有明显的区别。这些妈妈压力更大，更加忧虑，甚至不知所措。她们非常努力，希望孩子开心、成功。妈妈们一心一意地爱孩子，想要让孩子幸福，她们一心扑在孩子身上，以至于忘记了照顾自己。

事实上，我认为大多数家长意识到了自己的孩子并没有按照他们期望的那样成长，很多家长因此感到内疚和紧张，这在很大程度上影响了他们对家庭生活的积极态度，使他们对自己的家庭教育方法缺乏信心，转而向他人寻求安慰和建议。就目前的状况而言，家长需要探究的问题有：自己是如何陷入如此糟糕的境地的？是什么导致孩子的心理健康、行为和性格都出现了巨大问题？为什么家长自身的压力在增加？为什么自己对养育子女的能力缺乏信心？自己为什么不喜欢父母这个角色？

大多数现代育儿方法中存在的问题

在过去的几十年里，家长养育孩子的方式发生了很大变化，但现在的育儿方式远没有达到令人满意的程度。看看这些新手家长的育儿方式：直升机式育儿、孵化器式育儿、创可贴式育儿、朋友式育儿、炫耀式育儿、偏执型育儿和辅助型育儿等。我不禁想象出孩子跪在地上，痛苦地希望有人能阻止这些疯狂行为的画面。平心而论，家长处于更加焦躁的过载状态，至少部分要归因于今天的文化。过去的家长在抚养孩子时，不需要处理校园欺凌、网络犯罪等令人心惊胆战的问题。以前的家长也没有读过育儿书，没有学习过如何处理学龄儿童进食障碍、抑郁和世界局势对孩子造成的影响等严重问题。让我们暂且抛开文化不谈，毕竟文化不是唯一改变的因素。家长也尝试了以不同的方式抚养孩子，可是新方法没有给孩子带来任何帮助。事实上，这些方法中有许多与50多年来的可靠研究矛盾。这些研究表明，家长真正需要的是能让他们性格坚定、心理健康、有成就感的育儿方法。一些现代的育儿方法非常不利于孩子的成长，我在下面把它们列举出来了。我相信，采用这些育儿方式是家长对自己不满、紧张、缺乏自信的主要原因。

◎ 7 种极其有害的育儿方式

坦诚地问问自己，有没有使用以下育儿方式。如果是，那么你要知道，你得先改变你管教孩子的方式，才能改变孩子。这一点至关重要。

（1）直升机式育儿

采用这类育儿方式的家长就像一架直升机，时刻盘旋在孩子头顶，忙着帮孩子解决生活中的每一个问题。

孩子头上飞的是什么？是鸟？是飞机？不要天真，是直升机式的家长！这些家长总是在孩子头顶盘旋，一旦孩子有什么事，他们就会毫不犹豫，立刻采取行动。他们会帮孩子完成作业，改进孩子的科学实验设计，确保孩子在各方面都有优势。毕竟，这样的家长在养育孩子上投入了太多精力，他们觉得任何事情都不应该妨碍孩子成功。如果真的出现了绊脚石，那就要小心了，直升机式的家长会进入黑鹰模式，迅速投入救援，解决出现的每个问题。

不过，家长大包大揽可能适得其反，让孩子在成年后还一直依赖家长，无法做好准备去应对生活中必定会出现的许多难题。如果你总是帮孩子解决问题，那孩子就会缺少自力更生、自主决策和解决问题等关键生活技能方面的实践经验，难以提升相关能力。这就是为什么大量的"直升机式家长"培养的孩子患有所谓的"解决问题能力欠缺症"。这些孩子难以对自己的能力有信心，难以在现实世界中应对问题。

因此，家长需要调整家庭教育方式，学会参与但是不干涉孩子的生活，有意识地培养孩子的独立意识，让孩子在没有大人帮助的情况下也能独立应对问题。

（2）孵化器式育儿

采用这类育儿方式的家长会逼迫孩子超前学习，而不是按照他们的年龄和认知发展水平循序渐进地为他们安排学习计划。

家长希望自己的孩子出类拔萃并不是什么新鲜事，但是如今他们追求的都是如何培养"神童"。家长很早就开始大力培养孩子：从孩子上幼儿园起就给他们听古典音乐；用记忆卡片和有声书（有多大效果还不一定）帮助孩子学习阅读；给蹒跚学步的孩子上小提琴课；为幼儿园的孩子报名上国际象棋班。家长不顾那些适合孩子年龄和成长阶段的科学指南和教育建议，争分夺秒地让孩子学习，一厢情愿地希望孩子不断进步。

家长这样急于求成，把孩子往前推，其中的一个原因是现在的社会流行用各种数字衡量"成功"，如今的孩子都被父母以这些标准培养。从幼儿园入学考试到法学院入学考试，家长都会因担心孩子不够出色而抓狂，所以没有给孩子留出时间玩耍。孩子的全部时间都用来参加课外辅导（这个产业现在价值10亿美元）、玩益智玩具（又一个10亿美元的产业）、参加课外"心智培养"活动以及学习。然而，家长没有看到这种育儿方式带来的诸多不良影响。

孩子精神压力大，焦虑情绪严重，过度追求完美主义，这种情况前所未有地严重。这都是因为家长不基于孩子的性格和心智发展程度来培养孩子。

家长需要调整家庭教育方式，学会欣赏孩子的天赋和能力，采用适合孩子心智发展阶段的培养方法。

（3）创可贴式育儿

采用这类育儿方式的家长依赖快速解决问题的权宜之计，没有着眼于真正的、持久的改变之道。

家长筋疲力尽，心烦气躁，时间紧张，要努力维持生活，因此需要简单快捷的方法解决一切问题，包括管教孩子。家长会用尽一切办法纠正孩子的行为，只要方法能即时生效。例如，家长会数"1、2、3"警告孩子，让他控制脾气；家长还会买那些漂亮的成长表现表做记录，如果孩子表现好，就答应给他买一辆新的雷克萨斯玩具跑车；有的家长甚至给孩子吃药，帮他暂时集中注意力，而不顾副作用。这种做法的后果很严重。

专家警告说，在美国家长让孩子服用药物以集中注意力已成为热潮。这些药物本来是用来治疗注意力缺陷多动障碍（俗称"多动症"）的，可21世纪初使用该类药物的孩子比1990年代初增加了2倍。这是不是因为家长觉得给孩子服用药物提升学习效果比培养新的行为习惯更容易呢？不要误会，我并不是说家长此举一定就不对。我以前做过特殊教育的教师，我很感谢医药公司可以从医疗角度帮家长排忧解难，有些孩子确实需要处方药来帮助他们控制冲动情绪。我担心的是，家长会依赖这种"创可贴式育儿"，只为让自己的生活更轻松。如果真的是这样，那就要小心了。

此外，这些快速解决问题的方法只能让孩子在被家长警告、可获得奖励或服药的前提下正确行事。只有那些能让孩子受益、能帮助孩子纠正错误的方式才是真正有效的教育方式，而那些快速起效的管教方式虽然可能暂时控制孩子的行为问题，但是几乎不能让孩子彻底改掉坏习惯，结果孩子不断地重蹈覆辙，而家长更加疲惫和沮丧。

因此，家长需要调整家庭教育方式，要认识到最有效的管教方法就是花几分钟耐心帮助孩子理解什么是错的，以及如何纠正错误。

（4）朋友式育儿

采用这类育儿方式的家长为了让孩子喜欢自己，没有定好规矩和界限，没有适当拒绝孩子的要求。

如今，近一半的家长表示，他们在内心深处渴望成为"孩子最好的朋友"，毫无疑问，没有什么比说"不"更能结束一段友谊了。家长不愿意做让孩子反感的决定、拒绝孩子的要求，或者（老天不允许）惩罚孩子，因为如果这样做，可能导致孩子在某种程度上怨恨家长。

孩子似乎非常了解自己的父母。一项针对小学生的调查发现，大多数孩子在渴望得到某样新东西时，得请求家长9次，家长才会让步。家长当然希望孩子喜欢自己，有朝一日和自己成为朋友，可是，现在孩子需要的是一个能设定规矩和界限的家长，朋友和大人之间的界限不能模糊。此外，事实上，家长不拒绝孩子的要求并不能帮助他成长为有安全感、负责任并富有同情心的人。相反，这样教育出来的孩子在大多数人眼中是有史以来最娇生惯养、最不守规矩的一代。

家长需要调整家庭教育方式，学着定下明确的界限和严格的规矩，适当管教孩子，并且要意识到孩子最需要的是家长而不是朋友。

（5）炫耀式育儿

采用这类育儿方式的家长会根据孩子获得的荣誉来衡量自己作为父母的价值。

这些年来，家长逐渐忘记了应该培养健康和适应能力强的孩子的初衷，转而优先考虑培养可以让自己骄傲和炫耀的"完美"孩子。于是，炫耀孩子成就的时代到来了。孩子取得的每一个小小的成就，如考试得了高分或冰球进球都突然变成了炫耀的资本，家长多么热衷于分享这些荣誉啊。为了防止有人错过孩子的最新成就，冰箱上总是贴着孩子所有的证书和获奖文章。家里陈列着大量奖杯，最新的那个肯定会被自豪地摆放在壁炉架上。

炫耀孩子的成就是炫耀式育儿的家长的全部，因为每一个新的奖杯和孩子最近获得的奖项都直接反映了家长把孩子教育得有多好。孩子的成功是家长自身价值的直接体现。当孩子有值得称道的表现能让家长与全世界至少是隔壁邻居分享时，一切都好说，"你知道吗，苏茜参加了天才班"，"凯西又当上了队长，是不是令人难以相信？真是太棒了！"，但是，一旦孩子的成绩未达到家长要求，家长的教育就失败了。这种育儿方式实际上是让孩子帮家长得到家长曾经渴望获得的东西、实现曾经的梦想。这种育儿方式加剧了家长之间的过度竞争。如果家长觉得孩子没有达到标准，孩子就会觉得是自己表现不好，让家长失望了，从而感受到深深的内疚和巨大的精神压力。如果这种炫耀式的教育方式持续下去，孩子的个体身份会受到威胁，家长和孩子之间会形成不健康的相互依赖关系，二者都会将自我价值感寄托到对方身上。

因此，这些家长需要调整家庭教育方式，要学会把孩子视为一个独立的独一无二的个体，并根据孩子的特殊个性、天赋和需求来调整自己的教育方式。

（6）偏执型育儿

采用这类育儿方式的家长会过度保护孩子，以免孩子受到任何身体或心理的伤害。

保护孩子的安全一直是家长的头等大事，但是如今，家长完全不放心孩子离开自己的视线，哪怕只有一瞬间，家长都会高度恐惧。这种过分担心孩子的育儿方式被称为"偏执型育儿"。家长经常觉得危险无处不在，绑架、恐怖主义、未成年人性侵、网络欺凌、受污染的食物、涂料含铅的玩具……孩子的安全和健康受到威胁，家长自然很容易就变得紧张不安。

家长感觉外面的世界很恐怖，所以就把孩子管得更紧一些，片刻不离地盯着他的一举一动，更小心地保护他，有时甚至到了极端的地步。"不要那样做！妈妈担心你会受伤！""不要和陌生人说话！""就在附近玩，不要走太远了！"

有的家长给上幼儿园的孩子买手机"以防孩子被儿童性侵犯劫走"；有的家长在家里安装了网络摄像头，确保孩子不会被保姆虐待；有的家长给孩子买嵌有定位器和洗手液的儿童夹克，防止孩子走失和细菌滋生。然而，家长不断担心发生概率很小的危险只会让孩子恐惧。事实上，家长越纠结孩子的安全问题，孩子就会变得越焦虑，越不自信，难怪如今的孩子比以往任何一代都更焦虑。

家长需要调整家庭教育方式，要意识到自己在哪些方面保护得太严了，要学会放松一点儿，这样孩子才能学会面对生活。家长要控制住自己，不要过度担忧，以免把恐惧情绪传递给孩子。

（7）辅助型育儿

采用这类育儿方式的家长放弃了自己对孩子的影响，孩子的世界因此会更多地被外界控制，如各大公司、营销人员和媒体。

也许家长还没有注意到，现在的孩子是被媒体驱动的，能接触电子世界的各种东西：电脑、游戏机、无线耳机、电视、手机、视频网站、电子游戏、社交网站等等。所以，这一代的孩子被叫作"插电的一代"。许多孩子除了睡觉，在这些媒体上花的时间最多。研究表明，在 12 ~ 17 岁的孩子中，99% 的男孩和 94% 的女孩会玩电脑、浏览网页、玩游戏。

即使是 2 ~ 7 岁的孩子，平均每天大约也有 3 个小时会接触电子产品。孩子特别容易受到电子产品的不良影响，因为他们会相信自己所看到的。毫无疑问，孩子被无休止的有关性、饮酒、暴力、粗俗和商业化的画面轰炸，这些都会促使他们早熟。

孩子过多接触电子产品还有一个不良结果，那就是与家长面对面交流的时间减少了。一旦家长在孩子的眼中扮演了"次要"角色，就难以发挥自己的影响力，而流行文化会从很大程度上替代家长。孩子会变得更容易受到外界压力的影响，更有可能依靠别人而不是家长的引导，也更有可能接受别人的价值观。

因此，这类家长需要调整家庭教育方式，要意识到在引导孩子的价值观、态度、行为，以及在保护他不受危险行为的影响方面，家长自己才是最有影响力的人，要有意识地想办法更多地参与孩子的生活。

家长该如何改变呢

家长在教育孩子的过程中已经逐渐偏离了基本的、行之有效的育儿方式，抛弃了 50 多年来儿童发展研究确立的有效核心原则，因此，养育孩子变得非常困难。家长开始依赖别人的想法，越来越忽略自己的直觉。家长想要取得立竿见影的效果，却让孩子表现得越来越差。可以确定的是，家长坚持目前的随大流的教育方式，不做调整，对孩子和家长自己都没有任何好处。

到家长要做出改变的时候了！重新思考育儿方式，运用自己的直觉，卷起袖子采取行动吧！没有什么权宜之计能快速解决问题，家长需要下定决心，逐步解决问题，扭转局面，直到孩子开始改变，取得家长梦寐以求的进步。为了我们自己和我们的孩子，一起行动起来吧！

努力让孩子真正改掉坏习惯

"我孩子 4 岁，发脾气特别恐怖。计时隔离只是暂时有效，几个小时后，他又会发脾气。我怎么才能彻底帮孩子改掉爱发脾气的坏习惯呢？"

"我女儿真的是个悲观主义者。有没有办法可以改变她的心态，让她对生活乐观点儿？"

"我儿子的老师说他患有多动症，应该服用药物哌甲酯。如果不吃药，我们能做些什么来帮助孩子好转？"

"我女儿太挑食了，这不吃那不吃，每次吃饭对我来说简直就是一场噩梦，我担心她会患上进食障碍。我该如何帮助孩子养成更健康的饮食习惯呢？"

你有没有想过养育孩子会这么难？如果你对孩子的行为感到困惑，甚至束手无策，不要过于担心，很多家长同样面临这样的困境。我每周都会收到几十封来自家长的求助邮件。

"我该如何判断情况变严重了？""我孩子的行为正常吗？""我们什么方法都用了，就是没效果！""孩子还是屡教不改！""作为家长，我是不是哪里做错了？"

你不是没有尝试过帮助孩子改掉坏习惯，给孩子灌输正确的价值观，教孩子如何免受不良影响。你买走了书店里的每一本育儿书，还在图书馆查阅了无数资料。你已经在网上读了几十篇文章（现在在网上这类文章非常丰富，我只是在谷歌上搜索了"育儿"这个词，0.16 秒内就得到了 8 430 万条信息）。你已经和儿科医生谈过了，而且几乎（或程度接近于几乎）要鼓起勇气向婆婆请教。你也已经咨询了专家，但是更令你感到困惑的是，每一个专家都给了你不同的建议。你的女性朋友们声称有对自己孩子有效的好方法，你一一试过，结果没一个管用。

尽管你努力了，却没有得到想要的效果。哦，当然，"叫停"或其他最新的管教方法可能会暂时控制住孩子的行为，但是第二天，同样的坏习惯又回来了。为什么呢？原因是你采用的这些方法没有产生真正的、持续的和永久的改变。你的育儿目标是帮助孩子学会用正确的方法做事，养成健康的生活方式，并在将来的某一天能独立做出明智的决定，然而，如今大多数的育儿手册着眼于立竿见影地解决问题。这些书和文章都给出了很多提示和建议，但是不足之处在于，这些方法并没有涉及如何教育好孩子，或者帮他养成良好的习惯。其实，只有用新养成的好习惯代替之前的坏习惯，孩子才不会一再犯错。这是一种不同的育儿理念。让孩子养成良好习惯才是家长渴望得到的效果，是不是？

我写这本书的目的是帮你教育好孩子，让孩子彻底改掉坏习惯、养成良好的习惯。这就是本书与其他育儿书的一大不同之处。本书提供的是由科学研究证实的教育策略，可以循序渐进地帮助你获得理想中的教育效果。本书会一步一步指导你解决问题：首先，本书会通过列举孩子的一系列表现来引导你判断孩子究竟遇到了什么困难；接着，会提供紧急干预策略以及更有效的应对措施供你参考，提醒你判断孩子情况的严重程度以及什么时候该寻求外界帮助；最后，本书会引导你培养孩子的好习惯，彻底改掉孩子现在不好的习惯。

你可以把我当作一位育儿指导老师，我会帮你解决你现在关心的育儿难题。你要做的就是做出改变，愿意改变目前的教育方式，采取更有效的方法，并和我一起坚持下去。但最重要的是，我希望你能运用直觉和常识，明白什么对孩子最有效。如果你能采纳本书中的建议，我保证你的孩子会有所改变，你也会更自信、对孩子更满意！就从现在开始吧！

有关家庭教育的常见问题及解决方案

本书旨在提供解决方案来帮助家长应对当代育儿的 100 个挑战。所有这些方法都是基于可靠的心理学原理和经过验证的科学研究提出来的。本书将一步一步地向家长展示如何实现理想的教育目标。在阅读本书之前，先来看看一些有关家庭教育的常见问题及答案吧。

◎ 家长什么时候可以开始使用本书中的教育方法？

本书提供的方法操作性强，家长可以随学随用。事实上，只要你读完内容简介，就会对本书有一个大致的了解。毫无疑问，很多家长没有时间去翻阅那些与孩子教育无关的儿童发展理论。因此，你可以忽略那些不适合自家教育情况的内容，先查阅本书的目录，找到有关自己现在所面临的挑战的章节，开始浏览。你会找到详尽的方法，明白自己该采取什么措施来解决目前面对的问题。一次只关注一个问题——这样阅读不仅可以节省时间，而且能帮你实现教育目标。

◎ 本书提供的方法对所有孩子都有效吗？

本书提供的方法是特别为 3 ~ 13 岁的孩子设计的，适用于所有性别、种族、宗教和文化的孩子。我之所以清楚这一点，是因为我已经和四大洲背景各异的孩子一起尝试了这些方法。尽管如此，家长还请记住这条规则：有效的育儿方式总是根据孩子的特定需求和发展阶段量身打造的，因此要灵活运用书中的方法，以适应孩子的具体情况。

◎ 如果本书没有讨论自己孩子的问题该怎么办？

本书虽然有 100 个问题，但是家长仍然可能找不到自己遇到的具体问题。如果遇到这种情况，可以在目录中查找与自己关注的问题最有关联的问题。例如，如果你想要让孩子改掉爱打断别人说话的坏习惯，你可以去查阅第二部分的第 16 问"要求过分"，看一看有关分析和解决方案。你也可以查一查其他相关问题，例如，如果孩子爱打人，可以参考第二部分的第 12 问"咬人"和第四部分的第 37 问"愤怒"。另外，每问开头都会把与该问题相关的其他问题列出来，方便参考。例如，假设你需要帮助孩子克服爱害羞的习惯，你可以在第四部分第 45 问"害羞"开头看到提及相关问题的其他章节：第 44 问"敏感"、第 47 问"精神压力大"、第 60 问"被排斥"、第 65 问"被取笑"。

◎ 是不是必须用完推荐的所有解决方法才能看到效果？

为了帮助家长实现教育目标，我特意列出了大量的解决方法，比实际需要的要多，方便家长选择对自己的孩子最有效的方法。如果问题刚出现或不严重，可以关注"步骤 1"列出的方法，进行早期干预。"步骤 2"列出的方法适合快速反应，旨在帮助你改变根深蒂固的问题或需要立即干预的问题。"步骤 3"提供的方法有助于培养孩子的新习惯，从而取代原来的坏习惯。家长一定要教孩子养成至少一个好习惯。如果不教孩子养成新的习惯（或替代习惯），你会发现孩子通常会恢复到以前的做法，之前所做的一切努力也都白费了。

◎ 家长一次能帮孩子培养几个新习惯？

我强烈建议家长一次只帮孩子培养一个习惯，最多不要超过两个。你可以把更多的精力放到改变上，而不是把精力分散到太多不同的方面。这样你可以更专注于真正需要改变的事，才会有事半功倍的效果。

◎ 该怎么判断应该做出多大的改变？

重要的是，家长要为自己的孩子设定既切合实际情况又能实现的目标。不切实际的目标会让孩子不知所措、产生挫败感，甚至崩溃大哭。所以，家长要确定孩子的哪一方面需要改变，然后问自己一个关键的问题：孩子之前能做到什么程度？挑食的孩子，可能只是尝了一点儿蔬菜；容易走神的孩子可能只是在没有大人帮助的情况下做了 5 分钟的家庭作业。你需要考虑孩子的实际情况，帮孩子每天进步一点儿，相应地调整你对孩子的要求。例如，督促挑食的孩子多吃点蔬菜，但是只给他两小份蔬菜；让容易走神的孩子在没有你帮助的情况下做 6 分钟的家庭作业。诀窍是把目标分割成更小的、更容易实现的目标，帮孩子逐步取得成功，然后随着孩子能力的提升循序渐进地提高要求。想象一下橡皮筋，虽然它有弹力，可以抻长，但是如果达到弹力极限时还被盲目拉长，橡皮筋就会断。因此，家长要循序渐进地帮孩子进步，不要急功近利，否则只会打击孩子的积极性！

◎ 家长应该把采用的教育方式告诉其他照顾孩子的大人吗？

当然需要啦！其他照顾孩子的大人与你的教育方式越一致，改变孩子的行为习惯就越容易、越快。所以，你一定要向家里的大人和其他关心、照顾孩子的大人（例如老师、教练、亲戚、保姆、幼儿园工作人员）寻求建议或支持，即使他们每天只照顾孩子一段时间，也要让他们跟着你的节奏一起调整，保持态度一致。当然，这并不意味着你必须向所有接触孩子的大人讲明你的计划，但是如果你能至少获得一个人的支持，成功的可能性会更大。

◎ 为什么惩罚不能让孩子改掉坏习惯？

惩罚通常只会暂时控制住孩子的坏习惯，无法从根本上帮孩子改变。孩子需要明白什么是错的，什么是值得尝试的新方法、新习惯或生活方式，以及如何找到有效的替代方式达到解决问题的目的，这才是真正的改变。此外，孩子需要机会来实践、强化新的行为习惯，直到真正改变。

◎ 可以通过奖励孩子让他更加努力吗？

如果家长认为奖励孩子能让他表现得更好，那就这样鼓励孩子。有些孩子需要这样看似微不足道的鼓励来逐渐改变。不过，你需要知道何时应该停止奖励，你肯定不希望孩子只有在得到奖励的情况下才好好表现。如果孩子习惯了物质奖励，就会产生依赖心理，甚至期望你给的越来越多。因此，一旦孩子不再需要物质奖励，就不要再给了。请牢记：研究表明，微笑、拥抱和口头表扬在改变孩子的行为方面同样有效，而且往往效果更好。

◎ 为什么孩子如此不愿意改变？

家长需要面对现实，对所有人来说，做习惯做的事情都更容易。改变不是一件容易的事，甚至会让人感到害怕。学习一种新的行为或采取一种新的态度会把我们从舒适区推向未知的区域。我们很容易重新捡起过去更舒适的生活方式。所以，你应该期待孩子反过来测试你，看看你是否真的会认真对待采取的新教育方法。不过，习惯、行为和态度是可以改变的，所以要坚持不懈。改变不仅仅是帮助孩子培养新习惯，也要帮助孩子树立新形象，让孩子看到一个全新的自己，以前的形象可能会让孩子想起自己过去的问题。

◎ 需要多长时间才能看到家长期望的改变？

一般来说，孩子养成不良习惯的时间越长，改变就越难，这就是为什么家长总是希望在坏习惯刚露头时改掉它们。但是每个问题又各不相同，每个孩子也都不一样。你可能会惊讶地发现，有些问题比其他问题可以更容易、更快速地解决。关键在于，家长在实现目标之前不要放弃，要充满耐心、坚持不懈。

◎ 为什么书里的方法对我的孩子没效果呢？

即使孩子是同卵双胞胎，对一个孩子有效的养育方式也可能对另一个孩子无效。这是因为在抚养孩子时，后天和先天的因素同样重要，例如气质、基因，甚至学习方法等，所有这些因素都要考虑在内。这就是为什么有的家庭大儿子可能只需要看到父母扬起眉毛，就明白要适可而止，而老二可能需要更多的严厉措施和提醒才能有所行动。让家庭教育起作用的关键是找到对每个孩子最有效的应对措施。明白了这一点，你就已经获得了成功，因为你发现了有效育儿的秘诀。

◎ 家长如何知道自己已经成功地做出了改变？

当孩子最终能够用新方式、新习惯、新态度来生活时，你就成功了。孩子不再需要大人帮着指导或巩固新习惯。你还会发现，你不再需要花那么多的精力提醒孩子，纠正孩子的坏习惯。孩子的自我形象也会改变。他会注意到自己的变化。"我不再那么爱咬人了。""我不再害怕黑暗。""别担心。如果我打棒球三振出局，我知道该怎么做一个输得起、有风度的人。"一旦孩子认可了要做出的改变，你就会在孩子身上看到令人惊喜的积极转变。

◎ 如果家长没有看到效果怎么办？

改变通常不是一蹴而就的，所以不要因为没有立竿见影的效果就认为改变没有发生。事实上，孩子很少会立刻改变。因此，不要着急，你会看到孩子不恰当的行为在逐渐减少，或者孩子在逐渐接受新的习惯。如果你没有看到这种渐进的变化，那可能需要考虑以下因素。

* 你对孩子的期望是否符合实际情况？
* 你采取新的教育方式后是否坚持执行了？
* 你在告诉孩子新的教育方式时是否冷静沉着？
* 你是否在帮孩子培养新习惯，以此来取代以前的坏习惯？
* 你是否为孩子提供了实践新方法的机会，并帮孩子应用自如？
* 你是否在帮助孩子巩固成果，是否每次批评孩子后至少给了5项积极的反馈？
* 是否有其他照顾孩子的大人和你管教孩子的态度一致或支持你？
* 是否还存在其他因素导致孩子行为不当，例如，抑郁、身体状况不佳、精神压力大、创伤、学习障碍等？

如果你怀疑孩子可能有更严重的问题，例如，抑郁、精神压力大、进食障碍等，请寻求相关专业人士的帮助。不要犹豫，你拖的时间越长，问题就会越严重、越难解决。另外，问题持续的时间越长，孩子的自尊就越受伤，家庭氛围也越受影响。因此，请不要犹豫，赶快寻求帮助！

◎ 重要提示：别忘了运用你的常识

以下是我最近收到的家长提问，它来自一位心烦意乱的妈妈。和我一起读一下这张便条，然后假设你是儿童心理学家，你会给这位妈妈什么建议？

> 我两岁的孩子只想在猫砂盒里玩。我按照书上讲的步骤，先给他讲道理，告诉他不能这样，因为太脏了；我还用了"计时隔离法"，暂时不让他玩；我试着分散他的注意力，甚至还打过他；可他还是老

样子，软硬不吃。现在的我一筹莫展！我怎么做才能阻止儿子在猫砂盒里玩耍呢？

如果你建议这位妈妈"把猫砂盒搬走，放在孩子看不见的地方"，那你就说对了。如果你和这位妈妈一样认为这是个很难的问题，那你还需要学习。其实，用最简单的办法就能解决问题，并不需要任何专家的建议。不需要管教孩子、不需要新的应对方法、不需要教他新技能、不需要参考新出版的育儿书，更不需要找育儿教练，方法就这么简单：把这个惹事的盒子搬到孩子看不见的地方就好！事实上，很多忧心忡忡的家长向我提出的问题只需要基本常识就能解决。而且，在育儿过程中，家长似乎经常忘记自己可以运用常识。

请记住，没有人比你更了解自己的孩子。我母亲崇拜的育儿权威本杰明·斯波克博士多年前教了大家一条育儿真理，我们应该把它贴在浴室的镜子上时时提醒自己：相信你自己，你知道的比你想象的要多。

我完全同意！

 ## 如何帮助孩子改掉坏习惯，养成新习惯

◎ 秘诀在于要创造真正和持久的改变

下面的问题来自苏珊和里克夫妻，他们深爱的儿子8岁了，可是儿子的教育问题让他们非常沮丧：

我不愿意承认儿子快把我们逼疯了，但是事实就是如此。我们已经尝试了几乎所有的育儿技巧，情况也确实在一段时间内有所好转，但是儿子很快又回到了老样子。真是恨不得把他放到"易贝网"上卖掉！好吧，开玩笑的，我们对他爱都爱不够呢。但还是请帮帮我们！真正奏效的秘诀是什么呢？

以下是我的回答：

关于抚养孩子，有一件事家长可能从来没有想过，那就是孩子生出来就没法"退货"了。一旦踏上了为人父母的道路，你就只能硬着头皮走下去，这条路没有尽头。如果你从没冒出过把孩子拿去拍卖的想法，那你真的是一个罕见的家长。当你意识到没人愿意带走这个孩子时，真正的育儿生活就开始了。让我们面对现实吧，你被麻烦多多的孩子困住了，他最近的危险举动可能会让你连续几夜失眠。但是拜托，你也知道你爱这个孩子胜过爱自己的生命。所以关键的问题是，你该如何通过有效的家庭教育让孩子养成良好习惯，脱胎换骨，从而让你自己安心？

我在攻读心理学博士学位时学到了能让孩子真正改变的教育原则。我做过一段时间的特殊教育老师，在那时我意识到这些原则是有效的。学校的心理学专家警告我，这些孩子"没有希望了""你永远也改变不了他们"，但是我找到了有效的方法。我的诀窍是，根据孩子的需要制定策略，同时应用我接下来描述的10条基本原则。改变不会一蹴而就，不过我采用了正确的方法，没有放弃，最终促成了改变。我继续改进我的方法，并在工作坊中向家长和教育者传授这些方法。到目前为止，我已经和四大洲的100多万名参与者分享了这些经验。本书涵盖了我所分享的策略和技巧，以及家长需要面对的最重要的100个育儿难题。所有方法都是以最新的科学研究成果为基础的，它们的效果很好，而且易于操作。

◎ 家长需要掌握的 10 大家庭教育原则

为了帮助孩子改变，家长需要掌握以下 10 个最重要的家庭教育原则。

（1）孩子的大多数行为和态度是后天习得的。诚然，有些行为可能受到遗传因素的影响，但是孩子主要是从家长教给他们的知识和他们自己的经历中习得这些行为、态度和习惯的。虽然有些因素是家长无法改变的（比如孩子的性格和身体特征），但是家长可以教会孩子新的行为、习惯、价值观和技能，让孩子适应要面对的世界。例如，害羞的孩子可以通过学习社交技能在与同伴交往时变得更自信；好斗的孩子可以学习愤怒管理技巧；冲动的孩子可以学习相关技能，最终学会三思而后行。

（2）孩子的大多数行为是可以改变的。因为孩子的行为和态度是后天习得的，所以他们可以通过经过验证的、基于研究设计的教育方法来改变。

（3）孩子的大多数行为需要干预。不要指望孩子能自己改变。没有家长的干预，孩子的行为只会变得更糟。另外，不要自欺欺人地以为孩子的坏习惯在长大后会慢慢消失，如果你真的这样听之任之，只会让孩子的坏习惯变得根深蒂固。这就是为什么书中每一章的解决方案的第一步都被称为"早期干预"，这是为了帮助你在孩子养成坏习惯之前就把这个问题消灭。

（4）家长必须改变自己的教育方式。你必须使用一种更有效的教育方式，才能让孩子像你期待的那样改变，毕竟，你目前采取的应对方式并不奏效。一个重要的改变方法是"家长先带头改变，孩子才能改变"。我会给出有效的新方法，但是你必须坚持使用这些方法，并改变当前和孩子的互动方式。这样你就不太可能只是被动地做出反应，相反，你会积极运用更有效的应对方式，这样孩子才更有可能在回应你的过程中改变。

- 保持冷静。你的语气和姿势都要保持冷静、沉着。

- 尊重孩子。向孩子提出要求时，要记得以"请……"作为开头。孩子顺从地答应时，要说"谢谢"。

- 近距离接触孩子。在身体上靠近孩子更有可能让他们服从，因此，家长不要距离孩子太远。当你向孩子提出要求时，要俯身平视孩子，并与孩子保持眼神交流。

- 言简意赅。家长要用明确和直接的方式解释自己的要求，这样孩子才有可能听从。

- 以身作则。孩子在时时看着你，模仿你的行为，因此，家长要注意自己的言行举止。

- 保持一致。随时随地遵守规矩，不随意改动。

（5）循序渐进地帮孩子做出改变更有可能成功。家长不要试图一次让孩子改变太多不好的习惯，让自己或孩子不堪重负。相反，一次只专注于一个问题，确保可以制订更具体的计划来帮孩子改掉这种习惯就足够了。

（6）确定所需的改变是必要步骤。大多数家长能确定他们想要孩子改掉的坏习惯，但是要彻底改变，你还必须确定想让孩子养成哪种好习惯。通常来说，家长想要孩子养成的习惯是和他目前的习惯完全相反的。当然，也不能矫枉过正。你只有确定了想让孩子养成什么样的积极习惯，才能制订计划来扭转局面。童话故事《金发女孩和三只熊》中的"金发女孩准则"表明，人在处理其能力可及的事情时积极性最高，也更容易产生效果。家长要向孩子提出合理要求，想一想"孩子在什么方面做得太过分"，假设孩子说话语气有问题，听起来总是像在发牢骚，那就想一想"孩子哪方面做得太少或不够好"。想要让孩子如家长所愿做出改变或实现积极的转变，那就要让孩子注意以尊重的语气说话。提出适合孩子的要求，让孩子乐意尝试，并最终做出改变。

（7）要改变孩子的坏习惯，就要让孩子养成替代的好习惯。对于每一个希望孩子做出的改变，家长都要循着这个思路："如果要求孩子停止某种行为，他可以做什么来替代？"任何行为或态度都不会彻底得到改变，除非你能帮助孩子用另一种好的习惯来替代。如果缺失这一步，孩子可能又会回到原来的样子。

（8）孩子需要反复练习。养成任何新的行为习惯都需要反复练习。只有给予孩子充足的时间，让他学习新的技能、行为或态度，才能带来真正的改变。教育的目标是让孩子能够在没有大人帮助的情况下，自然地以新的方式生活。心理学家称这一原则为"强化练习"，这是改变的关键一步。科学表明，如果新的替代行为重复得足够多，就能在孩子的大脑中产生新的行为模式，有效地避免他恢复到以前的样子。

（9）家长需要强化孩子的正确行为。研究表明，给予孩子适当的表扬（这被称为"正强化"）是养成新习惯的有效方式。科学研究还表明，家长更有可能给孩子指出他们做得不好的地方，但这样完全起不到教育的效果。所以，如果孩子表现良好，家长要立刻赞许孩子做得好的地方，但要确保你的表扬是具体的。这说明表扬孩子的内容具体可以起到更好的效果。研究也证明，孩子不需要那些花里胡哨和昂贵的奖品作为奖励。如果他们努力了，他们内心需要的是来自他人的认可。

（10）"21天法则"会让你坚持下去。改变是需要时间的。家长不要指望周六晚上30分钟的口头说教会对孩子周日的行为产生多大的影响。给你自己和孩子留出足够的时间，让改变真正发生。养成新习惯通常至少需要21天的正确重复练习。家长在教育中犯的最大错误就是没有耐心坚持，导致孩子无法内化好的行为习惯。所以，无论你想要让孩子做出什么改变，都至少要坚持21天。

家长要牢记最重要的原则：任何时候帮孩子改变都不晚。即使这个问题已经持续了很长一段时间，也请你不要绝望，而且永远不要放弃。拿起这本书，相信你马上就能得到需要的帮助。你所做的微小的、暂时的改变会逐渐对孩子产生持久的影响。

不要担心，本书旨在解答你的育儿困惑。现在就翻开目录，找到你想处理的第一个问题，向真正的改变迈出第一步吧。

1

第一部分

家庭

为什么小朋友都要有妈妈？

孩子的回答精彩得让人惊讶。

二年级的小学生这样回答：

（1）只有妈妈知道透明胶带在哪儿；

（2）通常是妈妈打扫房子；

（3）妈妈赐予我们生命。

第1问　独生子女

相关问题另见：第 10 问"总和别人吵架"、第 63 问"不愿意分享"

问题

　　"我们家的孩子是独生女，没有兄弟姐妹跟她一起玩，我和我先生又很忙，这让我很难过，感觉我家是个以成年人为中心的家，没有足够的乐趣和活力。但是有时候，我们又担心自己投入太多精力关注女儿会宠坏她。我应该怎样做才能让女儿像其他孩子一样，充满好奇心、拥有自由自在的童年，同时又不会被宠坏呢？"

解决方案

　　人们经常用这些词来形容独生子女：娇生惯养、傲慢自大、专横跋扈、自私自利、适应不良、内心孤独、令人讨厌。但是，这些描述是否正确呢？如果正确，独生子女的不良性格特征真的是天生的吗？最新的研究推翻了以往大多数人对独生子女的刻板印象和没有事实根据的评判（谢天谢地）。有的研究还对独生子女有较为积极的评价，这应该会让父母安心。以下只是其中的一部分发现。

　　在成就和智力方面，独生子女似乎遥遥领先。一项为期 20 年的研究发现，独生子女的受教育水平更高，考试分数更高，词汇量更丰富，成就更大。研究还表明，大多数独生子女生活幸福，和父母关系更紧密，他们并不比非独生女更自私、孤独或适应能力差。数百项研究结果表明，独生子女与同龄的非独生子女并没有什么不同。虽然若干因素确实给独生子女带来了特殊问题，但家长可以借助以下一些简单的解决方案帮助孩子更好地成长。

1. 不要总是一切以孩子为中心

独生子女有很强的自尊心，因为他们拥有家长全部的关注和爱。因此，他们会表现得有点儿自命不凡，而这种心理会引起别人的强烈反感。所以家长要小心，不要让孩子觉得只有他自己最重要，也不要给他一种世界围着他转的印象（尽管家长确实一切以孩子为中心）。

2. 帮助孩子学会为他人着想

独生子女很多时间是独处的（或者和大人在一起），有可能养成"以自我为中心"的心态，家长要想办法帮助孩子学会关心他人。家长可以给孩子买个宠物，让他负责照料，也可以带他一起参加一些慈善活动，让孩子体验到帮助他人的快乐，比如为独居的邻居做饼干，或者让孩子辅导熟人家年龄较小的孩子。另外，参加活动也会帮助孩子学会等待和倾听他人，而不是只让家长围着自己转，事事顺着自己来。

3. 降低对孩子的期望值

所有的孩子都想取悦父母，尤其是独生子女，因为他们知道自己是父母的"唯一"。独生子女的心理负担可能更重，他们通常有更强烈的成就导向，有完美主义倾向，也更有可能成功。他们往往在标准化考试中表现更出色，成绩更优秀，受教育程度更高。所以，家长要时时注意不要对孩子期望过高，不要苛求完美。孩子完成任务后，家长要克制住想要介入或纠正错误的冲动，不要过多参与孩子的事情，对他的期望也不要远超他的能力范围。独生子女则需要学会自我放松，不要给自己施加太大的压力，尽量屏蔽来自家长的压力。

4. 创造机会培养孩子的社交技能

一项对两万多名幼儿园儿童的研究发现，老师认为家里至少有两个孩子的儿童更擅长发展和维持友谊、与人相处，更愿意安慰和帮助他人，更善于表达感情，也更敏感。这并不是要让家长再生个孩子来帮助独生子女提高社交技能，但家长确实应该创造机会让自己的孩子和其他孩子相处，这样她就可以学习如何开始一段友谊。适合孩子的社交机会有很多，家长可以考量后做出决定。家长可以和其他孩子的父母商量好一起带孩子或轮流照看彼此的孩子，以便让孩子经常聚在一起玩游戏。让孩子参加野外训练、家庭聚会、与朋友一起度假、与邻居家的孩子做玩伴或一起打儿童棒球、参加夏令营、加入俱乐部，或者让孩子单独去别人的家中留宿等也是不错的选择。

5. 帮助孩子学会解决冲突

多子女家庭的孩子在日常互动中学会了解决矛盾、处理摩擦、谈判或妥协，而独生子女在这些方面的能力通常会有所欠缺。家长尽量不要让孩子成为温室里的花朵，要想方设法帮助孩子学习怎样解决矛盾和处理不可避免的问题，让他有能力独自面对现实世界。家长可以通过善意的玩笑，让孩子学会自嘲。家长不要陷入永远不应该在孩子面前争执的误区，因为夫妻间的争吵是不可避免的，但是争执并不一定要分出胜负，家长通过争执可以向孩子示范如何友好地向对方提出不同意见，解决矛盾。

6. 让孩子追寻自己的梦想

家长不要因为只有一个孩子，就试图让他实现自己曾经的梦想，让自己的人生"圆满"。相反，要仔细考虑孩子独特的才能、兴趣、激情、个性和气质，然后思考孩子目前参加的培训班和兴趣班是否适合孩子的天性，孩子的独特才能和优势能否得到充分发挥，还是说参加这些活动只是家长根据自己的天赋、优势、技能或曾经的经历为孩子做出的选择。家长要尽力帮助孩子成为他自己。这是孩子应有的权利。

不管家里有几个孩子，养育孩子的关键秘诀始终如一：把每个孩子都当成独生子女来对待，帮助他们成长为优秀的独立个体。就个人而言，我和我先生都是独生子女。我们会迫不及待地承认（至少向彼此承认）我们两个都发展得很好。

第2问 新宝宝

相关问题另见：第3问"老大"、第4问"排行中间的孩子"、第5问"最小的孩子"、第6问"同胞竞争"、第38问"依赖家长"、第47问"精神压力大"、第63问"不愿意分享"

 问题

"我太太怀孕9个月了，现在我们7岁的女儿非常清楚家里要添个新宝宝了，她很不安。女儿经常说一些让我们感到吃惊和内疚的话，比如：'我做错了什么让你们想再生一个'，'你还有时间陪我玩吗'，'我必须把我的东西给新宝宝吗'，'为什么新宝宝会收到这么多新礼物'，'家里有个臭臭的新宝宝，我的朋友都不会来咱们家玩了'。我们能做些什么来帮助女儿适应有新宝宝的生活呢？"

解决方案

虽然家长可能会为即将出生的新宝宝感到兴奋，但哥哥姐姐们并不总是那么激动。毕竟，当他们意识到父母不再专属于自己时，他们将难以接受。哥哥姐姐并不好当，尤其是当孩子认为他们不再是爸爸妈妈生命中最重要或唯一的孩子时。所以，孩子有嫉妒、愤怒和一点儿愤恨的感觉是正常的。但是，家长要有信心，通过以下几件事，你可以让孩子意识到自己得到的爱不会因为新宝宝的到来而减少，这也将帮助孩子在新宝宝出生前后更加顺利地适应。

1. 和孩子聊聊家里不变的那些事

孩子一定会注意到大人讨论的因新宝宝出生而即将改变的事，所以不妨和孩子聊聊那些不会变的事。这将帮助孩子更轻松地调整和适应。

2. 让孩子参与和新宝宝有关的事情

父母和孩子一起给新宝宝起名或者投票选名字。家长还可以让孩子选择婴儿床的位置或宝宝房间的颜色，甚至收拾房间，比如摆放好电动玩具或毛绒玩具。

3. 教孩子当好"大孩子"

告诉孩子他／她会是个好哥哥／姐姐。"你可以教宝宝打棒球。""宝宝会喜欢听你给他读书。"但是，不要让孩子抱有不切实际的想法，以为会有个新玩伴，因为他／她只会失望地发现新宝宝根本不会和他／她玩，而只会睡觉、哭、吃东西和拉臭臭。

4. 新宝宝出生后依旧坚持日常活动

添个婴儿难免会使家中的日常活动有一些变化，但是如果家长尽可能地保持以前的活动安排，孩子就不会觉得新宝宝把父母抢走了。

5. 适当减少和新宝宝的互动

家长确实会因为新宝宝开始咿呀学语而感到激动，但是当大孩子在的时候要稍微克制一下，不要让大孩子感到被忽视。大家都只关注新宝宝会激起他的怨恨。要提醒客人在看望新宝宝时别忘了关注家里的其他孩子。

6. 让哥哥姐姐分担照顾新宝宝的任务

让孩子帮着哄新宝宝。小一点儿的孩子可以帮忙推婴儿车、整理婴儿玩具、准备纸尿裤、唱摇篮曲、背诵最喜欢的童谣以及给新宝宝画画；大一点儿的孩子可以为新宝宝读书、帮忙换尿布，甚至如果他兴致高，还可以给新宝宝穿衣服。你可以向大孩子征求建议："宝宝喜欢玩具熊还是毛绒兔子""宝宝穿红色还是粉色好看"。

7. 留出一对一的亲子时光

和孩子分享当他还是个婴儿的时候生活是什么样的：他喜欢的玩具和故事，喜欢的抱姿，以及你有多喜欢整夜轻轻摇晃他哄他睡觉。让孩子明白当新宝宝睡觉的时候，就是你们在一起的时光，一定要好好享受！在你的摇椅旁边安置好大孩子的专用椅子，让他坐在那儿，这样在你照看新宝宝的时候，就可以顺便给他读书、唱歌或者跟他聊天。

家长要尽力让孩子明白，永远没有人可以取代他在你心中的位置，即使是新宝宝也不能。

第 3 问　老大

相关问题另见：第 1 问"独生子女"、第 2 问"新宝宝"、第 4 问"排行中间的孩子"、第 5 问"最小的孩子"、第 6 问"同胞竞争"、第 10 问"总和别人吵架"、第 13 问"霸道"、第 47 问"精神压力大"、第 63 问"不愿意分享"

问题

　　"我有 3 个孩子，儿子是老大。他总是抱怨：为什么大家总是依赖我？为什么妈妈对我更严格？为什么我必须照顾傻乎乎的弟弟？弟弟妹妹和我们都不知道该如何回应他的抱怨。我能做些什么来帮助儿子认识到作为老大也有好处？老大就是老大，这是无法改变的！"

解决方案

　　资料显示，美国总统几乎要么是家里的老大，要么虽然不是老大，也是长子。首批进入太空的宇航员中，只有两人是家里的独生子女，其余的都是家里的老大。老大更有可能成长为聪明自信、做事有条理、有决心、友善待人和有领导潜质的人。老大比起弟弟妹妹更有可能成为首席执行官或诺贝尔奖获得者，他们做学问会更成功，收入会有保障。毫无疑问，作为老大有明显的优势。老大是家中唯一一个可以得到家长全心全意一对一关注的孩子。研究表明，这对老大的成长意义重大。

挪威心理学家彼得·克里斯滕森主持的一项研究仔细分析了25万名男性的智商得分，发现在家里排行老大的研究对象得分比排行老二的平均高出2.3分，而排行老二的又比排行老三的高出1.1分。2.3分虽然看起来不算多，但在今天这个竞争激烈的社会里，足以给孩子带来学习上的优势，从而使他们有别于其他孩子。但令人惊讶的是，如果老大不幸离世了，老二会变成最聪明的。这意味着影响智商的不仅仅是出生顺序，还有家庭中的变化以及家长对待老大的方式。由此看来，老大之所以具有明显的智商优势，是因为家长的培养起到了至关重要的作用。

家里排行老大的孩子有很多优势，这样看来，他们似乎不可能有抱怨。但从老大的角度来看，排行老大也有劣势。作为家长，虽然不能改变孩子的出生顺序，但可以通过以下解决方案帮助老大尽可能地表现他最优秀的一面，同时放松和享受生活。

1. 关注老大的同时别忘了家里的其他孩子

家长一定要注意不能只关注老大！一些研究人员发现，父母确实会偏爱某个孩子，尽管家长从不承认，但受偏爱的常常是老大。毕竟，第一个孩子的出生是一件改变人生的事情。虽然家长的偏爱会极大地提升老大的自尊，但也会助长孩子之间的竞争。弟弟妹妹的嫉妒会长期持续地存在，并在老大和弟弟妹妹之间形成隔阂。所以，家长要注意自己和孩子互动，时不时问问自己"是不是每个孩子都觉得自己是爸爸妈妈最爱的宝贝"。

2. 不要让老大担负太多责任

家长常让年长的孩子承担更多的责任，而且在他们年龄很小的时候就对他们抱有很高的期望。但是，家长是否期望过高了呢？老大讨厌别人告诉他"在我回来之前，你负责照看家里"或者"你是老大，所以家里对你期望更高"。家长要时不时地反思自己是否对老大要求太高，以确保没有给孩子强加太多的责任或者把他当成小大人来看待。家长一定不要总把"你是家里的男子汉"这样的话挂在嘴边。至少在孩子成年之前不要这样做。

3. 放松，尝试 10 次深呼吸

虽然家长能一心一意地培养老大（至少在老二出生前），但老大也有可能成为压力最大的人。家长对老大要求更严格，对弟弟妹妹则更宽容，而且家长确实容易对第一个孩子期望过高，希望老大表现得更好。初次为人父母，家长更容易在培养老大时过度焦虑。家长的期望和焦虑会影响老大，这也是老大通常更焦虑的一个原因。因此，在教育老大之前，家长可以先做几次深呼吸放松一下（孩子会察言观色，能感受到家长的焦虑，并由此受到影响）。也许家长应该把对老大的期望降低一点儿。

4. 让孩子走出一条属于自己的路

出生顺序会对孩子的未来产生影响。家长对老大的培养更上心，抱有更高的期望，而老大往往不太愿意冒险，会顺着父母为其选定的道路发展。研究还发现，家长会鼓励老大追求更多认知和分析方面的兴趣，从而使老大从事更有声望的职业，如律师或医生。（家长对家里小一点儿的孩子往往更开明，更容易接受他们偏离那条"常规意义上无比正确"的道路，去追求偏向于艺术和创作方面的兴趣，成为诗人或平面设计师。）家长也应该允许老大发展独特的爱好和强项，帮助老大成长为自己想要成为的人，让他培养那些可能助力他实现梦想的兴趣。家长在培养老大时，可以鼓励他稍微偏离常规，勇于尝试，像弟弟妹妹一样跳出条条框框的限制。

5. 让老大辅导和教育弟弟妹妹

作为老大还有一个好处：在帮助弟弟妹妹成长的过程中提高自我。"你可以教弟弟认字吗？""你可以教妹妹开电脑吗？"事实上，弟弟妹妹和老大都能从教学中获益。在许多情况下，通过教学获益最多（尤其是智商方面）的反而是老大。所以，假设老大愿意并且有时间，家长可以鼓励他辅导和教育弟弟妹妹。切记要对其他孩子也使用同样的策略，这样每个孩子都能获益。

6. 当心过敏

50 多项研究发现，家里的老大更容易患花粉过敏、湿疹和其他过敏症。一种假设是，家长对老大保护过度，导致老大不太容易接触各种细菌，因此免疫系统更脆弱，也更容易感冒。年龄较小的弟弟妹妹没有被过度保护，入学前就接触了各种细菌，逐渐形成了更强的免疫系统来抵御这些细菌。一些医生认为，老大容易得的感冒其实都不是感冒，而是症状像感冒的过敏。过敏最明显的症状是鼻子发痒，它不会像感冒一样有发烧、疼痛或发冷的症状。

家长可以重新考虑一下成功的定义，这样就不会固执地认为所有的成功都与智商息息相关了。研究确实表明，在现实世界中，智商的高低对是否取得成功没有太大影响。确实是这样的！重要的是家长要确保老大有时间从容享受生活，真正体验生活中的点滴幸福。

第 4 问　排行中间的孩子

相关问题另见：第 2 问"新宝宝"、第 3 问"老大"、第 5 问"最小的孩子"、第 6 问"同胞竞争"、第 10 问"总和别人吵架"、第 63 问"不愿意分享"

 问题

"我和太太有 3 个孩子：老大 10 岁，是个男孩，老二 6 岁，也是男孩，老小 3 岁，是女孩。老二总是埋怨，'我夹在中间没人管''我不想像妹妹那样乖巧''我想要专门给我买的新东西，而不是哥哥留下来的旧东西''教练总是批评我打球不如哥哥'。我们怎么才能让他不再抱怨被'夹在中间'呢？"

解决方案

我们需要面对现实：排行中间的孩子确实经常受冷落。不过，排行中间的孩子似乎也因为他们独特的家庭地位而学到了宝贵的技能，获得了不同寻常的看待事物的视角。奥地利著名心理学家阿尔弗雷德·阿德勒是首批研究出生顺序对兄弟姐妹的影响的人员之一。他发现，排行中间的孩子更有创造力和灵活性，因为他们试图表现得与家里的其他孩子不同。他们通常也比其他兄弟姐妹心态更放松、个性更独立、处世更灵活、发展更平衡。如果家长让排行中间的孩子自由地稳步前进，他们可以成长为优秀的谈判者，拥有出色的人际交往能力。以下是一些有助于避免排行中间的孩子心理不平衡的方法。

1. 不要偏袒任何一个孩子

虽然家长可能认为自己能平等地对待每一个孩子，但研究表明事实并非如此。一项调查发现，65% 的妈妈和 70% 的爸爸会对大一点儿的孩子表现出偏爱。请试着回答这个问题：家里的每个孩子都开心得眼睛闪闪发亮吗？请注意：排行中间的孩子确实会觉察出家长最偏爱哪个兄弟姐妹。所以，家长要注意自己和孩子的互动，留心孩子可能会如何解读这些互动。家长尽量不要说出或表现出，甚至不要流露出偏爱哪个孩子的蛛丝马迹。最好的做法是在合适的情况下赞扬每个孩子的特别之处和可爱之处，"你是我的小机灵鬼""你永远是我的小暖宝"。

2. 重视排行中间的孩子的"第一次"

老大的每个"第一次"（张口说话、学走路、表演等）对家长来说都是重大时刻；老小的重大时刻是特别的，因为家长知道这将是整个家庭经历的最后一次；而排行中间的孩子的"第一次"常会被忽视。因此，家长一定要郑重其事地对待排行中间的孩子的"第一次"，比如掉的第一颗松动的牙齿、赢得的第一个足球奖杯、参加的第一次节日表演和睡衣派对……这样孩子就会知道父母对他的成长同样感到兴高采烈。加州大学戴维斯分校的凯瑟琳·康格经研究发现，排行中间的孩子往往会有更多的自尊问题，觉得自己不如老大重要。家长对孩子轻微的忽视通常是无意的，可是留给孩子的心理阴影却难以消散。

3. 停止兄弟姐妹之间的比较

排行中间的孩子最大的抱怨是家长拿他和大一点儿孩子做比较。"你哥哥 3 岁大的时候就会这么做了。""你看姐姐总是勤学苦练。"家长必须忍住不说类似的话，坚持这条基本原则：永远不要让兄弟姐妹一比高低，看谁强谁弱。

4. 鼓励排行中间的孩子表达自己的所思所想

众所周知，老大更爱说话，这是因为在第二个孩子出生前，父母陪伴的时间都是老大的，父母和老大交流更频繁。（前文提到的分析表明，老大的智商比家里的兄弟姐妹平均高出 2.3 分。研究人员认为，这完全是因为父母和老大有更多的一对一交流时间。)这种情况导致排行中间的孩子经常把事情憋在心里，不表露自己的情绪。所以家长需要专门为排行中间的孩子留出时间，问问孩子的想法和感受。家长要注意在餐桌上多和排行中间的孩子聊两句，确保他没有被忽视，"宝贝，今天过得怎么样""那个活动进度怎么样了"。要让排行中间的孩子知道家长愿意倾听他的想法。同时，家长也可以让其他孩子参与进来，鼓励孩子交流。

5. 不要让排行中间的孩子吃亏

排行中间的孩子通常是家中处理冲突的高手。因为讨厌冲突，他们会站出来平息事端。为了让大家和睦相处，排行中间的孩子也会向兄弟姐妹让步。因此，家长要注意不要让排行中间的孩子吃亏。否则，不公平的处理方法会引起孩子之间的怨恨。

6. 不要让排行中间的孩子总用大孩子的旧东西

偶尔一次没关系，但是不要总是把那些大孩子用过的物品传下来给排行中间的孩子用。"这件大衣还挺好的。""姐姐从来没有玩过那个洋娃娃。"排行中间的孩子不喜欢总用大孩子用过的东西。

7. 允许孩子发展独特个性

研究还表明，排行中间的孩子往往具有创造力和独特个性。老大通常更有野心（部分原因在于他们得到过父母一对一的关注和早期督促），并会努力通过顺从长辈来保持或重新获得父母的关注，而排行中间的孩子往往不得不塑造自己的独特身份。所以，家长要挖掘排行中间的孩子的独特优势，创造机会发展孩子的才能。要因材施教，排行中间的孩子用不着和哥哥姐姐有一模一样的成长轨迹。

最后要补充的是，我家也有老二，我相信只要家长允许排行中间的孩子按照自己的节奏成长，就可以保证他们不仅听话懂事，还非常优秀。

第 5 问　最小的孩子

相关问题另见：第 2 问"新宝宝"、第 3 问"老大"、第 4 问"排行中间的孩子"、第 6 问"同胞竞争"、第 10 问"总和别人吵架"、第 38 问"依赖家长"、第 63 问"不愿意分享"

 问题

　　"我们家有 3 个孩子，老小是男孩，我们总觉得亏欠他。家里只有老大和老二时，我和先生在家时间多些，照顾他们占用了我们很多的时间和精力，但我们现在不像以前那样热衷于育儿了。我担心我们忽视了最小的孩子，没有给他足够的照顾，很多事情让他自己动手。我能做些什么来保证照顾好他，让他幸福成长呢？"

解决方案

　　奥地利著名心理学家阿尔弗雷德·阿德勒的研究发现，孩子的出生顺序以及由此决定的父母对待孩子的方式，对他们的个性发展、人生选择和智力发育都有深远的影响。当然，每个孩子都是不同的，但是出生顺序和家长对待他们的方式使最小的孩子往往有一些共同的特点：他们通常幽默有趣、有创造力、天真率直、热爱社交、性格外向、心态更放松、待人更随和。通常他们的受教育程度、智商和收入都不如年长的哥哥姐姐，但作为最小的孩子，他们也有不少独特的优势。

一项针对 8 000 多名小学生的研究发现，家里排行靠后的孩子更不容易超重；另一项研究报告表明，这些孩子过敏和湿疹的发病率要低得多；他们也往往更有创造力，不落俗套；他们善于团队合作，更愿意换位思考。许多名人都是家里排行最小的孩子，比如美国前总统里根、进化论的奠基者达尔文、废奴主义者塔布曼、天文学家哥白尼、肯尼迪家族的参议员爱德华·肯尼迪、哲学家笛卡儿和作曲家莫扎特。但排行最小的孩子还有一些特质会让父母有些头疼——排行最小的孩子可能会有逆反心理，而且他们有时更喜欢冒险和质疑权威。

还有研究表明，相比于家里其他兄弟姐妹，排行最小的孩子经历青春期更早、更有可能拥有最多的性伴侣！（也许这就是家长决定到此为止，不再生更多孩子的原因。）但可以肯定的是，排行最小的孩子更有趣、更放松、更健康，也可能让家长面临更多的育儿挑战。排行最小的孩子也会得到全家人的呵护。以下是帮助排行最小的孩子茁壮成长的方案。

1. 尽可能多地和孩子聊天

研究表明，老大的智商平均比弟弟妹妹高出 2.3 分，这为老大在当今的应试教育体系下赢得了巨大的学习优势。但是老大的优势不是遗传的，而是因为父母花了更多的时间与老大一对一交流。和孩子交流是提升孩子语言能力最有效的方法。遗憾的是，排行最小的孩子很难像老大小时候一样得到父母一对一的关注。其实，家长无须担心和孩子说的内容是否重要，关键是要和孩子互动。美国杨百翰大学的经济学教授约瑟夫·普莱斯的研究为此提供了证据。他的研究对象有 21 000 人，数据分析显示老大与父母独处的时间比弟弟妹妹多 3 000 小时，大约每天多 20 到 30 分钟。研究发现父母与孩子交谈时间的增加有助于提高孩子智力和语言能力。普莱斯解释说这就是老大受教育程度更高、收入更高以及智商测试得分更高的原因。相比之下，排行最小的孩子与父母一对一相处和交流的时间最少。虽然在 4 岁到 13 岁之间，排行最小的孩子和父母在一起的时间确实比哥哥姐姐多，但这些时间都花在看电视上了！所以，家长不要浪费与排行最小的孩子共度的宝贵时光，要多和孩子交流。

2. 给排行最小的孩子准备宝宝成长纪念册

家长会费时给老大准备宝宝成长纪念册、相册和剪贴簿，别忘了排行最小的孩子也需要！让人失望的是，记录排行最小的孩子一岁后成长生活的照片很少。整理成长纪念册很耗时，家长可以让排行最小的孩子和大人一起整理这些照片，并把它们粘贴到剪贴簿中。这样做还能让家长有时间和排行最小的孩子一对一交流，聊聊大家有多珍惜在一起的时光，回忆孩子成长过程中那些特别的时刻。家里可能没有那么多照片，不过没关系，交流的过程更重要。

3. 不要让排行最小的孩子为所欲为

现在有研究证明，老大常常埋怨排行最小的孩子为所欲为，受管教更少。来自马里兰大学、杜克大学和约翰·霍普金斯大学的研究人员分析了全美 11 000 多名青少年，发现父母对排行最小的孩子确实远没有那么严格。由于父母管教较少，排行最小的孩子也更可能富有冒险精神、叛逆、发生无保护措施的性行为、辍学或无视规则。家长要听听老大的建议，不要对排行最小的孩子疏于管教。

4. 留心排行最小的孩子吸引注意力的搞笑行为

家长在生活中往往对排行最小的孩子要求不太严格，不留心他的一举一动。排行最小的孩子通常压力更小、更放松，经常会成为家里搞笑的那一个，吸引大家的注意力。不少喜剧明星是家里的排行最小的孩子。虽然具有幽默感是一种很好的品质，但要确保排行最小的孩子不要在不合适的场合试图搞笑（比如在学校、餐馆和家庭餐桌上）。要帮助排行最小的孩子理解适合搞笑的场合。家长可能需要和排行最小的孩子约定一个秘密信号，以便在排行最小的孩子不合时宜地搞笑时暗中提醒他。

5. 肯定孩子的能力

家长可能会赋予更为年长的孩子更多责任，在他们还小的时候就对他们抱有很高的期望，让他们承担更多的责任。家长对孩子的期望也确实实现了的例子不胜枚举。老大更有可能成为美国总统或首席执行官，得到更有声望的工作，赚到更多的钱。第一批宇航员几乎都是家里的老大。但是家长也不要低估排行最小的孩子的能力，不要限制对他们未来的期望。家长要像过去激励他的哥哥姐姐一样，明确地告诉排行最小的孩子："只要努力，你就可以做到任何你想做的事情！"家长的鼓励对排行最小的孩子来说至关重要。

6. 提高期望值

排行最小的孩子的受教育程度不如哥哥姐姐高，通常是因为家里收入有限，除此之外，家长也可能并没有在学习上督促排行最小的孩子。家长要给孩子加油打气（"当你读完大学……"），并激励他向未来的目标前进（"当你实现了你的梦想……"）。不要降低对排行最小的孩子的期望，否则会导致他学习不求上进。

7. 坚持让排行最小的孩子承担家里的责任

家长要像对待哥哥姐姐那样要求排行最小的孩子，让他分担一些力所能及的家务活，比如帮家里倒垃圾。做家务确实能培养孩子的责任感，也有助于提高其成绩。

8. 让排行最小的孩子辅导其他更小的孩子

家长会经常让大孩子来帮助弟弟妹妹，"教弟弟系鞋带，好吗""教妹妹用电脑，好吗"。这些不起眼的"辅导"课程似乎让大孩子受益匪浅。事实上，新的研究指出，老大比弟弟妹妹智商略高的原因之一（除了和家长有更多的一对一时间）就是帮助父母辅导弟弟妹妹。所以，家长要想办法让排行最小的孩子教一个更小的孩子，这样排行最小的孩子就能和哥哥姐姐一样获得优势了。家长可以让排行最小的孩子教邻居家的小孩、保姆的孩子、亲戚中更小的孩子，甚至家里的宠物狗。只要排行最小的孩子有机会锻炼，不管教谁或教什么都可以。

9. 别总把排行最小的孩子当新宝宝来娇惯

排行最小的孩子享有家里爸爸妈妈和哥哥姐姐的宠爱和照顾。这种集全家宠爱于一身的感觉好像很幸福，但问题是这可能让排行最小的孩子把自己当作不能独立的婴儿，变得喜欢依赖他人。他也有可能降低对自己的期望值。所以，家长不要给排行最小的孩子贴标签，比如，"这是我们的小宝贝"。不要让排行最小的孩子被这个角色困住，永远做懒洋洋的最小和最可爱的宝贝，喜欢依赖家里人，坐享其成。研究表明，如果排行最小的孩子总是被当作宝贝或被视为没有主见、不能对自己负责的人，那么他们长大后就很难独立。

第 6 问　同胞竞争

相关问题另见：第 2 问 "新宝宝"、第 3 问 "老大"、第 4 问 "排行中间的孩子"、第 5 问 "最小的孩子"、第 10 问 "总和别人吵架"、第 13 问 "霸道"、第 37 问 "愤怒"、第 50 问 "被欺凌"、第 51 问 "欺凌他人"、第 59 问 "同伴压力"、第 65 问 "被取笑"

 问题

　　兄弟姐妹相互挑衅（通过言语或行为），怨恨彼此，与对方竞争，持续不断的小摩擦或偶尔爆发的剧烈冲突伤害了他们之间的感情，兄弟姐妹间没完没了地争吵，导致家庭不再和谐。

　　"我的孩子们经常斗嘴。每当我试图给他们调解时，他们都会抱怨我不公平，指责我偏心。太难管了！我怎么才能引导他们和睦相处呢？"

◎ 为什么需要做出改变

　　"妈妈！雅各布老是碰我！" "难道我们不能把詹妮弗送人吗？" "我讨厌哥哥！" "难道莎拉没有自己的朋友吗？"

　　孩子的吵闹声让家长不由感叹，想要让孩子和睦相处并不容易。大多数家长希望自己的孩子成为彼此最好的朋友，但是他们生活在同一个屋檐下，难免会发生争吵。孩子的年龄越接近，就越有可能争吵。家长需要铭记在心的是，研究表明，孩子大约有三分之一的空闲时间是和兄弟姐妹在一起的，这比他们和父母、老师或朋友在一起的时间都要多。虽然家长不能强迫孩子们喜欢彼此，但可以用一些方法帮他们减少矛盾，也可以教孩子一些技巧来尽量减少对彼此的嫉妒，让他们学会互相欣赏，更好地相处（也许只是学会喜欢彼此）。

◎ 问题表现

所有的兄弟姐妹都会时不时地发生口角，对于那些无关紧要的事家长可以置之不理，但如果出现了以下情况，则必须适时介入。

- 争吵不断升级。孩子们开始越来越激烈地对骂、大吼大叫或相互攻击（动手打人、拳打脚踢）。在这种时候，家长需要把孩子分开，绝不能让他们继续待在一起。

- 敌意升级。孩子开始破坏彼此的东西或人际关系。

- 情绪变得低落。家中的一个或两个孩子感到家人不再像以前一样爱自己或偏袒自己，开始慢慢丧失作为家庭成员的自尊心和归属感。

- 家庭关系不融洽。尽管家长尽了最大努力，兄弟姐妹之间的关系依然紧张，或者矛盾还在升级，并且他们之间的冲突开始影响家庭的幸福和稳定。

研究速递

加州大学戴维斯分校的家庭社会学家凯瑟琳·康格在三年多里对384名有兄弟姐妹的青少年进行了三次家访，观察其家庭成员间的互动情况，还拍摄了家庭成员解决冲突的视频。她分析后得出结论，65%的母亲和70%的父亲会明显偏爱某个孩子。在大多数情况下，父母都偏爱老大。更重要的是，孩子能够向研究者指出最受偏爱的孩子。尽管"不被看好"的孩子会试图将争吵视为无关紧要的小事，但他们显然很难过，内心的自我价值感也会因此有所缺失。家长要当心，孩子确实会感受到父母的情感和偏好，尤其是父母对某个兄弟姐妹的偏爱，这可能会导致孩子一生都抱有怨恨。

 **解决方案**

家长不用试图在处理孩子的矛盾时保证绝对公平，这根本不可能！不要不切实际地幻想孩子能长久地和谐相处，因为孩子打打闹闹是不可避免的。事实上，孩子不必每时每刻都喜欢彼此，甚至不必总是相处融洽，但他们必须尊重彼此的感受，能够怀有同理心，设身处地地为彼此考虑，让家庭更稳定。如果家长强调这个原则，就会增加孩子友好相处的可能性。（毕竟，任何良好关系的基础都是同理心和对彼此的尊重。）

◎ 步骤 1：早期干预

1. 明确问题产生的原因

以下是兄弟姐妹争吵的常见原因，家长可以看看哪些与自己的家庭情况相符，然后想想是否有简单的解决办法。

- 孩子的气质、性格、能力、做事风格和节奏都大不相同。
- 兄弟姐妹有不同的父母；目前的家庭是再婚家庭。
- 孩子没有机会表达不满，因此累积了敌意。
- 孩子没有机会发展个人兴趣或没有自己的隐私，没有单独的时间和别人交往。
- 家庭财务问题、夫妻冲突、疾病或心理创伤导致家庭成员之间关系紧张。
- 孩子没有足够的表达能力、交流技能或成熟度来解决问题或说出自己的烦心事。
- 孩子在模仿成年人的行为（家长和自己的配偶、兄弟姐妹、母亲、老板吵架）。
- 家里有特需儿童，需要特殊照顾，或者过于好斗、容易冲动。

2. 找出矛盾的触发因素

家长需要在孩子不知情的情况下观察他们之间的冲突，同时也要关注孩子在冲突爆发前的行为。以下因素供参考。

- 出言不逊、殴打、骂人或咬人等行为，哪些会使孩子的矛盾升级？
- 孩子常见的矛盾有哪些（比如：两个孩子同时想玩同一个东西或者都想用电脑；一起看电视，但想看的电视节目不一样）？
- 家长是否可以采取合适的方法来大事化小或防止问题发生（比如：家长可以买一样的玩具，制作让孩子轮流使用电脑的时间表，或者教孩子在冲突完全爆发之前化解冲突的技巧）？
- 一旦冲突爆发，家长如何处理，孩子对家长的处理方式有何反应？家长的干预是升级、缓和还是化解了冲突？
- 有没有简单的解决方案可以减少将来出现同样问题的可能性？

3. 反思与孩子的相处方式

家长是否会偏袒某个孩子，或者是否给孩子施加了太大的压力？家长需要认真反思自己在与孩子的相处过程中是否有以下行为。

- 对某个孩子期望过高。
- 对某个孩子关注过多。
- 偏袒某个孩子。
- 孩子们有矛盾时，只听信某个孩子的话，或是坚信某个孩子是对的。
- 在两个孩子面前赞扬其中一个，批评另一个。
- 通过承认一个孩子比另一个孩子好来激励孩子在学习、体育或其他方面相互竞争。
- 对每个孩子的爱好、朋友、学校和兴趣都同样关注。
- 公平分配给孩子家务活、奖励和机会。
- 当看到每个孩子时，眼里都闪耀着同样欢喜的光芒。

家长可以花点时间写下每个孩子在自己心里的优缺点。如果每个孩子的优缺点条目量太不平衡，就可能表明家长在看待孩子的态度上有潜在的问题。家长应该如何改变呢？要减少兄弟姐妹之间的竞争，注意日常生活中可能会让孩子成为竞争对手的时刻，要避免一些有可能让孩子产生怨恨情绪的事情。

- 永远不要拿孩子做比较。不要说"你为什么不能像你哥哥一样击球"，"当姐姐像你这么大的时候，她的成绩总是 A"。孩子可能会认为自己在父母眼里不如兄弟姐妹。

- 避开负面标签。要遵循这个育儿规则：除非一个标签或昵称具有尊重或激励孩子的正面意义，否则不要用它形容孩子。那些负面标签（比如"笨手笨脚""慢吞吞""胖墩墩"）可能会让孩子朝着标签暗示的不良方向发展，它们会伤害孩子的自尊心，而且这种负面影响会持续到孩子成年。

- 鼓励团队合作。停止那些迫使兄弟姐妹互相竞争的比赛。（"谁穿衣服最快？""这周谁刷牙次数最多？"）鼓励孩子多玩一些不分输赢的合作游戏。与其鼓励兄弟姐妹竞争，不如鼓励他们挑战自己，和过去的自己赛跑。

- 培养每个孩子独特的优势。每个孩子都在竞相定义自己是谁，这种现象往往会使兄弟姐妹之间的竞争更加激烈。所以，家长要认可每个孩子。例如，如果家里有孩子擅长艺术，家长就可以给他买彩色铅笔和写生簿，并鼓励他去上艺术培训班。家长的绝招就是培养每个孩子的天赋，然后找机会炫耀，这样两个孩子就不会为了竞争同一方面的"冠军"地位而大打出手。

- 尊重孩子的隐私。如果兄弟姐妹共处的时间太长（并且这不是他们的选择），那就想办法把他们分开，或者留给每个孩子一点儿自己的空间。如果两个孩子共享卧室，那就把衣柜甚至卧室一分为二，给每个孩子准备独立的桌子、公告板、书架、衣服、抽屉和玩具箱。如果可能的话，安排好孩子的时间表，让他们分开行动。如果家长的精力允许，最好让孩子各自结交不同的玩伴，给他们制定不同的游泳时间表。家长要想方设法给孩子留出"独处的时间"。

- 赞赏孩子的合作行为。当注意到孩子学着分享、一起玩耍或试图和平解决问题时，要让他们知道家长为他们的行为感到骄傲。孩子知道家长赞赏他们的努力后，会愿意继续这样做。"看到你们两个这次冷静地解决了问题，我真的很开心。太棒了！""我看见了，你们非常努力地互帮互助，解决了问题，最终把东西摆放好了。真棒！"

◎ 步骤2：快速反应

1. 保持中立

大多数研究发现，家长越是介入孩子之间的争吵，他们就越有可能难以控制自己的行为，吵成一团。孩子需要学会自己解决问题。所以家长等看到冲突要升级了，再介入也不迟。如果孩子越吵越凶，家长要注意保持中立，等到孩子似乎陷入困境，无法独立处理矛盾时，再提出建议。

2. 为每个孩子留出与家长一对一相处的时间

家长最好根据自己的时间表，留出一些时间，让每个孩子在这个时间内都能得到家长的全部关注，轮流带每个孩子去享受特别的外出活动，比如购物、看电影或吃冰激凌。

家长分享

一位妈妈分享了自己的经验。

我的两个孩子经常打架。他们一个8岁，一个6岁。我尝试了很多办法，比如当裁判评判谁对谁错、把他们分开、劝说他们、批评惩罚他们，但他们还是争吵不休。后来我才明白，也许我过多介入了他们的争吵，结果非但没能制止他们争吵，还促使他们越吵越凶。之后，如果没有必要，我就不再插手了，让他们自己去解决问题。令人惊讶的是，孩子吵架的次数比以前少了。

3. 让每个孩子讲讲发生了什么事

在孩子感情受到伤害或大打出手的情况下，家长应该让每个孩子轮流讲讲发生了什么。这样可以让每个孩子（尤其是年龄较小或不善言辞的孩子）都感觉大人在倾听自己的发言。当一个孩子说话时，要让其他孩子保持专注，认真倾听，不可以让孩子互相打断，要保证每个孩子都有机会发言。家长可能需要设置一个计时器，保证每个孩子的发言时间一样长。当孩子说完后，家长可以简要重申每个孩子的观点，以表明自己确实理解了孩子的话。家长可以接着追问"你会怎么解决这个问题呢"，不要仅仅问"发生什么事了"或者"谁先动的手"之类的问题，这样只会得到片面的解释，会使孩子的冲突更加激烈。

4. 在争吵爆发前分散注意力

看到孩子的脾气越来越大或一个孩子的耐心即将达到极限时，家长就要使用"分散注意力或把孩子分开"的方法了。"我们别玩那个棋盘游戏了。""想不想吃冰棒？""你们两个分开，各自休息5分钟怎么样？"在孩子的冲突要彻底爆发时，家长就可以使用这个策略。

◎ 步骤3：养成良好的习惯

1. 鼓励孩子交朋友

除了家人，每个孩子都需要有自己的朋友。如果其中一个孩子的朋友来家里玩，家长可能需要确保家里的其他孩子不要干涉或打扰他们。这对即将步入青春期的孩子来说尤其重要。

实用妙招

防止孩子争吵的 5 条规则

以下是防止孩子争吵的5条简单规则。家长要确保全家人都坚持执行每条规则，这样才能取得成果。

（1）不要大喊大叫。家庭成员讲话时要保持声音平和，不能大喊大叫。如果孩子越来越激动，任何人都可以做一个"暂停"的手势，示意对方冷静下来。

（2）未经允许不得拿走他人的东西。家长要告诉孩子，在借用、使用或拿走其他人的东西之前，必须获得主人的许可。（这是孩子，尤其是即将步入青春期的孩子之间爆发冲突的主要原因。）

（3）禁止伤害他人。打人、骂人和其他伤害人的行为是绝对禁止的。如果孩子伤害了兄弟姐妹，家长就要实施惩罚。对年幼的孩子，家长可以采用"计时隔离法"，让孩子待在家里的某个固定角落，反思自己的行为；对大一点儿的孩子，可以采用"失去特权法"，通过剥夺孩子的某项特殊权利，让其冷静下来反思自己的不良行为。

（4）不能确定谁对谁错就不能介入。家长只有在亲眼看到或亲耳听到孩子的冲突过程时才能介入。如果孩子在没法证明自己说的是真的的情况下寻求家长的帮助，家长可以建议他们采取"石头、剪刀、布"的方法做出决定。这种做法有助于家长保持中立，孩子也能学着用这个方法解决纷争。

（5）禁止打小报告。这可以大大减少兄弟姐妹间相互怨恨的情况，特别是在他们还小的时候。家长可以这样劝说孩子："除非你告诉我的事情是能让哥哥远离麻烦或避免他受伤的，否则我不听。"

2. 换位思考

孩子常常感觉自己没有被公平对待，而不会考虑对方的感受，所以，家长要启发孩子。"现在换位思考一下，姐姐是什么感受？""姐姐会怎么描述刚才发生的事情？"有些父母会要求每个孩子都从对方的角度把事情写下来，然后比较孩子所写的不同版本。

3. 召开家庭会议

不要让兄弟姐妹之间的敌意累积，否则只会导致冲突升级和怨恨加深。家长要创造机会，让每个孩子都可以表达自己的感受和担忧的事情，同时解决孩子眼里不公平的问题。家庭会议能让孩子消除分歧，讨论彼此之间的冲突，是教孩子运用"公平吵架守则"（见下面的"实用妙招"）的好机会。家长可以在会议开始前设置一个让每个成员互相表扬的环节。这做起来并不容易，不过如果把它变成传统，孩子会慢慢习惯在会议开始前想好要说的好话。一些家庭设置了"意见箱",孩子可以请在场的家长"调解"他们和家人之间的矛盾,帮助他们解决问题。家庭会议成功的秘诀是找到让孩子以健康的方式发泄情绪的办法。

实用妙招

教孩子遵照"公平吵架守则"来解决冲突

密歇根大学医学院的研究表明,如果家里的孩子没掌握合适的解决冲突的办法,冲突就会增加。因此,家长可以帮助孩子运用4个关键的"公平吵架守则",他们可以根据这些守则来公平地解决他们的矛盾。

(1)关注事实。让孩子告诉对方他究竟做了哪些让自己不高兴的事情。要告诉孩子只能讨论事实,不要添油加醋说坏话贬低对方,以免伤害对方的感情。

(2)找到公平的解决办法。除非有人受伤,或者事情超出了孩子的能力范围,否则不要让孩子去找爸爸妈妈调解。要鼓励孩子试着想出各种解决办法,直到大家一致通过对双方都公平的解决方案。

(3)多用代词"我"来讲述让自己烦恼的事。让孩子多用代词"我"来讲述发生的事,指出对方的行为给自己带来的烦恼。"你没经过我的允许就拿走我的东西,我很生气。"

(4)尊重彼此。禁止孩子骂人。家长要告诉孩子不能出言不逊贬低对方,要轮流认真地倾听对方的发言,不要打断,直到大家能公平地解决问题。

 ## 不同成长阶段孩子的表现

根据经验,年龄相近、性别相同的孩子会更容易产生冲突。以下是美国耶鲁大学著名的格塞尔儿童发展研究所的研究结果。

◎ 学龄前儿童

学龄前儿童以自我为中心，容易冲动，心理不成熟，解决问题的能力不足，因此，这个年龄段的孩子最容易发生冲突。学龄前儿童可以在家长的指导下试着想出解决矛盾的方法。2 岁到 4 岁的孩子大约每 10 分钟就会发生一次摩擦；3 岁到 7 岁的孩子则大约每小时会有 3.5 次冲突。

◎ 学龄儿童

5 岁到 11 岁的孩子最容易嫉妒兄弟姐妹。5 岁的孩子不那么专横，可以帮着照顾弟弟妹妹，更善于轮流分享。6 岁的孩子更盛气凌人，不愿妥协，容易和所有的兄弟姐妹发生冲突，他们往往求胜心切，难以承受失败，还会经常抱怨受到了不平等的对待。7 岁的孩子不再那么好斗，也不再那么好胜，他们会保护年幼的弟弟妹妹，但会经常与年龄相仿的孩子发生争执。8 岁的孩子经常和别人争吵，他们很难原谅或无视兄弟姐妹的错误，也可能不喜欢弟弟妹妹总黏着他们，尽管他们自己也想跟着哥哥姐姐（哥哥姐姐往往会拒绝他们）。

◎ 即将步入青春期的孩子

对于即将步入青春期的孩子来说，同伴的接纳和自我独立是最重要的。他们需要有自己的朋友和兴趣爱好，所以家长不要让弟弟妹妹在哥哥姐姐和朋友相处的时候过去打扰。9 岁左右的孩子慢慢能够和兄弟姐妹和谐共处，他们通常会保护弟弟妹妹，也会为自己的哥哥姐姐感到骄傲；孩子之间发生冲突时，他们往往关注的是"谁先挑起的"。10 岁的孩子在处理和兄弟姐妹的关系时明显更自如。11 岁的孩子有点儿喜怒无常，时不时地会和兄弟姐妹争吵、产生小摩擦。由于对公平有了更成熟的理解，12 岁的孩子通常能和兄弟姐妹和谐相处。13 岁的孩子往往会和年龄最接近的兄弟姐妹相处并和他们成为真正的朋友。个人物品被拿走或损坏是这个年龄段的孩子间发生严重冲突最常见的原因。

第7问　多胞胎

相关问题另见：第6问"同胞竞争"、第10问"总和别人吵架"、第64问"告状"

 问题

"我太太怀上了双胞胎，大夫说也有可能是三胞胎。我们花了很多钱在生殖辅助上，等了很久，终于即将迎来自己的小宝贝，还是双份喜悦，真的没有比这更幸福的事了。我和太太以前都没有照顾过双胞胎，想了解养育双胞胎需要注意的特殊育儿问题。请您百忙之中抽空给我们提些建议，谢谢！另外，现在多胞胎的出生率是不是很高？类似的新闻似乎很常见。"

解决方案

由于不孕症治疗技术的逐渐成熟和分娩孕妇年龄的增长，多胞胎的出生率上涨了许多。如今很多女性决定晚育，而随着女性年龄的增长，怀上多胞胎的概率翻了一番。虽然多胞胎的出生会给家里带来很多快乐，但现实情况是，相比其他家庭，养育多胞胎会面临独特的挑战：家长可能更疲惫，经济上也可能面临更大挑战。家长还需要考虑：如何培养多胞胎独立的人格？他们应该在同一个班级上课吗？他们应该交同一群朋友吗？另外，一些研究发现，双胞胎普遍存在语言能力发育迟缓的问题。遇到这种情况家长该怎么办？以下是一些行之有效的多胞胎育儿方法。

1. 积累养育多胞胎的相关知识

虽然育儿基础知识对所有孩子都行得通，但家长在养育多胞胎时会面临一些特殊的问题，需要学习和积累专门的育儿知识才能应对挑战。

2. 鼓励多胞胎发展自己独特的个性

多胞胎通常在外貌、举止甚至想法上都很相似，而且他们兴趣相近，一起上学，参加同样的活动，拥有共同的朋友，一起庆祝生日，这常常让不太熟悉的人分不清楚他们谁是谁。此外，因为多胞胎有如此多的相似之处，所以经常会被相互比较，这加剧了他们之间的竞争，也影响了他们的感情。毕竟，每个孩子都应该被当作独立和独特的个体来对待。以下 6 个建议有助于培养多胞胎的个性，减少多胞胎之间的竞争。

- 打造不同的形象。同性别的多胞胎通常长得很像，总是被人弄混会让孩子心生埋怨。家长要想办法让孩子们的形象看起来不那么相似，这样家人和外人就可以很容易地把他们区分开来。家长可以考虑让孩子的发型、鞋或背包颜色有所不同。

- 留出一对一的亲子时间。家长要留出时间让每个孩子都可以单独和自己度过美好的时光，哪怕只是短短的几分钟，比如睡前听每个孩子说说心里话；延长晚餐时间，让每个孩子都可以在餐桌上分享自己白天的经历；或者轮流陪每个孩子单独吃午餐、看电影或球赛。

- 让孩子短暂分开一段时间。多胞胎待在一起的时间太长，难免会产生摩擦。所以，家长要想办法让他们短暂分开一段时间，比如留小点儿的孩子在家，陪大点儿的孩子去公园散步；把一个孩子送去奶奶家；给孩子选择不同的夏令营。

- 让孩子参加不同的课外活动。家长经常让多胞胎参加同样的课外活动，这样做会使孩子竞争得更厉害。家长应鼓励多胞胎至少独自尝试一项不同的活动。虽然这样的话，家长接送孩子会更累、更有压力，但这对孩子的好处是显而易见的。

- 培养孩子的独特才能。家长要试着发现每个孩子独特的天赋或长处，比如声乐、空手道、吉他、爵士舞或其他诸如此类的天赋。家长要为孩子提供发展特长的机会，让孩子因为自己的特长得到认可、被大家记住。

- 让孩子交不同的朋友。多胞胎经常拥有共同的朋友，这样做的坏处是其中一个孩子可能独占这个朋友，把另一个孩子排挤在外。家长可以有意让孩子每人至少拥有一个只属于自己的朋友，让每个孩子都独立参加一些活动，比如独自去朋友家过夜或单独和朋友出去玩。

3. 坚持公平，而不是无原则的平等

试图通过给予每个孩子相同的待遇来维护平等是不可取也不可能的！更合乎情理的做法是，公平地照顾孩子，这意味着要公正地对待每个孩子，根据孩子的实际需要合理地调整家长的标准和期望。例如，家长可以给孩子立下相同的规矩，但管教时要依照每个孩子的情况做出决定（当只有其中一个孩子犯错时，请搞清楚情况，千万不要一并惩罚所有的孩子）。例如，家长可以给孩子规定一样的电脑使用时长，但是如果一个孩子需要更多的时间来用电脑做作业，其他孩子就需要明白学习是最重要的，其他活动可以等一等；可以给每个孩子定下明确的洗澡时间，但是如果一个孩子急着参加活动，其他孩子就需要表示理解，并配合着临时调换洗澡顺序。另外，家长可以给多胞胎买可以分享的玩具，让大家一起玩或者轮流玩，但是要确保每个孩子都有自己的玩具，并且每个玩具都要标记清楚，方便区分。孩子的书和衣服也要这样处理。

4. 重视和多胞胎的亲子对话

多胞胎会花更多的时间和彼此相处，有时甚至会发明出只有他们彼此才懂的语言。因为他们相互依赖，所以他们与父母交谈的时间就相应减少了。与不是多胞胎的孩子相比，他们语言发育迟缓的风险更大。这会对他们的语言能力、智商和学习潜力造成负面影响。家长要重视与多胞胎的亲子对话，在孩子还小的时候，亲子对话尤其会对孩子的语言发展产生深远的影响。因此，家长要想办法在日常生活中多与孩子交流。家长可以给他们读书，多找时间一家人一起吃饭，给孩子创造表达和倾听的机会。家长也可以大声说出自己正在思考的事情，

无论是待办事项清单、晚餐菜单，还是带孩子拜访奶奶的计划，让孩子听到家长内心的想法。家长也可以邀请朋友和其他家人到家里来。多和大人接触可以增加孩子习得语言的机会，帮他们提升语言能力。

5. 为孩子做详细的学业规划

虽然家长要帮助每个孩子发展自己独特的个性，获得不同的经历，但这不适用于多胞胎入学后的情况。事实上，对过去 20 年的多胞胎发展研究发现："如果多胞胎在学龄前就获得许可在一起上学，小学早期又如愿在一起，他们在学业和社交方面似乎会比那些被任意分开的多胞胎适应得更好。等多胞胎完全适应了学校生活，在高年级分开就很自然、容易了。"当然，家长可以选择是否分开多胞胎，以求得到对孩子最有利的结果，以上研究需要家长根据孩子的现实情况进行考量。以下是孩子学习方面的其他注意事项。

- 密切注意学习障碍。有研究表明，多胞胎，尤其是多胞胎男孩，更有可能患有学习障碍。异卵多胞胎都患有学习障碍的可能性是 40%；同卵多胞胎在此方面的可能性则是 68%。家长一定要保持警惕，如果孩子有学业问题，可以考虑让一个或所有孩子都接受学习障碍评估。
- 不要贴标签。家长一定不要叫其中的一个孩子"天才"或"我们的尖子生"。
- 当心竞争。如果家长注意到多胞胎在学习上相互竞争，而且在成绩上有明显差距，那可以让他们去不同的班级或团队。
- 让多胞胎自己决定是否分开。中学会提供更多的选修课，老师也各有特色。如果家长之前让多胞胎在一起上课，现在可能是时候让他们去不同的班级了。这是同伴压力更大和竞争更激烈的年龄段，分开上课可能更有利于保护他们的自尊心。做决定前，家长可以先问问孩子心中的最佳选择。

6. 照顾好自己

多胞胎会让家长的快乐加倍，但也会让压力加倍。有研究表明，照顾多胞胎带来的多重压力不仅会让家长精疲力竭，也会影响婚姻稳定。以下是缓解压力的方法。

- 加入"多胞胎妈妈"群。家长可以在网上或在社区里找找别的多胞胎父母，征求他们抚育孩子的建议，可以多加几个群，方便交流。

- 留出时间享受夫妻二人时光。夫妻俩最好留出时间享受一下二人世界，这时候千万别带着孩子，要保证自己完全放松。夫妻俩可以雇个临时保姆照顾孩子，这样两人就可以一起外出散步、看电影、参加健身俱乐部，或者骑自行车。这些活动都不会带来经济压力。

- 想办法让自己放松。家长可以做一些有助于放松心情的事情。可以洗热水澡、欣赏音乐、和朋友聊天或跟着运动视频锻炼，把这些活动融入日常生活。即使每天只留出 10 分钟，也可以帮助家长调节心情，应对养育多胞胎的巨大挑战。

关于双胞胎有一个非常感人、广为流传的故事。一对早产的双胞胎姐妹被放在不同的保育箱中抢救，过了一会儿，其中一个新宝宝情况恶化，面临生命危险，似乎已经无药可医。手足无措的护士决定把这对双胞胎放在同一个保育箱里，观察情况有无改善。神奇的是，护士看到健康的姐姐依偎着生病的妹妹，然后用小胳膊搂住她。几分钟之后，妹妹的血氧率稳定下来，情况也逐渐好转了。

我无法用语言来描述这对双胞胎之间神奇的心灵感应。虽然养育多胞胎会面临非常复杂和特殊的挑战，但是家长将培养孩子之间最独特的情感。好好享受其中的幸福和乐趣吧！

第8问 离异家庭的孩子

相关问题另见：第6问"同胞竞争"、第37问"愤怒"、第40问"哀伤"、第47问"精神压力大"、第79问"不愿意沟通"、第96问"抑郁症"

 问题

孩子感到愤怒、被背叛、内疚、被遗弃、非常难过。

"我是个离婚了的父亲，有三个孩子，他们分别是4岁、8岁和12岁。我只在周末有孩子的探视权，在我不在的日子里，我怎么才能继续参与他们的成长呢？"

◎ 为什么需要做出改变

除了父亲或母亲去世，父母离婚是孩子最大的压力来源。即便如此，美国《父母》杂志的一项调查仍发现，81%的父母认为，不幸福的夫妇不应该等孩子到了一定年龄才离婚；近40%的孩子在18岁之前就要面对父母离婚的可能。父母离婚对孩子的影响取决于多种因素，比如受影响更大的年龄（青少年）和性别（男孩），其他可能带来影响的因素有搬家或转学、参与父母冲突的程度、孩子与父母的关系、孩子的气质，以及离婚前后父母矛盾的激烈程度等。

夫妻两人是应该在一起还是离婚，这是成年人的决定，需要夫妻双方仔细权衡，本节只关注孩子如何应对，这也应该是家长最关心的问题。毫无疑问，父母离婚对孩子来说将是一段艰难的旅程，但是家长在离婚前、离婚期间和离婚后如何与孩子交流，将在很大程度上影响孩子当下和今后的表现。本节将提供一些行之有效的解决方案，帮助孩子应对这一挑战并显著减少父母离婚的负面影响。

◎ 问题表现

虽然每个孩子的反应不同，但他们通常都会有以下表现。

- **愤怒**：反抗，不合作，拒绝服从，脾气暴躁，冲动。
- **羞耻**：因父母离婚感到难堪，被人看到和家长在一起会感到尴尬。
- **焦虑**：感到有压力，觉得紧张，入睡困难，做噩梦。
- **同伴关系改变**：与同伴疏远，与他人发生更多冲突，躲到朋友家里。
- **自我照顾能力下降**：仪容不佳，原本整洁的卧室变得乱七八糟，卫生状况不佳。
- **依赖**：黏人，不让家长离开视线，处理问题的能力下降。
- **出现学习问题**：在学校里表现不佳，不认真做作业或成绩下降，难以集中注意力。
- **亲子冲突**：与家长关系变糟，指责或批评父母中的一方。
- **人生观改变**：不满，感到被背叛，排斥家人的关心，对婚姻制度冷嘲热讽。
- **低自尊**：感觉自己毫无价值，认为自己愚蠢或不重要。
- **悲伤**：有强烈的失落感，经常哭泣或抽泣，抑郁。

家长须知

如果孩子的过度悲伤或愤怒情绪持续超过 3 周或影响了他生活的其他方面，如学业、同伴关系或其他家庭关系，或者出现睡眠或饮食问题、产生抑郁情绪、变得易与他人对抗或挑衅他人、产生非理性的恐惧或强迫行为，或开始做出危险举动，那家长就需要寻求帮助。对所有家长来说，这都是一个艰难的时期，而训练有素的专业人士可以提供指导，使家长与孩子重新沟通并帮助孩子应对种种问题。

解决方案

研究表明，家长持续的积极参与是帮助孩子适应父母离婚的最佳方式。事实上，在离异家庭中，如果离开的一方辅导孩子做作业、提供情感支持、倾听孩子的疑惑，孩子的学习成绩会更好，问题行为也会更少。

◎ 步骤1：早期干预

1. 家长需要掌控自己的生活

父母处理离婚的方式，决定了孩子将如何应对面对父母离婚的压力。孩子会密切关注家长，观察家长是如何应对接下来的几天、几周、几个月的，尤其是在情况变得复杂的时候。家长可以通过均衡饮食、锻炼、寻求他人帮助来缓解压力。如果家长需要通过咨询来帮助自己渡过难关，那就应联系专业人士。家长需要更好地照顾自己，这样才能更好地照顾孩子。

2. 了解真实情况

研究发现，离婚对不同孩子的影响大不相同，所以我们无法预估孩子会有什么反应。家长需要充分意识到家庭破裂会在情感上影响孩子，了解离婚对孩子的影响，寻求有经验的专业人士的建议，依据可靠的信息做决定，这样才能帮助孩子减少短期和长期的负面影响。

3. 孩子才是主要关注点

家长要尽可能避免在孩子面前争吵。父母离婚会给孩子带来很大的负面影响，主要就是因为冲突和争吵。父母要保证（即使只有一方能做到）不说另一方的坏话，这并不意味着必须说一些关于另一方的不切实际的好话，只是说要坚持陈述事实，不要评判。此外，不要让孩子做传话筒，告诉另一方自己陷入了财务困境或有其他问题。言谈举止要文明！不管对前夫或前妻有什么感觉，你都不能否认对方是孩子的家长。

4. 安排合适的时间和地点与孩子沟通

家长一旦决定分居或离婚，就要在孩子注意到变化之前找好时间告诉他们，不要等到即将签署离婚协议时才做这件事。夫妻俩应该一起计划该如何告诉孩子家庭的变化。要让所有的孩子都到场，两人一起和孩子交流，这样他们就能同时了解发生了什么。

5. 想一想孩子可能担忧的事情

花点时间想一想孩子可能担忧的事情，不管其多么琐碎都要考虑，这样，家长在宣布决定时，就可以一并告诉孩子解决办法。这样做有助于减轻孩子对这一重大变化的焦虑。以下是需要解决的典型问题。

- 生活。我（妈妈、爸爸、兄弟姐妹）以后住哪里？我可以两边跑，两边都能待吗？我们一定要搬家吗？我必须决定要跟爸爸还是跟妈妈吗？我一定要上法庭吗？我以后还能见爸爸吗？我以后还能和妈妈聊天吗？

- 兄弟姐妹。我们还会在一起吗？我是不是必须把继父或者继母的孩子当作自己的兄弟姐妹？

- 假期。我们会在一起度假或者庆祝我的生日吗？我以后去爸爸家还是妈妈家？

- 学校。我会转学吗？爸爸妈妈以后要怎么送我上学？我什么时候开始去新学校？谁在我的成绩单上签字并且参加家长会？老师以后是给爸爸还是妈妈打电话？

- 宠物。我可以养宠物吗？它们会住在爸爸家还是妈妈家？我能每天都看到它们吗？

- 看护。以后我生病时是爸爸还是妈妈来照顾我？谁来喂我吃饭、给我拿衣服呢？

- 活动。我还能参加我的活动（参加夏令营、加入足球队）吗？我怎么去上钢琴课，怎么去练琴？

- 同伴。我还能见到我的朋友吗？我该怎么告诉他们家里的变化？他们还会接受我吗？
- 父母。我会有个新爸爸吗？那个女人会搬进我们家吗？

6. 联系祖辈

一项长达 25 年的关于离婚家庭子女的研究发现，祖辈的支持和稳定的爱是帮助孩子在家庭破裂之前、期间和之后过得更好的关键因素。家长可以让孩子的祖辈了解家里的最新情况，向他们强调为了孩子的未来，家里需要他们的帮助。

7. 确保孩子在爸爸和妈妈家都有能舒服睡觉的地方

不管孩子跟谁生活，父母双方在自己家给孩子准备好安全舒适的住处都是非常重要的。家长要确保在两个家里都准备一些孩子熟悉的家具和摆设，比如床头灯、毛绒儿童椅、墙上贴的画、孩子心爱的枕头、玩具，这样会让孩子感到熟悉，觉得舒适自在。对于大一点儿的孩子，要确保两个家都有地方放孩子需要的东西，比如书、作业、运动器材或乐器等。

◎ 步骤 2：快速反应

1. 冷静地宣布计划

家长要在家人都方便的时候开家庭会议（孩子不会被迫取消一场比赛，不会有人半途就匆忙离开）。关掉手机、关掉电视、在门上贴上"请勿打扰"的牌子从而减少打扰。要用孩子能听懂的语言平静地告诉他们家长会分居或离婚，以下是适合各个成长阶段孩子的开场白。

学龄前儿童："妈妈和爸爸以后将住在不同的房子里。我们非常爱你，会帮助你一起解决生活中的麻烦事。"

学龄儿童："爸爸妈妈花了很长时间思考我们家应该怎么好好生活。我们最终决定离婚，不再一起生活了。"

即将步入青春期的孩子："你知道，我和你爸爸一直相处得不好，在一起不开心。我们尝试过找婚姻顾问来帮助我们，但没有效果。我们已经决定离婚，分开生活。"

孩子不需要知道财务、法律事务或婚外情的细节。家长要确保孩子也没有无意中听到大人在电话里讨论这些事情。

2. 父母联合起来

要让孩子明白父母虽然分开了，但对孩子的爱不会减少。如果可能的话，家长说话时要注意仍和对方"统一战线"，最好是继续使用"我们"这种表达，"有些事我们需要告诉你"；"我们会永远在你身边"；"我们非常爱你"；"爸爸妈妈的家永远都是你的家，尽管我们没有生活在同一个屋檐下"。重点是要让孩子明白，父母虽然不能生活在一起，但是对孩子的爱永远不会改变，两人都会作为孩子的父母永远参与他们的生活。如果父母轮流和孩子交谈，每人告诉孩子一两条信息，效果会比较好。如果孩子不开心，父母双方都要安慰他们。如果孩子跑到自己的房间，父母两人都要跟进去。孩子最需要了解的是，他们将能够与父母双方都保持良好的关系，并仍然拥有父母无条件的爱。

3. 只告诉孩子重要信息

太全、太多的信息会让孩子无所适从、晕头转向，特别是当孩子年龄太小的时候。孩子想知道的关键信息包括即将发生的事情以及随之出现的变化。家长需要先判断孩子的接受能力，并据此调整和孩子谈话的内容。交谈结束后，孩子应该能够明白以下几点。

- 父母做出这个决定的原因，以及父母为什么认为这是最好的选择。提示：孩子问"为什么"通常是要表达"为什么这种事会发生在我身上"。
- 父母何时会分居、搬家或离婚。
- 家里每个人会住在哪里，尤其是即将离开现在这个家的家长。
- 孩子会跟父母哪一方，谁负责照料孩子一天的生活，比如谁给孩子做早餐、带孩子睡觉、接送孩子上下学。

- 孩子将来如何去联系或探望没有抚养权的另一方，以及在什么情况下可以做这些事。

4. 询问了解孩子担忧或恐惧的事

家长应认真对待所有问题，不管孩子的困扰是多么微不足道，都要用就事论事的平静语气认真回答他的每一个问题。有的孩子会通过反复问同一个问题来更好地理解他们听到的信息，也有的孩子可能什么都不问。家长要让孩子知道他们的感受会被认真对待："我知道你感到难过，但我们会一起挺过去。"

5. 向孩子保证父母离婚不是他们的错

家长需要注意，孩子经常认为他们自己或兄弟姐妹应该为父母的离婚负责，尤其是当家长因为孩子的行为吵架时："如果迈克表现得更好，爸爸妈妈就不会吵架了"；"他们总是因为我烦心"；"如果我成绩更好，他们会更开心"。家长要让孩子明白，自己不需要为父母的婚变负任何责任，也不能做什么来修复父母的关系。家长可能需要反复向孩子保证大人的决定与他们无关。

6. 准备好面对孩子的任何反应

如果婚姻存在问题已经有一段时间了，当家长告诉孩子时，孩子既有可能不会感到惊讶，也有可能会感到震惊。一些孩子会因父母的争执即将结束感到如释重负；也有一些孩子会尽一切努力让父母修复关系。家长要向孩子强调离婚让大家都很难过，自己理解他们的感受，但尽管两人曾努力了很长时间试图修复关系，也没有效果，分开是唯一的选择。如果孩子感到过于震惊，那就留出时间让他平静下来。如果孩子生气了，那么家长需要保持冷静，不要大喊大叫，否则孩子会更生气。

7. 向孩子解释分居和离婚的区别

如果家长正在分居，还没有决定离婚，那就告诉孩子大人需要一段时间来改善关系。除非家长非常确定要离婚，否则不要用"离婚"这个词。家长需要解释说自己也不确定将来会怎么样，但是一旦自己做了决定，就会尽快告诉孩子。如果两人已经决定离婚，那就要用温和的语气就事论事地告诉孩子大人的决定是最终决定，父母不会再生活在一起了。

8. 耐心帮助孩子适应家庭变化

家长要向孩子解释一家人计划再次见面，以继续讨论家庭的变化并处理他们关心的事情，并要着重向孩子说明他们可以随时带着任何问题来找自己。在接下来的几天里，家长要特别空出时间与孩子联系，给予关注和安慰，并仔细观察每个孩子的情况。

9. 联系直接接触和照料孩子的成年人

家长应与老师、保姆、日托工作人员、顾问、教练或其他接触和照料孩子的成年人交谈，找他们一起帮助孩子。在接下来的几周内，孩子可能会不知所措，家长需要请他们随时告诉自己他们发现的孩子的任何行为或情绪变化，并帮助孩子应对这一切。

家长分享

一位爸爸分享了自己的育儿经验。

我得到了儿子的抚养权，但儿子把我和他妈妈婚姻的破裂归咎于我，尽管是我的太太有外遇，并为了新恋情离开了我和儿子。我发誓我不会告诉儿子真相，也不会毁了他妈妈在儿子心中的形象。儿子已经好几个星期不和我说话了，但我每天都在他的枕头上留下便条，告诉他我有多爱他。有一天，我发现他坐在地板上哭，膝盖上放着一个小盒子，他正在看他保存在那个盒子里的所有便条。我从来不知道他已经读过这些便条。我抱着孩子和他坐在一起痛哭。儿子说他一直认为是因为自己做错了事，妈妈才会弃他而去，和我离婚。我很开心我一直在给孩子写这些便条。我总是告诉每一个正在经历离婚的人，无论如何都要和孩子保持交流，永远不要放弃！

◎ 步骤 3. 为实现目标培养良好习惯

1. 尽量保持以前的生活规律

家庭破裂可能会带来许多变化，包括新的日程安排、孩子转学或搬到新社区，关键是要帮助孩子明白，尽管大家不在一起生活了，但大多数日常活动还是一样的。家长需要让孩子按时睡觉，并像往常一样安排孩子的三餐、辅导孩子做作业；帮助孩子维系友谊，让孩子继续参加喜欢的活动，也要保留那些特别的家庭传统，比如周日和奶奶共进晚餐，周三出去吃酸奶，生日派对挂生日旗。家长要向孩子保证混乱只是暂时的，所有的问题都会尽大家所能得到解决，日常生活还会安稳继续。

2. 给孩子一些选择权

父母分居或离婚会让孩子感到无能为力，所以对于那些无关紧要的事情，父母可以创造机会让孩子做主。家长可以倾听孩子觉得重要的事，给他们一些大人可以接受的选择，但不要让这些选择打乱生活规律或影响孩子的身心健康，比如可以让孩子选择食物或衣服、探望日、床罩颜色，或狗窝的位置。

3. 继续参与孩子的生活

以下是不在孩子身边时和孩子保持联系的方法。

- 给小一点儿的孩子准备一些小礼物放在他的口袋里，这样每当他触摸礼物时，就知道家长在想他。
- 录下自己给孩子读的他最喜欢的睡前故事，这样他可以每天晚上听。
- 如果孩子识字，可以在他的背包里留下便条，祝他训练顺利或学习进步；可以把便条放在独立的信封里，注明哪天打开哪个信封。
- 给孩子发语音或文字消息，以便全天候交流。
- 教孩子学会录像，这样他们就可以记录自己在学校的活动以及表现，并和家长分享了。
- 教孩子扫描他们的艺术作品并发送给家长。让孩子把在家庭作业中遇到的难题发给家长或者和孩子通过视频聊天一起讨论解决。

● 确保父母双方都在家里备齐孩子的东西，方便孩子舒心地、不受限制地社交、学习、运动或玩音乐。

4. 制造新的美好的家庭回忆

家长要尽力及时定期开展家庭活动，让一家人其乐融融地聚在一起。可以选择一些能让一家人一起参加的花销不多的活动。家庭活动有助于孩子适应新的生活，消除紧张情绪，形成积极的家庭回忆。一家人可以提议并投票决定近期要举行的活动，比如去博物馆或看电影，也可以让每个家庭成员轮流做决定（年龄小的孩子可能想烤饼干或玩简单的桌游；大一点儿的孩子可能会选择骑自行车或者看视频）。一项纵向研究发现，来自离异家庭的孩子很少谈论快乐的童年时光，相反，他们会讲述自己的悲伤、孤独，以及假期在两个家庭之间的奔波。及时为孩子制造开心有趣的家庭回忆吧！

5. 帮助孩子从容处理好情绪

大多数孩子认为父母离婚"即使不是他们一生中遇到的打击最大的事件，也是童年最痛苦的回忆"。这会引发一系列痛苦的感受，比如悲伤、困惑、愤怒、内疚和羞耻。这些不良情绪不利于交流，孩子会控制不住地大吼大叫，破坏和谐的家庭关系。所以，家长需要帮助孩子找到健康的途径来释放负面情绪。家长应当先认可并理解孩子的一些不良情绪，告诉孩子有必要在感到沮丧、愤怒、悲伤或怨恨时和父母沟通。家长需要不加评判地倾听孩子的情绪，但是也要明确谈话界限：孩子可以谈论他们的感受和担忧的事，但不能批评其他家庭成员。家长可以设计一个家人都理解的"暂停"的手势，这样当讨论变得过于激烈时，可以通过手势示意大家在情绪激动时走开一会儿，等平静下来时再接着讨论。最重要的是，家长需要带头保持冷静，这样才能帮助孩子保持冷静。如果大家实在无法保证沟通顺利进行，可以向有经验的专业沟通顾问寻求帮助。

6. 借助儿童文学作品

孩子在听跟自己经历有关的故事时，更可能敞开心扉，谈论自己的感受和担忧的事。家长可以根据孩子的成长阶段和年龄，找一些适合他们的有关离婚话题的文学作品一起阅读讨论。

7. 和孩子保持沟通

即使孩子听不进父母的话不好好沟通、责怪家长或者不想说话，家长也要想办法和孩子保持交流。一位妈妈说她和女儿通过写信交流，直到她们母女关系修复；另一位妈妈努力给儿子发短信；一位爸爸在儿子的背包里留便条和儿子保持沟通。如果实在无法沟通，家长可以寻求家庭咨询师或家庭调解人的帮助。

8. 注重稳定性

一项涉及数百名孩子的长期研究发现，虽然父母离婚后，保持家庭生活的稳定并不能抹去带给孩子的所有负面影响，但这是帮助孩子适应家庭变化的核心因素。家长要确保无论分居或离婚前发生了什么事，目前的家都是温暖、有条理、稳定的。尽管家长想让孩子生活舒心，也不能在孩子行为不当时仍不加管教。此外，通过给孩子买东西来减轻愧疚感或想尽办法"让孩子感觉更好"会事与愿违。家长给予孩子最好的事物是关注和爱。家长要用和以前一样的规则和标准来约束孩子，如果可能的话，要和另一方的教育原则保持一致。美国心理协会在梳理了数十项研究后发现，以下因素能帮助孩子在父母离婚后更健康地适应生活：适当的父母教育、权威的管教、情感支持、对孩子行为举止的关注以及符合孩子成长阶段的期望值。

研究速递

在美国，父母离婚后，在事实上或法律上由父母共同监护的孩子表现得更好。

马里兰州健康与卫生部门的心理学家罗伯特·包瑟曼在分析了33项涉及近3000个家庭的研究后发现，由父母共同监护的离异家庭的孩子和父母没离婚的孩子适应能力一样强。包瑟曼认为，孩子不一定非得需要共同监护才能表现出更好的适应能力，让孩子与父母一方生活在一起，同时得到父母双方在法律上的监护也是可行的，真正重要的是孩子和父母共同度过的时间长短。当双方约定共同监护时，孩子与父母双方都能保持密切联系，孩子也会表现得更好。所以，家长要设法保证孩子和父母双方都保持联系。

9. 确保未得到抚养权的一方探视方便

探视越方便，孩子就越容易适应父母离婚后的生活。家长要确保双方都知道所有必要的联系信息（老师、儿科医生、教练）、孩子的家庭作业内容和活动时间表、学校日程和就诊预约。父母双方要在家里准备一些一样的玩具、洗漱用品和衣服，这有助于消除孩子搬来搬去的打包压力。家长可以指定接送孩子的地点和时间，这样孩子就知道应该什么时间在哪里等着家长来接。家长也可以给孩子买一部手机，方便孩子和父母沟通。总之，要尽量减少或避免大家在新生活中的麻烦。

 不同成长阶段孩子的表现

◎ 学龄前儿童

学龄前儿童不会表达担忧的事，也难以理解父母为什么要离婚，所以他们会感到困惑和焦虑。因为难以区分想象和现实，孩子可能还会对父母的复合抱有强烈的幻想。他们有时会觉得自己对父母的分开负有责任，可能认为如果自己乖乖的，不再像以前那样"调皮捣蛋"，父母就会重归于好。家长要注意孩子是否有做噩梦和行为退化的情况，比如吮吸拇指、依赖以前的安抚毯或旧玩具、语言能力下降、黏人或尿床。孩子也可能变得不听话、愤怒或叛逆。

◎ 学龄儿童

学龄儿童可以更好地理解什么是失去。他们能明白父母的婚姻已经结束，所以会感到悲痛甚至抑郁。这个年龄段的孩子心智足够成熟，能认识到自己正处于痛苦之中，但又不能清楚地知道应该如何应对，因此，他们需要应对痛苦的策略。孩子急需了解自己现在和将来的生活会受到怎样的影响。孩子常见的反应包括悲伤、尴尬、羞耻、怨恨、行为习惯变差，以及愤怒。孩子也可能变得脾气暴躁、行为退化、黏人、缺乏安全感，并试图寻求更多的关注。孩子可能会感到被离开家的家长抛弃了，或者觉得该家长不会再和自己联系。

◎ 即将步入青春期的孩子

这个阶段的孩子可能会选择支持"好"家长，抗拒导致离婚的"坏"家长。他们会指责"坏"家长，或者由于需要"选择"父母中的一方感到左右为难。孩子可能会由于不确定如何与导致离婚的"坏"家长相处而纠结挣扎。家长要注意孩子是否回避和老朋友联系、不再参加活动，以及是否有一些危险行为。即将步入青春期的孩子经常会感到焦虑、愤怒、恐惧、孤独、抑郁和内疚，可能会觉得被离开家的家长抛弃了。家长不要让大孩子觉得有必要在家里承担更多成年人的责任，也不要让孩子担心经济状况和家里的弟弟妹妹等问题。

第9问　被收养的孩子

相关问题另见：第37问"愤怒"、第39问"胆小恐惧"、第40问"哀伤"、第41问"想家"、第47问"精神压力大"、第79问"不愿意沟通"、第96问"抑郁症"

 问题

被收养的孩子感到失落，有被亲生父母抛弃的感觉，因为对自己原先的家庭情况和以往的生活经历一无所知而感到羞耻、屈辱、空虚；对收养家庭及其相关亲属和社区缺乏足够的认同感；感觉在和收养家庭的亲生孩子相处时需要一争高低并且总是处于劣势；内心忐忑不安，担心被收养家庭驱逐或抛弃。

研究速递

明尼阿波利斯市的搜索研究所主持了一项"被收养的孩子成长研究"调查活动。这是较大规模的收养研究之一，其调查研究了880多名婴儿时期就被收养的青少年的心理健康状况。研究发现，大多数被收养的孩子的心理健康水平与非收养家庭12到18岁的孩子持平。更重要的是，55%被收养的青少年认为他们有很强的自尊心并对自我有较深的认识，而来自非收养家庭的青少年中有45%做出了同样的回应。被收养的青少年对以下问题的答复反映了他们对收养关系的接受程度。

"以下是青少年对被收养生活的 4 种不同感受，哪一种和你的感受最相符？"

- 68% 的受访者认为"被收养的生活对我来说一直都很轻松"；
- 15% 的受访者认为"被收养的生活曾经对我来说很难应对，但现在它变得比较轻松了"；
- 12% 的受访者认为"被收养的生活曾经对我来说比较轻松，但现在不是了"；
- 余下 5% 的受访者则认为"我一直很难应对被收养的生活"。

这项研究结果应该会让收养孩子的家庭安心，不再担忧被收养的孩子是否能够顺利长大成人。

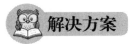 解决方案

1. 了解相关法律

收养的流程和手续可能会非常繁杂，所以有意收养孩子的夫妻必须非常了解相关法律法规，以防给今后的收养之路留下诸多问题。有些无论如何都想收养孩子的夫妻因为遇到了阻碍，就试图无视或规避国内和国际法律，这种做法是不可取的。相关法律会根据孩子的出生地、性别、健康状况和年龄的不同而有所变化。另外，收养法也会针对不同的收养方式做出不同的规定。家长要尽可能多地收集有关法律法规、指导方针、所需培训、面谈、家访以及收养流程所需的时间和费用的信息。

2. 尽量收集孩子过去的信息，越多越好

收养家庭对孩子的过去了解得越多，就越能更好地应对孩子在行为、教育或医疗方面的潜在问题。家长要尽量试着找出相关细节，同时要明白这些信息可能会过于简略或不够完整。

- 孩子过去的经历。早期创伤或被虐待的经历；所有和孩子过去有关的联系人；对于年龄稍大的被收养的孩子，要了解他们的社会关系、发育情况、医疗记录、行为方式、心理状态和教育经历。

- 以前抚养过孩子的家庭和机构。养父母和兄弟姐妹的姓名和地址；年龄稍大的孩子的气质、兴趣、行为、烦恼和恐惧，以及如何做才能安抚孩子、帮助孩子应对各种问题。家长要向孩子待过的每个家庭或机构咨询孩子的过去，并要求以前的家庭或机构尽可能多地提供孩子的信息。

- 亲生父母的情况。酒精、药物成瘾、性传播疾病、可能的遗传疾病或遗漏的产前检查等医疗信息；文化、宗教、医学、基因和社会背景，或者其他任何家长认为孩子长大后可能想知道的事情。

3. 在孩子还小的时候就告诉他事实

一般情况下，父母应该尽早告诉孩子他是被收养的。和孩子谈论收养问题可以参考以下原则。

- 早点开始向孩子传递收养信息。在孩子蹒跚学步时和学龄前阶段开始聊"收养"话题，可以帮家长免于尴尬。家长只需要不经意地提出这个话题，比如讲讲一个正在考虑收养孩子的朋友，或者关于收养的书、电视节目或电影。

- 开放沟通。彼得·本森是针对被收养人的大规模研究之一的首席研究员，他认为"养子女和他们的父母在收养方面平和、开放的沟通似乎很关键"，这样做有助于孩子茁壮成长，并泰然自若地看待他们的收养问题。孩子需要明白，他们可以在任何时候、任何问题上不带心理负担、轻松舒适地和家长交流。

- 要诚实。永远不要隐瞒孩子是收养的这一事实，也不要掩盖孩子"过去生活"中更艰难的部分，因为这样做可能会在真相大白后导致家长和孩子之间产生严重的信任问题。

- 只解答孩子的疑问。家长的确应该诚实，但应当只告诉孩子他们当时需要知道的，太多的信息会让孩子不知所措。考虑到孩子的年龄，略去某些细节不讲才是合适的。家长要用适合孩子年龄和理解能力的语言和孩子交流。

- 借助文学作品。通过阅读与收养有关的文学作品和孩子讨论收养问题可以起到很好的效果。

- 让孩子安心。养子女最担心的是他们会再次被"放弃"。无论是现在还是将来，孩子都需要确认收养关系是永远不会解除的。家长要向孩子保证他的所有感受和他想要了解自己过去的想法都是很正常的，家长会尽自己所能来帮孩子搜寻这些细节。

- 持续交流。随着孩子慢慢长大，他们会逐渐理解收养的概念。家长要做好随着孩子理解能力的发展重复解释一些问题的准备。家长要耐心回答孩子的问题，每次都像第一次回答一样。大多数已经适应收养状态的青少年表示，在过去的一年里，他们虽然只与父母中的某一方进行了一两次关于收养问题的谈话，但与父母谈论这些话题时，他们没有心理负担。

4. 建立依恋关系

孩子和父母之间牢固的情感纽带对孩子的心理健康至关重要。早期收养（在孩子不满 6 个月时）通常是最容易的。孩子可能在早年遭受过创伤，这可能会损害健康的依恋关系。新的研究揭示了婴儿和照顾者的早期互动是如何影响其大脑发育及未来的神经、身体、情感、行为、认知和社会发展的。家长需要联系收养机构了解孩子过去的情况。如果家长和孩子在情感联结方面有任何问题，请立即寻求帮助。家长需要高度专业化的建议，这样才能为孩子提供更好的帮助。

5. 有些事情要保密

不要让孩子了解他过去的痛苦细节（例如性虐待和身体虐待、父母任何一方有犯罪背景、生母酗酒或吸毒，或者生母是因强奸而怀孕的）。除了家长，只有孩子的医生或心理学专业人士需要知道这些细节。如果有人打听，家长只需解释："当孩子足够大的时候，他可以选择是否讲述他的过去。我们已经了解到了所有需要的信息。"其他的就不要再说了，保护好孩子。家长也不需要和孩子谈论这些问题，等孩子长大到可以理解后再谈。

6. 让养子女感觉和亲生孩子一样

所有的孩子都有相同的基本需求：感到安全、被爱和被接受。养子女最不希望的就是觉得自己被"区别对待"。所以，家长在介绍孩子时只需要说他是家庭成员，不要用其他任何说法，不要说"他是我们的养子"，不管他看起来和家长或兄弟姐妹有多么不同。家长也要注意不要使用诸如"我们选择的孩子"或"特别的那个"这样的说法，这可能会让孩子觉得他似乎与收养家庭格格不入，或者他总是不得不以某种方式满足家长的期望。

7. 帮助孩子解决情感问题

孩子可能会因为被亲生父母送养而觉得自己被抛弃了，并由此感到愤怒，或者认为亲生父母应该为他过去的痛苦负责，虽然事实可能并非如此。尽管拥有养父母的爱，孩子的这些负面情绪仍可能在任何时候突然出现（通常是在收养周年纪念日、其他个人或家庭的重大活动时）。孩子最终会在某个时候询问亲生父母的消息。一项研究发现，70% 被领养的十几岁女孩和 57% 被领养的男孩希望见到他们的亲生父母，尽管他们中的大多数人表示自己"很少或从未希望与亲生父母生活在一起"。养父母不要因为孩子有这样的想法就感到伤心。这不代表孩子不爱养父母，也不代表他不想和养父母继续生活。要对孩子寻求发现自己的过去表示理解，准备好向孩子表示自己有多爱他并给予支持。被收养的孩子会感到失落，这是一个家长常常需要帮助解决的严重问题。如果孩子有这样的问题，家长需要寻求心理学专业人士的帮助，尤其是在收养问题上接受过培训的专家。

家长须知

明尼苏达大学心理学家玛格丽特·凯斯对 692 名两岁前被收养的青少年进行了开创性的研究，并对他们开展了深入的心理访谈。研究发现，"大多数被收养者都过得很好"，他们的心理健康程度与普通的同龄孩子一样。该研究确实发现被收养者出现行为问题的风险"略有增加"，比如注意力缺陷多动障碍或对立违抗性障碍。但研究者认为这些孩子患抑郁症、焦虑症或实施任何形式的严重青少年犯罪（包括攻击和破坏）的风险并没有增加。

不同成长阶段孩子的表现

罗格斯大学开展的研究发现，所有的孩子都会在成长中逐渐理解收养是怎么回事。

◎ 学龄前儿童

学龄前儿童没有能力区分养子女和亲生子女，也没有能力理解"血缘关系"。他们通常能轻松接受自己被收养的身份，尤其是在婴儿时期就被收养的孩子。他们好像理解收养是怎么一回事，但实际上他们并不真的了解。当孩子解释他们是如何成为养父母家庭的一员时，通常只是重复了家长的话，不管家长解释了多少次，他们其实并不真的理解。

◎ 学龄儿童

随着孩子开始明白怀孕是怎么回事以及孩子是如何来到这个世界的，他们对收养的理解也在慢慢加深。6岁时，大多数孩子可以区分亲生和收养这两个概念。8岁时，他们开始明白"血缘关系"的概念，以及收养关系与其他家庭关系的不同，但因为仍然不了解法律制度，他们可能会认为亲生父母也许会把他们要回去。

◎ 即将步入青春期的孩子

这个年龄段的孩子最关心的是同伴的相互接纳，所以被收养的孩子可能会认为自己"与众不同"，并在意同伴如何看待他们被收养的身份。在 9 ～ 11 岁的时候，这些孩子通常会害怕失去养父母，他们已经经历过这种失去，所以担心这种情况会再次发生。他们意识到亲生父母放弃了他们，所以在这个年龄被收养的孩子可能会因被遗弃而表现出悲伤，尽管通常不至于到悲痛那么严重的地步（参见第 40 问"哀伤"一节）。10 ～ 11 岁的孩子能够开始理解法律制度的保障让收养关系以及他们与养父母之间的关系合法而稳定。

家长分享

　　一位爸爸分享了自己的经验。

　　儿子杰克 11 岁时我们收养了他，之前他已经在 5 个家庭寄养过。对他来说，理清楚以前的家庭关系就已经够难的了，对我和妻子来说，这更是几乎不可能的事。但是，如果我们想了解儿子，了解他过去的生活和他所遭受的创伤，就必须这样做。于是，我们开始在相册中按照时间顺序拼凑儿子的主要生活经历和里程碑式事件。我们收集了照片和纪念品，比如一绺头发、之前的成绩单和票根。如果找不到以前寄养家庭的照片（这是常有的事），我们就用图片代替，比如当时寄养家庭所在城镇的地图或这些寄养家庭的手绘图片。当杰克看到我们有多认真时，他也开始和我们一起做这些事，并讲述他童年的一些片段。我们越了解孩子过去不安、痛苦的生活，就越是爱他。回忆并讲述某些令人不安的过去对杰克来说其实很痛苦，但这个过程帮他认识到了他终于拥有了永远爱他的爸爸妈妈。

第二部分

行为习惯

"为什么上天把你赐给了你的妈妈而不是其他妈妈呢？"

孩子的回答精彩得让人惊讶。

二年级的小学生这样回答：

（1）我们的心紧密相连；

（2）我的妈妈比别人的妈妈更爱我。

第 10 问　总和别人吵架

相关问题另见：第 6 问"同胞竞争"、第 12 问"咬人"、第 15 问"逆反心理"、第 19 问"犹豫不决"、第 37 问"愤怒"、第 38 问"依赖家长"、第 47 问"精神压力大"、第 79 问"不愿意沟通"、第 96 问"抑郁症"

问题

孩子总是一不小心就会和别人吵起来，对别人态度不好，疏远朋友和家人，不会化解冲突。

"我儿子经常和邻居家的孩子闹矛盾。我能做些什么来帮助他学会自己解决问题，而不是必须由我出面来帮他判定谁对谁错呢？现在儿子一有问题就跑来找我。"

◎ 为什么需要做出改变

我们不难想象这样的情景：孩子们闹了点儿小矛盾就开始斗嘴，越吵越凶，接着大吼大叫，气不过就摔门发脾气，最后号啕大哭。争吵是孩子无法与他人相处时的一种常见情况。当然，冲突也是生活的一部分，但有些孩子似乎能得心应手地处理冲突，这通常是因为他们已经学会了一些解决冲突的技巧，能够更自如地与他人相处。

家长可以在孩子还小的时候就教给他们处理矛盾的技巧。这些技巧不仅可以帮助孩子减少与同龄人的争吵，而且能让他们拥有更好的未来。最好的结果是，他们能够与家人、同事等和谐相处。人缘好也是一个加分项！

◎ 问题表现

所有的孩子都会争吵，但一些孩子太爱和人争吵，日常生活已经受到了不良影响。以下列出的是这些孩子的主要表现。

- 总是找家长解决问题。
- 利用攻击行为（咬人、踢人、打架、推搡）来解决问题。
- 只希望对方听自己的，只关心自己的需求。
- 表达自己的观点时大吼大叫。
- 奚落对方。
- 经常在表达自己的观点时发脾气。
- 不听对方解释或不会试图倾听对方的观点和感受。
- 认为对方事事针对自己，容易生气或过于敏感。
- 需求没有得到满足就想要报复。
- 总是将问题归咎于他人。
- 描述不清或不理解矛盾的本质；不能洞察矛盾产生的根源。
- 无法找到解决方法或不会考虑后果。

家长须知

美国精神病学协会建议，如果孩子在6个月内，经常有以下4种或4种以上的表现，家长应该向专业心理咨询人士寻求帮助。

- 发脾气。
- 与大人争吵。
- 不断违抗或拒绝遵守大人的要求或定下的规则。
- 故意惹恼他人。
- 将自己的错误或错误行为归咎于他人。
- 容易被他人惹恼。

- 常常愤怒或怨恨他人。
- 怀有恶意、总想报复别人。

 解决方案

　　家长会不由自主地介入孩子的矛盾，出面代替孩子沟通，如果想让孩子学会解决纠纷并不再经常与人闹矛盾，那么家长必须退后一步，做个旁观者。家长可以教孩子解决冲突的技巧（比如"不要大喊大叫""学会倾听""坦白表达自己的意见"等），等到下次孩子再寻求帮助时，温和而坚定地鼓励他："宝贝，去和你的朋友一起商量着解决问题吧。妈妈相信你能做到。"

◎ 步骤 1：早期干预

1. 深入挖掘，找出争吵背后的真正原因

　　家长需要找出争吵的更深层次的原因：到底是什么使得孩子常常与人争吵？孩子是最近才开始变成这样的吗？如果是，孩子最近的生活有什么大的变化吗？孩子是和周围的每个人都吵架，还是只和某些朋友或家庭成员吵架？争吵是不是通常发生在一周中特定的某个时间或某一天（孩子饿的时候、压力大或觉得累的时候）。家长可以向非常了解孩子的朋友、老师或其他人寻求建议。发现孩子常常和别人争吵的真正原因后，家长要努力帮助孩子学会如何正确处理矛盾，改掉经常与人争吵的坏习惯，从而与大家和睦相处。以下是孩子总是和人争吵的一些主要原因，家长需要冷静分析，看看哪些符合自己孩子的情况。

- 缺乏解决冲突的策略或解决问题的能力。

- 嫉妒或憎恨对方。

- 感到不公平，觉得被利用，总是被轻视，努力为自己发声。

- 模仿周围人吵架的行为：家人总是争吵不休，大吼大叫。

- 自私或看重物质：喜欢攀比，总想拥有别人拥有的东西。

- 脾气暴躁，容易受挫或紧张。

- 过于敏感，很容易被激怒。

- 求胜心切，害怕失败，完美主义者，或者只是输不起（比赛时经常会和对手发生争吵）。

- 过度依赖：总是找家长或其他人来解决问题。

- 盛气凌人或喜欢指挥他人，渴望被关注、控制或改变他人。

- 被欺负、被取笑或批评时，试图为自己辩护。

2. 让孩子在生活中学会正确的表达方式

让孩子在日常生活中学会平心静气地表达意见，同时顾及对方的面子，这一点很重要。和自己的另一半"冷静沟通"是对孩子最好的潜移默化的影响方式。因此，家长要调整自己解决冲突的方法，并找到合适的时机向孩子展示。温馨提示：如果家长正在与家里的大人、朋友或同事进行激烈的争论，并且难以控制情绪，请先调整自己解决冲突的方式，再向孩子传授有效解决冲突的办法。

3. 制定"不要大喊大叫"的规矩

如果争论过于激烈，大家都开始大吵大闹，比谁的嗓门大，那么家长可以考虑让大家保证不再大吼大叫。承诺要明确地写在纸上，由所有家人签名，贴在墙上，时时提醒大家注意言行。一家人都要遵守规则，保证说到做到！一旦有人在表达意见时不小心提高了音量，任何家庭成员都可以做出"暂停"的手势（就像一个裁判），提醒大喊的人用平和的语气说话。

4. 倾听孩子的感受和需求

孩子和别人争吵的原因之一，是他们希望有人倾听自己的感受和需求，但他们并没有得到满足，所以才会吵起来。不管孩子和别人争吵是不是因为这一点，他都需要学会冷静地表达自己的观点，并倾听其他家庭成员的想法。家长还需要想办法让家人都行动起来，了解并表达自己的需求，平和地讨论和解决分歧。

家长可以考虑用家庭会议或家庭聚餐的形式，甚至每周日专门留出半个小时，让大家轮流聊聊一周的情况。

5. 好好沟通就是将"你"切换为"我"

贬损性的评论通常以"你"开头（比如"你总是不……""你笨得都……""你不知道你在说什么……""你从来不听……"）。家长要帮助孩子学会在不贬低对方的情况下表达自己的需求，一个简便的方法是说话时把"你……"改为"我……"，坦诚表达对方一些令人不可接受的行为带给自己的感受。这样表达的重点在于阐述孩子自己的感受，而不是指责对方。"当你拿走我的东西时，我真的很难过。""我不喜欢被踢，太疼了。"要向孩子强调，沟通的目标是解决问题，而不是贬低对方。

6. 引导孩子换位思考

孩子经常以自我为中心，坚持己见，难以换位思考。家长可以启发孩子："姐姐会是什么感受"，"你明白她真正表达的意思了吗"，"她会认为怎么处理才算公平"。

7. 主动提出冷静一会儿

即使几秒钟的暂停也足以阻止一场情绪大爆发，所以家长可以帮孩子想出一些办法，让他远离马上就要爆发的争吵。家长可以这样引导孩子："当你觉得自己和哥哥的情绪快要控制不住了，可以试着冷静下来，对哥哥说，'哥哥，我现在气得说不出话来'，'给我一分钟冷静一下'，'我需要散散步'，'我们去投篮吧'。"

◎ 步骤2：快速反应

1. 关心、安抚孩子

吵架会给每个人都带来情绪伤害，对孩子来说尤其如此。家长的目标不是出面帮孩子解决问题，毕竟孩子要学会自己解决问题，但家长可以站在孩子的立场表达关心并安抚孩子，如"宝贝，妈妈知道你为什么不开心"，"争吵一点儿都不好玩，让大家都难过"。

实用妙招

告诉孩子在争吵时也要尊重对方

孩子需要知道争执时双方持不同意见是正常的，不能抨击对方。大多数孩子不知道如何有礼貌地表达他们的观点，所以家长需要教孩子一些能陈述自己看法的话，比如："我尊重你的想法，但我也有自己的想法……"；"我不同意你的观点。我认为……"；"还可以从另外一个角度来考虑……"；"你有没有考虑过……"；"可以从这个角度来看这个问题，但另外一个角度也不错……"。家长甚至可以把类似的话写在一张表上，粘贴在冰箱上作为提醒，然后想办法在每次聊天时轮换着用其中的话表达自己的想法，这样孩子就会养成类似的表达习惯。家长一定要时刻提醒孩子冷静地传递信息，倾听对方的意见。

2. 别问孩子争吵的原因，而是问争吵的内容

问正确的问题可以启发孩子，让孩子思考是什么引发了争吵，甚至可能阻止下一场争吵。如果家长问孩子"为什么"（"你为什么争吵？""为什么不能和谐相处？"），孩子多半会感到困惑，会茫然地回答"我不知道"，因此，家长要重点关注争吵的内容："你们在吵什么呢"，"小朋友怎么说的"，"你做了什么让朋友生气"，"你想怎么解决这个问题"。

3. 鼓励孩子自己解决纠纷

家长要询问参与争吵的孩子打算如何解决冲突，毕竟，让孩子在实践中学习解决问题的技能是再好不过的了。"我知道你们两个能解决这个问题。如果需要我，我就待在另一个房间。记住，你们在公平解决了问题之后，才能离开

桌子玩耍。""让我看看你们两个能不能冷静 3 分钟来解决问题。你们一直都是好朋友，这个问题算不了什么，肯定能解决。"

4. 必要时进行干预

在听到孩子的争吵即将爆发时，家长可以先作为一个旁观者，在一旁留心观察，等孩子情绪变得过于激动或争吵马上就要升级时再插手。家长可以先发出一个事先约定好的秘密信号（例如轻拉孩子的耳垂），温和地提醒他。对于年龄更小的孩子，家长可以这样劝说："我觉得你们太生气了，需要冷静下来。现在你们先分开一会儿，一个去房间，一个去厨房，等你们都平静下来了，再沟通解决问题。"

5. 鼓励孩子主动修复友谊

如果争吵让双方感到委屈难过，而且是自己孩子的过错，家长要鼓励孩子主动修复友谊。让他给朋友打电话道歉，跟朋友说"对不起"，或者给孩子提建议，帮助他和朋友消除隔阂，继续做彼此的朋友。

6. 建议孩子互相妥协

减少争吵的秘诀是互相妥协。家长可以先给孩子讲一讲妥协带来的益处："当你妥协时，它意味着你考虑到了自己和对方的需求，愿意折中处理，做出让步，而对方也愿意让步。这样可以公平地解决矛盾，因为双方可以各有所得，都更满意。"孩子应该明白，每个人都有机会说明自己的需求，当他说出自己的需求时，对方需要认真倾听，比如他可能会说"我需要练习足球，因为星期六有场比赛"，对方认真倾听后有可能最终做出妥协，表示一起踢足球也很有趣。家长讲明道后，要帮助孩子在生活中掌握表达自我需求和做出让步的技巧。

家长分享

　　一位妈妈分享了自己的经验。

　　我的大女儿能言善辩，和弟弟吵架时总是占上风。弟弟从来没有机会说过姐姐，每次都委屈得大哭。这样的情形让我发疯。后来我想了一个办法，给儿子准备了一个煮蛋计时器，并制定了一条家庭规则：弟弟说话时，姐姐不能打断他，而且他必须在3分钟内清晰地表达自己的想法。儿子拿着那个计时器练了几天，真的有效。他再和姐姐起争执时不再又气得直哭了，而且他真的学会了有条理地陈述反对姐姐的理由。

◎ 步骤3：培养良好的习惯

家长可以教孩子通过以下5个步骤来减少争吵，并督促他熟练使用，直到形成习惯，由此来帮助孩子解决冲突，与他人和睦相处。家长可以一步一步地来，让孩子逐渐养成习惯（比如，为了解决冲突，孩子首先需要学会"暂停"，让自己冷静下来），并根据孩子的接受能力调整进度。家长要在生活中寻找机会来帮助孩子练习，直到他可以在没有家长提醒的情况下通过以下步骤自如地解决问题。孩子掌握了解决问题的方法后，就能够主动解决自己和对方的冲突了。

1. 暂停，让孩子冷静下来

解决冲突的第一步是冷静下来，原因很简单：如果孩子心烦意乱，就没法思考如何解决问题。一旦孩子控制好情绪，就可以理性地思考自己为什么沮丧，找到摆脱困境的答案。所以，如果争论越来越激烈，家长可以教孩子慢慢深呼吸，让自己冷静下来。如果争吵双方情绪激动，家长可以鼓励孩子请求暂停或建议大家都暂停，冷静一下，喝点儿水，离开一会儿，调整好情绪再回来。只有双方都平静下来，才能就困扰自己的事情进行沟通。

2. 轮流发言，说说问题出在哪里

在这一步，要遵守这些关键规则：不贬低或辱骂对方；必须礼貌地倾听对方讲话，不打断对方说话，确保每个人都有机会发表自己的观点。家长可以让每个孩子都说说发生了什么，总结大家的观点，然后再以"你们计划怎么解决

这个问题呢"来启发孩子，只有当孩子真的不知所措时，才提出建议。家长要告诉孩子沟通时多用"我"来表达自己的需求和感受，而不是用指责对方的"你"，然后描述问题以及自己希望用什么办法解决。这样做有助于让孩子在沟通时就事论事，致力于解决冲突，而不让对方情感受伤害，比如"我生气了，你光自己用电脑，不给我用。我也想用电脑"。如果孩子情绪激动，家长可以让他们写下对问题的看法，或用图画来表达自己的看法。这种方法对年龄较小或不太爱说话的孩子特别有效。家长还可以让一个孩子复述另一个孩子的意见，这样做的目的是帮助孩子学会站在对方的立场思考问题。

3. 列出可能的解决方案

孩子已经知道了问题产生的原因，现在需要想出可能的解决方案。无论孩子是学龄前儿童还是青少年，思考的基本规则都是一样的：（1）说出脑海中瞬间浮现的想法；（2）不要贬低他人的想法；（3）在尊重他人想法的基础上提出修改或补充建议；（4）寻求对大家都有利的办法。家长不要提供帮助，除非孩子看起来真的没思路了！为了让孩子集中注意力，家长可以要求他们在有限的时间内想出5种不同的解决方案，然后离开几分钟，让他们自己发挥，时间长短可以根据孩子的年龄和解决问题的能力来决定。

4. 缩小选择范围

筛选列出的解决方案，只留下几条大家都认同的。有两条规则可以帮助孩子：（1）留下大家都能接受的解决方案，满足所有孩子的需求；（2）淘汰所有不安全、不明智的解决方案。

5. 选定最佳解决办法，开始行动

解决冲突的最后一步是帮助孩子学会通过考虑后果，选定最佳解决办法。家长可以问问"如果你这么做，会有什么后果"来启发孩子思考，帮助孩子找出最佳选择。家长还可以帮助他们权衡筛选出的几项解决办法的利弊："如果你这么做，可能会有什么好处和坏处"，"怎么才能让这个解决办法对你们两

个都更有利"。一旦做出最终决定，孩子就要握手表示达成共识或轮流说"我同意"。

 不同成长阶段孩子的表现

◎ 学龄前儿童

虽然学龄前儿童的词汇量正在增加，但他们仍然需要帮助才能把遇到的问题用语言表达清楚。对他们来说，控制冲动情绪仍然很困难，所以在解决问题时尤其容易动手打人。学龄前儿童能够明白愤怒会造成伤害，所以家长应该鼓励他们有矛盾时应好好商量。他们的争吵基本是关于他们自己想要的和需要的，而且他们很难站在对方的立场上看问题。

> **研究速递**
>
> 著名心理学家乔治·斯派维克和默娜·舒尔经过超过 25 年的研究发现，三四岁的孩子可以通过学习来思考问题。他们还发现，当事情不如意时，擅长解决问题的孩子不容易冲动和攻击他人，他们会更关心他人，不那么冷漠，他们还更容易交到朋友，并且学习成绩更好。研究证明，学习解决问题的方法在很大程度上增加了孩子成功的机会，还可以减少冲突！

◎ 学龄儿童

随着学龄儿童语言能力的发展，解决冲突对他们来说变得容易了。一个常见的开放式问题，比如"怎么了"，通常就可以促使所有的孩子探究矛盾产生的根源。不过，家长需要帮助他们思考决策可能导致的结果。他们可以更好地理解他人的感受和观点，以及分歧出现的原因。家长需要注意的是，4 到 6 年级的男孩更有可能在遇到分歧时用暴力的方式攻击对方。

◎ 即将步入青春期的孩子

男孩发生冲突的原因包括谁对谁错、吹牛、谁的体育运动能力或学习更突出、谁制定游戏规则以及是否侮辱了他人。女孩容易发生冲突的原因是说他人闲话和传播谣言、泄露秘密、交男朋友、感到嫉妒或被冷落。

第 11 问　顶嘴

相关问题另见：第 13 问"霸道"、第 15 问"逆反心理"、第 20 问"说脏话"、第 23 问"哭闹磨人"、第 26 问"不讲礼貌"、第 79 问"不愿意沟通"

问题

孩子回应大人的要求时，不论是语气还是态度都显得敷衍、自作聪明、没礼貌。

"我们可爱的女儿突然变得很爱顶嘴。如果她当着别人的面用无礼的语气和我说话，我会非常尴尬。有什么好办法可以让她不再顶撞大人吗？"

◎ 为什么需要做出改变

想象一下这样的场景。家长温和地对儿子说："罗比，记住今天 4：00 前要回家哦。"孩子却满不在乎地反驳："想得美。"或者，家长心平气和地要求女儿干家务："你可以把你的床整理一下吗？"女儿这样反驳："你自己干！我又没说要整理！"这些回应听起来是不是很熟悉？

孩子越来越频繁地顶嘴、表现得粗鲁无礼，家长难免心烦。孩子通常从 4 岁左右开始顶嘴，如果家长不及时制止，这一行为产生的负面影响会像野火一样蔓延。可以肯定的是，没有任何老师、教练或其他孩子的父母会喜欢一个不尊重他人、爱顶嘴的孩子。幸运的是，抱怨、顶嘴、行为粗鲁等不尊重他人的不良行为都是可以纠正的，家长一旦发现孩子顶嘴，就要尽快干预。

◎ 问题表现

"顶嘴"是指以轻率、无礼、自作聪明和不尊重的语气发表见解，回应长辈。虽然生活中孩子都会顶嘴，但是如果出现以下 5 个迹象，家长就需要采取措施来纠正这种不得体的行为了。

- 孩子不会因为家长一两句温和的提醒而不再顶嘴。
- 孩子顶嘴越来越频繁，越来越无礼。
- 顶嘴行为开始破坏家庭氛围或亲子关系。
- 别的小朋友或大人抱怨或指责孩子的粗鲁行为。
- 孩子出门在外时，和其他大人、孩子交流时言行也会粗鲁无礼。

 解决方案

想让孩子不再顶嘴，最有效、最快速的解决办法就是立刻指出孩子的不当行为，不允许再发生类似的行为。家长可以平静地提醒孩子："讲话要有礼貌。"然后不要回应孩子，直到他能用尊重的语气和你说话。为了让双方冷静下来，家长可能需要离开房间让彼此独自待一会儿，但不要退缩或妥协。不光孩子第一次顶嘴时要这样做，每次孩子用自以为是、用不尊重的语气顶嘴时都要这样做。家长的反应必须保持一致和持久，不管孩子是想告诉家长一些重要的事情，还是迫切需要家长的帮助，都要坚持让他不急不躁、礼貌地和家长对话。家长必须让孩子意识到顶嘴是不可容忍的，没人会纵容他。这种方法适用于各个年龄段的孩子。

◎ 步骤 1. 早期干预

1. 确定孩子顶嘴的原因

防止孩子顶嘴的第一步是找出孩子这样做的原因。以下是常见的原因，家

长可以看看哪些符合孩子的情况。

- 效仿其他孩子和家长的行为，模仿电视、电影中的行为。
- 为了获得关注。
- 感到不被重视。
- 试探家长的底线。
- 证明自己的独立或感觉"长大了"。
- 想要掌控自己的生活，不想被干涉。
- 试图融入其他孩子或获得同伴的认可。
- 感到愤怒或沮丧。

2. 反思自己的言行

如果家里的大人或年长一点儿的孩子总用轻率或讽刺的语气对话，不顾及彼此的感受，孩子就难免会模仿这种沟通方式。家长需要调整自己的行为，确保言行彬彬有礼，成为孩子的榜样，同时提醒其他家庭成员也要讲礼貌。

3. 制定互相尊重的规矩

家长要对孩子讲明家人之间沟通的规矩："在我们家，我们要互相帮助、互相鼓励"；"凯丽可能和她妈妈说话没礼貌，但妈妈不想让你那样没礼貌地和我说话"；"我听说过你的朋友不注意言行，但是在我们家，不能没礼貌，我们有不同的规矩"；"我跟你说话的时候，你翻白眼，这样做很不尊重人，你不能这么做"；"我和你说话时，你对我说：'能不能安静会儿！谁也别烦谁！'你说话这么不讲分寸让我难以接受。你不能再这么说"。

家长要注意，在这样教育孩子时，针对的是孩子不礼貌的言行，而不是孩子的性格，要避免给孩子贴标签。

4. 筛选孩子看的电视节目

情景喜剧和真人秀这样的电视节目含有讽刺和顶嘴的内容，孩子看了后言行会受到不良影响。家长要设定清晰的观看指南，让孩子知道哪些是不能看的节目。另外，每当你觉得电视节目里的对话不可接受时，就可以关掉电视。家长还要和孩子讨论对节目里人物言行的意见。

5. 塑造孩子的价值观

家长要在日常行为中强调同理心、尊重和礼貌的重要性，并和孩子反复讨论为什么要拥有这样的美德。如果家长能在生活中践行自己所相信的家庭价值观，并以身作则，孩子会更加理解为什么家长反感顶嘴和不礼貌的言行。

实用妙招

"停一下，重来"

下次孩子顶嘴时，家长要提醒他"停一下，等你能不急不躁地说话时再开口"或"当你可以礼貌地问我的时候，我才会听"。接着，家长要对孩子的任何话都充耳不闻，有必要时，可以去别的房间待一会儿。请不要做出任何非言语的回应（叹气、翻白眼、耸肩，或者表现得很生气）。用好这个方法的诀窍是"礼貌地忽略"孩子，直到他礼貌地和家长交流。孩子应该尊重家长。当孩子看到家长不打算让步时，他们通常不会再顶嘴。

◎ 步骤 2：快速反应

1. 立刻介入

通常孩子很小的时候就开始顶嘴了。随着孩子表达能力和自信心的增强，她会越来越频繁地和大人顶嘴。不管孩子多大，只要他的语气或用词没有礼貌，就要立刻教育他。家长要用平静、坚定的语气，指出他的哪些言行令人难以接受。

"你的语气很不好，听起来不礼貌。""你不能对我用'闭嘴'这个词。""停一下。你说我什么都不知道，这很不尊重人。等你讲话注意分寸了，我们再接着谈。""我不听没礼貌的话。如果你想和我说话，就要注意礼貌。我会在另一个房间等你。""等你能认真地倾听，不翻白眼，不自以为是的时候，我们再聊"。

2. 保持冷静

面对孩子无礼的表现，家长最好的反应是保持冷静。如果家长控制不住地冲孩子吼叫或怒气冲冲地训斥孩子，只会把注意力从孩子的不当行为转移到自己的恶言恶语上，而且接下来会陷入家庭权力的争夺。另外，这会导致周围的人关注孩子，这可能正是孩子想要的。

3. 前后态度保持一致

家长的目标是让孩子知道顶嘴一直都是不能容忍的。

4. 不要把孩子顶嘴时说的话往心里去

一般来说，孩子不会提前思考他们要说的话。他们顶嘴只是应对家长的条件反射，以表达他们当下强烈的情绪。所以，放轻松，不要把孩子的顶嘴当成针对家长个人的表现。

5. 让其他照顾孩子的人参与进来

和其他关心、照顾孩子的成年人，比如自己的伴侣，孩子的老师、祖辈等交谈，告诉他们孩子有可能顶嘴，让他们了解并支持自己的方法，以便在孩子顶嘴时进行纠正。

家长须知

如果家长能坚持提醒孩子"不能顶嘴"，一般会在两三周内看到效果。如果孩子还和以前一样总跟大人顶嘴，或者变得越来越目中无人，那可能是有其他因素让孩子积习难改。家长此时需要深入挖掘问题产生的原因，可以和其他了解孩子的人聊聊，听听他们的意见。

◎ 步骤3：养成良好的习惯

1. 制定合理、有效的惩罚措施

如果孩子在家长多次纠正后还是顶嘴，甚至越发不在乎自己的言行，家长就需要采取合理且有效的惩罚措施，帮助孩子认识到这种行为是不能容忍的，以下是4种有效的惩罚措施。

● 要求孩子道歉。家长应该要求孩子为自己的无礼行为向被冒犯的一方真诚道歉。小一点儿的孩子可以画图表达歉意；大一点儿的孩子可以写封道歉信或当面口头道歉，或者做一些力所能及的事情来弥补自己造成的不快。

● 不让孩子和朋友继续玩。如果孩子当着朋友的面和你顶嘴，你要向他解释家里的规矩："你知道我们的规矩：除非你不再顶嘴，否则就不能和朋友继续玩。"然后，你可以把两个孩子暂时分开，如果孩子还顶嘴，就把他的朋友送回家，等孩子独自冷静下来再说。

● 拿走孩子喜欢的东西。有效的惩罚会给孩子带来一点儿不适。你可以把一些孩子离不开的、家长可以控制的东西，比如孩子的手机、电视、甜点、轮滑鞋或乐器，拍成照片或画下来贴在墙上，并与孩子约定：当他顶嘴时，你会依次拿走这些东西作为惩罚。根据孩子对这些东西的喜爱程度，先拿走喜爱程度低的，如果孩子还知错不改，再依次拿走他更喜欢的东西。

● 不能继续参加家庭活动。家长要多次严厉地提醒孩子，顶嘴是不可接受的。如果顶嘴，就意味着他不想和家里其他人在一起，那就不能继续参加家庭活动，只能独自待在自己的房间。

2. 培养亲子关系

不断顶嘴可能意味着孩子觉得家长总是批评自己，因此产生了逆反心理。如果是这样的话，家长要多花一点儿时间和孩子相处，让孩子感到父母是爱自己的，从而修复紧张的亲子关系。

3. 在孩子做得好时鼓励孩子

想让孩子做得更好，最简单的方法是家长在看到孩子做得对时，多鼓励孩子。然而，研究表明，大多数时候家长的处理方式恰恰相反：不但没有表扬孩子的进步，还紧紧盯着孩子做得不如意的地方。在看到孩子待人接物彬彬有礼的时候，家长都要表扬孩子并表达你的感受："丹尼，刚才你的语气很温和，听着就让人舒心"；"珍妮，谢谢你这么有礼貌地听我讲话"；"这样说话听起来很有礼貌，特蕾莎。太棒了！你学会心平气和地表达自己了"；"我知道你很沮丧，但那次你没有顶嘴。改变一个坏习惯很难，但你真的在努力"。

家长分享

> 一位妈妈分享了自己的经验。
>
> 我知道儿子在慢慢长大，迟早会顶嘴，我做好了心理准备。我决定让他明白，只要顶嘴，就得接受惩罚。所以，当有一次我让儿子帮忙做点儿简单的家务，他无礼顶嘴、一动不动时，我仍然坚持让他去做。在这之后，他说要和朋友一起去玩滑板要求我送他时，我拒绝了。我特意强调他之前对我说话的方式让我很受伤。儿子看着我不知如何回应，他脸上的表情无法描述，他受到了触动！这是儿子最后一次顶嘴。

 ## 不同成长阶段孩子的表现

◎ 学龄前儿童

学龄前儿童善于模仿，会在说话时尝试用新学到的词汇和语调来引起注意。即使孩子确实语气不礼貌，家长也不必小题大做，提醒孩子注意即可："这样说话不礼貌，我们不要这样说话。"这个阶段的孩子比较听话，因为他们觉得父母说的都是对的，一般会遵守家里立下的规矩。

◎ 学龄儿童

学龄儿童乐于尝试新事物，会试探家长的底线，所以家长要明白，孩子多少会有顶嘴的行为。家长要做的是别让孩子太出格，顶嘴不仅会破坏亲子关系，还会影响家庭和谐。如果家长在这个阶段能坚定地执行立下的规矩，管教孩子，就可以避免孩子长大后更加粗暴无礼。另外，家长不要反应过度，要注意处理方式，因为这个年龄段的孩子会把家长作为他们应对困难的榜样。

◎ 即将步入青春期的孩子

即将步入青春期的孩子渴望独立，有主见，会频繁顶嘴，同时也会观察家长的反应。这个时期的孩子渴望融入同龄人，想要看起来很"酷"，他们会模仿同龄人的行为。如果家长与孩子的争执变得过于激烈，家长可以请求暂停，告诉孩子双方都需要先冷静下来，再进行沟通。争执只会转移对当下需要解决的问题的注意力（比如考试成绩不好、吃夜宵、玩手机成瘾等），而且孩子也不会认真对待和接受家长的批评。

第 12 问　咬人

相关问题另见：第 6 问"同胞竞争"、第 21 问"发脾气"、第 37 问"愤怒"、第 39 问"胆小恐惧"、第 47 问"精神压力大"

 问题

　　由于冲动、遭受挫折、想被他人注意或需要保护自己，无法用语言表达需求和感受时，孩子常见的攻击性行为有抓挠、捏掐、向他人吐痰、打人、推搡、拽头发和咬人等，其中咬人是家长最担心的。令人感到欣慰的是，这种行为通常只出现在孩子还小的时候。事实上，这是孩子被幼儿园劝退的常见原因。家长绝不能对孩子的咬人行为掉以轻心。咬人和打人行为都属于攻击性行为，但咬人实际上更危险。小孩子的下颌肌肉力量比手臂力量更大，所以咬人造成的伤害也更严重。

　　一旦孩子学会了表达自己的需求和应对挫折，咬人的行为通常就会逐渐减少，但咬人也可能会成为一种坏习惯，甚至会随着孩子年龄的增长而持续下去。因此，家长不要袖手旁观，期待这种行为会自行消失。不管是出于什么原因，这显然都是不可接受的行为，咬人的孩子及其父母会变得非常不受欢迎。家长要在这种攻击性行为成为习惯之前干预，帮助孩子学习更健康的方法来应对挫折和表达他的需求。

了解幼儿园是怎样对待咬人的儿童的

咬人是孩子被幼儿园劝退的常见原因。家长一定要了解幼儿园是如何处理孩子咬人的行为的。如果管理人员说他们从来没有遇到过孩子咬人的情况，就要警惕！一个管理到位的幼儿园的员工应该有爱心，工作积极，会密切关注孩子，在处理孩子攻击性行为方面谨慎小心，有长久贯彻执行的应对策略。他们应当了解咬人是小孩子的典型行为，并且训练有素地处理此类问题。

 **解决方案**

纠正孩子咬人行为有以下五大策略。

1. 找出孩子咬人的原因

解决这个问题的第一步是找到孩子咬人的原因。家长一定要和孩子的老师谈谈。以下几个因素可能导致孩子咬人，家长可以看看哪些符合孩子的情况。

- 嫉妒：别的孩子拥有的东西自己没有，想通过咬人快速满足自己的需求。

- 冲动：缺乏自制力、脾气暴躁、容易受挫、注意力集中时间较短。

- 自我保护：用咬人来防御，免得受别的孩子欺负。

- 缺乏社交技能：只会用有限的词汇来表达需求，比如说"这是我的"，几乎没有应对冲突的技巧。

- 寻求掌控：试探别人的忍耐极限或试图获得掌控权。

- 心情沮丧：太多孩子挤在一起玩耍，缺乏足够的玩具或大家都需要的物品。

- 试图获得关注：觉得咬人可以帮自己快速吸引大家的注意力。

- 模仿：模仿他人的咬人行为（观察孩子是否和其他爱咬人的孩子在一起玩）。

- 压力：与家人有摩擦，或有生病、父母离婚、家人去世、转学、搬新家等经历。

- 习惯：没有因为咬人受过惩罚，觉得咬人没什么大不了。

2. 尽快介入

这一步至关重要，家长不要等待，要快速行动。

- 快速阻止。看到孩子要咬人了，家长要赶紧冲过去严厉地阻止："停！不能咬人！小朋友会疼！"

- 隔离。家长应该立即带孩子远离其他孩子，到更安静的地方让他冷静下来。如果孩子咬人是为了获得关注，这个方法特别有效（参见第22问"计时隔离"）。

- 保持冷静，尽量不要反应过度。不管别人怎么说，家长都不要咬孩子一口作为惩罚！这样做只会适得其反，让孩子误以为小孩子不能咬人，但是成年人就可以。

- 警告家里的其他孩子和别的小朋友不要笑。这样做会让孩子觉得大家都在关注他，他们可能会得寸进尺。如果孩子养成了咬人的习惯，家长要在孩子玩耍时多加留心，一旦观察到他要咬人，就要及时干预。

- 留心孩子被批评后情绪是否越来越低落。家长需要密切观察孩子，出现这种情况时要转移孩子的注意力，或者提议和孩子去玩别的游戏："我们去玩积木吧！"

3. 安抚被咬伤的孩子

家长要把注意力集中在被咬伤的孩子身上："哦，一定很疼吧！赶紧让我看一下"，"真对不起，我们赶紧处理一下"。关注被咬的孩子有助于让你的孩子意识到咬人会让人疼痛，甚至受伤，他的行为会有严重后果。孩子也会从家长身上学习如何表达同情。孩子平静下来后，家长可以提示他为受伤的孩子做点儿事，让对方感到安慰："你为什么不……（给萨米拿张纸巾；把他的毛巾拿过来；找到老师，给他拿个毛绒动物玩具）"。家长一定要通知受伤孩子的父母，最好是亲自打电话而不是通过别人通知。家长要说明自己实施了哪种类型的紧急处理措施，有什么计划（如果有）来防止以后再次发生咬伤事件（参见"被咬后，伤口的紧急处理措施"）。

4. 用语言沟通代替咬人

一旦孩子学会了在发生冲突时用语言表达他们的需求，咬人行为就会减少。家长可以在孩子平静时教他用简单直白的语言来表达情感或需求，而不是咬人。家长可以从冲突时会用到的情绪表达方法开始教，让孩子模仿："当感觉气疯了的时候，就直接告诉对方'我气疯了'。"家长也可以教一些有用的短句来减少常见的同伴冲突，"我也想玩"，"轮到我了吗"，"可以和我一起分享吗"。家长可以帮助孩子练习使用这些表达方法，直到他可以在真实的社交环境中熟练运用。家长要让孩子明白，当他试图控制冲动情绪不再咬人，或能适当表达他的需求时，特别令人骄傲——能有效避免冲突就是进步！

5. 和照顾孩子的其他大人取得一致意见

如果孩子动不动就咬人，家长要采取紧急措施，与家里照顾孩子的其他成人及孩子所在学校、幼儿园的老师一起讨论孩子的行为，让经常接触孩子的成年人意识到孩子有咬人习惯，引起重视。大人们也要在对咬人行为的处理和管教方式上取得一致意见（比如暂时不再让孩子和小朋友玩耍或让孩子回家待着）。在学校和家里的管教方式必须保持一致，并持续执行一段时间。家长要坚持让其他大人在孩子再次咬人后通知自己，做记录，这样就可以跟踪观察，了解孩子的行为模式。如果是大一点儿的孩子，家长可以尽快进行一次严肃的谈话。家长要让孩子清楚，咬人是不可容忍的。一旦他咬人，就要接受惩罚，咬人后他的行为会受到严密监控。家长要与孩子的老师保持联系，直到孩子不再犯错。如果孩子的咬人行为在几周内没有减少，家长要寻求专业人士的帮助。美国儿童和青少年精神病学会认为，偶尔出现的咬人行为是孩子在正常的发育阶段不可避免的，但经常性的咬人行为则可能预示着孩子有情绪或行为问题。

> **家长分享**
>
> 一位妈妈分享了自己的经验。
>
> 当幼儿园老师跟我说我女儿咬了一个男孩时，我简直无法相信，她在我心里是那么乖巧可爱。果不其然，了解经过后我发现是这个小

男孩先惹我女儿的，他要从我女儿手里抢玩具。她试图做个好孩子，和他讲理，但这个小男孩并不停手，于是我女儿情急之下在他胳膊上咬了一口。我看到女儿很难过，就安慰她我知道她不是故意咬人的，我会教她如何应对这种情况，这样她就不用再咬人了。听了我的话，女儿崩溃大哭，也终于松了一口气，意识到妈妈要帮她对付这个孩子。每天，我都帮助女儿练习用响亮、有底气的声音表达自己的想法，直到她能够在被欺负时制止对方。这是女儿最后一次咬这个男孩，也是他最后一次欺负女儿。

被咬后伤口的紧急处理措施

以下是美国儿科学会的建议。

- 立即用温肥皂水清洗咬伤处约 10 分钟。
- 如果皮肤出现损伤，用无菌敷料覆盖伤口。
- 接下来的几天持续关注被咬伤的部位，如有任何感染迹象（如肿胀、发红、发烧、超出正常范围的疼痛）要立即告知医生。
- 如果有必要，要确保尽快给孩子接种破伤风疫苗。
- 要带被咬伤的孩子去看医生，因为人的唾液中含有细菌，会引起感染。

 不同成长阶段孩子的表现

◎ 学龄前儿童

咬人行为在学龄前儿童中很常见，尤其是小男孩，因为他们缺乏处理强烈冲突的技能。如果孩子在过于拥挤的地方（尤其是在日托中心这种孩子普遍年龄较小的地方）玩耍，或者想要模仿其他孩子的咬人行为，就可能咬人。

◎ 学龄儿童

年龄小一点儿的学龄儿童可能会因为沮丧或愤怒咬人。7 岁以上的孩子不大会咬人。如果他们咬人，通常是因为遭受了严重的情感问题，抑制不住冲动或顶着难以忍受的压力。家长在发现后要及时实施一系列必要的干预措施，尽快寻求学校或心理医生的帮助，对孩子进行心理评估，同时留心孩子的异常行为。

◎ 即将步入青春期的孩子

即将步入青春期的孩子一般不会咬人，如果咬人，通常是因为出现了严重的心理创伤或情绪问题。家长要立即向心理学专业人士求助。

第 13 问　霸道

相关问题另见：第 11 问"顶嘴"、第 16 问"要求过分"、第 24 问"不听家长的话"、第 28 问"待人冷漠"、第 63 问"不愿意分享"、第 79 问"不愿意沟通"

 问题

孩子行为强势，不顾及他人感受，喜欢指挥他人，控制欲强，不倾听，不考虑朋友的需求。

"我女儿太霸道了，我虽然不愿意承认，但是事实就是如此，我有点儿担心她的未来。她对她的朋友发号施令，希望一切都如她所愿。如果她现在不改变自己强势的性格，最终将会没有朋友。她一直都有很强烈的控制欲，我该怎么教育她，让她变得更受欢迎呢？"

◎ 为什么需要做出改变

霸道专横的孩子自认为是领头人，喜欢统领全局，制定规则，选定大家的活动，决定游戏如何玩。他们很少会去考虑同龄人或兄弟姐妹的想法或需求。虽然这种强势的个性未来可能有助于孩子成为一个强有力的领导者或首席执行官，但也会影响孩子和同龄人的交往，因为大家通常会反感这种个性。

　　面对霸道的孩子，家长肯定希望在教育孩子的过程中，不扼杀他自信、乐于管理、敢于承担责任的品格，同时帮助他改变盛气凌人的态度，让他更能体谅别人，更能尊重别人的想法和感受。这样做会让孩子更受欢迎，拥有良好的人际关系。悉心教育会让孩子有所改变。家长可能认为自己的孩子天生就是领导者，他可能确实是那种喜欢掌控全局、承担责任、完成任务的孩子，但是，一个真正的领导者会考虑他人的需求，倾听他人的想法，设定人人受益的目标，而不仅仅是考虑一己私利。

◎ 问题表现

　　如果孩子有以下几种表现，则预示着孩子的霸道性格可能正在影响他的情感和社交。家长需要观察孩子在各种环境（如幼儿园、邻居家、足球场）中与其他孩子的互动情况，以便准确地评估孩子的状况。

- 大家要玩什么游戏，先玩哪个游戏，游戏如何玩都得听孩子一个人的。
- 孩子开始对家长发号施令，告诉家长该做什么。
- 孩子要求一切必须如他所愿，而他只按自己制定的规则玩，不在乎别人的想法。
- 孩子很少与朋友们协商或改变自己的想法来配合他人，不能接受妥协。
- 孩子的朋友们不回他的电话，不邀请他到家里玩，也不想来你家做客。
- 其他孩子的父母、教练或老师给孩子贴上了"霸道"或"盛气凌人"的标签。

● 孩子与他人相处时咄咄逼人或轻视对方，而孩子自己对此毫无意识。

研究速递

加利福尼亚大学伯克利分校的儿科医生 W. 托马斯·博伊斯以 69 名出身于中产阶级家庭的学龄前儿童为研究对象，在对他们的霸道行为进行观察、录像和分析总结后得出结论：霸道的学龄前儿童往往更健康。谦让随和的孩子在有强弱等级关系的群体中处于弱势，有更多的健康问题。面对压力，他们的心率更高，分泌的压力激素也比那些相对更霸道的同龄人更多。研究结果让家长意识到，霸道的孩子很可能是出于生理原因才表现得盛气凌人，这种性格可能有助于他们保持健康，应对压力。不过，家长还是需要帮助孩子改变过于强势的性格，这有利于帮他建立和谐的人际关系，孩子也会更快乐。

 解决方案

虽然家长难以完全改变孩子霸道的个性，但是可以纠正他的行为，不纵容他的强势，帮助孩子养成好习惯，考虑别人的感受。一个简单的方法是，坚持让孩子不把自己的想法强加给别人，让他在做事前先征得大家的同意。家长可以教孩子说："我要去玩桌游，一起玩吗"，"我想坐前排，可以吗"。这个小技巧有助于让孩子意识到行动前必须考虑别人的需求，不能随心所欲，对别人不管不顾。

◎ **步骤 1：早期干预**

1. 找出孩子霸道的原因

家长要先确定孩子霸道的原因，从而找到合适的方法来纠正他的行为，提高他和同龄人相处的能力。以下列出了孩子霸道的常见原因，家长可以看看哪

些符合孩子的情况。

- 模仿他人行为。孩子接触的人经常对他颐指气使,所以他只是在模仿他人。
- 被纵容。与孩子接触的人有意或无意地鼓励了孩子的霸道行为,给孩子贴上了坚定、自信、外向或领导能力强的标签;或者有人纵容他为所欲为。
- 他人指望孩子来掌控。孩子承担起了照顾他人的责任;孩子可能经常和做事优柔寡断、犹豫不决的孩子在一起玩,理所当然地成了强势的一方。
- 缺乏安全感。孩子通过表现得盛气凌人来掩饰自己内心的不安、自卑或无法做到完美的不满。
- 需要权力。孩子在家庭或朋友中处于弱势地位,感到压抑无力,需要享受权力带来的满足感。
- 被欺负。孩子经常被别人支使,他得努力让自己强势,才能不再被呼来喝去。
- 缺乏社交经验。孩子不知道如何友好地与人沟通。
- 缺乏话语权。孩子的想法、感受和需求经常被忽视。
- 缺乏同理心。孩子仍然处于以自我为中心的成长阶段,或者缺乏理解他人观点或考虑他人需求的能力。

家长可以和其他很了解孩子的人谈谈,听听他们的意见,反思孩子霸道的性格是如何养成的,试着从点滴做起帮孩子改变。

2. 以身作则,言传身教

霸道的孩子需要了解什么是民主,所以家长要在家里强调大家遇事需要沟通,达成一致意见。家长可以在做出某些家庭决定(选择度假地点、餐厅,要观看的电影和电视节目,要玩的棋盘或视频游戏)时,让家里所有的成员都有机会提出建议。孩子需要在生活中体验民主,这样才能在和朋友相处时不那么霸道。

3. 引导孩子与人合作

研究表明,孩子表现出合作行为——与同伴分享、按照次序轮流玩耍、考虑同伴的要求等等——通常是因为他们的父母明确要求他们与人合作。因此,家长可以细心地向孩子阐明分享和合作的基本规矩，解释清楚如何遵守这些规则，告诉孩子在明白道理后要付诸实践。家长一定要强调为什么霸道的行为不受欢迎。

◎ 步骤2：快速反应

1. 一旦发现孩子的霸道行为，就要尽快指出

家长在听到或看到孩子对朋友或兄弟姐妹（甚至家长自己）过于强势时，可以把他拉到一边，平静地指出这是一种不好的行为。"我注意到你一直在抢大卫手里的遥控器。"要就事论事，不要指责孩子的品格。

实用妙招

> 霸道的孩子总是把自己的需求放在第一位。所以，家长要提醒孩子在和小伙伴一起玩的时候多使用"你"："你怎么看"，"你想玩什么游戏"，"你想先做什么"。这个简单的方法可以让孩子学会考虑别人的需求和感受。

2. 保持冷静

盛气凌人的孩子可能很任性，自我意识更强烈，如果家长也很固执，双方可能会较劲。所以，家长不要唠叨不停，要把握好尺度，尊重孩子的独立意识，这样可以避免很多不必要的冲突。就算家长比较顺从谦让，也不要放纵孩子对你发号施令。家长要注意反思自己回应孩子的方式，找到能事半功倍地帮助孩子改变霸道行为的方法。

3. 教给孩子简单易行的解决方法

家长不要以为孩子知道如何改变自己强势的行为，事实上，家长需要教孩子如何做出改变。以下是孩子的几种常见霸道表现和有效的应对方法，家长可以由此更仔细地观察孩子，找出问题所在，然后"对症下药"。

- 问题：孩子不和大家分享。

  解决方法：向孩子解释什么是按先后次序轮流玩，为什么这样做很重要，然后提醒他应该怎么做。"记住，我希望你和小朋友分享。如果你真的不想分享，就在小朋友来之前把东西收起来。否则，你必须和小朋友分享。"

- 问题：孩子擅自决定大家玩的游戏。

  解决方法：告诉孩子新的家庭规则是"客人有权决定一起玩的第一个游戏"，接下来的游戏由大家轮流决定。

- 问题：孩子没有意识到自己的话听起来很霸道。

  解决方法：向孩子示范如何让咄咄逼人的语言变得温和。霸道的说法可能是"我们去投篮"，温和的表达则是"你想玩什么？"；霸道的说法可能是"照我说的做"，温和的表达是"可不可以试试我的建议？看看效果怎么样"。

- 问题：孩子没有意识到他在和同伴相处时很霸道。

  解决方法：家长和孩子约定一个秘密动作信号（拉耳朵或摸鼻子），这样当他盛气凌人的时候，家长就可以向他发出信号，提醒他停止霸道的做法。

- 问题：孩子不考虑他人的想法。

  解决方法：立刻充分利用当下的情景对孩子进行教育。"卡拉一直没有机会参与。你觉得她是什么感受？""你还没有问比尔想做什么，你觉得他是什么感受？""你觉得下次该怎么做，才能让朋友也说说他们的想法？""你觉得要怎么做才能和保罗玩得更开心？"

4. 告诉孩子知错不改就要面对后果

家长要让孩子知道自己绝不会纵容他的霸道行为。如果孩子将家长的管教抛诸脑后，仍然在与同龄人交往时强势霸道，就需要面对后果。家长可以警告孩子："你要是再那么霸道，就不能叫马特到我们家玩。我们需要一起想想你怎样公平地对待他。"

◎ 步骤3：培养良好的习惯

1. 教孩子在社交中顾及他人的策略

专横霸道的孩子不会顾及他人的感受，因此，家长要教给孩子一些社交技巧，帮助孩子学会考虑其他孩子的想法。家长可以和孩子在家里多练习几次，确保他在和同伴相处时能应用自如。

2. 碰运气随机决定

当两个孩子无法决定玩什么游戏、谁负责做决定，甚至谁先玩的时候，碰运气随机决定的老办法可以让孩子心服口服。抽签、抓阄、抛硬币和石头剪刀布都是老办法了，但它们可以让每个孩子都感觉到公平。

3. 遵守公平法则

如果一个孩子切蛋糕，就让另一个孩子先选择自己想要哪一块。这个方法还适用于很多场合，比如：如果一个孩子决定大家做什么游戏，那么另一个就有权先玩；如果一个孩子倒柠檬水，另一个就有权先选他的杯子。

4. 巧用计时器

为了避免孩子霸占玩具，家长可以让小一点儿的孩子商量好每人可以使用的时间，通常是几分钟。孩子开始轮流玩的时候，就用计时器开始计时。时间到了，正在玩的孩子就得主动把玩具交给下一个孩子。烤箱计时器、煮蛋计时器或沙漏计时器都非常适合小孩子。大一点儿的孩子可以用手表或秒表计时。

5. 教孩子学会妥协

家长可以给大一点儿的孩子解释妥协意味着什么。"遇到问题时，你和对方都愿意通过让步来得到自己想要的东西。你们都没有太强势，都有所放弃和收获。"孩子应该明白，每个人都要有机会表达自己的想法，需要沟通和彼此倾听。只有这样，大家才会感到心满意足。家长讲明事理后就需要让孩子在不同的情境中体验如何妥协。

6. 教孩子学会协商

假如家里人需要轮流使用电脑，家长就可以通过解决家里的这个问题向大点儿的孩子示范协商意味着什么。"咱们一起制定一个大家都无异议的时间表，让每个人都能公平使用家里的电脑。这样为了达成一致一起来讨论的做法就是协商。"

家长分享

一位爸爸分享了自己的经验。

我的儿子比较霸道，家里人为了帮他改掉这个毛病，摆事实、讲道理、让他反省自己的行为，但都无济于事。我们意识到改变儿子坏习惯的唯一方法是营造民主的家庭氛围，让他耳濡目染，养成好习惯。于是我和太太决定每晚都开 15 分钟的家庭会议。家里人无论老少都要开口发言，也必须认真地倾听，因为每个人的想法都一样重要，值得尊重。儿子的改变需要时间，但几周后我们就看到了他的进步。儿子意识到作为家里的一分子，有事要商量，不能一个人主宰一切，儿子终于开始学习倾听和考虑他人的感受了。

7. 鼓励孩子和同伴合作

对于孩子来说，改掉不良行为并养成好习惯并不容易。家长在注意到孩子努力变得随和时，一定要表扬他，并且要明确指出孩子哪点做得好，这样他以后会自发地继续这样做。"我注意到你在耐心地听艾伦说自己的想法，没有打断他，他看到你在听他说话也很开心。""我注意到你问胡安想玩什么游戏。你考虑得很周到，你的朋友一定觉得你很贴心。"

不同成长阶段孩子的表现

◎ 学龄前儿童

处于学龄前阶段的儿童觉得世界围绕着他们转，所以说话时总是习惯以自我为中心，会在表达中频繁使用"我"、"我想要"和"轮到我了"。他们的认知能力有限，意识不到自己霸道的行为会显得粗鲁，会给他人带来伤害。因此，家长在教育孩子的时候要温和，最好不要因为孩子霸道就实施惩罚，而是应该及时指出他们的错误，告诉他们应该怎么做。到了5岁，孩子的内省能力会逐渐增强，不会太自我，支配他人的欲望也会降低，家长可以鼓励他们在人际交往中多考虑别人的感受。

◎ 学龄儿童

学龄儿童能认识到霸道会带来不良后果，注意到别的孩子不喜欢被人指手画脚，霸道的孩子很可能会受到同龄人的排斥。这个年龄段的孩子会把很多时间花在竞技体育上，一起运动的时候，他们会发现无论一个队友的运动能力有多强，如果他喜欢发号施令，都会引起大家的反感。

◎ 即将步入青春期的孩子

即将步入青春期的孩子已经被大人的说教、指示和命令弄烦了，可能会通过对家长发号施令来表达内心的不满。家长不能放任孩子这样没大没小，要提醒孩子尊重长辈。即将步入青春期的孩子对被同龄人或兄弟姐妹支配异常敏感，喜欢反驳说"你谁呀"。在这一年龄段，能够和大家合作、分享并能关心朋友的人更受欢迎，人际交往也更愉快。专横霸道的孩子除非是小团体的"首领"，否则很可能被小团体抛弃。

第 14 问　自夸和吹牛

相关问题另见：第 5 问"最小的孩子"、第 6 问"同胞竞争"、第 31 问"物质至上"、第 33 问"缺乏体育精神"、第 42 问"追求完美"、第 59 问"同伴压力"、第 64 问"告状"

 问题

孩子表现得像个万事通，爱吹牛和自夸，喜欢炫耀自己取得的进步，和他人攀比拥有的东西和成就，未能认识到爱吹牛是一种令人反感的行为。

"我真漂亮，妈妈，选美大赛我肯定能获胜。""我 5 岁的时候就知道了。""别做梦了，我最聪明。"

如果年龄小的孩子喜欢自夸，表现得好像无所不知，家长可能会认为他们很可爱。但是，如果不让他们认清自己，孩子长大后还会表现得像个万事通，爱吹牛炫耀，在无形中抬高自己贬低他人，这是一种非常令人反感的行为。这样说不是要质疑孩子的智慧、美貌、天赋或技能，也不是在阻止家长为孩子感到骄傲，毕竟，你的孩子有可能成为杰出的人才，就像物理学家爱因斯坦、小提琴家伊扎克·帕尔曼、画家毕加索那样，孩子的能力也应该得到肯定。但是，孩子爱吹牛与天赋和才能无关。如果孩子总是急着到处炫耀，生怕别人不知道他很优秀，甚至总是认为自己比其他孩子更优秀，就会显得幼稚又让人反感。没有老师、教练或其他孩子的父母会欣赏一个总是吹牛的孩子。哪个同龄人会和一个总是自吹自擂、变相贬低他人的孩子在一起呢？另外，真正的自尊是内隐的：孩子通过自我实现获得内心的自豪感，因为享受某件事而去做，而且是独立完成的；他不需要到处自夸，好像要让全世界都知道一样。以下方法可以改变孩子"看我多能干！"的自夸行为，帮助孩子学会保持谦逊、温和，成为一个更优秀、更快乐的人。

 解决方案

1.明确问题产生的原因

改变的第一步是找到孩子吹牛的原因，然后"对症下药"。以下是孩子爱吹牛的常见原因，家长可以看看哪些符合孩子的情况。

- 经常让孩子成为关注的焦点。家长有没有炫耀过孩子，经常鼓励孩子向朋友、亲戚或其他人展示才艺？

- 嫉妒。家长是否偏爱家里的某个孩子，或孩子觉得你偏心某个孩子？

- 处于弱势。孩子是否认为交朋友的方法就是给别人留下好印象？他是否缺乏社交技巧，无法找到愿意接纳他的朋友？

- 不安全感。孩子吹牛是不是为了获得家长的认可或陪伴？

- 过分重视成就和胜利。家长是否总向孩子强调"你的成就是什么"（比如成绩怎么样，得了几朵小红花）？家长是否在用金钱或给予特权的奖励方式？

- 优越感。家长是不是常向孩子强调自己在经济能力、社会地位、教育水平、工作种类等方面比别人优越？

- 以自我为中心。孩子是否正处于以自我为中心的成长阶段？家长是否让孩子觉得没有人比他更聪明、更有才华、更有能力？孩子是否被宠坏了？

- 自卑。孩子是否因为内心深处觉得自己不够好或自我认可度低，试图通过吹牛向别人证明自己的能力？

- 完美主义。在家里，是否有"一争高低"的氛围？孩子是否会觉得有必要通过吹牛证明他达到了家长的期望？

2. 停止过度赞美孩子

如果家长一直让低龄的孩子成为关注的焦点，让他当众展示他的才艺和可爱之处，让每个人都对他的一举一动大加赞美，或孩子每踢进一个球、讲一个有趣的笑话、自己系鞋带或擤鼻涕，家长都要及时地表扬，那就要赶紧停止这种做法了！如果家长一直在炫耀自己的家庭地位、名声和财富，引起了周围人的反感，也请立刻停止这样的自夸行为。家长可以告诉亲朋好友，自己决定不再过度赞美孩子，让大家都只适度表扬孩子，帮助孩子学会谦虚。

3. 教孩子自夸的艺术

如果孩子因爱自夸被批评，他会感到羞愧，以后就不太可能告诉你他的进步。所以，家长要给孩子传授"私下自夸"的技巧："爸爸妈妈很高兴听到你说自己表现得很好，但你应该私下告诉我们。"家长接着要解释原因："你在朋友面前夸耀自己可能会让他们觉得自己没有那么好，心里不舒服。"家长可以和孩子约定一个手势（比如拉耳朵），如果他又在自夸，家长就可以拉拉耳朵，提醒他不要在公开场合夸夸其谈。然后，家长可以教教孩子自夸的艺术：只有在别人先表扬孩子的成就（比如进球或获奖等）时，他才可以当众骄傲地自夸，而且要永远记得感谢别人的赞美。

4. 让孩子意识到别人是怎么想的

爱自夸的孩子可能已经形成了习惯，无法意识到自夸会惹人反感，而且不会让朋友、队友或大人觉得自己有多了不起。所以，家长需要启发孩子意识到别人听到他自夸后的反应，以下是一些有用的方法。

- 通过提问启发孩子。"如果你是对方，听到有人这样自夸，你会是什么感受？""你花了很长时间向蒂姆炫耀你的电脑水平有多高，你觉得他是什么感受？你认为他会想再和你一起玩吗？"

- 让孩子注意别人的反应。"当你给萨拉看你的奖杯时，你有没有注意到她在皱眉头？""当你炫耀你的成绩时，你有没有注意到德里克翻白眼了？"

- 让孩子换位思考。"我听到你告诉乔尼，你的数学比她好，还给她看你的成绩单。你觉得她会想对你说什么？"

5. 鼓励孩子衷心赞扬别人

让孩子不再自吹自擂的有效方法是，帮助他认识到别人也取得了成绩和荣誉，而不要只注意到自己的优势、才能和荣誉。

- 先教孩子学习赞扬别人的常用语。家长可以教孩子一些夸奖别人的话，比如"做得不错！""超级棒！""太好了！""很精彩！"，并鼓励孩子在看到别人表现优秀时衷心地赞美。

- 鼓励孩子发现他人的长处。一旦孩子乐于赞扬别人，家长就可以教他如何通过称赞一个人的具体实力、技能或天赋来让他的夸奖更有针对性。家长可以引导孩子关注别人的优势："你有没有注意到刘易斯是一个很棒的击球手？你应该告诉他！""我才发现艾莉在艺术方面很有才华。你应该告诉她。"

- 教孩子"一天二赞法则"。最后一步是鼓励孩子发现别人表现好的地方，每天至少两次真诚地赞扬别人，我把它称为"一天二赞法则"。赞扬家人、朋友或陌生人都可以，只要孩子赞扬的是别人而不是他自己。每天晚上，家长都可以问问孩子今天赞扬了谁，以及被赞扬者的反应。这也是一项很有意义的家庭活动，如果一家人都能互相表扬，孩子就会有很多机会学习如何有效赞扬别人。

6. 在孩子表现得谦虚时及时鼓励

真正拥有自尊的孩子内心是平静的，可以自我接纳，能正视自己的优势和不足。他不觉得有炫耀自己的成就和荣誉的必要，也没有拿自己和别人比较或贬低别人的冲动。所以，家长要在孩子表现谦逊的时候及时鼓励，以便纠正孩子爱自夸的坏习惯。家长可以这样夸奖孩子："杰西，我知道你一定为你的冰球比赛成绩感到骄傲。你训练时很刻苦，妈妈为你感到骄傲。我也很开心你这次只告诉了我和爸爸，没有打电话告诉你所有的朋友，你做得很棒。"

家长分享

> 一位妈妈分享了自己的经验。
>
> 儿子喜欢到处炫耀他的棒球技术，还夸大其词。他确实是一个不错的棒球运动员，但肯定没有他自己标榜的那样技压群雄。在不打击儿子信心的前提下让他面对现实是件很棘手的事情，但他必须学会正确看待自己的能力。每当他又夸夸其谈时，我们都会自动忽略他对自己的夸赞，只是客观承认他的能力，之后便会提到其他队员的能力："你很了不起，不过韦恩也是个很棒的击球手。"过了一段时间，儿子对自己的能力有了清醒的认识，甚至开始欣赏别人的长处了。

 不同成长阶段孩子的表现

◎ 学龄前儿童

学龄前儿童天生以自我为中心，喜欢自夸或炫耀他们学会的东西。他们还不懂得社交技巧和换位思考，不知道吹牛可能会令人反感。他们开始注意到自己与同龄人的不同，察觉到自己的不足之处。但是，学龄前儿童还不具备区分现实和幻想的能力，他们有时还会夸大自己的优势。所以，与其说孩子在吹牛，不如说孩子混淆了真实与想象中的世界。孩子通常会在幼儿园阶段逐渐意识到其他孩子在许多方面比自己强，因此就不再爱吹牛了。

◎ 学龄儿童

学龄儿童在学校会面对很多同学，他们开始认清现实，学会正确看待自己的能力和天赋。学校会定期颁发奖杯、成绩单和证书，所以孩子会越来越频繁地与同龄人比成绩。体育运动的竞争也变得更激烈，孩子会一比高下，看看谁是"最好的"、谁是"最差的"。家长在决定孩子参加的活动种类时应尽量注意平衡，让孩子不仅有输赢意识，也学会团队合作和公平竞争。小学的孩子已经有同理心了，家长可以利用这一点，提醒他注意自己自夸时他人的反应，可以启发孩子思考"你觉得你的朋友会有什么感受？"学龄儿童会开始看重物质享受，所以家长要注意不要让孩子攀比和炫耀自己拥有的物品。如果孩子有此类行为，家长就要教孩子懂得感恩、乐于助人。

◎ 即将步入青春期的孩子

对于即将步入青春期的孩子来说，与朋友们融洽相处变得至关重要，他们的友谊建立在真正的相互理解和彼此喜欢的基础上；朋友们需要让彼此感觉良好。自夸令人反感，因为自夸的人只能看到自己的优势、需求和感受，让对方觉得友谊只是自己的一厢情愿，由此可能导致友谊破裂。这个阶段的孩子学习竞争更加激烈，成绩好坏会自然而然地进一步将孩子们区分开。

第 15 问　逆反心理

相关问题另见：第 11 问"顶嘴"、第 16 问"要求过分"、第 22 问"计时隔离"、第 24 问"不听家长的话"、第 25 问"大喊大叫"、第 32 问"不能明辨是非"、第 37 问"愤怒"、第 79 问"不愿意沟通"、第 94 问"难以集中注意力"

 问题

孩子总是违抗父母，质疑权威，不断挑战父母的底线，不尊重父母。

"我知道每个孩子都会时不时地反抗父母，我要怎么判断我儿子是真的在和我对抗，还是只是由于临近青春期，激素分泌旺盛，所以才在与我沟通时情绪激动呢？"

◎ 为什么需要做出改变

你是否因为每天和孩子较劲而感到精疲力竭？你是否很难让孩子服从你的要求？你是否因为担心孩子会不顾场合地顶撞你，犹豫要不要带他出门？孩子在公众场合对你说话时态度粗鲁，引得路人纷纷盯着你看，你是否对此感到厌烦？如果上述任何一种情况符合你家的现状，那么你很可能有个逆反心理极强的孩子。我相信家长肯定已经尝试了很多教育方法来改变现状，但都无济于事。这样的孩子很多，家长都在挣扎。

孩子的违抗态度和行为不会一夜之间就发生改变。家长需要尝试不同于以往的教育方法，通过改变育儿方式来改变孩子。家长需要下定决心、保持耐心并不断努力，这是为人父母重要的责任之一。家长要帮助孩子缓和与父母对立的态度，找到更适合的交流方式来表达他的需求。这样做不仅会极大地改善亲子关系，形成融洽的家庭氛围，还有助于帮助孩子提升处理人际关系的能力，对孩子的现在和未来都有益处。

◎ 问题表现

孩子都会偶尔对抗父母、老师、教练、保姆等人，这是正常的。通常情况下，严厉的眼神或者训斥就足够管教孩子了，但是叛逆的孩子会挑战父母的忍耐底线，让家长无可奈何。如果孩子有以下 4 种异常表现，即可表明他是有意在和大人对抗，而不是由于激素水平快速提高才变得反应激烈。

- 不尊重家长。挑战家长的孩子尤其粗鲁无礼，脾气暴躁，公然不尊重大人。
- 以自我为中心，对别人的感受视而不见。孩子一心希望自己的需求得到满足，断然拒绝别人的要求，更不用说与他人耐心沟通了。
- 争取控制权。孩子凡事自己做主，基本上剥夺了家长的权威，毫无顾忌地迫使大人按照他的意愿行事。
- 破坏家庭和谐氛围。和孩子相处时，家庭成员感觉必须谨慎小心，不得不时刻满足孩子的需求。

如果孩子抗拒父母的要求已经形成习惯，经常有以下行为，家长就需要"对症下药"，进行干预。

- 极其倔强：非常固执，不肯协商让步，不会从不同的角度看问题。
- 不听话：拒绝做大多数常规任务或家务。
- 挑战家长：质疑或不愿意服从家长。
- 脾气暴躁：经常生气或发脾气，经常大喊大叫。
- 易怒：容易被激怒，与人相处时常常表现得暴躁，过度敏感。
- 挑战大人权威：总是与大人争吵，不愿意服从权威。
- 与大人较劲：挑战大人的底线，一定要赢。
- 指责他人：不愿承认自己的错误。

● 不尊重他人：行为粗暴、粗鲁，蔑视他人。

如果孩子总有以上表现，类似的行为已经成为一种模式，家长在看出苗头时一定要及时纠正。

 **解决方案**

◎ 步骤1：早期干预

1.深入挖掘问题产生的原因

家长绝不应该容忍孩子故意对抗、粗鲁无礼的行为，但这并不意味着不需要理解孩子为什么会有这样的态度。这种问题背后的原因有很多，以下几个最为典型，家长可以看看哪些符合孩子的情况，然后对症下药。

- 错误的管教方式。你是不是管教得太严厉才导致孩子想要对抗，或是管教得太宽松导致孩子认为怎么样都无所谓，抑或是管教时严时松，让孩子产生了混乱感？

- 亲子关系疏远。孩子是否和爸爸妈妈关系不和；是否缺少和爸爸妈妈在一起的时间；是否感觉不到爸爸妈妈的爱或赏识？

- 怨恨和嫉妒心理。孩子是否嫉妒自己的兄弟姐妹、同龄人或与家长走得近的其他大人？

- 感到能力不足。孩子是否感到自卑、能力不足或觉得自己表现得不够好？

- 脾气暴躁或急躁。孩子是否难以控制自己的愤怒，是否天生脾气暴躁，孩子是否一直比较难相处？

- 过度焦虑或压力过大。孩子是否为了表现得优秀承受了巨大的压力（学业、社交或运动方面）？家里是否每天都强调竞争？孩子是否每天都日程满满，没有休息时间？

- 学习障碍。孩子是否有学习障碍或注意力缺陷障碍，无法很好地理解听到的内容？

- 抑郁。孩子是否有情绪问题，比如抑郁或心理创伤，所以才产生了对抗心理？

- 被寄予不合理的期望。你是否对孩子抱有不现实或不合理的期望？

- 酒精滥用。家里大点儿的孩子是否酗酒？

- 受到虐待。孩子是否受到了家人的尊重？是否受到过语言或身体上的虐待？

- 过于宽松的家庭氛围。孩子对抗家长是不是因为他在潜意识里甚至明确地想要你给他设定界限和规则？他是否只是想让你拥有更多权威，成为一家之主？

- 模仿他人。孩子是否在模仿别人的待人态度？

2. 与照顾孩子的其他成年人联系

家长需要向关心照顾孩子的其他成年人征求意见，比如祖辈、保姆、老师和教练等，听听他们对孩子如此对抗大人的看法。家长要观察孩子如何与其他成年人互动，看看孩子可以和哪个大人和谐相处，不会与之对抗。如果有这样的大人，家长需要分析他们是如何与孩子沟通或向他们提出要求的，并学习他们的经验。

3. 确定孩子对抗大人的触发因素

孩子是事事违抗家长，还是有时会听话？为了明确这个问题的答案，家长可以列两张清单，一张列出经常导致孩子和大人对抗的事情，比如家庭作业、家务、门禁时间、电视使用权、起床、用电脑、和哪些孩子出去玩等，一张列出孩子至少有时会照办的事情（或者不会引起激烈争论的事情），这张清单可能包含踢足球、吃饭、喂狗等。查看这两张清单，家长会发现，孩子通常不会拒绝他们喜欢的，或他们觉得自己能胜任的事情。家长可以通过列清单找到适合孩子的事情。

4. 有选择性地管教孩子

叛逆的孩子会事事和家长对抗，所以家长要有选择地管教孩子，在重要的事情（比如上学、写作业、不能骂人、按时吃药）上要严厉，对不那么重要的事情（比如吃蔬菜和铺床）可以放宽要求。经常导致家庭对抗的事情是否可以删减？亲子之间的摩擦是不是因为家长的管教方式引起的？家长的第一个目标就是减少对抗，让孩子服从。家长要有所选择，不要试图事事都管得很严（当然还有很多事情需要严厉管教），要针对最需要干预的行为（比如骂人或顶嘴）进行纠正。

5. 给孩子树立好榜样

孩子会不会是从家长那里学会与人对抗的？

- 你是否坚持让朋友们按你说的去做？
- 你是否拒绝听取家人的意见或不愿协商解决问题？
- 你是否要求大家严格遵守所有的家规，从不放松要求？
- 你与伴侣是否经常发生冲突？
- 你是否过于苛刻或控制欲过强？

- 孩子是否看到过你在沟通时大喊大叫，是否看到你一言不发，是否看到你拒绝沟通，干脆一走了之？

问题的关键是，家长是否给孩子树立了一个好榜样。请注意！孩子会模仿家长的一言一行。

6. 反思与孩子的相处方式

家长通常是怎么与逆反的孩子相处的？请坦诚回答以下问题。

- 你是如何向孩子表达你的要求的，是用平静和尊重的语气温和地沟通，还是大喊大叫，以斥责或威胁的口气来提出要求？
- 你会有礼貌地对待孩子，还是会态度粗暴、冷嘲热讽？
- 你在和孩子沟通时会翻白眼、耸肩或冷笑，还是会和颜悦色？
- 你是直接要求孩子服从指令，还是会听听孩子的想法？
- 孩子是否认为你的回答与真实情况相符？

请反思一下最近和孩子的冲突，有没有哪次冲突是可以通过改变应对方式避免的呢？如果有的话，家长下次该如何更好地应对此类情况呢？

实用妙招

对抗家长的孩子会让家长精疲力竭，怒气冲冲。当家长开始大喊大叫、情绪激动的时候，冲突就会升级。所以，家长需要找到简单的方法，让自己在与孩子沟通的过程中避免情绪过于激动。家长可以根据自己的情况尝试以下方法：慢慢地深呼吸；想象一个平静的地方；告诉自己要保持冷静；喝一口水；和孩子暂停争吵，到另一个房间冷静一下；默念能让自己平静下来的话；把自己锁在浴室里反思。家长需要找到对自己有效的方法，并不断练习，直到应用自如。

◎ 步骤 2：快速反应

1. 避免对抗升级

孩子不服管教时，家长要做的最重要的事就是保持冷静，如果大喊大叫、情绪激动或失控，冲突肯定会升级。

2. 温和而坚定地表达对孩子的要求

当大家都很平静的时候，家长可以明确告诉孩子，自己希望他以后能够乖乖听话，要确保孩子完全明白你的意思。家长可以这样说："如果我听起来很严肃或者说'我是认真的'，那么你就应该知道事情的严重性。"然后，家长应该通过示范，确保孩子知道家长所说的"严肃语气"听起来是怎样的。要向孩子解释清楚，如果家长语气严肃而孩子不按照要求去做，就会受到惩罚。

3. 赋予孩子选择权

对抗家长的孩子总是想获得掌控感，所以家长在向孩子提出新要求时，要考虑让孩子发言，决定当孩子达不到要求时会受到何种惩罚。家长不用非得同意孩子的建议，这只是为了让他也能够做主。

4. 不要暴力沟通

叛逆的孩子会不断挑战家长的底线，就算家长提的要求很容易做到，他们也会借机闹一场。所以，家长在与孩子相处时，尽量不要暴力沟通。以下是一些有效的处理方法。

- 发出警告。对有些孩子来说，让他们服从家长的要求，马上停下正在做的事情真的很难。所以，家长可以给予警告，给孩子一个准备时间，比如："3分钟后我需要你的帮助"，"2分钟后我得和你谈谈"。

- 给孩子留出选择余地。家长提出要求时可以给孩子留点儿选择的余地，有时，这样会让孩子更愿意接受。"我们的家务今天需要做完。你想在晚饭前做还是留到晚饭后？"家长只需要提供自己可以接受的选择。

- 适当妥协。"现在你应该写作业了，但是你正在练习运球。那你半小时后写作业，好吧？"如果孩子过分地讨价还价，家长不要妥协。

- 冷静地重复对孩子的要求。家长要向孩子提出要求，并向他解释他为什么要接受，可以这样说："还有 5 分钟琼斯夫人就要来了，你现在需要在门口等着迎接她。"当孩子试图争辩时，家长要冷静地逐字重复提出的要求。不要争吵，重复这些话就行了。

- 降低音量。和孩子交流时，家长要试着降低音量，大喊大叫只会让一个叛逆的孩子更加不服管教：说话声音小一点儿，温和一点儿。如果家长拒绝争辩，孩子就很难发脾气了。

- 学会礼貌地耸肩以表达态度。家长不愿和孩子争论时，可以耸肩，借此表达自己的态度。这样做能让大家保持冷静，不过度释放情绪，避免产生冲突。

- 加点儿幽默元素。家长在和孩子交流时可以试着用幽默的语气化解矛盾。注意，幽默不是冷嘲热讽，否则会适得其反，引发矛盾。幽默是指家长要拿自己或就事件本身开个玩笑，而不是笑话孩子。叛逆的孩子通常非常敏感，他们不喜欢别人笑话自己，但他们听到关于别人的笑话时可能会跟着笑起来。

5. 给孩子解释的机会

孩子很可能有合理的理由不听家长的话，所以要听他说完。家长要主动与孩子沟通："如果你真的有理由不按我说的去做，就诚恳地告诉我。"

6. 坚持要求，不要让步

如果孩子仍然拒绝听家长的话，家长可以先深呼吸，让自己冷静下来，然后用平静但坚定的语气告诉孩子，这是必须去做的，没有商量的余地。孩子会想尽一切办法来让家长屈服：争吵、故意曲解家长的话、说家长"不公平"。家长请切记，不要恳求孩子、与孩子争吵、讨价还价、乞求或哄孩子。

7. 实施惩罚

如果家长已经明确提出了要求,孩子仍然不服从,那么就是时候实施惩罚了。为了让惩罚有效果,家长需要明确告诉孩子具体的惩罚措施,惩罚的原因、惩罚开始的时间等,并根据孩子的年龄和性格进行调整。惩罚必须给孩子带来一点儿痛苦,以便让孩子意识到后果,并愿意改变自己的行为。这样做也可以让孩子知道家长的严肃态度。以下是一些惩罚措施,家长可以根据孩子的年龄灵活运用。

- 计时隔离。一般来说,对于8岁以下的孩子,用"计时隔离"的方法惩罚是比较合适的。家长可以让孩子立即停止某项活动,要求他安静地坐上一会儿来反思自己的行为。家长可以基于孩子的年龄规定反思时间,1岁对应1分钟,5岁就规定反省5分钟,8岁就反省8分钟,以此类推。家长还需要根据孩子的年龄、脾气和个性,以及犯错的严重性来酌情调整反省时间。对有的孩子来说,这样的惩罚非常残忍,难以忍受;也有孩子觉得这样的惩罚虽然不好玩,但也没什么大不了的。家长要确保孩子在反省后(并且从他开始遵守反省规则的那一刻才开始计算时间),继续达到惩罚之前的要求(参见第22问"计时隔离")。

- 不让孩子做喜欢的事。如果孩子的错误特别严重或者孩子继续和家长对抗,家长可以取消孩子的娱乐时间,如看电视、玩电脑、打电子游戏或玩手机,或者规定孩子一段时间内不能玩他最喜欢的滑板、滑板车或自行车,甚至禁止孩子某段时间内在家里随意走动,要求他只能待在自己的房间。家长要确保这些措施都可以真正施行到位。

- 禁足。除了上学,孩子必须在某段时间待在家里。一般来说,可以让年幼的孩子待几个小时,让大一点儿的孩子待一到两天。家长实施这样的惩罚应该提前向孩子说清楚,如果孩子总是故意对抗家长,就按照说好的这样做。

- 参加志愿活动。家长可以给孩子找一个他能胜任的服务项目,让他在大人的监管下工作一段时间,如在收容所工作,帮助贫困儿童,或辅导更小的孩子。切记,对抗家长的孩子会把自己的需求放在首位,所以,通过让孩子帮助他人来"惩罚"他意义深远。

8. 寻求帮助

如果家长已经尝试了以上方法并改进了教育方式，但孩子仍然表现出公然对抗的行为，那就不能再等了，应该马上向心理学专业人士寻求帮助。孩子对抗家长可能有其他原因，家长需要弄清问题的根源，这对孩子和家人来说都至关重要。家长可能还需要家庭顾问的帮助来改变教育方法。

◎ 步骤 3：养成良好的习惯

1. 关注孩子的正确行为

如果孩子与家长对抗已经有一段时间了，那么家长的大部分注意力很有可能集中在他的不良行为上。事实上，家长不妨扪心自问，日常生活中有多长时间是无法和孩子和平相处的。大多数父母承认，和孩子相处时，关系紧张的时间至少占 75%。亲子关系差时，孩子的对抗行为会越来越严重。改善亲子关系的关键是家长要把注意力转移到孩子的正确行为上。家长需要转变教育方法，在孩子做得好时及时鼓励，这样，孩子就会慢慢学会用积极的方式回应你了。

2. 谨记黄金法则

家长要向孩子强调家庭教育的黄金法则："你希望别人怎么对待你，你就要怎么对待别人。"确定自己是否有礼貌的简单方法，就是在行动之前问问自己："别人这样对待我，我乐意吗？"一旦孩子理解了黄金法则，家长在他态度不逊时就可以这样提醒："你还记得黄金法则吗？"这有助于孩子反思自己的为人处世，学会顾及他人的感受。

3. 制定新的家庭规则

许多家庭会在全家人同意的基础上制定"尊重彼此规则"，所有家庭成员都要遵守这些规则。虽然家庭规则几乎都是家长自己制定的，但如果孩子在制定过程中有发言权，他们就会有更多的参与感与掌控感，并更乐意遵守规则。制定家庭规则时可以先让大家一起出主意，"在我们家，大家相处时应该遵守什么规则"，把大家的所有建议都写在纸上，然后通过投票，把最重要的建议选出来，下面是几个家庭规则的例子：不要不经允许就随便动他人的物品；互相倾听；保守私下听到的秘密；你希望别人怎样对待你，就要怎样对待别人；互相体谅；讲话时不急不躁、和颜悦色；多鼓励彼此，不要打击别人；尊重彼此的隐私。

许多家庭会将他们家庭规则的最终版本制作成图表，让所有成员签名，然后张贴出来提醒大家时时遵守。

家长分享

一位妈妈分享了自己的经验。

我的儿子现在 12 岁，任何小问题都会引发我们的激烈争吵，他非要我听他的不可。后来，我终于意识到我对他大喊大叫正中他的下怀。于是我想出了一个方法，那就是在争吵时冷静地说几句简短的话，然后在他不服时不断重复："对不起，只能这样办"，"我明白，但这是规矩"，"好吧，但是你最好马上开始"。真正的诀窍是不要反驳孩子，不要为了赢得控制权大吵大闹。儿子意识到我的变化后对我说："妈妈，你变了。你和以前不一样了。"那时我就知道我的方式是有效的。其实，我既没有让步，也没有大吼大叫，只是平静地坚持要求，而儿子最终也开始听我的话了。

 不同成长阶段孩子的表现

◎ 学龄前儿童

学龄前儿童会试探家长的底线和规则，所以家长要坚持合理的要求。抱怨和发脾气是孩子最常见的对抗方式。这个年龄段的孩子难以描述强烈的情感。家长可能会听到"我恨你！"或者"你是世界上最坏的妈妈！"之类的话，但请不要把孩子的这些话当真，要教孩子如何以更恰当的方式表达情感。"妈妈知道你很生气，但你这样说让妈妈很伤心。你要告诉妈妈你为什么生气，比如说：'妈妈，我很生气，因为你不让我看电视。'"如果孩子不顾场合地对抗家长，那么要及时管教。

◎ 学龄儿童

学龄儿童已经学会了贬低和辱骂别人，若不加管教，后果会更严重，孩子可能会在家里效仿从同伴那里听到的不礼貌的话。家长要制止这样的行为，否则会影响家庭气氛。趁现在孩子还小，难管的青春期还没到，要着手管教，不要让孩子总是对抗家长。家里的大人要相互配合，达成共识，确保教育效果。

◎ 即将步入青春期的孩子

抑郁、睡眠不足、模仿同龄人、压力大和药物滥用都会导致这一年龄段的孩子对抗家长。即将步入青春期的孩子开始受到激素的影响，容易喜怒无常、态度粗暴，有时会通过翻白眼、耸肩、假笑和其他身体语言来表达对抗态度。他们经受着同伴压力，需要得到同龄人的接纳和认可，以避免被排挤，所以，他们常常会试图挑战家长的底线，希望家长让步，同意自己做其他孩子做的事。

第 16 问　要求过分

相关问题另见：第 11 问 "顶嘴"、第 13 问 "霸道"、第 23 问 "哭闹磨人"、第 24 问 "不听家长的话"、第 28 问 "待人冷漠"

 问题

"我的孩子要求太过分了，快把我逼疯了。'现在就开始，爸爸。你别只是坐在那儿不动。''妈妈，我要用一下电话。你快挂断！'他们就是这么自私，让人无奈。我该怎么做才能让孩子不要总是提这么多要求呢？"

解决方案

孩子总是提出过分的要求，这种情况你是不是很熟悉？这样的孩子希望事事如他们所愿，而且立刻就想得到满足，这让家长精疲力竭。这些孩子目标明确，想方设法让家长满足他们的需求。在这种情况下，家长最大的错误就是顺着孩子。当然，家长的妥协很容易解决眼前的问题，但如果继续纵容这种行为，孩子长大后就会变成只关心自己的需求和感受的自私成年人。因此，家长必须尽快纠正孩子的行为，并帮助孩子养成言行得体、换位思考、冷静地解决问题和体谅他人等优良品质。以下方法可以帮助孩子改掉过分要求的坏习惯。

1. 找到问题的根源

为什么孩子要求这么多？答案可能是孩子习惯了家长有求必应，但也可能有其他原因。以下是一些常见原因，家长可以看看哪些符合孩子的情况。

- 你是否时常分心，让孩子觉得自己需要吸引你的注意力？
- 孩子是否觉得你偏袒家里的另一个孩子？
- 孩子是否觉得需要拥有某些物品才能融入同龄人？
- 孩子是否知道怎样以合理的方式提出要求？
- 家里是否向孩子强调要讲礼貌？
- 孩子是否觉得家里没有人愿意倾听自己的想法，他只能通过不断地提要求引起你们的注意？

找到问题根源是解决问题的第一步，只有找到问题根源，才可能找到易操作的解决方案。如果孩子已经习惯于通过提出很多要求来达到自己的目的，那么家长就需要改变教育方法。

2. 告诉孩子家长的期望

家长要告诉孩子自己不会再纵容他提过分要求、一意孤行、以自我为中心，总是说"我就要，现在就要"。家长要明确告诉孩子，可以提要求，但不能强迫家长，要尊重家长，并礼貌地提出请求。如果孩子还像以前一样，家长可以不理睬孩子，去做自己的事，直到孩子能礼貌地提出请求。即使孩子屡教不改，家长也要坚持原则，不要妥协。需要谨记的是，一旦家长做出了这样的决定，就不能退让。得让孩子知道家长说到做到，否则他永远也改不掉坏习惯，永远也不能体谅家长。

3. 让孩子明白"需要"和"想要"之间的区别

家长要让孩子明白"需要"（必需品）和"想要"（非必需品）之间的区别，这有时可以避免他提出过分的要求。例如，"需要"指的是在第二天的春游回执上签字或按时参加足球训练；"想要"指的是向家长多要点儿零花钱购买喜欢的音乐专辑、晚饭前吃饼干，或者因为自己需要用电话和朋友聊天而让家长挂断电话。一旦孩子明白了两者的区别，家长就只需要回应那些以尊重、礼貌的语气提出的要求。

4. 教孩子礼貌地表达需求

许多孩子不知道如何礼貌地表达需求，所以才显得苛刻。他们通常声音很大，抱怨个没完。家长要教这样的孩子礼貌地提出要求，然后让他练习，并复述给家长听。家长可以这样教孩子："我先示范一下当我想要某样东西时是如何提要求的，然后你来模仿我的语气"；"不要态度粗鲁。如果需要打断别人的话，要先说'对不起'。好，现在试着练习礼貌地提出你的请求"。

5. 培养孩子的同理心

爱提要求的孩子很少考虑别人的感受，他们只关注自己的需求有没有得到满足，而且他们也可能完全没有意识到自己的要求有多过分。所以，下次孩子突然提出要求时，家长可以让他停下来想想家长的感受。"你现在来当妈妈，想想如果你的孩子这样对你说话，你会有什么感受？你愿意答应这些要求吗？""你注意到爸爸在休息吗？你打扰到他了，你觉得他会开心吗？想象一下，如果你是爸爸，你刚刚结束了一天漫长的工作回到家休息，结果你的儿子过来叫醒你，要求你帮他做作业，你会是什么感受？现在想想什么时候让爸爸辅导你做作业更好呢？"

6. 不要害怕对孩子说"不"

家长要让孩子意识到地球不是围着他一个人转的，达到这个目的的唯一方法是设置限制，不要满足孩子的所有欲望，同时降低他的期望值。家长要设定自己的底线，明确自己不能接受的要求，然后不管孩子的行为有多过分、多烦人、多令人讨厌，只要他越过你的底线，就绝不退让。这个方法对孩子来说最有效，会让孩子知道提过分的要求是行不通的。

最重要的是，不要让爱提过分要求的孩子事事如愿。家长需要让其他照顾孩子的人和自己坚持一样的教育原则。坚持实施有效的教育方法，这样才会更快地纠正孩子的过分行为。

第 17 问　有奖励才有动力

相关问题另见：第 31 问"物质至上"、第 34 问"自私任性"、第 42 问"追求完美"、第 67 问"容易放弃"、第 68 问"家庭作业"、第 71 问"学习拖延"、第 81 问"缺乏财商"、第 94 问"难以集中注意力"

 问题

　　孩子总是期望得到奖励；有奖励才有动力学习或完成任务；学习的内在动力减弱，不能从中获得满足感，为了奖励才学习；总是问家长"我能得到什么"或者"做了这个可以给我多少钱"。

　　"如果我照做了，我会得到什么？""完成后你会给我多少钱？""低于 10 块钱的话，我是不会做的。"

　　家长有没有听孩子说过这类话？别误会，我并不是说不能给孩子奖励。偶尔给孩子一点儿奖励并没有什么坏处。我以前也给孩子奖励，会对孩子说"听话，一会儿奖励你贴纸"，但并没有得到想要的效果。家长要认识到，从长远来看，总是给予孩子奖励不利于他的成长。事实上，一百多年来，许多心理学研究证明，奖励会让孩子暂时听话，却不能带来长期的改变，而且可能会让孩子对奖励上瘾，变得越来越难以满足。如果这次孩子的成绩提高了，家长奖励他玩电子游戏，以后同样的奖励可能就不再管用了，得要一个游戏机才行。

解决方案

　　为人父母的重要任务就是帮助孩子学会自力更生，确保他们可以掌控自己的生活，能够在没有贴纸和金钱奖励的情况下表现良好。孩子必须逐渐学会为自己加油，依靠自己不断进步。所以，家长要采取措施让孩子戒掉对奖励和其他外在刺激的依赖，同时，要帮助孩子学会对自己的行为负责，而不是期望有什么回报。

1. 不要动不动就给孩子物质奖励

　　家长不要给孩子不必要的奖励。家长要告诉孩子"完成应该做的事都没有奖励"，这些事包括孩子力所能及的家务，在学习和其他活动中尽最大努力。孩子肯定会对这些规定有怨言，会和大人争论，翻白眼表达不满，但家长不能让步。这是孩子学会独立自主和自我激励的必经之路。如果孩子问"为什么必须这么做"，家长说"因为我就是这么规定的"就可以了。

2. 正确运用奖励

　　研究表明，鼓励孩子的方式确实会对他们的行为和内在驱动力产生影响。如果你一定要奖励孩子，请记住以下 4 个重要的规则。

- 提醒孩子记住家长的要求。家长在进入商店之前就要提醒孩子按照要求行事："如果你不嘀嘀咕咕抱怨个没完，我就让你坐旋转木马。"
- 不要通过奖励让孩子改掉坏习惯。如果孩子有坏习惯，家长不要通过奖励的方式来让孩子改正（"如果你不哭了，我就奖励你一块饼干"），否则孩子会故意行为不端以获得奖励（"如果我先哭哭啼啼，然后再改正错误，我会得到一个玩具，那我就先哭一会儿好了"）。
- 达到家长的期望值才有奖励。如果孩子没有达到家长的要求，家长千万不要提前给任何奖励，例如，"我知道你以后不会再打弟弟了，奖励你一块饼干"，这样做解决不了问题。

- 奖励别给得太多。奖励要合理。家长动不动就给奖励，孩子踢足球进个球就奖励一台游戏机，乖乖按时睡觉、吃蔬菜或者会用自己的小马桶就奖励一大笔钱，这样不仅没有必要，而且会使奖励逐渐失去诱惑力。类似上述这些情况家长只要发自内心地表扬孩子就好，"太棒了！"或者"妈妈为你骄傲！"通常都会有效。

3. 让孩子拥有内在驱动力

家长要激发和培养孩子的内在驱动力，让孩子不过度依赖奖励，可以参考以下 3 个方法。

- 给不同层级的奖励。奖励可分为 4 类：物质奖励（玩具、糖果、坐旋转木马）、荣誉奖品（小星星、贴纸、证书）、表扬（大人的口头鼓励）、内在的成就感（做某件事本身带来的愉悦和充实感）。家长要想一想孩子最常得到哪类奖励，然后给孩子高一级的奖励，直到孩子不再需要来自外界的奖励。如果孩子在乖乖坐着时会得到糖果，那现在就给他贴纸吧。如果孩子会因为整理床铺得到贴纸，那家长现在就可以用口头表扬代替。总之，家长要试着将物质奖励提升为精神奖励，激发孩子的内在驱动力。

- 让孩子习惯延时奖励。家长不要总是立刻就给孩子奖励，要延长孩子等待奖励的时间，让孩子慢慢习惯延时奖励。年幼的孩子需要即时奖励，对于大一点儿的孩子，可以试着让他们从等待一个小时延长至一天，甚至一个星期。

- 教孩子学会反思自己的所作所为。家长要帮助孩子学会对自己的行为负责。如果孩子以前需要奖励刺激才能着手完成任务，现在家长就要引导他自己提出解决方案："你忘记写作业了。你觉得你要怎么做，才能记住按时写作业呢"，"你的数学成绩真的提高了。想想看你是怎么做到的"。

4. 不局限于物质奖励，换换花样

如果孩子习惯了物质奖励（糖果、玩具或金钱），家长现在就要想办法让他不要再为了得到奖励做事。以下奖励不仅不用花钱，而且很有效。

- 成为孩子的啦啦队。家长不用购买什么，成为孩子的啦啦队，为孩子加油就很好。微笑、拥抱、击掌、鼓掌和欢呼都可以让孩子受到鼓舞。
- 使用奖励存储罐。孩子每完成一件家务，家长就在小玻璃罐里放一颗鹅卵石（大理石或硬币也可以）。等小罐子装满了，一家人就一起去参观博物馆、看电影、钓鱼或者做其他有趣的事情。
- 带孩子去他自己中意的地方。奖励孩子吃的或钱并不好，因为孩子会为了奖励才好好表现，还可能养成不健康的饮食习惯。家长可以奖励孩子去他们想去的地方，比如滑冰场或公园。
- 留出"一对一"的亲子时光。家长可以留出时间专门陪孩子，享受"一对一"的亲子时光，免受家里其他兄弟姐妹的打扰。家长也可以和孩子外出购物、去图书馆、散步或依偎在沙发上说说心里话。

5. 强调孩子内在的成就感

孩子表现好时，家长不要给他物质奖励，可以尝试以下方法，通过让孩子获得成就感，培养他的内在驱动力。

- 告诉孩子你注意到他进步了。家长只需要简单、客观地描述他做到了什么事。"你会骑自行车了！""哇，你真的为这份报告付出了很多努力。真棒！"简单地用一句话表扬孩子也可以："你做到了。"
- 提升孩子的内在自豪感。家长与其急着帮孩子巩固，不如让孩子讲讲他是如何把事情做好、让自己满意的。"不用辅助轮你也能保持平衡了！你是怎么做到的？""写那份报告最困难的部分是什么？"
- 强调自我认可。家长要指出孩子哪里做得好，值得表扬，让孩子学会自我认可。假如孩子以前每次比赛输了都很难保持风度，但是这次他努力克制住了冲动，没把输球的责任归咎于别人，家长就要表扬孩子："约翰，你今天真的很克制，没有指责对手。你终于能够以正确的态度对待输赢了。"然后家长要鼓励孩子自我表扬："别忘了对自己说'真棒！'。"
- 表扬孩子时，把代词"我"换成"你"。代词的小小转变可以表明家长的重点不再是自己的认可，而是孩子做得好的行为。所以，家长与其对孩子说"我真为你今天的努力感到骄傲"，不如说"你肯定为自己感到骄傲，今天你真的很努力"。后者的表扬效果会更好。

- 让孩子写成长日志。家长可以让孩子每周花几分钟在一个小本子上记录自己的进步。这个简单的过程可以帮助孩子慢慢意识到他是自己最好的指导者和监督人。

 不同成长阶段孩子的表现

◎ 学龄前儿童

学龄前儿童只关注当下的感受，注意力持续的时间较短。如果家长要奖励孩子，就要在孩子表现最好的时候或者之后马上兑现奖励。像"表现好的话，你以后会得到奖励的"这样的方法不能达到令人满意的效果。直到 3 岁左右，大多数孩子才会真正理解家长的承诺，愿意合作，即使没有马上得到奖励，也会耐心等待。

◎ 学龄儿童

学龄儿童的自控力和推理能力增强，能够延迟获得满足，他们可以等待一小时、一天，甚至一周，来获得奖励。等待时间的长短取决于他们的年龄和性格。家长的教育目标是适度增强孩子的自控力和注意力。

◎ 即将步入青春期的孩子

家长与其给即将步入青春期的孩子发奖励，不如先和他谈谈你认为他需要如何做得更好，例如更出色地完成作业或者承担更多的家务，然后和孩子讨论如果他表现更好，自己会如何奖励他。家长要明确目标，比如，在作业上多花半个小时，或者一个月内每周打扫一次卧室。这样做可以逐渐让孩子明白努力的价值，并教会他如何更好地订立目标。

研究速递

研究证实，一看到孩子表现好就给他们奖励可能会适得其反。以下是3所大学的研究结果。

亚利桑那州立大学：孩子如果在学龄前因为分享或帮助他人等行为得到父母奖励，相比于没有因此得到奖励的孩子，他们会在长大后变得更自私、更不愿合作。

诺丁汉大学：当学龄前儿童因完成正常任务而获得糖果时，他们会专注于糖果，而不是要做的事，也无法从任务中获得乐趣。

布兰迪斯大学：以小学生为实验对象的研究发现，在老师眼中最缺乏创造力的作业是由那些被承诺会获得奖励的学生完成的。

第 18 问　冲动

相关问题另见：第 12 问"咬人"、第 15 问"逆反心理"、第 30 问"撒谎"、第 32 问"不能明辨是非"、第 37 问"愤怒"、第 49 问"坏朋友"、第 51 问"欺凌他人"、第 94 问"难以集中注意力"

 问题

　　孩子受情绪驱使，不能三思而后行；行为鲁莽；表达时不经思索；待人处事非常不耐烦；容易撒谎；不能耐心等待；与人交流经常打断别人；经常冲动地发脾气。

　　冲动的孩子容易感情用事，很容易兴奋，总是忙个不停。他们非常易变，采取行动时不会前思后想。他们很有趣，也很活泼，但他们无法控制自己的情绪和行为，这会导致很多问题。他们会在与人交流时打断别人，侵犯别人的空间，在课堂上问老师与课堂内容不相干的问题，讲话不得体，无意中伤害他人。其他大人和小孩可能会觉得易冲动的孩子不尊重他人或待人不礼貌，这也会让孩子的社交关系受到影响。易冲动的孩子不愿乖乖坐在教室里听老师的话，也很难遵守学校规则。他们通常安全意识薄弱，做事不考虑后果，频繁做出危险行为，经常被送进急诊室。

 解决方案

1. 观察孩子是否有冲动的预兆

家长要密切地关注孩子，注意他有没有失去耐心的预兆，观察他情绪冲动时的行为，留心他在过度兴奋、激动或沮丧时，通常会说些什么或做些什么。最好的解决办法是在注意到孩子要冲动行事时立即干预。例如，我以前有个容易冲动的学生，他在情绪爆发前会说话越来越快，然后不停地跺脚。留意到这些迹象后我会尽快介入，帮助他控制情绪。通过反复尝试，我发现让他平静下来最好的方法就是把手放在他的肩膀上，微微用力，不断温柔地提醒他要冷静。以下是其他一些针对冲动型孩子的教育策略。

- 分散孩子的注意力或者转移话题。"你有没有看到拼图在哪儿？"
- 带孩子离开现场，脱离环境的刺激。"我们出去走走吧。"
- 用平静的语气和孩子说话，帮助他保持冷静。家长不要大喊大叫或者态度专横，这样往往会让一个冲动的孩子产生对立情绪，脾气更大。
- 告诉孩子控制冲动可以获得奖励，如果冲动行事就会受到惩罚。
- 让孩子做些体力活动，例如：让孩子把报纸撕碎，捏捏儿童压力球，做10个跳跃动作，或者在院子里慢跑。

家长需要明白的是，孩子冲动多数不是故意而为，他并不愿意惹麻烦，只是缺乏控制冲动的能力，难以让自己的行为符合规范。

家长分享

一位妈妈分享了自己的经验。

我的儿子很难控制自己的冲动情绪，每次外出都会惹麻烦，这让我们非常头疼。如果我预见到儿子可能会做什么错事，我就会在社交聚会前反复提醒他注意自己的言行，这样可以避免一些麻烦。"记住，奶奶不喜欢你拉猫的尾巴。不要拉猫的尾巴。""我们一会儿去玩，记住，小朋友不喜欢你老抢球，要和大家一起玩。""记住，这是吉

米的生日派对，所以，你不能替他吹灭生日蜡烛。"我感觉我必须反复地提醒儿子，但这样做是有好处的。如果我只针对一个要注意的问题，事先一直教他怎么做，就会减少很多麻烦，这让我省心不少。

2. 把孩子的安全放在首位

冲动的孩子通常缺乏帮助他们三思而后行的内部"刹车系统"，以致容易发生事故。他们经常做出危险行为，例如跑到街上玩，爬上带有高压电标示牌的围栏，或者把剪刀插进电源插座。家长在照顾孩子时要把安全放在第一位，尽力降低事故发生的可能性，可以参考以下方法。

- 消除安全隐患。家里的酒柜要上锁；电源插座要盖好；修好院子破损的栅栏；扔掉危险的玩具；收好易碎物品；购买塑料杯，不要用玻璃杯；把贵重物品放到孩子够不着的地方。

- 减少危险。如果孩子喜欢冒险，那家长就要想方设法保护他的安全：如果孩子玩滑板时常做危险动作，就要给他买加厚头盔、加厚护膝和护肘护具；如果孩子喜欢在游泳池附近玩闹，就让他学游泳。

- 注意孩子的某些朋友。家长要了解孩子的哪些朋友会怂恿他寻求刺激，不要让孩子参加那些必须随大流做事或可能有危险的社交活动。

- 更加密切地关注孩子。别的小朋友到家里玩时，家长要仔细观察孩子，或者确保负责照顾孩子的成年人知道他容易冲动。

3. 明确界限和规则

容易冲动的孩子没有自控力，他们需要家长设定清晰的界限和规则来抑制冲动。以下是家长可以参考的有效训练方法。

- 制定明确的规则。明确的规则可以让孩子知道什么不能做，从而抑制冲动情绪。规则不能面面俱到，家长可以重点关注有关安全和侵犯他人权利的问题，忽略其他无关紧要的不当行为。规则太多，孩子会难以遵守。

- 实事求是地看待孩子的能力。冲动的孩子往往不如同龄的孩子成熟，所以家长要实事求是地看待孩子的能力，根据孩子的能力而不是年龄提出要求。

孩子冲动行事时，家长不要反应强烈，要冷静地寻找事故发生的原因。

- 保持冷静。大喊大叫批评孩子、抓住孩子打只会让冲动的孩子更意气用事。
- 犯错就立刻处罚。如果孩子冲动犯错，家长要立即介入并实施惩罚，比如让孩子独自反省或不让他做喜欢的事，这样孩子就会明白犯错会被当场惩罚。如果家长等着以后再惩罚，管教效果往往不理想，因为孩子常常想不起自己哪里做错了，拒绝承认错误。
- 布置一个能让孩子冷静下来的地方。家长可以让孩子收集一些可以帮助他冷静下来的东西，比如磁性画板、黏土或者音乐专辑，然后把它们放在一个篮子里，摆在一个专门为孩子布置的地方，在那里，孩子可以借助这些东西冷静下来，避免冲突进一步升级。当然，最好的选择是在孩子情绪爆发之前，试着让孩子冷静下来，但这通常是不可能的。
- 及时鼓励孩子。容易冲动的孩子横冲直撞，麻烦不断，所以家长要在孩子表现得好的时候及时加以鼓励。"我知道耐心等待不容易，但是你做到了。真棒！""那一次你乖乖排队了。好样的！"

4. 寻找多种机会帮孩子进步

从游戏和玩伴着手，家长可以尝试以下方法。

- 邀请"更冷静"的玩伴和孩子玩，这样的小朋友可以容忍孩子。
- 减少玩伴数量，从只邀请一个人开始。
- 找一个可以接纳孩子的朋友（冲动的孩子通常会选择年龄更小的朋友，因为年龄小的孩子更容易接受他人，可以接纳孩子的冲动情绪）。
- 大幅减少孩子的游戏时间，比如从半天减少到一小时。
- 禁止孩子接触攻击性玩具，比如玩具武器、暴力电子游戏。
- 与孩子朋友的父母交朋友。如果孩子在玩耍时出现问题，他们可以打电话告诉你。
- 孩子到别人家里玩耍时，家长要积极参与，并在出现问题前做好干预准备。到了别的小朋友家，家长要快速看一下房间，然后向主人询问可否把易碎或贵重的物品放到孩子碰不到的地方。

从学校着手，家长可以尝试以下方法。

- 家长要成为老师的盟友，这样就可以立场一致地管教孩子。
- 要求老师安排孩子坐在尽可能不分散他注意力的地方。
- 记录孩子的行为，在孩子表现好时进行奖励。
- 询问老师是否可以安排孩子在课间休息时去一个更安静的房间。
- 送孩子去一所可以自行决定学习进度，且老师对学生照顾到位的学校。一些研究表明，注意力不集中的儿童在这种环境中表现得更好。

从家庭着手，家长可以尝试以下方法。

- 安排好最适合孩子和家人的时间表，要求大家都要遵守。
- 创造让孩子释放精力的机会，比如投篮、打沙袋、举重。
- 提醒和督促孩子按照要求做事。家长可以对孩子说："准备好，刷牙时间到了。"如果孩子没理会，再说："准备好要刷牙了！"然后等一会儿，接着督促："快去刷牙！"如果孩子还是不理会，再次重复："快去刷牙！"

从集体活动着手，家长可以尝试以下方法。

- 鼓励孩子选择足球、游泳或田径等运动，这些运动参与性强，竞争不算激烈。当棒球队的击球手对孩子会有难度，因为击球手必须耐心等待击球并做好决策才能采取行动，压力较大。
- 尝试适合孩子脾气的兴趣爱好，比如打鼓、参加军乐队、玩滑板、参加野外训练营、练习轮滑或滑雪。

5. 延长缓冲时间

冲动的孩子可能想到什么就要马上做什么，家长的最终目标就是逐渐增强他控制冲动的能力。家长先要确定孩子在冲动爆发前可以控制多长时间，把这段时间定为他的"缓冲时间"（哪怕只有 2 秒钟），然后在接下来的几周或几个月慢慢帮孩子练习，延长缓冲时间。以下是一些可以帮助孩子控制冲动的策略，家长可以选择最适合孩子的方法，并和他一起反复练习，直到孩子可以应用自如。

- 不要动。用平静的声音对孩子说："不许动。等你冷静下来再动。"

- 屏住呼吸。告诉孩子先尽可能长时间地屏住呼吸，然后深呼吸几次。（别让他憋太久！）

- 数数。和孩子一起慢慢从 1 数到 20（如果是还不会数数的孩子，就酌情少数几个数）。

- 唱歌。让孩子挑选自己喜欢的歌曲，比如《小星星》，和他一起哼唱。

- 看着手表数数。让孩子看着自己的手表，跟着秒针走动的节奏数数（比如数 10 秒）。

- 教孩子学习使用"停止—思考—正确行动"三步法则。研究表明，一个孩子在冲动爆发前能否学会自我指导、调节自己的行为，对能否控制住冲动起到决定作用。

具体可分为 3 步帮助孩子控制自己的冲动情绪。

（1）停止。第一步对孩子来说是最重要的，他在行动之前必须学会停下来，哪怕停下几秒都会起到至关重要的作用，尤其是在孩子压力大或所处环境有潜在危险的情况下。对于很多孩子，尤其是对那些年纪较小或更容易冲动的孩子来说，停下来抑制冲动并不容易。所以家长在第一次教孩子的时候，可能要用肢体动作来限制孩子，轻柔而坚定地把手放在孩子的肩膀上，对孩子说"停下来，别动"，然后在孩子每次冲动时都这样做，直到孩子能够在冲动前习惯性地停下来。

（2）思考。在这一步，孩子需要学会考虑错误选择可能会带来的后果。家长要教孩子环顾四周，看看发生了什么，然后问自己这样的问题：这样做是对的还是错？这是个好主意吗？有人会因此受伤吗？这样做安全吗？会造成麻烦吗？即使年龄很小的孩子也能掌握这一步。当然，孩子在一开始会需要家长提醒才能思考这些问题，所以，家长一开始要做好反复提醒孩子的准备。当孩子听到家长一遍又一遍地问同样的问题时，他会主动思考，不再需要家长的催促。家长要坚持下去！

（3）正确行动。这一步能够帮助孩子反思冲动时不明智的所作所为。家长可以在孩子心情放松的时候提出以下问题，帮助孩子弄清楚冲动的时候该如何做：你那样做有什么目的？结果呢？你认为在什么时候那样做能达到目的？你想过停止吗？是什么让你坚持下去？下次你要怎么做才能避免犯错？这个过程需要家长耐心地反复引导，随着时间的推移，它会帮助孩子学会"停下来，思考，正确行动"。

研究速递

　　理海大学教育学院乔治·杜保罗在研究中发现，电脑和电子游戏中的那些快速变换的图像可能对某些患有注意力缺陷多动障碍的孩子有帮助。这些游戏能有效预防孩子行为和学习方面的问题，对学龄前儿童尤其有效。家长可以考虑和冲动的孩子一起尝试某些视频和电脑游戏，尤其是那些有教育功能的游戏。家长要留心这些游戏是否有助于孩子保持专注和放松。许多教育家认为，患有注意力缺陷多动障碍的儿童的行为和思维模式多变，非常适应尖端技术，比如超文本和多媒体，这些技术可以成为强大的学习工具。家长要确保不让孩子接触有攻击性元素的游戏，因为这样的游戏会加剧孩子的冲动行为。

 不同成长阶段孩子的表现

◎ 学龄前儿童

　　学龄前儿童能遵守照顾他们的成年人制定的规则，他们往往会大声重复制定好的规矩来控制自己的行为。"我最好不要吃糖果，因为就要吃晚饭了，妈妈不想让我吃零食。"

◎ 学龄儿童

　　学龄儿童能够依靠自己的意志来控制冲动。他们开始学习自己解决问题，有更强的行为意识，能够努力控制自己的行为。7岁的孩子通常能够看着欺负自己的人在心里默念："我需要保持冷静。他这样嘲笑我，我会气得失去理智，但是我需要保持冷静。"

◎ 即将步入青春期的孩子

即将步入青春期的孩子能掌握更复杂的解决问题的技能，并且能更加清醒地意识到自己冲动行为的触发因素。同伴压力往往会导致即将步入青春期的孩子去冒险，促使他们冲动行事，不考虑后果。

家长须知

孩子是否患有注意力缺陷多动障碍？

关于孩子是否患有注意力缺陷多动障碍，不能轻易下结论，这需要医生或心理咨询师综合医学、教育和神经测试以及从老师和家长那里收集的行为信息，进行漫长的评估后才能做出判断。美国儿科学会指出，在美国，超过6%的学龄儿童（男孩要远远多于女孩）被诊断患有注意力缺陷多动障碍。家长需要注意的是，相关症状"必须在7岁前至少持续6个月，在各种情况下都很明显，并且通常比其他同龄和同性别的孩子表现得更明显"。以下是美国儿科学会总结的相关特征。

注意力不集中	多动—冲动
• 学习时粗心大意	• 安静不下来，总是小动作不断
• 不能集中注意力	• 坐立不安
• 听别人讲话时心不在焉	• 容易激动
• 做事没有条理	• 缺乏耐心
• 不愿做需要持续努力的事	• 精力旺盛，活动过多
• 常常丢东西	• 与人交流时经常打断他人说话
• 容易分心	• 很难耐心等待
• 记忆力差	

第 19 问　犹豫不决

相关问题另见：第 10 问 "总和别人吵架"、第 38 问 "依赖家长"

 问题

　　"不管做什么决定，我女儿都犹豫不决。她不断地改变主意，寻求大家的建议，然后通常求我帮她做决定。女儿承受的心理压力太大了，我很担心她。我该怎么帮助女儿呢？"

解决方案

　　通常，即使是小孩子，也不难自己想出解决问题的办法。家长面临的挑战是如何引导他们做出最佳选择。家长需要帮助孩子认识到每个决定都会有利有弊，他们也很快能学会考虑选择的利弊。家长可以参考以下方法教孩子做决定。

1. 向孩子示范如何做决定

　　一天之中，我们必须权衡利弊，做出几十次决定。为了向孩子示范如何做决定，家长要把自己解决问题的步骤大声说出来，让孩子知道自己是如何做出选择的。"关于是否接受这份工作，我是这样想的。这份工作会给我们带来额外的收入，但这也意味着我不得不放弃和家人在一起的时间。后来我考虑到，每天你放学回来后只有两个小时，而且在这两个小时里，你也通常会运动或者去朋友家玩。经过综合考量，我最终决定接受这份工作。"大声说出做决定的过程有助于让孩子理解你在做决定时所做的考量。

2. 经常给孩子提供做决定的机会

如果孩子在做决定时缺乏自信，家长就需要想办法增加他做选择的机会。从简单的选择开始，这样孩子不会有太多压力，等他有了信心，再逐渐增加选择的数量和难度。训练的秘诀在于正确判断孩子目前的能力，然后温和地鼓励他面对更困难的选择，从而逐渐帮他走出舒适区。

3. 教孩子做决策要用到的词汇

家长可以教年幼的孩子使用做决策时要用到的词，比如"选择""决定""偏爱""挑选""筛选"，这样他们会学着在对话中使用这些词。

4. 循序渐进

刚开始训练时，家长可以让孩子在两个常见选项中做出选择："这两个桌游你想玩哪个"，"你想骑自行车还是去散步"，"你想穿蓝色的连衣裙还是粉色的"。孩子适应做选择后，增加选项为 3 个："甜点你选哪个，蛋糕、冰激凌还是布丁？"逐渐增加选项，也逐渐让孩子处理更复杂的问题："你想选择哪所大学？"

5. 和孩子一起讨论决定的可能结果

要做出理性的选择，关键是要考虑决策的短期和长期结果，当然，即使是成年人也不太容易预测决策的结果，更别说孩子了。不过家长可以这样帮助孩子考虑决定可能带来的结果："如果你做出这个选择，你觉得明天你还会坚持这个想法吗"，"你下周还会对自己的决定满意吗"。

6. 教孩子排除一些选择

太多的选择会让孩子无所适从，所以家长要教他排除一些不能接受的选项。

家长可以和孩子一起在纸上列出可能的选择，让孩子用铅笔划掉他不愿接受的选项。需要向孩子强调的是，如果他觉得自己能接受某个选择的结果，就可以把它留在清单上备用。孩子不能承受结果的任何选择都应该立即划掉。假设孩子被邀请参加一个他非常渴望参加的聚会，但聚会时间和他的足球比赛冲突，如果教练发现他因为聚会而不去参加足球比赛，就会把他从球队中开除。孩子思考后认为有4种选择：（1）向教练撒谎说自己生病了；（2）先去参加聚会，然后再去参加足球比赛；（3）比赛完再去参加聚会；（4）不去参加聚会，好好比赛。现在，家长要和孩子仔细审视每一个选择，并引导孩子考虑各个选择可能造成的结果："如果你做了这个选择，后续会有什么影响？"最初几轮筛选可能会很耗时，但孩子会从中获益良多。

7. 设定时间限制

如果家长要求孩子在有限的时间内做出选择，孩子就可能由于时间所迫不再思前想后，迅速做出决定。"在我数到10前就要做好决定。""在我唱完生日快乐歌之前做出选择。"

8. 尊重孩子的选择

一旦孩子做出选择，家长就要放宽心，顺其自然。不要替孩子改变选择。如果家长继续为孩子做决定，孩子将永远不会有足够的信心去面对和解决问题。不要在孩子做好决定后又动员他修改决定，要抑制住指责孩子的冲动，不要说"你本应该"或"我告诉过你"之类的话。学习做决定的关键就是要逐渐从亲身实践中积累经验。孩子可能需要一段时间才能树立和增强自信心，但每一次经历都会让孩子学习独立思考，逐渐成长，最终能够完全独立做出决定。

第 20 问　说脏话

相关问题另见：第 11 问"顶嘴"、第 15 问"逆反心理"、第 26 问"不讲礼貌"、第 37 问"愤怒"

 问题

孩子说脏话，诅咒别人，用词粗俗，说一些与排泄物和性等有关的污言秽语。

"昨天吃晚饭时，我一向乖巧的女儿随口说了个'操'字。我们都惊呆了，担心她今后在公共场合也会这么不注意言辞。我们该怎么办才好？"

◎ 为什么需要做出改变

人们常常把"童年"和"天真"联系起来，所以，当孩子说出脏话时，家长会非常震惊。如今，孩子说脏话通常被认为是"成长过程中的正常现象"，毕竟，孩子主要模仿他人学习，而现在的环境复杂，孩子在听音乐、看电影、去公共场所（60% 的成年人承认他们在公共场所会说脏话）以及看电视时，都会接触和学会说脏话。

不管说脏话有多常见，家长都不能对孩子说脏话的行为听之任之，尤其是不能容忍孩子在生气时口不择言地骂人。一旦孩子说脏话成了习惯，他们就很难改掉，这会影响孩子的形象和性格，甚至影响家庭和谐。让孩子停止说脏话最好的方法是防患于未然，教给孩子更健康的情绪发泄方式。本节给家长提供了一些行之有效的教育方法。

◎ 问题表现

以下 5 个迹象表明，孩子说脏话已成为亟待解决的问题。

- 孩子已经养成说脏话的习惯，随时随地出口成"脏"。
- 说脏话的习惯正在毁掉孩子的性格或名声。
- 说脏话的习惯破坏了家庭和谐或家人之间的关系，使家人们不再相互尊重。
- 孩子生气时会故意对一些人使用侮辱性的语言。
- 孩子不仅说脏话，还有其他侮辱人的言行。

美国儿科学会认为，说脏话本身并不是情绪障碍的表现，但如果还有其他问题频繁出现（比如撒谎、对他人有敌意、抑郁、偷窃或与同龄人关系不和谐），那孩子可能有心理问题或社交障碍。在这种情况下，家长需要寻求心理学专业人士的帮助。

家长须知

孩子说脏话会不会是患有抽动秽语综合征？

抽动秽语综合征是一种以不自主的抽搐、动作或发声为特征的神经系统疾病，也被称为"脏话综合征"（尽管只有不到 30% 的抽动秽语综合征患者会不由自主地说脏话）。儿童的发病期通常在 3 至 10 岁。必要时，家长要向医生求助。

解决方案

家长一定要密切关注孩子的情况。首先，家长要让孩子意识到，无论是在家里还是在其他场合，都不能说脏话，并让他理解为什么脏话会冒犯他人。其次，一旦家长决定禁止孩子讲某些脏话，就要始终坚持要求，不要让步。此外，家长需要明白的是，在某些年龄段，孩子会说一两个脏字来试探父母的反应。孩子说脏话会伤害他人，也会影响自己，所以家长要严肃对待，立即纠正。如果孩子是学龄前儿童，说脏话冒犯了他人，家长不要因为孩子年幼，就觉得这样有趣，这种无所谓的态度会让孩子误以为说脏话会显得可爱，让这种现象愈演愈烈。

以下 3 个步骤可以有效管教讲脏话的孩子。对于年幼的孩子，家长只需要做到第 1 步就足够了，但是对于青春期前或年龄更大的孩子，家长可能需要完整实施这 3 个步骤才能达到目的。

◎ 步骤 1：早期干预

1. 确定孩子说脏话的原因

家长要做的第一步是确定孩子说脏话的原因，这样才可以找到解决自家孩子问题的方法。以下是孩子说脏话最常见的原因，家长可以看看哪些符合孩子的情况。

- 模仿从其他孩子、电视、电影、其他成人那里听到的脏话。
- 寻求他人的关注，想要一开口就让人"震惊"。
- 试探家长的底线。
- 证明自己独立了或感觉自己"长大了"。
- 尝试"酷"的感觉，想要给别人留下深刻印象。
- 只是想发泄强烈的感情。
- 故意说脏话伤害某个人。
- 孩子的朋友们都说脏话，孩子只是渴望获得同伴的认可，想要以此融入群体。
- 不懂脏话的意思，也不知道说脏话有什么不妥，以前说脏话从未被纠正过。

2. 家长自己讲话要文明

实话实说，家长是否应该对孩子说脏话负责？孩子是否在模仿家长说话？所有年龄段的孩子都喜欢模仿周围的人，所以家长要注意自己的言行。家里要定下规矩，禁止所有人讲脏话，因为没有家长想让孩子从小就学会讲脏话。

3. 和孩子聊聊自家的价值观

家长可以和孩子聊聊自家的价值观，解释自己为什么反对他说脏话。"可能有人会在他们家里说脏话，但我们家不能这样。""脏话会伤害他人。我希望你说话做事让人感觉舒服。"如果孩子说脏话冒犯了你的文化或宗教信仰，那就这样引导孩子："我们要注意自己的言谈举止，尊重别人的文化或宗教信仰。"

4. 确定孩子是跟谁学的脏话

如果孩子会说的脏话不止一两句，家长就要试着确定孩子的脏话是从哪儿学来的，看看能做些什么让孩子远离脏话的"源头"，例如：不让孩子看夹杂脏话的电视节目或视频；留心哪些电影不适合孩子；注意讲文明用语；让孩子少接触说脏话的小朋友；和孩子的哥哥姐姐谈谈，提醒他们不要说脏话。

5. 规定不能在家里说脏话

家长要设立规矩，不允许大家在家里说脏话，要向大家讲明哪些词句是禁止使用的，同时要求大家必须遵守。家里的大人以及他们的朋友来做客时也必须遵守这项规则。

◎ 步骤 2：快速反应

如果孩子说话时会冒出一两个让人无法忍受的脏字，以下是最好的处理方式。

1. 尽量控制自己的情绪

家长最好的处理方式是不要反应过度。事实上，反应冷淡比反应过度要好得多。家长反应过度反而会让有的孩子觉得说脏话很有趣，于是继续说脏话。所以，家长要保持冷静。

　　以下方法不仅可以增加孩子的词汇量，还可以帮助孩子少说脏话：让说脏话的孩子从字典里找一个文明的词来替代脏字，要求孩子必须在一天中练习使用这个词至少 10 次（家长可以灵活规定次数），或者要求孩子把单词写在卡片上，和其他家庭成员分享。这样做不仅能帮助孩子避免说脏话，还能提升孩子的词语运用能力。

2. 明确向孩子指出哪些词或手势不可用

　　家长要指出孩子话里的哪个词是不合适的，然后解释为什么："这个词不礼貌"，"我们家里不能说这个词"，"可能你的朋友会这么说，但在我们家不允许这么说"。对于稍年长的孩子，家长要向孩子说明不能在手机短信或电子邮件中使用这个词或用手势表达这个词（参考第 90 问"网络欺凌"和第 91 问"安全上网"）。

3. 如有必要，要向孩子解释他用的脏话的意思

　　不要以为孩子理解从他口中冒出的脏话或其他不妥字词的意思，要用孩子能理解的语言向他解释清楚。如果他说的是和性有关的脏话，那就要根据孩子的年龄借此机会对孩子进行性教育。如果孩子讲的脏话是从学校学来的，那么很有可能是其他孩子都在谈论性，家长需要借此机会确保孩子从自己这里得到正确的性教育。

◎ 步骤 3：养成良好的习惯

1. 教年幼的孩子身体各部位的名称

　　学龄前儿童会说"便便的脑袋"、"尿尿的头"或"小屁屁"这样非常孩子气的话。家长可以教孩子使用更正式的生理结构术语，比如"臀部""阴茎"等。要实事求是地向孩子解释这些词，以减少尴尬和顾虑。家长不要阻止孩子谈论他自己的身体，相反，要帮助孩子了解自己，这有助于孩子健康成长。

2. 教年幼的孩子讲笑话

如果家里的学龄前儿童是因为想逗笑别人才说和上厕所有关的脏话的，那么家长可以教他一些简单的笑话或有趣的谚语。家长可以这样引导孩子："大多数关于上厕所的笑话都不好笑；让我们学一个既能引人发笑又不会让人反感的笑话吧。"

3. 教大点儿的孩子用文明的词发泄情绪

较为年长的孩子或成年人说脏话的主要原因是发泄情绪。如果孩子不知道比脏话更文明的词，那就需要一家人一起找到这些词。家长要和孩子明确哪些话是不可以说的，然后寻找其他可以替代的词。这样孩子就可以更文明地表达情绪，避免说脏话，直到养成一种习惯。当然，孩子大喊"我气疯了！"也没什么大不了的。

4. 表扬孩子为不说脏话所做的努力

家长一定要表扬孩子为不说脏话所做的努力。"我知道你很沮丧，但那次你没有说脏话发泄情绪。改变一个坏习惯很难，你真的一直都在努力。"

5. 教孩子记录自己的行为

如果孩子说脏话不止一两次，那家长就需要让他记录下说脏话的频率。坏习惯形成后，孩子难以觉察自己犯错的频率。一个简便易行的方法是，每天早上在孩子的一个口袋里放几枚硬币，每次他说脏话的时候，就拿出一枚硬币放入另一个口袋。每晚睡觉前，让孩子清点被拿到另一个口袋的硬币。这么做的目的是让孩子逐渐减少拿过去的硬币数量，直到他不再说脏话。家长也可以让孩子（或家人）迎接挑战，看看他到底能坚持多久不说脏话。如果孩子能坚持很长时间，就奖励他一次。

一位爸爸分享了自己的经验。

儿子不小心把他的 CD 忘在汽车音响里了，我们发现这些 CD 的歌词里满是脏话。那天晚上，我们检查了儿子收集的 CD，如果看到哪张 CD 封面上贴着含有不良内容的警告"脏标"，就会扔掉。我们还删掉了儿子在 MP3 播放器里收藏的不良歌曲。我告诉儿子，我会经常随机检查他的 CD。儿子最终明白，我们家不允许说脏话。

6. 让孩子"撕毁脏话"

每当孩子说脏话时，家长就让他把脏话写在纸上，并让孩子把纸撕成碎片，这样就"撕毁脏话"了。许多老师会在这个基础上更进一步，不仅让说脏话的孩子撕毁写着脏话的纸，还让他们找个地方把碎纸"埋葬"，表示这些脏话已经永远"消失"了。

7. 如果孩子屡教不改，就要制定惩罚措施

如果家长已经向孩子讲明了要求，但孩子仍说脏话，那家长就要进一步管教，制定惩罚措施了。如果孩子屡教不改，以下有两个方法供家长参考。

- 准备一个脏话惩罚罐。准备一个有盖子的罐子，和孩子规定好说哪些脏话会被罚款，金额是多少。每当孩子（以及任何家庭成员）说脏话时，都让他们按规定交罚款，并要求他们必须把罚款放进罐子里。罐子装满后，家长可以把钱捐给孩子选择的慈善机构。对于没有太多零花钱的孩子，家长可以列一张用来代替罚款的家务清单。家长需要注意的是，不要借钱给孩子来支付罚款，那样会有违处罚的目的。

- 不让孩子做喜欢的事。家长不要容忍孩子对他人说脏话，要立即让他停下正在做的事去独自反省（"如果你不能在家里好好说话，你就得去自己的房间反省错误"），或者不允许他做想做的事（"如果你在家说脏话，我就要没收你的手机"）。

不同成长阶段孩子的表现

◎ 学龄前儿童

学龄前儿童会尝试说些新词来引起他人的注意，试探他人的反应，或者模仿从同龄人那儿或电视里听到的话。他们正在学习身体部位的名字和功能，所以会常常说像"尿尿的脑袋"或"小屁屁"这样孩子气的话。他们也开始理解幽默，所以会创造一些像"便便的脑袋"这样的说法，因为他们觉得这样说超级好玩。

◎ 学龄儿童

学龄儿童会尝试着说些不那么令人反感的脏话，但是，家长不要放任孩子这样做。这个年龄段的孩子需要家长引导，以了解哪些词在自己家是不可接受的，他们也需要学习合适的替代词来表达他们的受挫情绪。如果来家里做客的大人说脏话，家长要立即提醒："在我们家里不能这样说话。"如果家长碍于情面不好意思制止，就会给孩子传递这样的信息："大人能说脏话，我为什么不能？我也要这样说话。"

◎ 即将步入青春期的孩子

即将步入青春期的孩子非常在意自己是不是看起来"很酷"，也会在表达时夹杂脏话显示自己和同龄人一样。这个阶段的孩子非常关注自己的形象，所以家长可以和孩子谈谈说脏话给他人留下的坏印象——大多数成年人认为说脏话是没有文化、粗鲁、没受过教育的表现，是极不文明的行为。家长还应该设定明确的标准给媒体节目分级，禁止孩子看少儿不宜的节目。

第 21 问　发脾气

相关问题另见：第 12 问"咬人"、第 37 问"愤怒"、第 40 问"哀伤"、第 47 问"精神压力大"、第 96 问"抑郁症"

 问题

孩子情绪失控，会忍不住哭泣和尖叫；经常情绪崩溃；无法摆脱沮丧情绪；不能让自己冷静下来；为了引起注意或坚持按照自己的想法做事而发脾气。

"我女儿 3 岁了，每当不能得偿所愿时，她就会大发脾气，情绪激烈得简直能赢得奥斯卡奖。我怎样做才能避免她情绪失控呢？"

◎ 为什么需要做出改变

"你简直不敢想象你小天使一样的女儿在奶奶家又干了什么！她乱发脾气，像个小恶魔！"

"他又踢又叫又吼，只是因为我没有他想要什么就给他什么。旁边的其他父母都盯着我们看，太尴尬了，我要是能隐形就好了！"

在父母眼中，孩子乱发脾气肯定是令人讨厌和尴尬的行为。

刺耳的尖叫、乱挥的手脚、失控的行为，孩子发起脾气来，简直能拿奥斯卡最佳表演奖。当孩子在学校、棒球场或超市使出这些招数时，家长会感觉尴尬至极。孩子为什么要自导自演这些令人精疲力竭的闹剧呢？答案只有一个：他们知道发脾气虽然非常不文明，但可以吸引家长的注意力。

很多 1 到 3 岁的孩子，不管男孩还是女孩，都会试图通过发脾气来达到自己的目的。大一点儿的孩子也会行为退化，回到"发脾气阶段"，特别是当他们在生活中遇到压力或难以应对的变化时。（有些成年人也会乱发脾气，他们大喊大叫、摔门或破坏东西。）但是，孩子是否会经常乱发脾气，取决于他第一次这样做时家长是如何应对的。毕竟，孩子这样做只是想达到自己的目的，因此，一旦他第一次尝试时如愿以偿，他就很可能再试一次，并且会一而再、再而三地发脾气。如果孩子一直这样，和谐的家庭氛围就一去不复返了。

孩子乱发脾气没有任何好处，只会惹得周围人盯着看，让家长心烦意乱。家长不要让孩子觉得"只要自己躺倒在地，大喊大叫，乱踢乱打一通，就会得逞"，一定要下决心纠正孩子这种令人讨厌的行为。

◎ 问题表现

孩子难免会发脾气，但如果出现以下情况，就说明孩子可能不只是情绪不好那么简单，家长应该寻求心理学专业人士或医生的帮助。

- 孩子发脾气的频率或激烈程度在增加。尽管家长一直在努力，但孩子发脾气越来越频繁，持续时间越来越长，或者反应越来越激烈。

- 出现安全问题。孩子反应如此激烈，以至于他的安全（或其他人的安全）受到威胁；孩子似乎在故意伤害自己（用头部撞墙或以拳头击打墙壁）。

- 发育迟缓。与孩子年龄相仿的儿童通常不会乱发脾气。

- 情感原因。孩子由于经历了带来心理创伤或压力的事件（比如灾难、交通事故、父母离婚、亲人离世）开始情绪失控。

- 神经或精神疾病。如果家长凭直觉怀疑孩子脾气暴躁可能是由精神或神经疾病导致的（双相情感障碍、对立违抗性障碍、癫痫、注意力缺陷多动障碍或抑郁症），那就不要犹豫，要立即寻求能诊疗儿童或青少年的心理学专业人士的帮助。

什么时候需要注意孩子发脾气的问题

美国儿科学会表示，孩子有以下任何表现，家长都应当咨询儿科医生或心理学专业人士：孩子一天之内发好几次脾气；孩子每当感到沮丧或愤怒时都要通过发脾气来发泄；孩子脾气非常暴躁；孩子发脾气持续的时间很长；孩子在发脾气时伤害自己或他人，或破坏财物。家长应带孩子及时就医，以排除患病的可能。如果孩子发脾气损害了正常、幸福的亲子关系，家长也要带孩子寻求帮助。孩子需要外界的情感支持和帮助来学会控制愤怒情绪。

 **解决方案**

孩子常常会发脾气，因为他们不知道如何表达自己的需求或得到他们想要的东西，但他们知道发脾气能有效达到自己的目的。改掉孩子这个坏习惯的秘诀是永远不要让步。实际上，孩子发脾气时家长给予他的关注越多，孩子宣泄情绪的时间就越长。所以家长要改变应对方式，要一再让自己冷静，忍住冲动，不要理睬孩子，让他自己先闹腾一会儿。如果家长能坚持这样做，过段时间就会看到孩子发脾气的次数在慢慢减少。与此同时，家长一定要在孩子的成长纪念手册中详细记录孩子的点滴进步。孩子无理取闹起来会让你无可奈何，觉得育儿充满艰辛，但等以后翻看这些记录，家长会感到很欣慰，会津津有味地回忆起孩子的成长历程。孩子的成长进步是家长最幸福的回忆。

◎ 步骤 1：早期干预

预防孩子情绪崩溃最好的措施是在他发脾气前干预。家长可以尝试以下方法。

1. 找出孩子发脾气的原因

学步儿童常常脾气暴躁，但即使是学龄前儿童，甚至成年人也会有情绪失控的时候。孩子发脾气最常见的原因列举如下，家长可以看看哪些符合孩子的情况，以便"对症下药"。

- 要求太过分或以自我为中心。

- 心理不成熟，面对挫折不够乐观，容忍度较低。

- 坚持己见，独立意识强，不能如愿时，会感到心烦。

- 无法用其他方式表达感受、需求或挫折感。

- 压力大、心理创伤、疾病、抑郁或突然的生活变化。

- 想要引起他人注意：孩子曾经通过发脾气达到过目的。

- 家庭氛围紧张，父母情绪焦虑。

- 不能理解家长的要求。

- 感到疲惫、饥饿、受到过度刺激或感到无聊。

- 家长给孩子的选择太多或太少，使得孩子无所适从。

- 神经递质失调，神经障碍或心理健康状况不好。

- 没有事先提醒孩子就突然改变他的日程安排。

- 药物的副作用：家长一定要阅读药物说明书，因为一些药物会加剧儿童的焦虑。

2. 观察一下孩子是不是天生易怒

有些孩子就是比其他孩子更容易紧张、更难冷静下来、更加不会调整受挫情绪。家长可以仔细想想自己的孩子是否也是这样。如果是，家长在养育中就要采取相应措施：提前让孩子知道即将发生的事；留出时间让孩子从容地从一项活动过渡到另一项活动；保证孩子参加的活动动静交替，让孩子可以冷静下来；确保孩子有足够的时间午睡。家长也要避免让孩子参加那些可能导致他情绪失控的活动。

3. 家长要以身作则

家长要实事求是地反思自己有没有以身作则，管理好自己的情绪，成为孩子的榜样。家长是冷静地对待挫折，还是让孩子亲眼看到自己也会发脾气？注意，孩子会时刻效仿家长的一言一行！

4. 对孩子的要求要合理

家长如果让孩子在高级餐厅、购物车或汽车里坐太久，孩子肯定会闹脾气。要求孩子做超出其能力范围的事情（例如：让蹒跚学步的孩子学铺床，让孩子花很长时间做家庭作业）也是不合理的。家长要确保对孩子的要求符合他的能力。

5. 识别孩子发脾气前的迹象

每个孩子都有独特的宣泄压力或"我要爆发啦"的迹象（握紧拳头、呜咽或大声号叫、胡乱挥手）。家长要留心这些迹象。一旦发现孩子有"马上就要爆发了"的迹象，家长就要及时采取对应措施来安抚孩子的情绪，以避免场面失控。

◎ 步骤 2：快速反应

孩子快要爆发了，家长要怎么应对

假如家长注意到孩子的脾气越来越大，马上就要大爆发，而自己只剩几秒钟来安抚孩子的情绪，可以尝试以下这些有效的方法。

1. 安抚孩子的情绪

家长要想办法让孩子冷静下来，可以揉揉孩子的背，抱着他轻轻摇一摇，或者给他哼唱一首歌。家长最好蹲下来，确保你与孩子的眼睛保持同一高度，与他进行眼神交流并用舒缓的语气与孩子说话，帮他放松下来，减轻焦虑。

2. 分散和转移孩子的注意力

当意识到孩子快要发脾气时，家长要立刻试着转移孩子的注意力。"我们一起去拿你的泰迪熊。""我赌你跳不高，不能摸到天空！要不你跳一下？"家长也可以试着分散孩子的注意力："看，那边有个小男孩。"最好的办法是尝试转移孩子的注意力，时间要足够长，这样才能让他旺盛的精力通过其他渠道释放。这种方法并不总是奏效，不过确实值得一试。

3. 教孩子学会描述自己的感受

家长看到孩子情绪不对，要及时引导孩子用语言表达感受："哦，你看起来有点儿累。是不是呀？""你好像有点儿沮丧。是不是不开心呀？"对于这样有关情绪的问题，孩子可以点头表示"是"或摇头表示"不"。家长舒缓的语气加上对孩子情绪的接纳可能有助于安抚孩子，避免孩子发脾气（也有可能无效）。

4. 确认孩子的需求并帮他表达

家长可以确认孩子的需求并帮他表达，但不必让步去满足他的需求（比如再吃一块饼干），因为这样已经足以避免孩子情绪崩溃。如果孩子的词汇量有限，这样做尤其有效。"你想让妈妈听。""你饿了。""凯文累了，想回家。"

5. 不要过度管束孩子

家长管教孩子不要过于严厉。打孩子屁股、对孩子大喊大叫或试图过度管束都会适得其反。

6. 提前警告孩子

孩子发火前，家长可以先警告孩子，让他明白自己的行为是不合适的，如果他不管不顾，仍然继续吵闹，就得接受惩罚。用像老师一样严厉的语气告诫孩子效果最好："冷静点，约翰尼，否则我们就先走了，你一个人待这儿"；"别闹了，丹娜，否则你就自己一个人去反省"。有时候，家长只需要严厉警告就能让孩子冷静下来。不过要注意，警告只对 3 岁以上的孩子有效。孩子必须能理解警告和惩罚这两个概念的区别，并且有足够的口头表达能力，而不是仅仅会几个词。

孩子已经发脾气了，家长要怎么应对

一旦孩子开始发脾气，家长就很难管住了，家长只能在确保孩子安全的前提下耐心等待，直到孩子发完火，慢慢平静下来。以下是具体的应对方法。

1. 尽量保持冷静

家长对孩子大喊大叫、摇晃孩子、打孩子屁股或冲孩子发火通常会让情况变得更糟。如果家长不能保持冷静，可以背对着孩子先控制住怒火，或者先离开一会儿让自己冷静下来。家长保持心平气和有助于孩子平复情绪。

2. 确保孩子的安全

孩子发脾气时乱踢乱打会伤害到自己或他人（包括家长）。家长要环顾周围，看看有没有锋利的东西或其他可能给孩子造成伤害的东西，尽量把孩子拉到安全的地方。

3. 不要理睬孩子无理取闹的行为

孩子乱发脾气时，家长不要理睬，不要和孩子眼神交流，不要说话，也不要有其他反应。一定要忍住，不理睬孩子无理取闹的行为。一旦孩子知道发脾气能如愿以偿，他就很可能一而再、再而三地爆发。

4. 不要试图给孩子讲道理

和一个哭闹的孩子讲道理是徒劳的。孩子情绪失控时，根本听不进去任何道理，讲也是对牛弹琴。一旦孩子进入发脾气模式，就会变得不可理喻。另外，不要哄骗孩子，不要承诺给他补偿或奖励。如果家长最终没有兑现承诺，很可能会让孩子脾气更大。

5. 必要时带孩子离开

如果孩子在公共场所大哭大闹影响了大家，或者伤害到别的孩子，或者试图用这个做法来吸引注意力，家长可能不得不带孩子到别的地方。家长应该让孩子去反省一会儿（参见第22问"计时隔离"），好让他冷静下来。如果是在家，家长可能要亲自带孩子去另一个房间。如果是在公共场合，家长需要停下手头上的事情，把孩子带到一个僻静的地方，或者带他回家。这样做虽然有些麻烦，但会让孩子明白家长不会放纵他乱发脾气。

6. 仅在必要时抱抱孩子

除非有绝对必要（当孩子可能伤害自己或他人时），否则家长最好不要抱紧正在发脾气的孩子。限制孩子的行为通常会让他脾气更大，但对于一些高度敏感的孩子，这是唯一能让他们情绪平复的方法。家长要心平气和地安抚孩子："你现在很生气，我会抱着你，直到你冷静下来。"情绪失控的孩子通常会焦虑，家长的陪伴可能会让他安心。

7. 集中注意力，冷静应对

孩子在公共场所发脾气时，家长不要理会周围人的议论和眼神，不要理会那些"善意的"闲话。这种情况下，家长的首要任务是集中注意力，只关注孩子，并冷静处理他的情绪。

8. 保持态度一致

一旦孩子知道发脾气能吸引注意力，他就会采取同样的招数。家长对待孩子这个坏习惯的态度要前后一致，并且要让周围的其他大人（祖辈、保姆、邻居）都采取同样的态度。

研究速递

美国著名儿科医生和作家 T. 贝里·布雷泽尔顿分享了一个非常重要的经验：家长越努力哄发脾气的孩子，孩子情绪失控的时间就会越久。所以，不要理睬哭闹的孩子，永远不要退让。

孩子情绪平复后，家长应该做什么

家长可以先喘口气，再决定应该怎么教育孩子，好让他今后不再任性，并帮助他学会用更恰当的方式表达负面情绪。以下是一些建议。

1. 不要急着教育或指责孩子

孩子闹完脾气后，家长和孩子很有可能都精疲力竭，所以家长要尽自己所能去恢复平静，修复亲子关系。先别急着长篇大论教育或指责孩子："你怎么能这样！""你就是明知故犯！"。这些话毫无作用。在你和孩子都冷静下来后，再讨论他的坏脾气，这样效果更好。

2. 反省自己的处理方式

家长要反省自己在孩子发脾气时是否态度一致，是否冷静，在孩子脾气爆发前、爆发中或爆发后，是否采用了有效的方法。

3. 找出孩子发脾气的原因

如果孩子发脾气，家长可以对每次情况做记录，如孩子发脾气的时间、地点、原因，并从中找到规律。例如，孩子在午休前发脾气是不是因为累了，在回家后发脾气是不是因为压力大，中午发脾气是不是因为饿了？孩子是否因为生活中发生了剧变而感到艰难？孩子是不是需要家长告知生活要发生的变化，以便有个过渡期，做好心理准备？家里有什么会加剧情绪爆发的问题吗，例如：家人常常争吵、大喊大叫、父母离异，或者父母有一方外出旅行或晚上要开工作会议没时间陪孩子？家长有没有什么方法能改善孩子的情况来减少他发脾气的次数呢？

4. 制定惩罚措施

如果家长已经制定了惩罚措施，向孩子发出了警告，而他还是有恃无恐，家长就必须严格采取惩罚措施。例如，让他在指定的椅子上坐下反省（以分钟来计时，每年长 1 岁，增加 1 分钟）。冷静椅（也叫思考椅、淘气椅或计时隔离椅）

对 3 岁以上的孩子有效，有时对心智成熟的 2 岁孩子也有效，但是对年纪再小的孩子就完全无效了。

教孩子用语言表达负面情绪

很多孩子发脾气是因为他们没能掌握足够的词语来表达需求或感受。所以，家长需要教孩子一些表达情感的词，比如：生气、非常生气、难过、疲惫或沮丧。家长可以先观察什么情绪最容易引起孩子发脾气，再教他两三个描述这些情绪的词，这样孩子能更快学会。在适当的时候家长可以开始引导孩子使用情感词汇，例如，当家长读睡前故事的时候，可以这样描述："我敢肯定，熊爸爸在发现金发姑娘睡在床上的时候会感到非常生气。"在生活中，家长也可以向孩子示范如何使用这些词："现在我们得安静一点儿。爸爸现在很累，脾气也很不好，因为他昨晚没睡好。"孩子理解这些后，家长就可以在适当的时候鼓励他正确描述自己的感受，例如"我非常生气"，或"我觉得自己脾气真的很不好"。刚开始，家长可能需要给孩子提示："你看上去很不开心，和我说说你的感受吧"，或者"你生气了吗，要不要和我说说"。一旦孩子有了发泄情绪的方法，并且知道家长会接纳他的情绪，他就能逐渐管理好自己的情绪了。与此同时，家长要继续教孩子更丰富的情感词汇，鼓励他用这些词来表达情绪，而不是大喊大叫、乱踢乱打。

◎ 步骤 3：培养良好的习惯

1. 和孩子聊聊应对负面情绪的方法

家长必须让孩子意识到大家都会有负面情绪，但是不能用发脾气这种不文明的方式来宣泄自己的情绪。家长要和孩子聊聊，特别是年龄大一点儿的孩子，和他讨论发脾气的缘由，以及他应该如何更好地控制情绪。

2. 在孩子控制住脾气时好好表扬

每当孩子控制住脾气，用语言表达他的需求或沮丧时，家长一定要表扬他："当你沮丧的时候，你学会了寻求帮助。太棒了！我们来看看怎么解决问题。"家长也可以看情况试着奖励孩子。如果孩子不发脾气就能解决冲突，家长可以给孩子一点儿物质奖励。

3. 和照顾孩子的其他大人保持态度一致

如果孩子对照顾他的其他大人发脾气，比如老师、亲戚、保姆等，家长就要和这些大人一起商量，看看如何纠正孩子的坏习惯，同时还要确保大家保持密切的联系，以便了解孩子有没有进步。周围大人管教态度一致对孩子管理情绪极其重要。

4. 重新评估新的管教方法，如果无效，请咨询专业人士

家长采用新方法管教孩子后，要注意让照顾孩子的其他大人也做出调整，保持态度一致。在理想情况下，孩子发脾气的频率会逐渐降低。积极的改变取决于许多因素，包括发脾气的严重程度（孩子发脾气越频繁、越激烈，改变需要的时间就越长），或者家长实施的新应对方式是否有针对性（例如，以寻求关注为目的的情绪爆发容易纠正，以宣泄压力为目的的情绪爆发则较难改变）。家长需要用日历记录发脾气的持续时间（具体时长）和频率（日期和次数）。如果在接下来的几周内相关数据没有下降，那么家长就需要咨询医生或心理学专业人士，因为可能有别的因素导致孩子难以控制情绪。

家长分享

一位奶奶分享了自己的经验和心得体会。

我的孙子非常可爱，也很聪明，但是他为了达到自己的目的，会乱发脾气。他躺在地板上耍赖打滚、乱踢乱叫，而且声音很大，我都担心邻居会报警。孙子也知道自己这样做很管用，因为爸爸妈妈看他这样，就会为了让他安静下来满足他的要求。有一天，轮到我照看他，

我发誓我不会让他得逞，但我也不知道该怎么做。儿子、儿媳离开后不到半小时，孙子就因为不能在晚饭前吃蛋糕而哭闹起来。他这样无理取闹，太不可理喻了，我气得站起来像他一样开始尖叫和乱踢。要是我儿子当时走进来，恐怕会大吃一惊。我的做法把我孙子吓坏了，他把自己反锁在卧室里。后来我和孙子谈到了我的做法，他意识到我向他展示了他发脾气的样子是多么可笑。那也是孙子最后一次当着我的面发脾气。看来，孩子明白了随心所欲地发脾气会给周围人留下不好的印象。

不同成长阶段孩子的表现

◎ 学龄前儿童

乱发脾气的现象在初学走路的孩子和年幼的学龄前儿童中很常见，但等孩子到了 4 岁，发脾气的情况就该开始减少了。不管男孩还是女孩都会闹脾气。2 到 4 岁的孩子，大约 80% 会发脾气，这主要是因为他们没有学会处理情绪或缺乏与人沟通的能力；大约 20% 2 岁和 3 岁的孩子和 11% 的 4 岁孩子每天都至少会发两次脾气。

◎ 学龄儿童

孩子上小学后，脾气通常会收敛，不过，有一小部分孩子在小学及以后的阶段还会乱发脾气。爱发火的孩子通常容易冲动，抗压能力差，而且神经紧绷。他们可能是因为近期生活发生了变化、压力过大，或者有情感困扰，有的孩子可能是过去发脾气时成功吸引了大人的注意，所以现在故伎重施。

◎ 即将步入青春期的孩子

即使是成年人也不能时刻都管理好自己的情绪，大家都认识一两个会乱发脾气的人。所以即将步入青春期的孩子情绪失控很正常，不过，如果孩子发脾气的频率过高，家长就需要立即寻求专业人士的帮助。

第 22 问　计时隔离

问题

"有妈妈告诉我，计时隔离是纠正孩子坏习惯的有效方法，让他放下在做的事去反省，但是这对我儿子没用。我反复冲他大吼让他反省，但他不愿意，还求我别再命令他。我一定是哪里没做对，我该怎么做才能让这招奏效呢？"

解决方案

计时隔离是一种管教策略。如果孩子做错了什么，就让他停下手头的事，去别的地方独自待一会儿，安静反思自己的行为。这样做的目的是保证孩子不会因为错误的行为得到关注，否则错误行为会被强化（这可能会增加犯错频率，最终让孩子养成坏习惯）。计时隔离也能让孩子和父母都有机会冷静下来，减少双方发脾气的可能性。有些孩子觉得计时隔离令人难以忍受，有些孩子则觉得计时隔离虽然不好玩，但也没什么大不了的。家长可以参考下面的计时隔离常用技巧，取得更好的教育效果。

1. 明确计时隔离适用于哪些行为和哪些年龄段的孩子

计时隔离适合用来纠正以下行为：打人、咬人、骂人、抱怨、打断他人说话或对抗大人。如果孩子犯了这类错误，比如打人，他就要被计时隔离。计时隔离对 3 到 10 岁的孩子最有效，对两岁以下的孩子几乎无效。计时隔离对于那些没有其他问题、只是容易生闷气或爱哭鼻子的孩子来说是无效的。孩子情绪不稳定可能有其他的原因，家长得查明真正的原因，才能帮孩子解决问题。

2. 在家里找一个安静、安全、光线充足的地方

家长可以准备一把合适的椅子（不要用懒人沙发或躺椅），放在孩子被隔离的区域，可以叫它"反省椅"或"冷静角"。在冷静角，孩子无法得到他人的关注，也无法接触让他分心的事物，比如游戏、玩具、播放器、电脑、宠物、食物、电视、朋友或手机等。冷静角要设置在家人一般不会去的角落，不过家长要能听到那里的动静，以确保孩子的安全。

3. 规定适当的隔离时间

确定隔离时间长短最简单的原则是根据孩子的年龄来决定，年龄每增加 1 岁，隔离时间就增加 1 分钟，比如，3 岁隔离 3 分钟，6 岁隔离 6 分钟，以此类推。至少要隔离这么长的时间，不能再少了。家长必须要求孩子坚持到底，不能提前结束隔离。当然，家长也可以根据孩子犯错的严重程度和年龄灵活调整隔离时间的长短。

4. 明确告诉孩子隔离的时间

家长每次都要告诉孩子需要隔离多长时间。设置好闹钟，这样家长和孩子就能分秒不差地知道隔离该结束了。家长要自己保管闹钟，保证自己能控制时间，永远不要把它给孩子。一旦和孩子定下了确切的隔离时间，就不要缩短。当孩子不再吵闹并愿意隔离反省时，就可以开始计时了。隔离时间要适当，不需要很长，通常是几分钟，最多十分钟，否则会适得其反。家长在实施计时隔离的时候，必须保持冷静，不要在孩子反省时说教和打扰孩子。

5. 严格遵守计时隔离的规矩

计时隔离时，要让孩子严格遵守规矩：尽最大努力安静地坐好，并在规定的时间内保持安静。如果孩子不能乖乖反省，那就从他遵守规矩的那一刻开始

计时，并将反省时间再延长 1 分钟。美国儿科学会强调，家长不能强行把孩子拖到计时隔离地点，这不仅会让家长或孩子受伤，而且会让孩子对计时隔离产生抵触心理，达不到教育目的。如果孩子安静地坐着反省，家长一定要表扬他："你能乖乖隔离，好好反省自己的错误，真棒！"

6. 计时隔离期间不要理睬孩子

孩子会做些小动作来引起大人的注意，家长这时候不要偷看或回应。请记住，计时隔离的目的就是让孩子不再受到任何关注，无论是正面关注还是负面关注。与孩子进行任何互动都会让他以后更容易犯错。计时隔离为孩子提供一个独立思考和冷静的机会。在此期间，家长也要保持冷静，不要急着说教，不要发脾气或对着孩子大喊大叫。事实上，家长最好不要理睬孩子。只有这样，孩子和父母才能真正冷静下来。家长最常犯的错误就是在隔离期间还和孩子说话。因此，一定要牢记，隔离期间不要理睬孩子。

7. 可以随时随地使用计时隔离

只要孩子表现出不当行为，家长就应该立刻（或者尽快）采用计时隔离的方法："你打人了，去奶奶的床上坐着反省 10 分钟。"计时隔离后，孩子必须继续完成他需要做的事情，比如家务或家庭作业。如果他仍然不遵从，那么就把隔离时间加倍，并严格执行。

8. 让孩子反省后做一个简短的总结

管教孩子的一个关键步骤是帮助孩子认识到自己的错误，避免以后犯同样的错。因此，计时隔离结束后，家长要让孩子总结自己的错误，并想想下次应该怎样做来避免犯同样的错误。对于年龄较小或还不太懂事的孩子，家长需要根据他们的只言片语来引导他们。孩子重复犯错的最大原因之一是他们不知道如何改正。因此，家长要明确自己对孩子的期望，并且让孩子以后按照要求做。不要想当然地以为给孩子讲明白就可以了，家长需要花时间和孩子一起练习正确的做法，然后要求孩子为伤害他人的行为道歉。

9. 如果孩子拒绝计时隔离，就禁止他做喜欢的事

如果孩子不按照要求进行计时隔离，或者不能安静下来，家长可以警告他反省时间会延长 1 分钟（从 3 分钟到 4 分钟，或者从 5 分钟到 6 分钟）。家长可以把时间延长两次，如果孩子仍然不遵从，就不要再要求他独自反省了。取而代之，家长可以尝试不让孩子做喜欢的事，或者禁止他在一定的时间（年幼的孩子禁止 1 小时，年龄稍大的孩子 24 小时）内玩他喜欢的东西。家长要简单向孩子陈述一下惩罚措施："你没有遵守计时隔离的规定，所以今天不能看电视。"然后家长要转身走开，不要继续说教。家长要确保禁止孩子用的东西或做的事是家长个人可以控制的，例如玩手机、电脑、滑板、电子游戏或看电视。家长不应该拖拽或强拉孩子去隔离反省。事实上，惩罚孩子不让他做喜欢的事能达到更好的教育效果。

计时隔离的实施会有效减少孩子犯错的频率。但有时，犯错的频率也会稍稍增加，这是很常见的，这意味着孩子在试探家长，看看家长是否真的会严格执行计时隔离。所以，家长要坚定立场。计时隔离要经过一段时间的严格实施，才会取得效果。家长应该在日历上记录使用计时隔离的频率，观察孩子犯错的频率是不是在逐渐减少。如果家长连续几周观察按照这些规则使用计时隔离的情况，发现孩子的行为没有得到改善，或者孩子拒绝照做或故意破坏冷静角，那家长就需要咨询专业的行为治疗师或心理咨询师，因为可能是其他因素引发孩子的不良行为，例如，家长和孩子是不是正经受着较大的压力或不适应新的变化？家长有没有正确实施计时隔离？

第 23 问　哭闹磨人

相关问题另见：第 11 问"顶嘴"、第 21 问"发脾气"、第 34 问"自私任性"、第 47 问"精神压力大"

 问题

　　孩子持续哭闹，声音刺耳，令人恼火；孩子试图通过撒娇或哭闹引起大人的注意或让大人答应自己的要求。

　　"每当我女儿想让大人答应自己的不合理要求时，她都会哼唧个不停，令人尴尬。因此，我们都不敢带她去公共场合了。一旦她开始折腾，我就知道如果我不让步，她就不会停下来。她才 4 岁，但已经快把我逼疯了！"

◎ 为什么需要改变

　　孩子哭闹的声音响亮、刺耳，令人恼怒。孩子很早就发现，这样做可以有效达到自己的目的。可能是因为孩子的哭闹声太烦人了（比这烦人的是用钉子划黑板的声音或牙医用钻头钻牙的声音），许多家长承认他们让步了。事实上，连研究结果都证实这种哭闹是有效的：一般来说，孩子这样哭闹 9 次，家长就会让步。但这样做是不对的，因为哭闹磨人显然是一种后天习得的行为，具有相当的传染性，可能会变成一种"家庭流行病"。如果家长不及时纠正孩子，并把这个行为扼杀于萌芽状态，长此以往，家里的孩子都会模仿这种行为。这种行为也会引起孩子同龄人的反感。试想，哪个孩子会喜欢和这样的小朋友一起玩呢？这种行为也会让大人感到厌烦。没有父母会愿意让自己的孩子和这样的小朋友交往。如果孩子邀请小朋友参加自己的生日派对或来家里玩时遭到拒绝，家长就要注意了，这说明孩子的问题比较严重，而且孩子周围的人已经注意到了，如果再不采取纠正措施，孩子就会乱发脾气。孩子哭闹磨人不仅会破坏他与他人的社交关系，还会破坏亲子关系。如果不及时纠正，情况只会变得更糟。这种行为没有任何可取之处，家长一定要想方设法及时纠正孩子哭闹磨人的行为，让他培养好习惯。

◎ 问题表现

每个孩子每隔一段时间都会通过哭闹来达到自己的目的，这都是正常的，但如果有以下 4 个迹象，就表明家长需要采取措施纠正这种烦人的行为了。

- 孩子哭闹磨人已经成为一种习惯，而且通常会如愿以偿。孩子已经学会了用哭闹的方式来达到自己的目的，而且他发现这样确实管用。因为家长通常会对孩子让步，答应孩子的要求，毕竟，这比被孩子那刺耳的声音折磨好受多了。

- 孩子哭闹磨人的行为影响了亲子关系。孩子现在对家长很不尊重，带孩子外出让家长感到尴尬。

- 孩子的社交受到影响。其他大人在听到孩子的号叫时，会翻白眼。其他孩子给她贴上了爱哭闹的标签，或者不再和她交往。

- 孩子哭闹的情况越来越严重。除了发牢骚和哭闹，孩子现在还会通过顶嘴、做出粗鲁的行为、发脾气或者对抗大人来达到目的。

解决方案

孩子哭闹主要是为了引起家长的注意。一旦发现家长会让步，他们就会知道这招有用！所以，家长不要让步！不理睬孩子或者不满足孩子的要求才能让他明白这招行不通。

◎ 步骤 1：早期干预

1. 找到孩子爱哭闹磨人的原因

以下是孩子总哭闹磨人的常见原因，家长可以对照看哪些符合孩子的情况，并参考本节内容制订合适的计划，纠正孩子的行为。

- 沮丧。
- 嫉妒。
- 疲倦、饥饿、暴躁或生病。
- 试探家长的底线。
- 有语言或听力障碍。
- 吸引他人注意力。
- 模仿他人行为。
- 抗挫折能力差。
- 最近经历的事件导致压力较大或情绪过载。
- 正在经历较大变化（转到新幼儿园、新学校，家里刚添了弟弟或妹妹）。
- 曾经通过哭闹磨人如愿以偿。

2. 反思自己目前应对孩子哭闹的方法

家长要反思自己通常应对孩子哭闹的措施有什么不足之处。找机会和家人聊一聊如何有效纠正孩子的行为。除了决定不再对孩子的哭闹听之任之，还必须计划好下次孩子哭闹时如何应对。

> **研究速递**
>
> 一般情况下，孩子哭闹磨人最终都会如愿以偿。
>
> 一项针对全美750名孩子的调查发现，大多数孩子拒绝接受"不"这个回答，并会不停地哭闹磨人，直到家长让步。大多数孩子为了达到自己的目的，会向父母撒娇或哭闹9次。12到13岁的孩子最爱磨人；为了得偿所愿，他们会发50多次牢骚。父母得到的教训就是，要坚定立场，即使孩子不断地哭闹磨人，也不要让步！

3. 掌握孩子哭闹的规律，提前采取预防措施

孩子的行为通常有迹可循，在某些情况下，他有很大的概率会哭闹。孩子有没有在一天的哪段时间里更容易生闷气？他是不是饿了或累了？他是不是在家长打电话时想要吸引家长的注意？还是他在商场看到自己想要的东西时，想通过哭闹来达到目的？家长掌握规律后，一旦碰到类似情况，就可以预测孩子的行为，并采取预防措施。

4. 教孩子学会用正常的语调交流

家长要让孩子明白磨人和礼貌请求在语调上的差别。孩子可能已经养成通过哭闹和大人沟通的习惯，以致他根本没有意识到自己的语气有多令人厌烦。当孩子能正常交流时，家长要表扬孩子："就是这样，很好，你没有哼哼唧唧，谢谢你。"家长也要花点时间向孩子示范怎么正常交流，例如，"这是我哭叫的声音：'我不——想——做——'这是我礼貌地提出请求：'你能帮我吗？'你要礼貌地提出要求，像我刚才示范的那样。现在你试试。"家长要注意不要嘲笑孩子，现在的目标是引导孩子学会正常沟通，这样他才能理解并达到家长的要求。

5. 试着分散孩子的注意力

家长可以试着在年幼的孩子开始哭闹之前分散他的注意力，如"快看，那边有只漂亮的蝴蝶"，"听，是不是爸爸的车"。需要注意的是，孩子在发脾气前往往会哼哼唧唧。因此，在孩子大发脾气之前，家长要想办法转移他的注意力或尽快带他去别的地方。

实用妙招

孩子需要明白，不论何时何地家长都不会容忍他大声哭闹。所以，如果孩子有这种行为，家长可以尝试以下3个实用妙招。

（1）在亲戚朋友家时，找一张"爱哭闹小朋友的椅子"，孩子一开始哭闹时就对他说："去'爱哭闹小朋友的椅子'上坐着反省几分钟，等你不闹了再过来。"家长一定要向亲戚朋友解释清楚为什么要让孩子坐在那张椅子上。

（2）在开车时，确保安全后把车停在路边，等孩子平复情绪，能和家长好好交流后再上路。家长在等待期间可以随意听听广播，甚至看书。孩子会明白家长的用意。

（3）在公共场合时，家长可以赶紧站起来，紧紧抓住孩子的胳膊(记住不要硬拽)，马上离开现场。这样做可能打乱原定计划，带来不便，但孩子会明白在任何地方都不能大声哭闹。

---

6. 接纳孩子不耐烦的情绪

有些孩子没有耐心等待，甚至连一分钟都觉得难以忍受，因此，他们可能会通过哭闹来引起家长的注意。如果孩子非常容易冲动，家长要迅速做出回应，避免他继续哭闹。"我两分钟后就会挂电话，然后就可以给你讲故事了。"在孩子发出刺耳的尖叫声前，家长可以试着把手轻轻地放在他的肩膀上，或者给他一个"再等一分钟就好"的手势，让他知道你一直在关注他，并且会很快陪他。

◎ 步骤 2：快速反应

1. 注意和孩子交流的语气

家长发现自己在抱怨新的冰球练习时间表或孩子的老师时，要反省一下自己。孩子会模仿家长的行为，因此，家长要注意自己的言行，以身作则，确保孩子不会从自己这里学到这种抱怨的语气。

2. 制定新规矩

家长可以制定新规矩，告诉孩子以后不管他怎么哭闹，家长都会拒绝他的要求。要让孩子记住，家长不会理睬他的哭闹。孩子必须意识到新规矩是不能更改的。

3. 对孩子的哭闹不理不睬

在孩子刚开始哭闹时，家长就要明确地告诉他："请停下来。你这样哭闹我是不会听的。你可以礼貌地告诉我你想要什么。"家长说完后就要走开，不要再理睬他，也可以去做其他事情，让自己看起来像是没工夫管他，等孩子停止哭闹时（哪怕只有几秒钟），再回头和他说话："你这样礼貌地说话，我愿意好好听。你想让我帮你做什么？"

4. 不要反应过度

如果孩子刺耳的哭闹声让家长心烦意乱，家长可以转过身去看看别处，但不要显出烦躁的样子，否则，孩子会闹得更凶。家长要保持冷静，如果觉得需要去别的房间，就转身离开，不要表现得很生气或做出别的反应。家长还要注意自己的肢体语言，避免做出耸肩、扬眉毛、摇头等任何表达不开心的举动，以免孩子故意变本加厉地大声哭闹，进一步激怒家长。一位妈妈反映说，每当她的孩子开始发牢骚时，她都假装听不懂。她说，这可以帮助她无视孩子的哭闹，也真的让孩子慢慢不怎么哭闹了。

5. 拒绝让步

想要纠正孩子哭闹磨人的毛病，最有效的方法是断然拒绝他的要求，除非他用礼貌的语气好好说话。家长需要注意的是，如果中途让步，孩子很可能会继续使用这招来达到自己的目的。更糟糕的是，如果不及时纠正，哭闹磨人的行为往往会发展为顶嘴、吵架和乱发脾气。所以，家长的底线是不要让孩子觉得这招有效。等孩子开始用礼貌的语气沟通时，家长一定要满足他的要求（只要是合理的），并衷心地表扬孩子："谢谢你礼貌地提出要求，我喜欢你这样好好说话。"

6. 告诉孩子自己的期望

家长要让孩子知道自己对他有更多的期待。要直接告诉孩子："不要哭闹磨人。我希望你好好说话，礼貌地告诉我你想要什么。"

◎ 步骤 3：养成良好的习惯

1. 和孩子交流时要互相尊重

孩子爱哭闹磨人，会不会是因为家长在和他谈话时态度不耐烦？如果是这样，家长要注意在平日里尊重孩子，确保和孩子说话就像和最好的朋友说话一样。家长要礼貌、全神贯注地倾听孩子，保持微笑，并且让孩子感觉到家长喜欢和自己在一起。家长要感谢孩子分享他的想法，并注意培养平等、和谐的亲子关系。

2. 在孩子礼貌地与人沟通时给予相应奖励

每当孩子语气礼貌时，家长都一定要表扬他，如"你这样讲话很有礼貌，奖励你一块饼干"，"谢谢你用礼貌的语气提出要求。当你这样说话时，我很乐意帮助你"。诀窍就是赞赏孩子做出的努力，每次孩子有礼貌地说话时，都要好好表扬。这样交流可能有点刻意，但能够大幅度减少孩子哭闹磨人的次数。

3. 制定惩罚措施

通常，如果孩子知道家长不会纵容自己大声哭闹，就会逐渐放弃。但是，如果孩子已经养成了坏习惯，家长就需要严肃对待，制定惩罚措施，才能帮孩子改正。对于年幼的孩子，家长可以试试让他坐在"爱哭闹小朋友的椅子"上（每次他抱怨时，都要求他坐在指定的位子反省自己的行为，孩子几岁就让他反省几分钟），或者把孩子送到"爱哭闹小朋友的房间"，在那里他可以尽情地哭闹、抱怨和发泄情绪。这样的话，起码家里人不用再听他哭闹了。对于年龄较大的孩子，可以不让他们做自己喜欢的事（比如，禁止上网或用手机）或要求他们把零花钱放入"哭闹罚款罐"。家长可以规定，孩子每次哭闹、磨人或抱怨都会被处以一定金额的罚款，比如 2 个 1 角的硬币。家长不要动摇，否则孩子会哭闹得更厉害，因为孩子知道家长会让步。所以，一旦定下规矩，就要执行到底。

4. 坚持原则

如果孩子已经养成了哭闹磨人的坏习惯，不要指望他马上改变。家长要坚持原则，在孩子哭闹时不予理睬，才能看到孩子逐渐不再哭闹。如果孩子跟以前一样，那家长就要思考会不会有其他因素导致了他的行为。孩子是生病了吗？是语言发育迟缓，表达能力差，还是有语言障碍？是患有注意力缺陷多动障碍还是情感需求得不到满足？必要时，家长需要寻求专业人士的帮助。

家长分享

一位妈妈分享了自己的经验。

我儿子总是哭闹。除了买副耳塞戴着，我什么方法都尝试过了，但还是没能纠正他的坏习惯。一天晚上，我先生把宝贝儿子哭闹的声音录下来给他回放了一遍，让他听自己的声音。儿子这才知道自己听起来有多令人厌烦，他很快就不再哭闹了。

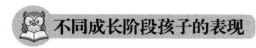 **不同成长阶段孩子的表现**

◎ 学龄前儿童

学龄前儿童会从 3 岁左右开始哭闹磨人，因为这个年龄的孩子经常会感到情绪失控或不知所措，而且没有足够的词汇去表达沮丧情绪。学龄前儿童的抗挫折能力很差，心情不好、饥饿或疲惫都会引发这种行为。他们也喜欢尝试用不同的语气说话来试探家长的反应。

◎ 学龄儿童

学龄儿童在承受了较大压力或经历了巨大的变化时，会用哭闹的方式来吸引家长的关注（尤其是家里刚添了弟弟或妹妹的时候）。孩子会在感到饥饿、疲惫、无聊或被要求去做不愿意做的事情时哭闹。如果家长不及时纠正这个坏习惯，孩子会在整个学龄阶段一直这样。

◎ 即将步入青春期的孩子

即将步入青春期的孩子经常爱大声抱怨，不仅声音刺耳，而且态度无礼。家长要注意他们的肢体语言，他们在抱怨时通常还会翻白眼、吐舌头或者耸肩。他们可能会用发牢骚的方式向家长施压，要求家长给他们买最时尚的产品（小玩意儿、服装、电子产品）来融入同龄人。

第 24 问　不听家长的话

相关问题另见：第 10 问"总和别人吵架"、第 13 问"霸道"、第 15 问"逆反心理"、第 26 问"不讲礼貌"、第 37 问"愤怒"、第 71 问"学习拖延"、第 79 问"不愿意沟通"、第 94 问"难以集中注意力"、第 96 问"抑郁症"

 问题

孩子不听家长的话；家长说话时只选择性地听自己愿意听的，听的时候心不在焉；需要家长反复提醒才能做家长要求的事情；时常忘记家长提出的要求。

"我儿子的听力非常好，但每当我和他说话时，他都会'选择性失聪'。我厌倦了一遍又一遍地强调我想让他做什么。怎样才能让孩子听我的话？"

◎ 为什么需要做出改变

"为什么总是不听话？""已经给你说了 4 次了！""我刚才说的话没听到吗？"如果孩子不服从要求，家长会感到沮丧。但其实家长不必太过焦虑，因为这种情况很普遍。《父母》杂志调查了父母觉得管教孩子最难的问题，毫无疑问，排名第一的是"孩子不听话"。让孩子服从要求去做事是一门艺术，而家长的沟通方式会在很大程度上影响孩子的回应方式。事实上，家长需要学习给孩子下指令的有效方式。而且，家长要付出努力和耐心改掉孩子的不良习惯。

提高孩子的倾听能力有助于提升他在各个方面的表现，包括学习、与朋友相处、工作和跟家人的关系。许多专家认为，倾听是孩子顺利应对人生场景的必备能力之一。培养孩子倾听的能力就是在为孩子未来的发展打下坚实的基础，因为这可以让孩子在与他人沟通时体现出教养，也能让孩子在学习中有效地获取新知识。

◎ 问题表现

孩子会时不时无视家长的话，这很正常，但如果孩子有以下表现，家长就需要纠正孩子在倾听和听从指令方面的坏习惯了，家长也要看看是否有其他因素导致他不能有效倾听和服从指令。

- 家长多次重复要求后孩子才会听从。
- 听从家长的要求，但只记得其中的部分内容。
- 不理解家长的意思或要求家长重复指令。
- 只有当家长大喊大叫或威胁要做出惩罚时孩子才会回应。
- 拒绝服从家长的要求。
- 孩子告诉家长他需要"过一会儿"才能按照家长的要求去做（尽管过一会儿他也不一定会去做）。
- 孩子"有选择地倾听"并忽略一些要求（比如，做作业或整理床铺）或假装没听到家长的话。
-

解决方案

家长在和孩子交流时，要保证只说一遍，然后蹲下（如果孩子比你矮），以便与孩子进行眼神交流，用简短的指令直截了当地告诉孩子你想让他做什么，不要问孩子他想要做什么。家长下指令时最好说"这个、这些"（"把这些积木捡起来"，"把这台电视关掉"），这样孩子才能清楚要做什么。家长表达清楚要求，并且确保孩子理解后（可以让孩子复述一遍刚才提的要求），就可以等着孩子按照要求行动起来了。

◎ 步骤 1：早期干预

1. 找到孩子不听话的原因

孩子不听话的原因有很多，所以家长的首要任务是确定孩子不听话的原因。下面是一些常见原因，家长可以看看哪些符合孩子的情况，以便对症下药。

- 你和孩子（或家里其他成年人）正在争夺家庭控制权，你和孩子的亲子关系不和谐；孩子故意不顺从。
- 你通常会先耐心重复几次指令，如果孩子还是无动于衷，你才会变得态度严厉。
- 你常常通过奖励让孩子服从要求，而且即使孩子不听话，你也不会严格要求他，所以孩子会等着得奖励，或者等着你放弃要求，替他完成任务。
- 孩子注意力持续时间短，很容易分心。
- 孩子因为身体问题分心，例如，饥饿、生病、打瞌睡或需要上卫生间。
- 当你下达指令时，孩子正在全神贯注地做另一件事。
- 孩子有听觉处理障碍，大脑无法处理和理解听到的声音，或者在过滤背景噪音方面有困难。
- 孩子因为自身懒惰或者害怕达不到你的要求而逃避任务。
- 孩子有耳痛、过敏、耳朵发炎或听力受损等生理障碍。
- 孩子压力大，难以集中注意力，原因包括最近遭受心理创伤，家里人总是大喊大叫，家庭气氛紧张，孩子心情抑郁等。
- 你在孩子做事时太挑剔、爱说教、爱批评或态度强势。
- 你提出的要求或期望值超出孩子的心理发展水平和承受能力。

看了以上列举的常见原因，你觉得是什么导致孩子无视你的话呢？你应该采取什么措施来纠正孩子的行为呢？

2. 向孩子示范如何认真倾听

孩子需要有善于倾听的人做榜样，才能通过模仿提升倾听的能力。如果家长想让孩子知道你希望他学会倾听，平时就一定要给孩子树立榜样。家长可以通过与配偶、朋友，特别是和孩子交流，向孩子示范如何倾听。家长要多听孩子说话，而不是总对孩子说教！

3. 避免沟通时使用孩子抵触的表达方式

如果家长在下指令时用"你""如果""为什么"开头，通常就会让孩子产生抵触心理，并不愿再听你继续说话。用"你"开头的句子通常是批评孩子的："你总是不听话。"用"如果"开头的句子通常表达的是来自家长的威胁："如果你不按我说的做……"用"为什么"开头的句子通常表达的是家长希望孩子解释他的行为，不过孩子可能会对这样的问题不明就里，比如："你为什么不听话？"如果家长把这3个词从要求中去掉，会更有可能让孩子听进去并服从要求。

◎ 步骤2：快速反应

想让孩子学会倾听，关键是，确保家长提出的要求与孩子的能力相适应。以下一些策略会让孩子听一遍就愿意配合。

1. 先吸引孩子的注意力，然后提出要求

如果家长在和孩子沟通时发现孩子听不进去，可以先设法吸引他的注意力，确保孩子没有三心二意，然后提出要求。家长可以蹲下来，保持和孩子差不多的高度，让他抬头以便交流眼神，或者通过口头提示来引起他的注意："请看着我，听我说说我对你的期望和要求。"面对面交流的时候，孩子更容易集中注意力和家长沟通。

家长分享

一位妈妈分享了自己的经验。

我每天都要下口头指令，告诉儿子该做什么事，我厌倦了这样唠叨，于是开始随时备好便利贴和铅笔，放在口袋里。如果想让儿子尽快做

什么事，就写在便利贴上，比如，"玩具""牙齿""晚餐"，贴在他身上或玩具上。因为觉得这样很好玩，儿子不仅完成得更迅速，甚至学会了新单词。

2. 降低音量、放慢语速

没有什么比大喊大叫更让孩子不耐烦了，所以家长要降低音量慢慢地说，不要大喊大叫，也可以试着对孩子耳语。这样做通常会让孩子非常好奇，他可能会停下手头的事，认真听家长说话。很多教师多年来经常使用这种方法，因为它真的次次有奇效。

3. 简短、礼貌地提出要求

家长要根据孩子的注意力和认知能力调整要求，确保提出要求时言简意赅，并且保持礼貌，如"出门前请整理好床铺"，"你现在需要准备好去上学了"。经常给孩子下的指令可以用几个词来概括，甚至有时候，家长只说一个词，孩子也能懂，如"作业""家务"。家长一定不要用提问或建议的形式来提出要求。如果想让孩子服从，那就直接告诉孩子要做什么，不要询问他的意见。

4. 行动起来

如果时间紧张，或者孩子需要你推他一把才能采取行动，就不必再提要求。轻轻地抓住他的手，带领他做该做的事。

5. 给孩子留点儿回旋余地

如果孩子有事忙，不要打断他，否则孩子会产生反感情绪。所以，如果家长看到孩子正在专心做事，例如，做作业、给朋友发短信、搭积木，别急着打断他。等你看到孩子不太忙时，再过去提要求。不过，要确保孩子不会利用家长的这种心态，营造自己很忙的假象，以便逃避应做的事。如果孩子只是看起来在全神贯注做重要的事，那家长不妨给孩子设定时间限制："一分钟后，我有事和你说。"

6. 等着孩子按要求做

如果家长总是不断地重复要求来让孩子听话，那就是在强化孩子不认真听的坏习惯，孩子日后只会在家长一遍又一遍地重复时才会开始做事。所以，家长要使用前面说过的方法，说一遍要求之后，要等着孩子按要求照做。家长可以走到孩子面前，坚定地说出要求，然后不再提醒。如果孩子仍没有反应，那就实施惩罚措施（参见下一个方法）。

7. 制定和实施惩罚措施

如果家长确信孩子已经听清了要求，并且也用他能理解的语言给出了指令，可是他还是不服从，那就要采取惩罚手段。如果家长听之任之，只会向孩子传递这样的信息：即使不听家长的话也没什么。家长在向孩子提出要求时就可以把设定的惩罚措施一并告诉孩子："如果你想吃曲奇饼干，现在就过来。"如果孩子过一会儿才出现，家长就可以用就事论事的语气说："对不起，你来太晚，饼干没有了。"不要退让，也不要轻信孩子的辩解："我刚才没听见！"家长只需要简单回应："那下次你要注意听。"家长要坚持这种严厉的态度，让孩子打心底里明白，你确实希望他一听你提出要求就行动起来。

◎ 步骤3：养成良好的习惯

1. 教给孩子记忆方法

如果孩子听了家长提出的要求却无法回忆起听到的内容，那就要教给他记忆的方法。让孩子多多练习，这样即使家长不提醒，孩子也能牢记要求。以下是记忆策略的要点。

- 让孩子复述家长的要求。为了确保孩子集中注意力听家长的要求，家长说完后可以让孩子重复一遍，再告诉他要将这些话牢牢记住。家长可以让年幼的孩子给他的毛绒玩具、玩偶、洋娃娃或宠物再讲一遍。对于大一点儿的孩子，则可以让他一遍又一遍地低声复述家长的要求，直到他完成任务。
- 写便条帮助记忆。有些孩子喜欢把任务记在纸上，或者写在便利贴上并将便利贴贴在手上，这样可以方便回看，提醒自己。

- 在大脑中想象任务画面。让孩子试着在脑海中想象他要完成的任务："想象你的衣服散落在地板上，脏衣篓就在旁边，想象你自己把衣服捡起来放进去。这就是你需要做的任务。"
- 用手指帮助记忆。家长可以教孩子用手指给任务计数，每个手指代表他必须做的一件事。

2. 反思亲子关系

如果家长已经尝试过用更好的沟通技巧与孩子交流，同时改善了下指令的方式，并且提出的要求也没有超出孩子这个年龄的发展水平，他的听力也没有受损，可是孩子还是不听话，那么，家长就要考虑孩子是不是故意任性不听话。这是不服从管教或不尊重家长的问题。（参见第 10 问"总和别人吵架"、第 15 问"逆反心理"、第 37 问"愤怒"、第 79 问"不愿意沟通"）

 不同成长阶段孩子的表现

◎ **学龄前儿童**

学龄前儿童能够回答简单的问题，专心听故事，并理解大多数对话。注意力持续时间增加；大多数 4 到 5 岁的孩子能在 12 到 25 分钟内专注于一项活动。再大一些的学龄前儿童能听从和完成"三步走"的指令，例如：先收拾好玩具，接着刷牙，最后穿上睡衣准备睡觉。

◎ **学龄儿童**

孩子到了这个年龄段就开始喜欢看视频、玩电脑游戏和看电视，不太喜欢与家长互动了。除了这种原因，家长要知道大约有 15% 的学龄儿童在某种程度上听力受损，7% 的孩子有听觉处理障碍，这导致他们经常被指责"与人说话时没有认真倾听"。你的孩子有这些问题吗？

◎ 即将步入青春期的孩子

即将步入青春期的孩子不愿意和家长沟通，原因五花八门，可能是对抗家长、不讲礼貌、压力大、睡眠不足、激素分泌过多，或者有太多事情要做等。这个阶段的孩子开始与父母保持距离，更愿意和同龄人在一起。家长要提醒孩子不要总是玩手机、打电子游戏、看视频、使用音乐播放器、玩电吉他或其他一些乐器。谨慎一点儿没有坏处，这些设备声音太大会导致孩子听力受损。

第 25 问　大喊大叫

相关问题另见：第 6 问"同胞竞争"、第 10 问"总和别人吵架"、第 15 问"逆反心理"、第 24 问"不听家长的话"、第 37 问"愤怒"、第 78 问"不愿意做家务"、第 87 问"睡眠问题"

 问题

"我女儿才 6 岁，可她尖叫起来能把玻璃震碎。她常常大喊大叫，让家里人头疼得不得了。每当女儿生气或没有得到想要的东西时，她都会又喊又叫，我们怎么才能让她改掉这个坏习惯呢？"

解决方案

研究表明，现在的孩子和父母承受的压力都比 10 年前大得多。虽然大喊大叫有助于发泄情绪，但这不是一种健康、合适的选择，而且会消磨家人的耐心，破坏家庭和谐。家长容忍孩子大喊大叫只会让他误以为这样就能获得想要的东西。家长需要注意的是，不要因为孩子大喊大叫，自己也大喊大叫。这样下去，家人会慢慢习惯喊叫，音量越来越大，很快，每个人都得大吼，否则谁也听不见别人的话。

家长要先带孩子去做听力检查，没有问题的话，就可以确定孩子大喊大叫是一种习得行为。家长需要反省自己是否也经常大喊大叫。如果答案是肯定的，那就需要先改变自己的习惯，然后尽快采取措施帮孩子改掉这种行为，以创造平静、安宁的家庭环境。不要对孩子的行为坐视不管！以下是家长可以参考的解决方案。

1. 找到问题的真正缘由，然后努力改变

解决问题的第一步是寻找原因。以下是孩子（和父母）大喊大叫的常见原因，家长可以看看哪些符合孩子（或自己）的情况，以便有针对性地采取措施。

- 情绪压抑。孩子感到愤怒、沮丧、不知所措、需要大人关注、压力大、疲惫或生病。

- 无力感。最小的孩子觉得没人倾听自己的想法。

- 模仿家人。孩子是不是想吼回去？家人都在大喊大叫，孩子是不是在喊着表达需求？

- 感到被人欺负。孩子大喊大叫是否理所应当？他被哥哥或姐姐欺负了吗？哥哥姐姐或家里大人是否带头训斥孩子，在他身上撒气？

- 家庭压力。家里的压力是不是大到了极点？夫妻之间是否出现了问题，导致家庭氛围紧张，从而影响了孩子？

- 家长的问题。孩子大喊大叫时，家长通常是如何反应的？是想办法让孩子冷静下来，还是放任不管？

家长需要找出导致孩子或其他家庭成员大喊大叫的原因，并认真思考可以采取的适当措施。新罕布什尔大学家庭研究实验室联席主任、社会学家默里·A.施特劳斯所做的一项研究发现，半数受访父母曾对婴儿尖叫。等孩子 7 岁大时，98% 的父母曾大声训斥过孩子。如果家长想促进家庭和谐，减少家人吼叫的次数，那就必须改变孩子的生活环境，而且现在就要立刻行动。那么，要如何行动呢？

2. 坚定而冷静地宣布新规矩："禁止大喊大叫！"

家长需要召开家庭会议，要求所有家庭成员停止大喊大叫。必须让每个人都明白要认真对待新规定。家长要告诉经常尖叫的家人，可以生气，但不要通过提高音量来表达自己的感受。忍不住要大叫时可以暂停沟通，让自己独处片

刻，冷静下来。家长可以要求家里的每个人都发誓，保证自己再也不会喊叫了，并把新规矩写在纸上，让家庭成员都签上名字，然后贴在墙上，提醒大家随时注意言行。

3. 改变自己的处理方式

大声叫嚷是会传染的。所以，如果孩子或其他家庭成员经常大喊大叫，可能也会经常开启"大音量模式"。家长要试着在最有可能发生激烈争吵的时候改变处理方式（也许是当你提醒孩子该睡觉了，或者告诉孩子需要做作业的时候）。以下4个简单易行的方法可以减少大家大喊大叫的次数。

- 深呼吸。哪怕家长觉得自己只有一丁点儿控制不住，可能要大喊大叫，也要深呼吸，慢慢平复情绪。如果需要独自待一会儿让自己冷静下来，那就赶紧行动吧。

- 尝试耳语。与其提高嗓门大喊大叫，不如尽量降低音量。耳语一直以来都是老师们吸引注意力的妙招，效果几乎可以用神奇来形容。家长开始耳语时，孩子不仅会聚精会神地竖起耳朵听，而且也更有可能控制好自己的音量。

- 提出要求时只用一个词。家长提出要求时只用一个词，比如"做作业！""吃饭！"提醒孩子行动就行。这样家长不必费口舌，也不会情绪激动、滔滔不绝地说教。家长也可以避免口头交流，把要求写在便利贴上，然后把它贴在孩子的门上、枕头上或额头上（只要是孩子能注意到的地方就可以）。要求要简短，如"睡觉！""收玩具！"

- 从1数到10。如果家里有一个人大喊大叫，另一个跟着大声嚷嚷回击，一场尖叫大战马上就会爆发。所以，家长要告诉每个家庭成员，每当气氛变得太紧张时，大家都要暂停一下"从1数到10"，或者离开一会儿，让自己冷静下来。

4. 教孩子学会用更适当的方式表达需求

许多孩子大喊大叫，是因为他们根本不知道如何用其他方式表达不良情绪。所以，家长要教孩子学会用更适当、更健康的方式表达自己的想法。以下方法可供参考。

- 教孩子心平气和地说话。家长要教孩子有话好好说。"你大喊大叫的时候，我听不进去。听听我是怎么不急不躁地表达需求的，然后试着像我这样说话。""你声音太大了。你生气了吗？不要大喊大叫，心平气和地告诉科琳娜你为什么生气。"

- 沟通时多用"我"开头。家长需要教孩子在沟通时以"我"而不是"你"开头，这样能让孩子在说话时只针对对方的行为，而不是对方的人格，从而减少情绪爆发（和大喊大叫）的可能性。孩子可以告诉对方是什么行为让自己生气，也可以提出解决问题的办法，例如："我真的很生气，你没打招呼就拿走了我的东西。我希望你这样做时先征得我的同意"；"我不喜欢被人取笑。请不要这样"。

- 教孩子学会解决问题。如果孩子大喊大叫，家长要看看他们是不是因为遇到了问题不知所措。如果是这样，家长要教孩子解决冲突的方法（参见第37问"愤怒"）。

- 引导孩子觉察和表达情绪。要减少家庭成员之间的尖叫比赛，最好是让大家明确告诉彼此自己的感受。"请注意。我真的很难过。""我气得都要爆炸了。""我感到很难过，你没有认真听我说。"让家庭成员明确表达自己的感受可以帮助双方都冷静下来，避免冲突，关注如何解决问题。创造机会让所有家庭成员都说出他们的感受，同时，大家要尊重彼此，认真倾听彼此的心里话。

5. 如果孩子尖叫就置之不理

家长可以和孩子商定一个信号，比如摸摸耳朵或者做一个"暂停"的手势，来提醒孩子他的声音又高起来了。每当孩子声音高出"正常范围"时，家长都要发出信号，提醒他立即降低音量，否则就拒绝听他说话。如果孩子还在声嘶力竭地吼叫，一定不要理睬。家长要坚定地、冷静地向孩子解释："你又在大喊大叫了。你只有心平气和地和我说话，我才会听。"说完走开去做你的事，直到孩子能正常说话为止。只要孩子知错不改，就不要理睬。你也可以待在卫生间，以免因为听到孩子吼叫而上火。孩子需要知道家长在严肃对待这个问题，所以一定要始终保持同样的态度。

6. 如果孩子还是屡教不改，就要实施惩罚措施

如果家长已经尝试了很多方法，但是孩子还是不予理睬，那就需要制定惩罚措施，并保证在孩子犯错后说到做到。要在大家心情放松的时候告诉孩子惩罚措施，而不是在有人大喊大叫的时候。如果是年幼的孩子，家长可以告诉他，每次他大喊大叫，都需要独自反省几分钟。反省结束后（通常要在几分钟内），家长要用温和的语气教他如何恰当地表达不良情绪。如果是年龄大点儿的孩子，家长可以禁止他在一定时间内（1小时或一晚上，要视错误的严重情况而定）打电话。"如果你不能和家人心平气和地交流，那你就不能和你的朋友打电话。"一旦制定了惩罚措施，就要坚持执行！孩子每次大喊大叫，都要接受惩罚。

7. 寻求帮助

如果家长已经尽了最大努力，孩子或家人还是大喊大叫，那就说明存在更深层次的问题，家长可能需要寻求心理学专业人士的帮助。无论如何，家长需要坚持下去。

帮孩子改掉大喊大叫的坏习惯需要时间和耐心，要不断朝着目标努力前进，这对保证家庭的幸福、安宁至关重要。请记住，改变孩子行为的简单方法就是及时表扬孩子。每当注意到孩子在冷静地处理难题，没有大喊大叫宣泄不良情绪，或者控制住脾气没乱发火时，家长都要好好表扬他，让他知道你欣赏他的努力。家长还可以找机会全家一起庆祝大家共同的努力和进步。

第三部分

品行

你觉得妈妈以前是个什么样的小女孩？

孩子的回答精彩得让人惊讶。

二年级的小学生这样回答：

（1）妈妈一直都是我的妈妈，不是别的什么人；

（2）我不知道，因为那时我还没出生，但我猜她相
    当霸道；

（3）大家都说她以前善良可爱。

第 26 问　不讲礼貌

相关问题另见：第 15 问"逆反心理"、第 20 问"说脏话"、第 24 问"不听家长的话"、第 31 问"物质至上"、第 34 问"自私任性"、第 36 问"不懂得感恩"

 问题

孩子不礼貌、粗鲁、轻率、不尊重他人；需要大人反复提醒"要讲礼貌"；缺乏特定场合的社交技能；不理解基本礼仪的重要性。

"我儿子很可爱，就是不太讲礼貌，需要好好管教。今年夏天我们要参加一个家庭聚会，我担心孩子会做出一些让我尴尬的举动。现在教他讲礼貌来得及吗？"

◎ 为什么需要改变

大量研究发现，讲礼貌的孩子更受欢迎，在学校里表现得也更好。老师会高兴地谈起他们，其他孩子的父母也更愿意邀请他们和自己的孩子玩。有礼貌的孩子对周围的人更友好，因为他们更能理解别人的想法和感受，也更尊重他人，不那么自私。彬彬有礼的孩子在以后的生活中也有优势。商界人士表示，在第一轮面试中，他们选择的就是那些表现出良好社交风度的求职者。不管家长是想要彻底改掉孩子粗鲁的言行举止，还是快速培养孩子讲礼貌的习惯，都可以参考以下方法，在一家人互相尊重的基础上，培养讲文明、懂礼貌的好习惯，能让孩子拥有无限美好的现在和未来。

◎ 问题表现

每个孩子都会有言行举止不当、不讲礼貌的时候，但是，如果孩子有以下表现，家长就需要严肃对待这个问题了。

- 孩子有典型的不礼貌的表现，比如做出不尊重他人的动作（翻白眼、幸灾乐祸地笑、耸肩）、出言不逊（讽刺或态度粗暴）。
- 孩子不讲礼貌的行为变得越来越频繁，或者已经成为习惯。
- 家长得不断提醒孩子要讲礼貌，这些规范都是他已经学过的。
- 孩子不礼貌导致亲子关系紧张、家庭氛围不和谐。
- 孩子不懂社交礼仪，或者不能将其应用自如，社交活动（参加朋友的生日派对、去朋友家过夜、和大家共进晚餐等）因此受到负面影响。
- 不讲礼貌正在毁掉孩子在朋友、老师和家人心目中的形象。
- 孩子越来越不尊重他人、人品变差，道德素养越来越低。

解决方案

只要家长决定要培养孩子讲礼貌的好习惯，就永远都不晚——事实上，现在很多企业会要求员工参加礼仪课程——家长最好一次只教孩子改正一到两种行为，然后让孩子在家练习，直到他可以不用家长提醒就表现得很有礼貌。如果家长能尽快帮孩子练习，可爱的小朋友就会在参加聚会时变成小绅士，家长一定会为他感到骄傲。

◎ 步骤1：早期干预

1.重视礼貌教育

如果家长真心希望孩子能讲礼貌（哪位家长会不想呢），第一步就是要下定决心培养孩子。事实上，彬彬有礼的孩子都是在父母的长期努力下培养出来的。

这些家长明白，要想让自己的孩子变得讲文明、懂礼貌，就需要在这方面实实在在地投入更多的精力。从下定决心的这一刻开始，家长要让孩子在日常的点滴积累中不断巩固讲礼貌的习惯，向他强调礼貌的重要性，这样，孩子就会明白家长在认真对待这个问题，希望他尊重他人、讲文明、懂礼貌。

2. 为孩子树立榜样

对孩子来说，最简单的变得礼貌的方法就是模仿他人。所以，当家长向孩子提出要求时，要记得说"请"，当孩子照做时，要对他说"谢谢"。家长要时刻记得尊重孩子，以礼相待，让他知道你希望他以同样的态度对待别人。

3. 强调讲礼貌很重要

家长需要和孩子讨论为什么讲礼貌很重要，向孩子解释为什么自己希望他有礼貌。家长可以告诉孩子："讲礼貌能让你在学校获得朋友和老师的尊重。"家长还要解释为什么他应该掌握新学的礼仪规范："和对方握手的同时自我介绍，能帮我们快速结识新朋友"；"你表现得很有礼貌，奶奶很开心"。孩子理解礼貌会影响人际关系后，更有可能在日常生活中以礼待人。

4. 和照顾孩子的其他人保持一致的态度

家长要培养一个有礼貌的孩子，不能只靠一己之力，要让其他照顾孩子的成年人也支持自己。家长要联合保姆、幼儿园老师、爷爷奶奶、姥姥姥爷、兄弟姐妹等，让他们和自己保持一致的态度："请提醒孩子说声'谢谢'"；"我们这周正在学习'不好意思，打扰了'。请提醒孩子正确使用这句话"。

5. 找出孩子不讲礼貌的根本原因

如果孩子非常无礼，家长就需要深入挖掘，找出原因。以下是孩子不讲礼貌的常见原因，家长可以看看哪些符合孩子的情况，以便采取针对性措施。

- 家长没有做好表率或不重视礼貌教育。
- 家长从来没有教过孩子不同场合的礼仪。

- 孩子在效仿不讲礼貌的同龄人或成年人。
- 孩子疲惫、压力大或生病了。
- 孩子受到音乐、电影或电视节目中粗鲁言行的不良影响。
- 家长之前没有制止孩子的无礼行为。
- 孩子在试探家长的底线。

◎ 步骤2：快速反应

1. 找出需要纠正的行为

要想把孩子培养成彬彬有礼的人，家长可以先浏览本节结尾的"要教会孩子的81项社交礼仪"，找出那些孩子还没有养成的习惯，也可以在社交场合仔细观察，看看孩子还有哪些行为需要纠正。如有必要，可以列出需要改造的行为清单，但不要急于求成，每周教孩子一到两种新的礼仪规范就够了。

2. 给孩子做出示范

给孩子做示范比让他听说教有效得多。家长要向孩子示范，怎样做算是讲礼貌，比如，家长在教孩子自我介绍时，可以这样说："我会假装第一次见到你，和你寒暄：'嗨！我是简。请问你叫什么名字？你在里诺住吗？'"这样孩子就会模仿家长，在生活中学以致用。

3. 让孩子注意观察他人的行为

让孩子注意观察那些有礼貌的人是怎么做的，这样孩子就会学到各种场合的礼仪规范。家长可以这样教孩子："在外面吃饭的时候，你可以看看有多少人记得在吃饭前把餐巾放在大腿上"；"我们今天要去奶奶家。让我们看看奶奶是如何在门口迎接我们，尽到主人职责的"。（家长要记得提醒孩子在有所发现时不要当众大声议论。）

4.孩子表现得很有礼貌时，要好好表扬

在孩子表现得很有礼貌时，家长要当场表扬，让他知道大家都喜欢有礼貌的孩子。家长可以说："哇，你真是有礼貌的好孩子！你注意到了吗，你谢谢奶奶为咱们准备晚餐时，奶奶开心地笑了"；"你等其他人都坐好了才开始吃饭，这样做很有礼貌"。家长要告诉孩子是哪个行为让他显得很有礼貌，这样他就更有可能重复同样的行为。

5.坚持到底

孩子不是天生就讲礼貌的，家长和孩子需要投入大量的努力和耐心，勤奋训练，才会习惯成自然，除此之外，别无他法。所以，家长要不断鼓励孩子，教给孩子新的礼仪规范，直到孩子达到要求，不要有点收获就止步。

6.如果孩子还是不讲礼貌，就要适当惩罚

如果家长已经教孩子礼仪规范了，但他仍然举止粗鲁，那就要严肃对待，适当惩罚。根据孩子的年龄和错误的严重程度，家长可以试着要求孩子当场连续重复10次正确的行为，或者对被冒犯的一方做出口头道歉甚至写一封真诚的道歉信。对于特别无礼的行为，家长要加重惩罚，比如可以禁止孩子在一段时间内参加聚会。这样可以让孩子明白家长期望他礼貌待人。

实用妙招

握手是每个孩子都应该学会的最简单，同时也是最基本的礼仪，因为这是全世界通用的问候礼仪。家长可以从孩子3岁的时候开始教他，一定要教会他正确握手的两个关键点：用力握对方的手，以及保持眼神交流。家长可以和孩子一起练习打招呼，直到他能在实际生活中应对自如。家长教会孩子握手，就相当于让孩子有一个成功的开端，因为调查显示，雇主在筛选求职者时，要考察的内容之一就是握手的方式是否正确。

◎ 步骤 3：培养良好的习惯

孩子学习任何技能都需要重复练习，这样效果最好。家长要给孩子创造很多练习新规范的机会，他才可以在生活中自信地学以致用。以下是一些可以参考的方法。

1. 每周学习一种礼仪规范

有的家庭每周练习一种礼仪规范。家长可以把它写在卡片上（比如，喝汤时不发出声音，或者等到女主人入座后再吃东西），然后把卡片贴在冰箱上，提醒家人遵守，这样大家可以一起练习。

2. 充分利用吃饭时间教授孩子礼仪规范

家长可以在就餐时和孩子练习交谈技巧和餐桌礼仪，这是最合适的场合。家长可以教孩子把餐巾放在腿上，咀嚼时合拢嘴巴，以及吃不同的食物时搭配不同的餐具。家长要充分利用好用餐时间，以身作则，教孩子基本的礼貌用语，比如"请""谢谢你""我可以……吗""对不起""不好意思，你可以再说一遍吗""您先请""今天过得怎么样""需要我帮忙吗""不好意思，我要先离开一会儿""请把……递给我"。

3. 教孩子学会礼貌地招待客人

每当孩子有朋友来访时，家长就可以利用这个机会教孩子怎样礼貌地招待客人。要提醒孩子做到这几点：在门口迎接客人；询问客人他想做什么；给客人拿小吃；帮客人收拾东西；在门口送别客人；谢谢客人来拜访，最后友好道别。

4. 教孩子委婉地拒绝邀请

彬彬有礼的孩子往往善解人意，所以拒绝邀请对他们来说通常是一件困难的事，因为他们不想伤害对方的感情或者显得不礼貌。家长可以教他几种婉拒的话，帮孩子处理这个棘手的问题："哎呀，我很想去，但我必须先和爸爸妈妈商量一下"，或者"我希望我能去，但我得先看看那天有没有别的安排，然后给你回电话"。这样，孩子就可以知道怎样拒绝可以不显得粗鲁（如果他选择拒绝的话）。

5. 举办聚会

家长可以每月在家里举办一次聚会，让孩子帮忙。孩子可以帮着布置餐桌，把精心挑选的鲜花放在桌子中央，然后穿上正式的衣服参加聚会。在这样的聚会上，家长可以教给孩子更复杂的餐桌礼仪，以后孩子在外面吃饭就不会感到拘束。

家长分享

在最近的一次家庭聚会上，我女儿的餐桌礼仪不过关，我感到很尴尬。在大家都离开后，我让她摆好桌子，练习如何正确使用餐具。这一次的礼仪教学非常成功，后来我就没有再费劲教她了。

不同成长阶段孩子的表现

以下是不同年龄段的孩子应该学习的礼仪，由著名的礼仪与领导力学院总结。

◎ 学龄前儿童

学龄前儿童能够区别礼貌的行为和不那么礼貌的行为，但他们仍需要家长温和的提醒，才能在社交场合表现得合乎礼仪规范。孩子要学习的礼仪规范包括：打招呼，会说基本的礼貌用语（"再见""请""对不起""谢谢"）；勤洗手；说话音量适中；坐姿端正；需要离开时，说"不好意思，我可以离开一会儿吗"；在朋友们来家里玩时热情欢迎，在朋友离开时友好道别。

◎ 学龄儿童

学龄儿童主要学习在学校、家庭和各种活动中需要的日常礼仪,包括接电话、握手、问候、向老师问好、感谢教练或别的家长接送自己、在家里招待朋友和顾及他人的感受。在大部分情况下,他们可以不用家长提醒,自己遵守礼仪规范(尽管家长可能仍然需要偶尔提醒一下)。

◎ 即将步入青春期的孩子

即将步入青春期的孩子能把照顾他人的需求当作讲礼仪的一部分,他们会在餐桌上与坐在左右的人交谈;在接打电话会打扰他人时(家里、学校或公共场所),暂时不使用手机;迎接客人,为不认识的客人相互介绍,确保每个人都互相认识,在客人离开时道别;知道高级餐厅或社交聚会的礼仪。这个年龄段的孩子会更自私固执,可能会故意做出粗鲁的行为或说脏话(尤其是男孩),或者不顾及他人(尤其是女孩)的感受,以此试探家长的底线。

 要教会孩子的 81 项社交礼仪

以下是礼仪专家认为要教会孩子的 81 项重要社交礼仪,家长可以看看哪些是孩子已经掌握的,哪些还需要慢慢学习。

◎ 基本礼貌用语

- 请。
- 谢谢。
- 打扰了。
- 对不起。

- 可以吗。

- 请再说一遍。

- 不客气。

◎ 见面和问候的礼仪

- 微笑，看着对方的眼睛。

- 和对方握手。

- 问好。

- 自我介绍。

- 为不认识的朋友相互介绍。

◎ 交谈的礼仪

- 主动开启话题。

- 倾听对方，不随便打断对方。

- 和说话者有眼神交流。

- 语气语调让人舒服。

- 对说话者表现出兴趣。

- 知道如何结束交谈。

- 知道如何维持交谈。

◎ 餐桌礼仪

- 准时入座。

- 知道如何正确布置餐桌。

- 坐姿端正。

- 摘下帽子。

- 夸赞食物美味。

- 等女主人入座后再上菜或吃饭。

- 只取适量的食物。

- 只吃自己餐盘里的食物。

- 喝汤不出声。

- 会礼貌地请求："请把……递给我。"

- 取食物时不要抓起盘子或伸手去拿远处的食物。

- 知道如何正确使用餐具。

- 胳膊肘不能放在桌子上。

- 咀嚼时嘴巴合拢。

- 嘴里有食物时不要说话。

- 离开餐桌前要打招呼。

- 感谢主人的招待。

◎ 待客礼仪

- 在门口迎接客人。

- 主动招待客人吃东西。

- 陪着客人。

- 和客人聊天，问客人想做什么。

- 和客人分享。

- 在门口送别客人，友好道别。

◎ 所有场合的通用礼仪

- 咳嗽时捂住嘴。

- 不要说脏话。

- 不要当众打嗝。

- 不要说三道四。
- 为女士或老年人开门。

◎ 拜访礼仪

- 向主人的父母问好。
- 帮主人收拾。
- 如果过夜，临走时要收拾好房间，自己整理好床铺。
- 主动帮助主人的父母。
- 谢谢主人及其父母的招待。

◎ 对待老年人的礼仪

- 老年人走进房间时要站起来。
- 帮助年长的客人穿外套。
- 当老年人离开时帮忙开门，等对方离开后再关门。
- 如果没有空余的椅子，就要给老年人让座。
- 考虑到老年人的身体需求（听力、视力下降等）。
- 扶着车门，在必要时帮助老年人进入车内。
- 体贴老年人，并提供帮助。
- 不要聊老年人的缺点（皱纹、耳背、需要拄拐杖等）。

◎ 运动礼仪

- 按规则比赛。
- 分享装备。
- 鼓励队友。
- 不吹牛或炫耀。

- 不因为对手的失误欢呼。

- 不给对手喝倒彩。

- 不与裁判争论。

- 祝贺对手。

- 不找借口或抱怨。

- 比赛结束时停下来。

- 配合队友。

◎ 电话礼仪

- 首先问候对方，并报出自己的名字。

- 礼貌地问接电话的人要找的人在不在。

- 声音清晰悦耳。

- 询问打来电话的人："请问您是哪位？"

- 如果认识打电话的人，问好时要说出对方的名字。

- 如果要把电话转交给他人，要礼貌地告诉打电话的人"请稍等"。

- 会留言，也会记录留言。

- 礼貌地结束谈话。

- 在电影院、音乐厅或其他公共场所关掉手机等电子设备的声音提示。

- 如果必须在公共场所接打电话，要降低音量，以免打扰别人。

第 27 问　作弊

相关问题另见：第 30 问"撒谎"、第 32 问"不能明辨是非"、第 35 问"偷窃"、第 59 问"同伴压力"、第 68 问"家庭作业"、第 71 问"学习拖延"、第 75 问"考试焦虑"、第 83 问"日程安排过满"

 问题

　　孩子抄别人的答案，与他人互传试卷答案、写报告时抄袭从互联网或其他渠道搜集来的资料，将测试答案下载到播放器上在考试期间偷偷收听，免费或收费让朋友抄袭自己的作业。

　　"昨天晚上，我 12 岁的儿子给我看了他的数学试卷，成绩是 A。我真为儿子感到骄傲，因为我知道他学习非常努力。可是后来我注意到他把答案偷偷抄在手上了。我质问他是不是作弊了，他说其他同学都这样，这没什么大不了的，还说我不应该这么激动，可是我认为这件事非同小可！孩子是在作弊呀！我该怎么教育孩子呢？"

◎ 为什么需要做出改变

　　你是否担心孩子考试作弊？其实很多家长有这样的担忧。有明确的数据表明，越来越多的孩子开始作弊。1969 年，34% 的美国高中生承认自己曾有考试作弊的经历，现在这个比例上升到了 68%。2002 年，美国约瑟夫森道德研究所针对青少年道德状况的调查发现，75% 的美国高中生承认在过去的一年中至少有过一次考试作弊，37% 的高中生承认，为了得到一份好工作，他们会对面试的雇主撒谎。学校里的作弊手段更先进了。以前，学生会把精心准备的小抄塞进裤腿里，或者故意对着同学咳嗽传信号。现在，学生用手机短信就可以迅速发送考试答案，不必再费心传纸条（也不用担心被抓到！）。学生从互联网上剽窃的风气甚嚣尘上，许多教师不得不用专门设计的查重网站来检测学生的论文，看是否有学术不端行为。

毫无疑问，作弊就是欺骗，这种行为与诚实背道而驰。毕竟，作弊的学生不关心他们的行为是否影响公平竞争，也不关心是否会对他人造成影响。通常，他们最关心的是作弊会不会被抓到。作弊意味着他们在学习上偷工减料，想走捷径。值得欣慰的是，家长在帮助孩子培养诚实、正直和责任心等美德方面确实发挥着重要作用。家长要确保能够明智地扮演好这个角色，教育孩子不要作弊，这样才可以杜绝作弊。

◎ 问题表现

以下列举的是孩子作弊的一些迹象，当然，也会有别的迹象，所以，家长要密切注意孩子的表现。

- 孩子对考试的记忆很模糊，想不起试卷上有什么题目。
- 孩子平时的作业表现和考试成绩不相符：孩子很少学习，却考了高分；孩子的课堂作业分数不高，但家庭作业做得非常出色。
- 孩子描述不清自己是怎么完成作业的，写作业或论文非常依赖网络资料。
- 孩子从不需要家长或其他人的辅导。孩子带回家的作业很少或者干脆就没有作业，孩子声称回家前已经完成了所有作业或者老师没有留作业。孩子可能是不做作业，当然，也有可能是他天资聪慧，或者作业太容易。如果孩子有此类表现，家长需要查明真相。
- 老师向家长反映孩子作弊的问题。家长不要妄下结论，认为自己的孩子不会作弊，要主动了解事情的真相。
- 孩子不了解自己的写作内容，对自己"写"的细节描述不清。

- 作业的内容不符合孩子的风格。文中使用的词语过于复杂，孩子并不理解；孩子本人的写作风格和完成的作业有很大差距，这说明作业根本就不是孩子自己写的。

- 孩子找不到自己文中引用的句子的出处，无法找到或描述自己写的报告所引用的资料来源。

- 孩子不愿意给家长看自己的作业，或者把作业藏起来，根本就不想让家长看到。

研究速递

小心有组织的运动员作弊行为！

家长都希望学校的运动队能帮孩子成为更好的人，可是运动队却让大家失望了。洛杉矶的约瑟夫森道德研究所针对 5275 名高中生运动员开展了为期两年的研究，结果令人震惊不已。研究发现，三分之二的运动员承认在上一个学年里至少考试作弊过一次（非运动员学生中有 60% 承认考试作弊）。相比于女生，男生中的作弊风气更严重，而橄榄球运动员表现最差。大多数运动员承认，他们在比赛中也有作弊行为，而教练教给他们的作弊方法很高明，裁判难以发现他们违规了，这样他们的球队就有更大的概率获胜。另一项研究发现，冰球教练尤其喜欢鼓励球员攻击和霸凌对手，还教孩子在比赛失利时质疑裁判的判罚。这些发现给家长的教训是，不能只仰仗教练教育孩子，要留心教练在怎么引导孩子。家长要向孩子强调诚实、公平和团队合作等运动员精神是第一位的，要摒弃不惜任何代价（包括作弊）取得胜利的做法。

解决方案

如果发现孩子作弊，我强烈建议家长及时采取以下措施，尽管这可能很难。家长要让学校取消孩子不真实的成绩，不要听他埋怨学校，说学校管理不严，或者找借口说"大家都作弊"，要告知老师真实情况，让孩子受到应得的惩罚。

这些做法会让孩子感到痛苦，但这是短期的，从长远来讲，这件事会帮助孩子成长为一个诚实的人。家长要相信，对孩子来说，这一教训远比说教和惩罚更难忘、更有效。这些实际行动会让孩子明白，家长衷心希望孩子能够诚实，并且言行一致。

◎ 步骤 1：早期干预

1. 确定孩子作弊的原因

家长要思考孩子为什么会作弊，孩子为什么会觉得即使作弊被发现也没什么大不了的，这样就可以找出最好的解决方案。以下是作弊的常见原因，家长可以看看哪些符合孩子的情况，以便对症下药。

- 课外班和活动太多，手忙脚乱，没有足够的学习时间。
- 害怕失败；是完美主义者，对自己的能力不自信；不能接受失败，不想看起来像个失败者，或者显得不如别人。
- 无力完成学习任务，试图努力跟上，却觉得很费劲；有学习障碍；学业目标定得太高。
- 担心成绩不好会被家长批评或惩罚。
- 不想让家长失望；想通过作弊提高分数让家长开心。
- 想在学习上走捷径，投机取巧，不愿或不努力学习。
- 抱着"别人都这样作弊"的态度跟着作弊；学校作弊成风气，如果孩子不作弊，就会处于不公平的劣势；作弊一般不会被抓到，能逃脱惩罚，没有人要求孩子或其他学生承担后果。
- 被欺负或迫于别的学生的压力，只能交出作业或答案让同伴抄袭。
- 不知道作弊是错误的行为，周围没有人向孩子强调诚实的重要性。
- 学习能力差，或者不知道如何答卷子。

家长觉得哪些是孩子作弊的主要原因，能采取什么措施来改掉这个坏习惯呢？

2. 不要无视作弊风气

罗格斯大学的唐·麦凯布教授研究作弊行为已经有二十多年了。他发现，64% 12 ~ 13 岁的学生承认，他们会与其他学生一起完成本来应该独自做的作业；48% 的学生承认他们抄过别人的作业；87% 的学生说他们让别人抄过自己的作业。

3. 不要固执地认为"我的孩子不会作弊"

家长要意识到作弊已成风气，可以与孩子开诚布公地聊聊，表示自己理解他的压力："我知道你担心成绩不好，而且确实很难对作弊说不，可作弊终归是错误的行为。"要让孩子知道你明白他所承受的压力，同时也要让孩子明白作弊是不可行的。家长可以与孩子聊天，了解孩子的学习压力是否太大，需要缓解，也可以看看孩子是不是需要先暂停某项活动，从而减轻负担。

4. 以身作则

孩子需要知道尽管大家都有可能作弊，但是诚实和用功总是最佳策略。家长不要告诉孩子自己在税务方面或网球比赛中有不规范的行为，也不要在简历中对自己的能力夸大其词。否则，孩子会将家长的行为看在眼里，觉得作弊是可以接受的。家长要以身作则，展现希望孩子效仿的价值观。

5. 不要帮孩子做作业！

公共议题组织开展的一项研究发现，20% 的成年人说他们帮孩子做过作业，并认为这样做并不影响公平竞争。家长要抑制帮孩子做作业的冲动，也不要因为不满意孩子的作业就替他们重做。一半的中学生认为，家长帮自己做作业是错误的行为。虽然家长觉得这样做无关紧要，但这确实给孩子传递了不良的道德观念。

6. 向孩子强调努力的意义

孩子作弊主要是为了获得更好的成绩。所以，家长要把关注重点转移到孩子做练习、帮忙做家务或写报告时付出的努力上，而不要仅仅因为成绩好就给孩子奖励。为孩子的努力和积极的学习习惯奖励他们，这样的做法影响深远，这会让孩子明白努力和脚踏实地才会成功，学习的过程和结果都能给人带来快乐。

7. 防止孩子利用互联网作弊

越来越多的网站开始提供免费学期论文，还有一些网站提供有偿服务。一项研究发现，几乎 50% 的孩子在"复制、粘贴"网站内容，而大多数家长对此一无所知。所以，家长要监控孩子的上网行为，把电脑放在家里的公共区域，检查孩子浏览的网页；查看自己的信用卡，看看是否有不明不白的网站服务费用；阅读孩子写完的报告，检查孩子的用词，如果措辞过于复杂，超出孩子的写作水平，报告就有可能是抄袭的；让他解释词意，给你看他的参考资料（参考书籍、百科全书等），如果孩子在没有参考资料或不看报告的情况下对自己写的东西一无所知，那他也很可能是抄袭了。

8. 和孩子谈论作弊的后果

34% 的父母不和孩子谈论作弊的话题，因为他们相信自己的孩子永远不会作弊。这种做法极不明智！家长需要和孩子谈谈作弊的负面影响，谈话内容要涵盖以下几个要点。

- 作弊会带来严重的后果，会让孩子受到留校察看、停学、开除学籍等处分。严重的作弊行为甚至会引来法律上的处罚，如罚款、法院罚单和监禁。
- 作弊会让人成为名声不好、不值得信任的人，没有人会想和作弊的人做朋友或做生意。
- 作弊会逐渐成为一种习惯，爱作弊的学生会觉得不作弊就不能做成任何事情，在待人接物和学习上总想投机取巧。
- 作弊会伤害他人，对信守公平竞争和遵守规则的人不公平。
- 即使孩子侥幸作弊得手，得了高分，也会发现自己完全不合格，很多知识都没掌握。作弊的学生不仅会感到不知所措，而且在心里明白自己在自欺欺人。

- 如果现在不好好学习，掌握必须掌握的知识点，孩子升入下一个年级后会更难应付功课。

作弊是一个严肃的话题，家长不要误以为和孩子聊一次就会奏效，就能让他相信诚信做事真的是最好的策略。家长需要一遍又一遍地向孩子强调作弊行不通，同时要在日常生活中时刻启发孩子，让他反复思考为什么作弊是错误的行为。

家长分享

> 作弊的行为在我儿子的学校很普遍。老师采取的是曲线评分方式，根据学生的总成绩，按照划分好的分数段，以优秀、良好、及格、不及格评定等级。大部分学生会考试作弊，互相抄作业。我儿子不作弊，结果评分时就很吃亏。我和一些家长一起去学校试图解决作弊问题，我们原以为学校管理人员会敷衍我们，没想到他们同样感到无可奈何，因为许多家长在替孩子写报告。经过一段时间的努力，学校设立了品格教育项目来培养孩子诚实和正直的品德，并制定了行为守则，之后，作弊情况的确没那么严重了。

◎ 步骤 2：快速反应

家长要明白，大多数孩子会在做某件事情时作弊，但他们以后的表现取决于家长的处理方式。以下方法可以帮助家长有效应对孩子的作弊问题。

1. 保持冷静，不要反应过度

得知孩子作弊，家长确实很难保持冷静，但冷静才能更好地解决问题。孩子很有可能只是初犯，情节也不严重，并没有什么深层次的心理问题。家长只需要让孩子知道自己很失望，并告诉他自己看到或听到的事实："我刚才看见你挪这个球了，这是作弊"；"我重读了你写的报告，你照搬了网上的大部分内容"。家长简明扼要地陈述自己观察到的事实就可以了。

2. 私下聊作弊的问题

家长最好在和孩子一对一的私下谈话中指出作弊的问题，而不是当着别人大张旗鼓地批评。公开批评孩子作弊通常只会让他情绪激动，他很可能会予以否认。

3. 不要给孩子贴上"爱作弊"的标签

给孩子贴上"爱作弊"的标签不仅无益于解决问题，还会适得其反。家长应针对孩子做错的事进行批评教育，而不是指责孩子品德有问题。家长可以说"挪动球就是作弊"，或者"抄朋友的答案就是作弊"。

4. 明确告诉孩子自己的立场

家长要向孩子讲明，你不希望他靠作弊取得好成绩或者赢得比赛，你期待的是诚实。家长可以说"我希望你能独立做好自己的作业，不要抄朋友的答案"，或是"我希望你遵守规则"。

5. 倾听孩子的心声

家长要努力找到孩子抄作业或者复制、粘贴资料拼凑报告的原因，以便在必要时制定解决方案。孩子是不是没有时间学习，所以才感到不知所措？如果是这样，家长就要减少孩子的课余活动，让他腾出时间学习。孩子是不是解释作弊是因为功课太难了？在这种情况下，家长要找机会和老师探讨孩子的学习情况。

6. 评估孩子的道德观念

孩子作弊后是否有负罪感？他会道歉还是说会努力，不会再次作弊？他是责怪老师还是同伴？他是否完全把责任推到他人身上？他是否认为大家都这样做，没什么大不了的？如果孩子作弊后的表现不容乐观，家长就不仅要注意孩子的行为，还要审视他的道德观念（参见第 32 问"不能明辨是非"）。家长可能需要对孩子进行更多诚信方面的教育。培养孩子诚信的良好品质不可能一蹴而就，家长要坚持下去，不要偏离目标。

7. 实施惩罚

如果家长已经尽了最大的努力，孩子还是不断作弊，就是时候制定惩罚措施，让孩子吸取教训了。如果孩子在游戏中作弊，就干脆别让他再玩了："你又作弊了，这不公平，我现在不和你玩了，我们一会儿再玩。"如果大点儿的孩子考试时作弊或写报告时抄袭，那就要求他重做试卷或重写报告。美国《红皮书》杂志开展的一项调查发现，65% 的家长表示，如果孩子作弊，他们会告知老师；35% 的父母表示，他们会保持沉默，以此来保护孩子。如果家长发现孩子作弊，那就应该给老师打电话，让孩子接受惩罚。

8. 与老师面对面商量

家长要弄清楚孩子到底为什么作弊。孩子是不是考试准备不充分？是不是学习有困难，需要家教辅导？这是以前养成的坏习惯吗？还是孩子只是在走捷径？家长要毫不含糊地告诉孩子，自己会和老师一道继续监督他学习，一旦发现他作弊就会予以惩罚。如果老师批评他作弊，家长不要急着反驳老师来维护孩子，而是要先冷静下来，有条不紊地弄清事情的真相。这样做对家长来说并不容易，但孩子确实可能作弊了。

9. 如果作弊问题仍然存在，就要寻求帮助

如果孩子仍在作弊，家长就要花些时间和孩子一起讨论杜绝作弊的方法了。孩子长期作弊可能是因为有情绪困扰、和同伴相处不愉快，或在学习上遇到了困难，甚至可能是因为有更严重的反社会行为。如果孩子作弊的情况没有减少甚至愈加频繁，就要寻求心理学专业人士的建议（参见下文"家长须知"）。

家长须知

◎ 步骤3：培养良好的习惯

1. 教孩子掌握缺乏的技能，避免作弊

　　孩子抄袭是不是因为他不知道怎么写报告？他作弊是不是因为他输不起？他抄另一个孩子的作业是不是因为他不会自学？家长需要向老师请教如何让孩子掌握他缺乏的技能，如果还是不知道该怎么做，可以考虑请家教来辅导孩子。

2. 表扬孩子的诚实行为

　　家长要告诉孩子，公平和诚实至关重要，也应该让孩子知道，无论何时，父母都希望他们脚踏实地，不弄虚作假。所以，家长一定要表扬孩子诚实的行为：

"我真的很欣赏你的诚实品质。我相信你一直都在讲真话。"家长也一定要表扬孩子的优良品质，尤其是当他不屈服于同伴压力时："我知道拒绝朋友很难。你能勇敢地面对朋友，拒绝他抄你卷子的要求，这一点做得很棒。"

3. 教孩子抵制作弊的方法

青春期的孩子常常因为需要融入集体，把作业或考试答案借给同伴抄。校园欺凌现象现在也很常见，所以家长要注意孩子有没有迫于同伴威胁交出自己的答案。任何年龄段的人都不愿意与同龄人对抗，尤其是 10 ~ 14 岁的孩子，这个年龄段的孩子最容易作弊。家长可以和孩子讨论如何顶住同伴压力，并教会孩子以下方法。家长一定要和孩子一遍又一遍地演练，这样孩子才可以学会应用。（参见第 59 问"同伴压力"）

- 坚定地拒绝，不要屈服。让孩子用友好但坚定的语气拒绝同伴的要求。
- 重复自己的决定。让孩子多次重复自己的决定："不，作弊是不对的"；"不行，这样做是不对的"。这可以让孩子的话听起来更坚定、不犹豫。
- 说出原因。让孩子坦诚地告诉对方自己拒绝的理由，这有助于孩子坚定信念，不继续按对方的要求做事："我在很努力地自己做卷子，不能让你看"；"这样做违反了诚信守则"；"你抄了我的答案，我的分数会相对变低"。

 不同成长阶段孩子的表现

◎ 学龄前儿童

太年幼的孩子并不理解作弊意味着什么，也不明白为什么要遵守规则，因此，他们会为自己考虑，想要违背规则。如果家长发现孩子作弊，只需要告诉孩子自己发现了他的小花招就行了。要温和地教育孩子，不要惩罚，不要给孩子贴上"爱作弊"的标签。家长只需要强调为什么不能作弊，告诉孩子遵守规则更重要。

◎ 学龄儿童

学龄儿童就有可能开始作弊了。孩子会试着通过打破规则来赢得竞技比赛，同时他们也有更多的机会作弊。男孩比女孩更容易作弊。孩子上小学后，就能开始区别是与非、公平与不公平，但得等到再大一点儿，他们才会真正明白为什么作弊是错误的行为，然而他们可能会觉得在做某些作业时，作弊是可以接受的。学龄儿童的作弊行为并不罕见，家长要迅速行动，以免孩子养成作弊的习惯。年龄较大的学龄儿童会开始感到压力，因为他们为了不"落后"于同龄人，需要参与更多不同的活动，比如进行体育运动、上课外班、做家务、交朋友等，同时，他们还要做家庭作业，所以他们可能会把作弊作为一种捷径。如果孩子频繁作弊，那通常是因为压力大或有其他应该处理的心理问题。

◎ 即将步入青春期的孩子

10 岁到 14 岁的孩子最容易作弊，这主要是因为这个年龄段的孩子更重视成绩，学业压力也不断增加。三分之二的初中生承认自己曾在考试中作弊，90%的学生抄过作业。作弊通常被认为是看起来很"酷"的行为（"每个人都这么做！"），而且青少年可能会因为需要"融入集体"而被迫作弊。学生们会抄袭网上的内容以便快速完成要写的报告；他们还通过手机短信，互相发考试答案，或将答案下载到电子设备上。在一项研究中，超过一半的初中生承认在过去一年里有考试作弊的行为。

第 28 问　待人冷漠

相关问题另见：第 11 问"顶嘴"、第 13 问"霸道"、第 26 问"不讲礼貌"、第 31 问"物质至上"、第 34 问"自私任性"、第 36 问"不懂得感恩"、第 51 问"欺凌他人"、第 63 问"不愿意分享"、第 95 问"自闭症谱系障碍"

 问题

孩子在他人处于困境时，缺乏同情心；对他人的痛苦不敏感，同情心弱。

"我儿子以前很有爱心，但最近他忽然对人漠不关心了，我真的很担心。他现在经常和两个男孩一起玩，我不知道他是不是受他们的影响变成了这样。这两个孩子会影响我儿子的性格吗？"

◎ 为什么需要做出改变

能为他人着想的人值得称道。他们能考虑周围人的感受，不会有暴力和残忍的行为，会善待他人。但是，想要让孩子拥有这种非凡的能力并非易事。虽然孩子天性善良，但这种能力必须得到培养，否则它会一直处于休眠状态。然而，现在的社会环境不利于培养孩子为他人着想的品格。在过去几年里，许多研究发现，对提升为他人着想的品格、培养同理心至关重要的外界因素正在消失，相反，使人们变得冷漠的因素正在增多。

同伴之间的残忍行为和欺凌现象正在增加；歌曲、电子游戏、电视、电影，甚至现实世界的新闻，都会呈现残酷的画面；流行偶像、体育明星和政界官员经常表现出无耻而冷漠无情的态度。大家需要面对现实，成年人的行为也并不总能达到文明标准。

即便如此，以上因素也不应该成为家长放任孩子的借口，家长仍然需要教导孩子善待他人。研究表明，悉心引导和培养可以让孩子拥有为他人着想的品质。本节提供了一些行之有效的解决方案，可以让孩子有同理心，改变待人冷漠的态度。

◎ 问题表现

- 孩子很难从他人的角度考虑问题。
- 如果有人感到不安或痛苦，孩子显得漠不关心，缺乏同理心。
- 看到他人心情糟糕或不安，孩子会大笑，或似乎以此为乐。
- 孩子不能分辨善意的和不友好的玩笑，或意识不到玩笑何时会"出格"和伤人。
- 孩子无法识别他人的情绪，或会误解他人的感受。
- 孩子在观看或听到令人感动的电影或故事时无动于衷，也不会感动落泪。
- 孩子会对他人做出粗鲁、不友好、刻薄或无礼的评论，或开类似的玩笑。
- 当他人受到不公平、不友好或无礼的对待时，孩子表现得漠不关心。

解决方案

孩子是通过模仿他人来学习的，所以不管他从何时变得冷漠，变得不像自己，家长都应该深入挖掘，找到根本原因。家长要密切观察孩子接触的朋友，邀请他们到家里来，这样就可以观察他们的言行，如果认为他们的行为有问题，那就观察孩子，看他是否在盲目模仿他们，迷失了自我。如果有证据表明孩子是因为受朋友影响才变得冷漠的，那就引导孩子疏远他们，交新朋友。如果那些同龄人看起来都冷酷无情，那就不要让孩子和他们交往。当然，这可能很困难。

在特殊情况下，家长可能需要让孩子转到另一个班级、学校甚至搬家，但是，如果孩子的性格和名声受到严重不良影响，那么家长也别无选择。冷漠是会传染的。在孩子希望融入同龄人，而这群孩子认为冷漠就是"酷"时，孩子就更容易变得冷漠。如果孩子变得凉薄，却没有得到纠正，就会养成冷漠的性格，他甚至很快会觉得残酷地对待他人也是可以接受的。家长只有保持警惕，才能在情况变得严重前，就把苗头扼杀在萌芽状态。不过，使孩子变得冷漠的因素还有很多，家长要找到根本原因，才能解决孩子的问题。

◎ 步骤 1：早期干预

1. 找出问题的原因

以下是孩子待人冷漠的主要原因。一旦家长找出让孩子变成这样的原因，就可以制订有针对性的计划，帮助孩子改变。家长可以看看以下哪点符合孩子的情况。

- 曾经因为表露自己的感受被责罚或取笑，家人不鼓励孩子在家表露情绪。
- 低自尊，觉得自己一无是处，并因此无法和别人接触。
- 模仿同龄人的冷漠行为，孩子的小伙伴们认为"冷漠看起来很酷"。
- 家长任由孩子变得冷漠，在孩子表现得无动于衷或不近人情时，也不责备他。
- 受到了过于严厉的惩罚，在家里得不到温情和尊重。
- 难以理解他人的感受，没有足够的词汇量来表达情感。
- 生气、情绪低落或压力大，正在处理自己内心的创伤，如父母离婚、亲人去世或生病等，因此对他人比较冷漠。
- 曾多次被欺负或骚扰，经历过创伤或遭到残忍的对待，试图报复他人，用冷漠无情的行为来掩饰内心受到的伤害。
- 经常在媒体（电视、电影、电子游戏等）中看到残酷的行为，因而受到影响。
- 患有神经系统的疾病或心理疾病，比如阿斯伯格综合征或情感障碍，难以准确理解他人的情绪。

2. 家长要关心周围的人

孩子会通过观察别人善意的行为学会关心他人，所以家长要言传身教，无论何时与孩子在一起，都要有意识地让孩子看到自己是怎么关爱他人的。生活中每天都有很多这样的教育机会：给情绪低落的朋友打电话、安慰孩子、照顾鸟宝宝、了解周围人的感受。做完这一切后，一定要告诉孩子自己很开心！看到家长在日常生活中关心他人，并听到家长强调这样做让自己觉得开心，孩子也会以家长为榜样。

3. 制定明确的行为规则

研究表明，如果家长告诉孩子自己对伤害他人、漠视他人的看法，并且解释为什么不能那样对待别人，孩子往往就会采纳这些观点，并像家长一样善解人意。家长要明确地把规则告诉孩子，如"在咱们家，要多体谅别人"；"杰米最近感到很痛苦，要照顾她的感受，别让凯文捉弄她"；"杰森要过来了。我希望你和气一点儿，否则我就让他回家不和你玩了，等你态度好了再说"。家长的立场要坚定，态度要坚决。

4. 接纳孩子，建立和谐的亲子关系

要想让孩子关心别人，家长就要先接纳孩子。如果孩子经历过创伤、患有抑郁症，或者与父母关系紧张，他首先需要与一个有爱心的成年人重建联系。孩子最需要与家长建立和谐的关系，并感受到被家长接纳。家长需要为此投入精力，改善亲子关系，如果有需要，可以向专业人士寻求帮助。

> **研究速递**
>
> 埃默里大学的著名儿童心理学家斯蒂芬·诺维基和马歇尔·杜克对 1 000 多名儿童进行了测试，发现十分之一的儿童在非语言交流方面明显能力不足，尽管他们的智力水平正常，甚至超出平均水平。心理学家发现，这些儿童无法识别特定的情绪信号，并因此不能分辨和理解他人的情绪。如果你的孩子是出于同样的原因显得冷漠，那么，帮助他理解非语言交流信号可能会解决这个问题。

◎ 步骤 2：快速反应

1. 尽快提醒孩子注意自己的行为

每当孩子不考虑他人的感受时，家长就要尽快提醒他，明确地告诉孩子他

没有换位思考，讲清楚他的行为给对方造成的困扰："当你把朋友独自留在那里时，你没有考虑到他的感受。你注意到他有多难过了吗？那就是漠不关心的表现。"家长要让孩子明白他哪里做错了，自己不赞成孩子这样做的原因，以及为什么自己认为不可以不顾及他人的感受。家长要抓住机会教育孩子，帮助孩子认识到他给对方带来的伤害或痛苦："你取笑卡拉戴了新眼镜时，有没有留意到她很难过？你这样做完全没有考虑到她的感受。"

2. 让孩子为自己的行为负责

如果孩子还是不考虑他人的感受，那么家长就要根据孩子的年龄和脾气，适当地惩罚他了。孩子必须认识到他的行为给他人造成了痛苦，他需要为自己不能换位思考的行为负责。家长可以引导孩子反思："你那么做是帮助朋友呢，还是让对方难过"；"你说得对，这样做是很伤人的，你的朋友感情受到了伤害，那么，你要怎么弥补自己的过错呢"。当然，弥补的措施应该根据孩子的年龄、脾气和主观程度（孩子是不是有意给对方造成痛苦，如果是，在多大程度上是有意的）决定。

3. 要求孩子道歉

如果孩子做事时没有换位思考，那就要坚持让他为自己的行为道歉。家长可以让孩子通过打电话、写便条或画画的方式道歉，告诉对方自己要弥补之前的错误，甚至在家长没有要求的情况下，做点儿什么让对方开心。不要想当然地以为孩子知道如何真诚地道歉，家长需要教孩子按照以下 3 个步骤道歉，以示诚意。

（1）给对方解释为什么自己要道歉。"我之前做了……的事，对不起。"

（2）讲明对自己所做事情的感受。"你告诉我要对你说的事情保密，可是我告诉了詹娜，我感到非常过意不去。""我知道我这样做让你很生气。"

（3）告诉对方自己打算怎样弥补伤害。"以后你告诉我的秘密，我保证不会再说出去。"

孩子需要知道，即使他已经为自己冷漠的行为道了歉，对方也仍需要时间来治愈自己所受的伤害，接受他的道歉，并从心底里原谅他。

4. 限制孩子接触媒体中的暴力内容

家长要注意孩子接触的电子游戏、电视节目、电影和歌曲。研究表明，如果孩子反复收看暴力内容较多的电视节目，就不太可能向处于困境中的更小的孩子伸出援手。如果家长觉得某些影像游戏可能会让孩子变得冷漠，那就要制定严格的标准，限制孩子收听、观看这些内容。

5. 寻求照顾孩子的其他大人的帮助

家长需要和孩子的老师或教练聊聊，把心里的担忧说出来。孩子需要明白家长既不支持也不容忍不顾及他人感受的行为，而照顾他的其他大人也应持此种态度。照顾孩子的大人要站在同一条战线上，帮助孩子改掉坏习惯。

6. 寻求心理学专业人士的帮助

如果尝试了以上方法后，孩子还是越来越冷漠，或者故意残忍地对待别的孩子、大人或小动物，家长就要立即寻求心理学专业人士的帮助。

◎ 步骤3：养成良好的习惯

1. 让孩子看充满温情的电影

哈佛大学精神病学教授罗伯特·科尔斯指出，帮助孩子理解他人的一个很好的方法，是让孩子观看充满温情的电影或阅读此类书籍。家长要为孩子挑选合适的电影，然后准备一大碗爆米花和一包面巾纸，跟孩子一起看。家长可以和孩子讨论电影里角色的困境，说一说是什么触动了自己的心弦。

2. 让孩子注意到关心他人的效果

善解人意、关心他人的行为即使看起来微不足道，也会给他人带来感动。所以，家长需要让孩子注意到他的行为所产生的效果："德里克，你给奶奶打电话感谢她送你礼物时，奶奶很开心"；"苏拉亚，你和瑞安分享玩具时，看到她脸上的笑容了吗"。

3. 提醒孩子注意非语言的情绪暗示

家长需要帮孩子理解，处于不同情绪状态的人在面部表情、姿势和言谈举止上有哪些差异，让孩子对他人的感受更敏感。如果有合适的机会，家长要告诉孩子自己觉得对方有什么感受，以及自己做出判断的依据是什么。"你今天和奶奶说话时注意到她的表情了吗？奶奶看起来很困惑，也许她有点耳背，听不清。你下次跟她说话要大声一点儿。""今天你和梅根玩的时候，有没有注意到她脸上的表情？她看起来有些焦虑，也许你应该问问她是不是遇到什么困难了。"

4. 引导孩子揣摩他人的感受和需求

迈克尔·舒尔曼和伊娃·梅克勒在回顾了相关研究成果后发现，让孩子变得善解人意的一个有效方法是向他们提出问题，引导他们理解和体会他人的需求和感受，这可以帮助孩子认识到他人正在经历些什么，让孩子对他人的情绪更敏感，从而更了解应当怎样帮助他人。家长可以在适合的情景下，让孩子关注对方的感受，让他猜猜怎样才能帮对方摆脱负面情绪。家长可以参考下面这个例子。

家长："看，那个小女孩正在沙堆旁哭。你觉得她现在是什么心情？"

孩子："我觉得她很伤心。"

家长："你觉得她怎样才能好受点儿？"

孩子："她膝盖受伤了，也许有人抱抱她她会感觉好点儿。"

5. 给孩子提供助人为乐的机会

孩子要通过实际体验来学习怎样关心他人，而不能仅仅靠听大人讲道理或者读书。所以，家长要给孩子提供助人为乐的机会，这可以帮助孩子对不同的情绪保持敏感。这样的机会有很多：给别人搭把手、做志愿者，向他人表示关心、参加食品捐赠活动、去公园捡垃圾、为弱势群体的收容所粉刷墙壁、分发食物、给生病和不能出门的老人送餐、辅导小朋友学习。孩子可以从这些事中学会善解人意、关心他人，体会到帮助他人的快乐。

6. 赞美孩子体贴、关心他人的行为

一个能让孩子做得更好的简单有效的方法是，在行为做出时立即给予反馈。因此，家长每次注意到孩子在关心、照顾他人时，都要马上让他知道自己很开心："凯尔，你轻轻地拍着妹妹，对她很温柔，这样很棒。看到你这么爱护妹妹，我很开心。"

 ## 不同成长阶段孩子的表现

美国当代著名心理学家马丁·霍夫曼是研究移情能力的权威人员，他认为，儿童会在成长过程中慢慢理解对方的观点和情感。以下内容是基于霍夫曼博士的作品所做的总结。

◎ 学龄前儿童

学龄前儿童比较以自我为中心，更关心自己的感受和需求。他们慢慢具有了换位思考的能力，能认识到对方的感受可能与自己的不同，并开始解读对方痛苦的来源，用简单的方法来安慰或帮助对方："你看起来很难过，你的蜡笔断了，可以先用我的。"

◎ 学龄儿童

学龄儿童已经逐渐能够从他人的角度看待事物了，他们会比以前更积极地安慰和帮助有需要的同伴。学龄儿童能够辨识和表达更多的情感，用语言安慰他人的能力也大幅提高。"那个老奶奶看起来很不开心，也许她需要别人扶着

过马路。"

◎ 即将步入青春期的孩子

即将步入青春期的孩子不仅能理解周围的人的困境，而且会对他们从未见过的人心怀同情。"印度还有人在挨饿，如果我每周捐一些零用钱，就可能会让他们生活得好些。"这个年龄段的孩子也最容易残忍地对待同伴、欺凌同学，他们常常误以为冷漠和残忍的行为会让他们看起来酷酷的。

家长分享

一位妈妈分享了自己的经验。

我母亲说我儿子杰夫"有点儿冷漠"。我感觉这话说得有点儿过，可想了想又觉得母亲说得对。杰夫很有爱心，可是他在家里常常态度冷淡，只有当和朋友们、祖母在一起时，才会表现得体贴。后来我明白了，这是因为我总把感情藏在心里，既然我都不表达情绪，又怎能期待儿子理解我的心情呢？于是，我开始向儿子描述我的感受："我太激动了，我的新电脑今天就要到货了"；"我太累了，狗不停地叫，我一夜都没睡着"。起初，我感觉这么做很刻意，但当我母亲告诉我她看到杰夫有所改变时，我就知道这样做奏效了。儿子变得更善解人意了，我们的亲子关系也有所改善。

第 29 问　不包容

相关问题另见：第 28 问"待人冷漠"、第 51 问"欺凌他人"、第 52 问"小团体"、第 65 问"被取笑"、第 90 问"网络欺凌"、第 91 问"安全上网"

问题

孩子取笑或贬低他人；过分关注自己与他人在各方面的"差异"，例如种族、宗教信仰、年龄、性别、身体缺陷、文化等；不愿意与背景和信仰不同的人交往；不公平地评判他人、给别人贴标签、对别人有刻板印象。

解决方案

孩子不是生来就痛恨差异，不包容的态度是后天习得的。大多数专家认为，只有当大人开始谈论人与人之间的差异，评判他人所谓的缺点，表现出偏见时，年幼的孩子才会开始形成一些偏见。许多成年人不注意自己的言行，会不自觉地流露出对他人不公正的看法，使得现在越来越多的孩子不能正视人与人之间的差异，同时，形成偏见的年龄也有下降趋势。事实上，研究人员表示，大多数实施仇恨犯罪的人是 19 岁以下的青少年。

孩子在成长的过程中会习得仇恨，变得心胸狭窄，但也能学会善解人意，理解和体谅他人。尽管什么时候开始教育孩子都不晚，但家长越早开始，就越有机会防止狭隘的心态占据孩子的思想和心灵。

最简单的教育方法就是家长进行自我反思，确保自己言行一致。家长要每天问自己一个关键的问题："如果孩子只能通过观察我来学会宽以待人，我该怎么做？"在这个冲突频发、多种族共存的 21 世纪，家长比以往任何时代都需要树立包容的榜样，教孩子保持心态平和，学会与他人和谐相处。

> **研究速递**
>
> 哈佛大学的社会心理学家戈登·奥尔波特探究了狭隘的根源，他在广为流传的经典著作《偏见的本质》中指出，那些长大后心态包容的孩子通常具有 3 个成长条件：父母强烈的爱和温暖、始终如一的管教原则和明确的道德行为榜样。如果没能满足这 3 个条件，孩子就容易持有偏见。家长要诚实地面对自己，看看在教育孩子的过程中，有没有确保这 3 个条件都得到满足。

1. 下定决心培养孩子的包容心态

如果家长真的希望孩子能包容人与人之间的差异，那就必须下决心实现目标。一旦孩子了解到家长对自己的期望，就会逐渐接受家长的标准。家长要反思自己有没有偏见，并有意识地让自己不要太狭隘，这样就不会影响孩子。

2. 让孩子了解差异，包容多样性

增长见识可以培养孩子包容的心态，减少偏见，家长可以通过音乐、文学作品、视频、公众榜样和媒体报道中的事例，让孩子看到代表不同群体的正面形象。无论孩子多大，家长都可以鼓励他与社区中不同种族、宗教、信仰、文化、性别和能力水平的人接触。研究发现，跨种族的友谊对减少孩子的偏见至关重要，不管是在学校里、放学后还是在夏令营中，家长都要让孩子参加一些包容多样性的活动。家长要确保自己对人与人之间的差异表现出开放的态度。孩子经常看到家长求同存异，包容多样性，就会逐渐遵循家长的标准。

3. 强调相似性

家长要诚实地回答孩子关于差异的问题，这是培养孩子包容心态的第一步。

大约在 4 岁的时候，孩子会开始注意到有些人看起来与他们不同，他们会开始问问题："为什么他的皮肤颜色深"，"为什么她的头发颜色比较浅"。家长只要告诉孩子人们在身高、体型和肤色方面有差异就可以了，要鼓励孩子看到每个人身上的闪光点，寻找自己与他人的共同点，不要总是关注不同之处。这样做不仅可以帮助孩子意识到大家的相似性大于差异性，还能让孩子看到大家的内在并无二致。

4. 开诚布公地和孩子谈论偏见

孩子会感受到偏见。从小学一年级开始，孩子就会听到歧视性的话语、诽谤和伤人的笑话。所以，家长不要以为孩子不会受到影响。家长需要公开、明确地谈论偏见的含义，以及为什么对他人形成刻板印象会造成伤害，导致不公平的现象。讨论这个话题时，家长要保持语气正常，气氛轻松，就像讨论谁将赢得世界职业棒球大赛或真人秀冠军一样。

5. 反驳孩子有偏见的评论

孩子肯定会说一些带有偏见的话，但是偏见是否会在他心里扎根取决于家长如何回应。家长要针对孩子的话进行回应，改变孩子的狭隘看法。以下是回应孩子偏见言论的方法。

- 深入挖掘。保持冷静，不要打断孩子。家长的目标是查明孩子为什么会说出这样的话，是受什么影响才这样说的。

- 质疑孩子有偏见的言论。当家长有证据时，可以通过举反例、提供更丰富的信息，或做出不同的解释，向孩子阐释为什么偏见是错误的。家长要客观、言简意赅地用孩子可以理解的话讲给他听，就像下面这个例子一样。

  孩子：无家可归的人很懒惰，他们应该去工作。

  家长：无家可归的人不工作有很多原因。有的是病了，不能工作，有的人是找不到工作。

- 注意孩子是否对他人持有刻板印象。家长要注意孩子是否总说一些这样的话："你总是……"，"他们从来没有……"或者"他们都是……"。这些话后面往往接的是关于他人的刻板印象。家长要告诉孩子，每当某个家庭成员表达了忽视个体差异的看法时，其他成员都应该温和地提醒其注意自己的言论，就像下面这个例子一样。

孩子：亚洲孩子的学习成绩总是很好。

家长：注意一下你的说法！你认为每个亚洲孩子都是这样吗？你的朋友苏珊呢？

- 禁止孩子发表有偏见的言论。孩子肯定会说一些带有偏见的话，但是当他们说的时候，家长一定要表达不满："这样说很没有礼貌，我不愿意听到你这样评判别人。"要让孩子知道家长真的不满，明白家长言行一致。另外，如果有人当着孩子的面说了伤人的话，他也可以用这种方式回应。

🦉 不同成长阶段孩子的表现

临床心理学家玛格丽特·A. 赖特在研究中发现，孩子会在成长过程中慢慢形成种族意识。

◎ 学龄前儿童

在 3 ～ 4 岁时，孩子可以看出自己和别人的差异，但不会把别人看成特定群体的成员，除非大人引导他们这么做。他们看人不带偏见，不过如果有人教导他们，他们也会开始形成类似的偏见。因此，家长要注意自己的言行！

◎ 学龄儿童

5 ～ 7 岁时，孩子会开始注意到差异背后的社会意义，并开始意识到各种身体上的差异，比如眼睛的样子、体型、头发的颜色等。他们还会受到家人、朋友，

以及媒体所表露出的偏见的影响，尽管他们并不完全理解这些偏见到底意味着
什么。

◎ 即将步入青春期的孩子

在这个年龄段，孩子可以准确地称呼不同种族。除非他们接受教导，不能
用种族偏见预先判断他人，否则可能会养成长期的刻板印象。

家长须知

如果孩子成了偏见的受害者，该怎么办？

社会中的偏见无处不在，就算家长拼尽全力，也很难保护孩子不
受偏见的伤害。家长需要做好准备，倘若孩子被偏见伤害，就需要采
取行动，以下是解决方案。

- 保持冷静，安抚孩子的情绪。家长要怀着同理心理解孩子，支持孩子，
  冷静地收集证据，找出是谁在歧视孩子，说了什么，以及这种事情
  发生的频率。

- 教孩子如何保护自己。家长要向孩子强调他有权利生气，但也要鼓
  励他保持冷静，告诉他不要用粗鲁的言语展开反击，这样只会加剧
  矛盾。孩子可以通过言语表达自己被冒犯的感受："住口！我不喜
  欢你这么称呼我。"

- 采取行动。如果歧视孩子的行为在学校持续发生，家长就要考虑与
  老师或校长交谈，了解他们的看法，并讨论如何阻止此类事件再次
  发生。

- 提升孩子的身份自豪感。家长要鼓励孩子，告诉他应该为自己感到
  骄傲。家长可以让孩子多了解与他自己相似的偶像人物，并让他明
  白与众不同没有什么大不了的。

第 30 问　撒谎

相关问题另见：第 11 问"顶嘴"、第 32 问"不能明辨是非"、第 35 问"偷窃"

 问题

孩子说谎，夸大事实或扭曲真相；不值得信任；撒谎已成习惯。

"如果孩子说他已经做完家务和作业了，但其实他没有，那家长应该怎么办？我孩子现在就这样说谎，我真的不希望他以后养成爱撒谎的坏习惯。"

◎ 为什么需要做出改变

说实话，几乎所有的孩子，不管是小孩还是青少年，都会说谎。孩子会出于各种原因说谎：避免惩罚，让自己显得更出色，逃避任务，避免他们的朋友惹上麻烦。孩子从两三岁起就会撒谎，撒谎几乎是孩子成长过程中必然会出现的小插曲，但孩子是否会习惯性地撒谎，在很大程度上取决于家长怎样引导。

> **研究速递**
>
> 宾夕法尼亚州立大学发展心理学家南希·达林经研究发现，98%的青少年承认他们对父母撒过谎，不过有些孩子确实撒谎次数较少，并且更愿意讲真话。这种差异与他们的家庭教育方式有关。达林分析了 3 种教育方式，你认为哪种能最有效地让孩子少说谎，哪种和你的

教育方式最相似?

（1）宽容。家长给了孩子无限的爱与呵护，没有设定太多的规则或标准就接受孩子的表现。家长觉得自己不算严父严母。这类家长的教育理念是，对孩子宽容一些能让他们在面对家长时更加敞开心扉，也更加诚实。

（2）专制。家长制定了很多规则，期望孩子百分之百地诚实。如果孩子违反规则，就要接受严厉的惩罚。这类家长的教育理念是，必须制定严格的行为准则才能让孩子不说谎，而孩子也必须遵守这些准则。家长很少考虑妥协或与孩子协商。

（3）权威。家长制定了一些核心规则，并向孩子解释了为什么要有这些规则，告诉孩子自己期望他们能始终如一地遵守规则。家长鼓励孩子要讲真话。这类家长的教育理念是，孩子当然需要独立自由，但仍然必须遵守基本规则。

答案：权威型家长抚养的孩子撒谎的可能性最小，对家长更诚实，也较少隐瞒生活中的其他事。面对权威型家长，孩子知道他们可以说真话并有礼貌地争论，他们知道家长至少会听他们的想法。

孩子为人处事越来越不诚实，这种趋势令人不安。更令人费解的是，二十多年来，家长一直把诚实视为他们最希望孩子具有的品质。但真正具有讽刺意味的是，对孩子"为什么不诚实"这一问题，最普遍的解释是，他们在模仿家长。好消息是，家长仍然在培养孩子诚实品质这方面扮演着最重要的角色，也就是说，只要有所坚持，就能达到目标。

◎ 问题表现

每个孩子都会时不时地撒谎，但如果孩子有以下表现，则表明孩子撒谎的问题变得越来越严重，家长应该开始管教了。

- 不可信。家长不再相信孩子会说真话了。

- 名声不好。其他成年人或同龄人告诉家长孩子在撒谎，不值得信赖。

- 作弊已成为习惯。孩子经常抄其他孩子的作业。

- 经常撒谎。孩子说谎不是一次两次，而且已经养成习惯。

- 无缘无故地撒谎。孩子没来由地撒谎，既没有目的，也没有动机。

- 没有罪恶感。孩子不认为说谎有什么错，觉得大家都撒谎。

家长需要小心的是，孩子突然开始说谎或说谎次数急剧增加，预示着可能有什么严重问题。

家长须知

> 孩子偶尔撒个小谎没什么好担心的，但是如果他养成了撒谎的习惯，可能就意味着有更深层次的问题或孩子患有品行障碍。如果孩子反反复复地偷窃、撒谎、打架、破坏财物、逃学、故意违反规则、恃强凌弱，总是待人冷漠，在撒谎后也从来不会表现出悲伤或悔恨的情绪，家长就需要寻求心理学专业人士的帮助了。（参见第 35 问"偷窃"、第 51 问"欺凌他人"）

 解决方案

孩子撒谎的原因有很多，但如果家长不及时教育，他就会把撒谎当作解决问题的捷径。所以，当孩子撒谎时，家长要尽快和孩子坐下来聊一聊，并借此机会教育他要诚实："我希望你能跟我说实话，不要撒谎，我也会对你坦诚，这样我们就仍然能够信任对方。"教育的诀窍在于，要让孩子明白撒谎是错误的，但不能太过严厉，要维护好亲子关系，这样孩子以后仍然会对家长说真话。

◎ 步骤1：早期干预

1. 留意孩子为什么撒谎

如果家长决心纠正孩子撒谎的行为，那么第一步就是找出孩子这么做的原因。以下列举的是孩子撒谎的常见原因，家长可以看看哪些符合孩子的情况。

- 想让家长开心，获得家长的认可，不让家长失望或担心。
- 对幻想信以为真，认为通过撒谎可以实现自己的愿望（年幼的孩子常把幻想中的世界当成现实）。
- 发泄挫败感。
- 想获得关注。
- 把撒谎当作解决问题或摆脱困境的捷径。
- 逃避惩罚或远离麻烦。
- 用吹牛来维护地位，给他人留下深刻印象，为了显得自己出色。
- 为了克服自卑心理。
- 增加权力和控制感。
- 想要避免争吵。
- 为了得到想要的东西。
- 为了试试撒谎能给自己带来什么好处。
- 为了避免让某人（比如朋友）惹上麻烦。
- 为了逃避任务或者其他一些不想做的事情。

2. 采取有针对性的措施

家长要更加密切地关注孩子的撒谎行为，并留意其中的原因。如果家长能弄清楚，也许就能找到让孩子不再撒谎的相应办法。假如孩子没做数学作业却撒谎说做了，那是因为他懒不想做，不想让家长失望，学习任务太重，还是孩子根本就不会？如果孩子是因为数学太难而撒谎，家长可以请一位家教老师。告诉孩子要对家长说实话，这样家长才可以帮助他解决问题。

3. 期望孩子诚实

那些期望孩子诚实，或者要求孩子诚实的家长会培养出诚实的孩子。所以，家长要向孩子讲清楚家人的期望："我们家的每个人都要对彼此诚实"；"尽管讲真话很难，我还是希望你能告诉我真相"；"我需要你告诉我，我能不能相信你的承诺"。家长向孩子讲明自己的期望后，让他承诺会对你讲真话，同时家长也要向孩子保证自己会讲真话。麦吉尔大学的研究发现，这样做是让孩子说真话有效的方法。一些家庭还制定了"家庭行为守则"。不要忽视这个简单的策略，它确实有效！

4. 让孩子更容易敞开心扉

家长期待孩子诚实，可是孩子也需要有足够的安全感来面对家长，并承认自己的错误。如果家长过于严厉，孩子内心会产生恐惧，他可能会认为说谎是比和盘托出更好的选择；如果管教过于宽松，孩子则会觉得撒谎也不会受到惩罚，因而养成爱撒谎的坏习惯。

5. 家长要以身作则

一项调查显示，77% 的家长承认他们对孩子撒过谎，而且他们中的大多数对此感到内疚。他们确实应该感到内疚。孩子养成新习惯的方式之一就是模仿家长。也就是说，如果孩子看到家长撒谎，他很可能也跟着学会撒谎了！所以家长应该反思一下，你现在有没有撒谎，以前有没有让孩子对打来电话的人说你不在家；有没有购物时被多找了零钱，虽然心知肚明，却没有还回去；有没有在填写税单时特意隐瞒某些收入；有没有在带孩子购票时向售票员撒谎，以购买价格便宜的儿童票。这些行为都是撒谎！当心，一旁的孩子一直都在观察你，并模仿你的行为。

◎ 步骤 2：快速反应

虽然没有什么让孩子永远不再撒谎的、立竿见影的好办法，但是家长可以帮孩子减少撒谎次数，让孩子更诚实。以下是经研究证明十分有效的应对措施。

1. 不要反应过度

家长在发现孩子撒谎时，要努力保持冷静。过度反应可能会吓到孩子，这样他下次就不敢告诉家长真相了。孩子撒谎的主要原因是担心承担后果。如果孩子知道家长不会发脾气，通常就会坦白讲出真相。家长可以给自己一两分钟的时间来思考孩子为什么会说谎，以及惩罚孩子是否确实有必要。家长如何应对这种情况要看孩子的年龄、孩子对诚实这一品质的理解程度、谎言的性质和严重性，以及孩子撒谎的次数。需要注意的是，研究表明，严厉的惩罚并不能制止孩子的撒谎行为。

2. 不要轻易指责孩子

家长指责孩子撒谎只会加剧冲突，孩子很可能会予以否认。家长最好态度温和，这样更有可能让孩子说出事实。家长不要以责怪的语气问"是你把盘子打破的吗"，这样问效果更好："看起来像是不小心才弄成这样的。需要我帮忙打扫吗？天哪，到底怎么回事呀？"孩子觉得家长不会责怪他，就不太可能撒谎，会说真话。

3. 避免给孩子贴标签

不要给孩子贴上"小骗子"的标签，这样做不仅毫无效果，还会适得其反。另外，孩子可能会这样想："妈妈说我是小骗子，那我就当个小骗子好了。"

4. 只针对孩子的行为

家长批评孩子时要简短，只说自己看到或听到的事实就好。"教练告诉我的和你说的不一样。请你说实话。""你没有说聚会上到底发生了什么事。我需要知道真相。""你的床根本就还乱着。你为什么告诉我整理好了？我希望你能诚实。"

问问题，启发孩子思考诚实的意义

当孩子歪曲事实时，家长可以通过提问启发孩子思考诚实的意义，比如：

- "你说的是真话吗？"
- "你这样做对吗？"
- "你认为我为什么会担心？"
- "如果每个家庭成员（班级里每个同学）都撒谎，会导致什么后果？"
- "如果你不遵守诺言，我还会信任你吗？"
- "如果我对你撒谎，你会有什么感受？你对我撒谎，你觉得我会是什么感受？"
- "撒谎为什么是错误的行为？"

家长所追求的教育目标是，让孩子最终明白撒谎会破坏人与人之间的信任关系。孩子需要时间来慢慢明白这个道理，所以家长要充分利用生活中有启发意义的机会，帮助孩子理解诚实的价值。

5. 如果孩子屡教不改，那就制定惩罚措施

好的惩罚措施能最终帮助孩子思考如何改掉坏习惯。如果孩子用谎言来逃避任务，就坚持让他完成任务。如果孩子考试作弊或抄袭报告，就要求他重做一遍试题或再写一份报告。如果孩子屡教不改，就准备一个"撒谎罚款罐"，任何家庭成员撒谎，都必须缴纳罚款，投一两个硬币进罐子。罚款积攒多了，可以捐给慈善机构。如果孩子欺骗家长，就需要写检讨，列举 5 个原因，解释为什么不诚实是错误的。家长也可以暂时不让孩子出去玩耍或者拿走孩子喜欢的玩具以达到惩罚的目的。

6. 教孩子区分现实和想象

家长要给年幼的孩子解释真实的事情（真实发生在现实世界）和想象的事情（孩子希望它发生了，但其实并没有）之间的区别，可以借助童话故事讲明

这一点。每当孩子编故事时，家长就可以问他："这是真的还是想象的"；"这是你希望发生的还是真的发生了"。在通常情况下，当家长以平静、轻松的语气问孩子时，他会承认故事是虚构的。

7. 强调愿望不等同于现实

家长要让孩子明白幻想不是现实，例如，他不能因为渴望拥有什么，就擅自把别人的东西据为己有："我知道你希望这个滑板车是你的，但它实际上是杰布的，你要还给他"；"我明白你希望这件事情真的会发生，但你要明白这不可能"。

◎ 步骤3：培养良好的习惯

1. 通过阅读教导孩子要诚实

家长在和孩子阅读时，可以针对书中的道理提问，启发孩子明白诚实的价值。

家长分享

一位妈妈分享了自己的经验。

我们发现10岁的女儿和她的朋友们每天都在商场见面而不是她所说的图书馆。女儿承认她撒谎了，但很明显，其他孩子的父母对此还一无所知。我们邀请那些家长到我们家商量该怎么办。我们的决定是一周之内禁止孩子们见面。我们还互留了电话来核实他们说的话，看看他们会不会再说谎。这个事件就是警钟，让我们明白我们的"小天使"也可能不诚实。那天晚上家长们彼此承诺要保持警惕，不让孩子养成撒谎的坏习惯。

2. 借助榜样的力量

一项研究发现，在孩子讨论了美国第一任总统乔治·华盛顿砍倒樱桃树认错的故事后，撒谎的行为减少了43%。华盛顿道歉说："我不应该撒谎。"他爸爸的回应则是硬道理："听到你对我说真话而不是谎言，我比得到一千棵樱桃树还要开心。"家长可以给孩子讲讲关于诚实的故事，比如，美国第16任总统亚伯拉罕·林肯的故事，以此来教育孩子。诚实的人做错了就认错、处境两难的时候也说实话、借了东西会还、坚守承诺、不故意误导别人、不撒谎、值得信任。家长也可以在社区中找一些感人的例子，例如，有人能坚守正义，即使这样做会给自己带来麻烦。要让孩子知道家长欣赏这样的人。

3. 强调不诚实的后果

家长需要花时间耐心向孩子解释为什么不诚实是错误的。以下要点有助于说服孩子。

- 不诚实会给你带来麻烦。
- 你的名声会变坏。
- 不诚实会伤害他人，作弊对其他用功学习的学生不公平。
- 没有人会想和你做朋友或做生意。
- 不诚实会给你带来严重的麻烦（例如，留校察看、停学、开除学籍，甚至罚款、监禁等处罚）。
- 不诚实会损害家人的名誉，破坏彼此之间的信任。

家长要收集那些关于官员、体育明星、企业高管和其他名人的不诚实的新闻报道来教育孩子，让他看看这些人或被弹劾，或被判刑，或名誉扫地，让孩子认识到撒谎带来的后果。

4. 创造家庭诚实格言

孩子会通过重复养成习惯，家长可以写几条有关诚实的家庭格言让孩子经常念念，例如："半真半假也是谎言"；"明知不对，就别做；明知不是真的，就别说"；或者"诚实是上策"。等孩子可以自己脱口而出，就意味着他已经把这些格言内化了。

5. 在孩子讲真话时多多表扬

家长要让孩子知道你欣赏他的诚实品质，你看到了他所做出的不懈努力："我真的很欣赏你的诚实。我相信你会讲真话。"如果孩子承认自己做错了，或者勇于承认自己撒谎了，就要表扬他。研究表明，孩子被鼓励后会更愿意再次这么做，从而更容易养成新的习惯。所以，家长要表扬孩子的诚实行为。

6. 举办诚实挑战赛

科罗拉多州斯普林斯古典学院高中部负责人马克·凯悦告诉我，他曾经让高中生挑战在 24 小时之内不说谎，可是没有学生挑战成功。家长可以在家里举办类似的挑战赛，或者看看家庭成员（包括家长自己）最长能够坚持多久不说谎。需要注意的是，4 岁的孩子大约每两个小时就会说一次谎；6 岁的孩子大约每 1.5 小时说一次谎。因此，家长规定挑战时长时要遵照现实，看看孩子能不能坚持在一个小时之内不说谎，再尝试逐渐延长挑战时间。

 不同成长阶段孩子的表现

◎ 学龄前儿童

几乎所有的孩子都会从 3 岁左右起尝试通过撒谎来逃避惩罚，这时的他们也能区分恶意的谎言和善意的谎言。但是孩子丰富的想象力让他们很难区分真实和幻想的世界，所以这个年龄段的孩子会用"幻想的故事"来表达他们希望是真的，实则并不真实的事情（"我游到了泳池对面"），或者根据自己的愿望扭曲事实。

◎ 学龄儿童

学龄儿童明白说谎是不对的，但会试探家长的底线，看看家长对自己要小聪明蒙混过关能容忍到什么程度。孩子的谎言变得更加复杂，是在深思熟虑的基础上巧妙编织的，以作为解决问题的捷径。撒谎的原因包括逃避惩罚、给别人留下深刻印象、提升自尊以及得到自己想要的东西。如果孩子在 7 岁的时候还认为说谎是处理困难的有效方法，他就会在童年时期形成爱撒谎的坏习惯。

◎ 即将步入青春期的孩子

即将步入青春期的孩子明白撒谎意味着欺骗，会有后果，所以他们的谎言通常都有一定的目的性。孩子的谎言变得令人信服、难以识破，即使被识破，他们也不太可能坦白说出真相。孩子撒谎通常是为了不让家长担心和避免争吵；也可能是为了保护朋友，或者是为了保护自己的隐私。家长要小心别让孩子养成爱撒谎的坏习惯。

实用妙招

家长可以让孩子从以下一两个角度进行"诚实测试"，这有助于他做出诚实的选择。孩子在遇到困难时（"我应该撒谎告诉爸爸我已经做完作业了吗？"），可以问问自己其中的问题，然后让良知决定如何选择。

公开场合角度："如果校长在全校大会上公布我的行为，我还会撒谎吗？"

媒体角度："如果我的行为登上头版头条，我还会撒谎吗？"

家长角度："如果家里人会知道我的行为，我还会撒谎吗？"

未来角度："如果我能预见自己的行为对我未来的影响，我还会撒谎吗？"

第 31 问　物质至上

相关问题另见：第 17 问"有奖励才有动力"、第 34 问"自私任性"、第 36 问"不懂得感恩"、第 53 问"过度关注穿着打扮"、第 59 问"同伴压力"、第 81 问"缺乏财商"

 问题

　　孩子变得贪婪，总想拥有更多的东西；不认可他人对自己的付出；没有感恩之心；过度注重品牌；把自我价值建立在自己所拥有的物品上；冲动消费。

　　"我儿子才 6 岁，就已经写了一长串他想要的各种东西的购物单。每次他想让我们给他买东西时，都会重复这些东西的电视广告词来说服我们。现在到处都在鼓动消费，我们怎么才能让孩子不受物质主义的影响呢？"

◎ 为什么需要做出改变

　　在一项民意调查中，89% 的成年人表示，与过去几代人相比，现在的年轻人从更小的时候就开始注重物质享受，消费驱动力更强。事实上，三分之二的母亲表示，他们的孩子在 3 岁之前就要求购买特定品牌的商品。在这样一个物质主义的世界里，广告商不断诱惑孩子买东西，因此，家长在抚养孩子时很难遏制孩子追求物质的欲望。但是，家长不能忽视的现实是，孩子如此追求物质主要是因为自己总是满足孩子的要求。即使孩子只是心血来潮，家长也会掏腰包满足孩子。还有的家长只给孩子买最好的名牌，或是试图通过物质奖励激励孩子好好表现。

　　家长满足孩子的消费欲望是希望孩子能拥有渴望的东西、感到生活幸福，但是，最新的研究表明，家长这样做会适得其反。有物质主义倾向的孩子非但不会觉得满足，还会想要更多，也因此更不快乐。更可怕的是，物质主义还会毁掉孩子的性格、幸福感和人生观。如果家长担心孩子过于注重品牌或追求物质，那就要努力改变孩子的态度。本节提供的解决方案有助于改变孩子的物质主义倾向，让孩子养成良好的习惯，使孩子待人接物时善良、慷慨、常怀感恩之心，并让孩子意识到不需要那么多物质也能获得很多快乐。

◎ 问题表现

　　推崇物质主义的孩子有 5 大表现：只看重商品的品牌；没完没了地购物；注重外表；自私自利，只关注自我；贪心，没有真正的快乐。家长可以回想一下孩子的日常表现，看看以下描述是否符合孩子的情况，如果符合，就意味着孩子正在变得崇拜物质，需要改掉这一点。

- 只看重商品的品牌。以孩子为目标消费群体的商家从早到晚都在宣传推广他们的品牌，想方设法地让品牌永远印在孩子的脑海里。孩子对各种品牌都非常熟悉，当选择想要的东西时，他们只会考虑产品名称或品牌，而不是质量或价格。

- 没完没了地购物。孩子没完没了地买东西，知道自己拥有鞋子、书籍和任何其他"商品"，还会自豪地广而告之。他很少真的需要最新的产品，他只是想要拥有这些东西。

- 注重外表。孩子以貌取人，对他人的评价完全取决于他人的穿着打扮，会忽视内在品质和性格，认为这些内在特质无关紧要。

- 自私自利。孩子不会考虑想买的东西是否会让家长有经济压力或感到为难，而是只关注自己的需求和欲望。孩子不在乎家长需要付出多少努力才能买得起这些东西，就算买名牌牛仔裤花的钱相当于家长两周的伙食费，他也毫不在乎。

- 贪心，没有真正的快乐。尽管孩子已经拥有了很多东西，而家长也会满足他的需求，但在内心深处，孩子无法真正得到满足，也不快乐，他只想拥有得更多。

🦉 解决方案

家长可以在电视播放广告时，按下静音按钮，与孩子聊聊天，转移他的注意力；也可以让孩子看没有商业广告的电视节目，或者把孩子最喜欢的电视节目录下来，让他看录像，这样孩子就可以跳过商业广告，直接看节目。家长也可以在播放广告时，和孩子玩"这条广告的意图是什么"的游戏，让孩子不要轻信广告宣传，一旦孩子明白广告的目的是营利而不是让消费者受益，他们对商品本身的兴趣就会大大减少。如果孩子感兴趣的产品代言人是一位名人，家长可以借机问孩子"想知道他拍这条广告会拿多少代言费吗"，帮助孩子了解媒体运作，抵制物质主义的消极影响。

◎ 步骤 1：早期干预

1. 找出问题产生的原因

孩子并非天生就物质至上，那他为什么会形成这种价值观呢？家长的首要任务是找出其中的原因。家长可以思考以下问题并找到孩子物质至上的常见原因。

- 家里有人物质欲望特别强烈，过度注重品牌吗？
- 家长是否会满足孩子的一切要求，即使孩子的要求并不合理？
- 家长有没有用物质奖励激励孩子好好表现？
- 看到别的家长给他们的孩子买东西，家长是否会为了攀比也给孩子买同样的东西，即使他不需要？
- 孩子是否觉得，要获得同龄人的认可就必须拥有最时尚的衣物或最新的电子产品？
- 孩子的价值观是否受到电视广告的影响？
- 祖辈或其他家庭成员是否溺爱孩子，总给孩子买很多东西？

关掉电视，不要只是说说而已！

有研究表明，美国儿童每年要接触 4 万条广告，相关产品公司每年要花费 150 亿美元针对 12 岁以下的儿童进行营销。研究还表明，孩子接触的广告越少，就越不容易变得物质至上。如果孩子每周看电视的次数减少三分之一，他们在接下来的一周向父母索要玩具的可能性就要比同龄人低 70%。所以，家长要控制孩子看电视的时间，引导他们养成好习惯。

研究速递

如果家长因为没有满足孩子的购物欲望而心生愧疚，那么明尼苏达大学的一项研究可以让这种感觉烟消云散。这项最新研究证实了家长本就明白的道理：不拒绝孩子的要求并满足孩子的一切物质需求，这对孩子没好处。研究人员发现，物质至上的孩子不太快乐，他们更焦虑，抗挫折能力更差，对待他人也不太慷慨、不太友好，他们的安全感和自我价值感也较低。更严重的问题是，物质至上的孩子对父母的评价较低，与父母争吵的次数也更多。家长的当务之急是制订计划，不再对孩子的物质要求有求必应，并坚持下去！

2. 以身作则，克制自己的物质欲望

家长如果能克制自己的物质欲望，就能成为孩子身边的最佳榜样，还能帮助他在物欲横流的世界里保持清醒。作为家长，你是否给孩子树立了好榜样？在日常活动中，你是教孩子物质至上还是乐于助人？孩子是否认为你践行了这样的观点："自我价值并不取决于我们所拥有的物质，而是取决于我们本身是什么样的人。"孩子看到的是你在克制自己的物质欲望，还是你会因为心血来潮而买东西？你是否向孩子强调"内在美"才是最重要的？孩子是否看到你在炫耀，对名牌滔滔不绝，总是沉迷于购物和穿着打扮？研究表明，物质至上的

父母会养育出物质至上的孩子。家长要反思自己的一言一行，以身作则，成为孩子的榜样。

3. 深入挖掘问题背后的原因

孩子是否有些抑郁、害羞或者孤独？有时候，孩子会希望通过物质来填补情感需求。所以，家长要留意是什么激发了孩子的物质欲望，然后深入挖掘，看看欲望背后是否有更多的心理因素。例如，如果孩子从来都不怎么喜欢音乐，却突然想要一个 iPod，家长就要问问孩子有什么特殊原因。如果孩子回答是因为他两个最好的朋友都有，所以他也必须有，那么家长就需要帮助孩子通过提升自我价值感或其他方法来对抗同伴压力，而不能仅仅采用"创可贴"式的处理方法——满足孩子的物质要求，然后就撒手不管了。

4. 陪伴孩子，而不是用金钱弥补缺位

一项研究表明，物质至上的孩子跟着父母外出购物的次数远远多于其他孩子。家长要反思，一家人外出时有几次是不注重花了多少钱，而只是为了收获单纯的快乐的。一家人要有意识地一起花时间做一些不需要很多花销的事情：去公园和博物馆、骑自行车、玩搭建堡垒的游戏、烤饼干、观察云朵，或者玩棋类游戏。家长尽量不要因为自己没时间陪孩子，就花钱来弥补。

5. 提升孩子的自我价值感

研究表明，孩子越推崇物质主义，他的自我价值感就越低，而父母往往是孩子自我价值感的头号破坏者。孩子想买什么衣服和电子产品，家长通通都满足要求，这实际上传递了一种肤浅的价值观，即孩子由他们所拥有的东西来定义，而不是他们本身，这会毁掉孩子的自我价值感，渐渐地，孩子就会接受这样的价值观。但是，研究人员也发现，家长可以通过赞美孩子"聪明"或"有趣"等品质来改变孩子的物质主义倾向。总之，家长要降低对外表和物质的关注程度，强调孩子独特的优势和品质，这些都是不能用金钱换取的，比如体育精神、善良、艺术才能、幽默感或责任心。这样，孩子才会通过对自己内在品质的认可获得

自我价值，而不是依赖他拥有的东西和穿着打扮。

6. 轮换着玩

物欲强的孩子以拥有很多东西为荣，认为谁拥有的数量最多，谁就赢了。家长不要让孩子把玩具小汽车、娃娃或其他东西全部拿出来，而应该把一部分玩具放在壁橱里，放上一周或一个月。毕竟，孩子不会每天都把所有的玩具玩一遍，他们只是想数数看自己有多少引以为傲的东西。家长可以定下新规矩，孩子把柜子里的玩具拿出来后，要把之前玩的玩具收起来。这个方法很简单，却能帮孩子保持卧室整洁，并让孩子明白他不需要太多东西就能玩得开心。最神奇的是，孩子会把收起来了一段时间的玩具当作新买的，并更喜欢它们。当然，更简单的解决办法就是一开始就不让孩子买这些东西。

实用妙招

让孩子明白"想要"与"需要"的区别

物欲强的孩子想要什么东西，就要立刻得到，他们不会冷静考虑自己是否真的需要这个东西。所以，每当孩子恳求家长买一些他自己口口声声觉得"必须拥有"但其实并不重要的东西时，家长都可以这样引导他："你是真正需要它，还是只是想要它？"孩子每次提出要求时，家长都要问这个问题。如果孩子不是真正需要这个东西，而只是因为一时冲动才觉得"必须拥有"它，家长就不要让孩子随便花自己辛辛苦苦赚来的钱。要坚持这样教育孩子，渐渐地，他不仅会意识到你不会纵容他随便买东西，还能学会根据他自己真正的需求，决定优先购买哪些东西。

◎ 步骤 2：快速反应

1. 不要对孩子有求必应

孩子想买东西时，家长一般会怎么做？答应孩子，让他随心所欲地买；和孩子聊聊不要太追求物质，劝他别乱买；还是无视孩子的要求，不予理睬？家长是否会制定惩罚措施，警告孩子不能再乱买？总是纵容孩子的物质欲望对他没有任何好处，家长要学会拒绝，不要满足他无止境的物质欲望，即使这样做一开始会让孩子大发脾气，家长也不能动摇，不要感到内疚。家长可以言简意赅地给孩子解释自己的想法和不让他乱买东西的原因，最重要的是要坚持原则，不能因为孩子哭闹就做出让步。

2. 不要给孩子过多的金钱或物质奖励

"如果你给我买那条牛仔裤，我就照你说的做。" "我照做了，你会奖励我多少钱？" "我不要那个，我就想要游戏机！" 孩子这样说，说明他曾经仅仅因为好好表现、学习进步或完成了一点点小事就获得了金钱或物质奖励。家长需要注意的是，物质至上的孩子会不断提高奖励标准，索要更多、更贵的东西。因此，从现在开始，家长要有节制，告诉孩子他应该好好完成任务，不要总是索要奖励。家长不要再用金钱或物质奖励孩子了，这只会强化孩子物质至上的观念。家长要做的是在孩子表现好的时候表扬他、抱抱他，或者拍拍他的背，鼓励孩子以后继续好好完成任务。孩子一时不会喜欢家长的做法，他们还会想要奖励，但这没关系，只要家长坚持住，孩子就会慢慢适应，逐渐养成好习惯。

3. 向孩子强调良好的人际关系比拥有物质更让人幸福

相比于人际关系，推崇物质主义的孩子通常认为物质更重要。家长通常需要不断地努力才能重塑这种观念。家长可以找一些孩子平常和人交往的例子，让孩子明白健康的人际关系会让人更开心："你看起来真的很喜欢和奶奶待在一起，奶奶也很喜欢你陪她，这一天会是你记忆中永远的美好时光"，"爸爸真的很喜欢你亲手做的贺卡，这比你买礼物有意义多了。你注意到爸爸幸福的微笑了吗"。

4. 教孩子"断舍离"，抑制囤积欲望

物欲强烈的孩子往往喜欢囤积东西，认为东西越多越好。家长需要纠正孩

子囤积的习惯。家长可以先给孩子准备三个箱子，上面分别写着："垃圾"（用来装破损的物品）、"宝物"（用来存放具有特殊意义的物品），还有"慈善"（用来装孩子玩腻了的玩具、旧配饰或衣服，虽然孩子已经不再喜欢这些东西，但将它们捐赠出去后，其他孩子可以继续使用）。接下来，家长可以鼓励孩子整理抽屉、壁橱和架子，只保留他真正需要的物品，并将其余的物品放在这3个准备好的箱子里。家长要确保和孩子一起把慈善箱里的东西捐给合适的组织，例如慈善二手店、红十字会等，让孩子意识到不是每个人都像自己这么幸运。这样做能培养孩子良好的整理习惯，让孩子做到一年至少彻底整理4次。家长也要在一边帮助孩子衡量物品的情感价值，而不是仅仅考虑价格。家长还应该教他慷慨助人。

5. 让孩子在购物前先等一等

孩子会有冲动的、"一定要拥有"的消费欲望，遏制欲望的办法是让他在购买最新上市的商品之前先等一等，冷静下来。等待时间可以是一小时、一天、一周或一个月，这取决于孩子的年龄和成熟程度。等待能让孩子有时间思考自己是否确实需要消费。如果孩子在等待时就失去了兴趣，那么他自己就会明白并不是真的需要这个东西。

◎ 步骤3：培养良好的习惯

1. 提醒亲朋好友，给孩子送礼物要实用

家长要取得亲朋好友的支持，如果他们溺爱你的孩子，就要提醒他们在孩子生日或节假日时准备实用的礼物，而且尽量不要送贵重的礼物。他们可以给孩子钱，告诉孩子这些是他的教育基金，不能乱花，或者可以送能用来培养孩子的兴趣爱好或能促进亲子关系的礼物。大人们在教育孩子的问题上立场越一致，越能有效地抑制孩子的物质主义倾向。

2. 强调物品更深层次的价值

家长要教孩子学会衡量物品的价值：不是基于它们的价格或者它们有多时髦，而是基于它们的质量。"这块滑板很棒，非常结实，非常耐用。"家长还要强调物品所蕴含的情感价值，而不是价格："这把椅子对我来说意义重大，这是奶奶小时候用过的椅子，现在她把它留给我了。"孩子可能不会马上接受家长的观念，但在家长潜移默化的影响下，他会逐渐意识到，衡量物品的价值不能仅仅看它们是否受欢迎、外观是否好看，或者价格是否昂贵。

家长分享

一位妈妈分享了自己的经验。

我们镇上孩子的生日派对越来越"盛大"，人们不但会邀请小丑、魔术师来表演，还会租来小马给孩子骑，更别提那些我们"应该"给孩子准备的昂贵生日礼物了。家长开始攀比，都想让自己孩子的生日派对比别人的有面子。我的孩子也受到了不良影响，开始抱怨派对主人回送给客人的礼物太廉价，这给我们敲响了警钟。我约了5位妈妈喝咖啡，我们一致同意不再举办这样花费大的派对。我们约定了生日礼物的价位，希望大家多关注派对的小寿星，而不是礼物。我们的约定对孩子的影响立竿见影。他们开始津津有味地谈论派对的快乐时光，而不是像以前那样关注礼物和它们的价格。

3. 教孩子如何应对同伴压力

孩子坦言，为了融入集体、被同伴接纳，他们不得不追赶潮流。同伴压力在某种程度上影响了孩子的物质欲望。所以，家长不但要教孩子如何应对同伴压力，还要教他如何回应向他施压、劝他购物的朋友。例如，家长可以让孩子学着这样说："今天不行，改天再说吧"；"我先考虑考虑，有需要再买"；"我得先攒钱"；"我真的用不着这个"；"你为什么不买呢"；"不买，因为这不是我的风格"；"我随身带的钱不够"。准备好如何应对后，家长可以和孩子多做些练习，让他能够用坚定有力的声音表达自己的态度。与此同时，家长要提醒孩子和他的朋友少去购物中心、少浏览购物网站，以免激起不必要的购买欲望。

4. 教孩子"给予"，而不是"索取"

相比于其他方法，教孩子在人际交往中学会"给予"更能帮助孩子改变物质主义倾向。通过帮助他人，孩子也会逐渐领悟到人生的真谛——"给予"比"索取"更有意义。家长可以带着孩子去给生病的邻居送晚餐，去慈善机构做志愿者，给无家可归者分发食物，或者让孩子每周从零花钱里拿出一部分捐给有需要的孩子。家长还可以选择一个全家都能参与的慈善活动，例如，通过救助儿童会收养孤儿，或者和独居的邻居成为朋友。孩子慷慨助人时，家长要好好表扬，让他意识到，即使没有花很多钱，发自内心的善良行为对他人也意义非凡。"爷爷非常喜欢你送给他的画，这个礼物比你花钱买的更有意义，因为他知道你花了很多时间和心思准备这个礼物。"

 ## 不同成长阶段孩子的表现

◎ 学龄前儿童

学龄前儿童在 3 岁时就已经和品牌结下了不解之缘；一般的学龄前儿童能认出 300 多个品牌的标识。学龄前儿童会自己从商店货架上拿想买的名牌玩具或商品，还会哼哼唧唧地缠着家长给自己买东西。

◎ 学龄儿童

学龄儿童想要拥有好玩的玩具，也会越来越关注周围其他孩子拥有的东西，并渴望通过拥有和别的孩子一样的东西来融入集体，因此，这个年龄段的孩子会产生更多的物质欲望。电视广告激发了孩子拥有更多物品的欲望。以前，在节假日或生日之后，孩子会问朋友："你放假做什么啦？你过生日做什么啦？"现在，孩子会问："你收到什么礼物了？"孩子在 8 ~ 9 岁时物质至上的倾向会愈发明显。

◎ 即将步入青春期的孩子

即将步入青春期的孩子承受的同伴压力最大，想要融入集体和获得同伴认可的欲望最强烈，因此，他们会沉迷于物质攀比。孩子在 12 ~ 13 岁时，物质欲望最容易膨胀。不过随着年龄增长，孩子会有所转变，不再那么物质至上。孩子认为他们的服装品牌展示了他们自己，决定了他们在同伴眼中的地位；10 岁的孩子能记住将近 400 个品牌；75% 的孩子想变得富有；36% 的孩子会迫于同伴压力去偷窃。相比于其他的孩子，自我价值感较低的孩子物质欲望更强烈。

第 32 问　不能明辨是非

相关问题另见：第 27 问"作弊"、第 30 问"撒谎"、第 35 问"偷窃"、第 56 问"饮酒"、第 59 问"同伴压力"、第 62 问"性教育"、第 90 问"网络欺凌"、第 91 问"安全上网"

 问题

孩子不能明辨是非；长期说谎或偷窃；不值得信任；做错事后埋怨他人；不愿为自己的错误行为承担责任。

"我儿子 8 岁了，我在他的房间里发现了一个不属于他的电子游戏光盘。我敢肯定这是他从商店偷的。儿子想要什么我都会答应，所以我实在想不通他怎么会偷东西。我该怎么教育他呢？"

◎ 为什么需要做出改变

强烈的道德感会成为孩子内心深处的声音，告诉他孰是孰非，引导他成为有原则的人。孩子也会因此拥有坚定的公民责任感，在待人处事方面遵守道德规范，最终成长为父母期望的样子。但是，孩子从媒体和同伴那里听到的道德说教很多是互相矛盾的，有些甚至与大众认可的价值观背道而驰。幸好，家长在培养孩子的道德品质方面发挥着重要作用，所以，家长要以家庭教育为起点，从点滴做起。

本节提供了行之有效的策略，帮助孩子明辨是非，培养强烈的道德感，让孩子即使面对诱惑也能正确行事，并最终能够像《木偶奇遇记》中的蟋蟀吉米尼对匹诺曹建议的那样，"永远让你的良心做你的向导"，毕竟，衡量家庭教育是否成功的唯一标准，就是孩子能否在没有家长在场的情况下也正确行事。因此，家长要坚定信念，现在就开始好好教育孩子。

◎ 问题表现

孩子在成长过程中需要慢慢学习明辨是非。以下是孩子道德感弱或还不成熟的表现。

- 不愿意承担责任。孩子犯错后不愿意承认错误或不愿意道歉；给他人造成身体或精神伤害后，拒绝赔偿或不认为有赔偿的必要；试图将自己的错误归咎于他人。

- 难以辨别对错。孩子难以辨别错误行为，难以理解自己为什么错了；需要家长告诫或提醒才能正确行事；不知道如何纠正错误的行为。

- 不诚实。孩子会撒谎，尽管孩子理解诚实的重要性，并且心智成熟，但仍常常无法守信，不能指望他一直信守诺言。

- 意识不到犯错的后果。孩子意识不到不当行为的后果，会莽撞地做出不明智的选择。

- 经常惹麻烦。孩子知道什么是对的，但还是会做不好的事。

- 缺乏愧疚感。孩子缺乏对错误行为的羞耻感或愧疚感。

- 态度不坚定。孩子知道什么是对的、什么是错的，但容易受到别人的影响而犯错。

家长须知

孩子会不会患有品行障碍？

大多数孩子会时不时地说谎或拿走不属于自己的东西，但是，如果这种行为出现得过于频繁，家长就需要留心了。如果孩子长期有以下行为，那他可能患有品行障碍（一种比较严重的行为问题）。家长需要请求心理医生或精神科医生的帮助。

- 无法给予或接受他人的情感关怀；缺少长期相处的朋友；难以信任他人。

- 虐待动物；给同伴或他人造成情感或身体伤害，以他们的痛苦为乐。

- 几乎不会对自己的错误行为或伤害他人的行为感到悔恨、内疚或羞耻。

- 习惯性地盗窃他人财物；撒谎；入店行窃；故意破坏财物；逃学。

- 无法和他人进行眼神交流，无法直视对方的眼睛。

- 有破坏性行为，例如：放火，沉迷于暴力、血腥等恐怖场面。

- 总是不听话；长期不尊重家长或其他家庭成员。

 **解决方案**

◎ 步骤1：早期干预

1. 下定决心培养孩子的道德感

家长要每天有意识地运用自己对孩子的影响力，在家庭教育中培养孩子的道德感，努力帮助孩子形成良好的道德观念。毕竟，如果想要培养出有强烈道德感的孩子，就不能只在偶尔想起来的时候才对他实施管教，而是要靠日复一日的坚持。

2. 从自我做起，成为孩子最好的道德榜样

孩子会观察家长的一言一行，包括家长漫不经心的话，以此慢慢形成自己的道德标准。所以，家长在日常生活中的言传身教，对孩子来说是最有效的道德教育，例如：你如何对待你的家人、朋友、邻居和陌生人；你看什么题材的电影和电视节目，阅读什么类型的书籍；你平常是如何处理道德问题的，比如怎么处理孩子作弊、孩子的朋友撒谎或者邻居乱扔垃圾等问题。孩子会密切关

注家长在处理这些日常问题时的做法，所以家长要确保自己能以身作则，成为孩子的道德榜样。每天晚上，家长都应该问自己一个最重要的问题："如果孩子只能从我身上学习如何明辨是非，他学到了什么？"

3. 建立亲密的、相互尊重的亲子关系

研究发现，孩子最依恋并且最尊重的人对孩子的影响最大，孩子也更有可能认可和接受这个人的道德观念。所以，培养孩子道德感的可靠方法是和孩子建立亲密的、充满爱的亲子关系。家长要确保给孩子足够的尊重和爱，如此一来，他也会用同样的方式对待你。当然，建立这样的亲子关系显然需要家长在与孩子的相处中投入大量精力，但是这种方式能使家长帮孩子培养良好的道德观念，顺利开展家庭教育。

家长分享

一位妈妈分享了自己的经验。

我们的儿子泰勒是领养的，今年6岁了。儿子似乎总是惹麻烦，对自己的评价越来越低。每次我表扬他哪里做得好时，他总会选择性地忽视，还会说自己是个"坏孩子"。既然儿子不愿意听我夸他的好品质，我就用小相册做个"好孩子泰勒"的成长簿展示给他看。我把记录了儿子好品质的瞬间都收集在一起：爱护小动物、为家人鼓劲、刻苦练习踢足球、自信地表达自己的观点、在教堂里虔诚祈祷等。我还把杂志里鼓励小朋友成长的内容也剪下来，放在成长簿里。一切准备就绪，我把儿子所拥有的优良品质讲给他听，并指着成长簿中的照片和那些动人的瞬间。随后的几个星期，儿子把相册放在自己的枕头下，每当感到不自信或难过时，他就会趴在床上翻看"好孩子泰勒"的成长簿，汲取力量。

4. 要求孩子言行符合道德标准

专家发现，要培养有道德感的孩子，家长就要对孩子的言行做出相应要求。

孩子很可能会按照家长的要求去做。要求要严格，但得是孩子能做到的，而且必须具体明确、适合孩子的成长阶段。一旦设定了这些要求，家长就必须坚持让孩子这样做，不要退缩，只有坚持住，才能在孩子身上看到教育效果。

5. 确定核心家庭价值观

假设孩子现在已经长大了，你希望他们从小就牢记并铭刻在内心的最重要的道德信念是什么？是坚持不懈、有同情心、互相尊重、正直，还是诚实？此时跃入你脑海的就是你最重要的家庭价值观，是你最珍视、最坚持、永远不会背离的价值观。

6. 写家庭格言

许多家长会写包含家庭价值观的家庭格言。"我们要坦诚相待。""我们要和睦相处，并且设身处地地为对方着想。""我们交流时要互相尊重、互相鼓励，不要互相贬低。""我们要尊重彼此的隐私和物品。"家长要多和孩子重复家庭格言，直到孩子不仅能随口说出这些格言，还能把它们内化，打心底认同这样的价值观。

研究速递

让孩子明白道德感可以慢慢培养

在过去的十年中，心理学家卡罗尔·德韦克（当时在哥伦比亚大学任职，目前在斯坦福大学任职）和她的团队开展了一系列实验，研究了"表扬"对数百名小学生的影响。研究发现，孩子通常对道德感有两种截然不同的观点，这两种观点会显著影响他们的道德发展。一些孩子认为一个人的道德感基本上是固定不变的，一个人要么总是好的，要么总是坏的。另一些孩子认为道德感是可以培养的，如果一个人做错了事，只要他改正错误，并决心进步，他就会慢慢变成好人。研究还发现，支持后一种观点的孩子对他人不那么严苛，犯错后会努力纠正错误，并吸取教训。基于这些研究成果，家长可以告诉孩子：

> 道德感就像肌肉，是可以慢慢通过训练提升的。因此，每当孩子犯错时，家长要告诉孩子，他可以通过不懈的努力来一点一点纠正错误，这样的鼓励同时也会提升他的道德感。

◎ 步骤2：快速反应

1.找到问题产生的原因

如果孩子缺乏道德感，那么家长要尽量以冷静、客观的态度找出问题背后的原因。家长要观察孩子在不同情况下的言行举止，询问接触孩子的其他成年人的意见。以下是孩子道德感弱的常见原因，家长可以看看哪些符合孩子的情况。

- 不成熟。孩子还不具备做出合乎道德规范的行为的能力。

- 缺乏道德榜样。孩子身边的人（例如父母、教练、老师、亲戚、朋友）或孩子崇拜的偶像（例如体育明星）等道德感弱，没有做出榜样。

- 父母影响力较弱。父母对孩子缺乏尊重，亲子关系冷漠疏远，父母不能给孩子的成长带来积极影响，或者家庭生活不稳定，孩子得不到应有的爱与管教。

- 犯错后不用承担责任。孩子从未被要求为明显的错误行为采取补救措施，也从未被追究过责任，即使违反了道德规范也没有受到惩罚。

- 患有童年依恋障碍。孩子在出生前就因为妈妈酗酒或滥用药物受到了不良影响；经历过童年早期创伤或曾被家人极度疏忽；没能与父母建立起良好的亲子关系或在婴幼儿时期缺乏父母的爱。

- 放任式管教。孩子很少因为做错事而受到惩罚；家中没有设立规矩或设立的规矩前后不一致；孩子在父母相互冲突的管教方式下长大；孩子没有得到很好的管教，总惹麻烦。

- 亲身经历或目睹了残忍的行为。孩子身心受到过伤害，比如多次被欺负，经历过残忍的虐待和他人的歧视，目睹过残忍的行为或被严酷管教过。

- 神经受到损伤或有情绪障碍。孩子有脑损伤、情绪障碍、胎儿酒精综合征或其他认知障碍，道德感因此受到影响。

- 家长的管教过于严苛。孩子是在过于严厉或体罚式的管教下长大的；经历过"有条件养育"的模式，即家长威胁孩子，如果不守规矩，就不再爱他或不再认可他的能力；孩子曾因为做了错事被家长羞辱，不得不正确行事。

- 吸引注意力。不管是故意的还是不小心，孩子在通过犯错向家长求助或试图得到家长的认可和爱。

- 同伴压力。孩子能够明辨是非，但由于朋友少、社交能力不足或者想融入集体等因素，很容易受同龄人的不良影响。

- 压力大或生活困苦。孩子处于父母不和、家庭经济困难或家庭生活不稳定的时期。

- 家里人不在意价值观问题。家里人很少讨论价值观、精神生活、道德要求以及如何明辨是非等话题。家长忽视了相关教育，或者认为价值观无关紧要。

2. 不要为孩子的错误行为找借口

如果家长总是为孩子的错误行为找借口，让孩子觉得这不是自己的错，或者让他免受惩罚，久而久之，孩子就会觉得他不必为自己的错误行为负责。所以，家长永远不要让孩子觉得做错了事无所谓。相反，家长要趁机管教孩子，培养他的道德感，确保他明白做错了事就会被追究责任。如果孩子还太小或者是第一次犯错，那么只要给孩子讲清楚道理就可以了；而对某些孩子来说，需要施加一点点惩罚，才能让他们吸取教训，并且记得以后要认真遵守家长所设立的道德标准。家长要始终根据具体情况和孩子的年龄来决定如何管教孩子，帮助他吸取教训，从而不再犯同样的错误。

3. 让照顾孩子的其他大人支持自己

如果孩子长期以来故意犯错，家长就需要调整管教策略。家长可以和孩子的老师商量，制定最适合孩子的管教方法。这一策略的关键是要和老师的管教方式保持一致，这样孩子就会意识到大人不会容忍他的错误。对于长期以来令人震惊的违规行为，例如撒谎、偷窃、打架、逃学、校园欺凌、作弊等，家长可以通过发邮件、打电话或发短信等方式，每天向照顾孩子的其他大人（教练、老师、祖辈、保姆）了解情况，让孩子知道家长在严肃对待他的违规行为。家长一定要事先和老师商量好联系的方式。如果孩子的错误不太严重，家长可以每周咨询一次。在孩子的行为问题没有稳步改善前，家长一定不要松懈。

4. 寻求专家帮助

如果孩子继续伤害他人、以给他人带来痛苦为乐、犯了严重的错误还推脱责任、故意挑战家庭道德观，或者孩子的错误行为不断升级，那么家长不要犹豫，要立即寻求心理专家的帮助。

◎ 步骤3：培养良好的习惯

1. 培养孩子的同理心

学会换位思考对孩子道德感的形成至关重要，这能让孩子学会基于情感和理智正确行事。培养同理心的一个简单方法是引导孩子意识到他的行为给对方造成的影响："看，你说不让她玩，她就哭了。"家长还要提醒孩子注意对方的感受："现在她很伤心。"家长要引导孩子想象，当他处于对方的立场时，他会有什么感受。对于年幼的孩子，家长可以和孩子做游戏，假装偷走他的一个玩具，让他体会玩具被偷是什么感受。"如果有人偷了你的玩具，你会怎么想？这对你公平吗？为什么不公平呢？"对于大点的孩子，家长可以这样引导他："你想让别人偷走你的东西吗？"；"假如你就是那个玩具被偷的孩子，你发现有人偷走了你的玩具，你会是什么感受？为什么？你想对偷走玩具的孩子说什么？"

2. 和孩子分享自己的道德观念

家长可以直接对孩子进行道德教育，多和他谈论价值观和道德观念。研究发现，家长这样做有助于培养有强烈道德感的孩子。如果孩子有道德问题，家长可以和他聊聊自己的道德观念，利用一切可以利用的资源，例如电视节目、新闻事件，以及学校、家里和朋友之间发生的事情，告诉孩子你对这些问题的看法以及评判标准。家长也可以让孩子读一些有关道德培养的书，例如《伊索寓言》《匹诺曹》《夏洛特的网》《绒布小兔子》，或威廉·贝内特的《美德书》。家长要确保谈话符合孩子的理解水平，以便他能领会家长传递的道德观念。

3. 要求孩子知错必改

培养孩子道德感的一个有效方法是，让孩子认识到他的行为会给别人带来痛苦。尽管孩子无法挽回自己的错误，但他可以让对方知道他对自己造成的后果感到愧疚。下面列举的 3 种方法可以帮助孩子弥补过错，并意识到自己需要为错误行为负责。当然，采用哪种方法取决于孩子的年龄和所犯错误的严重程度。

- 让孩子写道歉信、画一幅画、打电话或者亲自向对方真诚道歉。
- 让孩子反思自己的错误，思考当时怎么做才是最好的选择。家长可以和孩子一起练习几分钟，以确保他下次遇到此类事情时能正确行事。
- 让孩子归还偷拿的东西、重做任务，或者赔偿或修复损坏的东西。

4. 强化"要做正确的事"的理念

家长教育孩子的目标是，帮助他在没有大人引导的情况下正确行事，要做到这一点，最好的方法是在孩子表现好的时候及时表扬他。家长在表扬孩子时要注意以下 3 点。

（1）不要言过其实，要针对孩子的进步进行表扬。

（2）表扬孩子时，要落实到他的行为所体现的道德品质上："你能这样做，说明你是个诚实 / 善良 / 有责任心 / 懂礼貌……的好孩子。"

（3）表扬孩子时要显得真诚和激动，最好谈一谈，比如他哪些具体细节做得好，让孩子明白什么是"正确的"，是值得认可的。"你很诚实。我知道承认错误很难，但你做到了。我为你感到骄傲。"

不同成长阶段孩子的表现

◎ **学龄前儿童**

学龄前儿童开始逐渐形成道德感，但是小孩子的天性就是以自我为中心，所以他们会想当然地以为自己"想要的"就是"正确的"，会不顾他人的感受或想法，试图为所欲为："妈妈，挂掉电话。我现在要吃午饭！"学龄前儿童做出道德判断时，通常考虑的是奖励、惩罚或者自己能否得到快乐，而不是后果："我没有取笑杰娜，所以妈妈会让我玩小恐龙巴尼。"学龄前儿童会因为想要避免惩罚或者想取悦爸爸妈妈而选择做正确的事。他们会这样解释："我不能这样做，否则妈妈会让我独自反思我的错误。"学龄前儿童通常分不清想象和现实，会认为自己渴望的事情会真实发生。为了自己的利益或者在最爱的人面前表现出色，大多数学龄前儿童会撒谎或夸大事实。

◎ **学龄儿童**

低年级学龄儿童的思维仍然是形象思维，他们还不能深刻理解事物的本质。尽管他们不承认，但他们确实需要大人引导才能明辨是非。如果他们的需求能得到满足，或在满足别人的需求时自己也能得到好处，他们就会倾向于做出符合道德标准的行为。"如果你让我玩你的滑板车，我就让你骑我的自行车。"这个阶段的孩子最关注的问题仍然是"这对我有什么好处"。媒体（尤其是电影和电视节目）对孩子的道德观念影响很大，所以家长要留意孩子观看的内容。六七岁的孩子不考虑行为的动机，他们根据行为的结果做出道德判断。到了七八岁时，他们开始根据动机做出道德判断。

给孩子设计一个"良心测试"

　　家长如果想让孩子形成强烈的道德感，时刻都能明白如何正确行事，那么可以考虑用孩子熟知的道德榜样激励他向善。家长可以给孩子讲讲这些榜样的事迹和他们的道德观念，每当孩子面临道德困境，或难以做出选择时，就引导他思考，在这种情况下，自己的榜样会怎么做，例如："如果甘地面对同样的情形，他会怎么做？"家长要反复提醒孩子这样测试自己，直到孩子把它内化为自己的道德参照系统，自觉地参照榜样来行动。

◎ 即将步入青春期的孩子

　　即将步入青春期的孩子渴望友谊，他们融入集体的愿望非常强烈，也希望得到大家的认可。他们知道良好的行为习惯会让大家开心，也会被认可。"我会对约书亚很友好，因为这样做会让妈妈很开心，她就会带我看电影。"同伴压力在这个阶段达到顶峰，会导致孩子迫于压力违背自己的良知做出错误的选择。即将步入青春期的孩子与家长待在一起的时间越来越少，他们更愿意与朋友保持紧密联系，但如果家长注意维护亲子关系，就能在各方面持续影响孩子，而孩子也仍然会把家庭价值观当作最重要的道德标准。家长要警惕的是，这个年龄段的孩子很快就会注意到成年人有虚伪的一面，会表里不一，所以家长要注意言行一致。即将步入青春期的孩子有强烈的正义感，家长可以让他们参加社区服务，或者与他们聊聊社会上不公平或有损正义的事情，从而进一步提升孩子的道德感。

第33问　缺乏体育精神

相关问题另见：第27问"作弊"、第34问"自私任性"、第42问"追求完美"、第47问"精神压力大"、第59问"同伴压力"、第60问"被排斥"、第65问"被取笑"

 问题

　　孩子在比赛中途改变规则；不能接受失败；输了会责怪别人、找借口、哭闹或者发脾气；批评他人。

　　"我儿子8岁了，是联盟中最好的棒球运动员之一。但是如果他的球队输了，他就会大发雷霆，责怪其他队友。照这样下去，大家都只会记得他的体育精神很糟糕，输不起。我该怎么帮他改掉这个坏习惯呢？"

◎ 为什么需要做出改变

　　"裁判太糟糕了。""教练应该再给我一次机会。""我为什么要和他们握手？他们输了！"这些话听起来耳熟吗？家长最尴尬的育儿时刻之一就是看到孩子不能坦然面对输赢。孩子可能在球场上、泳池里或者跑道上表现出色，能在比赛中获得冠军，但是，一旦他开始为了比赛结果争吵、作弊、修改规则，甚至起哄、喝倒彩，他的能力就不再突出，因为大家只会关注到他的不良品行。

　　让孩子参加体育比赛有非常重要的教育意义，这有助于孩子社会能力的综合发展。体育运动就像是现实生活的热身赛，以及我们人生旅途成败得失的隐喻。我们必须组成临时联盟来合作或竞争，而且不论输赢，都要尽最大努力，甚至偶尔，我们不得不做出牺牲来成就整个团队。我们必须学会辨别什么战术有用，什么没用。我们要有团队协作精神，要努力和队友相互配合。我们会经历情绪上的起起落落，或喜悦或悲伤。孩子不能坦然面对输赢是完全正常的。不过，有些孩子只是偶尔有不良表现，有些孩子却一直都是如此，这会让他们自己，他们的父母、队友以及周围所有人都很头疼。家长要帮助孩子改掉这种不良习惯，培养孩子的体育精神，让孩子未来的人生顺顺利利。

◎ 问题表现

孩子缺乏体育精神一般有以下表现。

- 比赛赢了会得意扬扬。
- 输了就找借口或责怪别人。
- 为了赢不择手段，比如作弊。
- 比赛还没结束就退出或放弃。
- 比赛失利就独自生闷气、一脸委屈。
- 中途改变规则。
- 把体育器材藏起来，不和大家分享。
- 批评、辱骂别人或起哄、喝倒彩。
- 吹牛或炫耀自己的技能。
- 与教练、裁判、队友或其他参赛团队发生争执。
- 不愿向获胜者道贺或道贺时没有诚意。

 解决方案

家长可以先给孩子讲讲"优雅的失败者"都是如何面对失败的。在和孩子

一起观看奥运会、智力竞赛，以及电视真人秀时，家长可以这样引导他："最后只有一个赢家，让我们看看失败者都是怎么做的。看，他们在和对手握手"；"那是一场艰难的比赛。你注意到那些输球的孩子的表现了吗？他们在抱怨比赛不公平。他们确实表现得没有体育精神"。如果有机会，家长可以和孩子观看职业高尔夫球、篮球或网球比赛，给孩子讲讲这些运动中最优雅的输家和赢家，评判他们的体育精神，例如职业高尔夫球选手米歇尔·魏、前美国职业篮球运动员迈克尔·乔丹、美国历史上最成功的高尔夫球手之一泰格·伍兹和瑞士男子职业网球运动员罗杰·费德勒。家长要提醒孩子不能在输球后责怪队友，要坦然对待输赢、展现良好的体育精神，否则他就不再被允许参加比赛。如果孩子屡次犯错，家长就要按定好的规矩做，这样孩子才能吸取教训。

◎ 步骤 1：早期干预

1. 找出孩子缺乏体育精神的原因

孩子不能坦然面对输赢的原因有很多，以下是几个常见原因。家长可以看看哪些符合孩子的情况，以便有针对性地帮助孩子改掉坏习惯。

- 孩子崇拜的榜样缺乏体育精神。
- 孩子不喜欢此类运动项目。
- 孩子缺乏必要的运动技能或能力。
- 孩子的期望不切实际。
- 家长过分强调输赢和个人表现。
- 教练不认可孩子的能力或过度强调竞争意识。
- 队友之间竞争激烈；孩子试图争取更高的团队地位。
- 孩子的自我认可度低，需要别人的认可。
- 孩子害怕受到同伴的羞辱和排斥。
- 孩子试图给别人留下深刻的印象。
- 孩子害怕失败或犯错。
- 孩子的心理不够成熟。

2. 家长要反思自己的行为

你表现不好时会为自己找借口吗？你在比赛失利时会怪队友吗？你在和孩子的教练交流时会大喊大叫吗？你会批评孩子的队友吗？对手受伤时，你会幸灾乐祸吗？孩子会从你这里学到这些不好的行为吗？家长要体现自己的体育精神，做孩子的好榜样。

家长须知

全美体育官员联合会表示，他们每周会接到 2 ~ 3 个裁判长或裁判员的电话，报告自己遭到家长或观众的辱骂或攻击。至少有 163 个城市的青少年体育项目非常关注家长体育精神不足的趋势，他们目前要求所有运动员的家长都签署一份保证书，承诺遵守相关行为规范。你在观看孩子的比赛时表现得怎么样呢？

3. 反思对孩子的期望

孩子的身体发育状况是否适合参加这项运动？他有参加这项运动或者比赛的能力吗？这项运动是孩子真正想参加的，还是你逼着他参加的？这项运动能提升孩子的自尊心、激起孩子的兴趣吗？如果答案是否定的，那家长就要找一项更符合孩子天赋、能力和兴趣的运动。

4. 注意教练是否有体育精神

家长对孩子的影响很大，同样，教练也会在很大程度上影响孩子的体育精神。所以，如果家长有机会帮孩子选择教练，一定要先多方打听。最近的一项关于青少年体育的研究发现，至少有 10% 的运动员承认自己曾经作弊，这通常是因为他们的教练鼓励他们这么做。如果家长没有选择教练的自由，那就和教练谈谈，了解一下教练的竞争观念。如果孩子本身争强好胜，家长就一定要避免选择过度强调竞争的教练，因为这样的教练会刺激孩子不择手段获胜，孩子参加运动就会弊大于利。

5. 不要过度强调竞争

家里人是不是一直都在强调赢？教练有没有告诉孩子"不惜任何代价都要赢"？家长可以和孩子玩一些注重合作的游戏，不强调竞争和胜负，单纯地享受其中的乐趣。

◎ 步骤2：快速反应

1. 给孩子解释什么是真正的体育精神

家长需要给孩子解释"体育精神"究竟意味着什么，让孩子了解自己的期望。例如，家长需要指出体育精神意味着能够坦然面对输赢，无论失败还是胜利，都能保持优雅的态度，并尊重裁判的最终决定，以及在比赛中不遗余力，努力做最好的自己。家长要告诉孩子展示体育精神的不同方式，例如：和对手握手、和队友击掌互相鼓励、把球传给其他更有可能进球的队友等。比赛双方势均力敌时，让输的一方祝贺对手并不是件容易的事，但这正体现了体育精神，也是家长应该向孩子详细解释的。

实用妙招

如何从容地面对比赛失利

孩子必须学会坦然面对失败，以下方法可以帮孩子保持从容。

（1）保持镇定。调整好情绪，不要垂头丧气，要冷静、沉着。

（2）祝贺获胜方。抬头挺胸，面带微笑，向获胜方走去，用真诚的语气道贺："真棒！""恭喜你！""太棒了！向你学习！"

（3）握手。坚定地和每个对手握手；和自己的队友击掌或拍拍他们的背，互相鼓励。

（4）昂首挺胸离开。不要悄悄或大声发表有关比赛的负面评论。不要哭泣、抱怨或撇嘴表达不满。

---

2. 不要总是强调赢

家长在和孩子玩时，不要为了让孩子开心就总让着他，要有策略地确保孩子有输有赢，这样家长才有机会教他泰然自若地面对输赢。

3. 纠正孩子的错误观念

如果孩子常常责怪别人、批评同伴，或者为自己的错误找借口，家长就要摆出事实，纠正孩子的错误观念，让他客观地面对自己的失败，明白这不是别人的错。家长要引导孩子实事求是地、更理智地回忆当时的情景。

4. 强调努力的过程，而不是结果

家长不要总问孩子"你赢了吗"或"你得了多少分"，孩子很快就会意识到，相比于他比赛时的表现或者取得的进步，家长更看重比赛的结果。家长可以通过问孩子以下问题，引导他思考自己的表现和取得的进步。"你感觉怎么样？""你尽最大努力了吗？""你觉得自己表现怎么样？""今天学到的最重要的东西是什么？""想一想，还可以怎么做呢？""下次会有什么不同的应对方法？""别埋怨别人。你没法改变他们的表现，但你可以努力提升自己。"

5. 当孩子做出不文明的举动时，要实施惩罚

如果孩子做出了挑衅对方、侮辱他人等举动，例如起哄嘲弄他人、打人或作弊，突破了家长的底线，那家长就不要犹豫，尽快让孩子退出比赛。如果孩子的举动非常不文明，家长要及时告诉教练，你打算让孩子退出比赛，并请求教练配合自己，出示"红牌"把孩子罚下场。

6. 当场纠正

每当孩子做出不文明的举动时，家长都要立刻（或在其他方便的时候）把他拉到一边纠正他的错误。家长要明确地告诉孩子应该改正什么问题："你自己犯错，却埋怨别人"；"你和裁判吵起来了"；"你不能光顾自己玩，不给别人表现的机会"。家长要指点孩子，让他明白如何改正自己的问题。

一位妈妈分享了自己的经验。

我儿子在和大家玩游戏时总是中途退出。不管是电脑游戏、足球、保龄球还是别的游戏，他都会在大家正在兴头上时放弃。他的注意力持续时间很短，但即便他的朋友们不和他计较这一点，大家也会觉得他不够豁达。后来，在他玩任何游戏之前，我都会设置一个定时器，根据具体情况设定时长，刚开始时间不会太长，然后逐渐增加游戏时间。我告诉儿子，定时器不响，他就必须坚持玩。这样做的效果非常好！儿子现在能和小伙伴玩到游戏结束，也越来越有体育精神了。

◎ 步骤 3：培养良好的习惯

1. 和孩子一起玩，引导孩子学会如何在输掉游戏后保持风度

家长可以定期在家里举办游戏之夜，一家人一起玩，也可以和孩子一起打排球或者篮球。在与孩子玩游戏时，家长可以引导孩子学习体育精神规则，提醒孩子要坚守规则，即使失利也不找借口或责怪他人，中途不退出，并在比赛结束后衷心祝贺获胜方。如果家长输了，要向孩子示范如何在输掉游戏后保持风度。

2. 指出孩子缺乏体育精神的典型表现

孩子缺乏体育精神的典型表现是什么？孩子会乱发脾气吗？会对对手口不择言吗？会和裁判争论吗？会为了他自己的利益中途修改比赛规则吗？比赛输了，孩子会哭闹或者抱怨他人吗？会中途退出吗？家长一旦看到孩子的不文明行为，就要向孩子一一指出，告诉他正确的做法。"既然你开始玩了，就必须坚持到底。""你必须遵守你认可的规则，不能中途由着性子来。""你不能和裁判争执。"如果孩子无法冷静地面对失败，家长就要努力帮他做出改变。

3. 看一看孩子还有哪些进步空间，并帮助他提升

如果家长要提升孩子的体育精神，下一步就是检查孩子还有哪些地方表现不好，帮助他改进。以下是体育精神的核心原则，家长可以看一看孩子是否都做到了。

- 态度认真，不应付。
- 分享资料，不自私。
- 静静等着轮到自己。
- 接受他人的批评。
- 鼓励同伴，不指责他们的失误或没有能力。
- 谦虚，不炫耀。
- 心态积极，不会因为别人犯错就幸灾乐祸或起哄。
- 避免与裁判、教练或其他参赛者争执。
- 对手获胜会衷心祝贺。
- 坚持规则，不会中途任意改变规则或作弊。
- 不会中途退出，不会在感到无聊、疲惫或沮丧时放弃。
- 体面地接受失败，不哭闹，不抱怨，不找借口。
- 努力表现得更好。

家长可以从以上体育精神的核心原则中选择一项，让孩子说说他会如何做到这一点，然后在家排练几遍，并找机会让孩子践行这个原则。之后，家长可以抽出时间专心和孩子聊聊这次的效果："其他孩子有什么反应？你下次会怎么做？"家长要根据实际情况，抓住合适的机会引导孩子践行以上体育精神的核心原则。

4. 制定惩罚措施

家长要清楚地告诉孩子，比赛中的不文明行为是不可容忍的，如果他再这么做，那不管他参与的是什么比赛，他都得立刻道歉或退出。如果孩子屡教不改，家长就要视情况禁止他参赛一周、一个月，甚至整个赛季。孩子必须认识到，他应当与队友合作、尊重他人、心胸开阔、体谅他人，如果不按要求照做，

就永远不能参与这项运动。

不同成长阶段孩子的表现

◎ 学龄前儿童

学龄前儿童常常以自我为中心，只有满足了他们的要求，他们才觉得公平。这也是为什么 3 ~ 4 岁的孩子通常不能坦然面对失败。到了 4 ~ 5 岁，孩子会开始公平对待彼此，因为大人告诉他们应该这样做。"我会把球扔给肯，因为教练要求我这么做。"在这个年龄段，除非大人要求孩子争取战胜对手，否则输赢对孩子而言并不重要，孩子关注的是能参与其中并获得乐趣。

◎ 学龄儿童

学龄儿童认为，体育精神意味着公平竞争的态度。"如果他遵守规则，我也会照做。"低年级的学龄儿童平等意识强烈，他们希望一切都是"绝对平等"的。8 ~ 9 岁的孩子会开始考虑队友甚至对手的需求和感受。孩子参加了更多的竞技体育活动后，会更加关注输赢。在 9 岁之前，大多数孩子还不懂"努力"和"能力"的区别。家长要注意，竞争会给这个年龄段的孩子带来很大的压力。在同伴面前失败会让孩子感到屈辱，压力倍增。

◎ 即将步入青春期的孩子

即将步入青春期的孩子开始有真正的正义感，但他们的竞争意识也会增强。他们的精神压力和同伴压力正在增大，他们会因为不公平的判决而感到灰心丧气，也会不求回报地给予队友帮助。家长要当心，到了 13 岁，70% 的孩子会退出原先参加的比赛，因为他们已经感受不到乐趣了。

第 34 问　自私任性

相关问题另见：第 13 问 "霸道"、第 28 问 "待人冷漠"、第 31 问 "物质至上"、第 36 问 "不懂得感恩"、第 63 问 "不愿意分享"、第 81 问 "缺乏财商"、第 96 问 "抑郁症"

 问题

　　孩子任性，需求得不到满足就会发脾气；想要什么东西就要求家长马上满足，没有耐心；觉得自己理应获得特权；总是想让家长哄自己开心；不感激他人的付出；从不满足；自私；贪心。

　　"我太宠溺儿子了，结果儿子总是以自我为中心，以为世界就围着他转。我该怎么做才能让他不那么自私，学会考虑别人的感受呢？请帮帮我吧，谢谢啦！"

◎ 为什么需要做出改变

　　孩子是否像个养尊处优的小公主或小王子，觉得自己有资格享受最好的，并且拥有特权？孩子是否凡事只想到自己？孩子是否期望全世界都围着他转？就算是，家长也别太焦虑，现在很多孩子有这样的坏习惯。自私自利的孩子会让家长焦虑和无奈。他们总是以自我为中心，把自己的需求放在第一位，很少冷静下来考虑别人的感受。这是因为他们希望向家长表明，他们的情绪比其他人的感受和需求更重要。

事实上，孩子并非天生自私。研究表明，孩子生来就有关心他人的非凡天赋。但是，家长如果不用心培养这些美德，孩子的天赋便无法显露。研究还证明，家长任由孩子朝着自私自利的方向发展，对孩子没有任何好处。自私、任性的孩子不会感到开心，他们对生活不太满意，不擅长处理人际关系，面对逆境时会手足无措，他们也不太受欢迎，更容易灰心丧气和焦虑，与父母的争吵也更频繁。家长如果不着手干预，这些孩子长大后也不会太幸福。所以，家长要做好准备，马上行动，纠正孩子的坏习惯。

◎ 问题表现

"不行""给我""我""现在"这4个词能形象地描述自私、任性的孩子。他们总是把自己的需求放在第一位，从不顾及别人的感受。家长可以回想孩子的日常行为，看看是否符合以下描述的情况。如果有，哪怕只符合其中一项，也意味着孩子被宠坏了。

- "不行！"孩子不能接受拒绝，总是期望满足自己的愿望，而且他的愿望通常都能达成。
- "给我！"孩子总是索取而不是给予，大多数时候不懂得感恩，甚至有点贪心。
- "我！"孩子以自己为中心，不会顾及别人的感受，期望得到特殊的照顾和特权，而他的期望通常也实现了。
- "现在！"孩子可以等待，但是不愿意等，总想尽快达成目的。家长通常会让步，因为如果不这样，孩子就会无休止地吵闹。孩子没法意识到这样会给别人带来麻烦。

家长须知

孩子自私或任性也可能有更深层次的原因，家长需要注意。

- 发展滞后。年幼的孩子表现得自私，是因为他们的天性就是以自我为中心。他们没有耐心等待，希望自己的需求尽快得到满足。随着孩子慢慢长大，他们就能学会为他人着想。此外，有注意力缺陷问题或冲动任性的孩子也很难静下来耐心等待。家长要根据孩子的能力调整对孩子的要求，采取合适的方法帮助孩子解决问题。

- 情绪发育滞后。遭受过心理创伤、抑郁、压力过大或自我认可度低的孩子会显得自私。他们因为内心极度痛苦，无暇顾及他人的感受。患有阿斯伯格综合征、依恋障碍和狄赛米亚症（这个术语是心理学家马歇尔·杜克和斯蒂芬·诺维奇创造的，指非语言交流障碍）的孩子也很难理解他人的情感暗示，显得麻木不仁，并且无法设身处地地为他人着想。如果孩子有情绪发育滞后的问题，家长就需要寻求专业人士的帮助。

解决方案

想要改变自私的孩子，就不能总是满足他的所有要求，要教孩子学习如何考虑别人的需求和感受。这个过程需要家长保持耐心，投入大量精力并坚持到底。研究表明，孩子改掉自私的毛病后会变得更快乐、更满足。

◎ 步骤1：早期干预

1. 确定问题产生的原因

要改变孩子自私任性的态度，第一步是了解为什么他会这样。一旦知晓了背后的原因，解决问题就容易了。以下是孩子自私任性最常见的原因，家长可以看看哪些符合孩子的情况。

- 你出于内疚宠坏了孩子。例如，你觉得自己没有花足够的时间陪孩子，因此做出了过度的补偿，惯坏了孩子。
- 你希望孩子有一个比自己小时候更幸福的童年。
- 你和孩子生活在一个爱攀比的环境中，周围的人都更在意物质。

- 你溺爱孩子，让他觉得全世界都围着他转。
- 你或家里的其他成年人自私自利，给孩子带来了负面影响。
- 孩子嫉妒你的伴侣或他的兄弟姐妹，或者渴望得到你的爱和认可。
- 从来没有人教过孩子无私的价值。
- 孩子情商低，难以感知或理解他人的情绪。
- 孩子过去或现在有心理创伤、先天疾病、学习障碍或遇到了其他导致他生活痛苦的事情，你认为需要用物质来补偿他。
- 孩子生气、焦虑、心情沮丧或有其他问题，无暇顾及别人的感受。
- 你没有特别重视给孩子立规矩和制定惩罚措施，而且孩子已经知道，只要他不依不饶，就会最终得逞。
- 你或其他家庭成员有钱，觉得"有钱就要给孩子花"。

一旦家长弄清楚是什么原因导致孩子自私、任性，就要制定解决方案，防止孩子的问题变得更加严重。

2. 保证家庭教育方法不走极端

研究表明，要让孩子不那么自私、更善解人意，好的方法是给予他无条件的爱，同时又让他严格遵守规矩。这两方面同样重要，缺一不可。家长要反思自己教育孩子的时候是否兼顾了这两方面的平衡，有没有太宠溺孩子而没有管教他？如果家长现在的教育方法只注重其中一方面，那就需要重新调整，才能达到教育效果。

3. 言传身教

观察周围的人怎么行事是孩子学习友善待人、为他人着想最简单和最有效的方法，家长要以身作则，成为孩子学习的榜样。家长在日常生活中无私助人时，例如，帮朋友临时照看孩子，打电话安慰情绪低落的朋友，收拾垃圾，给迷路的人指路，关心、问候朋友，为家人烤饼干，等等，要让孩子知道你从给予中获得了快乐。通过观察家长的日常言行、感受家长表现出的善意，或者听到家长强调关爱他人能让自己更幸福，孩子可以更快地学会关爱他人。

4. 培养孩子的同理心

有同理心的孩子能理解他人的立场，因为他能理解他人的感受、设身处地地为他人着想。他们善解人意，不自私自利。家长要培养孩子的同理心，引导他不要只关注自己，还要为他人着想，并且理解和尊重他人的想法。家长可以引导孩子想象他人在特定情境下的感受："想象一下，你是一名新生，走进新学校，谁也不认识。你会有什么感受？"这样的问题可以帮助孩子学会理解他人的感受和需求。

研究速递

教孩子变得善解人意

任职于密歇根大学的马丁·霍夫曼是全球闻名的同理心研究专家，他最有影响力的研究是了解什么样的家庭教育可以培养出善解人意的孩子。他发现，培养出这类孩子的父母在看到孩子待人冷漠、表现自私时，总会给他们讲道理，教他们如何换位思考、了解他人的感受，意识到自己的行为对他人的影响。因此，当家长注意到孩子对他人漠不关心，或以自我为中心时，要及时对孩子进行教育。

---

5. 培养孩子的良好品质

自私的孩子认为自己拥有什么东西比自己的内在品质重要得多。所以家长要注意和孩子在一起时的一言一行，不要对他人的外表评头论足，例如，不要说"你注意到莎莉穿什么衣服了吗"，或是"我喜欢珍的新发型，你应该剪个一样的"。家长要强调内在的良好品质，例如坚持不懈、富有同情心、诚实、尊重他人、有责任心等，这些不是"一眼就能看到"或"能用金钱买到"的。家长要强调自己为什么看重这些品质，这样孩子也会理解并更愿意接受这些价值观。

6. 不要让孩子总是成为关注的焦点

不断表扬和奖励孩子会让他误以为大家都围着他转，这只会让他更加自私、任性。家长应该只在孩子表现得好、的确值得表扬时，适当地表扬孩子。另外，家长还要教孩子应对无聊的时刻，学会自娱自乐，这样他就不会总是黏着家长了。

7. 留意孩子看的电视广告

连家长都不得不承认自己容易受到广告的诱惑，更何况孩子。调查数据显示，自 20 世纪 70 年代以来，孩子一年平均看到的广告数量翻了一番。现在每年针对孩子的广告费超过了 30 亿美元。孩子花得比以前更多，更加推崇消费，家长也更宠孩子。宾夕法尼亚州立大学的一项研究发现，相比于以前的孩子，如今的孩子从年龄更小的时候就开始大量购物，一个原因是电视广告刺激了他们的消费欲望，另一个原因是家长在尽力满足孩子的各种需求。即使家长会因为经济衰退、收入降低等控制孩子的消费，但是这样做似乎并没有纠正他们自私的问题。想要解决这个问题，有两个简单的方法：限制孩子看电视的时间和内容，直接拒绝孩子不合理的购物要求。

实用妙招

和孩子玩角色扮演的游戏

研究证明，让孩子不再总以自己为中心的一个好方法是让他真正站在对方的立场上思考。家长可以让孩子扮演家长或哥哥姐姐的角色，从另一个角度思考自己面对同样的情况时会怎么处理，提醒孩子这样想："如果我是家长，我有什么感受？我该说些什么？我本来希望得到什么样的结果？"这种游戏能帮助孩子转换角色，体会他人的想法，学会换位思考。

◎ 步骤 2：快速反应

家长需要根据孩子的情况，有针对性地改变目前的管教方法，让孩子变得乐于助人、善解人意。

1. 下决心调整教育方式

改掉孩子被宠坏的坏习惯并不容易，家长会遇到很多困难。在孩子一意孤行时，家长不能动摇，要不断为自己加油打气："我这么做都是为了孩子的未来。"家长必须态度坚定，坚持到最后一定会有意想不到的效果！

2. 收回控制权，设立规矩

家长可以想想，你一般要拒绝孩子多少次，才能让他明白你现在确实说一不二。自私、任性的孩子知道如何达到自己的目的，他们被满足的次数越多，就越以自我为中心。家长要决定哪些事情是绝对禁止的，例如，孩子要为某款电子游戏花额外的钱，看含有暴力或色情等不良信息的限制级电影，或者周末晚上在没有大人陪同的情况下很晚不回家。家长一旦决定了哪些事孩子绝不能做，就一定要坚定立场，即使孩子死缠烂打也不松口，孩子看到以前的招数无效，就会乖乖听话。如果家长需要巩固孩子的习惯，那就要坚守原则。数百项对儿童发展的研究得出结论，家长设定明确的要求并坚持执行，会让孩子最终改掉自私、任性的坏习惯。研究表明，孩子平均会请求家长9次以满足他的各种需求。家长要严厉拒绝，直到孩子明白家长绝不会动摇！

3. 遏制孩子自私自利的苗头

想要彻底改变孩子自私的行为，家长就必须立场坚定，而且态度不能软。家长要明确地告诉孩子你的要求："在咱们家，一家人要为彼此着想，不能总想着自己。"每当孩子表现自私时，都一定要清楚地表明你的态度。这并不容易做到，尤其是在孩子习惯了家长袒护纵容的情况下。但是，为了达到目的，家长需要遏制孩子自私自利的苗头，不能纵容孩子。

4. 家长也要满足自己的需求

家长需要安心打电话，而不是总被孩子打扰，需要一个人安静地躺在床上休息，而不是总被小宝贝紧紧黏着。家长在拒绝孩子的不合理要求时不必感到内疚。家长也是独立的人，有自己的需求，不要总是围着孩子转，对他的一切大包大揽，不给自己留一丁点的独处时间。如果家长总是满足孩子的需求，孩子很可能会被宠坏，觉得自己有权为所欲为。

5. 明确指出孩子的自私行为

孩子只要有自私自利的行为，家长就要明确指出这样做不对。如果家长默不作声，孩子就会误以为家长容忍他这样做。所以，只要孩子露出自私的苗头，不管情况是否严重，家长都要提醒孩子："那样做有点自私（或不够善解人意、不够友好）。"要引导孩子换位思考："如果你遇到这种情况，你会有什么感受"；"你觉得你的朋友心情怎么样"；"下次你怎么做，才能顾及朋友的感受"。这样提问会启发孩子反思自己的行为，帮助他变得善解人意。

6. 取得照顾孩子的其他大人的支持

如果家长能让照顾孩子的其他大人，即使只有一个人，支持自己的管教计划，就会更容易纠正孩子的坏习惯。家长需要与这些大人（例如祖辈）认真交流，确保他们与自己在管教孩子方面态度一致。家长要向这些大人强调自己在严肃对待孩子自私、任性的问题，需要他们帮助自己一起纠正孩子的坏习惯。

实用妙招

家长要意识到改掉孩子自私、任性的坏习惯并非易事，自己必须坚定面对。如果家长发现自己快要坚持不下去了，就问问自己这个问题："你或周围人会用哪些词描述孩子的特质？"如果答案都是贬义的，例如态度粗鲁、待人苛刻、以自我为中心、惹人讨厌、冲动、霸道、推崇物欲主义、自私自利、没有同理心，家长就需要给自己加油打气，告诉自己要坚持不懈地帮助孩子改正缺点。

◎ 步骤3：培养良好的习惯

要彻底改变孩子自私、任性的坏习惯，第3步就是让他们不要总以为世界绕着他们转，让他们开始换位思考，顾及他人的需求和感受。以下是一些简单且行之有效的方法。

1. 教育孩子要关心他人

自私的孩子总是把自己放在第一位，所以家长要态度温和地教育孩子，让他不要一味索取，要学会为他人着想。"不行，让罗布玩一玩。他和你一样，等了好一会儿了。""我知道你想玩游戏，但弟弟也想玩，你们轮流玩或者一起玩吧。"家长还要帮助孩子看到别人的长处："基拉很擅长画画。我们请她帮忙画海报吧。"

2. 教孩子学会等待

自私的孩子想要什么就要立刻得到，他们很少冷静下来考虑这样做是否会给他人造成不便。家长需要锻炼孩子的耐性，这样他就不会总觉得自己的需求更重要，对他人的需求不管不顾。如果孩子在家长打电话时吵闹，家长可以伸出手指向孩子示意你需要他等几分钟，你打完电话才能和他说话。如果孩子在购物中心闹要买东西，家长可以告诉孩子你没时间去取现金，而且下次来时，他需要记得带自己的零用钱买。如果孩子想用电脑，家长要告诉孩子他得和姐姐按照排好的次序使用，禁止他为了方便自己先用，让姐姐在一边等。家长在培养孩子时需要有足够的耐心和决心，这样才能纠正他自私任性的坏习惯。

3. 强化孩子的无私行为

要培养孩子成为乐于助人的人，最有效的方法就是在孩子做得好的时候及时表扬。家长要善于发现孩子的善意和善行，并在表扬时指出他哪里做得好，以及他给对方带来的积极影响，让他清楚地理解什么是美德。这样做有助于孩子在以后重复同样的行为。"你注意到了吗，你同意和凯莉分享玩具的时候，她笑了，你这样做让她好开心。""谢谢你把光盘给了弟弟。我知道你不再听说唱歌曲了，可他正喜欢呢。"

4. 要求孩子帮助他人

马萨诸塞大学闻名全球的研究员欧文·斯托布博士大范围研究了如何培养孩子无私、善解人意的美德。他发现，那些有机会帮助他人的孩子在日常生活中往往会更乐于助人，也不太自私。家长要让孩子定期帮助别人，例如，让他负责力所能及的家务，从他每周的零花钱中拿出一部分捐给慈善机构，让孩子给不方便出门的邻居送饼干、遛狗，每个星期天给奶奶打电话表示问候和关心。要求孩子学会为他人着想，给家长帮忙，这就足够了。如果家长不要求孩子帮助他人，他就会觉得自己所得到的一切都是理所应当的。

5. 让孩子认识到给予的价值

研究发现，学会关心和帮助他人对孩子而言很重要，让孩子认识到自己的善行对他人的影响也意义重大。在孩子无私地对他人施以援手后，家长可以提出适当的问题，启发他认识到自己的善行对他人和自己的积极影响。所以，家长要引导孩子除了顾及"我"，也学会顾及"我们"。"当你帮助对方的时候，他有什么表现？""你觉得他有什么感受？""如果你是对方，你会有什么感受？""你向对方表达善意的时候，你自己是什么心情？""当他对你的帮助表达感激之情时，你是什么心情？"

如果一家人能一起参与慈善活动回馈社会，那就更好了。家长可以选择合适的途径，让孩子和自己一起体验给予的快乐，例如，可以把多余的玩具送给生病住院的小朋友，在动物收容所做义工，给老年人读书。让孩子体验给予的快乐是培养孩子无私美德最有效的方法。

家长分享

> 一位妈妈分享了自己的经验。
>
> 我和先生一直在我们社区做志愿者，可是儿子总是以忙为由推托。当我发现儿子自私的一面时，我决定停掉他的小提琴课，让他每周都和我一起去收容所做义工。儿子一开始很不情愿，但我坚持要他回馈社会，于是他

开始照顾收容所的孩子,和他们一起玩。几周之后,儿子变得不再自私自利,这都是因为他学会了关心他人。

 ## 不同成长阶段孩子的表现

◎ 学龄前儿童

学龄前儿童会有些以自我为中心的倾向,他们不太会换位思考,需要家长提醒才能在排队时耐心等待、和小朋友分享玩具,或者为他人考虑。家长的教育目标是让孩子学会顾及他人的需求和感受。

◎ 学龄儿童

学龄儿童会逐渐变得争强好胜,在思考问题时往往只从自己的角度出发,而不顾及同学或队友的感受。家长需要利用比赛和集体活动帮助孩子学会为他人考虑。家长要当心孩子过分看重物质,总是和朋友攀比或想要胜过对方。

◎ 即将步入青春期的孩子

即将步入青春期的孩子往往以自我为中心,融入集体的渴求最强烈。家长要当心孩子对他人实施语言暴力,例如贬损他人、恶意造谣和用言语欺凌他人。语言暴力现象在即将步入青春期的孩子中通常很普遍。孩子如果表现得自私无理,家长要提醒他考虑别人的感受。

第 35 问　偷窃

相关问题另见：第 30 问"撒谎"、第 32 问"不能明辨是非"、第 59 问"同伴压力"、第 79 问"不愿意沟通"、第 94 问"难以集中注意力"

 问题

孩子不打招呼就拿走同伴或家庭成员的物品，而且知道这是错误行为；在商店"顺手牵羊"或偷窃他人财物。

家长注意到孩子从商店里拿了一块糖放进了自己的口袋；女儿在离开游戏小组时，把小朋友的芭比娃娃塞在自己的夹克衫里带走；儿子的衣柜里有一张不属于他的电子游戏光盘。孩子拥有想要的一切，为什么还要偷窃？是因为无法控制偷窃的行为吗？家长该怎么帮助孩子纠正这个坏习惯呢？

事实上，孩子的偷窃行为比大家意识到的要普遍得多，小孩子尤其容易偷窃，因为他们对物品所有权的理解还不够深刻，道德观念还不成熟。通常到了 5 ~ 7 岁，孩子才会明白偷窃的危害性。如果孩子明白偷窃侵犯了他人的权利，也明白偷窃者可能面临严厉的制裁，却仍会偷窃，那问题就变得严重了。青少年偷窃已经出现了令人担忧的发展趋势。

一些店主告诉我，商店经常失窃，他们不得不在店里安装昂贵的摄像头或者雇用保安。他们发现，偷窃者大多是年轻人。为了减少孩子偷窃的问题，美国许多商场现在要求父母陪伴孩子购物。学校图书馆也安装了防盗系统来防止图书失窃。校长们抱怨说，他们最常处理的纪律问题之一就是学生之间的偷窃行为。（温馨提醒：家长需要告诉孩子不要把贵重的电子产品带到学校！）研究还发现，大多数孩子偷窃并不是由于经济上有困难或者太过贪心，他们通常要什么有什么。虽然孩子偷窃很常见，但是家长绝不能对此放任不管。偷窃会给孩子的良心、名声和个人品质带来严重影响。

 解决方案

纠正孩子偷窃的坏习惯的策略有以下 6 种。

1. 为孩子树立诚实做人的榜样

家长要想想自己有没有在生活中为孩子树立诚实做人的榜样。例如，有没有从商店"禁止试吃"的散装糖果桶里随手拿一个吃？有没有悄悄拿走餐馆或酒店不让顾客带走的餐具或小物件？有没有把办公用品擅自带回家用？如果有，家长要先反思，想想这些行为给孩子传递了什么信息，并努力纠正自己的行为，为孩子树立榜样。观察家长的行为、了解家长的期望是孩子学习诚实做人最有效的途径。

2. 冷静地了解事实，分析孩子偷窃的动机

家长要做的第一步是努力确定以下几个问题的答案：发生了什么事？孩子在何时、何地偷了东西？孩子当时和谁一起？孩子为什么这么做？

家长在了解事情的来龙去脉和分析孩子的偷窃动机时，一定要考虑孩子的发展阶段。年幼的孩子通常很难区分现实和幻想，即使他们没有故意撒谎或偷窃，也会经常编造故事。家长如果直截了当地问孩子"你为什么偷东西"，通常对了解事实毫无帮助，更有效的方法是先简要描述自己认为发生了什么事以及自己的感受。家长要尽量保持冷静，不要反应过度，这样孩子更可能对自己敞开心扉。例如，家长可以先这样说："蒂姆，我在你的衣柜里发现了一张不属于你的电子游戏光盘，这让我很不安。我担心这是你从商店随手拿的，我们接下来该怎么做呢？"不要一上来就指责孩子偷拿光盘或给他贴上"小偷"

的标签，因为指责永远解决不了任何问题，相反，还会让孩子通过撒谎来逃避惩罚或家长的训斥。家长要从心底里接受事实，和孩子一起面对错误行为，处理随之而来的各种问题。

3. 让孩子更加诚实，明白为什么偷窃是错误的

家长要确保孩子明白为什么偷窃是错误的，为什么它违背了家庭的道德观。家长要简明扼要地解释为什么偷窃是错误的，例如："不经别人同意就拿走人家的东西，肯定是不对的。我们不拿不属于自己的东西。我们需要相互信任。我希望你尊重别人，如果要借用别人的东西，一定要先征得主人的同意。"年幼的孩子通常很难理解"借用"和"挪用"的区别，所以家长需要解释物品所有权和尊重他人财物的概念。对于年龄稍大的孩子，家长需要和他讨论偷窃的不良后果，例如失去朋友、名声受损、失去他人的信任、承担法律责任等，要警告孩子有些店主对偷窃行为采取零容忍的态度，并会因此报警。在接下来的几周内，家长要留出时间，多和孩子讨论关于诚实的话题，这样孩子不仅能理解家长的期望，还能在日常生活中践行诚实美德。仅仅和孩子聊一次不可能起到立竿见影的效果，家长需要有耐心，不厌其烦地多次教导孩子，才能彻底改掉孩子的坏习惯。

4. 批评孩子后，要引导他思考偷窃行为对失主的影响

大多数孩子不会主动静下心来思考偷窃的不良影响，需要家长的引导。家长可以通过让孩子扮演失主，让他意识到个人财物或零售商品被偷后失主是多么焦虑不安。如果孩子还太小，家长可以试着用他喜欢的玩具当道具，在"偷"了孩子的玩具后，启发他思考："如果有人偷了你的玩具，你会是什么心情呢？这样做对你公平吗？"如果孩子稍大，家长可以这样启发他："假如你是受害者，你忽然发现钱包里所有的钱都被偷走了，你会是什么心情呢？你想对小偷说什么？"孩子总是左右为难，不知道是应该随心所欲做他想做的，还是该理智地控制自己。向孩子提出有启发性的问题有助于唤醒孩子的良知，让他明白为什么偷窃是不对的，以及偷窃对他人的影响，同时也有助于让孩子明白家长期望

他改掉坏习惯，做个诚实的孩子。

5. 要求孩子归还被盗物品或赔偿，引导他改正错误

家长要确保孩子不仅能意识到为什么偷窃是错误的，而且知道如何改正错误。最好的惩罚方法是要求孩子向失主道歉，并归还被盗物品，不管被盗物品是一包便宜的口香糖还是一台昂贵的电子游戏机（家长最好陪孩子去）。如果孩子是在商店偷的，家长要向店主简要说明情况，请店主配合，接着让孩子自己向店主道歉，而不是由家长出面："对不起，我拿走了……（物品名称）。我知道错了，所以现在把它还回来。"如果店主只和家长交流（大多数时候都是这样），家长要退后一步，让孩子自己面对所犯的错误，和店主交流。这样做的目的是让孩子明白，他要为自己的行为负责，他才是负责归还被盗物品的人。如果物品已经损坏或不能退回，孩子应支付相应费用。如果孩子无法承担相应费用，家长可以先替孩子支付，但事后要从孩子的零花钱里扣掉或让孩子额外做一些家务来抵偿。一般来说，让孩子把物品归还给商店、朋友或学校就可以了，这时孩子已经得到了深刻的教训，家长不需要再进一步惩罚他。注意，归还被盗物品前，家长要提前了解情况，看看商店是否已经通知警方，如果店主已经报警，家长作为孩子的监护人还须承担法律责任。

6. 提高警惕，挖掘问题产生的原因

如果家长怀疑孩子还在继续偷东西，那就要更密切地留意他的举动。如果觉得孩子去商店时可能还会偷东西，就陪孩子一起购物，家长甚至可能需要把家里的某些东西锁起来。最重要的是，家长需要弄清楚为什么孩子要偷窃。有时，孩子偷东西只是为了试探自己能否逃脱惩罚，但这种行为可能表明孩子更深层的需求没有得到满足。家长可以与自己信赖的其他成年人聊聊孩子的情况，听听对方的看法。以下是孩子偷窃最常见的原因，家长可以看看哪些符合孩子的情况，以便采取有针对性的措施。

- 家庭变化让孩子内心不安，例如父母离婚、再婚或搬家；孩子渴望得到家长的关注或需要发泄心中的恐惧或愤怒。

- 注意力缺陷、冲动或自控力不足（但不要以此为借口为偷窃开脱）。
- 冷漠、缺乏同理心以及未能意识到（或不在乎）偷窃给失主造成的伤害。
- 没有深刻理解诚实品质和物品所有权的意义，道德意识薄弱。
- 家里人相互混用个人物品。
- 同伴压力，想要融入集体或者获得同伴的认可；参与同龄人的偷窃挑战。
- 试图报复伤害过自己的人（可能是父母或是同龄人）。
- 寻求刺激、冒险；试探自己能否逃脱惩罚。
- 幼稚无知，认为自己不会被抓住，或者认为商店能承受偷窃造成的损失。
- 有其他不良习惯，例如酗酒、吸烟、滥用类固醇或赌博等。

家长找到孩子偷窃的具体原因后，可以对症下药。例如，如果家长认为孩子在商店行窃是为了获得同龄人的认可，那么就需要安排孩子认识能给他带来积极影响的伙伴，并教孩子勇敢地面对同伴压力。家长要制定有针对性的解决方案，和孩子一起努力实施。如果孩子的偷窃行为还在继续或更频繁，那家长就要尽快寻求心理学专业人士的帮助。

家长须知

偷窃是错误的行为，家长绝对不能放任不管。虽然很多孩子在成长过程中有偷窃行为，但这并不一定意味着孩子已经沾染上了不良习气。然而，如果家长注意到家里年龄大点的孩子有以下行为，就要寻求心理学专业人士的帮助。
- 偷窃频率越来越高，或者偷窃的物品价值越来越高。
- 出现其他令人担忧的行为问题（例如逃学、爱冲动、对抗家长、纵火、虐待小动物和抑郁等）。
- 偷窃后不觉得羞耻、后悔或内疚，不认为偷窃有错。

家长要相信自己的直觉，如果已经担心孩子很长时间了，并且觉得孩子行为异常，就要咨询相关专家！

家长分享

　　一位妈妈分享了自己的经验。

　　我儿子在商店偷了光盘，我们既尴尬又困惑，因为他有足够的零用钱买光盘。我们告诉儿子我们很失望，坚持让他把偷的光盘还给店主，并向店主道歉。这个店主人很好，他告诉我儿子，每个月都有人在店里偷窃，害他损失了不少钱。我看得出我儿子从来没有想过从失主的角度考虑偷窃的危害性。店主和我儿子的谈话深深地触动了他，比我的教导效果好多了。我很高兴我当时坚持让儿子返回那家商店归还光盘。

 不同成长阶段孩子的表现

◎ **学龄前儿童**

　　学龄前儿童开始明白别人的东西不能随便挪用，但他们的所有权意识不太强，会和小伙伴交换东西。这个阶段的孩子还会有想象中的玩伴，他们分不清想象和现实，所以会随心所欲地编造对自己有利的故事（例如，"这个小卡车是我的"其实指的是"我希望这个小卡车是我的"）。他们"挪用"小伙伴的东西，主要是因为他们当时希望那个东西就是自己的，而不是故意为之。他们还无法控制自己的冲动，难以停下来思考，这使得这个年龄段的孩子常常在商店顺走商品。不要把孩子的行为当作犯罪，而是要借此机会教导孩子明辨是非，不再犯此类错误。

◎ **学龄儿童**

　　学龄儿童对他人的所有权还在逐步理解中，但他们已经明白偷窃是不对的，并能更深刻地理解偷窃的危害性。年龄较小的孩子偷东西是为了立即使用，但学龄儿童偷东西则是为了获得占有的快感或留着慢慢用。这个阶段孩子偷窃最常见的原因是自卑或缺少朋友，试图用偷来的东西结交或打动朋友。偷窃和撒谎行为在 5 到 8 岁的孩子中出现的概率最高，在男孩中出现的概率更高。家长的教导和惩罚会让孩子有所畏惧，因此能有效预防偷窃行为。

◎ 即将步入青春期的孩子

即将步入青春期的孩子已经形成了道德感。孩子在这个阶段完全明白偷窃是不对的，如果他们偷窃，那就是有意为之。孩子在商店行窃主要是因为同伴压力和渴望融入集体。一项对近 1 000 名 9 至 14 岁青少年的调查发现，36% 的孩子会因为同伴压力在商店行窃。这个阶段的孩子能练就熟练的偷窃技能，甚至会为自己的偷窃成就感到骄傲。

第 36 问　不懂得感恩

相关问题另见：第 31 问"物质至上"、第 34 问"自私任性"、第 63 问"不愿意分享"、第 81 问"缺乏财商"

 问题

孩子对他人慷慨大方等善意的举动态度淡漠或不敏感；不懂得为他所拥有的而感恩；需要家长不断提醒才道谢；在日常生活中感受不到简单的幸福。

"我试图满足儿子的一切需求，可是儿子非但不知道感激，反而索求更多。我该怎么做才能帮助儿子懂得感恩？"

◎ 为什么需要做出改变

家长当然都希望孩子幸福，愿意满足孩子的愿望。但是，家长是否注意到有时候美好的愿望反而带来了不好的后果——孩子不但没有因自己所得到的心存感激，反而感到失望，或者总是追求"更多"？平心而论，许多外部因素不利于孩子对生活中的美好心怀感恩。冷漠无情的媒体煽动消费欲望，让孩子以为自己需要更多；快节奏的生活方式让孩子几乎没有空闲感恩；负面消息产生巨大的影响，总是让孩子看到生活中不美好的一面。有时候，我们会因为没有时间陪孩子而产生负罪感，我们的竞争本能也会驱使我们跟周围人攀比，这些因素都导致我们不断地给孩子购买最新、最好的东西。

不管是什么原因让孩子不懂得感恩，家长都必须为了孩子的幸福帮他做出改变。一些有说服力的研究发现，最幸福的孩子都对生活心怀感恩，这与他们的财富或个人情况无关。研究表明，懂得感恩的孩子在生活中更快乐、意志更坚定、心态更乐观、面对挫折更有韧性、压力相对较小，而且身体更健康。因此，如果家长希望孩子能够拥有这些品质，那就必须让孩子学会感恩。好消息是，一些简单有效的方法能帮助孩子学会感恩。

> **研究速递**
>
> 　　加利福尼亚大学戴维斯分校和迈阿密大学的研究人员发现，懂得感恩可能是使孩子更快乐、更幸福的关键。在过去的10年里，罗伯特·埃蒙斯教授和迈克尔·麦卡洛教授针对数百名研究对象开展了简单的感恩实验。这项为期10周的实验要求第一组参与者每周抽出4天写感恩日记，记录上周发生的让他们心怀感激的5件事。第二组参与者需要列出他们比其他人过得更幸福的方方面面，以此来感恩他们所拥有的幸福。心理学家对比了实验前后每个参与者的身体和心理检查结果，他们发现，以上简单的感恩练习让参与者的幸福指数提升了25%。但这还不是全部，参与者感觉生活更好了，他们的睡眠质量也有所提升，他们还感觉更健康，甚至压力也降低了。另外，他们对未来的态度变得更乐观，他们也不再那么追求物质，并更愿意向他人伸出援手。本节列出了一些练习感恩的方法，家长可以鼓励孩子进行练习，使孩子受益。

◎ 问题表现

以下是孩子不懂得感恩的9个表现。当然，每个孩子都会时不时地做错事，以下只是典型的不懂得感恩的表现。

- 不礼貌：需要家长不断提醒才会说"谢谢"或表达谢意。
- 攀比之心：他人拥有的，自己也要有；羡慕他人拥有的东西。
- 缺乏感恩之心：认为自己得到关爱和照顾都是理所当然的。

- **巨大的权力感**：觉得自己应该拥有奢侈品或特权。
- **不满足**：似乎总是想要"更多"、"更好"或"更新"的东西。
- **物质主义**：只看重所得东西的价值、品牌或时髦程度。
- **以自我为中心**：不愿回赠他人礼物或不愿回报他人善意的付出。
- **态度不友好**：对礼物感到失望时会马上表现出来，不假思索地说"我不想要这个"。
- **不体谅他人**：不考虑他人的感受或不考虑他人为自己花了多少心思、做出了多少努力。

 解决方案

看到别人对自己的善意举动有多感激后，孩子就会在生活中逐渐懂得感恩。所以，家长不要总是给孩子钱，而是要找机会让孩子帮助别人，让他感受到别人对自己的感激之情，从中感受到幸福的滋味。家长可以让孩子带着自制的饼干去养老院、为年迈的邻居耙树叶、给儿科病房的孩子送书，或者看望孤独的亲戚或朋友。家长要坚持每周至少抽出一天让孩子成为给予者，而不是索取者。这个小小的改变可以奇迹般地培养孩子的感恩意识。

◎ 步骤 1：早期干预

1.以身作则

孩子看到周围人表达发自内心的感激之情，就会逐渐懂得感恩。家长需要反思的是，孩子能不能经常看到你通过拥抱、口头道谢或递字条向别人表示感激，你是不是经常告诉孩子你有多感激他们。家长需要调整自己的态度，常常感恩，这样孩子才会以家长为榜样。

2. 不放纵孩子

让孩子拥有太多会让他觉得自己所得的一切天经地义，从而不懂得感恩。因此，家长不要过度放纵孩子，总是满足孩子的所有需求。家长发现孩子索求过多就要想办法让他收敛。

3. 向孩子道谢

如果孩子平时有体贴家长的行为，不要视而不见，一定要告诉他，你很感激他这样做，这样孩子会以家长为榜样，向他人道谢。"乔希，谢谢你帮忙倒垃圾。谢谢你帮助我。""汉娜，谢谢你让我独自静静待着。我今天原本感觉很难过，谢谢你。"

4. 用读书来激发和培养孩子的感恩之心

阅读能有效激发孩子的感恩之心，家长要带领孩子多阅读有教育意义的图书。

5. 让孩子帮助不幸的人

面对面了解不幸的人的生活可以让孩子意识到自己所拥有的幸福并懂得感恩。因此，家长可以找机会和孩子一起做一些慈善工作，例如，去收容所陪无家可归的孩子玩耍，给盲人读书，或者给卧病在床的人送饭。

实用妙招

写感谢信可以教孩子懂得感恩，这个妙招简单，而且有效。家长可以这样要求孩子："你必须先写感谢信，再拆开收到的礼物。"年幼的孩子可以口头表达谢意，并由家长帮他记录下来，末尾签上孩子的名字。

◎ 步骤 2：快速反应

1. 提醒家人要心存感恩

家长可以让孩子把有关感恩的内容用文字、图画或海报的方式记录下来，或者用便利贴贴在家里显眼的地方，提醒家人抽空停下脚步，感恩自己所拥有的。在这样的环境中成长的孩子会逐渐懂得感恩。

2. 教孩子说"谢谢"

要养育懂得感恩的孩子，家长就不能只是偶尔才让孩子表达谢意。在孩子刚学会说话时就要要求孩子说"谢谢"。孩子可能需要家长不断地提醒"你向杰夫的妈妈道谢了吗"，如果孩子承认自己忘记了，家长不要不以为然，而是要提醒孩子："那就等你回家后再打电话道谢。"

3. 引导孩子想象对方的感受

角色扮演可以让孩子学会换位思考。假如孩子刚刚收到生日礼物，给姑姑寄了一张感谢卡，家长就可以以此为契机，让孩子扮演姑姑，引导他想象姑姑在收到卡片时的情景，体会姑姑的感受。"假如你是姑姑，当你读到侄子写的感谢卡时，会是什么感受呢？"

4. 理解得到的礼物所蕴含的情感意义

孩子很难理解的一点是，他们真正应该感谢的不是所得的礼物，而是礼物所蕴含的心意，所以家长需要适当引导孩子："奶奶左思右想，才选好今年送你的礼物"；"马克去了 5 家商店，才最终找到让你最开心的礼物"。家长要不断向孩子强调礼物所蕴含的情感意义。

◎ 步骤 3：养成良好的习惯

教孩子懂得感恩最好的方法是，让家人每天都空出一定时间来聊聊他们感激的人和事。家长必须下定决心，至少连续 3 周每天抽出几分钟，直到孩子养成感恩的习惯。以下是一些有效的方法。

1. 聊聊感激的人和事

年龄小的孩子可以在餐桌上玩这个游戏：和孩子挑选字母，让孩子说说每个字母所代表的值得感激的人或事（例如：A，阿姨；X，我的兄弟；M，我的猫；等等）。让孩子解释心怀感激的原因，这会让他对感恩的理解更深刻。年龄稍大的孩子则可以讲述当天发生的让他们感激的人和事，以及为什么他们会心怀感激。

2. 睡前彼此道谢

睡前，家里的每个人要彼此道谢、互道晚安，并拥抱和亲吻。

3. 写感谢信

孩子需要给对他的生活有积极影响的人写一封感谢信，他过去可能没有好好感谢过这些人，例如老师、教练、童子军队长或祖父母。研究表明，为了好好表达感谢，孩子应该面对面地给对方读自己写的感谢信。如果对方住得太远，不方便见面，家长可以把孩子读感谢信的过程录下来，然后发给要感谢的对象，或者让孩子通过电话读感谢信，也可以让孩子和对方视频聊天，共享这一美妙时刻。

4. 写感恩日记

对于年龄较小的孩子，家长可以让他们把自己最感激的事情画下来或说出来；大一点儿的孩子可以在日记或电脑里写下感谢的人和事。家长自己也要写感谢日记，而且要要求全家人都写。研究表明，孩子应该每周写 4 次感恩日记，并且要至少坚持 3 周。

5. 专注于给予，而不是索取

家长要教孩子专注于给予，而不是索取，要让孩子多参与礼物的挑选、制作和包装过程。在节日期间，让孩子承担给亲戚分发礼物的光荣任务，给招待大家的女主人、老师或教练送上表达感谢的礼物。送礼物的过程能让孩子从索取者转变为给予者，角色的转变有助于让孩子认识到选择礼物所花的心思和礼物所表达的情谊。

实用妙招

告诉孩子，在收到令人失望的礼物时也要道谢

对孩子来说，收到喜欢的礼物后心存感激地道谢并不难，但是，优雅地接受不喜欢的礼物就不那么容易了。因此，在收到礼物前，家长要通过排练教孩子如何礼貌地表达感谢，优雅地接受礼物。家长可以教孩子回答："谢谢你的礼物，非常感谢"，或者"谢谢，你对我真好"。有时候，"非常感谢！"可能是最自然、最合适的。家长要向孩子强调，不管是否喜欢收到的礼物，都必须表达感谢，接受礼物所蕴含的心意。

不同成长阶段孩子的表现

◎ 学龄前儿童

孩子刚学会说话时，家长就要教他们说"谢谢""请"等礼貌用语。家长还需要不断提醒，才能让他们记得适时表达感谢。这个阶段的孩子注意力集中在自己身上，关注的是"我所得到的"，而不是"给我礼物的人"。不过，虽然他们以自我为中心，但在家长的引导下，他们仍然能学会为他人着想。学龄前儿童开始明白给予和获得是相互关联的。

◎ 学龄儿童

学龄儿童不会再那么以自我为中心，他们开始懂得感恩，会对需要帮助的人伸出援手，也会感激他人。不过，体育运动和竞赛会激发孩子的竞争意识，家长要留心孩子的攀比心是否越来越严重。

◎ 即将步入青春期的孩子

即将步入青春期的孩子能为他人考虑，并且更能理解礼物所蕴含的情谊。他们终于理解了给予和得到给自己带来的幸福感，不过他们仍然需要他人提醒才会写感谢信，表达感激之情。对于即将步入青春期的孩子来说，同伴压力和渴望融入同龄人的压力是巨大的。他们还不能意识到自己所拥有的一切的价值，因此往往会花更多精力关注其他孩子所拥有的。

家长分享

一位妈妈分享了自己的经验。

我希望我的孩子懂得感恩，可是他们的表现却让我有点儿失望。他们认为自己得到爱是理所当然的。后来我才明白，是我自己没有做好表率，没有教他们表达感激。于是，我每天都抽时间和孩子分享我感激的人和事，例如健康的身体、热爱的工作、乖巧可爱的孩子和关心我的朋友。起初，孩子对我的做法略有质疑，但现在他们也学会了和我分享他们感激的人和事。我儿子称这样的分享为"一起聊聊我们的幸福时光"。

第四部分

情绪

妈妈在嫁给爸爸之前需要对他有哪些了解?

孩子的回答精彩得让人惊讶。

二年级的小学生这样回答:

(1)妈妈必须知道爸爸姓什么。

(2)妈妈必须了解爸爸的基本情况,例如,他是个
    骗子吗? 他喝啤酒会喝醉吗?

(3)爸爸一年赚的钱够用吗? 愿意帮忙做家务吗?

第 37 问　愤怒

相关问题另见：第 10 问"总和别人吵架"、第 12 问"咬人"、第 15 问"逆反心理"、第 20 问"说脏话"、第 21 问"发脾气"、第 22 问"计时隔离"、第 47 问"精神压力大"、第 96 问"抑郁症"

 问题

孩子情绪失控，大喊大叫；为一点儿小事大发雷霆；容易愤怒；容易感到受挫。

"我的儿子心地善良，但是脾气太差！他的反应总是很激烈，每次他一生气，就会打周围的人或是砸东西。我们试过用计时隔离的方法让他反省自己的错误，也试过不让他玩喜欢的玩具或不让他看喜欢的节目，甚至还打过他屁股，但都徒劳无功。我怎么才能帮儿子控制他的愤怒情绪呢？"

◎ 为什么需要做出改变

易怒的孩子有一些典型行为，例如大喊大叫、打架、打砸东西、发脾气、咬人。不过，并非所有的孩子都会选择发泄愤怒，有些孩子会选择把强烈的情绪隐藏在心里。长此以往，积累下来的愤怒和挫败感会导致孩子焦虑甚至抑郁。教孩子学会纾解情绪的新方法并不容易，特别是当他们已经习惯通过发脾气来表达情绪时。

家长可以先教孩子学会平息激烈的情绪。在这个不时有暴力事件发生、充满不确定性的世界里，掌握这项能力对孩子来说很有必要。此外，掌握这项能力还能让孩子和小伙伴相处得更愉快，让家庭更和睦。所以，家长不要等待，不要放弃，要下定决心，坚持不懈，帮助孩子学会用更适当的方式疏导愤怒情绪，并帮助孩子发现愤怒的根源。

> **研究速递**
>
> 　　美国儿科学会和其他 5 个知名医学组织得出结论："观看含有暴力内容的节目会导致人们的态度、价值观和行为变得更有攻击性，儿童所受的影响更明显。"所以，家长要注意孩子收听、收看的节目是否含有暴力成分。

◎ 问题表现

有愤怒管理问题的孩子通常有以下常见行为。

- 经常会大发雷霆，甚至会因为琐碎的小事发怒。
- 无法解释自己为什么情绪失控。
- 沮丧或生气时，难以平静下来，甚至气得呼吸困难。
- 愤怒时会有攻击行为，比如打人、打架、踢人、喊叫、向对方吐口水、咒骂对方等。
- 似乎不关心动物或他人的感受。
- 不为自己的攻击行为承担责任，反而责怪他人。
- 需要周围人提醒、劝慰或斥责才能控制住脾气。
- 情绪变坏后难以恢复平静。
- 采取行动时不假思索。
- 采取行动时毫无顾忌。
- 极其郁闷和沉默，隐藏情绪。
- 言谈、写作或绘画中有暴力内容。

如果孩子只在与家长或其他家庭成员互动时才会大发雷霆，那有可能是家庭中的人际关系有问题，而不是孩子本身有情绪管理问题。在这种情况下，家长要改变管教方式、与孩子互动的方式或沟通技巧。

家长须知

> 家长需要牢记在心的是，生气是正常的情绪。但是，如果孩子的脾气越来越暴躁，每次发怒的持续时间在变长，或开始影响孩子与家人及他人的关系，并且这种情绪失控不是由疾病或药物引起的，那家长就需要寻求心理学专业人士的帮助了。

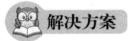 **解决方案**

◎ 步骤1：早期干预

1. 确定情绪问题的根源

每个孩子都会面临各种各样的问题，这些问题会引起强烈的挫败感，导致孩子情绪失控。如果家长能确定孩子发脾气的原因，就能预防孩子的情绪问题。以下是孩子乱发脾气的常见原因。

- 孩子天生性格就比较急躁，总是容易发脾气。
- 被同龄人欺负、骚扰、威胁或捉弄。
- 经常受到惩罚、被吼或被打。
- 因为睡眠不足、生病、药物的副作用等感觉身体不舒服。
- 患有与神经损伤有关的疾病，比如多发性抽动症、双相情感障碍、注意力缺陷多动障碍，或抑郁症。
- 担负着家长过高或不切实际的期望，以至于心情沮丧、害怕失败。
- 不知道怎样用适当的方式让自己冷静下来，表达需求。
- 犯错后从来没有承担过责任，大发脾气也不会受到惩罚。
- 模仿他人（成人或孩子）的攻击行为。

- 经常收听、收看含有暴力内容的节目，参与有暴力元素的娱乐活动。

- 感觉不被重视，想要坚持自己的观点，没人好好听孩子说话。

- 经历过带来压力的事件，例如父母离婚、家庭不和、生病、近期搬过家等。

2. 努力做出相应的改变，减少孩子发脾气的诱因

家长能不能帮孩子找一个班里人少一点儿的幼儿园，让孩子不那么紧张？家长能不能帮孩子换到一个进度不那么快、压力不那么大的班级？大人争吵时，能不能避开孩子？有些事情家长的确无法改变，但家长可以减少孩子发脾气的诱因。

3. 记录孩子发脾气的模式

如果家长还是不明白孩子为什么总发脾气，那么可以考虑在表格、日历，或育儿日记上做个记录。孩子可能是在某个特定的时间（比如睡觉前、去幼儿园的路上或考试前）容易情绪失控。这样记录可以帮助家长了解孩子脾气爆发的诱因，这也是疏导孩子情绪的第一步。

4. 以身作则，保持冷静

家长在孩子面前的一举一动就像活生生的教科书，孩子会照做，所以家长要认真反思自己是如何管理愤怒情绪的。在辛苦了一天后，你在孩子面前是怎么控制情绪的？当你带着孩子开车外出，突然遇到另一辆车变道加塞时，你会不会立马生气？当银行打电话说你透支了信用卡时，你会有什么反应？孩子发脾气时，你通常有什么反应？孩子会从你的一举一动中学到什么？家长要改变自己发泄情绪的方式，成为孩子的榜样。

5. 告诉孩子新的要求

家长要向孩子解释清楚，每个人都会生气，家长自己、奶奶、邮递员，无一例外，但同时也要强调，人们可以选择如何表达自己的愤怒，打人、尖叫、踢人、咬人和打架都是不文明也不正确的方式。如果孩子选择用这样的方式来

发泄情绪，那么无论是在何时何地，家长都要惩罚他，可以用"计时隔离"的方法让他反思自己的行为，或暂时不允许他做自己喜欢的事，之后要告诉孩子，你会教他用更适当的方式来表达情绪（参见第22问"计时隔离"）。

6. 孩子生气时别理他

孩子开始发脾气时，家长要冷静，不要反应过度，否则只会刺激孩子，使他变得更加暴躁。如果有必要，家长可以离开一会儿，去干点儿别的事，等孩子慢慢平复情绪。家长要在整个管教过程中保持冷静，这样孩子就会明白，他需要控制自己的脾气，否则你不会理他。如果孩子可能伤害自己或他人，那么家长一定要先把他带到"安全区"，再根据情况采取相应措施。

7. 强调冷静的重要性

家长可以用一只气球来给孩子讲保持冷静的重要性："我们都会偶尔生朋友的气，尤其是事情不如我们所愿的时候"；举起气球，慢慢地把它吹到一半大，捏住气球的口，别让里面的气跑掉，"当我们心烦意乱时，我们内心的怒气会越积越多，看看接下来会发生什么后果"；继续往气球里吹气，直到气球被撑到最大，然后捏住气球的充气口，留住里面的空气，"当你内心充满愤怒时，你很难保持理智，你的心跳会加速，呼吸也在加快，你难免会不加思考，对朋友说一些以后想起来会后悔的话"；接下来快速放开气球，它就会在房间里飞来飞去，趁机警告孩子"看看气球是怎么失控的，如果你不保持冷静，你就会像气球一样失控"。

实用妙招

教孩子快速认识到发脾气的不良影响

家长可以和孩子聊聊乱发脾气的不良影响，例如，他可能会失去朋友、名声受损、失去工作机会、被勒令休学或受伤。一旦孩子意识到生气的危险性，家长就可以强调自己会帮他学会用更合适的方式来表达需求、控制脾气。

◎ 步骤 2：快速反应

1. 注意导致孩子发脾气的潜在因素

家长要密切注意那些更容易导致孩子发脾气的因素（爸爸的某个表情、老师批评孩子的语气），私下告诉孩子你的观察结果，嘱咐他要特别注意在这些情况下控制自己的脾气。"我注意到，每当乔治开始说大话时，你都会大发雷霆。""你有没有注意到，每当爸爸批评你的击球方式时，你就气得呼吸急促，咬牙切齿？"

2. 教孩子察觉自己发脾气前的信号

家长可以向大一点儿的孩子解释，大家在发脾气前都有自己的信号，这预示着我们正在生气，我们应该注意这些信号，避免情绪失控带来的一连串麻烦。接下来，家长可以帮助孩子识别发脾气前的信号，例如，"你看起来很紧张，你握紧了拳头，是不是快要发火了"。无论何时，只要是处于压力之下，我们就会有"战或逃"的反应，这时会出现相应的信号。家长要帮助孩子在发脾气前识别出他的信号，不过不要期望有立竿见影的效果，孩子需要练习一段时间之后才能做好。如果孩子太小，家长要在身旁引导他识别发火前的信号。

3. 教孩子表达情绪的词汇

许多孩子在发脾气时会有攻击性的行为（踢东西、尖叫、打人、咬人），因为他们根本不知道如何用其他方式表达愤怒。家长需要教他们用情绪方面的词汇来表达感受，可以先从这几个词开始：生气、不开心、非常生气、懊恼、烦躁、恐惧、担忧、紧张、不安、焦虑、恼怒、愤怒、暴怒、特别愤怒、极其愤怒。当孩子生气的时候，家长就可以用这些词来表达情绪，让他模仿："你看起来气坏了，想和我说说为什么生气吗"；"你看起来特别生气，你需要出去散散步，冷静一下吗"。

4. 进一步让孩子用语言表达愤怒

一旦孩子学会了表达情绪的词汇，家长就可以鼓励他用语言表达愤怒，要注意的是，孩子可能会吼叫"我真的很生气"，或者不假思索地说"你让我很生气"。不要训斥孩子。这正是你想要的。这样，他才可以通过一点一滴的练习，逐渐学会用语言表达自己的愤怒，而不是通过攻击行为宣泄情绪或压抑自己的怒火。

◎ 步骤3：培养良好的习惯

每个孩子都是不同的，家长最好采用试错法，先教孩子一种控制脾气的方法，观察是否有效。如果这种方法非常适合孩子，那就让孩子反复练习，直到他最后可以应用自如。

1. 自我对话法

家长可以教孩子一些简单又有积极意义的短句，让他在愤怒的情境下和自己对话，有意识地鼓励自己，例如"停下来，冷静点""控制好自己""我能处理好"。

2. 发泄不良情绪

家长可以帮孩子找到平息怒火的有效方法，然后鼓励他用这些方法发泄不良情绪。他可以跳蹦蹦床、捣黏土、打枕头、打沙袋、练空手道、投篮、打拳击沙袋、朝没人的地方扔石头、用泡沫球拍击墙壁等。

3. 布置一个可以让心情恢复平静的地方

家长可以让孩子和你一起在家里布置一个能让他平静下来的地方，在这里放一些东西，比如书籍、音乐播放器、钢笔和纸张，然后鼓励孩子每当要发脾气时，就到这个地方慢慢冷静下来。

4. 把愤怒撕碎

让孩子在纸上画出或写下让他不开心的事，然后把这张纸撕成碎片，再"将愤怒抛开"。类似地，孩子也可以想象他的怒气正像小碎片一样，一片片地慢慢远离他。

实用妙招

一旦孩子能够识别出发脾气前的信号，家长就可以教他以下 4 个简单的技巧来控制激烈的情绪，耐心地按步骤教，直到孩子可以应用自如。

（1）听。教孩子留意自己的身体信号，比如呼吸急促、脸颊通红、拳头紧握、心脏快速跳动等，这些都是情绪即将失控的信号。

（2）停。教孩子打断愤怒情绪的方法，哪怕只是短暂的几秒钟。孩子可以想象眼前矗立着一个"停止"的标志，或者在脑海里大喊"停！"或者"冷静！"。

（3）呼吸。让孩子做几次缓慢的深呼吸，以平复情绪。

（4）分散注意力。让孩子从 1 数到 10，从 20 开始倒数，或者从 1 数到 100；哼几句《祝你生日快乐》；想想喜欢吃的奶酪比萨，或者做任何能让自己放松和冷静下来的事。

5. 停下来，深呼吸

家长可以向孩子示范如何通过深呼吸控制情绪：慢慢地用鼻子吸气，同时默数 5 下，接下来闭气，默数 2 下，最后缓缓吐气，同时默数 5 下。重复这个过程可以让自己得到最大程度的放松，缓解压力，控制不良情绪。

6. 使用 1+3+10 组合法

家长可以告诉孩子："只要你察觉出发脾气前的信号，就可以使用'1+3+10'组合法。首先停下来，对自己说'保持冷静'，这是组合法中的'1'。接下来缓缓地深呼吸 3 次，这是组合法中的'3'。最后，慢慢从 1 默数到 10，这是组合法中的'10'。连续做完这 3 步可以帮助你冷静下来，控制情绪。"

7. 想象一个可以获得平静的地方

家长可以让孩子想象那些让他感觉平静、放松和安全的地方，比如沙滩、孩子的床、爷爷的院子、树屋等，并告诉孩子，当他察觉身体发出警告信号时，就闭上眼睛想象这个地方，同时缓缓地深呼吸。

家长分享

> 一位爸爸分享了自己的经验。
>
> 我儿子大卫想象出了一种"情绪计量器"，来控制自己的脾气。这个假想的计量器有 10 档，从 1 到 10 表示他的情绪激烈程度逐渐递增：1 表示他足够放松，可以平静入睡；10 表示他就要像火山一样喷发。现在大卫每次不开心，都会告诉我们他的情绪值，高数值警告他要冷静下来，管理愤怒情绪。我们所有人都会帮他找最好的办法疏导情绪，例如，让他计时隔离反思一会儿，或给他准备一杯热乎乎的牛奶等。

 不同成长阶段孩子的表现

◎ 学龄前儿童

学龄前儿童因为认知能力和词汇量有限，不能用语言来表达自己的愤怒情绪，所以最容易做出咬人、打人等攻击性行为。一旦孩子学会表达自己的需求，认识到大人不会容忍自己攻击他人，就会减少这类行为。为了控制自己的行为，他们经常会大声说出家长的要求，比如："我最好不要踢约翰尼，因为妈妈会生气的。"

◎ 学龄儿童

学龄儿童已经可以有意识地进行情绪管理了，但仍常常需要成年人在一边提醒。他们可以学会解决问题的方法和管理愤怒的技巧，这有助于他们控制情绪，不过，他们需要大量练习才能应用自如。这个年龄段的男孩比女孩更倾向于用攻击性的方式来宣泄愤怒。

◎ 即将步入青春期的孩子

即将步入青春期的孩子更能意识到冲动的意图和诱因，也更能以适当的方式控制脾气。家长要注意孩子的精神压力和同伴压力是否过高，这些压力会加剧愤怒情绪。很多青少年在发怒的时候会打人，而孩子可能目睹过这样的行为。一项全美调查发现，几乎每 4 名初高中男生中，就有一人承认在过去的 12 个月里打过人，原因是他们当时很生气。

第 38 问　依赖家长

相关问题另见：第 19 问"犹豫不决"、第 45 问"害羞"、第 50 问"被欺凌"、第 59 问"同伴压力"、第 65 问"被取笑"

 问题

　　孩子总是靠家长解决问题，不能自立，缺乏主动性，很黏人。

　　"我女儿 10 岁了，但还总是靠我解决问题和摆脱困境。我不想看到她灰心丧气，就总是帮忙，但现在她只想依赖我。我该怎么做才能让她自立？"

◎ 为什么需要做出改变

　　毫无疑问，家长很爱孩子，不愿意看到他失败，希望孩子能向自己寻求建议，而且大多数时候，家长不愿意想象孩子离开自己、独自面对生活的那一天。但事实是，作为家长，必须让孩子为直面未来做好准备，让他能够在没有家长陪伴的情况下生活并茁壮成长。这也意味着，如果孩子缺乏自立能力，依靠家长来解决问题，替他做艰难的决定，为他保驾护航，离开家长后，孩子就可能会独自度过一段艰难的时光。家长需要学会慢慢放手，剪断和孩子之间那根无形的纽带，这样孩子才不会那么依赖大人，逐渐变得独立。

　　家长首先要做的就是改变作为父母的态度，开始培养孩子良好的习惯，让孩子能够在没有家长帮忙的情况下独立解决问题。这是帮助孩子变得更加自立、能独立思考，并能够自力更生的最佳方法，如此这样，孩子不依靠父母也能成功。美国印第安居民有一个绝妙的谚语，总结了家庭教育的目标："我们培养孩子的最终目的，就是让孩子拥有足够的能力离开我们。"家长要记住这个谚语，提醒自己要在日常生活中寻找机会去帮助孩子学会独立解决问题，减少依赖。

◎ 问题表现

如果孩子有以下某种行为，就说明他不太自立，在自己力所能及的事上也可能过于依赖别人。

- 顺从，更愿意听他人指挥或追随他人。
- 天生谨慎、优柔寡断或容易焦虑。
- 害怕走得太远或不愿离开家长，黏人。
- 缺乏进取心和积极性，需要被人推着才能前进。
- 待在自己的舒适区，不主动寻找机会，不愿积极探索。
- 以自己年龄小为借口来寻求帮助。
- 表现得无助：会用"我做不了"的态度来逃避新任务或应该负起的责任。
- 经常会以过于谨慎或过于怀疑的态度对待新人或新事物。
- 不愿意承担责任；总是等着其他人完成工作。

如果孩子只是在和家长或其他家庭成员相处时才表现得黏人，那么这可能是孩子有人际关系方面的问题，而不是有真正的依赖问题。因此，家长需要观察孩子与其他人的相处模式。如果孩子在其他情况下表现得更擅长解决问题、更独立，那这就不是他的问题，是家长需要改变与孩子的互动方式。

 **解决方案**

◎ 步骤 1：早期干预

1. 找出孩子难以自立的根本原因

孩子难以自立，家长解决这个问题的第一步是弄清楚为什么他总是依赖别人，以下是一些常见原因。

- 身体或智力发育迟缓，没有达到同龄人的正常水平。
- 害怕失败或让家长失望，是个完美主义者。
- 经历创伤性事件（如父母离婚、亲人去世、搬家、生病、遭遇意外等）后缺乏安全感。
- 有分离焦虑，害怕家长不要自己或不再爱自己。
- 从来没有被要求承担责任，家长对孩子的期望值低于他的现有水平。
- 太冲动，容易受挫，或脾气急躁以至于不能坚持完成任务。
- 总有人会帮孩子，替他收拾残局或完成任务。
- 家里的每个人都会围着他转，替他做他应该自己做的事。

还有一种可能性就是家长的教育方式出了问题，是家长害怕放手，如果是这种情况，请家长参阅本节接下来的建议。

2. 反思自己目前的教育方式

你是否正在使用以下列举的教育方式？家人是否认同你的方式？

- 推动型："我知道这有多难，让我来帮你。"
- 救援型："如果找不到课本，你上课会挨批的，不过我会告诉老师是我把它弄丢了，不要太担心。"
- 不耐烦型："我们要迟到了，我来给你系鞋带。"
- 保护型："我会打电话给布赖恩的妈妈，告诉她你有多抱歉。"
- 深感内疚型："不要担心家务事。这周我走了这么多天，放着吧，我会去做的。"

- 争强好胜型："瑞恩肯定会做得很棒。我们给你的作业再补充一些图片，这样你才能赢过他。"

- 偏执型："每15分钟给我打一次电话，让我知道你平安无事。"

- 以自我为中心型："现在不行，我没有时间。"

- 完美主义型："你去干别的事吧，我来重做你的科学项目。你贴上去的那些字母看起来不合适。"

你认为自己的教育方式是增强了孩子的独立性呢，还是会让他更依赖你？你目前是不是太大包大揽，剥夺了孩子自己解决问题的机会？你需要做出什么改变吗？仔细想想自己的教育方式，然后不要再等了，赶紧着手改变，放手让孩子自己去做。

实用妙招

让孩子变得自立的一个简单方法是不要再帮他！不要再向老师隐瞒他做得不好的地方；当孩子趁机偷懒不想倒垃圾时，不要替他倒；不要替孩子把逾期的书还到图书馆，还帮他交罚款。家长需要采取措施，让孩子知道你希望他成为一个有责任心的、爱动脑解决问题的孩子，而且你相信他能够成为那样的人。家长放手后，孩子经过锻炼会逐渐意识到他不需要依赖你。

3. 立下"不能找借口"的规矩

家长是否发现自己在为孩子找借口或替他们承担责任？"儿子太累了，我今晚得帮他做作业。""女儿太忙了，我要替她干她该干的家务。"家长很容易形成大包大揽的习惯，但如果想让孩子独立自主，就要明白这是家庭教育的大忌。家长应该立下一个新规矩："不能找借口。你需要独立承担责任，学会自己解决问题。"接下来，家长要坚持执行，不要摇摆不定。

4. 增强孩子的自信心

如果家长想让孩子不再那么依赖自己，培养他独当一面的能力，就要鼓励他表达自己的想法。每当家长想帮孩子进一步解释时（"他真正的意思是……"），都要提醒自己忍住，或者在心里默念想替孩子说的话（"他很害羞，让我告诉你他想说什么"）。孩子的习惯大多是从小培养的，所以家长越早鼓励孩子表达自己的想法，不依赖大人，他就越有自信心去做好这一切。

实用妙招

家长需要教孩子做一些力所能及的事。当你觉得孩子已经成熟到可以掌握新技能，开始自立时，你可以通过下面4个步骤教导孩子。例如，你可以这样教孩子用洗碗机。

（1）示范。首先，向孩子示范如何清除碗盘上较大的食物残屑，如何在洗碗机里有序地摆放碗盘等，要详细解释每个细节。

（2）指导。在孩子观看完示范后，让他给你打下手，和他一起做一遍，其间你要继续仔细解释每一步，直到你确信孩子能独立完成任务。

（3）检查。注意现在还不能放手！多观察孩子几次，直到你确信他能独自完成任务。你还要提供反馈，纠正任何做错的环节，并表扬孩子努力做事的态度。

（4）放手。一旦孩子掌握了这项技能，就要求他独自完成，不要给他更多的帮助！

总而言之，关键就是选择一个孩子力所能及的任务，然后将其分解为更细致的、可操作的若干环节，这样孩子就能成功地掌握新技能，独自有条不紊地完成任务。

5. 和孩子畅谈他的未来

家长要鼓励孩子展望自己的未来：去露营、进入新学校、上大学、独立住公寓和选择喜欢的职业。家长可以在茶余饭后和孩子畅谈他的未来。孩子可能随时心血来潮地改变主意，但这并没有关系，我们这样做的目的只是帮助他思考将来的生活，并让他意识到自己终有一天会和父母分开。如果孩子已经 10 岁左右了，那么那一天可能会比你想象的来得更早。所以家长们，快行动起来培养孩子的自立能力吧！

◎ 步骤 2：快速反应

1. 改进自己的教育理念

家长与其"永远给孩子他想要的东西"或"为孩子做任何你能做的事"，不如将教育理念改为"永远不要为孩子做他力所能及的事"，让孩子得到应有的锻炼。

2. 后退一步

孩子不依赖家长能独立完成哪些事？也许是时候让他学会自己做午餐、洗衣服、整理床铺或打电话预约牙医了。当然，家长要根据孩子的年龄、心智成熟度和目前的能力决定让他独立做哪些事。后退一步不是一下子提出各种新要求，弄得孩子压力重重，而是让他从简单的任务开始，然后每次增加一点任务难度。这样，孩子就不会产生畏难情绪，而是会觉得自己可以通过努力完成任务。

3. 记录孩子的进步

假设女儿每次去学校都会哭，希望家长留下来陪她，家长的目标肯定是想让孩子有安全感，可以很好地适应学校生活，但这不能一蹴而就。家长要坚持下去，每天简短地记录孩子的进步。如果不做记录，家长可能就意识不到孩子正在一点点地改变，或者意识不到自己需要改变当前的育儿方式。不用在乎记录的形式，言简意赅就好，例如："第 1 天：哭了 30 分钟。""第 2 天：哭了 29 分钟。""第 3 天：哭了 27 分钟，但不那么黏人了。"请记住，新习惯通常需要大约 21 天才能养成，所以家长要坚持到底！"第 30 天：萨拉一声没哭独自走进了教室！"

4. 保持耐心

如果孩子过度依赖大人，那么家长要明白，需要相当长的一段时间才能培养出他的自立精神。所以家长要现实一点儿，要保持耐心，不要老想着别人家的孩子有多自立自强。家长应该引导孩子脚踏实地，帮助他每天都取得微小的进步，日积月累，一定可以达到预定的目标。家长一定要记得表扬孩子在成长路上所做的大大小小的努力。

实用妙招

5 个问题，测测看孩子是否已经做好了自立的准备

孩子长到几岁才能去小朋友家过夜、独自在家、自己过马路……这些没有明确的规定，家长首先需要考虑的是孩子的自立能力和安全问题，然后再下决定。以下 5 个问题可以帮助家长判断自己是否应该给孩子更大的自由空间，或者自己是否有点操之过急。只有当每道题的答案都是"是"时，家长才能放手！

（1）孩子已经掌握了必要的技能，且心智成熟，能独自完成特定的任务或应对特定的情况。

（2）孩子能够回答安全方面的问题，知道出现紧急情况时应该怎么办。如果家长提问"如果……你会怎么做"时，孩子有足够的应对能力。以洗碗机为例，家长可以问："如果你看到水和泡沫溢出洗碗机，流了一地，你会怎么做？"

（3）孩子值得信赖，能遵守诺言。

（4）家长多次亲眼见到孩子独自完成了任务，他已经证明了没有家长自己也能行。

（5）家长的直觉告诉自己："孩子已经准备好了。"那就相信自己的直觉！

◎ 步骤3：培养良好的习惯

家长的教育目标是帮助孩子养成良好的习惯，让他更加独立。以下是能让孩子自立自强、摆脱依赖心理的技能（参见第19问"犹豫不决"）。

1. 引导孩子开动脑筋，独立解决问题

当孩子遇到麻烦时，家长不要急于告诉他解决办法，相反，要引导他开动脑筋，看看有没有其他的办法。家长可以先问问孩子："你在烦恼什么？给我讲讲。"家长可能需要引导他把想法说出来："我不知道拿什么东西和朋友分享。"家长要表达出你对他能自己解决问题的信心："我相信你能找到办法的。"然后，家长要鼓励他开始头脑风暴："别担心你的想法听起来有多傻。说出来吧，因为这可能会给你启发，帮助你想到可以分享的东西。"家长可以把这称作"头脑风暴游戏"，提醒孩子以后遇到问题就这样开动脑筋。通过足够的练习，孩子会经常开动脑筋，独立解决日常生活中碰到的许多问题。

2. 提高孩子的整理能力

孩子是不是找不到从图书馆借的书了？是不是找不到他的运动装备了？是不是把老师写给家长的字条弄丢了？缺乏条理是孩子依赖你的一个主要原因，家长需要帮孩子学会井井有条地安排自己的生活。家庭教育的目标是让孩子随着年龄增长对你的依赖越来越少。以下是孩子过度依赖的几种常见表现和简单的应对方法，这些方法可以培养孩子的责任感，使他们愿意独立解决问题。如果孩子已经培养出了开动脑筋的习惯，那他们就可以自己想出解决方法。

● 表现：家长需要提醒孩子每天的日程安排。

应对方法：让孩子在自己的房间里挂一张日历，并在上面标出重要日期和重要事情的文字提醒，例如图书馆还书的日期（"每周三还书）"；让孩子在白板上记录她每周的重要安排，比如音乐课、足球课、参观学习、分享日和拼写测试。对于还不会写字的孩子，可以让他们画下日程安排。

- 表现：家长总是要帮孩子找东西。

  应对方法：让孩子在睡觉前将容易找不到的物品（比如背包、运动装备、外套、手套等）放在指定的地方，比如玄关、宽敞的桌面收纳篮里，或者衣钩上。

- 表现：家长需要在早晨那几分钟里帮孩子搭配好上学要穿的衣服。

  应对方法：让孩子前一晚就把第二天要穿的衣服搭配、摆放好。

- 表现：家长总是需要叫孩子起床。

  应对方法：让孩子每晚睡前设好闹钟，这样家长就不需要早上一遍一遍地催促孩子起床了。

家长分享

> 一位妈妈分享了自己的经验。
>
> 我不在女儿身边的时候，她总是犹豫不决，不敢尝试新事物。后来我发现和女儿先预演一遍会让她放松下来，不再那么依赖我。比如，在她第一次去小朋友家过夜之前，我们就在家里预演过几次。那晚，有个同学取笑她，女儿就用了预演时的方法，严肃警告那个女孩别惹她，结果那个同学真的消停了。事先预演帮助女儿学会了随机应变，她不再那么依赖我了。

 不同成长阶段孩子的表现

◎ 学龄前儿童

学龄前儿童很容易分心和冲动，无法独立完成过马路、逛杂货店之类的事，但他们可以做简单的事情。他们会开始鼓起勇气探索这个世界，但仍然会扭过头来确保家长在不远处看着自己。在 3～4 岁时，学龄前儿童可以自己穿衣服，不过扣纽扣、拉拉链和系鞋带对他们来说仍有难度；他们也能在 2 ~ 3 种选择中做出简单的决定（穿红色还是绿色的裙子）；做一些简单的家务，比如给植物浇水、清空废纸篓、清理桌面等。

◎ 学龄儿童

学龄儿童的注意力持续时间、自信心和协调性比起学龄前儿童都有所提高。他们已经明白必须遵守规则、听大人的话，也能按照简单的指令完成任务，做点简单的家务活，管理好自己的个人物品，独立学习等。6 岁的孩子可以自己刷牙和洗澡，不过还需要家长帮忙调好水温；他们还可以帮家长接电话，礼貌地问："请问是谁呀？" 7 岁的孩子已经为第一次独自在小伙伴家过夜做好了准备，虽然他们可能只愿意去好朋友家（孩子可能再大点才不会想家）。8 岁的孩子可以准确地记下电话留言、自己打包午餐、帮家长做各种家务（参见第 78 问 "不愿意做家务"）。

◎ 即将步入青春期的孩子

即将步入青春期的孩子精细动作技能已经得到了充分的发展，他们能够理解哪些行为有安全隐患，并且知道相应的后果。在 12 岁的时候，孩子可以使用锋利的刀或其他工具，也可以帮家长照看已经上小学的弟弟妹妹，不过，家长还不应该让他们独自照顾婴儿或蹒跚学步的孩子。大多数专家都认为 13 岁的孩子才会有足够的责任心去照顾婴儿。

第 39 问 胆小恐惧

相关问题另见：第 43 问"悲观"、第 44 问"敏感"、第 45 问"害羞"、第 47 问"精神压力大"、第 50 问"被欺凌"

 问题

孩子由于胆小或过度恐惧社交，不愿和同伴、朋友、家人互动。

"我的儿子一旦害怕、焦虑，就会发抖。小朋友都叫他'胆小鬼'。我怎样才能帮他消除恐惧，放松心情，享受生活呢？"

◎ 为什么需要做出改变

恐惧是孩子成长过程中的正常心理现象，但是有些孩子的恐惧和焦虑情绪比其他孩子更严重。数据显示，8% ~ 10% 的美国儿童受到焦虑情绪的巨大困扰，而且这些焦虑的孩子患抑郁症的风险是正常孩子的 2 ~ 4 倍，到了青少年时期，他们更有可能会滥用药物。但好消息是，研究表明，容易焦虑的孩子能通过学习一些技巧来管理和缓解自己的恐惧情绪，使自己不再受焦虑困扰，好好地享受生活。实际上，数项研究表明，约有 90% 的焦虑儿童能通过学习应对技巧大大地缓解焦虑的情绪。家长要负起责任，教孩子学习如何处理遇到的难题，并帮助孩子反复练习应对技巧，直到孩子养成这些令他终生受益的习惯。

◎ 问题表现

孩子不一定能告诉你他在害怕什么，所以家长需要注意孩子的表现。下面是他们焦虑时常见的表现。

- 睡眠障碍：入睡困难、睡眠质量差、害怕独自待在黑暗的地方。
- 回避社交：在某些场合表现出回避或抗拒社交，做什么都不想动。
- 情绪失控：被逼着做害怕的事（如离开家、在班上发言）时，会大发脾气。
- 黏人：不让家长离开视线；一直跟着熟悉的人以寻求安全感。
- 生理紧张：心率升高、多汗、呼吸急促、手心出汗、呕吐。
- 感到恐惧：身体颤抖、大哭，或者呜咽。
- 行为倒退：吮吸大拇指、尿床，或者又开始用小时候用过的安全毯。
- 紧张：咬指甲、牙齿打战、紧握拳头、胃部不适、短暂抽搐。

家长须知

孩子是否患有惊恐障碍？

童年时期的大多数恐惧情绪是正常的，它们会随着年龄的增长逐渐消失，但如果强烈的恐惧情绪反复出现，家长就要考虑孩子是否患有惊恐障碍。惊恐障碍在幼儿中很罕见，在年龄较大的儿童和青少年中更为常见。如果孩子会突然表现出 4 种以上的下列症状，且发作过程持续 10 分钟左右，那孩子就是患有惊恐障碍。

- 心跳加剧、心率升高。
- 出汗。
- 战栗或哆嗦。
- 呼吸急促。
- 感觉窒息。
- 胸痛或胸部不适。
- 感觉头晕目眩或突然昏厥。
- 害怕失去控制或失去理智。

- 感觉环境、自我是不真实的，好像与自我分离了。
- 担心自己要死了。
- 身体发麻或有刺痛感。

　　惊恐障碍发作时，孩子通常无法解释自己为什么如此恐慌，家长要立刻寻求心理学专业人士的帮助。

 解决方案

◎ **步骤 1：早期干预**

1. 发现孩子不易觉察的恐惧

　　孩子最害怕的两件事是什么？如果家长不知道，那就要在接下来的一周里更加密切地观察他。家长要认真听孩子说话，观察他画的画和玩的玩具，这样即使他不直接说他在害怕什么，家长通常也可以大致地了解孩子的恐惧。一旦明确了孩子在恐惧什么，家长就能用积极的应对方法帮他逐渐克服恐惧心理。

2. 密切注意引发孩子产生恐惧情绪的具体诱因

　　某些情况会放大孩子的恐惧情绪，所以，家长一旦发现孩子变得焦虑（参见上文"问题表现"），就要思考是什么引起了孩子的这种情绪反应。明确了诱因，家长也许就能找到减轻恐惧的方法。例如，假设你发现艾玛做噩梦了，做噩梦的原因是那天晚上她看了《睡美人》，那解决的办法就是不再让孩子看让她害怕的电影，尤其是在睡觉前！

3. 注意孩子在重大变故后是否会产生恐惧

　　每当孩子面临应激性生活事件（比如搬家、意外、校园欺凌、转校、父母离婚、亲人去世、自然灾害等）时，他都需要做适应性的改变，家长要更密切地关注他是如何应对的。痛苦的经历通常都会引起焦虑。研究也发现，长期巨大的生

活压力（比如不和睦的家庭生活）可能会导致孩子在未来患上抑郁症或焦虑症，所以，家长要时刻关注孩子的情况！

4. 以身作则

恐惧会传染，所以家长要注意自己的言行举止，即使害怕，也不要让孩子看出来。例如，如果你自己看到闪电都躲起来，那孩子和你一样吓得浑身发抖也就不足为奇了。如果你告诉孩子自己小时候害怕蛇，那么孩子也会害怕蛇。家长不必对此大惊小怪。孩子会观察和模仿你的一言一行，会害怕你恐惧的事物。

5. 筛选孩子接触到的所有媒体内容

电影、电子游戏、音乐视频、网站和电视新闻中的内容可能会引发或加剧孩子的恐惧情绪，所以家长要筛选孩子接触到的所有媒体内容，尤其是要关注孩子临睡前都看了些什么。想要判断某部电影对孩子（无论年龄大小）来说是不是太恐怖，就需要注意孩子在看完电影后需要多长时间才能"缓过来"。如果9～13岁的孩子在看了恐怖电影后，连着好几天都会发抖或用椅子顶着屋门，就说明他被吓坏了，以后不能选这么恐怖的电影给他看。

6. 鼓励孩子谈谈他的恐惧

家长要鼓励孩子谈谈他的恐惧情绪，让他说出自己担心的事，这样才有助于减轻恐惧情绪。家长要做的就是尽早了解孩子的恐惧，以免它变得不可控制，难以消除。家长一定要告诉孩子你会认真听他讲，这样一来既可以安抚孩子，又可以解答他的困惑。

> **研究速递**
> #### 为消除孩子的恐惧而过度保护，会产生事与愿违的后果
> 哥伦比亚大学和哈佛大学的研究人员在研究了数百名婴儿后发现，如果家长试图帮孩子避开所有应激事件，孩子反而会更容易产生恐惧情绪。此外，那些惊恐发作次数异常多的成年人常常是在童年时期受

到了过度保护。因此，放手让孩子处理日常问题实际上可以帮他们培养出更强的抗压能力，也可以帮他们学会解决问题。家长不要急于让孩子避开所有应激事件的刺激，因为这样做反而弊大于利。

◎ 步骤2：快速反应

1. 接纳孩子的恐惧情绪

虽然孩子恐惧的事物好像微不足道或只是源于想象，但孩子的恐惧心理是真实存在的，而且会引发焦虑。以下这些做法都无济于事：嘲笑孩子，训斥孩子，忽视孩子的恐惧感，跟孩子讲道理说他没必要恐惧。我们首先要做的是全面接纳孩子的恐惧情绪。

2. 不要轻视孩子的恐惧情绪

家长不要无所谓地告诉孩子："别傻了！你的床底下没有鬼！"孩子听了确实会上床睡觉，但这样的话并不能驱散他心中的恐惧。回想一下你自己的童年，当时大人说"没有怪物""胆大点，不要当胆小鬼"之类的话时你有没有好受些，所以不要再对孩子说这些无用的话了。

3. 不要扮演"保护者"的角色

家长总想告诉孩子："别害怕，妈妈在这儿保护你。"请记住，不要这样做，以免孩子在每次害怕时都跑来找你。研究表明，让孩子避免应激情景并不是好办法。如果没有面对过恐惧，孩子就不能学会如何克服恐惧心理。

4. 给予安抚

家长要想办法给孩子安全感，首先不要低估自己语言的安抚力量。当孩子确实感到害怕时，妈妈可以安抚他："一切都会好起来的。"爸爸紧握孩子的手对他说类似的话，也可以让他得到同样的安全感。这样，孩子以后再感到恐惧时，就会想起这一刻并勇敢应对。

孩子害怕时，家长可以用两种简单的方法帮助他平静下来。第一个方法是让孩子想象一处让他感到心情放松的地方，然后让他开始慢慢地倒数。第二个方法是，假如是在医院，孩子害怕打针，家长可以试着转移他的注意力，例如让他猜地板上铺了多少块地砖，然后再让他慢慢地数，看他猜得是否正确。无论是用哪种转移注意力的方法来缓解恐惧，孩子都必须反复练习，直到能够应用自如，养成习惯。

5. 告诉孩子接下来会发生的事情

有些恐惧是孩子不得不面对且必须忍受的。家长可以提前把相关信息告诉孩子，以便打消他的疑虑，提升他的安全感。例如，在孩子害怕住院时，家长可以通过以下方式减轻他的焦虑：安排时间先带孩子去医院看看、让他说说自己在害怕什么、买一套医生玩具给他玩、建议孩子在离家前把熟悉的泰迪熊和安全毯带上。

6. 阅读有助于克服恐惧的书籍

家长可以给孩子讲故事、和他一起扮演书中勇敢的角色，或阅读描绘了类似情境的书籍，帮助孩子克服恐惧。

一位妈妈分享了自己的经验。

我的女儿以前非常害怕怪物，害怕到不敢睡觉。我们鼓励她发挥丰富的想象力，把这个可怕的怪物想象成一个有趣的怪物。后来，女儿在走进卧室睡觉时，会紧紧地闭着眼睛，把脑海中可怕的怪物形象想象成友好的怪物小伙伴，让它整晚保护她，不让她受任何坏蛋怪物的伤害。这个方法很有用，女儿再也不害怕了。

◎ 步骤3：培养良好的习惯

以下方法可以帮孩子面对让他们感到害怕的情景。

1.循序渐进地帮孩子克服恐惧

研究表明，让孩子适度承受恐惧或压力可以帮他克服恐惧。诀窍在于，家长要先给孩子一点儿压力，然后逐渐加压，直到孩子不那么胆小。以下是两个帮孩子逐步消除恐惧感的典型例子。

● 问题：孩子非常害怕邻居家的大狗。

  解决方案：先给孩子看狗的照片，然后让他和一只小狗一起玩，接下来再让他和一只中型犬玩，直到他不再害怕邻居家的大狗。

● 问题：孩子不敢在社区游泳池里上游泳课。

  解决方案：先让孩子在儿童泳池浅一点儿的边上玩水，接下来让他稍微前进一点儿，适应深一点儿的水，然后逐渐让他往池子中间水再深点的地方移动，直到最终他可以到水最深的地方学习游泳。

2.密切观察孩子的反应，要记住"欲速则不达"

家长要等孩子准备好后，再让他按照自己的节奏慢慢进步，同时要温柔地鼓励他克服焦虑。

3.教孩子给自己打气

家长可以教孩子一些加油打气的话，以便他在陷入恐惧时鼓励自己要勇敢。家长最好让孩子只选一句简短有效的话，然后每天多次练习，直到他在焦虑时可以脱口而出。这样的句子有："我能做到"，"我能处理好"，"我没问题"，"我真的不怕"。

4. 让孩子学会放松

如果恐惧让孩子身心紧张，教他学习放松的方法会有所帮助。家长可以让孩子在感到紧张的时候，想象自己正心情平静地飘浮在一朵白云上，或者安静地躺在海滩上，然后缓慢地呼吸。缓慢地深呼吸可以减少焦虑。家长可以让孩子把自己的肺想象成充气的气球，呼气时就好像慢慢地把气球里的空气释放出来，同时也把恐惧释放出来。

5. 让孩子自己决定如何减轻恐惧

研究表明，如果人们觉得自己可以掌控这个处境，他的恐惧感会有所降低。所以，家长可以帮孩子制订克服恐惧的计划，可以从识别一种恐惧开始。例如，如果孩子说："墙上奇怪的阴影让我不敢关灯睡觉。"家长就可以问："怎样能让你感到更安全呢？"然后和孩子一起开动脑筋，帮孩子找到至少一件能让他感到更可控的东西。孩子想出的解决方案可能是"把手电筒放在枕头下"或者"把书架挪开，离床远一点儿，这样我就不会看到墙上的黑影了"。

家长须知

测一测，判断孩子是不是太过于恐惧了

如果孩子的情况符合以下 4 条中的至少两条，就说明他难以处理自己的恐惧情绪，家长就要考虑咨询精神健康领域的专家了。

（1）孩子的恐惧情绪和反应不符合他的年龄段。

（2）孩子的恐惧情绪变得越来越强烈，持续好几周都不能消除。

（3）孩子的恐惧情绪影响了他的成长、社交和学校生活。

（4）孩子的恐惧情绪难以解释，或者预示着其他更严重的问题；孩子有其他令人担心的行为或症状。

不同成长阶段孩子的表现

孩子产生恐惧感是成长过程中的正常心理现象，恐惧程度会因年龄不同而有所变化。

◎ 学龄前儿童

学龄前儿童还无法区分现实和想象，他们有丰富的想象力，幻想会加深他们的恐惧。3～4岁的孩子会害怕巨大的声响（比如打雷）、狗、黑暗、与父母分离、怪物和外表奇特的人。5岁的孩子会害怕受伤、跌倒、死亡、失去爸爸或妈妈、在黑暗中独自睡觉、陌生人和鬼。

◎ 学龄儿童

学龄儿童可以区分现实和想象，会开始意识到他们可以努力克服恐惧。5～7岁的孩子通常会害怕动物、迷路、失去爸爸或妈妈、死亡和父母离婚。7～8岁的孩子通常会害怕风暴和火灾等现实生活中的灾难、受伤、在学校不受欢迎、上学迟到，以及受到排斥不能参加学校或家庭活动。8～9岁的孩子经常害怕因为出丑而被嘲笑、成绩不好、与同伴相处不好、父母打架、父母分居、受伤或是挨打。

◎ 即将步入青春期的孩子

大多数即将步入青春期的孩子能意识到恐惧并不一定会让他们崩溃，因为他们已经学会了如何克服恐惧。10～11岁儿童的典型恐惧包括成绩不好、体育不好、生病、动物、坏人（杀人犯和恋童癖等）和站在高处。12～13岁时，孩子可能会担心学习不好、体育差、不受欢迎、别人看不惯自己的外表和行为、死亡、危及生命的重病、父母离婚、人身危险、流言、战争等现实中的可怕事件，还有绑架等威胁个人安全的事。

第40问　哀伤

相关问题另见：第8问"离异家庭的孩子"、第38问"依赖家长"、第39问"胆小恐惧"、第47问"精神压力大"、第87问"睡眠问题"、第96问"抑郁症"

 问题

　　由于失去亲人，孩子感到痛苦和哀伤，陷入其中难以自拔，难以应对日常生活。

　　"我母亲最近中风了，情况很不好，估计很难熬过这周了。这是我7岁的女儿第一次面对亲人去世，我不知道她会有什么反应。以前，她养的猫死了，她都难过得不得了，一个星期都没法恢复平静去上学，只能请假待在家里。现在我该怎么办呢？"

◎ 为什么需要做出改变

　　所爱之人离世是孩子面对的最痛苦的事情。亲人去世对孩子来说遥不可及且难以想象，然而，当孩子的父母或兄弟姐妹真的面临死亡时，家长如何应对会对孩子的情绪健康和人生观产生巨大的影响。面对最亲的人去世，家长悲痛不已，同时还要照顾孩子，问题就会更加复杂了。毕竟，哀伤是大家经历的一种非常强烈的情感。因此家长必须在帮助孩子的同时，尽量缓解自己的哀伤情绪，与孩子一起从痛苦中走出来，尽快恢复正常生活。

◎ 问题表现

美国儿科学会总结了儿童哀伤时的正常表现和需要专业人士帮助时的表现。

儿童哀伤的正常表现	需要专业人士帮助时的表现
哀伤情绪持续数天或数周	哀伤情绪持续数月或更长时间
感到震惊或麻木	长期不愿面对现实，不愿表达情绪
悲伤	抑郁过度，身体衰弱；有自杀的念头
不快乐	长期不快乐
生气	长期愤怒
内疚	认为一切都是自己造成的，自己应该负责
食欲减退	饮食紊乱
内心忧虑	远离社交
有短期的睡眠问题	产生长期的睡眠问题；做噩梦
有短期的行为倒退	无法自理或产生持续的行为倒退
更黏人	有分离焦虑，不能离开大人
哭	不停地哭
不服从家长	与他人对立或产生行为障碍
相信已故的亲人仍活着	固执地相信已故的亲人仍活着

 解决方案

孩子面对亲人去世的哀伤程度通常取决于孩子的成熟度、性格和他过去是否有过面对死亡的经历（比如失去宠物），而不是只取决于他的年龄。实际上，家长永远都不会知道孩子会以怎样的态度面对亲人去世。家长最好的应对办法就是密切关注孩子，一直安慰他、开导他，并陪伴他度过痛苦的日子。

以下方法可以帮助孩子面对亲人逝世的哀伤，帮助家长陪孩子应对痛苦的变化。

◎ 步骤 1：早期干预

1. 观察孩子的反应

每个孩子面对亲人去世的反应都不一样。家长需要观察孩子的反应，随时调整自己的教育方法，以便事半功倍地帮助孩子从哀伤的情绪中尽快走出来。以下是孩子得知亲人去世后的常见反应，家长可以看看哪些符合自家孩子的情况。

- 否认："我不相信。""爷爷没死。"
- 身体不适："我不能呼吸了。""我睡不着。"
- 敌意："难道他不爱我了吗？不能活着照顾我吗？"
- 内疚："他生病了，因为我一直不听话。""是我害死了他，我总让他伤心！"
- 责怪："是医生的错，他们没有好好地给爸爸治疗。"
- 替代："本叔叔，你爱我吗，真的爱我吗？"
- 希望自己和已故亲人有相似之处："我长得像爸爸吗？""我和妈妈一样爱好跳舞。"
- 理想化："不要说妈妈的坏话！妈妈什么都好！"
- 焦虑："我胸口疼，就像妈妈去世时那样。"
- 恐慌："现在谁来照顾我？""还有必须由爸爸陪孩子出席的宴会，谁能带我去呀？"
- 行为倒退："我需要我的安全毯。""我要吮我的拇指。"
- 挑衅行为："我不是故意打他的。""我无法停下来让自己冷静。"
- 人际关系变差："我想要新朋友。""我不想上学。"

2. 想想和孩子谈心时说什么

跟孩子谈论死亡的话题并非易事，因为家长通常不会在和孩子谈心时聊这些，所以，花点时间构想一下自己准备和孩子聊哪些与死亡相关的话题，这有助于自己了解孩子的情绪。家长要观察孩子的反应（参见上文"问题表现"）。在谈心过程中，家长要诚实地回答孩子的所有问题。如果你觉得和孩子一对一谈心不自在，可以请其他亲人或朋友参与。

3. 不要隐藏自己的情绪

面对孩子，家长可以表达悲伤、震惊和愤怒等情绪，也可以将自己的感受和盘托出。当然，流泪的同时也要清楚地知道，孩子也在寻求你的帮助，需要你引导他度过这段痛苦的日子。家长也可以给孩子看已故亲人的照片，聊聊过往的故事，和孩子一起陷入回忆。研究表明，这样做可以帮助减少孩子的孤独感。

4. 通知需要了解孩子近况的人

家长需要通知孩子的学校（特别是老师）、教练和其他需要了解孩子近况的成年人关于亲人去世的消息。问问孩子，看他是否希望你把这个消息告诉他的朋友（或朋友的父母）。

5. 照顾好自己

孩子需要家长或其他成年人引导他度过这段痛苦的日子，所以如果去世的是你最亲的人，比如你的配偶或父母，你就应该寻求心理咨询师的帮助，以便能尽快走出哀伤情绪。你肯定也不希望孩子为你担心吧。

◎ 步骤 2：快速反应

1. 用孩子能理解的语言解释什么是死亡

家长要向孩子解释事情的来龙去脉，要详细说明死亡究竟意味着什么，要让孩子领悟到死亡其实就意味着生命停止，死者不能再复活，尸体会被火化；去世的人会停止呼吸、进食和行走，也不会再感到疼痛、担忧或饥饿。"爷爷去世了，他的心脏不会再跳动。""塔拉死了。她因为没有用安全带，在车祸中受了重伤，没有治好。"解释死亡时要深入浅出，要具体明确，否则会让孩子产生困惑和误解。孩子对死亡的理解与成年人差别很大，所以家长在和孩子讨论死亡之前，要先参考本节最后"不同成长阶段孩子的表现"这部分的内容。

2. 态度坦诚、开诚布公、不绕弯子

家长不要一概而论，说人老了就会死去，而是要坦诚地向孩子解释，要消除孩子对死亡的误解。家长也不要绕弯子，要直接告诉孩子他需要知道的所有细节，但也需要有所保留，要略去那些孩子难以承受的事实。对于自己不了解的情况，坦率承认就好。

研究速递

如果亲人去世，请告诉孩子真相

圣芭芭拉大学的研究人员发现，当受访的成年人回忆他们听过的最糟糕的谎言时，通常会提到父母对他们说的有关亲人去世的谎言。他们一直都无法摆脱那种被欺骗的感觉，并且会一直怨恨家长。但是当他们的父母被问及为什么不对孩子说真话时，这些父母通常会认为说谎是为了保护孩子，是正确的选择，是出于对孩子的爱。所以，我要在此提醒自以为做得天衣无缝的家长：不要低估孩子的理解能力，永远不要掩饰真相或欺骗孩子，他们会察觉到你的紧张情绪，或者从别人那里听到令人不安的消息。因此，家长最好亲口告诉孩子真相。家长要始终对孩子讲真话，要允许孩子提问和表达自己的情绪，帮孩子通过其他积极的出口疏导哀伤情绪，例如，设立以去世的亲人的名字来命名的基金会或举办相关活动来缅怀亲人。家长还可以让孩子参加家庭纪念活动来帮孩子表达哀伤和想念之情。家长需要了解一些前沿研究和教育策略，以便在一家人都很痛苦的日子里也能照顾好孩子。

---

3. 鼓励孩子提问

孩子谈论死亡会很直接，家长要坦然面对，准备好一遍又一遍地回答同样的问题，这是孩子处理他们不理解的信息的方式，要让孩子知道你随时都可以回答他的问题。以下是美国儿科学会认为孩子最有可能问的 5 个问题，包括：

什么是死亡？人为什么会死？去世的人去哪儿啦？这种事会发生在我身上吗？谁来照顾我？家长应该坦诚地、开诚布公地、言简意赅地进行解释。

4. 不要委婉地解释

家长要注意，孩子可能不理解死亡究竟意味着什么，因此，他们会以家长的解释为准。所以，不要对孩子说"奶奶正在熟睡""爸爸休息了"之类的话，也不要说"她已经悄悄地离开我们了"，"妈妈在平静地休息"，"哈丽特姨妈病得很重，治不好病才去世的"，"上帝把她召唤走了"之类的话。这样的解释常常令人困惑，会让孩子担心同样的事情也会发生在他们身上，会让他们认为"如果我病了，我可能也会死。"或"如果我睡着了，我就上天堂了"。

5. 不要忽视孩子的悲伤情绪

家长不要故作轻松地安慰孩子"爷爷去世了，你还有奶奶呀""狗狗死了，再养一只就可以了""有些孩子本来就是没有其他兄弟的"，或"别担心，一切都会好起来的"。

6. 准备好回答孩子提出的棘手问题

一旦孩子开始理解人都会死，死了就不会复活，死亡是每个人都要面对的问题时，就可能会问："你会死吗？"一般来说，孩子问这些问题更多的是为了减轻自己对失去亲人的恐惧。虽然家长不能对孩子做出虚假的承诺，撒谎说自己不会死，但是可以安慰孩子说"医生说我的身体很棒""我希望能活很久，一直和你在一起""我希望我能一直陪着你慢慢长大、变老"。

7. 避免把孩子当成大人来对待

家长不要一味地对孩子说"你真是个坚强的小姑娘""你一定要坚强，这样我就不用担心你了""你是个大男孩了，还哭什么""你要坚强才能帮妈妈"，或者"现在你就是咱们家的顶梁柱了，要像个男子汉"。不要把孩子当成大人来对待，试图让孩子承担成年人的责任。

8. 接纳孩子的哀伤情绪

家长要让孩子知道他感到哀伤是正常的。如果他有行为倒退或情绪爆发的表现，家长也要表示理解。家长要表示认同"失去亲人对孩子来说是不公平的"这样的话，肯定地告诉孩子，哭泣、悲伤或其他情绪都是内心哀伤的表现，过一段时间，他就会重新恢复快乐的心情，像以前那样无忧无虑地生活。

9. 做孩子的坚强后盾

家长要给予孩子支持，而不是强迫他，不要想当然地以为孩子可以在没有帮助和支持的情况下处理哀伤的情绪。你要慷慨地给予孩子你的拥抱和爱，要让孩子确信你是他的坚强后盾。

10. 寻求心理咨询师的帮助

如果家长担心孩子难以修复失去亲人的心理创伤，那么就可以考虑向心理咨询师寻求建议。训练有素的专业人士可以引导孩子以正确的态度面对亲人去世的事实，疏导孩子的情绪，减轻家长的担忧，也能帮助家长处理自己的哀伤情绪。

11. 考虑是否要带孩子去参加葬礼或其他纪念活动

大多数心理咨询师会鼓励孩子参加葬礼，因为葬礼提供了一个机会，让孩子明白已故的亲人再也回不来了，并让他和亲朋好友一起向逝者做最后的道别，表达永远的怀念。家长在决定是否带孩子参加葬礼时，要考虑孩子的年龄、成熟度、葬礼时间的长短、孩子的意愿，以及葬礼上是开棺还是闭棺。如果家长决定带孩子去参加葬礼，可以简单地向孩子解释这是要和逝者说再见。家长可以提前告诉孩子，葬礼上有很多亲朋好友会伤心，会哭泣，这都是正常的表现。家长不要期望 5 岁以下的孩子能理解葬礼或者在葬礼上表现得举止得体。如果逝者是家长的至亲，要请孩子亲近的其他大人帮忙照看他。不管家长做出什么决定，都还是请考虑一下心理咨询师的建议。因为许多心理咨询师认为，如果没有让孩子参加葬礼，他们会更难过，会后悔没有去向已故的亲人做最后的道别。

一位妈妈分享了自己的经验。

"我先生去世后，我为每个孩子都准备了一个'永恒的回忆'的盒子。我收集了先生和孩子的合照、他给孩子写的信，以及孩子会记住的特殊纪念品（比如先生的钓鱼用具、剃须膏和领带），然后把它们分别放进每个盒子里。我鼓励孩子自己收集和爸爸有关的东西，并添到他们自己的盒子里。这些回忆盒子不仅让孩子走出了失去爸爸的哀伤，还让他们认识到，尽管爸爸永远离开了，但关于爸爸的回忆会永远陪着他们。"

◎ 步骤 3：培养良好的习惯

失去亲人后，孩子陷入哀伤的时间长短大不相同。以下方法可以帮助孩子缓解强烈的哀伤情绪（参见第 39 问"胆小恐惧"和第 47 问"精神压力大"）。

1. 鼓励孩子表达自己的情绪

心理咨询师指出，许多孩子难以用语言表达他们对死亡和失去的感受。所以，家长要考虑为孩子提供一个发泄的渠道，帮助孩子表达他的悲伤。年幼的孩子可以画出他们强烈的情绪；年龄稍大的孩子可能会希望在日记、随笔或笔记本中写下内心的感受，甚至会给已故的亲人写一封信，说说他从未说出口的话。家长一定要让孩子知道，他有什么问题都可以和家长、其他亲人或心理咨询师交流。

2. 提供悲伤情绪的积极宣泄方式

有的家庭帮助他们的孩子以已故亲人的名义设立了基金或举办其他活动来表达内心的怀念，还有一些家庭让孩子通过健康的体育运动来消除紧张和哀伤的情绪，如在健身房锻炼、骑自行车、慢跑、做瑜伽、投篮等。家长也可以劝孩子拜访朋友，或者请朋友来家里做客。如果家里的气氛变得太悲伤或紧张，就找一位可以给予帮助的成年人带孩子出去散散心。如果孩子在某一刻能够忘记哀伤，那是再好不过的事，要允许孩子开怀大笑或恢复快乐的心情。

3. 选择合适的方式让孩子怀念逝者

家长可以让孩子为葬礼选择合适的音乐或悼词、为参加葬礼的人挑选甜点、制作一本相册或视频回忆逝者的一生、写下怀念逝者的小短文、准备花束，或画一幅画送给参加葬礼的人。让孩子为葬礼做点事可以帮助他以一种积极的方式释放哀伤情绪。家长也可以鼓励孩子通过实物来表达对逝者的怀念，比如种一棵树。研究表明，这样的行为可以让孩子更有参与感，并留下永恒的回忆。

4. 密切关注孩子

家长很难预测孩子会如何处理哀伤情绪，所以在这段痛苦的日子里，家长要密切关注他，留意他的表现是否正常。对孩子行为倒退的表现要宽容，例如，总想吮吸大拇指、不让大人离开他的视线、睡觉也要开着灯，甚至需要大人陪着才能睡觉。对刚刚失去亲人的孩子来说，睡觉的时间尤其难熬。家长也要弄明白孩子是否在恐惧或担心着什么（参见第 39 问"胆小恐惧"），这才有助于缓解他的不安。如果孩子想给家长讲讲自己的噩梦，家长要耐心倾听。

5. 尽量保证日常活动正常进行

延续以往日常生活的习惯和仪式能给孩子带来安全感，特别是在他们有心理创伤的时候，家长要尽可能地保证孩子按照以前的作息规律生活，保留以往关于睡前活动、晚餐、特殊家庭活动等的安排。

6. 给孩子讲解哀悼逝者的文化习俗

家长可以给孩子讲讲为已故的亲人安排的悼念仪式，这将帮助孩子学会表达哀伤。因此，无论是点燃蜡烛、念悼词、坐在硬凳子上接受吊唁者的哀悼还是进行某种祈祷或举行其他仪式，家长都可以把家族的祭悼仪式传授给孩子，并和他一起进行悼念。这样做不仅能安慰孩子，还可以帮助孩子学会今后如何面对亲人去世的痛苦。

不同成长阶段孩子的表现

孩子对死亡的理解是逐步发展变化的。以下内容概述了不同成长阶段孩子对死亡的理解。

◎ 学龄前儿童

学龄前儿童认为死亡只是暂时的，就像睡觉一样，逝者过一段时间可能就会醒，也可能不会。他们很难区分现实和想象，所以经常认为他们不好的想法或行为会导致亲人死亡，特别是当他们是"坏孩子"的时候。他们认为"用心许下美好祝愿"或"做个好孩子"可能会让逝者起死回生。孩子还难以理解"天堂"这类抽象的概念。大多数孩子认为他们自己不会死，这种事只会发生在别人身上。

◎ 学龄儿童

学龄儿童会逐渐开始理解人死不能复生，死去的人不会复活，不像睡觉那样会醒来，但他们对死亡的理解还不够透彻。他们可能会认为死亡是个人，比如小丑、影子人或骨瘦如柴的人。他们相信他们的所思所想会成为真实发生的事，所以有些孩子觉得如果他们足够聪明或幸运，就有可能不会死。这个年龄的孩子会担心死亡能传染，认为如果有亲人离世，其他亲人（包括他们自己）也会被"感染"，而后死亡。孩子仍然很难理解抽象的概念，比如天堂、来世、灵魂等。

◎ 即将步入青春期的孩子

10 岁左右的时候，大多数孩子会明白死亡是不可逆转的，人死不能复生，人也不可能永生。这个年龄段的孩子会意识到他们自己也终有一天将离开这个世界。他们能更清楚地意识到他们的世界将随着某个亲人的离世而改变，以及失去亲人会对他们的未来产生影响，例如"谁和我一起去足球比赛后的庆祝晚宴？""出嫁时谁会挽着我走过红毯，走向新郎？"孩子会对死亡的过程产生好奇，可能会问更具体的细节，例如"尸体是冷冰冰的吗？""尸体最后放哪儿了？"。

家长须知

家长要密切观察孩子，确保孩子的哀伤情绪在逐渐平复。如果孩子很快就不再表现出任何哀伤的情绪，那这可能不是真实反应，而且这也不正常。如果孩子的某种悲痛表现持续性地影响了他的日常生活，例如没胃口吃饭、难以集中注意力或睡眠有问题，又或者表现出抑郁倾向，家长就需要寻求心理咨询师的帮助（参见第 96 问"抑郁症"）。如果孩子遇到过类似的特殊情况，那家长更要密切关注，例如，孩子已经经历过至亲去世；逝者是孩子的父母或兄弟姐妹；逝者生前长时间遭遇病痛折磨；逝者的离世令人意想不到，太突然；逝者是由于遭到暴力攻击而离世；逝者是因为遭遇不测才离世；多个亲人同时去世。家长也要明白孩子的哀伤反应可能会持续很长时间，或是在孩子心情恢复正常后的数周甚至数月后再次出现。家长要注意，对孩子来说，最困难的时刻往往是亲人去世的周年纪念日、节假日、学校活动（特别是逝者参加过的活动），或其他亲人去世的时候。

第 41 问　想家

相关问题另见：第 38 问"依赖家长"、第 39 问"胆小恐惧"、第 40 问"哀伤"、第 46 问"分离焦虑"、第 47 问"精神压力大"、第 60 问"被排斥"、第 96 问"抑郁症"

 问题

孩子害怕离开家，想念在家时的舒适生活，总是想回到父母身边。

"我儿子第一次离开家去露营，他现在给我打电话说想回家。他的表现正常吗？我怎样才能知道他究竟有多不开心？"

离开家参加夏令营的孩子中，多达 95% 的孩子会想家，但好消息是，想家的痛苦在接下来的两三天里就会开始缓解。家长判断孩子过得怎样的最佳方法就是问他一个简单的问题："你最近有多想家？"大多数家长认为问孩子这个问题会加剧他想家的痛苦，但其实不是，研究人员发现，孩子对这个问题的回答实际上能让家长更好地了解他的想法，了解他的情绪反应是否正常。这样，家长才能决定是可以让孩子在外再坚持一段时间还是需要接他回家。

◎ 为什么需要做出改变

孩子离开家外宿的原因有很多：在朋友家过夜、开睡衣派对、参加周末营或夏令营、住在寄宿学校、住院治疗、离家独居等。这些似乎是很有趣的经历，但对许多孩子来说，离开家长、离开熟悉的家庭环境、离开其他所有熟悉的东西是令人担忧的，特别是刚开始尝试的时候。家长自己也有疑问：应该让孩子去吗？他真的长大了吗？他能熬过今晚吗？他为什么不想去？我要坚持吗？如果孩子长大了，家长还会担心其他的事情：他有没有大人照顾？他会按时睡觉吗？他会偷偷喝酒吗？他和他的朋友真的会在房子里乖乖待一整晚吗？家长真的会浮想联翩！但是，还有一个更令人烦恼的问题：孩子确实会想家！

虽然想念家里的舒适生活对任何年龄的人来说都是正常的，但对不同的人来说，想家的痛苦程度各不相同，有的孩子只是"略微想家"，而有的孩子"想家想得几乎崩溃"。有一项突破性的研究发现，家长确实可以帮孩子减轻甚至消除想家的痛苦，同时帮他更享受离家在外的经历。本节旨在教给家长行之有效的方法，帮助孩子做好离家的准备，让其享受独立冒险的旅程。

◎ 问题表现

无论男女老少，几乎每个人都会不同程度地想家，有的人只是"略微想家"，而有的人会"极度想家"。以下是孩子最常见的想家的表现。

- 比平时更频繁地打电话、写信或发电子邮件；找理由联系家长。
- 不参加活动，不与人交往。
- 身体不适，如出现头痛、恶心、食欲不振、失眠、焦虑等症状。
- 表现出类似抑郁的症状，如过度哭泣、非常悲伤、嗜睡。
- 发脾气或变得好斗。
- 无法享受和朋友在一起的时间，一心只渴望回家。

虽然家长很难预测孩子在离家后会有什么反应，但以下因素会加剧孩子想家的痛苦。

- 年龄太小、心智还不成熟或容易焦虑。
- 几乎没有离家的经历。
- 不觉得离家在外的经历会很有趣；不愿意外出过夜或者参加露营活动。
- 感觉是被家长逼着去朋友家过夜、住寄宿学校或参加露营活动的。
- 孩子不确定如果他需要帮助，在场的成年人是否会帮助自己。
- 处理负面情绪的实践经验有限或缺乏应对负面情绪的技能。

● 家长对孩子离家留宿感到很焦虑或担心。

 解决方案

◎ 步骤1：早期干预

1. 确保孩子准备好了

孩子什么时候能做好离开家的心理准备并不仅仅取决于他的年龄。即使孩子恳求家长允许自己独自离开家几个小时或在朋友家外宿一个晚上，他也可能还没有真的准备好。以下是家长需要考虑的基本问题，通过这些问题可以判断自家孩子是否做好了独自离家的准备。

● 孩子是整晚睡在自己的床上，还是凌晨两点钟爬到你的大床上？

● 孩子在需要和你分开，如去幼儿园、保姆家或学校时，会有情绪问题吗？

● 孩子和留宿家庭的小主人相处得好吗？能乖乖地待在一起不产生矛盾吗？

● 孩子和小主人的爸爸妈妈在一起感觉开心吗？

● 孩子和约好一起玩耍的其他孩子相处得好吗？孩子和照顾他们的大人在一起时是否感到足够安全？是否能够与他们愉快地度过12小时？

- 孩子愿意离开家过夜吗，还是只是你希望他这样做？

家长只需要再一次思考这些关键问题，坦诚回答，就能做出正确的决定。

2. 提前准备好潜在问题的解决方法

研究表明，如果孩子在为离家进行准备时有一定的发言权，他们会感到更自在。所以，家长可以找出孩子可能面临的潜在问题或担心的事，鼓励他开动脑筋（家长也要参与），提前准备好解决方法。以下是一些常见问题和易实践的解决方法。

问题	解决方法
怕黑	在孩子的背包里放一个手电筒
不喜欢别人家的食物	带上孩子喜欢的食物
担心会尿床	带一个睡袋，里面垫上隔尿垫，以防尿床
担心找不到家长	借给孩子一部有家长号码的手机（或者准备好电话卡，让他放心，如果真的需要，他可以随时打电话给你）

打包好要带的所有东西可以让极度焦虑的孩子感到安心。家长要好好想想带上什么东西能让孩子更有安全感。

研究速递

研究发现想家的情绪是可以缓解的。

有确凿的证据证实，家长可以帮助孩子大大减少想家的情绪，甚至可以预防这一情绪的产生，关键是家长要在孩子离开之前，和他开诚布公地谈谈，让他知道想家是正常反应。尽管95%参加夏令营的孩子在一定程度上都会想家，但如果家长对第一次参加夏令营的孩子进行辅导和教育，他们想家的情绪能减少约50%（参见下文的步骤3）。

实用妙招

预先考虑好6类问题会帮助提升孩子的安全感

无论孩子是去小朋友家里过夜还是去参加长达几个星期的夏令营，

预先考虑好以下问题都可以使他们减轻焦虑，增强安全感，不那么想家。

（1）时间安排。我什么时候去，什么时候回？

（2）要带的东西。我应该带什么？我需要特别的衣服或背包吗？

（3）其他孩子。谁会和我一起过夜？哪些大人会在那里照顾我？

（4）活动。我们要参加什么活动？有什么计划吗？

（5）吃的东西。我们什么时候吃饭？吃什么？我去之前要先吃点东西吗？

（6）特别的关注点。朋友家养宠物吗？狗睡在哪里？我睡在哪里？那里还有别人也吃素吗？朋友家吃饭前会祷告吗？我可以不洗澡吗？

3. 提前熟悉相关情况

如果孩子要去朋友家过夜，理想的情况是先去朋友家玩，这样他就可以提前熟悉对方家的情况，和对方的爸爸妈妈在一起也会感到舒心。如果是去夏令营，就要提前做相关准备，让孩子在线参观夏令营、给他看营地的宣传册、告诉他夏令营有哪些很棒的亮点、和他聊聊要参加的活动。

4. 不要告诉孩子自己担心的事

家长要注意，不要把自己的消极情绪传递给孩子。如果他听到你对这次离家是否行得通表示担忧，他就会失去信心。另外，家长永远不要为了让孩子坚持到底，就给他一些奖励，这样做只会让孩子误以为离开家参加活动一点儿都不好玩。

5. 根据孩子的特长和性格选择夏令营或其他活动

家长不要看邻居家的孩子参加了什么夏令营就也给孩子报名，也不要看了对方寄来的精美宣传册就不假思索地做决定。选夏令营要选适合孩子的。家长要征求孩子的意见。他的兴趣是什么？他能离开家那么长时间吗？他需要营地负责人做周密的安排吗？你想让他从夏令营的经历中学到什么？如果有疑问，家长可以向孩子的老师征求意见。孩子的老师能很精准地判断出夏令营项目是否真的适合孩子。要记住这一点：你希望孩子的夏令营体验是快乐的、能带来收获的。

6. 面对面地和其他家长或活动负责人聊一聊

无论孩子多大，家长一定要和其他小朋友的家长、活动负责人面对面地聊一聊。如果孩子在朋友家过夜，要确认孩子朋友的父母整晚都在，是可以照看孩子的；要确保孩子手边有你的电话号码，要向他们讲明遇到哪些问题就得给你打电话。

7. 一定要带上孩子的常备药物

如果孩子正在服用某些药物，无论是治疗哮喘、花粉热、尿床还是注意力缺陷多动障碍的，都要把药带足，不要随意减少剂量。家长要提醒孩子记得按剂量吃药，同时和活动方的护士或孩子朋友的家长谈谈孩子的情况，让他们有心理准备。如果孩子不想让其他孩子知道自己在吃药，那就想办法在吃药时间去对方家稍待一会儿，以便悄悄把药给孩子。

8. 提前演练

试着让孩子提前演练，比如在好朋友或亲戚家过几夜。如果家长要让孩子在营地里待上很长一段时间，那么至少要在外面试着住两三天，其间不要让他给你打电话，只能允许他给你写信或发电子邮件，你也不能为了图方便就给孩子发短信。

◎ 步骤 2：快速反应

1. 以乐观的态度送别

家长帮孩子收拾行李准备出发时，要心情愉快、态度乐观。家长可以去对方家，见见让孩子留宿的朋友的家长，帮孩子安顿好，给他一个大大的拥抱和吻然后就离开，不要逗留。

2. 约好明确的接孩子的时间

"明天早上10点整我会在门口接你。""我两周后回来，11点在这儿等你。"

3. 提前告诉孩子有什么活动

研究人员表示，让孩子不那么想家的方法有很多，家长可以提前给孩子找好小伙伴，也可以让孩子参加一些活动，比如打网球、做手工、划皮划艇、游泳、串串珠等。如果家长能激发孩子对某项活动的兴趣，他就会有所期盼，会更有可能感到开心。如果孩子要参加泳池派对，而他不会游泳，那就抓紧这个学游泳的最佳时机，在活动开始前的几周，让他开始学习和掌握一些技能。

4. 鼓励孩子坚持到底

家长需要注意，不要向孩子保证，如果他不喜欢参加的活动，你就会接他回家，这实际上降低了他成功度过这段时间的可能性，也会让孩子觉得你认为他没有能力离家在外独立度过一天（或一个星期、一个月），他会初步形成反正你会帮助他走出困境的心态。

5. 承认孩子可能会想家

如果孩子问"如果我想回家怎么办？"或者"万一我想家了呢？"，那么家长只须简单承认可能会这样，让他知道想家是很正常的就可以了。实事求是地回答是最佳选择："你可能会有点想家，但你练习过如何排解这种情绪，你知道你想家的时候该怎么做。另外，活动负责人（或留宿家庭的家长）会和你谈话并了解情况，他们会帮助你渡过难关。"

6. 不要过于频繁地给孩子打电话

研究表明，经常给孩子打电话，甚至是发短信，会使他们在离家的这段时间更加想家。传统的写邮件或寄包裹的方式似乎沟通效果更好。

7. 不要急着做决定

如果孩子确实打电话请求家长来接他回家，要先保持冷静，倾听孩子的心声，但不要急着马上接孩子回家。对于年幼的孩子，要告诉他你会在一个小时内（告诉孩子明确的时间）打电话给他，家长一定要信守诺言，说到做到。到了和孩子电话沟通的时间，就耐心和他谈谈，确定他当前的想法。短短一小时后，孩子可能就已经改变主意了。然后家长可以在不让孩子知道的情况下，打电话给孩子朋友的父母或活动负责人了解情况。如果孩子听上去能挺过来，就不要因为不接他回家而感到内疚。如果孩子在露营，想家的情绪通常会在一两天内就烟消云散。

8. 开心地去接孩子回家

如果孩子没能熬过一整晚或者坚持到夏令营结束呢？如果家长想让孩子以后坚持到底，那就强调孩子的进步。"你在小朋友家睡了两个小时，比上次强多了。""这没什么大不了的。你还会有很多机会在朋友家留宿。"无论家长怎么教育孩子，都不要小题大做，反复唠叨"浪费了锻炼的机会"或"白掏钱"，也不要恳求孩子坚持到底。相反，家长要安慰孩子（和自己）没什么大不了的，以后孩子还有机会参加这一类的活动。

家长分享

> 一位妈妈分享了自己的经验。
>
> 我儿子非常想去露营，但又担心他会没有熟悉的朋友。所以我就打电话给活动负责人，让他给我提供一个同龄男孩的名字和联系方式。我儿子开始和这个素昧平生的男孩互发电子邮件，给彼此打电话，等夏令营开始的时候，他们已经是非常亲密的朋友了。

◎ 步骤 3：培养良好的习惯

在孩子离开家之前，家长可以教给他以下方法，这些方法已经经过研究证实，可以让他们更适应离家在外的日子，排解想家的情绪。

1. 教孩子学会享受独处的时间

家长可以帮助孩子找到合适的活动自娱自乐，例如阅读、绘画、拼图、玩填字游戏或单人跳棋等，以消磨独处的空闲时间。家长可以建议他把这些要看的、要玩的东西放在背包里，在想家的时候转移注意力。

2. 鼓励孩子积极乐观

家长可以鼓励孩子多想想生活中美好的一面，比如就要见到他的朋友、要参加的活动或即将发生的事情，这能让他内心得到安慰，觉得想家没什么大不了的，未来的一切都值得期待。

3. 让孩子明白分离只是暂时的

家长可以教孩子使用挂历来标记日子或者直接告诉他还有多少天就可以回家，这样他就能注意到回家的日子不远了，家长也在帮自己数日子。这样做可以帮助孩子认识到与父母的分离只是暂时的。

4. 教孩子如何搭话

家长可以教孩子如何搭话，比如"我收藏了一些好听的歌曲，你可能会喜欢，要不要一起听"或者"一会儿想去游泳吗"。研究发现，如果孩子感到被疏远，他们会更容易想家。

5. 让孩子学会和家长保持联系

家长要提前教孩子如何给家长打电话，也要教会孩子如何给家长发电子邮件或给家长写信。

6. 学习积极的自我对话

家长可以教孩子一句对自己说的积极的话，以帮助他排解想家的情绪："我能熬过去。""只要再过几天就好了。""我能做到。"

不同成长阶段孩子的表现

◎ 学龄前儿童

学龄前儿童最容易想家，最害怕与父母分离、失去父母，也最怕黑。大多数专家认为，在没有家长陪同的情况下，学龄前儿童不应该在外过夜，一晚也不行，除非是在祖辈或姥姥姥爷家。

◎ 学龄儿童

等孩子到了6岁，家长就可以允许他单独去朋友家过夜了，但前提是孩子非常了解这个朋友。大多数妈妈觉得孩子到了7岁，外出过夜就没问题了。8岁时，孩子通常会收到第一份留宿聚会的邀请，夏令营的负责人也会觉得8岁的孩子已经可以独自参加离家外宿的营地活动了。孩子在夏令营里特别想家的首要原因是"不认识或不喜欢其他孩子"。尿床、怕黑、怕狗，或者朋友的爸爸妈妈对孩子大喊大叫，这些因素都可能导致孩子央求家长接他回家，即使外宿的机会是孩子不断央求家长才好不容易争取到的。孩子离家前，家长要对他讲明规矩，禁止他看限制级电影、玩有暴力内容的视频游戏、接触朋友家的危险物品。

◎ 即将步入青春期的孩子

家长不要想当然地以为即将步入青春期的孩子"长大了"就不会想家，即使是大学生和成年人也会想家想得厉害。孩子经常需要参加睡衣派对，所以家长要讲明规矩，特别是要禁止他们看限制级电影，告诉他们在没有大人监督的情况下不能用电脑乱上网，以及不能在晚上偷偷溜出去。这个年龄段的孩子同伴压力最大，通常会挑战去做没做过的事，特别是喝酒和抽烟。家长要留意，孩子第一次喝酒通常是在自己或朋友家里！

第 42 问　追求完美

相关问题另见：第 3 问"老大"、第 37 问"愤怒"、第 47 问"精神压力大"、第 67 问"容易放弃"、第 68 问"家庭作业"、第 71 问"学习拖延"、第 75 问"考试焦虑"、第 96 问"抑郁症"、第 97 问"进食障碍"

 问题

　　孩子似乎对自己的学习、外表或其他表现从来都不满意；事事总想着当第一；过度争强好胜；觉得自尊与学习成绩和取得的成就紧密相关。

　　"我女儿 10 岁，这次考试在班上排名第二，但这却让她很难过。她昨晚一直在背资料，一直学到凌晨 1 点。我担心她这样下去会精神崩溃的。我该怎么帮女儿呢？"

◎ 为什么需要做出改变

　　当然，所有的家长都希望自家的孩子能发挥他们的潜力，能在众多的孩子中脱颖而出，但是，如果孩子已经感到压力很大，还执着于把每件事都做得完美无缺，就会让他们一天到晚都感到焦虑、沮丧和担忧。"我这样做够好了吗？""别人会怎么看我？"追求完美的孩子从不满足，总是逼迫自己不断努力，挫败感和高度的精神压力让他们出现严重的焦虑、抑郁、进食障碍、偏头疼等问题，甚至产生自杀的念头。完美主义者更容易有情绪、身体和人际关系方面的问题。不仅仅是年龄大点的孩子会过度追求完美，学龄前儿童也开始有事事要求完美的倾向。

　　总是过分追求完美会对孩子的情绪造成消极影响，也会扰乱他的生活。因此，如果家长注意到孩子反复出现以下任何问题，且这些问题已经严重影响他的健康，就要密切关注他的状况，并寻求心理学专业人士的帮助。

　　进食障碍：孩子执着于拥有"完美"的身材，对食物产生错误的认识，饮食习惯不健康，导致包括神经性厌食症、强迫性饮食、暴食症和限制性摄食等在内的一系列问题。

　　抑郁：孩子过度担心不能事事获得成功和保持完美，以至于难以进食、出现睡眠问题或难以集中注意力，不愿与人交往，表现得冷漠、过度暴躁或悲伤，并可能有自杀的倾向。

◎ 问题表现

以下是追求完美的孩子的常见表现。

- 沉迷于竞争。孩子总是拿自己和别人比较，不能接受排第二名或比别人差，总想着胜出。

- 有身体不适的反应。在做某件事之前、之后或做事的过程中出现头疼、胃疼、失眠或其他身体上的不适。

- 不愿冒险。在尝试一些可能超出自己专长范围的新事物时过于谨慎，因为他们会担心自己表现不好。

- 容易生气。会乱发脾气，很容易沮丧，如果犯了错或结果没有达到心理预期会很生气。

- 希望把周围的人都比下去。孩子竭尽全力想超过别人，希望显得别人不完美或者不够格。

- 期望别人完美，会用同样的高标准要求别人。

- 会逃避或拖延。担心做得不够好或害怕失败，避免完成有难度或有压力的任务。

- 太关注自己犯的错误。孩子只关注自己的错误，而不看整体做得怎么样或自己做得好的地方。

- 太较真。对自己太苛刻，不会自嘲，会为自己的错误纠结不已。

- 不懂得变通。孩子总以"孤注一掷"的态度去完成任务，并认为只有一种正确方法。

- 害怕寻求帮助。孩子不想承认他不懂某个问题，觉得寻求帮助会让别人认为自己能力不强或不能应对难题。

 解决方案

家长首先要为孩子努力做到最好的态度鼓掌，但也要检查他的时间安排，保证他有充足的休息时间。家长要向孩子解释，就算他没有事事第一，也没关系。最重要的是，要再次告诉孩子自己爱的是他，而不是他的成就。

◎ 步骤1：早期干预

1. 找出原因

家长要努力从孩子的角度出发，弄清楚是什么促使他追求完美的，这样就能及早干预，防止问题变得难以解决。以下是孩子想让自己变得完美的常见原因，家长可以看看哪些符合自家孩子的情况。

- 性格。孩子本身性格就这样，天生就有完美主义倾向，家长从他蹒跚学步的时候起就已经意识到了。

- 缺乏安全感。孩子缺乏自信心，有强烈的不满足感。

- 害怕别人看不起自己。孩子害怕被别人嘲笑，容易感到尴尬。

- 模仿家里的完美主义者。孩子模仿父母或兄弟姐妹追求完美的行为。

- 过分强调成绩。老师或父母对孩子提出的要求过高，不切实际。
- 害怕失去认可或尊重。
- 一直都是大家眼中的模范生。孩子总是展示自己的成绩和才华。

2. 帮助孩子认清现实

家长要告诉孩子成为完美主义者的优点和缺点，要明确告诉孩子有些事是努力可以做到的，而有些事尽力就好，不必强求，要让孩子认识到成功应该是成为更好的自己，而不是执着于事事做到完美。

3. 反思自己的行为

家长自己是一个完美主义者吗？看看本节列出的完美主义者的表现，其中有多少和家长自己的情况相符？家长要注意，研究表明，如果家长本身就是完美主义者，或家长将自尊建立在孩子的成绩之上，那孩子就更有可能事事追求完美。

4. 认清孩子的能力

不要试图把孩子变成"事事完美的超级孩子"，相反，家长要客观评价孩子的能力，坦诚地告诉孩子他的局限。家长要看孩子有什么方面的天赋，让他做自己擅长的事，例如，如果孩子在唱歌、画画或其他需要创意的领域有天赋，那就督促和鼓励孩子，提升他这方面的技能，避免他在太多方面分散精力，给自己太大压力，家长要让孩子有所聚焦，孩子才会对自己的才能有更客观的认识。

> **研究速递**
>
> 不列颠哥伦比亚大学的保罗·休伊特教授发现，虽然所有的完美主义者都对自己和他人设定了不切实际的高标准，但他们的完美主义表现各不相同。以下是 3 类完美主义者的具体表现。
>
> （1）自吹自擂型。这类孩子总是试图通过吹牛或炫耀自己有多完美来给别人留下深刻印象。这类完美主义者很显眼，因为大家都不喜

欢这样的人，避免与之互动。

（2）回避挑战型。这种孩子害怕失败或表现得不完美，所以会避免做自己不擅长的事。他觉得自己不可能成为足球明星，所以就拒绝参加这项运动；他担心自己永远无法像朋友那样完美地演奏小提琴，于是就转而学习大提琴。这在年幼的孩子中很常见。

（3）安静内向型。这类孩子对自己的问题讳莫如深。他不能坦然向别人承认失败。他永远不会寻求帮助，因为这意味着自己不够出色。

实用妙招

家长要强调孩子付出的努力，而不是最终的结果。

不要只关注孩子最后得到的成绩或目标是否实现，要重视和肯定孩子一路而来付出的努力："你一直都很努力。"

要表扬孩子的勇气："你真勇敢，尝试了自己拿不准的事。真棒！"

要表扬孩子做事过程中展现出来的品质，而不是只关注最终结果："你和小伙伴排队轮流玩，做得真好。"

◎ 步骤2：快速反应

1. 减轻孩子的负担

家长要检查孩子的时间安排：有没有时间休息？有没有时间玩耍？有什么活动是可以取消或减少的？

2. 教孩子成为自己的"计时员"

比如，如果孩子的第一稿已经写得很好了，但孩子仍不满意，花了很多时间修改，那家长就应规定好做作业的最长时间，并规定时间到了就不能再修改了。

3. 确保孩子有时间享受生活

家长要鼓励孩子常露笑颜，时常外出走走，坐看云卷云舒，放松身心，让孩子明白，什么时候做任务都行，但一定要给自己留出空闲时间享受生活。

4. 教孩子如何克服压力

家长可以教给孩子一些简单的放松方法，比如深呼吸、欣赏舒缓的音乐、散步，甚至只是躺在沙发上休息 10 分钟也可以。

5. 不要再夸耀孩子

家长为孩子的出色感到骄傲是人之常情，但是不要总是夸耀孩子。当孩子在足球场上比赛或在音乐会上表演时，这样做并没什么，家长可以鼓励他，但在家里时就要客观看待孩子。你是否会有意无意地对他的观点表示赞同，让他感觉自己真的很出色？你是否会提醒孩子，让他意识到自己还有其他被埋没的才能，借此鼓励他？你是否因孩子觉得自己什么都懂而为他喝彩，觉得这是高度自我认可的表现？

6. 帮助孩子学会疏解失望情绪

完美主义者的内心对话总是会给自己带来强烈的挫败感："我永远都不够好。""我就知道我会搞砸的。"所以，家长要教孩子对自己多说一些有积极意义的话，减少对自己严苛挑剔的想法，客观地看待自己，例如："人无完人。""我能做的就是尽我最大的努力。""没关系，下次我再试试。""我可以做到自我放松呀。"

家长分享

一位妈妈分享了自己的经验。

我的大女儿是个完美主义者，她会花好几个小时做作业或做其他事情，就是为了确保绝对完美无缺。当女儿说我做事也是这样时，我才突然明白为什么她会如此极端地追求完美。女儿说得对。那一刻，我意识到自己是个坏榜样，我总是把每件事都重做一遍，还不停地纠正她，这样就是在提醒她："你还不够好。"在醒悟的那一刻，我发誓要让家里的气氛轻松起来，要让女儿花点时间享受更多的乐趣。这个任务很艰巨，完全超出了我的预料。我知道我女儿和我都是一定要得 A 的性格，但现在我们在试着让家里充满欢声笑语，不再太较真，我和女儿的关系变得更好了。

◎ 步骤 3：培养良好的习惯

1. 撰写家庭格言

家长要帮助孩子意识到错误并不一定就意味着失败。家长要准备一些有教育意义的短句作为家庭格言，可以用名人名言，也可以自己写。这些常见的格言有："犯错了没关系，重新来过就好。"亨利·福特的："无论你认为自己能还是不能，你都是对的。""除非你去尝试，否则你永远不会成功。"写好后，家长可以跟孩子多重复几次，也可以打印出来，贴在冰箱上。

2. 告诉孩子自我评价要客观

追求完美的孩子一旦弹错了音符、体操动作没做标准、没达到自己设定的标准，就会浮想联翩，觉得会有可怕的后果。家长要质疑孩子的观点，防止他钻牛角尖，以非黑即白的态度看待问题。家长要教孩子客观地评价自己，不要一味地自我贬低。

- 孩子："拿过 B 的人都进不了大学。"
  家长："那你的表哥凯文呢？他甚至还得过几次 C 呢，现在不也在上大学？"

- 孩子："如果我三振出局，就会失去当 4 号击球手的机会。"
  家长："那贝比·鲁斯呢？作为职业棒球运动员，他本垒打次数最多的那一年，三振出局的次数也最多。"

- 孩子："我觉得我拿起铅笔准备答题的时候，会突然忘记学了一整年的知识点。"

  家长："目前你还从没有过这种情况，为什么这次就会这样？不要胡思乱想。"

 ## 不同成长阶段孩子的表现

◎ 学龄前儿童

4 到 5 岁的孩子有时是完美主义者，最明显的是他们在刚上幼儿园时，因为要承担更多的责任，会担心达不到要求。

◎ 学龄儿童

学龄儿童的智力水平和情绪功能都会提高，他们更容易意识到自己的不足之处，有时会对自己非常苛刻。家长要注意别让他们给自己设定不切实际的目标。这个阶段的孩子在学习新技能或玩新游戏时可能会犹豫，因为他们会担心达不到自己设定的高标准或不能赢得他人的认可。他们可能会有拖延行为，也可能会不由自主地对自己和别人感到不满，所以家长要注意，这个年龄段的孩子与同学相处时可能会有摩擦。当然，他们最担心的还是能否得到家长的认可。

◎ 即将步入青春期的孩子

即将步入青春期的孩子更关注如何融入集体，以及自己的外表和体重。家长要注意孩子是否有得厌食症或暴食症的苗头（参见第 97 问"进食障碍"），因为女孩通常会希望自己身材非常完美，而且这个年龄段的孩子家庭作业会明显变多，压力也随之增加。

第 43 问　悲观

相关问题另见：第 39 问"胆小恐惧"、第 42 问"追求完美"、第 47 问"精神压力大"、第 48 问"忧心世界局势"、第 96 问"抑郁症"

 问题

　　孩子只能看到消极的一面，在大多数情况下，认为事情只会有最糟糕的结果；在情况不乐观时，只看到不好的结局；会抱着"不要白费力气了"的态度，毫无理由地认为自己只会失败，从而放弃努力。

　　"努力又有什么意义呢？我永远也加入不了那个团队。""没必要这样努力，反正我考试不会及格的。""我为什么要白费力气呢？"家长最近是否听到过孩子说这样的话？如果有，那说明孩子可能比较悲观，家长要留意他的情况。悲观的孩子不好教育。无论做什么，他都会抱着"这样做有什么意义"的态度，觉得一切努力都是徒劳无功的，但更严重的问题是，孩子的悲观态度会极大地影响他生活的方方面面。孩子很容易放弃，认为自己做什么都无济于事，都不会成功。当他确实取得了成绩或做得很好时，他又会低估自己的成就："我做得也没那么好。""我只是运气好。"令人难过的是，孩子会很难看到生活中美好的一面，而只会注意消极或糟糕的一面。这些孩子也是这样审视自己的，他们常常会很快发现自己的不足之处，觉得"我太笨了，学也学不会。""没有人会喜欢我的，既然这样，又何必努力展示自己呢？""我不会去尝试的，没有团队会选我的。"如果家长放任不管，孩子的悲观态度会让他逐渐变得玩世不恭、愤世嫉俗，难以在未来有所成就，甚至陷入抑郁。

 **解决方案**

1. 反思自己是否乐观

孩子不是天生就悲观的，那孩子是从哪儿学到这种态度的呢？是从兄弟姐妹那儿，朋友那儿，邻居那儿，还是亲戚那儿？以下几个问题可以帮助家长了解自己平日里的心态是乐观还是悲观，看看自己是否在无意中让孩子变得悲观了。

- 看到电视上的负面新闻，你是悲观地说这灾难性的后果是难以避免的，还是乐观地认为世界各国的领导人能够解决问题？

- 遭遇了严重的财务危机，你是忧心忡忡地说家里会遭受可能永远无法弥补的严重损失，还是乐观地鼓励家人量入为出？

- 你和最好的朋友吵架了，你是怪罪朋友，还是表示你们会解决问题，继续做朋友？

- 孩子成绩很差，你是告诉她不要担心，因为家族里的女性数学都不好，还是积极制订一个帮助孩子提高成绩的计划，因为你相信她有能力？

- 一位上了年纪的朋友病得很重，你是非常担心，觉得朋友可能永远不会康复，还是抱着希望说你相信他会好转，因为他很坚强，而且还在接受先进的治疗？

家长要确保自己对日常事务的处理态度是值得孩子模仿的，同时要帮孩子与更乐观的人建立人际关系。孩子确实会受到家长的影响，习得家长的心态，因此家长要注意自己的一言一行。

2. 关注积极的一面

家长要向孩子强调保持乐观的态度，要看到生活美好的一面，而不要总是关注消极的一面。以下方法可以让一家人变得乐观。

- 筛选孩子观看的节目和阅读的资料。媒体不断报道的负面消息会对孩子的人生观产生影响。家长可以让孩子观看那些振奋人心的纪录片和鼓舞人心的电影，把世界各地的好消息分享给孩子。

- 一起分享"好消息"。吃晚饭时，家长可以考虑先讲一些好消息，让每个家庭成员讲讲一天中发生的积极的事情。家长可以从报纸上剪下鼓舞人心的真人真事的报道，并和孩子分享，或者安排一项睡前活动，和孩子一起回顾一天中开心的事。和孩子这样度过一天里的最后几小时是很珍贵的，这也能为孩子培养出在生活中寻找美好点滴的好习惯。

- 分享乐观向上的故事。家长可以找一些乐观向上的人的故事并分享给孩子，讲讲这些人如何在遭受巨大挫折的情况下，没有陷入悲观的情绪，依然坚持梦想。例如贝多芬的音乐老师曾告诉他，他没有成为作曲家的希望；迈克尔·乔丹曾被高中篮球队除名；华特·迪士尼曾经破产，数次精神崩溃；路易莎·梅·奥尔科特被无数出版商拒之门外，因为这些出版商断定她写的《小妇人》是不会受欢迎的。这些励志人物在经历失败后大都能心态积极，坚持不懈，最终才会成为各自领域的佼佼者。

家长分享

一位妈妈分享了自己的经验。

我女儿一直都很乐观，所以当她突然变得特别悲观，觉得整个世界无可救药时，我们很震惊。我们不知道她为什么会觉得世界如此令人灰心，直到有一天我们注意到她一直盯着有线电视台看新闻。我们鼓励她看新闻，本来是想让她多了解时事，没想到那些关于战争、全球变暖和经济危机的报道让她感到非常沮丧。我们不让她看这些负面新闻后，她就又变得开朗起来了。

3. 教孩子和悲观的想法对抗

许多孩子没有意识到他们是悲观的，因此也不会改变自己。心理学家有一种方法，他们教悲观的来访者用一些小小的替代品，比如弹珠或代币，来记录他们产生悲观想法的次数。他们要求来访者把一些替代品放在左边的口袋里，每当出现悲观的念头时，就把一个替代品从左边口袋拿出来，放进右边的口袋里。

这样做会让来访者意识到他们确实是悲观的，是需要接受改变的。以下方法可以帮助孩子意识到自己看问题有悲观、愤世嫉俗的倾向，并帮助他们变得积极乐观。

- 指出孩子的悲观想法。家长可以和孩子约定一些只有你们明白的秘密小动作，比如拉耳朵或摸手肘，每当孩子发出悲观消极的感叹时，你就悄悄做出这些动作以提醒他刚刚的说法是消极的。

- 教孩子反驳自己内心的悲观想法。教孩子反驳自己内心的悲观想法，这样他就能逐渐变得乐观。一种方法是家长以自己为例（你可以随意编一个故事，只要能让孩子明白道理就好），告诉孩子："我还记得我像你这么大的时候，在一次考试前，我心里有个声音说：'你考不好的。'但我当时已经慢慢学会了与自己的消极想法对抗。我就这样反驳：'我会尽最大努力去考。如果我竭尽全力，我会考得很好。'很快，我的内心不再有消极的声音，因为我努力把它清除掉了。当你的内心也有消极的声音时，你要像我这样反驳它，告诉它你会做得很棒。"

4. 教孩子全面地看问题

悲观的孩子会陷入悲观的思维模式，只看到事情的坏处，不会全面地看问题，从而错过了积极的一面。所以，家长要教孩子换个角度看问题，帮助他学会反驳自己内心的悲观言论。例如，儿子不愿意去参加一个朋友的生日，觉得没有人会喜欢他，那家长就要提醒孩子看问题要客观："如果桑尼不喜欢你，就不会邀请你。"假设大儿子数学考试搞砸了，灰心地说他总是什么都做不好，那家长就可以反驳："我知道你很沮丧，但是没有人能门门功课都擅长。你的历史和艺术就学得很棒。另外，我们可以想办法帮助你提高数学成绩。"

5. 鼓励孩子乐观地预测未来

无论是在什么情况下，悲观的孩子总是会想到那些不好的结果，这样的思维方式会导致他们大大低估自己成功的可能性。家长要通过提问引导孩子考虑其他可能的结果，这样他们才更可能在做决定之前做出客观的判断。家长可以问孩子"如果……可能会怎么样"这样的问题，比如"如果你去尝试，可能会怎么样？""如果你不去尝试，可能会怎么样？"

- 权衡利弊。"这样做的优缺点各有哪些，现在权衡一下利弊。""还有其他的优缺点吗？"
- 预测最坏的可能性。家长可以引导孩子思考"最坏的可能是什么？"然后帮助他确定结果是否真的那么糟糕，并想出解决的办法。

6. 在孩子乐观地看问题时注意表扬

改变总是困难的，特别是当家长试图改变孩子根深蒂固的悲观思维时。所以，家长一定要留意孩子产生乐观想法的时刻，否则就很有可能忽视孩子的变化。家长要在孩子表现得乐观积极时大声表扬孩子，一定要提醒孩子，他的话体现了乐观主义精神，并告诉他你为什么欣赏他的心态："我知道你的数学考试有多难，听到你乐观地说下次会考得更好，我相信你可以做到，因为你一直在努力学习。""儿子，你说你会尽量自己系鞋带，我很开心。这就是积极的态度！"

7. 客观面对事实

如果家长已经尝试了各种方法，孩子仍然悲观，那还须考虑两种可能。其一，家长要考虑孩子的消极抱怨是不是合理。例如，孩子是不是因为跟不上课程进度，所以才考试不及格？孩子是不是因为水平或协调能力达不到少儿棒球联赛的要求，所以才被三振出局？其他的同伴会因为孩子的行为特别奇怪或者穿着太土而取笑他吗？如果是这样，家长需要反思自己对孩子的期望，确保没有拔苗助长。家长可以让孩子去上进度慢的数学课、找个家教、让孩子退出少儿棒球联盟改上自己喜欢的空手道课、参加培养社交技能的课程。其二，要确保孩子的悲观表现不是缘于抑郁症或根深蒂固的愤怒情绪。如果是的话，家长需要找训练有素的心理学专业人士帮助孩子了。

家长须知

　　如果孩子原本天性乐观，却突然变得悲观，那就要仔细看看是什么原因导致的。以下是一些可能的原因。

　　（1）药物作用。有些药物会导致类似抑郁的症状，无论是非处方药还是处方药。家长可以咨询药剂师和医生，看看孩子正在服用的药物是否有导致抑郁的副作用，同时要确保孩子或他的朋友没有用家长的处方购买不适合他们的药物。

　　（2）药物滥用。对大一点儿的孩子来说，药物滥用、感冒药和咳嗽糖浆成瘾，或者服用类固醇也会导致他们变得悲观，家长不要忽视这种可能性。

　　（3）创伤性事件的影响。家长要注意是否有某些创伤性事件（例如交通事故、亲人去世、火灾、洪水、爸爸或妈妈因工作地点变动不得不与孩子分离）改变了孩子的心态。如果有可能，家长要向心理专业人士寻求帮助，确认孩子的悲观心态不是由创伤后的压力或痛苦导致的。

　　（4）生理或心理上有健康问题。孩子的悲观心态可能预示着更严重的问题，例如焦虑、自卑、创伤或抑郁。如果家长担心是这些更深层次的问题导致孩子变得情绪低落，那就要咨询专业人士。

　　提示：如果孩子的悲观情绪有规律地反复出现，家长就要像侦探一样探寻孩子的情绪变化与发生的哪些事有关联。例如，每个月的第一个周末，她去看望年迈的祖父母后，心情会沮丧吗？周一有历史考试的时候，孩子会显得郁郁寡欢吗？

第 44 问　敏感

相关问题另见：第 39 问"胆小恐惧"、第 45 问"害羞"、第 47 问"精神压力大"、第 50 问"被欺凌"、第 60 问"被排斥"、第 65 问"被取笑"、第 90 问"网络欺凌"

 问题

　　孩子过分敏感，反应过度，容易受挫，容易生气和乱发脾气；会过分解读别人的话和反应；爱哭；难以张口向别人表达自己的需求；情绪波动大。

　　"我儿子很敏感，芝麻大的小事都能惹他掉眼泪，别的孩子都叫我儿子'爱哭鬼'。我怎样做才能让他别那么情绪化？"

◎ 为什么需要做出改变

　　孩子是否总是担心朋友对他有看法？孩子是否总是把轻松友好的玩笑看得很严重？孩子是否看了伤感的电影或读了伤感的书后会心情沮丧？家长是否发现自己在和孩子说话前需要仔细思考，一句没说对，双方就要大吵一架？孩子是否前一分钟还好好的，下一分钟就变得郁郁寡欢、急躁易怒？家长是否会给孩子贴上"难伺候"的标签，觉得他难以取悦、过度挑剔、喜怒无常？如果是，那么孩子可能属于比较敏感的类型，而且这样的孩子并不少见。研究表明，大约 15% 到 20% 的孩子是高度敏感的。

　　大多数家长会认为敏感的孩子天生就这样。从本质上讲，这些孩子似乎从出生起就更敏感：对声音和变化更敏感、容易流泪、被批评了会太过在意。尽管这样的性情是可遇不可求的（毕竟，这个世界需要更多富有同情心的人），但过度敏感可能会使孩子在家庭、学校和生活中遇到很多问题，因为他们不知道如何应对别人的贬低、取笑和批评。他们无法对此置之不理，会太在意别人的看法，内心情绪波动会很大，这会让其他孩子难以适应，不愿与之交往。孩子过度敏感是发生同伴冲突的常见原因。

当然，家长没法把自己天生敏感的孩子变成一个厚脸皮的、对什么都毫不在意的"小硬汉"，家长也不应该这样做，孩子敏感的天性是他的优点，家长要做的是引导他积极地看待自己的性格。此外，家长的任务不是改变孩子的天性，而是帮助他更自如地处理问题，学会控制自己的反应，这样可以帮助敏感温和的孩子在一个有点麻木的世界中生存下来。

◎ 问题表现

基于美国太平洋研究生院临床心理学研究人员伊莱恩·N.阿伦博士的研究，这里总结了孩子过度敏感的表现，家长可以看看哪些符合自家孩子的情况。

- 容易受惊。
- 会注意到非常轻微的不寻常的气味。
- 似乎非常依赖直觉。
- 不愿意有大的改变。
- 能注意到他人的痛苦，也会受到影响。
- 喜欢安静地玩。
- 会提出一些有深度的、发人深省的问题。
- 能注意到微妙的变化（东西被移动、一个人的外表发生变化等）。
- 对外界事物有深切的感受。

如果孩子的情况符合其中几项，那他可能是高度敏感的，如果只符合一两项，但是这一两项属于高度符合，那么孩子也可能是高度敏感的性格。

孩子是不是太情绪化了？

大多数高度敏感的孩子生来就有情绪外露的特质，但是如果孩子突然变得非常情绪化或总是感到闷闷不乐，而且持续了两周以上，家长就要考虑寻求心理学专业人士的帮助了。这可能是抑郁症的症状，也可能预示着其他问题。

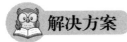 解决方案

对于过度敏感的孩子，家长最需要做两件事，一是接受他的性格，二是帮助他学习控制自己的反应。家长可以利用孩子的优势，也就是他更容易觉察他人感受的能力，教孩子利用好他天生的同理心。"一旦你开始感到难过或觉得自己要哭了，就问问自己，你觉得别人的感受是什么，仔细思考，就能从对方的角度看问题。"这种简单的"多想想对方"的换位思考技巧可以帮助孩子更有效地疏导他们强烈的情绪，甚至认识到他们可能反应过度或误解了别人的本意。孩子需要大量练习才能养成换位思考的习惯，但这通常可以帮他们学会利用自己过度敏感的性格。

◎ 步骤 1：早期干预

1. 尊重孩子的性格

你的孩子可能天生更容易紧张、更敏感，你并不是要改变他的本性（你做不到），而是要帮助他认识到他的个性，让他知道你并没有试图改变他的那一面。"你是个敏感又有爱心的孩子。你将永远是一个很棒的朋友，你让世界变得更美好。有时候，你强烈的情绪会影响你的人际关系，所以，让我们来学习控制情绪，这样其他孩子就不会总是找你的碴儿了。"

2. 确定是否还有其他因素导致孩子敏感

孩子高度敏感通常是因为天生就情绪化,但是,孩子过于敏感也有其他原因,家长可以看看下列哪些原因符合自家孩子的情况。

- 自我认可度低或缺少自信。
- 遇到家庭问题,例如最近搬家、家庭成员有摩擦、父母正在闹离婚、父亲或母亲工作调动、家里正在经历财务危机、家庭名声受损等。
- 从小被教育要做个友好的孩子,难以应对有点冷漠的人际关系。
- 过度劳累、身体不适、情绪低落或精神压力大。
- 身体有残疾或在某些方面与同伴不同,例如有语言障碍、生理疾病、学习障碍等。
- 刚戴上牙套或眼镜、脸上有雀斑、耳朵太大、有痤疮、有体重问题、有身高问题,穿衣打扮与同伴不同。
- 因为没有融入集体,被其他孩子取笑。
- 家长曾经帮孩子处理麻烦事,或把孩子当婴儿呵护;孩子事事依赖家长。
- 正在经历青春期,激素变化引起情绪波动。
- 人际交往经验有限;不习惯"正常的"玩笑。
- 总是遭到言语虐待、欺凌或身体虐待。

3. 找到适合孩子的措施

怎样才能最有效地帮助孩子,让他不那么敏感或情绪化呢?选择人数少点的小组玩?减少刺激,例如减少影响孩子的噪音或灯光?小点声说话?坚持日常安排,不要变动?给孩子留一段适应期?告诉孩子自己当下的情绪?家长要在随后的一个星期里,密切观察孩子,记录下能让孩子情绪更平和的方法,尽可能坚持下去。

4. 鼓励孩子控制自己的情绪

家长要鼓励孩子控制自己的情绪反应。"你不能控制别人说什么或做什么,但你可以控制自己的反应。""那个孩子对你不友好,你无法改变这一点,但如果你多加练习，在他骂你的时候，你就能控制好情绪，不再哭出来。"家长要注意，不要让孩子依靠你来替他出面或解决问题，关键是要让孩子认识到他能自己控制局面，不能总是依赖家长。

5. 教孩子学会在难过时掩饰真实情绪

如果孩子难以控制难过的面部表情或不能完全面无表情，他就无法让其他孩子相信他没那么敏感，大家还是会取笑他。所以，家长要帮助孩子学会控制表情，做出平静的样子。家长可以试着在适当的时候给孩子示范或和孩子一起找到一种不同的表情来掩饰自己真实的表情，例如微笑、惊讶或困惑，这样他的朋友就不会看出他的真实感受。

6. 小心他人给孩子贴标签

在刻板印象中，敏感度高的孩子通常会被贴上问题儿童、过度拘谨、胆小、挑剔的标签，家长不要让老师、家人或朋友给孩子贴标签，家长自己也不要这样否定孩子。

◎ 步骤 2：快速反应

1. 不要总对孩子说"坚强起来"

过于敏感的孩子无法变得坚强。他们真的不想那么容易泪眼汪汪，那么敏感，可是他们的性格通常就是这样，他们自己也无可奈何。所以，家长不要总对孩子说"别这么孩子气。""别闹了，别的孩子会叫你'胆小鬼'。""男孩子不能哭。"或者"你长大了，不能这样了"。

2. 把孩子的过度敏感变成优势

如果孩子过度敏感，换个角度看，说明他很能理解别人的感受。家长要向孩子强调他的性格也有好处，这能让他认识到他高度敏感的情绪反应的价值，以及如何更好地利用自己的特质。敏感的孩子拥有强烈的同情心、同理心和高情商，能够对他人的境况感同身受，换位思考。家长可以这样引导孩子："我希望你永远都是这样一个有爱心的孩子。这是你最宝贵的天赋之一。不过，你要学着在难过时掩饰真实情绪，让自己显得镇定自若。"

3. 不要过度保护孩子

孩子难过的时候，家长会很难抑制帮孩子的冲动，但是要注意，不要总是在孩子受到情绪困扰时出面帮他。这样做只会让孩子依赖家长，不会自己去解决问题。

4. 教孩子用坚定的语气说话

如果孩子在表达想法时抽抽搭搭地哭、泣不成声、涕泪横流、低声耳语或声音颤抖，就可能引起别的孩子的反感，所以，家长要教孩子在说话之前先清清嗓子，想想如何"坚定而有力"地表达想法。家长可以帮孩子区分坚定和软弱的语气，让他练习用不同的语气表达想法，直到他说话时更有力、更自信。

家长分享

一位妈妈分享了自己的经验。

我的儿子雅各布很爱哭，受不了任何嘲笑或批评。有一天，我们碰巧一起看了一部超级英雄的动画片，儿子开始想象自己穿着超人的防弹背心，任何取笑都会立刻被反弹回去，永远伤害不了他。这个方法似乎奏效了。当其他孩子再取笑儿子的时候，他就想象自己穿上了他的魔法背心，反弹了那些刻薄话，就这样，儿子不再轻易掉眼泪了。

研究速递

圣迭戈州立大学的罗伯特·麦吉弗恩开展的研究表明，11 ~ 12 岁的孩子很难正确地解读情绪，会误以为别人情绪低落。在这个年龄段，孩子的大脑前额叶皮层（处理经验和认知）的神经活动正在正常而自然地增多，家长直接告诉孩子自己当下的心情可以避免误解："你可能觉得我很生气，其实没有，我只是太累了。""我知道你觉得我在生你的气，其实我是因为今天工作很辛苦才看起来很严肃。"

◎ 步骤3：养成良好的习惯

1. 按照固定的时间安排做事

敏感的孩子难以适应变化，在应对变化的过程中也会遇到麻烦，所以家长要做好计划，提前让孩子知道接下来要做的事，让他有心理准备，然后让他按照这个固定的时间安排做事。这样做通常有利于孩子稳定情绪。

2. 避免过度刺激

人太多、睡眠不足、日程安排紧张、车内拥挤、教室内人声嘈杂和聚会太令人兴奋都会让敏感的孩子难以适应。家长应尽量为孩子安排平和一些的活动，让孩子避免刺激。

3. 教孩子判断别人的面部表情

家长可以在商场、公园、杂货店或停车场教孩子判断其他人的面部表情。"你看到那边的那个小女孩了吗？你觉得她看起来是沮丧还是冷静？你是怎么判断出来的？"家长可以用报纸、图画书或杂志上的照片来帮助孩子识别不同的面部表情，也可以给孩子看不同表情的照片（例如平静和不安的表情），让他观察不同表情的差异，学会识别这些表情。

4. 教孩子露出轻松平静的表情

马歇尔·杜克、伊丽莎白·马丁和斯蒂芬·诺维茨基建议家长在孩子基本面无表情时给他拍张照，比如在孩子看电视或看书时趁他不注意抓拍，接着在他情绪高涨时也给他拍一张，然后把这两张照片放在一起，引导他对比两种表情的不同之处，问问他"哪种表情不会让你的朋友取笑你？""哪种表情会让他们更容易取笑你？"一旦孩子发现不会被取笑的表情看起来表露的情绪少，家长就可以帮助孩子进一步练习如何露出更平静的表情。

5. 帮孩子找到除了哭泣以外缓解情绪的方法

如果孩子爱哭，他需要懂得在想哭时找到其他疏解情绪的方法。家长可以和孩子讨论做什么能让他止住眼泪，然后让孩子选择一个他最喜欢的替代方法："想象一个真正有趣的地方，想象自己在那里玩。""赶紧离开这个让自己想哭的地方。""清清嗓子，轻咬舌头，提醒自己不要哭。""从 1 默数到10。""在脑子里哼一首歌。""缓缓地深呼吸。"为了能下意识地使用"哭泣替代方法"，孩子必须反复练习，直到能够应用自如。

 不同成长阶段孩子的表现

◎ 学龄前儿童

学龄前儿童中，更害羞、更焦虑的孩子和那些没有太多社会经验的孩子会对批评和同伴排斥特别敏感。

◎ 学龄儿童

学龄儿童会和他们的朋友们比较彼此的外表、体育成绩和学习成绩，而四、五年级的孩子对同龄人的反应最敏感。针对 6 个国家 6 ~ 11 岁的孩子开展的调查显示，孩子非常担心在朋友面前丢脸，担心程度仅次于家庭关系破裂。被同龄人排斥和在大家面前失败会导致孩子反应过度、极度沮丧。

◎ 即将步入青春期的孩子

这个时期，性激素开始起作用，原本就情绪化的孩子可能会变得更加喜怒无常。如果孩子被同龄人造谣、被排斥或被嘲笑，他会非常痛苦，而且肯定会更加敏感。

第 45 问　害羞

相关问题另见：第 44 问"敏感"、第 47 问"精神压力大"、第 60 问"被排斥"、第 65 问"被取笑"

 问题

孩子回避其他孩子；黏人、依赖他人；不自在或紧张不安；离家在外时会感到焦虑；拒绝参加群体活动。

"我的女儿很害羞，她从蹒跚学步时起就这样了。我知道我无法改变她的性格，但是我想帮帮女儿，让她能更自在地和别的孩子玩，享受其中的乐趣。我该怎么做呢？"

◎ 为什么需要做出改变

"你们去吧。我不去了。""我不敢举手。""我宁愿一个人待着。"

犹豫不决和害羞的孩子往往无法充分体验生活。害羞的孩子经常不愿参加活动，害怕与他人交往，在社交场合中没有信心。这会使得孩子难以加入任何团体，难以结交新朋友，逐渐因被社会排斥而感到痛苦。

害羞很正常

家长要让孩子放心，害羞是人类很普遍的心理，每天有数以百万的人都要应对他们害羞的情绪。杰罗姆·凯根在哈佛大学进行了 20 年的研究，他发现，在幼儿园到 8 年级的孩子中，有 10% ~ 15% 的孩子非常害羞，25% 的孩子性格外向且善于交际，其余的则介于两者之间。在那些一开始就比较害羞的孩子中，有三分之二会在成年后仍然害羞，但另外三分之一能够克服。凯根解释说："即使你天生害羞，你也仍可以改变自己的性格，变得外向一点儿。"

家长要明白，孩子在社交场合紧张、犹豫甚至恐惧不是你的教育方式造成的，他很有可能生来就比较犹豫不决。遗传基因使他在某些场合更加紧张和焦虑。孩子表现出的恐惧是真实的。那些孩子不熟悉的甚至具有威胁性的社会环境实际上会刺激孩子的神经系统，导致孩子内心慌乱、心跳加快、手心出汗、大惊失色。这并不是说害羞的孩子的大脑结构与其他孩子有什么不同，只是他们大脑的某些部分更敏感，而这些大脑差异会从婴儿期持续到成年期。好消息是，研究表明，家长可以教给孩子一些必要的方法，帮助孩子在群体中感到更自在，从而更充分地享受生活。

◎ 问题表现

- 拒绝去别的地方或不愿参与活动，或恳求家长离开活动场所。
- 慢热，与他人关系不密切。
- 黏人，不让家长离开他的视线。
- 急躁、不安、咬指甲。
- 人多时不自在或远离人群。
- 需要反复、过度的安慰。

- 行为倒退，像婴儿般哭哭啼啼、吮吸拇指。

- 发脾气或哭泣。

- 焦虑、颤抖、紧张或害怕。

- 抱怨身体不适（头疼、胃疼）。

- 对参加活动持消极态度、否定自己（例如说"我不喜欢这个活动。""那些孩子不会喜欢我的。"）

家长须知

什么情况下该带孩子寻求专业人士的帮助

虽然孩子害羞是正常表现，但是有些孩子的害羞程度已经超出了正常范围。在 9 ～ 17 岁的孩子中，有 13% 患有焦虑症，那些非常害羞的孩子以后会更容易患上抑郁症、焦虑症，以及严重的社交恐惧症。如果孩子出现了以下情况，家长就要寻求专业人士的帮助。

- 孩子总是非常害怕自己会在社交场合丢脸或被排斥，经常会不惜任何代价试图回避社交场合。

- 孩子在社交场合因恐惧产生生理反应，例如呼吸短促、说不出话、恶心和呕吐、不能停止哭泣。年幼的孩子则会哭闹、发脾气或不愿参与社交活动。

- 孩子能够意识到自己不必这么恐惧，但是又感到无能为力，难以控制自己。年幼的孩子通常不会意识到自己的恐惧情绪是不合理的或不正常的，所以，家长必须判断孩子是否小题大做了。

如果害羞心理影响了孩子的人际交往，恐惧情绪把孩子限制在自己的小世界里，家长就要寻求帮助了。有社交恐怖症的儿童患抑郁症、其他类型恐怖症以及产生药物滥用问题的风险更大。如果及早发现，社交恐惧症也可以得到有效治疗。

 **解决方案**

　　害羞的孩子天性更容易犹豫、焦虑，虽然家长无法改变孩子天生的性格，但研究表明，如果让容易焦虑的孩子学习具体的应对技巧，其中大约 90% 的孩子能因此受益颇多。需要教的技巧包括让自己平静下来、与人进行眼神交流、声音坚定有力、肢体语言更自信、进行自我介绍和结交新朋友，以及如何开始和结束对话。家长可以教孩子这些技巧，这样孩子就不会那么胆怯，能在社交场合更自信，孩子长大后也会因此受益，他们将有能力适应紧张的人际关系。

◎ 步骤 1：早期干预

1. 了解孩子心理紧张的表现

　　孩子不太可能直接说"今天我在这儿真的感到很焦虑"，但他的肢体语言和行为可以表明他的情绪。家长可以观察孩子在压力较大的场合中有哪些反应，一旦掌握了孩子独特的身体信号，家长就能在孩子变紧张之前，教他缓解紧张情绪。家长可以观察当孩子在人群中时，是否会咬指甲、拨弄头发、握紧拳头或躲到家长身后，一旦注意到这些迹象，就要小声提醒他放松，以免他更加紧张："乔恩，你在咬指甲。深呼吸，别那么紧张。""你在捻头发。想一些自己觉得快乐的事，帮助自己放松下来。"

2. 接纳孩子天生的性格

　　教育孩子不是要让内向的孩子变得外向、善于交际，家长甚至不应该尝试这样做。害羞的孩子通常需要有规律的生活、不那么固执己见的家长、慢慢热身的时间、理解和体谅、冷静和平易近人的大人。家长要避免当众管教，要维护好孩子的自尊。想一想自己应该根据孩子害羞的天性，对教育方式做了哪些调整？

3. 确定孩子焦虑的诱因

虽然孩子可能是因为本身性格就比较内向，但也可能是出于其他原因而感到害羞，家长可以看看以下哪些原因符合自家孩子的情况。

- 在演出、体育比赛、公开演讲中害怕失败或因出错而尴尬。
- 被贴上"害羞"的标签，所以就表现得害羞。
- 陷入困境时要依靠大人。
- 经历了创伤事件：意外事故、父母离婚、家庭不和睦、亲人去世等。
- 不喜欢被成年人管教，感到被羞辱、被斥责、不被接纳。
- 社会经验有限，由于家庭背景、文化背景或家庭财务状况与同伴不同而被孤立。
- 刚加入新的社区、班级、学校、俱乐部或球队等。
- 缺乏融入集体的社交技能。
- 身体变化带来不适，如激素水平变化、脸部有粉刺、体重增加、戴牙套。
- 与和自己非常不同的小伙伴相处：别的孩子太优秀、太成熟或太聪明，或者与之相反，自己与其他小伙伴相比更加优秀。
- 其他孩子的穿着、行为或参与的活动给孩子带来了同伴压力。
- 家长的要求不切实际，超出了孩子的发育水平或能力，孩子感觉自己不能胜任。
- 无法解读他人的情绪。

研究速递

害羞的孩子很难识别面部表情

意大利米兰圣拉斐尔大学的研究人员马可·巴塔利亚根据量表调查了三年级和四年级小学生的害羞程度，然后让这些小学生辨别喜悦、愤怒和平静这 3 种面部表情。研究人员发现那些比较害羞的孩子总是很难区别平静和愤怒的表情，而其他孩子会读懂对方的面部表情，并以此为社交线索，进行有效互动。辨认能力欠缺会让比较害羞的孩子在见到他们看不懂的面部表情时感到更加焦虑。这项重要研究提醒家

长，要意识到害羞的孩子难以理解社交线索，这种能力的欠缺让他在社交环境中感到紧张。家长要帮孩子识别细微的面部表情线索，这样不仅可以缓解孩子的紧张情绪，还可以教他学会解读面部表情："莎莉看起来很生气，看到她眉毛拧在一起了吗？""你看肖沙娜是不是生气了？她的呼吸很急促。"

4. 反思对孩子的期望是否适当

虽然害羞在很大程度上是由基因决定的，但家长可以通过指导帮助孩子进步，逐渐改掉他在人际交往中畏缩和焦虑的倾向。哈佛大学著名儿童心理学家杰罗姆·凯根进行了一项长达 20 年的研究，结果发现，三分之一害羞的孩子确实会从自己的小世界里走出来，积极地参与社交活动。这些孩子的父母通常不会过分保护孩子，他们愿意给孩子做榜样，教他们如何与同龄人互动。以下是一些会令孩子更加害羞的行为，家长可以反思自己有没有犯过类似的错误。

- 强迫孩子在公共场合表演。
- 没有给孩子留出时间做好心理准备，就催促他融入新群体。
- 强迫孩子做一些对你很重要但对他不重要的事情。
- 将孩子的表现和性格与他的兄弟姐妹做比较，显得孩子差劲。
- 在社交场合替孩子做他做不来的事。
- 为孩子找借口，让他不用参加社交活动。
- 当孩子胆怯时，替他说话，让他依赖你。

5. 不要给孩子贴上"害羞"的标签

专家们一致认为，孩子害羞重要的原因之一是他们被贴上了害羞的标签。永远不要让任何人，不管是老师、朋友、亲戚、兄弟姐妹、陌生人还是你，说孩子害羞。"他不是害羞。他只是喜欢先静静地看一会儿，再决定怎么说。""你只是需要一点儿时间来好好准备。你可以的，很多人都是这样的。"斯坦福大学的研究表明，尽管孩子可能生来就有害羞的倾向，但他们以后是否害羞在很大程度上取决于有没有被贴上害羞的标签。

◎ 步骤 2：快速反应

1. 理解和接纳孩子的焦虑情绪

家长要对孩子的紧张情绪感同身受，让他明白，你理解他和其他孩子在一起时感到不自在、有压力，要向孩子强调他的紧张不是他自己故意引起的，他没做错什么，而且有 50% 的人和他一样很害羞。家长可以说："我会帮你平复情绪的，你表现得不错。""我看见你在吉姆家咬指甲，我和不认识的人在一起也会有点焦虑。""你在童子军讨论会时什么都没说。怎样才能让你在这些场合感觉自在些？"

2. 给紧张程度评级

害羞的孩子很难用语言表达他们有多担忧。家长可以教孩子给他的紧张程度评级，从 1 到 10 表示紧张程度递增："1 是内心放松，没有紧张感，你感到平静和自信。10 是高度恐惧，你感到极度紧张、心悸或害怕得没法移动脚步。"如果家长看到孩子表现出害羞的样子，看到他不自在和紧张，就可以问他："你现在的紧张值是多少呢？"一旦了解了孩子的紧张程度，就可以帮助他找到应对的最佳方法。例如，家长可以说："如果是 1，那就找让你感觉轻松自在的朋友玩一会儿；如果是 6，你可能需要走开一会儿，做几次深呼吸来缓解恐惧的情绪。"

3. 强调孩子过去的成功经验

害羞的孩子常常会无意识地关注过去的失败，所以，家长要引导他回忆以前的成功经历："还记得去年的游泳课吗？你求我说不想去，但最后还是去了，还认识了一个新朋友。""在去参加莎拉的派对之前，你也是只想待在家里，后来你答应我至少待半个小时再回家，结果去了就不想回了，玩得特别尽兴。"

4. 教孩子缓解紧张情绪的方法

家长要教孩子缓解紧张情绪的方法。深呼吸是最好的放松方式之一，家长可以教孩子"用鼻子深深地吸气，同时慢慢地从1数到5，接着缓缓地用鼻子呼气，也是慢慢地从1数到5，然后把紧张的情绪也连带着呼出来"。（参见第47问"精神压力大"）

5. 给孩子预留出适应的时间

有些孩子需要一定的时间才能适应新的社交场合，家长要带着孩子早点过去，在人还不那么多的时候就开始融入环境。家长对孩子要耐心点，不要逼得太紧。研究发现，温和地鼓励孩子、不过多限制孩子的社交自由，比起事无巨细地管理、监督更能帮助害羞的孩子放松。家长不要像"总监"一样，策划、安排孩子的社交活动，方方面面都要插手，要让孩子自己观察，搞清楚状况，可以给他一两个建议以及告诉他如何参与社交，但要让他自己决定什么时候参与。

6. 当孩子为人际交往努力时，要好好地表扬

孩子为社交所做的任何努力都值得家长鼓励："我看到你今天过去和新来的男孩打招呼了，真棒！""我看到你努力去跟希拉的妈妈打招呼了，她很开心。"

实用妙招

教孩子注视对方的眼睛，这样显得更自信

当与人说话时，害羞的孩子通常会向下看，让人觉得他们对话题并不感兴趣，严重影响进一步的交流。家长可以教给孩子一个小妙招——"始终注视着说话人的眼睛"，这样做能让孩子抬起头，从而显得自己对话题更有兴趣，也更自信，尽管他内心可能并不这么认为。同时，家长还要教孩子注意眼神交流，这是社交成功的关键技能。如果看着对方的眼睛对孩子来说有点可怕，那就教他这么做："看着对方双眼中间的位置，让对方以为你在注视他的眼睛。"让孩子勤加练习，这样他可以不再那么紧张，还能学会眼神交流。

◎ 步骤3：培养良好的习惯

1. 社交前先演练
　　家长要帮孩子为即将到来的社交活动做好准备，告诉他活动的安排、目的、有哪些孩子会参加活动，带他练习与他人见面、闲聊，甚至道别，确保他知道基本的餐桌礼仪。对害羞的孩子来说，在电话里和家长练习对话技巧比面对面地交流更放松。这样的演练会缓解孩子在新环境中的紧张情绪。

2. 让孩子和比自己小的孩子练习社交技能
　　斯坦福大学的研究发现，让大孩子和小孩子暂时组成一组玩，是个帮助大孩子练习新社交技能的好方法，因为和同龄孩子练习这些新技能可能会让他感到紧张。家长可以创造机会让孩子和比他小的孩子一起玩，比如弟弟妹妹、表弟表妹、邻居家的小孩、朋友家的小孩。对于十几岁的孩子，家长可以尝试让他们照看小孩子，这样，孩子不仅能挣零花钱，还能练习那些不会和同龄人练习的社交技能，例如如何开始交谈、怎样用眼神交流。

3. 提醒孩子微笑的意义
　　自信、受欢迎的孩子通常都爱微笑。所以，每当孩子露出笑容的时候，家长就可以提醒他"你笑起来真可爱"或"你的微笑总能赢得大家的好感"。同时，家长要指出孩子的微笑是如何影响他人的："你注意到了吗，你微笑的时候，别的孩子也在开心地对你微笑。""那个小男孩看你对他微笑，就过来和你玩，因为他觉得你很友好。"

4. 先让孩子一次只和一个孩子玩耍
　　研究发现，帮助害羞的孩子获得社交自信最好的方法之一，是让他和别的孩子一对一玩耍。很多孩子在群体中会不知所措，但在只面对一个朋友时会觉得放松。所以，家长可以给孩子创造一些机会，让他和相处愉快的一个孩子交流，等孩子变得更有信心后，再逐渐增加玩伴的数量。

5. 教孩子战胜消极的自我对话

害羞的孩子内心通常充满消极的声音，他们在人群中会感到不安，他们会对事情进行消极的解读，总觉得其他孩子在关注自己："每个人都会盯着我，觉得我的发型很傻。""我上了校车，大家都会盯着我看。"家长可以教孩子通过自我鼓励来战胜消极的方法，例如，让孩子想象一下，如果是某个他和同学们羡慕的、更受欢迎的、更自信的孩子遇到类似情况，对方会怎么想？家长可以这样引导孩子："你觉得玛丽上校车后会有什么感受？"孩子也许会说："她可能不会担心，只会和最好的朋友打个招呼。"家长可以接着说："那你就鼓励自己向玛丽学习，不再紧张。"这种认知疗法是由天普大学开发的，经研究证明可以有效帮助害羞的孩子。

6. 帮助孩子逐渐适应令他紧张的不同场合

比较害羞、犹豫不决的孩子甚至会在活动之前就担心遇到最坏的情况："我演讲时会忘词""没人会喜欢我的""我会尿裤子的"。让孩子不要胡思乱想并不管用，记住，孩子的恐惧是真实的！但是，如果孩子参加完活动，发现最糟糕的结果并没有真的发生，他就会逐渐克服这种恐惧。关键是要基于孩子的能力，逐渐让他适应令其紧张不安的陌生场合，随后逐渐增加难度以大大提高他的社交能力。例如，如果孩子非常抵触生日派对，那就鼓励他送完礼物就直接回家，不参加后面的活动。如果孩子害怕和那里的孩子一起玩，那就建议他提前30分钟去，那时只有主人在场。家长要注意，过于心急地将孩子推向令他紧张不安的场合可能会事与愿违，甚至会加剧他的紧张，使他产生畏难情绪，但是逃避只会让他更加不会与人交往。所以家长要始终仔细观察孩子的紧张表现，如果问题严重，就要向心理学专业人士寻求建议。

7. 帮助孩子反思

如果孩子因为害羞而在某个场合感到非常尴尬，那家长就要找个时间和他谈谈当时的情况，并讨论下次如何大方地应对："让我们好好想想，下次我们去约拿家应该怎么做才会让你感觉自在点。""听起来你真的不喜欢和那么多孩子在一起，如果一次只邀请一个朋友，你觉得怎么样呢？""如果你不想当面邀请尼克，那为什么不打个电话邀请他呢？"

家长分享

　　一位妈妈分享了自己的经验。

　　我女儿不喜欢参加生日派对，觉得很不自在，总是央求我带她回家。后来我发现，如果事先练习下派对上要做的事，她就不会那么紧张了。于是我们练习了向小主人的妈妈微笑问好、把礼物拿给过生日的朋友、走到朋友身边聊开心的事、吃东西、喝饮料。女儿知道在派对要做什么后，觉得轻松多了。

 不同成长阶段孩子的表现

　　虽然每个孩子都是独一无二的，但不同成长阶段的孩子在下列情况下会感到更加害羞。

◎ 学龄前儿童

　　学龄前儿童在见到陌生人、进入新环境（游戏小组，幼儿园，学前班）、成为关注的焦点、爸爸妈妈不在场时会感到很害羞。

◎ 学龄儿童

　　导致学龄儿童更加害羞的原因有：在很多人面前表演、受到同伴恐吓、被区别对待、受到公开批评、被排斥、害怕失败（特别是在同伴面前）。

◎ 即将步入青春期的孩子

让即将步入青春期的孩子感到害羞的因素有：外表状态不好、脸上有粉刺、戴牙套、青春期生理变化、面对异性、被排斥，以及上一段提及的困扰学龄儿童的、容易引起孩子害羞的其他所有因素。即将步入青春期的孩子自我意识有所提升，所以本来开朗大方的孩子，也会忽然变得害羞。

第 46 问　分离焦虑

相关问题另见：第 38 问 "依赖家长"、第 39 问 "胆小恐惧"、第 45 问 "害羞"

 问题

"我女儿几周后就要上学了。她一直很黏人，我有点担心送女儿上学时她会哭鼻子。您有什么建议吗？怎样才能让她在上学时开开心心的，更有安全感？"

解决方案

孩子第一次离开家长的时候，不管是去上学、上幼儿园、去朋友家过夜还是参加露营活动，家长都会百感交集，会意识到孩子正在慢慢长大，不会永远黏在自己身边。但对一些孩子来说，与家长分离也是紧张不安的经历，他们需要学着适应新的规则，解决找洗手间之类的生活问题，并学着与其他孩子相处。孩子感到有点焦虑是很自然的，以下几条建议可以帮助家长和孩子更轻松地度过分离的日子。

1. 提前帮孩子做好准备

在分离的前几周，家长可以让孩子和保姆、祖辈或朋友多待一些时间。家长也可以和孩子预演一下告别时的场景，例如悄悄地握握手，或者用特殊的方式亲亲对方，来帮助他安心地离开家长，这可以让孩子在离别真正到来时更有安全感。家长也可以在孩子的口袋里放一块特别的鹅卵石或镶着家长照片的钥匙扣，告诉他只要摸到它，就意味着无论你在哪里，都正想着他。这个办法很有效，特别是在家长经常出差或开会的情况下。

2. 带孩子熟悉新环境

家长可以在孩子上学前一周左右带他参观一下学校，让他熟悉一下新环境，可以带他看一看那些经常会去的地方，例如教室、水房和洗手间。家长不要过分赞美新环境，不要让孩子抱太多期望，否则如果新环境没有达到他的心理预期，他就会很失望。理想情况下，家长要帮助孩子认识至少一个新的同班同学。孩子经常会在学校的操场和附近的公园玩耍，家长可以带着孩子去这些地方，打听是否有他的同班同学。如果可能的话，可以问问孩子的老师，看看他能不能提供某个新同学的联系方式。

3. 及时离开，不要逗留

在分别的日子真的来临时，家长要开开心心的，保持冷静，孩子会感知到家长的情绪并做出相应的反应。家长可以让孩子做他喜欢的事，例如拼拼图或搭积木，也可以带他找事先熟悉的朋友一起玩，这样他就不会孤单了。家长在和孩子道别时要迅速，用你们约好的秘密方式告别。家长要及时离开，不要逗留，否则只会让孩子焦虑。有时候，如果孩子紧张不安，家长可以给他准备一块手表，用记号笔标出你去接他的准确时间，这也有助于缓解他的焦虑情绪。

4. 按时接孩子回家

家长一定要确保自己或指定的看护者能按时到接孩子的地点去接他。如果抱起孩子的时候他哭了，就把他的眼泪当作一种赞美吧！这通常意味着孩子见到你太激动，而不是不愿意上学。

如果孩子难以克服分离焦虑，家长可以问问老师有什么可行的建议。孩子的适应期可能从一天到几周不等，所以家长要有耐心。让孩子学会说再见只是成长的一部分，家长要帮助孩子适应没有自己的日子，自信地面对新的人生阶段。

第 47 问　精神压力大

相关问题另见：第 10 问"总和别人吵架"、第 15 问"逆反心理"、第 37 问"愤怒"、第 39 问"胆小恐惧"、第 40 问"哀伤"、第 43 问"悲观"、第 59 问"同伴压力"、第 82 问"搬家"、第 87 问"睡眠问题"、第 96 问"抑郁症"

 问题

生理方面：孩子尿床、恶心、腹泻、口吃、感冒、疲劳、咬指甲或捻头发。

心理方面：孩子情绪波动剧烈、脾气暴躁、性格孤僻、难以集中注意力、爱争吵、爱抱怨或容易哭泣、更加黏人和依赖大人。

"我女儿 8 岁了，她最近睡不好，还喜怒无常，很难集中精力做作业，这是不是因为她压力太大了？我都不知道怎么帮女儿。"

◎ 为什么需要做出改变

家长是不是认为只有成年人才会有精神压力？不是这样的。事实上，研究发现，8% 到 10% 的美国儿童精神压力过大，并受到各种相关症状的严重困扰。如果不及时干预，这不仅会影响孩子的人际关系和学习成绩，还会影响他们的身心健康。造成孩子精神压力过大的因素有很多，例如日程安排过度紧张、竞争激烈、学习任务繁重、生活枯燥单调、家庭不和睦、新闻中的负面报道过多、爸爸妈妈自身压力过大等。当然，压力是生活的一部分，有些孩子似乎确实能变压力为动力，可是，有三分之一的孩子长期精神压力过大，以至于他们的免疫系统遭到破坏，患抑郁症的风险也随之增加。家长要弄明白的关键问题是，压力是能激励孩子前进还是让孩子畏惧不前。为了获得答案，家长需要搞清楚孩子是如何应对正常压力的，以及压力超负荷时孩子有什么特别表现。当压力给孩子带来太多的负面影响时，家长就必须干预，以保护孩子的身心健康。本节的解决方案能够帮助家长了解孩子是如何应对压力的，以及如何帮助孩子缓解压力。

◎ 问题表现

每个孩子面对精神压力的反应都不相同，家长要在压力过载之前发现孩子在生理、情绪和行为方面的变化，以下是孩子压力过大时的典型表现。

生理方面的表现如下：

- 头疼、颈部和背部疼痛。
- 恶心、腹泻、便秘、胃疼、呕吐。
- 手抖、手心出汗、身体颤抖、头晕。
- 尿床。
- 睡眠困难、做噩梦。
- 食欲变化。
- 口吃。
- 经常感冒、疲劳。

情绪和行为方面的表现如下：

- 开始对某些事物感到恐惧或一直对某些事物感到恐惧，焦虑、担忧。
- 注意力难以集中，经常神游。
- 烦躁不安或易怒。
- 逃避社交，不愿参加学校或家庭活动。
- 易情绪化、生闷气，或无法控制情绪。
- 咬指甲、捻头发、吮吸拇指、握拳头、用脚掌拍打地面。
- 爱发脾气、易愤怒，伴有严重的行为问题，如情绪失控、妨害治安。
- 行为倒退或有婴儿般的行为。

- 爱抱怨、哭闹。

- 黏人、更加依赖大人，不愿让家长离开自己的视线。

研究速递

精神压力大的孩子更容易感冒发烧

罗切斯特大学医学中心针对 5～10 岁儿童进行了为期三年的研究，研究发现如果父母和其他家庭成员一直承受精神压力的困扰，孩子会更容易发烧并患上相关并发症。慢性压力也会破坏孩子的免疫系统，使他更容易患上普通感冒、流感、哮喘、糖尿病和其他疾病。因此，如果家长注意到孩子经常感冒、头疼，或抱怨身体不舒服，就要考虑孩子是否正承受着巨大的精神压力。

家长须知

在什么情况下该向心理学专业人士寻求帮助

所有的孩子都会时不时地有精神压力大的表现，但是，如果孩子的行为有明显异常，且持续两周以上，家长就一定要提高警惕。如果家长看到孩子在苦苦挣扎，并且有些不知所措，就需要向心理学专业人士寻求帮助。不要等待，压力过大的孩子患抑郁症的风险比其他孩子高 2～4 倍，而且青春期的孩子更有可能会滥用药物。

解决方案

不是只有成年人才有精神压力。研究表明，如今的孩子感受到的压力比我们想象的要大得多，就连 3 岁的孩子也有经受压力的反应。家长需要思考 3 个关键问题：孩子是如何应对精神压力的？哪些因素造成了孩子的压力？以及孩子是否知道如何健康地缓解压力？

◎ 步骤 1：早期干预

1. 确定问题产生的原因

压力是生活中不可避免的一部分，但是太大的压力有害于身心健康。家长首先要确定孩子压力过大的原因，以便制订可行的计划帮助他缓解压力。以下是孩子压力过大的常见原因。

- 基因：天生容易紧张。
- 超负荷：学习活动太多，没有时间放松，任务安排得太密集。
- 时事新闻：看到负面的新闻报道。
- 创伤事件：火灾、洪水、意外事故、父亲或母亲去世。
- 同伴交往问题：同伴压力、校园欺凌、被同学排挤、种族差异。
- 外表：担心穿着、体重，外在形象与大家有差距，难以融入集体。
- 学校：担心成绩、作业，过分强调在学校的表现。
- 不切实际的期望：定的标准远高于能力。
- 家庭问题：父母离婚、家人生病、搬家、家庭经济压力大、父母精神压力大、兄弟姐妹之间互相竞争。

2. 保证孩子睡眠充足

沉重的学习负担和超负荷的安排会严重影响孩子的睡眠。晚上睡不好会导致压力增加，家长要确保孩子有足够的睡眠时间（参见第 87 问"睡眠问题"），确保孩子在睡前 30 分钟不用电脑，以免蓝光影响其睡眠，另外，也不要让他喝含咖啡因的饮料。

3. 找到潜在的压力源

孩子是不是看了可怕的晚间新闻？孩子是不是在校车上被欺负了？家里是不是总有人大喊大叫，不好好交流？家长不能也不应该保护孩子远离所有的压力源，但对于一些不健康的压力源，家长是可以帮他消除掉的。例如，请一位家庭教师给孩子辅导理科作业；别在孩子面前大喊大叫；关掉电视，不让他看可怕的晚间新闻。家长要想方设法减少那些可控的压力源。

4. 减少一个压力源

许多家长都承认，如今孩子压力过大的主要原因就是任务过多。家长要留意自己的孩子是否有同样的问题。家长可以花一个星期来留意孩子每天的学校、家庭和课外的学习安排，看看他完成任务后还剩多少空闲时间。仅仅去掉一项孩子每周要做的事，就能给孩子减轻相当大的压力。

5. 安排固定的家庭日程

不确定性会让孩子焦虑。安排固定的家庭日程能保证孩子对日常事务的可预见性，有助于减少孩子的精神压力。家庭聚餐、睡前活动、睡前故事、热水澡、家人拥抱、背部按摩等，不仅能留下美好的家庭回忆，还能让孩子放松。

6. 筛选适合孩子观看的电视节目

即将步入青春期的孩子普遍反映，看突发新闻时，如果没有大人在一边解释这是怎么了，他们会感觉不安。因此，家长要注意孩子在看什么节目，尽量让他们少看那些会带来压力的负面新闻，例如关于恐怖主义、战争、绑架、暴风雨等的报道，或者至少在孩子观看时陪着他，安慰他这些可怕的事情只是偶尔发生的，让他安心。

7. 帮助孩子了解自己在压力下的表现

家长需要告诉孩子他压力大时有什么表现，让他学会识别它们："你紧张的时候会握紧拳头"、"你有没有注意到，你担心的时候会头疼"。

8. 不要过度保护孩子

当然，让家长在一边看着孩子遭遇挑战而不插手帮忙是很难的。家长这时候的本能就是扑过去帮助孩子，但是，家长应该克制这种冲动。约翰·霍普金斯大学医学院的研究人员做了 20 多项研究，发现家长做得太多、对孩子过度保护实际上会增加孩子的焦虑程度。压力是生活不可分割的一部分，孩子必须学会自己应对，而学会处理压力的唯一方法就是亲身实践。家长只有在孩子压力过大，或者不知道如何为自己减压时，才需要从旁提供必要的帮助。

实用妙招

深呼吸有助于摆脱烦恼

一个快速放松的方法就是缓缓地深呼吸，让横膈膜收缩放松，如此一来，大脑可以获得更多氧气。家长可以让孩子把肚子想象成一个气球，一边慢慢数"1、2、3"，一边吸气，然后大大地"啊"一声呼出气来，就像让医生检查喉咙时那样。家长可以告诉孩子，深呼吸有助于消除压力，并鼓励他通过吹肥皂泡或吹风车练习缓慢、稳定地呼吸。

◎ 步骤 2：快速反应

1. 保持冷静

如果家长疲惫不堪、精神压力大，那么孩子的压力也会增加。所以，家长在紧张不安时，可以做几次深呼吸让自己平静下来，从而更快地减轻孩子的压力，帮助他保持冷静。

2. 化解紧张感

家长可以让孩子像木头士兵那样绷紧身体，保持全身紧张，再像奋拉的布娃娃一样把身体放松下来。一旦孩子意识到他可以让自己放松，他就能找到身体中最紧张的部位，比如颈部、肩部肌肉或下巴。家长可以让孩子闭上眼睛，专注于紧张的部位，并绷紧该部位 3 ~ 4 秒，然后放松。家长可以告诉孩子，当他放松的时候，想象压力在慢慢融化，最后从他的头顶流下来，从脚趾流出，直到他感到全身放松，内心平静。

3. 教孩子用积极的短句鼓励自己

家长可以教孩子和自己对话，用积极的语言帮助自己应对压力，例如，"冷静下来"，"我能做到"，"保持冷静，缓缓深呼吸"，"没有什么是我处理不了的"等。

4. 教孩子电梯呼吸法

家长可以让孩子闭上眼睛，缓缓地深呼吸，然后想象自己正在第20层楼的电梯里，按亮第1层的按键，随着电梯下行，持续保持深呼吸，专注每一层的按键在电梯到达时亮起来，直到抵达第1层，在这个过程中，孩子的压力会逐渐消失。

5. 让孩子想象令他平静的地方

让孩子想象一个他去过的、令他感到平静的地方，例如海滩、他的床、爷爷的后院或树屋。家长可以告诉孩子，在感觉压力大时，就闭上眼睛，想象那个地方，同时缓缓地深呼吸。

家长分享

一位妈妈分享了自己的经验。

我先生失业了，家里的气氛很沉闷。我们忧虑不安，女儿自然也能感受到。她睡不好，功课也学得很吃力，感到紧张时就捂住耳朵哼唱。于是奶奶就给她买了一个iPod，现在她一感到紧张，就戴着耳机窝在沙发上听音乐，放松身心。这帮她减轻了很多压力。

◎ 步骤3：培养良好的习惯

1. 全家人一起减压

家长可以带着孩子一起冥想，还可以根据孩子的爱好和年龄带他们做不同的减压活动，例如和女儿一起做瑜伽，和儿子一起去健身房，带着学龄前的宝贝骑自行车，和孩子一起欣赏音乐等。家长这样做不仅可以帮助孩子学会用健康的方法减压，也可以缓解自己的压力。毕竟，家长精神放松，孩子也会跟着轻松。

2. 教孩子觉察自己的情绪

家长要帮助孩子学会主动表达自己的感受，帮他觉察自己什么时候会开始紧张。如果孩子说出了他的感受，你就可以想办法帮助他减压："我看你咬紧了牙，是不是数学题太难，让你感到紧张，需要我辅导吗？"，"你看起来很生气，看来你当时真的想让朋友和你一起玩，你愿意过来坐我旁边，和我一起聊聊吗？"。

3. 教孩子学会放松

每个孩子的情况都各不相同，家长要找到适合自己孩子减压的方法，鼓励他经常用这些方法释放压力。有些孩子可以通过画画或写日记来放松，有些孩子认为在脑海里想象自己放松或平静的感觉很有效。家长可以让孩子把身体想象成缓缓飘浮的松软白云或软软的布娃娃，也可以在家里布置一个舒适的角落，当孩子需要释放压力时，就可以在这个角落放松一下。有一项研究，调查了约900名即将步入青春期的孩子，他们说自己最喜欢的减压方法是做一些有意义的事，如听音乐、看电视、玩电子游戏、锻炼、和朋友聊天、独处、和朋友待在一起，或和父母聊天。

4. 和孩子沟通

精神紧张的孩子可能不会主动和家长聊自己的压力，所以家长要注意和孩子沟通。在上一段提到的调查中，75%的孩子说他们需要家长帮助他们减压，希望家长与他们聊天，帮助他们解决问题，让他们振作起来，或只是花时间陪他们，让他们安心。

5. 给孩子树立健康应对压力的榜样

家长不要在孩子面前掩盖自己生活中的压力，例如家庭财务透支、新上司有新要求等，而是要向孩子坦白自己的处境，然后树立健康应对压力的榜样。无论是选择在小区里散步、泡热水澡、写日记，还是健身，家长都可以让孩子明白，有压力是正常的，而且有很多减压的方法。

 不同成长阶段孩子的表现

◎ 学龄前儿童

孩子即便只有 3 岁也一样会感受到精神压力，但是，学龄前儿童由于语言表达能力不足，经受的压力可能会被忽视。因此，家长要密切关注孩子有没有承受压力的表现。孩子的压力源包括新事物、狗、怪物、蜘蛛，以及离开家、与父母或亲人分离和被绑架等各种让他觉得可能会被抛弃的事。

◎ 学龄儿童

学龄儿童的压力源包括在他人面前表演（如演讲、朗诵、参加体育活动）、考试、校园生活、尿床、社团落选、与同龄人关系紧张、让父母失望以及现实世界的危险（如火灾、入室行窃、疾病、暴风雨）等。重复性压力尤其会影响 10 岁以下的孩子。

◎ 即将步入青春期的孩子

即将步入青春期的孩子的压力源包括成绩、校园生活、家庭作业、过多的活动安排、低自我评价、搬家或转学、家庭压力、争吵、家庭财务困难、家里人际关系紧张、不被同伴接纳、在同伴面前发生过尴尬事、同伴带来的压力、针对自己的流言蜚语和嘲笑、身体发育、与大家不一样，以及让父母失望等。

第 48 问　忧心世界局势

相关问题另见：第 37 问"愤怒"、第 39 问"胆小恐惧"、第 42 问"追求完美"、第 43 问"悲观"、第 44 问"敏感"、第 47 问"精神压力大"、第 96 问"抑郁症"

 问题

"我女儿非常忧心动荡不安的世界局势。她只有 10 岁，却总是谈论成年人关注的令人悲观失望的问题，例如恐怖主义、艾滋病、战争和全球变暖。我该如何让女儿不那么恐惧，让她意识到世界还有美好的一面？"

解决方案

对孩子来说，这个世界有点可怕，其中一个重要的原因是他们经常在媒体上看到悲惨和恐怖的画面，例如犯罪、金融危机、战争和艾滋病等。可悲的是，这些可怕的报道似乎正在降低孩子的安全感。事实上，许多孩子觉得他们生活的世界充斥着恶意和危险。以下方法可以让孩子不那么忧虑，觉得一切依然安好。

1. 对孩子说话要谨慎

家长要注意自己对某些事情的反应和表达的观点，特别是当灾难发生时说："这种病毒会像野火一样蔓延"、"他们永远也阻止不了那些恐怖分子"、"一切都会被炸毁"等是不太合适的语言。孩子会受到家长恐惧情绪的影响。家长还要想一想，孩子会不会从其他人，比如朋友或亲戚那里接收到这种世界灾难不断、已经不可救药的想法？如果孩子杞人忧天，就需要身边有人告诉他真实的世界充满希望，所以，家长要多找那些积极乐观的人和事与孩子聊聊。

2. 不要过度保护，但要确保孩子的安全

当现实中的邻居家、本国或另一个大陆发生可怕的事件时，家长的本能反应就是保护孩子远离生活中令人不安的一面。家长其实不必急着这么做。孩子会了解到正在发生的事，也会从别处听到消息。如果孩子觉得家长在试图隐瞒消息，那他们只会更加不安。家长最好冷静地面对问题："你听说金融危机的消息了吗？"，"流感暴发了，你的朋友怎么看？"。接下来，家长要安慰孩子说："但是我们可以放心，相关人员（如警察、政府、医生、消防员）正在尽他们所能来解决这个问题，保护大家的安全。"筛选好信息，不要撒谎，只告诉孩子他们需要知道也能够理解的事实。如果小孩子经常觉得危险就在身边，家长可以这样安慰他："战争发生在很远的国家，横跨巨大的海洋。炸弹打不到我们。"关键是要用平静自信的声音，让孩子感觉到家长很镇定，相信大家都很安全。

3. 留意孩子看到的新闻

美国加利福尼亚州的一家研究机构发现，在接受调查的孩子中，有一半反映自己在看完新闻后感到"愤怒、害怕、悲伤或抑郁"。所以，家长要密切注意孩子看到或听到的新闻，在有创伤性事件报道时要关掉电视，要避免孩子接触通俗小报式的报道，它们通常会耸人听闻，渲染恐怖氛围。对孩子来说，真实的图片或新闻报道远比报纸上的图片更令人恐惧。重要的是，家长可以先和孩子聊聊令人恐惧的报道。宾夕法尼亚大学的研究发现，和家长谈论报道内容的青少年往往要比同龄人更能客观地了解现实，所以，家长要多和孩子聊聊。与此同时，家长可以允许孩子看看不那么惊悚的新闻，比如有线电视和教育频道的节目，家长也可以给孩子订阅儿童新闻杂志，或者收藏合适的儿童网页。

4. 教孩子全面地看问题

虽然我们不能阻止悲剧的发生，但是我们可以尽量让孩子看到世界美好的一面。家长可以收集一些有关好人好事的精彩故事，并和孩子分享，提醒他留意生活中美好的一面。

5. 更加密切地关注孩子的情况

孩子偶尔忧虑是正常的，但是如果他过度恐惧，日常生活也因此受到影响，家长就该寻求帮助了。家长要特别注意孩子是否有这些表现：过度忧虑，哭泣，易怒，绝望，感到挫败，总是焦虑不安，害怕离开家，提前数小时、数天或数周就开始担心未来的事，逃避社会活动或拒绝上学。家长也要注意孩子是否有身体上的不适，例如头疼或胃疼。如果孩子的性情发生了巨大变化，而且至少持续了两周以上，家长就要去找心理咨询师、学校的心理医生或医院的医生了。

第五部分

社交场合

为什么妈妈要嫁给爸爸？

孩子的回答精彩得让人惊讶。

二年级的小学生这样回答：

（1）爸爸做的意大利面是世界上最好吃的，妈妈很
     爱吃；

（2）妈妈认识爸爸的时候年龄大了，只能嫁给他；

（3）我奶奶说妈妈当时头脑发昏，就嫁给爸爸了。

第 49 问　坏朋友

相关问题另见：第 20 问"说脏话"、第 52 问"小团体"、第 56 问"饮酒"、第 59 问"同伴压力"、第 62 问"性教育"

 问题

孩子交往的朋友三观不正或有不好的行为，对孩子产生了负面影响。

"我女儿的新'朋友'只有 12 岁，打扮得却像 25 岁——她化着妆，穿着紧身牛仔裤，还穿了脐环。我担心这个女孩会对女儿产生不好的影响。我到底应该怎么做？"

◎ 为什么需要做出改变

"你为什么不喜欢我的朋友穿脐环？""扎克穿一件黑色风衣有什么问题？这并不意味着他是个坏孩子。""你为什么不相信我？山姆不是个坏孩子。"

孩子的坏朋友是每个家长的噩梦，因为家长只会往最坏的方面想：吸烟、性、违法。如果家长发现自己的孩子经常和一个价值观不太一致的孩子在一起，又该怎么办呢？是否应该禁止孩子和某个特别的朋友交往呢？答案当然是肯定的，但是家长也不要急于下结论。孩子可以有不同类型的朋友。事实上，家长应该鼓励孩子接触不同类型的朋友，这有助于开阔他的视野，使他待人更宽容、更具有同理心，养成新的好习惯，更乐于接受新的观点，还能让孩子学会与各种不同的人相处。家长真正要注意的应该是孩子这些朋友的价值观以及他们的生活方式，比如他们是否非常鲁莽、不求上进或品行不端。

　　家长要考虑的是，和这个朋友在一起会对孩子的性格、名誉或健康带来不良影响吗？因为需要注意的是，孩子很少会被朋友带坏，但是孩子选择和坏朋友交往肯定会增加他们陷入麻烦的概率。

研究速递

　　俄亥俄州立大学的研究表明，虽然孩子会受到同龄人的影响，但是父母对孩子的影响力仍然是最大的。这项研究的主要研究人员、俄亥俄州立大学社会学助理教授克里斯·诺斯特和他的团队研究了 11 483 名学生和他们父母的资料，发现即使孩子进入了青春期，他们在择友时也依然会在很大程度上受到家长的影响。事实上，如果亲子关系和睦、积极，孩子会更有可能拥有好朋友（那些不会惹是生非，且待人友好、有远大志向的朋友）。该研究还发现，家长可以通过积极了解和引导孩子、熟悉孩子的朋友、减少与孩子的冲突等间接影响孩子的交友选择。所以，家长要从细节做起，对孩子起到指引作用。研究表明，家长可以通过影响孩子的择友来间接影响他们的行为。

◎ 问题表现

如果孩子出现以下变化，则表明孩子所交往的朋友正给他带来负面影响。

- 开始变得神秘。孩子变得非常神秘，在家就喜欢锁上房间门，不让大人了解他在做什么。

- 外观发生变化。孩子开始穿性感的衣服，开始追求价格贵的或名牌的东西，发型完全改变，衣着也完全变了一种风格。

- 在学校表现不佳。孩子成绩下降，对学习失去兴趣，经常被留堂或不交作业，老师联系家长说很担心孩子的变化。

- 行为变化。孩子与过去的朋友疏远，眼里只有这个新朋友，对以前的朋友不再亲近；或者孩子退出一直热爱的团队、运动或其他活动。

- 性格变化。孩子的品行、家庭价值观、文化或宗教信仰都受到了新朋友的影响；孩子变得孤僻、喜怒无常或伤感。

- 不值得被信任。家长不再相信孩子的话。孩子经常撒谎，不遵守诺言；没有按时出现在约定地点，不按时回家，会偷偷溜出家门。

- 形象受到影响。孩子的形象已受到负面影响：老师、教练、其他父母或孩子都在疏远他，并且认为孩子变坏了。

- 家庭关系紧张。家长和孩子经常争吵，亲子关系很紧张。

- 暴力。孩子在绘画、写作、沟通或运动时有暴力倾向。

当然，即使孩子有以上一些表现，这也可能与他交的新朋友无关。关键是家长要密切关注孩子和这个新朋友的动向：孩子的哪些表现是在他与新朋友交往后出现的？另外，你要确定是新朋友把自己的孩子带坏了，还是自己的孩子把对方带坏了？

实用妙招

向孩子提出问题："如果……你会怎么做？"

要想判断孩子是否有能力处理"坏朋友"的问题，家长可以经常问问孩子"如果……你会怎么做"，比如"如果你去参加派对，发现没有家长在场，你会怎么做？""参加睡衣派对的女孩子想溜出去见男生，你会怎么做？""你的朋友打赌，让你去那些废弃的房子走一趟，你会怎么做？"家长可以通过孩子的回答，了解孩子与朋友说理的能力和技巧，还能以此为契机，和孩子讨论常见的同伴问题和相应问题解的决方案。

 **解决方案**

◎ 步骤 1：早期干预

1. 找出问题产生的原因

如果家长不喜欢孩子的朋友，但孩子的行为并没有受到朋友不好的影响，那家长应先保持冷静，然后再找出自己真正担心的原因。以下列举的是孩子与坏朋友交往的常见原因。家长可以看看哪些符合自己孩子交往的实际情况。不要急于责怪孩子的坏朋友，相反，家长应该好好想想为什么孩子会选择和这个朋友交往。

- 情感需要。孩子的自我认可度低；家庭成员之间有冲突。
- 友谊。新朋友可以提供玩的地方，孩子和他一起玩得很开心。
- 得到保护。孩子被欺负、被骚扰，或没有安全感，而新朋友可以保护他。
- 兴奋。新朋友喜欢挑战极限，孩子和他在一起很兴奋。
- 同伴认可。孩子很难融入小圈子，但在新朋友这里可以得到认可。
- 相似的兴趣爱好。孩子和新朋友兴趣爱好一致，比如都喜欢音乐、体育或某项活动。
- 得到帮助。孩子在家庭作业或运动方面需要帮助，新朋友能提供帮助。

2. 寻找简单的解决方法

家长要思考所有可能导致孩子和新朋友交往的因素，关键是思考"为什么孩子会被这个新朋友吸引"。想明白了这一点，你就可以用一些简单的方法解决这个问题了。以下方法可供参考。

- 问题：孩子被欺负，他需要新朋友的保护。

  解决方法：与学校的相关人员商议，制订一个安全计划，确定孩子可以向其他成年人或同龄人求助；让孩子避开经常有人欺负他的地方；让孩子参加武术训练班，帮助他树立保护自己的信心。

- 问题：孩子最近搬过家，新朋友是孩子唯一的朋友。

  解决方法：让孩子通过参加课外活动结交其他朋友；向老师请教如何才能让孩子结交更多的新朋友；加入家长委员会，和其他家长交朋友，然后教孩子如何结交新朋友。

3. 寻找新朋友的吸引力

如果家长真的不明白孩子为什么喜欢这个新朋友，那就坦率地问他。"你喜欢吉米哪一点？""你好像很喜欢和他在一起，为什么？""你们俩喜欢在一起做什么？""和你的其他朋友相比，你喜欢他什么？"

4. 说明对孩子的要求

家长应该和孩子聊聊家庭规矩和自己对他的期望，明确告知孩子能做什么、不能做什么，以及如果他的行为越界会有什么后果，并把这些规矩打印下来贴在家里显眼的地方，提醒孩子时刻遵守。

5. 了解孩子的坏朋友

家长不能以貌取人，所以，还是先假定孩子的朋友是无辜的吧。你可以欢迎孩子邀请朋友来家里玩，这样你不仅能轻松了解孩子的情况，也能通过持续观察，看看自己的担心是否有根据。你也可以主动开车送孩子和朋友去参加活动——他们待在车里的时候，你可以通过后视镜仔细观察、了解孩子的朋友。

6. 和孩子谈谈什么是真正的友谊

批评孩子的朋友通常会引起孩子的反感，孩子甚至可能为了故意惹恼家长，花更多的时间和朋友待在一起。家长最好是帮助孩子分析他从这段关系中得到了什么，和他探讨什么是真正的友谊，并启发他自己得出结论。"当你和这个朋友在一起时，你觉得自己是个什么样的人？""你希望自己在别人眼里是什么形象？和这个朋友在一起有利于你树立这种形象吗？"下面的小测试可以帮助孩子评估他目前的朋友。虽然没有友谊是完美的，但是如果孩子的大多数答案是"不"，那他就可能需要终止这段友谊。

- 如果其他孩子说我的坏话，这个朋友会为我说话。
- 我和这个朋友在一起时很开心。
- 无论是好事还是坏事，我都想和这个朋友分享。
- 我和这个朋友可能意见不一致，但我们会把事情说清楚。
- 我和这个朋友互相照顾。
- 这个朋友和我可以分享彼此的秘密，这个朋友和我互相了解，互相喜欢。
- 如果我感到难过，这个朋友会让我感觉好一些。
- 这个朋友鼓励我去做正确的事。
- 这个朋友让我觉得自己很棒。

7. 反思自己的交友标准

家长的担心真的有道理吗？或者只是孩子的这个朋友没有达到你的期望，孩子的朋友并不一定得是乐观开朗型的阳光男孩、阳光女孩，或者家长自己最喜欢的类型，家长不要用自己的交友标准来审视孩子的朋友，否则他所有的朋友你都不会喜欢。

家长须知

什么时候需要更密切地关注孩子和他的朋友

下午放学后的 3～6 点是孩子展开冒险的黄金时间。家长要密切关注孩子这个时间段的活动，让孩子参加有大人监管的课后活动，或者寻求其他家长的帮助，让孩子去同学家。家长要随时和孩子保持联系，以随时了解他在哪里。家长还要明确规定孩子放学后能去的地方和禁止去的地方，并严格执行。

◎ **步骤 2：快速反应**

如果家长注意到孩子交了新朋友后有了不好的表现（比如成绩下滑、不按时回家、想要性感的新衣服、说话态度变得粗暴），就要更加积极主动地进行干预。

1. 了解孩子的新朋友

家长要多打听打听，看看孩子的这个新朋友到底是不是所谓的坏朋友，是否真的如自己之前怀疑和担心的那样，给孩子带来了负面影响。家长要注意孩子在这个朋友身边时的表现，特别是孩子有什么变化；孩子是否表现得和以前不一样，例如突然破坏规则、有攻击性、违反家长定的规矩；孩子的行为举止是否变得不讨人喜欢，例如态度粗鲁、待人刻薄、脾气暴躁。家长要找到证据，不要妄下结论。

2. 和其他大人聊聊

家长可以问问老师、教练、辅导员或其他家长对孩子的朋友怎么看，他们可能会有完全不同的看法。他们和你有类似的担心吗？可以给你提供建议吗？这些大人的看法可以帮你更全面地做出判断。

3. 与孩子聊聊自己担心的事

不要批评孩子的朋友，否则孩子会驳斥你，你们的谈话也会进行不下去，可以列举一些你担心的具体事实："你的成绩下降了很多""你开始说脏话了""你对老朋友不友好"。这些真实的后果会促使孩子思考自己是否应该交这个朋友。孩子的回答会帮助家长判断自己的担心是否合理。

4. 见见孩子朋友的家长

家长要找机会见见孩子朋友的父母，首先简单地介绍一下自己："咱们两家的孩子最近经常一起玩，我想和你们认识一下。"然后借此机会和对方交换联系方式，也可以和对方聊聊，从而确定自己的担忧是否有根据。如果孩子对自己的这种行为感到反感或生气，那就随他去吧。家长可以制定新规矩：孩子以后每交一个新朋友，自己都会和这个朋友的家长联系，以便了解这个孩子的情况。

5. 限制孩子和这个朋友待在一起的时间

一旦家长确定这个朋友对孩子有负面影响，那就要让他们断绝来往，并且要帮孩子交更好的新朋友。以下方法可供参考。

- 让孩子忙起来。安排孩子参加他喜欢的课外活动，挤占掉本来要和这个朋友度过的时间，让他没时间和朋友见面。

- 密切关注孩子的情况。家长要随时了解孩子的情况。如果家长没时间接孩子放学，就要安排另一个大人接他。要明确告诉孩子你希望他听话，希望他待在你指定的地方，不要找借口乱跑，否则就会受到惩罚。不要不好意思打电话或开车过去查看，要确保孩子在他应该在的地方。不要害怕拒绝孩子，要态度坚定。

- 限制孩子的特殊权利。家长要设立明确的规矩，并反复确认孩子是否遵守了，要禁止他与这位朋友联系，不管是通过手机还是电子邮件。如果孩子没有照做，就拔掉他的电脑插头或拿走他的手机。记住，家长才是那个付电话费和电费的人，你完全可以阻止孩子乱来。

- 改变原来的活动或课程时间。家长要让孩子退出和这个朋友一起参加的课后活动，或者请老师重新安排他们的座位，不让他们坐在一起，也可以请求学校的辅导员改变活动时间或课程表，让他们分开。

- 转校。在最极端的情况下，家长可能需要给孩子转校、送他去别的地方过暑假，甚至搬家。当然，这些措施很严厉，但是家长的责任就是防止悲剧的发生，并保证孩子的安全。

实用妙招

家长对孩子的朋友了解多少

研究证明，家长越了解孩子的朋友（同时他们也会了解你），孩子就越不可能选择坏朋友，或者与朋友一起做危险的行为。以下问题家长能回答出来吗？

（1）孩子最要好的朋友的姓名和 5～6 个好朋友的姓名。

（2）孩子的每个朋友最喜欢做的事。

> （3）孩子每个朋友的父母的名字。
>
> （4）孩子的每个朋友和他们的家长关系怎么样。
>
> 以上问题家长至少要能回答两个，如果不行，那就要更多地了解和参与孩子的人际交往了。这样，家长才能在孩子选择朋友的时候提出建议。

◎ 步骤3：养成良好的习惯

一旦家长了解到孩子的这个朋友不仅会带坏他，而且如果他们继续交往，会对孩子的安全造成威胁，甚至让他原有的价值观崩塌，那就要切断他们的往来。家长要教育孩子，引导他向前看，结交会对他有积极影响的新朋友。

1. 教孩子结交新朋友的技巧

孩子一直和这个朋友在一起是因为他不知道怎么结交新朋友吗？如果是这样，家长就要教孩子如何在与人交往时认真倾听和交谈。发展友谊的技能是可以后天习得的，最简单的方法就是给孩子做示范，然后让他坚持练习。

2. 教孩子学会拒绝

不管孩子是否结交了坏朋友，孩子都需要学会拒绝，这样才能有技巧地避免尴尬或危险的社交情景。孩子可以利用以下技巧对爱惹麻烦的朋友说"不"。家长要让孩子选择最适合他的方式，然后反复练习，直到他能在遇到麻烦时应用自如。

- 把责任推到家长身上。家长可以告诉孩子他永远可以把责任推到自己身上："我爸妈不让我这么做"；"我爸爸再也不会让我出门了"；"没办法，我爸妈定的规矩就这么死板"。

- 给出一个替代方案。"我们为什么不去吉米家呢？""我们还是换个方式吧……"

- 给家长打电话。和孩子约定一个暗号，让他在碰到困难需要帮助的情况下使用，暗号可以是"妈妈，我觉得我得了流感"。家长听到暗号后，就要放下手头的事去接他。让孩子出门时带上零钱、电话卡或手机，方便他在需要的时候给家里打电话。

- 教孩子不要独自一人应对。有时候人多可以保证安全，家长要告诉孩子，遇到特殊情况时要和其他孩子待在一起，还可以找个成年人，或者找另一个孩子和自己一起应对。

- 保持坚定。家长要向孩子强调，坚持拒绝朋友很难，但是孩子应该持续重复说"不"，就像单曲循环，直到这个朋友不再找自己。这样做不是要改变他朋友的想法或行为，而是要让孩子明白他应该坚持做自己认为正确的事。要向孩子强调这个观点："如果你觉得做某些事不太好，那么它很可能就是不太好。要相信自己的直觉。"

 ## 不同成长阶段孩子的表现

◎ 学龄前儿童

学龄前儿童选择朋友的标准是大家一起玩很方便："他住得很近，家里有很多好玩的玩具。"家长可以经常安排家庭聚会，帮孩子找到喜欢的玩伴。要和孩子谈谈真正的朋友所具备的特质。这个阶段学到的交朋友的技巧和价值观会对孩子以后交友产生很大的影响。

◎ 学龄儿童

学龄儿童选择朋友的标准是双方有共同的特征和兴趣爱好。家长可以让孩子参加他喜欢的活动（体育、艺术），以便他认识其他志同道合的孩子。家长还要教孩子解决问题的方法，让他知道遇到麻烦时该怎么应对。

◎ 即将步入青春期的孩子

即将步入青春期的孩子对同伴认可的需求是巨大的，这种需求通常在孩子7～9年级时达到顶峰。小团体、同伴压力和被大家排斥的同学都是孩子间的热门话题，家长要教孩子缓解同伴压力的方法，例如想办法让孩子与校外的孩子交往，以减少本校小团体带来的负面影响。家长要与其他家长建立联系。此外，家长还要让孩子在家里过得舒心。这个阶段的孩子还想要独立，也逐渐开始疏远父母，所以家长要进入他的世界，了解他的情况。这些都至关重要。

家长分享

一位爸爸分享了自己的经验。

我儿子乔什12岁了，他的判断力不够，交了一个不断惹麻烦的朋友。我敢肯定如果他俩继续在一块玩，儿子也会深受影响，最后我会不得不把我的房子抵押出去，用来给儿子当保释金。后来我想到儿子之前一直想要一把吉他，于是赶紧买了一个二手的，同时给他报了课后吉他班。儿子在那里遇到了两个和他一样热爱音乐的男孩，并和他们组建了乐队。从此，儿子再也没时间搭理那个爱惹祸的朋友了，他也从儿子的生活中慢慢消失了。

第 50 问　被欺凌

相关问题另见：第 38 问"依赖家长"、第 39 问"胆小恐惧"、第 45 问"害羞"、第 47 问"精神压力大"、第 49 问"坏朋友"、第 59 问"同伴压力"、第 60 问"被排斥"、第 65 问"被取笑"、第 90 问"网络欺凌"、第 91 问"安全上网"、第 96 问"抑郁症"

 问题

孩子遭到言语或身体上的攻击或虐待，被他人反复恶意侵扰，不会还击或自我保护。

"有个邻居家的男孩经常欺负我儿子。我怎么才能让孩子不再受欺负呢？"

◎ 为什么需要做出改变

孩子被欺凌意味着同龄人故意给他造成伤害。研究报告证实，在很小的孩子中就存在欺凌行为，而且近些年这种行为更加频繁、更加具有攻击性。更糟糕的是，一项研究表明，那些欺凌人的孩子或被欺凌的孩子更有可能实施暴力行为。家长要坚守底线，无论孩子是受害者还是施害者，都必须严肃对待欺凌行为（参见第 51 问"欺凌他人"）。

欺凌行为包括言语欺凌（散布谣言、散布带有偏见的评论、说残忍的话、做有侮辱性的手势）、身体欺凌（打人）、情感欺凌（排斥、羞辱、威胁、勒索、戏弄）和利用电子产品欺凌（通过短信、电子邮件或社交网站发布欺凌的话等）。

毫无疑问的是，校园欺凌者是后天才学会那些残忍、富有攻击性的行为的，而这样的行为是绝不能被容忍的。一项新的研究发现，校园欺凌是学校最头疼的问题之一，许多学生反映，和父母交流校园欺凌问题无益于缓解受欺凌的压力。虽然家长不能总在孩子身边保护他，但是可以教孩子一些方法，帮助他从一开始就尽可能不受欺负。

家长须知

你应该联系欺凌者的家长吗？

一项全美家庭与教师协会的调查发现，只有四分之一的家长支持通过联系欺凌者的家长来解决问题。期凌者的家长通常不但不认为自己的孩子有错，相反还会责怪你和你的孩子，并认为你在批评他的教育方式。因此你可能需要找一个客观的局外人来进行调解，比如校长或学校主管。"我很担心我们孩子之间的问题"也许是最好的开场白。如果你接到其他家长指责自己孩子的电话，要仔细听对方反映事情的来龙去脉。孩子可能没你想的那么无辜，他可能真的欺负了对方的孩子。

◎ 问题表现

有以下情况表明你的孩子可能被欺凌了，需要你的帮助。如果孩子抱怨自己被同学嘲笑、欺负或威胁了，家长要认真对待。然而，令人遗憾的是，如果孩子被欺凌了，他可能不会告诉家长，所以家长要密切注意孩子常见行为的变化。

- 不能解释身体上的割伤、瘀伤和擦伤是怎么造成的，或者为什么衣服会被撕坏。
- 不能解释为什么会丢失玩具、学习用品、衣服、午餐或钱。
- 害怕独处；不想去上学；害怕坐校车；希望家长接送上下学；突然变得黏人。
- 突然变得沉闷、不愿社交、说话闪烁其词；说自己感到孤独。
- 日常行为或性格发生显著变化。
- 向家长反映自己身体不适，比如头疼、胃痛，经常去医院看病。

- 睡眠困难、做噩梦、哭着入睡、尿床。

- 开始欺负弟弟、妹妹或其他比他更小的孩子。

- 等回到家才上厕所。

- 一回到家就狼吞虎咽地吃东西（可能午餐钱或午餐被偷了）。

- 学习成绩突然显著下降；难以集中注意力。

 解决方案

　　家长不能完全保护孩子不受欺负，但是可以减少孩子被欺负的可能性。家长要先教孩子一个重要的道理：欺凌者想要权力，想要看到被欺凌的孩子十分痛苦。如果被欺凌的孩子看起来非常难过，那么他们就赢了，因此也更有可能会再次欺凌这个孩子。家长要让孩子明白这个道理，帮助他学会用"冷静、镇定"的态度对付欺凌他的坏家伙。

◎ 步骤 1：早期干预

1.立刻和孩子谈谈被欺凌的问题

　　孩子受到欺凌会感到尴尬或耻辱，因此不太可能主动与家长或老师谈这个问题，他们通常会默默忍受、避免与人交往、试图逃学。所以，家长要先和孩子谈谈被欺凌的问题，告诉孩子你已经意识到校园欺凌是一个日益严重的问题，而且你随时都有空帮他。如果有消息说孩子的朋友圈子里存在欺凌行为，或者媒体有相关报道，家长就要留意，并借机和孩子聊聊这个问题。

> **研究速递**
>
> 　　明尼苏达大学的研究表明，家长要更加密切地关注孩子，并且一定要时时保持警惕。反复的欺凌会对孩子造成严重的情感伤害，并侵蚀孩子脆弱的自尊心。男孩和女孩受到的欺凌是不同的：女孩更有可

能遭到情感或语言欺凌；男孩通常会遭到身体伤害或暴力威胁。但是，无论是言语、身体还是人际关系方面的欺凌，对孩子都有长期的负面影响。遭到欺凌的男孩和女孩都反映，他们受到了较严重的情绪困扰、有很强的孤独感、自我认可度较低、感到焦虑和抑郁。

华威大学的最新研究还发现，如果一个女孩从6岁开始就遭到欺凌，包括被殴打和遭受身体或语言威胁，那么这种情况很有可能持续到她10岁。

以上两项研究都提醒家长要密切关注孩子，严肃对待校园欺凌行为。

2. 不要总出面帮孩子

如果家长希望孩子学会保护自己，那就不要急于介入他的问题或为他说话。孩子需要通过练习为自己发声来表现得坚定、自信。这样的练习能使孩子在遭遇欺凌时保护自己。家长如果总是出面帮孩子，会让他不够独立，并且更容易成为受欺凌的对象。

3. 教孩子避开欺凌行为经常发生的区域

欺凌行为通常发生在没有大人监管的区域，例如无人的走廊、楼梯间、操场（树下和一些设施的角落、偏僻处）、更衣室、公园和卫生间（商场、学校、公园，甚至图书馆里的卫生间）。家长要让孩子了解欺凌行为经常发生的危险区域，告诉他避开这些地方。

4. 鼓励孩子找一个能帮助他的朋友

告诉孩子，有时候人多会更安全。即使只有一个朋友可以帮忙分担这份压力，也比独自面对要更好一些。孩子有没有找到这样的好朋友呢？

帮助孩子制订计划，减少被欺凌的可能性

教孩子牢记以下 4 个自保策略，让自己免受欺凌或伤害。

找人做伴。和一大群朋友待在一起；和同伴在一起，或者找家长拜托一个年龄更大或更强壮的学生来照顾自己。

告诉大人。让孩子告诉信任的大人自己的遭遇，如果仍然觉得不安全，就去找那个大人帮助自己。

避免去危险区域。要远离更容易发生欺凌行为的区域（校车后排位置、操场的角落、楼梯下面）。

留意周围的环境。如果觉得待在某个地方会遇到麻烦，那就离开那个地方。可以走另一条路，但是不要一个人单独走。

◎ 步骤 2：快速反应

1. 严肃对待孩子受欺凌的问题

家长最严重的错误之一就是在孩子抱怨自己被欺凌时没有认真对待。家长应该让孩子安心，告诉他你相信他说的问题，并感谢他来找你，同时强调你会想办法保护他。研究发现，49% 的孩子表示，他们每学期至少被欺凌一到两次，但是只有 32% 的家长相信他们反映的问题。在一项调查中，8 ～ 11 岁的孩子反映，家长虽然和他们谈论过被欺凌的问题，但是次数并不多，给他们的印象也不深刻；50% 的孩子完全不记得家长和自己谈过被欺凌的问题（尽管有 74% 的孩子反映他们的学校里经常有嘲笑他人和校园欺凌的行为）。

2. 判断孩子是否真的被欺凌了

欺凌行为总是蓄意和带着恶意的，并且会反复发生，而且欺凌者和被欺凌者的力量总是不平衡的。被欺凌者通常无法保护自己。欺凌与开玩笑不同：欺凌涉及更严重的威胁和伤害。家长要先判断孩子是否真的被欺凌了，接下来才能以适当的方式做出回应。家长可以问问孩子以下这些问题："这是意外，还

是他故意伤害你？"；"你先做了或说了什么惹恼他了吗？"；"她是存心伤害你吗？"；"他不止一次这样对你吗？"；"他知不知道他的做法让你受到了伤害？"；"她在乎你是难过还是生气吗？"；"你有叫她别再这么对你吗？"；"你这么说，他听了吗？"；如果孩子不确定对方的行为是否真的是欺凌，家长可以鼓励他和其他在场的孩子谈谈，听听他们的看法。

3. 弄清所有可疑的细节

孩子通常不会告诉大人自己被欺凌了，家长要主动告诉孩子你担心他，结合上文列出的被欺凌的表现，直接问他："你回家后总是很饿，你吃午饭了吗？""你的 CD 不见了。有人拿走了吗？""你的夹克破了。是别人撕破的吗？"

4. 了解事实

确定孩子被欺凌了，家长接下来就需要了解所有的事实，以便帮助孩子制订计划，防止孩子再次被欺凌："发生了什么事？"；"谁干的？"；"你们当时在哪儿？"；"还有谁在场？"；"就你一个人吗？"；"以前发生过这种事吗？有几次了？"；"怎么开始的？"；"你当时是怎么应对的？"；"你觉得他还会这样欺负你吗？"；"有人帮你吗？"；"有大人看到了吗？大人帮忙了吗？"。

5. 为应对欺凌提供具体的建议

大多数孩子无法独自应对欺凌，需要家长的帮助，所以，家长要提供一个具体的计划，教孩子怎么做。例如，如果欺凌行为是发生在校车上，家长就可以告诉孩子坐到司机后面的位置（最糟糕的位置是后排右手边，因为司机在后视镜里看不到坐在这里的孩子），还可以拜托一个高年级的学生照顾孩子，或者主动去学校接孩子。

6. 拜托可信赖的大人帮助孩子

家长不能陪在孩子身边时，可以拜托能帮助孩子的大人保护孩子。这个人必须严肃对待这件事，并能保护孩子，如果有必要，还需要对此事保密。这个人可以是学校的老师、邻居、学校的护士、校车司机，甚至是其他家长，关键是孩子可以信任这个大人。即将步入青春期的孩子通常不太愿意寻求帮助，而这个阶段也是校园欺凌最严重的时候，受害者会感到绝望、孤独。

7. 不要同孩子承诺自己不会告诉别人

家长需要做的是保护孩子，所以不要向他承诺你不会告诉别人他被欺凌的事。"我想确保你的安全，所以我不能保证我不会告诉学校这件事。我们要看看他们能采取什么措施，防止你再次被欺凌。"

> **家长分享**
>
> 一位妈妈分享了自己的经验。
>
> 我得知儿子被欺凌后，就开始联系其他家长，交流后才发现欺凌现象不仅在学校很常见，在我们镇上也很普遍。我们中的一些家长组成了一个"邻里守望"小组，还为孩子指定了放学后去的"安全屋"。然后，我们又一起与老师讨论我们担心的欺凌问题，并获得了"家长与教师协会"的帮助。大家齐心协力才能制止校园欺凌。幸运的是我们做到了，我们保护了孩子。

◎ 步骤 3：培养良好的习惯

最后一步是教孩子养成新习惯，学会维护自己的权利，减少未来成为被欺凌的目标的可能性。以下是每个孩子都应该掌握的防止校园欺凌的方法。

1. 不要让自己看起来很好欺负

看起来自信的孩子不容易受到欺凌。家长要向孩子强调，要挺胸抬头，让自己看起来更自信，不那么好欺负。

2. 保持冷静，不要理会欺凌者

欺凌者喜欢控制他人，并且他们自知可以激怒被欺凌者，所以家长要告诉孩子保持冷静，尽量不要让欺凌者知道自己很难过。要明确告诉孩子，受欺凌时不要哭，更不要侮辱或威胁欺凌者，因为这样做只会让对方受到刺激，使得欺凌行为变本加厉。年幼的孩子可以想象自己穿着一件特殊的防欺凌背心，可以弹开对方的嘲笑。这个方法有时真的有效。

3. 用坚定的语气拒绝对方

家长要向孩子强调，如果他需要回应对方，那么简单直接地表达想法效果最好，要用坚定的声音说："不""别说了""不可能""停下""别过来"。欺凌者有可能被震慑住并离开。恳求对方（如"请停止吧"）或向对方表达自己的感受（如"你这样我真的很生气"）很少奏效。一旦孩子认可了一个策略，家长就要和他一起练习，直到他有信心独自灵活应对。当然，这个方法要想真正发挥效果，在很大程度上还需要孩子用坚定的语气果断地拒绝欺凌者（参见第65问"被取笑"，了解更多应对言语欺凌的策略）。

4. 教孩子练习面无表情地盯着对方

家长可以让孩子练习面无表情地直视欺凌者，这可以显得他有能力控制全局，不好惹，从而避免被欺负。

5. 离开现场

要向孩子强调，在有被欺凌的风险时，应该尽快离开现场。理想的情况是立即朝别的孩子或成年人走去，不要回头看，必要时要灵活机动，寻求帮助，只有在不得已的情况下，才动手迎战。

6. 提升自信

研究发现，让孩子充满自信是应对欺凌的一个非常有效的方法。缺乏自信的孩子更容易受到欺凌。增强孩子自信的方法包括让他学习武术或举重。家长也可以帮孩子找到喜欢且擅长的事情，这最好与他的能力或天赋相符合。家长也可以给孩子提供机会，让他练习解决问题，保护自己。

家长须知

研究表明，校园欺凌行为正在升级，如今的欺凌者更具有攻击性，还可能携带武器。如果家长保护孩子的努力没起作用，欺凌孩子的行为反而升级了，那就采取以下8个措施。

（1）准备好及时介入。如果孩子有受伤的风险，家长就要及时介入。

（2）通知学校，寻求支持。最好告诉那些直接对孩子负责的大人（孩子的老师、教练、儿科医生、幼儿园员工等）以及所有相关的大人，让他们都来帮助孩子解决问题。一定要和学校的护士谈谈，被欺凌的孩子经常会去护士那里抱怨身体不适，以此来逃避伤害。

（3）保留证据。家长要保存好孩子受欺凌的相关证据，比如撕破的衣服，威胁孩子的电子邮件，证人的姓名、电话号码和其他相关的细节资料，以应对不时之需。

（4）要求保密。为了防止日后孩子被报复，家长要尽量只和相关的人反映情况。

（5）期望得到保护。家长要提具体的问题："你们是如何确保孩子的安全的？"如果得不到足够的支持，家长可以向更高级别的相关人员求助，例如校长、主任、学校董事会或警察。

（6）确保孩子不会和欺凌者再次面对面接触。让孩子在课堂上、吃午餐时、校车上、团队活动时远离欺凌者。在理想情况下，欺凌者应该被禁止接近孩子。

（7）做好被抵触的准备。有人会指责被欺凌者，会告诉家长要"让你的孩子坚强起来"，对此不要惊讶。

（8）保持警惕。家长可能需要让孩子换到别的班级或团队，甚至需要通过转校来保护孩子。

不同成长阶段孩子的表现

◎ 学龄前儿童

学龄前儿童能意识到欺凌行为可以让自己达到目的，因此会开始欺凌别的小朋友。这一阶段孩子的欺凌行为大多是身体欺凌（咬人、掐人、踢人或推人），而且通常是无意的（不算是真正意义上的欺凌）。孩子具有攻击性主要是由于难以控制情绪。家长要禁止孩子实施具有攻击性的或残忍的行为。

◎ 学龄儿童

学龄儿童的欺凌行为似乎在整个小学阶段都在增多。其中，言语欺凌（言语刻薄、贬低和奚落对方）很常见。年龄稍小的孩子会持续性地受到身体上的欺凌。大约到了四年级，社会孤立行为（把被欺凌的孩子排除在外，故意在情感上伤害他们）开始了。最近的研究表明，在 4～6 年级孩子中发生的不同性别的欺凌事件（特别是不受欢迎的男孩欺凌受欢迎的女孩）比之前预想的要多。

◎ 即将步入青春期的孩子

欺凌现象在即将步入青春期的孩子中最普遍，尤其是在 6～8 年级的学生中。中学生平均每天至少受到一次言语欺凌。破坏对方的人际关系、传播谣言和情感欺凌在女孩中很常见。这个年纪的学生会开始通过电子设备（手机短信、电话、网站和电子邮件）实施欺凌行为，也开始有性骚扰行为。5～8 年级的学生中有 40% 的人表示，他们曾受到过同学（主要是男孩）的性骚扰。

第51问　欺凌他人

相关问题另见：第 12 问"咬人"、第 21 问"发脾气"、第 28 问"待人冷漠"、第 29 问"不包容"、第 32 问"不能明辨是非"、第 37 问"愤怒"、第 50 问"被欺凌"、第 90 问"网络欺凌"、第 91 问"安全上网"

 问题

　　孩子没有同情心；不考虑他人的感受，只从自己的角度看问题；欺负他人或行为富有攻击性；常常不考虑后果或不为自己残忍的行为负责。

　　"儿子的老师告诉我他欺凌同学，比如说一些刻薄的话伤害同学，或者故意扇对方耳光或绊倒对方。孩子不但否认自己有错，还说对方是个'懦夫'，所以活该受欺负。我先生说这只是成长过程中暂时出现的行为，男孩子都这样，过了这个阶段就没事了。老师和我先生谁说的有道理？我怎么才能让孩子不再这么做？"

　　校园欺凌是很残忍的行为，通常有以下 4 个特征。

　　（1）这是一种反复出现的攻击性行为。

　　（2）欺凌者在力量、地位或体型上占上风，受害者无法保护自己。

　　（3）这种伤人的行为不是无意的，而是蓄意而为。欺凌者通常乐于看到受害者痛苦不已。

　　（4）欺凌者很少承担责任，经常认为受害者活该受欺负。

　　家长要严肃对待老师反映的这个问题，和老师一起制订一个全面的计划，以尽快阻止孩子的欺凌行为。欺凌不应该被认为是"成长过程中暂时出现的行为"

或"男孩子都这样"。不要为孩子残忍的欺凌行为找借口。

◎ 为什么需要做出改变

欺凌是后天习得的行为，而且正变得越来越严重。与过去相比，现在欺凌行为更残忍、更频繁，欺凌者的年龄也更小。美国学校安全中心警告民众，校园欺凌已经成为美国学校中持续时间最长、严重性最被低估的问题。一些受害者甚至被野蛮地殴打致死或因心理崩溃而自杀（由于被欺凌而抑郁自杀，被称为"欺凌式自杀"）。

现在的欺凌者已经不再是人们印象中的"街区里的坏孩子"。他们可能是男孩也可能是女孩，可能是学龄前儿童也可能是青少年，可能来自有钱人家也可能来自穷人家，可能来自城市也可能来自农村。一项研究调查了452名背景不同的4~6年级男孩，结果显示，欺凌者通常是自信的孩子，他们非常聪明并善于交际，经常被同学认为是"最受欢迎的人"（也有可能是调皮捣蛋和爱出风头的人）。

无论是什么年龄、性别、宗教或种族的孩子，只要做出了欺凌行为，家长都需要立即干预。不要误以为这只是成长阶段中暂时出现的问题或"男孩子都这样"。一项研究发现，中学时就长期欺凌别人的男性，有近60%在24岁前至少有过一次犯罪记录。放任不管会给孩子的性格和道德观带来灾难性的破坏。令人欣慰的是，欺凌是后天习得的行为，通过悉心教育便可以得到纠正。

◎ 问题表现

家长要留意孩子是否反复故意对别的孩子实施言语、情感或身体欺凌。

- 排斥或故意避开某个孩子。
- 奚落、恐吓或骚扰其他孩子。
- 通过语言或其他手段传播恶意的谣言，伤害或败坏他人的名声。
- 有攻击行为（打人、踢人、勒人脖子），或用武力威胁或恐吓其他孩子。

- 毁坏别的孩子的个人物品。

- 在其他孩子（或动物）遇险时幸灾乐祸；对别人的痛苦漠不关心。

- 难以从对方的角度思考问题。

- 拒绝承担责任；面对证据否认自己的错误行为。

- 责怪受欺凌者，认为对方咎由自取。

- 欺凌目标是比较弱小或年幼的孩子，或者是小动物。

研究速递

教育方式不当会让欺凌者有恃无恐

挪威大学的欺凌问题研究权威丹·奥维尤斯教授指出，以下 4 个因素最可能导致欺凌行为。你家有这样的教育问题吗？

- 家长对孩子关爱不够，没时间陪伴孩子。

- 对孩子的欺凌行为采取宽容或容忍的态度，没有明确禁止孩子实施欺凌行为。

- 管教孩子时实施体罚或大发雷霆。

 解决方案

◎ 步骤 1：早期干预

1. 确定问题产生的原因

家长首先要确定为什么孩子会欺凌他人。一项针对 2 万多名孩子的调查发现，8 ~ 12 岁的孩子反映自己欺凌他人的首要原因是"他们惹恼我了"或"为了报复"。以下列举了其他可能的原因，家长可以看看哪些符合孩子的情况。

- 家长的宽容态度。家长认为欺凌行为是男孩成长过程中普遍存在的阶段性行为；孩子意识到家长几乎不会限制自己，而且自己可以不受惩罚；家长对这种行为视而不见。

- 家长管教严苛。家长管教孩子时态度严厉；教育孩子太过僵化、严格；家长只给予孩子"有条件的"爱，只在孩子表现好时爱他。

- 缺乏自我认可。孩子非常需要大家的关注或尊重。

- 感到无助。孩子通过攻击性行为来获得地位、注意力或权力，或显示自己的掌控能力。

- 缺乏同理心。家里不注意鼓励或培养孩子的同理心；孩子早期受过创伤或陷入过抑郁，并因此没培养起同理心。

- 以欺凌他人为乐。孩子把欺凌他人视为游戏，感到无聊时喜欢看到别人痛苦，并以此为乐。

- 好斗的朋友。孩子和一群追捧残忍行为的朋友在一起。

- 渴望结交朋友。孩子缺乏社交技能，感觉被同伴排斥或孤立了，试图融入群体。

- 自控能力差。孩子容易冲动，无法控制自己的愤怒，经常用暴力来发泄负面情绪。

- 报复。孩子曾被别人取笑或欺凌，欺凌他人是在实施报复。

- 看了太多暴力的节目。电视、电影、视频或电脑游戏中美化暴力和残忍行为的内容，影响了孩子的行为和态度。

家长认为是什么因素导致了孩子的欺凌行为？现在可以采取什么措施来改正孩子的问题？

2. 严肃对待孩子的问题

哪个家长都不愿听到别人说自己孩子不好，但是，如果真的听到孩子欺凌他人后，家长一定要严肃对待，不要立刻否认或找借口。（"他有很多朋友。""她是模范学生。"）一项研究表明，即使是学校里最受欢迎的孩子，甚至是那些学生干部，也会有反社会表现。及早发现孩子的问题才能最有效地帮孩子纠正错误。家长应该了解消息来源，以便了解更多情况。要更加密切地关注孩子，留意他是否有欺凌他人的迹象。如果发现孩子确实有欺凌行为，家长就要尽快采取行动。密歇根大学的心理学家伦纳德·埃隆在 40 多年里跟踪调查了 800 余名 8 岁的孩子，其中有 25% 的孩子经常做出欺凌行为。到 30 岁时，这些有攻击性的孩子中有 25% 曾经被捕，而没有攻击性的孩子中只有 5% 有过这样的记录。

3. 不要让孩子看暴力的节目

美国儿科学会和其他 5 个著名的医学团体表示，"观看暴力的节目会使观看者，尤其是孩子的态度、价值观和行为更具有攻击性"。美国心理协会警告说："40 年来的研究表明，电视节目中的暴力内容会使观看者敌意增加、想象攻击行为、怀疑他人动机，从而倾向于通过暴力处理冲突。"所以，家长要留意孩子的行为：孩子在玩了某些电子游戏，或观看了某些电影或电视节目后，是否变得更有攻击性了？如果是这样，家长就要明确限制孩子观看类似的节目，并且要严格执行。

4. 以身作则，培养孩子的同理心

家长应该有意识地为孩子树立待人友善、温和的榜样，确保孩子身边的伙伴和大人给孩子带来积极的影响。多项研究证明，孩子会通过观察他人学习攻击性行为。研究还表明，如果家长怀有同理心，能够以身作则，那么他们的孩子也更可能成为有同理心的人。

5. 让爸爸也参与教导孩子

研究发现，在孩子 5 岁时，如果爸爸能积极参与育儿，30 年后培养出的孩子会比没有爸爸培养的孩子更富有同理心，而且对他人的感受更敏感。爸爸的参与对孩子同理心的培养至关重要，所以，一定要让爸爸一起教导孩子！研究表明，许多欺凌者来自忽视孩子的家庭，他们的爸爸也更咄咄逼人。如果家里是这种情况，那妈妈就要找一个能与儿子友好相处并关心他的强有力的男性榜样，可以是孩子的叔叔、堂哥、继父，甚至是他熟悉的像兄长一样的朋友。

一位妈妈分享了自己的经验。

我花了相当长的一段时间才接受了我儿子雅各布欺凌他人这个事实。并且，我意识到儿子从不承认他造成的伤害，于是我下定决心制止他。我要求儿子向所有被他欺凌过的人道歉，并且强调道歉时态度要真诚。我坚持要儿子当面或打电话向他欺凌过的孩子道歉，或者主动提出来做点什么以弥补过去对他人造成的伤害。儿子逐渐明白我不会让他逃脱惩罚，于是转变了态度，开始为自己的行为负责。

◎ 步骤 2：快速反应

孩子第一次欺凌他人，家长该怎么办？

1. 尽快介入

如果家长看到或听到孩子欺凌他人，就要马上介入。家长要保持冷静，以免事态升级，并立即（或尽快）将孩子带离现场，之后和孩子面对面坐下来，用严肃且坚定的语气向孩子解释他刚才的所作所为是欺凌他人。家长要描述其中的细节，并解释为什么这样做不对。

2. 反思平时对孩子的要求

家长要严厉地告诉孩子不能欺凌他人。在一项针对 5548 名学生的调查中，有一个问题是"怎么才能防范校园欺凌？"。选择人数最多的回答是"让孩子知道父母不允许他欺凌他人，而且父母会因为他这么做对他感到失望"。受访的学生表示，他们非常在意家长及同龄人对自己的评价。这种羞耻感可以成为强大的动机，帮孩子克服欺凌他人的冲动。所以，家长要清楚地定下规矩："我们要永远善待别人""你不能残忍地对待别人"。

3. 仔细倾听孩子反映的情况

家长需要认真听孩子讲述事情的经过，以便了解真实的情况。家长要试着找出困扰孩子或触发这种行为的因素，以便从根源着手，帮他纠正不良行为。家长要仔细倾听，尽量收集信息，例如，孩子是否被冤枉了？或者他是否也是受欺凌者？孩子是否在正当防卫？孩子是否以为只有这样才能结交朋友？家长还要进一步了解：这是在何时何地发生的事情？为什么会发生？还有哪些孩子参与了？这种情况多久发生一次？有大人目睹吗？这些细节能帮助家长拼凑出事情的原委，防止这样的事再次发生。要记住，欺凌者通常会否认自己的行为，或者责怪对方，家长可能需要找到目击者来帮助自己得到最准确的信息。

4. 找到有效的解决方法

一旦家长确定是什么导致了孩子的欺凌行为（例如，孩子借此来结交朋友、保护自己、报复或"装酷"），就要和孩子一起努力找到有效的解决方法。要记住，这样做不是为了让孩子逃避责任，而是制止他的欺凌行为。以下例子供家长参考。

- 问题：孩子欺凌他人是为了获得权力、结交朋友。

  解决方法：提供其他的社交渠道，让孩子结交新朋友；教孩子交朋友的技巧，提高他的社交能力。

- 问题：孩子因为无法控制愤怒而恃强凌弱。

  解决方法：教孩子管理愤怒的方法。（参见第 37 问"愤怒"）

5. 实施惩罚

家长要帮助孩子改正问题，不能让他认为在实施欺凌之后可以逃脱惩罚，要坚持让孩子对所有攻击性或伤害性的行为负责。如果孩子对要接受的惩罚没有清晰的认识，那么你可以基于错误的严重程度提出合理的惩罚措施。如果女儿给朋友发了一条言辞恶毒的短信，那么就不让她用手机。如果儿子和其他孩子一起欺凌同学，那么就不让他参加下一次的朋友聚会。如果女儿散布关于同学的恶毒谣言，那么就不让她去朋友家过夜。如果孩子嘲弄别人，就坚持让他帮助大家做点事，比如周六下午在厨房帮忙。不管是采取什么惩罚措施，其目的都是让孩子意识到他要为自己的错误承担后果。注意不要体罚孩子，这只会让他深信只有动用暴力才有效果。

6. 要求孩子弥补造成的伤害

家长应该要求孩子弥补他造成的伤害，帮助他认识到，即使他无法消除受欺凌者的痛苦，也要做些事让对方感到慰藉。孩子可以真诚地道歉，为对方支付就医费用，修理或更换被自己损坏的物品。家长可以先问问孩子他打算做什么来补偿受害者。家长还应该和受害者的父母沟通并解释情况，告诉对方孩子想道歉。家长最好陪孩子一起去受害者家。看到欺凌者，受害者会感到害怕。因为，欺凌通常不是因为两个孩子的简单争吵造成的，也不是对方的问题，它总是涉及权力的不平衡或受欺凌者无法保护自己。如果欺凌特别恶劣，双方见面时气氛可能会更紧张。因此，家长要找到最好的道歉方法，考虑是面对面沟通、打电话还是发邮件，甚至是找一位调解人。

7. 反复提醒孩子你的要求

家长不要指望教育孩子一次就能得到立竿见影的效果。家长要保持警惕，反复提醒孩子牢记你的要求，告诉他自己、家、社会都不会容忍欺凌行为。在孩子和朋友出门之前提醒他："杰森要来找你玩。我希望你能和他友好相处，否则我就得告诉他你今天不能玩了"；"我希望你去海莉家的时候对所有的女孩都友好一点儿，不要孤立任何一个人"。

8. 更密切地关注孩子

家长要让孩子知道，他和其他孩子一起玩的时候，你会留意他的一举一动。如果孩子总是欺负某个孩子，那就设定一个"禁区"：告诉孩子要离那个孩子至少 8 米远，不能靠近。对于年龄较小的孩子，家长可以利用参照物让他明白你说的距离究竟有多远，比如家里某个房间的长度。禁止孩子找借口违反规矩。例如，如果孩子不能友善待人，家长就要禁止他和朋友一起玩，就算是需要拜托一个大人来照看孩子，也不要破坏规矩。

9. 和相关的大人商量

家长要告诉孩子，自己会与照顾他的其他大人（老师、教练、保姆）沟通，以后大家都会用相同的态度对待他的问题。接着，要和大家约好沟通的时间，并带着孩子一起参加。讨论过程中，家长要仔细倾听其他大人对这种情况的看法，以及孩子的观点，然后制订一个计划来帮助孩子逐渐减少攻击性行为，找到解决问题的有效办法。

10. 寻求专业帮助

如果孩子欺凌他人的情况没有逐渐得到改善，或者反而加剧了，那就需要请心理医生对孩子进行更全面的行为和心理评估了。要请医生为孩子制订计划，纠正他的欺凌行为，培养起孩子的良好习惯。

◎ 步骤 3：培养良好的习惯

帮助孩子改变的一个重要步骤是找出孩子欺凌他人的原因，然后帮孩子养成新习惯。以下是可以培养的习惯，家长要选择适合孩子的。

1. 教孩子建立和维护友谊的技巧

如果家长怀疑孩子恃强欺弱是因为他不知道如何结交朋友或维护朋友关系，那就要密切地暗中观察他（不要让孩子发现），以便确定是否要教他交朋友的技巧，例如，如何开启一段对话，如何优雅地认输，如何征得对方的许可，如何平静地解决问题（参见第 10 问"总和别人吵架"）。然后，家长要有针对性地教孩子新技能、向他示范新技巧、和他一起练习，直到孩子能够独自灵活运用（参见第 60 问"被排斥"）。

2. 留意孩子是否总和欺凌他人的坏朋友在一起

孩子是在模仿其他孩子吗？欺凌行为是后天习得的，所以家长要留意孩子身边有什么样的小伙伴，观察他在幼儿园、运动队或者参加课外活动时都和谁玩，或者向老师和教练打听孩子和谁走得近。如果孩子的朋友总是仗着自己块头大或头脑灵光就欺负人，那就让孩子远离他们，帮助他结交能带来积极影响的新朋友。不要让孩子通过电话或电脑与这些欺凌他人的朋友交流。如有必要，家长可以屏蔽对方的电话和电子邮件。在某些情况下，你可能不得不改变孩子的日常安排，例如拜托老师给孩子换座位、接他放学、让他调到别的班级，甚至转学或搬家。总之，家长要避免孩子和欺凌他人的孩子交往，与此同时，要寻求其他的社交途径，让孩子结交新朋友，例如，参加课后班或者运动队（参见第 49 问"坏朋友"）。

3. 培养孩子的同理心

如果孩子没有意识到或者根本不在乎自己的行为会给受欺凌者带来痛苦，那家长就要培养他的同理心（参见第 28 问"待人冷漠"），可以参考以下方法。

- 角色扮演。让孩子扮演受害者。家长可以这样引导孩子："如果别人这么说你，你会是什么感受？"对于年幼的孩子，家长可以让他们用毛绒玩具或玩偶扮演不同的角色、表达不同的观点。

- 巧用故事。给孩子讲一个被欺凌的孩子的故事，虚构的故事或者新闻报道中的真实例子都可以。家长可以这样启发孩子："你觉得自己最像这个故事里的哪个角色？""杰克散布了那些关于莎拉的谣言，你认为她得知后是什么感受？"

- 让孩子辅导一个年龄更小的孩子。让孩子教一个年龄更小的孩子（堂弟、隔壁邻居的孩子，或者家长朋友的孩子）一项他擅长的技能或科目。

- 让孩子看儿童文学作品或电影。让孩子阅读可以培养同情心的书籍或电影，例如《小飞象》《绒布小兔子》《石狐》《夏洛特的网》《安妮日记》等。

- 教孩子识别不同的情绪。帮助孩子认识到人会有各种情绪，并向他解释人痛苦时会有什么情绪。

- 在孩子关爱他人时大力表扬。在孩子关爱他人时，家长要大力表扬，这样他以后会继续这么做，家长可以说："杰克，你真好，你对彼得说，他爷爷生病了，你很难过。你这样说真的让他很感动。"
- 鼓励孩子做好事。家长可以考虑让全家人一起参加社区服务，比如在公园捡垃圾、给无家可归的人提供食物，或者给被困在家里的病人和老人送食物等。

4. 帮孩子找到发泄攻击冲动的健康方式

孩子是否经常精力过剩？如果是，家长就要帮孩子找到发泄攻击冲动的健康方式，比如练习空手道、拳击、游泳、爵士健身操、举重、足球、橄榄球，或者参加军乐队。参加这些活动还可以提高孩子的自我成就感。另外，家长一定要教给孩子管理愤怒情绪的方法（参见第 37 问"愤怒"）。

 不同成长阶段孩子的表现

◎ 学龄前儿童

学龄前儿童间的欺凌行为大多是身体上的，比如打人、咬人、掐人、戳人和绊倒对方。虽然孩子通常不是故意欺凌他人的，但是如果家长放任不管，孩子就会养成欺凌他人的坏习惯。学龄前儿童的天性就是以自我为中心，他们很难考虑他人的感受和需求。

◎ 学龄儿童

学龄儿童欺凌他人的行为会越来越多，言语侮辱和贬低他人会变得很普遍。4 年级左右的孩子会开始排斥某个同学。

◎ 即将步入青春期的孩子

欺凌行为在 11 ~ 12 岁的孩子中最常见，并且更加隐蔽。在这个年龄段，孩子往往会责怪受欺凌者。女孩会更多地通过"人际关系欺凌"故意排斥某个女孩，或散布有关对方的恶毒谣言。

第 52 问　小团体

相关问题另见：第 44 问 "敏感"、第 50 问 "被欺凌"、第 59 问 "同伴压力"、第 60 问 "被排斥"、第 65 问 "被取笑"

 问题

　　孩子总处于团体边缘；从来没有被接纳或不能完全融入小团体；感觉被排斥或被孤立；是其他人说闲话或嫉妒的对象。

　　"我女儿所在的小团体里有一两个女孩总是威胁要开除她，女儿为此委屈得眼泪汪汪。我真想给这两个女孩的妈妈打电话说明情况。我应该这么做吗？"

◎ 为什么需要做出改变

　　小团体指的是一群关系密切的朋友，他们几乎总是一起出去玩，并且排斥其他人。这里没有指责小团体的意思，毕竟他们并不总是坏的。孩子融入了正常的小团体就像拥有了保护网：大家分享彼此的秘密，一起出去玩，享受彼此的陪伴。问题在于，如果小团体变得极端排外，团体首领的心态就会失常，而小团体在排斥某个成员时，可以说是非常残酷的。（在女性社会研究领域，这被称为 "关系欺凌"。）

　　研究表明，孩子开始拉帮结派的年龄越来越小了，而且这些小团体变得更加排外和恶毒。成员会被自己的小团体开除、被反复排斥、被传播恶毒的谣言，这个过程给人造成的痛苦几乎令人难以忍受。幸运的是，一些研究也表明，家长可以帮助孩子应对痛苦的社交问题，让孩子重新思考是否应该再次加入特定的小团体或换到别的小团体。孩子需要吸取经验教训来应对未来的生活。小团体的问题不仅仅存在于学生时期，它会贯穿孩子的整个人生，所以，学会应对方法会使孩子受益终生。

研究速递

刻薄女孩的小团体越来越刻薄了！

黛博拉·普罗瑟罗·斯蒂斯和霍华德·斯皮瓦克是青少年暴力问题的专家，他们指出，现在的年轻女孩待人越来越刻薄、越来越具有攻击性。他们的研究表明，每 4 个 13～15 岁因故意伤害而被捕的青少年中，都至少有一个女孩。事实上，被捕的男孩在减少，而被捕的女孩却在以惊人的速度增加。更严重的是，年龄越小的女孩攻击行为增加得最多，而且女孩的暴力行为大多是针对其他女孩的。虽然司法机关的最新研究没有显示出这些趋势，但是大多数初中和高中的教师认为，现在的女孩待人要比以前刻薄得多。尽管研究结果存在差异，但是目前展现在大家面前的问题是比较严重的，家长需要睁大眼睛留意孩子的情况。

◎ 问题表现

几乎每个孩子都会碰到和小团体有关的麻烦，如果家长注意到孩子有以下表现，且次数逐渐增多或持续超过数周，而孩子的举止也和以前不同，就要进一步观察。

● 当你提到孩子某些朋友的名字时，孩子会显得不安或有戒备心。

● 你亲耳听到或孩子告诉你关于他的毫无根据的谣言或龌龊的闲话。

● 不再有朋友给孩子打电话或没有朋友邀请孩子去玩了；过去常来玩的朋友现在不来了。

● 孩子以前可以参加某些活动，现在多次被排除在外。

- 孩子想要避开以前经常和朋友一起去的地方；不愿上学；想要退出曾经喜欢的团队、童子军活动或俱乐部。

- 孩子开始说他曾经的朋友的坏话；避免谈论他的某些朋友。

- 外向的孩子突然变得不愿与人交往、不服管教或喜怒无常。

- 孩子没有食欲、容易哭泣、对学习失去了兴趣，或者有睡眠问题，而所有这些都发生在朋友不再给孩子打电话之后。

- 孩子放学或参加完聚会后，经常显得比去之前难过、生气或郁闷。

 解决方案

　　对于第 417 页家长提出的问题，我不建议家长给对方打电话发泄不满，因为这样做肯定会适得其反。更理智的应对方法是帮助孩子从这次经历中吸取经验教训。要先让孩子思考这个小团体是否真的适合她。家长可以和孩子谈谈自己是如何与朋友相处的，或者带孩子看看这方面的电影，并帮孩子结识其他志同道合的女孩。孩子可能需要一定的时间来了解真正的朋友所具备的特质：对彼此忠诚、相处愉快。等孩子领悟到友谊的真谛，她就不会像现在这样患得患失了。但是，这个真谛只能靠孩子自己在吸取教训后慢慢领悟。

◎ 步骤 1：早期干预

1. 坚守原则，做好表率
　　家长是否会说自己女性朋友的闲话？有没有背着朋友贬损她？是否会把其他女性排除在自己的朋友圈之外？请注意，孩子会在一旁观察你的一举一动！你希望孩子成为什么样的人，自己要先做好表率。

2. 了解有关小团体的动态
　　虽然小团体已经存在了很久，但是如今的小团体已经与往日不同。孩子待

人更加刻薄，也更有攻击性。家长要多了解有关小团体的动态，才能帮助孩子更好地处理这样的人际关系。

3. 参与孩子的生活

家长几乎不可能阻止孩子参与某些小团体，所以不必在这方面较劲。但是，即使孩子更愿意和自己的小团体待在一起，他在情感上也仍然需要你。家长要尽量和孩子保持联系，了解他的情况。家长可以多和孩子朋友的妈妈聚聚；组织一个"亲子读书俱乐部"，邀请小团体的其他成员和他们的妈妈；或者帮孩子加入一个新团体，以便脱离现在的小团体；带孩子和他的朋友一起运动；或者留出时间和孩子一起出去走走，看看他最喜欢的电视真人秀。

家长须知

克里斯·顾文博士研究了 157 名 10 ~ 13 岁的女孩，发现那些被嘲笑或被小团体排斥的女孩常常会觉得自己不好看，自我认可度也比较低。研究还发现，这些女孩错误地认为，如果她们更漂亮或更苗条，就不会被取笑，也更有可能被接纳。遗憾的是，这些女孩可能会因此患上进食障碍，这十分危险。家长要关注女儿对自己身体和体重的感受，特别是在她十几岁的时候。

家长分享

一位妈妈分享了自己的经验。

我女儿六年级的时候就像经历了一场噩梦。她几乎每天都哭着回家，说其他女孩孤立她。我总是鼓励她要为自己挺身而出。后来我意识到女儿是不知道该怎么应对，于是我开始和她模拟可能出现的情况，以找到相应的应对方法。终于，女儿能够自信地面对那些待人刻薄的女孩，并结交到待人友善的新朋友了。

◎ 步骤 2：快速反应

1. 了解清楚情况

如果孩子被他特别想加入的小团体永久或暂时排斥在外，家长需要问问他原因。棘手的是，孩子通常不会告诉家长他被排斥的原因，而且他们自己通常也不清楚。家长只有先得到一点儿信息，才有可能帮助孩子，或者至少建议他寻找其他接纳自己的小团体。以下列举的是一些常见原因，家长可以看看哪些符合孩子的情况。

- 因为在宗教、文化或社会阶层方面与其他同学不一样，孩子被孤立；被同学认定为"天才"或"有学习障碍"；外表、言谈或行为都与众不同（孩子被排斥的首要原因通常是"与众不同"。）

- 孩子做了一些让同学反感的事情：太咄咄逼人、太温顺、太吵闹、太浮夸、太无聊、不讲卫生或衣着不时尚。

- 孩子是"新来的"，或者正试图加入一个成熟稳定的小团体。

- 孩子自己或家庭的名声不好。

- 这个小团体不喜欢孩子的其他朋友。

- 这个小团体的成员拥有孩子所不具备的很多方面的共同点，例如都喜欢某些运动、都有男朋友、认知能力差不多，或过去就认识。

- 这个小团体太受欢迎，孩子无法达到他们的成员标准，或者他们待人刻薄，孩子也恰好不应该加入他们。

- 孩子缺乏社交技能，难以更好地融入小团体；孩子从来没有加入任何小团体的经验。

- 家长希望或者正在鼓动孩子加入一个他其实不愿加入的小团体。

2. 理解孩子的感受

对孩子来说，被排斥是可怕的。家长要充分理解孩子的焦虑情绪，否则会让孩子自卑。不要强迫他向你坦白所有细节。对孩子来说，承认自己被排斥通常是屈辱的。也许他以后会向你敞开心扉，但现在你要告诉他你会陪着他，并且理解他的感受。孩子需要你的支持。

3. 不要对孩子的残忍行为放任不管
如果家长发现孩子是她小团体里的"坏女孩"，那就要尽快介入，要求她在家里和外面都遵守"黄金法则"："己所不欲，勿施于人。"家长优先考虑的应该是孩子的品行，而不是孩子能否融入小团体。

4. 不要贬损其他孩子
即使小团体的孩子排斥你的孩子，批评他们也无济于事。既然孩子想和他们做朋友，就不要质疑"你为什么要和他们这样的孩子做朋友呢？"，家长要安慰他："他们有自己的处事方式。我们需要想办法让你融入其中。"

5. 帮孩子从多个角度了解小团体问题
事实上，每个人都有被排斥或被孤立的时候，所以，要让孩子明白，不是只有他一个人在遭受这种痛苦。家长要告诉孩子，小团体问题在中学时期最严重，以后情况会逐渐改善的。家长可以和孩子分享自己成长过程中的痛苦经历。

6. 帮孩子找到适合的小团体
融入小团体可以让孩子有归属感，但是孩子需要找到适合自己的小团体。家长可以问一些问题，引导他留意小团体的情况，以此判断这个小团体是否适合他，比如"你为什么想成为这个小团体的一员？""他们怎么对待别人？""为了成为他们的一员，你必须做出哪些妥协？""你和这些孩子在一起相处愉快吗？""他们谈论的话题你感兴趣吗？""小团体里还有哪些孩子？谁没加入呢？""在这个小团体，谁有权发号施令？""如果小团体的首领逼你做你不想做的事，你会怎么办？"

有针对性的问题可以帮助孩子认清他是否真的想和这个小团体保持联系。提示："小团体"这个词会让孩子反感，你最好用"小组"这个词，否则孩子可能不会告诉你真实情况。

孩子被小团体排除在外很痛苦，如何应对

午餐时间的学校餐厅是孩子最有可能被小团体排除在外的地方，类似的地方还有操场、校车、礼堂和卫生间。夏琳·詹尼蒂和玛格丽特·萨加雷斯建议，判断孩子是否被排斥的一个方法是让他画一张地图，标明每个人坐的位置。家长可以问他："你坐在哪里？""有孩子坐在你旁边吗？""有孩子一个人坐着吗？""其他孩子坐在哪里？"如果孩子在这些场合没有朋友陪伴，他会孤零零的非常痛苦。家长要帮助孩子找个应对方法，例如，在餐厅时，可以拜托另一个孩子每次坐在他旁边；鼓励孩子结交新朋友；孩子加入午餐时间聚会的俱乐部。如果情况严重，家长可以拜托老师允许孩子在此期间待在他的办公室或帮孩子申请去图书馆。

◎ 步骤3：培养良好的习惯

1. 找个朋友

家长可以帮孩子找个小团体的成员做朋友，以获得进入这个小团体的通行证。告诉孩子，不要一开始就瞄准整个群体，先和已经认识的某个成员建立一对一的关系。家长可以建议孩子邀请那个成员看电影、在家里过夜或者聊聊天。一定要让孩子做好交友失败的心理准备。即使他们在校外成了朋友，回到学校，这个新朋友也有可能自己一个人回到小团体中。

2. 建立校外友谊

如果孩子在学校里没有交到朋友，那就帮他在校外找：艺术班、武术班、吉他班、曲棍球班或者任何他能参加的团体活动。这些活动都能让他与其他孩子建立友谊。

3. 帮助孩子学会讨论热门话题

如果孩子想进入一个特定的小团体，那他需要了解他们喜欢的热门话题（时尚、名人、棒球等）。提示：女孩更热衷于谈论学校发生的事，男孩更热衷于谈论体育。研究表明，如果孩子的兴趣（如 20 世纪 40 年代的音乐）对其他孩子来说有点古怪，或者他们不关心，那么孩子就更有可能被排斥。家长可以告诉孩子，想交朋友的话，要对其他孩子的兴趣爱好表现出热情，不能滔滔不绝地谈论自己的爱好。家长也可以鼓励他找和自己志同道合的小团体。

4. 与孩子讨论小团体中的同伴压力和应对策略

孩子需要了解小团体会迫使成员做他不想做的事情，他需要掌握一些策略来对抗来自同伴（尤其是小团体首领）的压力。一种方法是让孩子想象"如果他让你……你该怎么办？"的场景。家长可以这样启发孩子："如果他让你做一些令你不舒服的事情，比如散布关于另一个女孩的不实谣言、剪掉头发，或者带酒去朋友家过夜，你该怎么办？"要向孩子强调，如果不赞成其他成员的行为，就要明确表达出来。要教孩子学会拒绝："我不想这么做。""不，谢谢。那不是我的风格。""我很想去，但是今天没空。""考虑一下实际情况，好吗？"

5. 与相关的大人沟通

家长需要和每天接触孩子的老师、教练沟通，判断小团体在孩子学校有多流行，这样也有助于家长了解问题的严重性。如果情况很严重，那家长就要看看能不能改变学校的文化。有些学校有"结识新朋友日"，在这一天老师会安排学生混坐，让他们和不同的同学一起吃午饭，结识新朋友。

实用妙招

如果孩子和小团体关系僵硬、被排除在外，家长需要帮助他学会应对。他的应对策略越多，就越能处理得得心应手。以下列举了适合孩子选择的一些策略，家长可以参考。
- 调换选修的课程。让孩子和辅导员谈谈，看看能不能调换课程，这样就能避免和对方碰面。

- 找相关的大人聊聊，例如辅导员、图书管理员、老师或教练，寻求多方面的建议。
- 找一个安全的去处，例如图书馆、朋友家或课后托管班。
- 拓宽圈子，结交新朋友。例如，家长可以让孩子加入体育团队、童子军、学校俱乐部、健身活动、读书俱乐部或者组建一个乐队，也可以看看邻居家有没有适合和孩子交朋友的同龄人。
- 做一些让孩子感觉更开心的事情。例如，让孩子放学后帮同学或好友辅导功课、做义工或者参加社区项目等。
- 培养新爱好。让孩子向奶奶学编织；上计算机课。

 不同成长阶段孩子的表现

◎ 学龄前儿童

学龄前儿童会开始交固定的朋友，排斥其他人。5 岁的孩子可以辨别出受欢迎和不受欢迎的同龄人。孩子在年龄很小时就会形成小团体，但这通常只是因为家长放任不管，孩子喜欢抱团，或者单纯想把某个孩子排除在外。

◎ 学龄儿童

学龄儿童在 8 岁左右时会组成不同的小团体。孩子会开始和那些与自己行为相似、兴趣相投的人交往。同一性别的孩子组成的小团体越来越多。学校规模越大，小团体的数量和类型也越多。

◎ 即将步入青春期的孩子

6～8年级的孩子最容易结成小团体，等到了高中，这种情况会减少。6～8年级的孩子迫切需要知道自己在小团体中的地位，这对他们至关重要。如果被小团体排斥和孤立，他们的情绪就会深受影响。尽管男孩子和女孩子都有小团体，但是相比于男孩子，女孩子更不愿显露对待小团体之外的人的态度，而且往往更关心自己是否受欢迎。男孩子更愿意通过出色的运动技能、坚韧不拔的毅力、敢于冒险的精神和幽默风趣的性格赢得大家的喜爱。

第53问 过度关注穿着打扮

相关问题另见：第31问"物质至上"、第55问"管教孩子的小伙伴"、第59问"同伴压力"、第97问"进食障碍"

 问题

"我的孩子沉迷于穿着打扮：'我得有个'蔻驰'的包包，其他女孩子都有'，'爸爸，衬衫上一定要有鳄鱼标志，其他人都是这么穿的'。但是我更关心穿衣打扮所塑造的形象，而不是只追求名牌。我该怎么做才能不违背自己的想法，又让孩子高兴呢？"

解决方案

不要和孩子争论要不要追求"潮流"。家长需要认清现实，只要看看自己以前上学时的照片，就会意识到时尚的衣服一直都未必是最漂亮的，孩子只是想和大家一样，融入这种文化。因此，家长只须关注那些对孩子的名声和价值观有真正影响的重大问题。孩子只是想要融入集体，因为他们的穿着在很大程度上决定了他们的身份，能让其他人知道他们属于哪类人。这就是为什么你会看到成群结队的孩子造型几乎相同，从背包到鞋子到服装风格都很相似。

问题是，要让如今的孩子知道，要想按自己的心意穿着打扮是要付出代价的。首先，这些风靡一时的名牌贵得离谱。其次，现在的服装往往很性感，即使是学龄前儿童的衣服也不例外。印在儿童服装上的文字也常常很低俗（这还算是委婉的说法）。家长可以通过以下 6 种方式让孩子摆脱昂贵、性感的服装的影响。

1. 确保孩子遵守学校的着装规定

每个学校都对学生在校期间的着装有明确的规定，哪些衣服符合要求、哪些衣服不可接受，这些要求通常都列在学生守则里。教育工作者普遍认为，孩子的外表，包括他们拥有的电子产品、服装和化妆品，不应该影响学习，而我们也是这一理念的坚定支持者。许多学校都要求学生穿校服，免得他们为穿衣打扮分心。家长可以拿一份孩子的学生守则（学校官网应该会有），和孩子一起查看有关规定，然后设立明确的规矩。要让孩子明白，任何在学校里或参加学校活动（例如运动会、课外实践、集体舞等）时穿的衣服都必须遵守这些规定。如果不确定孩子的着装是否合适，为了保险，可以给他换套衣服，以免他被学校批评或被要求回家换衣服。

2. 不许孩子穿性感的服装

大多数成年人不赞成孩子穿性感的衣服，因为这很可能影响孩子的名声。如果家长默不作声，孩子就会误以为这是默许他穿性感的衣服，而这种风格可能影响他的价值观和行为。我提出过一个规则：凡是没遮住臀部、乳房或肚脐的衣服都是孩子不应该穿的性感衣服。家长可以在实际应用时扩展这条规则，如不许孩子在穿衣时暴露内衣或胸罩肩带。

3. 不要让孩子穿带有恶俗印花的衣服

T恤、帽子、背包、运动衫等都可能印有体现"态度"或令人反感的文字或图案。这些信息有的温和（如"可爱但是有点神经病""头号小顽童""数学永远不好玩"），有的完全令人厌恶（如"可以看但不能摸"或脏话）。家长要向孩子表明自己不会容忍任何有冒犯或挑逗文字的服装。像"职业戏精"这样的文字可能看起来很好玩，并不会引起反感，但这会印在孩子的心里，甚至真的让他变得爱大惊小怪，喜欢博眼球、卖人设。特别是当其他人看到这些文字调侃他时，孩子的名声或态度会受到影响。家长要规定，孩子必须获得自己的许可才能穿印有文字（全国知名球队或商标除外）的服装。

4. 定好服装预算并严格执行

现在，设计师品牌不再只做针对成年人的产品了，它们甚至开始瞄准婴儿。研究表明，相比于过去的孩子，如今的孩子普遍更注重物质享受。所以，不要犹豫，要为孩子定下合理的服装预算，并严格按预算消费。预算花完就不能再买了，不可以预支。要教孩子学会货比三家，购物时先考虑自己是否需要，或者购买打折商品。家长还要限定购买的件数，例如，先给孩子买一双不得不买的鞋子，但是如果孩子还想买鞋，那么他必须自己挣钱买，或者干脆让孩子对名牌商品说不。不过，家长需要确保自己不会追求那些时髦的衣服，否则孩子会觉得家长在执行双重标准，只对他严格要求。

5. 帮助孩子给人留下良好的第一印象

第一印象确实很重要，所以，家长要认真对待孩子的衣着打扮。孩子需要明白自己选择的着装或行为方式确实会让自己树立让人反感或喜欢的形象。家长不要以为孩子清楚他的服装会给别人留下什么样的印象，他甚至可能不明白衣服上的文字有什么言外之意。萝瑟琳·魏斯曼是《女王蜂与跟屁虫》一书的作者，他发现家长用"形象"这样的词比用"声誉"更能让女孩接受。如果你劝孩子"你的牛仔裤腰这么低，我担心你会在别人心里留下不好的印象"，孩子可能会更愿意听你的话。

6. 联合其他家长

女儿是不是总恳求你允许她化妆？儿子是不是说你是世界上最可恶的妈妈，只因为你不让他穿印有"就要找你麻烦"字样的衬衫？家长可以和孩子朋友的父母交流，听取他们的意见。他们很可能会认同你的着装标准，而和其他家长采取一致的态度会减少自己"是唯一一个有这种要求的家长"的内疚感。

任何一个孩子都会想要精心修饰仪表、保持良好的卫生习惯、在穿着打扮上与其他孩子合拍。但记住，第一印象很重要，所以家长要每隔一段时间就抱着客观的心态观察孩子，问问自己他的穿着打扮在树立什么样的形象。如果能帮孩子改善形象，家长可以考虑让孩子剪一个更保守的发型、放弃过紧的牛仔裤，或者不再穿那么松松垮垮的衣服等。请记住，即使有同伴压力和消费诱惑，即将步入青春期的孩子也仍然会寻求父母的帮助。所以，家长要充分发挥自己的影响力！

第54问 早恋

相关问题另见：第 52 问"小团体"、第 58 问"早熟"、第 59 问"同伴压力"、第 60 问"被排斥"、第 62 问"性教育"

 问题

"我的女儿才上初中，就开始和班上的一个男孩约会。现在这个男孩觉得这个年龄谈恋爱还太早，弊大于利，就和女儿分手，把空闲时间都用来玩橄榄球了。可是，我女儿非常伤心，说自己很爱他。这么小的孩子真的懂什么是爱吗？我该怎么做才能开导女儿呢？"

解决方案

孩子通常从十二三岁就开始对恋爱充满憧憬、好奇，愿意和喜欢的人待在一起，并渴望发展更加亲密的关系。有的孩子从 5 年级就开始恋爱了。孩子的初恋通常也伴随着体内激素的增加和青春期的开始。早恋会让家长神经紧张，因为家长只会想到最坏的情况（换句话说，家长担心孩子和对方发生性关系）。但是在大多数情况下，这时的恋爱关系是柏拉图式的，很纯洁。研究发现，孩子通常到青春期后期才会发展出更严肃、更持久的恋情。7 ～ 12 岁的男孩会想要发生关系，但女孩更看重浪漫恋爱的感觉。

不管这样的恋爱关系能否维系下去（绝大多数以失败告终），孩子内心深处的爱慕之情都是真实的，所以分手不管是对女孩还是男孩来说都是相当痛苦的，他们的情绪会变得很低落。最新的一项研究表明，在 12 岁时被分手比在 40 岁时被分手更让人痛苦，因为孩子在这个年龄段还不具备能帮他们度过心碎时刻的坚韧毅力或应对情感问题的技能。这是孩子第一次体验分手。

家长不要低估孩子初恋经历的重要性，这是为孩子未来建立亲密关系进行的彩排，它有助于即将步入青春期的孩子学习受益终生的重要技能，例如同理心、尊重、沟通、妥协、感受他人情绪和分享，以及情感成长。当然，在孩子真正具备这些特质之前，他们还需要更多的恋爱经验和成熟心智。与此同时，以下列举的方法可以帮助孩子（和你自己）度过分手后这段伤心的时光。

1. 不要忽视孩子的痛苦

心碎的感觉是真实的。孩子虽然年纪小，但确实很伤心。家长表现出一点儿同理心会让孩子感到安慰。例如，家长可以这样安慰孩子："你一定感觉很伤心。我为你感到难过。"

2. 不要像情感专家那样安慰孩子

如果孩子没主动和家长聊分手这件事，家长就不要打听或提供建议。先别滔滔不绝地分析为什么对方不是那个对的人，事实上，最好不要说对方的坏话，你永远不知道孩子会不会和对方重归于好。和孩子聊分手这件事的时候，也不要说"分手没什么大不了，你会忘掉这一切的"之类的话。你知道他会找到新的恋爱对象，好好生活，但孩子现在不想也不需要听到这样的安慰。

3. 做好随时帮助孩子的准备

孩子分手后，家长向他表示理解、告诉他自己会随时帮助他就可以了。家长可以主动带他去吃冰激凌或邀请他的朋友来家里过夜。要试着帮助他与老朋友重新联系：同龄人更容易敞开心扉聊天，孩子也会因此得到安慰。

孩子肯定会哭，甚至会失眠。家长一定要密切关注孩子，确保他逐渐恢复正常。分手意味着失去对方的陪伴，很多孩子在经历了令人心碎的分手后甚至会像失去亲人一样悲伤。孩子也许还小，但他仍然会有和成年人一样的情绪反应，这就是为什么家长需要和孩子谈论性。如果家长以前没和孩子提起过这个话题，那现在就是最好的时机（参见第 62 问"性教育"）。

第 55 问　管教孩子的小伙伴

相关问题另见：第 10 问 "总和别人吵架"、第 13 问 "霸道"、第 22 问 "计时隔离"、第 49 问 "坏朋友"、第 50 问 "被欺凌"

 问题

"我正在和我的女性朋友争论，她们认为有权管教孩子的只有他们的父母，可是，如果孩子的小伙伴在我家里胡闹怎么办？在某些情况下，我可能确实应该管教别人家的孩子，那请问怎么判断该不该管呢？"

解决方案

如今家长的管教方式真的和以前很不一样。在我成长的过程中，如果我捣乱，现场负责看管孩子的大人就会批评我，如果我的小伙伴在我家里胡闹，我的父母也会管教他们。但是如今，家长在管教别人家的孩子时会很谨慎、小心。发生这种转变的主要原因可能是大家现在非常爱打官司，管教别人家的孩子很有可能使自己被起诉。

尽管如此，在大多数情况下我还是认为，家长不能对其他孩子的某些问题放任不管，而且必须让他们为自己的错误承担责任。如果不这样做，就会让自家孩子产生这样的困惑："我的小伙伴可以这样胡闹，为什么妈妈不批评他，只批评我？"这也会让犯错的孩子扬扬得意："我怎么胡闹都行，小伙伴的妈妈不会批评我的。"对其他孩子的某些不当行为不加管教也可能导致危险状况的发生。

如果几位家长轮流负责照看孩子，可以参考以下列举的方法，决定怎么管教别人家的孩子。

1. 事先和其他家长商量好，保持管教态度一致

家长轮流照顾孩子的时候（例如轮流开车接送孩子、带孩子一起玩，或者轮流让自家孩子在小伙伴家过夜），一定要事先和其他家长互相认识，交换紧急联系方式，商量好管教方法，保持管教态度一致。家长可以巧妙地开启话题："我很高兴我们的孩子能在一起玩。你希望怎么管教孩子？"（你可以借机说说自己的管教规则。）"你也知道，孩子就是孩子，如果我的孩子表现不好，请告诉我，同时告诉他你的要求。如果轮到我看管时，孩子不听话，你希望我怎么做呢？"这样简短的讨论可以让家长了解彼此的管教方式，以及有没有特别需要留意的地方。这样就算出现什么问题，也容易解决。此外，家长还要了解其他大人是否对饮食有特殊要求（例如，是否能吃甜食），或者是否对孩子观看的娱乐节目有要求。

2. 设立基本的规矩

家长要在孩子的小伙伴到来之前，先和孩子设立基本的规矩，例如，不能在客厅吃东西、不能在房子里乱跑、不能擅自跑到外面去玩、不能在房子里玩球、不能玩电脑，等等。家长可以考虑把家规打印出来贴在冰箱门上，以便让所有的孩子都清楚地看到。同时，家长也要让孩子明白，家里的规矩不会因为他有一个小客人就改变，并且希望他的小客人也遵守这些规矩，可以让孩子和客人一起看一遍这些规矩，或者向初次登门的小客人简单解释一下。家长要让自家孩子明白，小客人自己家里可能有不同的规矩，所以需要向他解释自家的规矩。

3. 有明确的惩罚尺度

家长要把管教看作是帮助孩子明辨是非的途径，告诉他们"记住，不能在

房子里乱跑。""大家要一起分享玩具。""请不要大喊大叫。""不能随便进爸爸妈妈的房间。"如果大多数父母对你家的家规没有意见，接下来要考虑的就是惩罚的尺度。以下是一些基本禁忌。

- 不要打小客人。一定要控制住自己的冲动。

- 不要对小客人大喊大叫。但是，遇到安全问题时，一定要大声警告。

- 不要惩罚小客人。你不能使用计时隔离、不能拿走他的个人物品，也不能禁止他参加任何其他活动。

- 不要太严厉或评判孩子。你不能说"你真淘气。""小小的孩子怎么这么坏？"此类的话。

- 如果小客人的父母在场，不要插手管教。不管小客人做什么，都由他自己的家长说了算。你可以牵着小客人的手，把他交给他的父母。你可以告诉孩子"不能在我家里扔球"，但是你不能插手管教他。

4. 最重要的任务是保证孩子的安全

家长在照看孩子时，最关心的就是孩子的安全。你会对照看你孩子的父母抱有一样的期望。事实上，如果不能保证孩子的安全，你在法律和道德层面都会负有责任，所以，一定要注意以下问题。

- 别忽视安全装备。剧烈运动时，一定要让孩子穿戴安全装备，如骑车时戴上自行车头盔。如果小客人拒绝，就禁止他参加这项活动。

- 当孩子做出有攻击性的或其他极端的行为时，要及时干预。如果有孩子打人、咬人、打架、扇人耳光或做出其他极端的行为（例如，其他孩子在卧室里面一起玩耍，却把一个孩子锁在卧室外），要立即干预。

- 不要让孩子做有潜在危险的事。有潜在危险的行为有：跑到大街上、爬上大树或有锋利尖头的篱笆、从屋顶上跳下来、拿着锋利的物体跑来跑去、喝酒、在游泳池附近玩耍等。这些都需要你尽快干预。

- 不要带孩子出门到处溜达。小客人的父母委托你照顾孩子，允许孩子在你家玩，是期望你能小心看管孩子。如果你要带孩子去另一个朋友家、去商场，甚至是步行回他自己家，一定要事先得到小客人父母的许可。

- 禁止孩子玩联网的电子设备。要禁止孩子们玩联网的电脑或手机，防止他们访问含有成人内容的网站。

5. 尽量保持冷静沉着

当然，如果孩子的小伙伴胡闹，家长不必容忍。只是要记住，孩子回家后可能会和自己的爸爸妈妈讲你是如何管教他的，而孩子说话经常会夸大其词。所以，你要尽量保持冷静，声音沉着，注意措辞。提示：如果你需要把两个孩子分开，让他们有时间冷静下来，那最好不要说出"计时隔离"这个词，也不要只怪罪其中一个孩子。你可以这样说："你们看起来都需要时间冷静下来。为什么不坐在这里，安静地待一会儿，等冷静下来再一起玩呢？"当然，你可以随时管教自己的孩子，不过为了顾及他的尊严，最好等小伙伴回家后再私下这样做。

6. 如果小客人行为举止表现十分不好，给他的爸爸妈妈打电话

如果家长已经尽力管教，小客人仍然不守规矩，可以参考以下做法。
- 发出警告。告诉小客人，如果他还是不遵守规矩，你就会给他的爸爸妈妈打电话。如果他没有改正，你就说到做到。
- 把孩子分开。在余下的玩耍时间里，让你的孩子待在另一个房间玩，让小客人待在方便你看管的客厅。这时可以让他观看《灰姑娘》之类的儿童电影，直到他的父母过来接他回家。
- 把小客人送回家。如果你是把小客人接到家里玩（或者知道他的父母在家），就给小客人的父母打电话，告诉他们两个孩子需要分开一会儿，问问现在是否可以开车把孩子送回去，在没有打电话并得到肯定的答案之前，不要擅自这样做。另外，如果不确定有没有人在家，就一定不要让小客人独自回家。

7. 告诉小客人的家长

家长要慎重决定是否需要告知小客人的父母他在自己家胡闹（他的父母也

许会对他实施惩罚）；要考虑这个孩子是否会在父母面前辩解，指责你反应过度，让你陷入尴尬的境地；要灵活、委婉地使用"我们的问题"这一说法来解释："这和我们今天以及上周遇到的问题有点像。我知道你肯定想了解孩子的表现，所以我想着一定要告诉你。"

家长请记住，每个孩子（即使是你自己的孩子）都偶尔会有表现不好的时候，也都有改正的可能，当孩子的小伙伴回家后，和孩子聊聊这件事，了解他对这段友谊的看法，以及他是否想继续和这个小伙伴一起玩。但是，如果你已经竭尽所能，这个小伙伴依旧胡闹，你可能就需要告诉他，如果不遵守规矩就不能来玩了，同时也要准备好委婉地告诉他的家长你所做的决定。

第 56 问　饮酒

相关问题另见：第 58 问"早熟"、第 59 问"同伴压力"、第 86 问"安全问题"

 问题

"儿子认识的一些大孩子放学后喜欢喝酒，我很担心他会受影响。我应该什么时候跟儿子聊聊，提醒他未成年人不能喝酒呢？我儿子还不到 13 岁。"

解决方案

现在正是和孩子聊聊饮酒问题的好时机。事实上，越早聊这个问题越好。一些报道称，女孩豪饮的频率和男孩一样高，甚至更高。孩子在很小的时候就对饮酒形成了自己的态度，有的甚至在上小学之前就形成了。在孩子还小的时候，家长的态度对孩子也有很大的影响。9 岁或 9 岁以下的孩子通常认为饮酒不好，要远离酒精，但是到了 13 岁左右，他们就会变得开始赞成饮酒的行为。一些统计数据表明，最迟在孩子四年级就要和孩子聊聊饮酒的问题。

另一项研究发现，孩子开始喝酒的时间越早，未来就越有可能出现酗酒等问题。15 岁之前就开始饮酒的孩子未来酒精依赖的风险要比正常孩子高 4 倍。研究还表明，每天会有 1.3 万个孩子饮下人生中的第一杯酒。未成年人饮酒显然已经成为普遍的社会问题。

家长需要与孩子就饮酒问题进行必要的谈话。以下一些方法可供参考。

1. 了解实际情况

家长请不要抱着"我的孩子不可能喝酒"这样的态度。未成年人饮酒的问题日益严重，家长不能忽视。以下列举的是孩子可能已经开始饮酒的种种表现。

- 说话含混不清或语速缓慢、缺乏身体协调能力、难以进行正常对话。
- 努力掩盖酒气（例如，用漱口水、吃口香糖或薄荷糖等）。
- 与年龄大得多的孩子在一起，有时会偷偷溜出家，不告诉家长他在哪里或者要去哪里。
- 家中的酒莫名其妙地减少；家长在家里发现被偷偷藏起来的空酒瓶。
- 家长的信用卡账单上有网站、药店、便利店或烟酒商店的不明消费记录。
- 眼睛充血、容易睡过头或难以醒来。
- 说话时会提到酒桌游戏的名称。

2. 以身作则

家长的言行举止决定了孩子对饮酒的看法。所以，家长要注意自己在派对上的表现。如果你现在还会酒后驾车，那就不要要求孩子成为一个负责任的司机，这会让他觉得你言行不一致。不要美化酒精，也不要辩解你需要通过喝酒来放松心情，例如，永远不要说"现在要能喝杯酒该多好"。相反，要向孩子展示其他的放松方式。如果家长不能以身作则，那么就不要指望孩子会负责任地做事。

3. 明确规定禁止饮酒

家长需要始终坚决禁止孩子饮酒，也要留意孩子是否违规，这样可以大大减少他饮酒的可能。一项研究调查了 1 000 多名即将步入青春期的孩子，结果发现，如果家长在孩子饮酒的问题上考虑得比较周到，规定明确的行为要求、留意孩子的行踪、教孩子不要害怕拒绝别人，那么孩子参与危险行为（例如饮酒）的可能性会降低成原来的四分之一。家长要在孩子面前保持应有的威严，管教他的不当行为，而不是陪孩子一起冒险。顺便补充一句，不要相信"家长可以让未成年的孩子在家里氛围轻松时学着喝点酒"这样的错误观点，不要轻信"有的国家饮酒法定年龄较低，年轻人饮酒反而更适度"这种没有科学依据的说法。

4. 要早点和孩子谈谈饮酒的问题，并且要经常谈

家长必须和孩子谈谈喝酒的问题，而且越早越好。在 9 岁之前，孩子通常会反对饮酒，认为饮酒不好。到了 13 岁左右，如果孩子开始觉得饮酒是好事，那么这种态度会变得难以纠正。一些孩子在 10 岁或 11 岁时就开始尝试喝酒。因此，家长要尽早和孩子谈论这个话题，不要抱着无所谓的态度推迟谈话的时间。

5. 充分利用适当的机会教育孩子

家长的说教和严厉的警告会让孩子厌烦，但是家长仍然需要告知孩子饮酒的坏处及其潜在的危险。所以，家长要尽量把这个话题自然地融入日常生活。以下这些方法可供参考。

- 和孩子谈论流行歌曲。家长不需要费劲找时机，只要戴上孩子的耳机，听听他欣赏的歌曲，就能找到话题的切入点。流行歌曲中常常会提到酒精的问题。

- 给孩子看自己做的新闻剪报。如果家长读到某个青少年因酒后驾车导致交通事故的报道，就把它剪下来给孩子看，然后趁机告诉孩子喝酒不仅会影响判断力和完成日常工作的能力，还会毁掉他人的生活。如果孩子是那个司机，这样做也会毁掉他自己的生活。

- 强调短期不利因素。孩子通常只顾眼前，所以，仅仅强调饮酒的长期风险（"30 年后你会得肝硬化！"）很难说服他们。强调短期不利因素的效果会更好："你的大脑仍在发育，比成年人的大脑更容易受到损害"，或者"因为你比大人体型小，酒精会更快地影响你的中枢神经系统，喝酒后你更容易犯严重的判断错误，你可能受伤，甚至会遇到生命危险"。如果这招仍不管用，家长可以试着发出警告："你现在初一，除了去学校，其余时间你哪儿也不能去。"

- 不要让孩子看到酒类广告。数项长期研究表明，看到更多酒类广告的孩子更有可能饮酒，而且比同龄人喝得更多。一项针对 3 年级、6 年级和 9 年级学生的研究发现，那些认为酒类广告有吸引力的孩子更有可能饮酒。如果家长在和孩子一起看球赛时，看到插播的酒类广告，家长就可以借机和孩

子谈谈自己对未成年人饮酒的看法、担忧和设立的饮酒规矩。

- 禁止酒后驾车。即使孩子还没有驾照或车，家长也依然需要从现在开始就强调："永远不要酒后驾车。"

6. 与其他家长联手监督孩子

家长需要了解孩子的朋友和他们的父母，可以打电话给任何一个举办派对的家长，确保他们真的在监督在对方家过夜或参加生日派对的孩子。大多数孩子第一次喝酒是在自己家或朋友家里。事实上，60% 的 8 年级学生表示，想要弄点儿酒喝一点儿也不难，而且最容易喝到酒的地方就是自己家。家长要清点自家酒柜里有多少瓶酒，并把酒柜锁起来（不要告诉孩子钥匙在哪里），还要注意信用卡，因为孩子最常买酒的新渠道是互联网。给家长提个醒：99% 的家长表示，他们不愿意在孩子的派对上提供酒，但是，28% 的青少年承认，他们曾在有家长在场的派对上喝酒。在同一项调查中，98% 的家长表示，当自己家里有青少年聚会时，他们会在场看管，但是 33% 的青少年反映，青少年聚会时家长很少或从不在场。虽然可能你的孩子几年后才会参加这种聚会，但是你现在就需要去了解那些家长。他们很可能会在短短几年后举办那些你的孩子可能参加的聚会，那时就得拜托这些家长看管参加派对的孩子，防止他们饮酒。

7. 教孩子避免麻烦的策略

40% 即将步入青春期的孩子表示，他们从 9 岁左右开始就感受到了来自同龄人的压力，朋友会劝自己吸烟或喝酒。所以，家长要教孩子如何应对来自同伴的压力，例如，帮助孩子想几个可以有效拒绝同伴的理由："如果我妈妈发现了，她会杀了我的，而且一切都逃不过她的眼睛"；"我星期一有一个重要的考试，我现在必须去复习"；"我向爸妈保证过毕业之前不喝酒"。要让孩子明白，任何时候都可以用家长的严厉管教当借口（"我妈妈知道了，会把我一辈子关在家"）。随后，家长可以和孩子练习在不同情景下的应对方法，确保他可以在和伙伴一起时灵活地说出这些话。家长要向孩子强调，无论何时，只要他看到朋友在随意喝酒，他都应该打电话给你，你也立刻会去接他，并且不会问东问西，或者向他打听有关饮酒的事（参见第59问"同伴压力"）。

对于即将步入青春期的孩子来说，饮酒会导致严重的健康问题和毁灭性的后果。研究表明，相比以前的孩子，现在的孩子开始喝酒的年龄更小了，而不喝酒的孩子最常提到的原因是他们不想让爸爸妈妈失望。家长要关心孩子，参与他的生活，这样做才能最有效地防止未成年人饮酒。家长应该多陪伴孩子、走进孩子的内心、与孩子保持密切的亲子关系，这样做会对孩子产生至关重要的影响。

第 57 问　友谊破裂

相关问题另见：第 10 问"总和别人吵架"、第 44 问"敏感"、第 52 问"小团体"、第 60 问"被排斥"、第 65 问"被取笑"

 问题

　　孩子无法解决与好朋友的矛盾；占有欲太强，容易受伤，总是和关系亲密的朋友争吵；不知道什么时候该放手。

　　"她可是我最好的朋友！她怎么能这么说我！""别再让肖恩进我们家了！我讨厌他！"家长都不愿看到孩子难过，但也需要面对现实，孩子在成长过程中和朋友争吵是正常现象，这也是不可避免的。孩子多久能从友谊破裂的痛苦中恢复过来取决于这段关系的亲密程度、孩子是否有其他朋友可以求助，以及孩子的性情和年龄。虽然家长很想帮孩子修补关系、擦干他的眼泪，但是通常会过于急切。事实上，虽然和朋友闹矛盾是痛苦的，但是这样的经历可以帮助孩子学会如何处理分歧、如何更理智地选择朋友，也能让孩子判断何时该放手，或者寻找新朋友。

家长须知

　　哈佛大学的研究发现，家长往往低估了孩子在与最好的朋友友谊破裂时所受到的伤害，所以，不要对孩子的痛苦掉以轻心。如果发现孩子很痛苦（太悲伤、入睡困难、难以集中注意力、容易生气、对曾经的爱好提不起兴趣），而且持续超过两个星期还难以恢复平静（孩子依旧情绪波动大、不断与其他朋友闹矛盾，或者拒绝和其他朋友来往），家长就需要寻求心理学专业人士的建议，因为这可能意味着孩子有更深层次的心理问题。

 **解决方案**

◎ 6 个策略帮助孩子应对交友问题

虽然家长通常不能（也不应该）修复孩子破裂的友谊，但是可以通过以下6个策略来帮助孩子应对交友问题。

1. 表示同情
孩子和朋友争吵后会很痛苦，如果这个朋友和孩子关系亲密，或是孩子相处很久的老朋友，他会更难过。不要急着安慰孩子"你会找到新朋友的"，相反，家长应该表示理解孩子的痛苦，告诉孩子自己相信他们会和好或他可以结交更多的朋友。不要说孩子朋友的闲话、坏话。虽然他们的友谊现在破裂了，但也许日后还会恢复。

2. 不要出面帮孩子解决友谊问题
不要承诺你会马上为孩子修复友谊或为他找一个新朋友，这对孩子没有好处。家长的干预只会让孩子更难从友谊破裂的痛苦中恢复，也更难结交新朋友。记住，这终究是孩子的问题，而不是你的问题，他需要学会珍惜与朋友相处的快乐时光，也要学会处理相处时难以避免的摩擦。如果有必要，要让孩子意识到他能结交新朋友，但要小心，不要让他觉得他必须马上冲出去找一个新朋友，以代替以前的朋友。

3. 引导孩子学会解决问题

家长可以问孩子一些相关问题，引导他学会自己解决问题。例如："你们之间发生了什么矛盾？""怎么开始的？""你对他说什么了？""他想做什么？""后来呢？""如果时光倒流，你还会那么说、那么做吗？你会有不同的做法吗？""你现在能做些什么来修复你们之间的友谊吗？"

虽然家长不应该出面替孩子解决和朋友的矛盾，但是家长可以帮助他掌握解决矛盾的方法，或者引导他学会以后怎么应对类似问题，以及如何维护友谊。

4. 和孩子讨论真正的好朋友应该有什么特征

马里兰大学针对 600 个孩子进行的一项调查发现，孩子认为亲密的友谊有 5 个重要特征。家长可以基于这些特征向孩子提出以下问题，引导他判断这段友谊是真的值得继续，还是该放手了。你们有没有平等相待？你们都愿意继续做彼此的朋友吗？你们彼此喜欢吗？你们在一起时玩得开不开心，享不享受彼此陪伴的时光？你们是否彼此信任、愿意分享秘密？

如果孩子的朋友总是不重视孩子、不值得信任、不能关怀体贴孩子，或者不忠诚，那家长就要建议孩子结交新朋友了。

5. 让孩子的生活充实起来

孩子可能已经开始习惯和他的朋友在一起舒舒服服、快快乐乐地玩了，因此一旦发生矛盾，孩子就会觉得无所事事。所以，家长要让孩子做一些有意义的事，让他充实起来，例如，看电影、参加课外活动、培养新的爱好，甚至周末出游。

6. 帮助孩子结交新朋友

当孩子和朋友在一起时，家长要仔细观察，留心孩子是否缺乏与朋友相处的技巧，如果有需要，家长可以找机会耐心教孩子，例如教他学习如何轮流玩，如何握手，如何向新朋友介绍自己，如何开启对话，如何体面地认输，如何保持眼神交流，如何说再见，如何要求加入一个小团体，如何做到耐心倾听、不打断对方等。

　　家长还可以私下找时机向孩子示范新技巧，告诉他为什么这么做很重要，并确保他能熟练地应用这些技巧。家长可以带孩子去一个公共场所，例如游乐场或公园，然后让他观察其他孩子是如何运用这些技巧的。理论探讨远不如实践来得深刻，所以孩子需要尝试一下如何真正运用这些技巧，开始可以先和家庭成员或者比他年龄更小或者更欠缺技能的孩子一起练习。当他变得自信并且可以独立使用这些技巧时，再建议他尝试在与自己的小伙伴相处时应用。家长要引导孩子在实践后总结经验教训，可以通过提问启发他："情况怎么样？你怎么说的？你觉得你做得怎么样？下次你会怎么做？"不要批评孩子哪里做得不好，相反，应该表扬孩子取得的进步。如果孩子没有成功，家长就要告诉孩子什么地方做得不好，这样他下次可以尝试不同的方法进行改进。等孩子能熟练地应用某个技巧时，家长就可以准备教另一个了。这样孩子的社交能力会逐步提高，结交新朋友的能力也会随之提升。

研究速递

3个迹象表明孩子的朋友想要疏远孩子

　　加州大学洛杉矶分校的研究发现，友谊的冷却通常有一个循序渐进的过程，以下3个迹象表明，孩子的朋友正在试图疏远孩子。

　　（1）孩子的朋友说想让双方都冷静下来，而且拒绝了孩子的邀请。

　　（2）孩子的朋友不怎么联系孩子，主要是孩子在邀请对方。

　　（3）孩子的朋友鼓励孩子结交新朋友。

　　孩子的朋友告诉孩子说不想再和他一起玩了，或者其他人开始取笑孩子，因为孩子仍然试图挽留或联系这个朋友，而这个朋友却一再拒绝孩子，这表明他们再也无法像以前那样亲密无间了，他们的友谊破裂了。

不同成长阶段孩子的表现

◎ 学龄前儿童

除非几个小伙伴经常在一起，且依赖彼此的陪伴，否则吵架对学龄前儿童来说不是什么大问题。孩子可能刚开始会有些闷闷不乐，但是通常会振作起来或结交新朋友。他们更多的是根据家庭距离的远近来选择朋友，家长可以经常带孩子和同社区的其他孩子一起玩耍，以此来帮助孩子结交新朋友。

◎ 学龄儿童

对于学龄儿童来说，这个阶段最好的朋友很重要，特别是在学校里一起玩的小伙伴。孩子也会经常换好朋友，这很正常。学龄儿童缺乏解决问题的能力，在处理意见分歧和化解矛盾方面还需要进一步学习。

◎ 即将步入青春期的孩子

由于不能预见后果，即将步入青春期的孩子会经常换好朋友，却没有意识到这样做会给自己或者朋友带来伤害。友情会从很大程度上影响孩子的自我认可度，和亲密的朋友友谊破裂会对孩子造成伤害。有些女孩有可能会在背后中伤对方，家长要提前告诫自己的女儿不要以这种方式寻求报复。

家长分享

一位妈妈分享了自己的经验。

我女儿和她最好的朋友大吵了一架，我本来以为是对方的错，结果后来我发现是女儿在散布有关对方的恶毒谣言，我突然意识到是女儿的行为造成了她们的隔阂。我告诉女儿我对她处理事情的方式不满意，希望她能友善待人，并向对方道歉。女儿从这次经历中吸取了教训，我也学会了永远不要理所当然地袒护自己的孩子。

第 58 问　早熟

相关问题另见：第 53 问"过度关注穿着打扮"、第 54 问"早恋"、第 56 问"饮酒"、第 59 问"同伴压力"、第 61 问"偶像崇拜"、第 62 问"性教育"、第 79 问"不愿意沟通"、第 90 问"网络欺凌"、第 91 问"安全上网"、第 93 问"沉迷于电子游戏"、第 97 问"进食障碍"

 问题

孩子的穿着打扮过于成人化；总和比自己大的孩子玩，做的事也与自己的年龄不符；过于早熟，成长的速度超过了安全合理的范围。

毋庸置疑，现在的世界和家长小时候成长的世界不同，孩子生活环境中的很多东西都会刺激他们早熟，他们就像生活在限制级影片所呈现的世界里，被性意味明显的电影、性感的服装、带有色情色彩的流行音乐、成人级电子游戏和带有挑逗性的成人时尚狂轰滥炸。更糟糕的是，不仅孩子喜欢这些成人化的生活方式和产品，企业也联合起来开发和营销瞄准孩子的这一类产品，不断刺激孩子早熟。

孩子早熟会影响其身心健康。首先，早熟让孩子的童年缩短了，使孩子错过了正常成长所必需的活动、仪式和游戏等；其次，早熟会让孩子面临完全无法理解，更谈不上着手处理的某些严重问题。这就是为什么教育专家、医学专家和家长都非常担心，过多接触成人化的内容会给孩子带来很多负面影响。《父母》杂志开展的一项调查发现，近 80% 的父母担心他们的孩子早熟、接触的成人化内容太多。《新闻周刊》开展的一项调查发现，77% 的成年人认为，衣着性感暴露的女性名人使女孩子过早地开始模仿过于成人化的生活方式。

虽然家长不能让孩子对外界的刺激视而不见，也不能改变多变的花花世界，但是家长肯定可以采取措施让孩子少接触成人化的东西。以下策略可以帮助孩子按照自然规律成长、体验每个孩子都需要且值得拥有的美好童年。

家长须知

留意孩子看的节目

孩子时常会从电视节目、电影、歌词和杂志中看到具有挑逗意味的画面和令人困惑的两性关系信息。研究表明，这些带有性意味的画面确实会促使孩子早熟。

- 在调查中，超过 25% 的青少年承认，电视中关于性的画面会影响他们的行为，促使他们表现得更成人化。
- 美国儿科学会发现，经常接触电视、电影和音乐中与性相关的内容会增加孩子更早开始性生活的风险。
- 美国心理协会得出的结论是，广告、商品展销会和媒体大量使用年轻女性的性感形象，对女孩的自我形象认知和健康成长带来了负面影响，增加了她们患有进食障碍和抑郁疾病等的风险。

家长要了解孩子阅读、收听或者观看节目的信息，要设定明确的限制。

 解决方案

1. 持续关注相关情况

家长要仔细了解孩子的同龄人观看哪些电视节目，只要看看最新的真人秀、音乐电视，就会注意到那些具有暗示性的舞蹈、具有挑逗性的服装。家长也可以听听最新的流行歌曲，去商场逛逛，仔细了解最新潮流。这能帮助家长认识到孩子当前所承受的压力，从而决定要为孩子设定什么样的规矩。什么都不允

许孩子尝试是不现实的，那么，底线应该是什么呢？家长要清楚自己的立场，以便向孩子阐明允许他做什么、不允许他做什么的理由。

2. 尽快通过多种途径了解孩子发展的相关知识

家长可能在孩子还小的时候快速浏览过育儿书，但现在孩子长大了，家长需要了解新的、适应孩子目前发育阶段的育儿知识，家长可以查阅一些权威书籍、寻求咨询师的建议，或者与有经验的人交流，例如教师、儿科医生、孩子的祖父母等，以便了解孩子正常的发育速度。如果发现快速变化的世界严重影响了孩子的情感发展和社交状况，家长就要更加坚定地去减缓孩子早熟的步伐。

3. 不要拔苗助长

密歇根大学的一项研究调查了 3 ~ 12 岁的孩子如何度过自由时间。研究发现，在过去 20 年里，这个年龄段的孩子每周减少了 12 小时的自由活动时间；强度相对低的活动项目，例如散步或野营，减少了 50%；相反，孩子参加高强度体育运动的比重上升了 50%。家长需要认真看看孩子的日程安排，思考孩子是否还有时间像过去的孩子那样打闹、过家家、玩打仗游戏、发呆或者在沙滩上堆沙堡？不要相信现代育儿神话，认为给孩子加压，孩子就能更出色。没有科学依据表明家长应该加快孩子的成长速度。家长不要拔苗助长，要允许孩子从容地享受童年时光。

4. 坚持让孩子使用适合自己成长阶段的物品

家长要面对现实，现在的文化催着孩子早熟，而且孩子的行为确实比实际年龄更成熟。孩子的青春期开始得更早了，孩子看起来也更成熟了，但是，外表和举止行为像个"小大人"并不意味着孩子已经成熟到可以独自应对这个快速发展的世界。家长可以参考以下措施，防止孩子成为"小大人"。

- 根据孩子的生理年龄设定规矩和要求。
- 根据孩子当前的情感和认知发展阶段以及身体发育情况，调整教养方法。
- 告诉孩子几岁起可以开始去小朋友家过夜、独自上网、拥有自己的手机、刮腿毛、化妆,或者穿耳洞,这样孩子就会知道自己什么时候能做什么事,并会对此有所期待。

- 给孩子选择游戏、玩具、运动器材和书籍时,参考产品上所标注的适用年龄。
- 引导孩子培养与年龄相符的兴趣爱好。游泳、骑马、戏剧表演、踢足球、编织、参加乐队或青少年俱乐部等都是健康的、适合孩子身心发展的活动。

5. 不允许孩子穿着性感

如今,商家针对孩子推出的都是些性感、过于成人化的产品。短裙、吊带背心、美甲、唇彩、丁字裤、透明的上衣……这些有挑逗意味的装扮显然是在强调孩子的性特征,引诱孩子过早且过度地关注外表。家长可以放手让孩子挑选自己觉得时尚的衣服,且不要太在意衣服的风格,但当孩子想买性感的衣服时,家长要坚持拒绝。不管孩子是否已经进入了青春期,9岁就是9岁,要根据孩子的年龄而不是身体发育情况设定穿着标准。(参见第53问"过度关注穿着打扮"。)

6. 早点和孩子谈谈成年人会面临的问题

家长需要面对现实,现在的孩子在年龄很小时就已接触了很多成年人才会遇到的问题。研究表明,现在的孩子遇到各种问题,例如饮酒、性滥交、抑郁、进食障碍、压力、青春期,甚至长青春痘的年龄都比家长这一辈早三四年。所以,家长要接受孩子早熟的事实,要提前与孩子讨论那些本来要等他到了青春期才会聊的话题。即使你不和孩子谈论这些棘手的问题,他也很可能会和朋友们交流。家长要实事求是地告诉孩子真实的情况,不要避实就虚,要让他明白你的道德观和价值观。注意,青春期提前,孩子确实需要和信任的人没有任何心理负担地谈论月经或者遗精等问题。如果孩子不和你谈论,那就需要和医生或朋友谈一谈。

研究速递

孩子的青春期提前了

在10多年前,美国儿科学会成员和儿科医生玛西亚·赫曼-吉登斯注意到,许多1~5年级的小女孩开始长阴毛,乳房也开始发育,她认为"似乎有太多太小的孩子开始性早熟"。于是吉登斯教授开展了一项全国性的大型研究来验证她的假设，该研究涉及 225 名临床医生和 17 000 多名女孩。研究发现，孩子确实早熟了，正如她在《儿科》期刊上发表的著名论文中所论述的那样，女孩月经开始的平均年龄比现行的正常发育标准提前了 4 年，15% 的 7 岁女孩和近 50% 的 8 岁女孩乳房开始发育或者开始长出阴毛。目前还没有针对男孩的全面数据，但是研究表明，很多男孩也提前达到了成年人才有的身高，这表明他们也早熟了。

7. 和孩子保持密切的亲子关系

家长和孩子的关系越密切，就越能帮助孩子抵御不良文化的影响，保有孩子的纯真。这是因为亲子关系密切时，孩子会寻求你的意见，不去做不该做的事情。2007 年 MTV 电视台和美联社联合开展的一项调查发现，大多数孩子把他们的家长当作心目中的英雄。要让孩子有更多的时间与爸爸妈妈以及其他亲人互动。家里的大人可以让孩子内心坚定、无忧无虑地享受纯真的童年时光，也会让孩子相信大人爱的是真实的他，他们不是因为他看起来有多时尚性感才爱他。总而言之，家长要和孩子保持密切的亲子关系！一般来讲，13 岁的孩子和家长相处的时间只有他 10 岁时的一半。

 不同成长阶段孩子的表现

◎ 学龄前儿童

学龄前儿童一般会穿家长为自己挑选的衣服。不过，现在也出现了针对学龄前儿童的性感服装。家长要注意衣服上那些有不良暗示的话，例如"就爱买买买""小公主""职业戏精"等，这些语句看似无害，但是会有暗示的效果，它们会一直提醒孩子自己就是这样的人，特别是当别人看到这些话故意逗孩子的时候，例如"你是个小选美皇后，对吧？"。孩子可能就会受到暗示，从而过度关注外表。孩子的朋友们喜欢什么，或者他们最喜欢的电视节目上的广告都会让他们对某些服装品牌着迷。孩子喜欢的芭比娃娃的衣服和饰品也开始影响孩子。

◎ 学龄儿童

六七岁的学龄儿童仍然比即将步入青春期的孩子更容易受到家长的影响，所以家长要发挥自己对孩子的影响力，帮他们抵御外界的诱惑。营销人员会针对这个年龄段的孩子推销"儿童彩妆"，例如闪粉、唇彩、美甲，以及水疗套装。目前，针对小学生的电子产品销量增长最快，在 6 到 10 岁的孩子中，31% 的孩子拥有电子产品。同时，女孩七八岁时可能就开始发育了，包括阴部或腋下开始长毛发和脸上开始长青春痘。

◎ 即将步入青春期的孩子

电子产品、潮流服装、配饰和化妆品（当然还有其他产品）的营销人员会向即将步入青春期的孩子展开激烈的营销攻势。刚进入青春期的孩子会由于生理和情感的发展而感到不知所措。

第 59 问　同伴压力

相关问题另见：第 19 问"犹豫不决"、第 31 问"物质至上"、第 32 问"不能明辨是非"、第 44 问"敏感"、第 45 问"害羞"、第 49 问"坏朋友"、第 50问"被欺凌"、第 52 问"小团体"、第 56 问"饮酒"、第 62 问"性教育"

 问题

　　孩子容易受外界影响而随波逐流；没有主见且容易动摇；会在朋友的鼓动下做出危险行为；在与同龄人相处时，完全听同伴的，不会为自己发声。

　　"我女儿总是人云亦云，我心里明白这是因为我总是替她拿主意或者出面解决问题。我该如何帮助她变得更自信、能自己做主，而不受其他孩子的影响呢？"

　　如果家长想帮助孩子坚持立场，那就要改变自己一贯的做事方式。如果你之前总是替孩子道歉、解释，或者为孩子安排好一切，那就不要再这样做了。不要再帮他，也不要再替他说话，否则孩子永远学不会如何坚持自己的想法，并且会永远依赖你。接下来，在孩子自信地为自己发声时，家长要表扬孩子："你告诉卡拉你必须早点离开，否则回家就太晚了。我知道这很不容易，但是你真的做到了"；"我为你感到骄傲，你勇敢地告诉莱斯莉你不想去看那部电影"。家长越早培养孩子的自信，他就能越早应对同伴压力。

◎ 为什么需要做出改变

家长需要意识到，孩子想要不随大流并不容易，但是只有这样，他才能学会坚持己见、独立果断，在未来才能一展宏图。更关键的是，要让孩子学会勇敢地面对同龄人，而不是人云亦云。研究表明，现在的孩子在年纪很小时就会做出非常危险的行为（如喝酒、吸烟、行窃、性滥交等），而同伴压力是其中非常关键的影响因素。美国男孩女孩俱乐部针对全国 4.6 万名青少年进行了一项调查，结果发现，同伴压力是这些青少年非常担心的一个问题，并且他们希望父母能够告诉他们应对这些压力的技巧。

家长必须教给孩子如何拒绝他人，以便帮助孩子应对压力并保证自身安全。研究证明，家长可以帮助孩子学会应对同伴压力，并在左右为难时做出更明智的决定，同时远离麻烦。教孩子对抗同伴压力还可以培养孩子果断和自信等关键的领导特质，助力孩子未来的发展。

实用妙招

如果家长想让孩子变自信，就不要干预太多！

研究人员发现，如果家长能鼓励孩子进行社交活动，并且不过问太多，同时保持适当的距离，便能更有效地培养孩子的自信心。事实上，家长如果总是出面干预孩子的社交生活，会不利于他与朋友建立良好的同伴关系。当孩子和朋友在一起时，家长最好退后一步，暗中观察孩子，这样才有利于增强他的自信心，使他能够在朋友面前坚持自己的主张。

家长须知

同伴压力比家长想象中要大！

《时代》杂志与尼克儿童频道针对 991 名 9 ~ 14 岁的孩子展开调查，结果发现，40% 的孩子反映自己曾被朋友鼓动尝试性行为，36% 的孩子反映自己曾被朋友鼓动尝试偷窃行为，40% 的孩子反映自己曾被朋友唆使学习饮酒。而且，年龄更小的孩子也能感受到这些压力：7% 的 4 年级学生、8% 的 5 年级学生和 13% 的 6 年级学生表示他们曾经在过去的一年里喝过啤酒、白酒或冰镇葡萄酒。家长要教孩子如何拒绝同伴的要求，帮助他们顶住这些压力。

◎ 问题表现

如果孩子有以下列举的一些表现，那么他可能受到了同伴压力的负面影响，家长需要提升他的自信，并教他拒绝朋友的要求。

- 对你解释说他不想这么做，可朋友鼓动他，他只好做了。
- 要求你给他准备其他孩子拥有的东西。
- 很容易被其他孩子呼来喝去或被他人的想法所左右；犹豫着无法说出自己的想法。
- 无视你制定的规矩或你的价值观，只一味迎合朋友。
- 对自己和朋友的行踪和行为遮遮掩掩；不愿意透露他的活动或计划；和朋友有新的"秘密"聚会场所。
- 做出危险行为：偷东西、喝酒、滥用药物（有来源不明的感冒药、止咳药，或你的处方药）。
- 不顾自身实际情况，盲目地模仿其他孩子的穿着打扮或行为。

研究速递

家长要设立明确的要求，避免孩子做出太危险的举动

如果家长不确定自己是否能帮孩子应对同伴压力，那了解以下调查结果后就可以安心了。一项针对 1 000 多名美国青少年的调查发现，如果青少年与严格管教自己的家长生活在一起，那么他们参与饮酒、吸烟和吸毒等危险行为的可能性会降低到原来的四分之一。严格管教孩子的家长会设立明确的规定和要求，还会监督孩子的行为，例如，孩子看什么电视节目和视频、上网浏览什么内容、晚上和周末去哪里等。所以，要积极参与孩子的生活！

 解决方案

◎ 步骤 1：早期干预

1. 找出问题产生的原因

家长都希望孩子能坚持自己的立场或者能顶住同伴压力，因此家长需要密切关注这个问题。家长首先要确定为什么孩子那么容易摇摆不定、说话时犹豫不决，找出原因后，就采取措施帮他解决这个问题。以下列举了一些常见原因，家长可以看看哪些符合自家孩子的情况。

- 孩子有不自信的"榜样"；他只是在模仿他所看到的。
- 自我认可度低、缺乏自我意识，容易受他人影响；认为自己的观点不重要；认为自己不如其他孩子成熟。
- 不确定自己在同伴中的地位；想融入同伴；担心不按同伴说的做会被排斥。
- 有某种语言障碍，如口齿不清、口吃、说话迟缓、词汇量有限或听力障碍。
- 长期依靠某人（家长、兄弟姐妹或朋友）为他说话；被大人过度保护——大人总是替他解决问题或者出面干预。
- 孩子的自信心没有得到培养和提升；被大人吩咐要安静乖巧。
- 比较害羞或者比较敏感；很难为自己发声。
- 同伴说话速度更快或态度更强硬。
- 被同伴欺负或骚扰；害怕来自某个同伴或者同伴群体的威胁。
- 决策能力差；缺乏拒绝同伴的技巧。
- 没有大人监督；家长管教不严格；孩子做出危险行为也不会受到惩罚。

2. 保持密切的亲子关系

研究表明，如果家长与孩子之间有强烈的情感纽带，孩子就不太可能做出危险行为。所以，家长要与孩子建立密切的亲子关系，坦诚地对待孩子，这样，孩子在遇到麻烦或有问题时才会告诉家长。

3. 与孩子分享自己的观点

如果家长想让孩子学会拒绝，那就一定要让他知道你的立场，让他明白为什么不能做某些事，以便他向同伴解释自己拒绝的原因。要反复向孩子强调自己的价值观："我们不看含有暴力内容的电影，所以告诉你的朋友，你不能和他们一起去看"；"下次有朋友劝你抽烟，转身离开就好。你应该坚持自己认为正确的事情"。

4. 给孩子设立惩罚和界限

家长要让孩子明白家里的规矩和违反规矩后的惩罚措施。家长要了解孩子在哪里，和谁待在一起，要让孩子清楚哪些地方是禁止去的。如果孩子去了不该去的地方，却不说实话，就要接受惩罚。孩子需要明白你是认真的，会说到做到。如果孩子处在危险的境地，他也可以拿家里的惩罚措施当借口拒绝朋友："要是我爸爸知道了，肯定再也不会让我出来玩了。""我妈妈会检查我的情况，她会发现的。"

5. 让孩子向伟人和榜样学习

家长要和孩子讲讲那些坚持自己的信仰不随波逐流的伟人，例如林肯、甘地、马丁·路德·金等，也可以在社区或者晚间新闻中找一些勇敢的人的例子。家长要让孩子明白，自己佩服那些不会随大流的人，那些即使不被理解和支持，也会坚持信念的人。

6. 了解孩子的朋友及其父母

如果孩子受到严格的指导和监督，和价值观相似的朋友交往，就不太可能做出危险行为。家长要多了解孩子的朋友及其父母，与他们交换电话号码，并了解他们的规矩，例如，看什么内容的电影、必须几点回家等，这样，家长可以互相支持，也能让孩子意识到朋友的家长也在监督他的行为。

7. 提升孩子的自我认可度

自我认可度高的孩子不太容易被同龄人左右，因为他们更愿意相信自己的判断。所以，家长要让孩子参与一些能发挥自己优势的活动，在他表现出色时表扬他、强调他的天赋和特质，并创造机会来提升他的自我认可度。自信会给孩子力量，让他去对抗同伴压力、拒绝朋友的无理要求。

实用妙招

教孩子用肢体语言表达自信

缺乏主见的孩子站着时通常会低着头、耷拉着肩膀、手臂和膝盖微微颤抖、眼睛看向地面。即使孩子对朋友说"不"，他的肢体语言也会发出截然相反的信号，他的话对朋友来说也就没有什么说服力了，也不会被严肃对待。所以，家长一定要告诉孩子，在口头上拒绝同伴时，肢体语言也要坚定地传达自己的态度。家长可以让孩子和自己一起练习肢体语言：头抬得高高的、挺起肩膀、直视朋友的眼睛，并用自信、坚定的语气表达自己的观点。

◎ 步骤 2：快速反应

拒绝同伴并不容易，但是越自信的孩子越能顶住同伴压力。以下方法可以帮助孩子变得更加自信、更勇于表达自己的观点。

1. 树立自信的榜样

如果家长想让孩子自信果断、坚持己见，就一定要以身作则。孩子会模仿家长的行为举止。

2. 让孩子表达自己的想法

让孩子变得更加自信的最佳方法就是让他有机会当众发表自己的意见。所以，家长要多听少说，找机会询问孩子对某个问题的想法或感受。培养孩子的自信可能需要一些时间，但渐渐地孩子会明白有人想听他的意见，这样他也就更有可能在别人面前说出自己的想法了。

3. 指出自己看到的问题

家长要指出自己看到的孩子不够自信的现象或问题，给孩子提出建议，让他逐步改进。"今天玩游戏的时候，我注意到约翰尼叫你往水池里扔沙子，你照做了，可是你知道这样做不好。我们来聊聊你当时为什么要照做。""你知道不应该去雷内家玩，但是你还是跟着朋友去了。你必须学会拒绝朋友，做你认为正确的事。"

4. 举行家庭辩论会

家是让孩子学会表达自我的最佳场所，家长可以每周举行"家庭辩论会"，可以设定一些简单的规则：每个人都有机会发言，而其他人要认真倾听，即使不同意，也必须尊重对方，不能贬低对方！话题可以是世界上、学校里或家里的热点话题，包括家规、兄弟姐妹之间的冲突、零花钱、家务琐事、晚上几点必须回家等。无论话题是什么，家长都要鼓励容易犹豫不决的孩子表达自我，也要让家里人都认真听他说。

5. 帮孩子找个不那么霸道的朋友

孩子是否总被霸道的朋友或哥哥姐姐呼来喝去？如果是这样，他会永远没有机会表达自我或者维护自己的利益。家长可以邀请那些比较内向、年龄稍小，或者不太成熟的同龄人和孩子玩，让孩子也有机会担任"领导者"的角色。不需要让这些新朋友取代他现在的朋友，这只是为了给孩子机会，让他不要总是被指挥，让他变得更自信。家长也要让孩子的兄弟姐妹改掉发号施令的习惯。家里的每个人都要平等地对待彼此。

6. 问孩子"如果……你会怎么做？"来启发孩子

一项针对 1 000 多名 6 年级学生的研究发现，那些具有良好判断力的学生不太可能参与同伴的危险行为。家长可以问问孩子"如果……你会怎么做？"来帮助孩子设想如何应对棘手的问题，例如如果你的朋友鼓动你给他们传考试答案，你会怎么做？如果是在停车场抽烟呢？如果是从老师那里偷试卷呢？如果是让你弟弟去买啤酒呢？如果是从音像店偷 CD 呢？这可以帮助孩子考虑所有的后果、权衡利弊，最终做出最理智的决定。

7. 不要容忍孩子的借口

如果家长一直在用以上提到的方法培养孩子，但他仍然随大流地做他明知不对的事情，以便融入集体，家长也不要因为大家都这么做就原谅孩子。要实施惩罚，随后要更密切地监督他的一言一行，让孩子知道他需要赢得你的信任。家长的工作是确保孩子的安全，并引导孩子做正确的事，而孩子要遵守家规。

家长分享

一位妈妈分享了自己的经验。

我努力教女儿埃莉要有主见，但她仍然优柔寡断。后来我意识到，想让孩子学习技能不能靠说教，而是要帮孩子找到真实的例子。我们开始在商场、操场、餐馆，甚至在电视上观察那些姿态自信的人。女儿终于明白什么是"真正自信的样子"了，现在她自己也在照做，变得很自信。

◎ 步骤 3：培养良好的习惯

1. 教孩子坚定自信地拒绝他人

以下列举了 7 种拒绝方法，它们可以帮助孩子应对同伴压力。家长要帮助孩子找到他认为最有效的方法，然后与孩子一起反复练习，直到他在与同伴相处时能应用自如。

● 坚持自己的立场。家长要告诉孩子，你希望他坚持自己的立场，不要因为朋友的鼓动就去做自己认为错误的事。他必须用不可动摇、坚定有力的声音来表达自己的观点，让对方觉得他会说到做到。

- 坚定地说"不！"。家长要帮助孩子想出拒绝时怎么说。"不，那不是我的风格。""不行，我不想这么做。""不行，我不愿意。""不行，你不能拿走我的钱。"有时候，一句语气坚定的"不，谢谢"就足够有效。

- 反复说"不"。家长要告诉孩子，他需要反复说"不"，直到对方明白他态度严肃、不会服从。要让孩子明白，他说"不"的次数越多，听起来就越自信，也越有说服力。要告诉孩子，他不需要改变对方的想法，但是一定要坚持自己的立场。

- 离开或者干脆就不去。家长要告诉孩子，如果他觉得会有麻烦，千万不要跟着去，有时候最好的选择就是离开。"我要走了。如果你愿意，你就去。""这可是个坏主意，不行，我要回家了。""我要去和别人玩了。"不必多想，径直离开就好。

- 给出理由或借口。孩子可以给出一个不想这么做的理由，这是很有效的拒绝技巧，例如："我不想惹麻烦。""不行，我很努力才做出来的，不能把答案给你。""这个主意可不好。""我必须回家做作业。""不行，我答应过要去遛狗的。"要告诉孩子，可以一直用家长的话当借口："要是我爸爸妈妈知道了，以后就再也不会让我出门玩了。"

- 转移话题。孩子可以试着换个话题，同时给自己时间思考。"那是一部很棒的电影。""约翰竟然和凯拉分手了，你能相信吗？""你开始写报告了吗？"

- 提出一个替代的选择。孩子可以提出一个替代的选择。"我宁愿去鲍勃家。""要不我们去我家吧。""我们改骑自行车怎么样？""与其这样，不如一起去我家看电影／吃点东西／去滑冰／去图书馆／去我家学习。"

2. 提供演练的机会

孩子需要一段时间的练习才能自信地使用拒绝技巧，所以家长要为孩子提供一些演练的机会。孩子可以和邻居的小孩、兄弟姐妹、浴室镜子里的自己或者家长练习使用这些技能。孩子练习得越多，在运用这些技巧时就会越得心应手。

不同成长阶段孩子的表现

◎ 学龄前儿童

学龄前儿童会遵守大人定的规矩，所以同伴压力在这个阶段不是什么大问题。不过，家长要注意孩子是否在和那些富有攻击性、爱冲动的伙伴来往，他们会对孩子的行为产生哪些负面影响。

◎ 学龄儿童

到了这个阶段，家长要和孩子聊聊同伴压力，因为孩子这时会做出更多的危险行为，特别是饮酒和入店行窃。

◎ 即将步入青春期的孩子

11 ～ 14 岁的孩子最难对抗同伴压力，他们比年龄稍大一点儿的孩子更容易受到同龄人的影响。孩子在这个阶段最容易随大流，即使他们不想这么做，或者明明知道这么做会违法，也会因为想要融入集体而做违心的事情。

第 60 问　被排斥

相关问题另见：第 10 问"总和别人吵架"、第 13 问"霸道"、第 26 问"不讲礼貌"、第 28 问"待人冷漠"、第 33 问"缺乏体育精神"、第 37 问"愤怒"、第 44 问"敏感"、第 49 问"坏朋友"、第 50 问"被欺凌"、第 52 问"小团体"、第 65 问"被取笑"

 问题

孩子几乎没有朋友；经常被排挤，或被同伴当众冷落；孩子的同伴总是让他认为自己不受欢迎。

"我儿子哭着回家，说同学都不跟他玩。我很心疼儿子。儿子就是这样，只要有人拒绝他，他就会很难过，哭得停不下来。我带儿子出去吃了点东西，想让他感觉好点，但是第二天放学回来，他又向我哭诉同学还是排斥他。我该怎么做才能帮助孩子呢？"

◎ 为什么需要做出改变

没被同伴邀请、被喜欢的女孩拒绝，或者因为新发型被取笑，都会让孩子很痛苦，但是这些都是成长过程中的正常经历，孩子最终会恢复平静。然而，如果孩子一直被同龄人排斥，那问题可能就会变得很严重。这会让孩子情绪低落，也会极大地降低他的幸福感。研究表明，经常被排斥的孩子更有可能出现自我认可度较低、严重焦虑、抑郁和其他情绪问题。更严重的是，如果孩子小时候被同龄人排斥，长大后心理出现问题的可能性也会更大。研究还发现，"被排斥"的问题不是一时的，如果孩子被冷落、不受欢迎，或经常被忽视，那么除非他掌握了新的社交技巧，否则他很可能以后会继续遇到类似的社交问题。

如果同伴总是排斥和冷落孩子，孩子会感到非常痛苦和耻辱。孩子不应该忍受这样的痛苦。家长可以参考本节的方法帮助孩子融入集体，减少被排斥的可能性。

◎ 问题表现

每个孩子都会时不时被排斥在外，但是如果孩子被反复排斥，或者他出现了以下症状，并持续超过两个星期，且已经给他的日常生活带来负面影响，那么家长就应该有所行动，去寻求心理学专业人士的帮助：

- 孩子的脾气或者性格与平时不一样。
- 更加闷闷不乐、悲伤或者生气。
- 经常贬低或者侮辱同学。
- 更黏人，不想让家长离开他的视线。
- 对学校、同伴、其他活动失去兴趣。
- 不愿社交，退回他自己的世界；感到孤独。
- 把电子设备，例如电脑、电视、电子游戏等当作唯一的伙伴。
- 在学校和家里都不与同龄人互动。
- 突然选择和"坏"朋友来往。

研究速递

澳大利亚麦考瑞大学的研究发现，当孩子抱怨朋友排斥他，自己感觉很受伤时，家长不要对孩子的抱怨置之不理。该校的心理学教授先对志愿者进行了脑成像检测，接下来让志愿者完成任务，在此过程中，他们会在社交上受到冷落。此时，研究人员再次观察他们的大脑图像，发现当志愿者被排斥时，他们的大脑图像会亮起来，大脑在情感受伤时的反应几乎与身体受伤时的反应一样。被排斥会让孩子痛苦，家长不要对他的痛苦不屑一顾：此时的孩子真的很受伤，需要帮助！

 **解决方案**

　　家长知道孩子被其他小伙伴排斥肯定会心疼得不得了，但是如果想帮助孩子，家长就必须扮演一个比支持者更强大的角色。首先，家长必须弄清楚到底发生了什么事，平时要密切观察孩子和小伙伴玩耍时的情况，看看孩子是不是做了让别人感到厌烦的事情，在孩子去公园或在社区里玩耍时在旁边观察，或者去他们教室里做志愿者时顺便观察。其次，家长要弄清楚孩子的哪些行为举止需要改善，例如动手推别人、硬要加入群体活动、发牢骚或者太粗暴。最后，家长要利用孩子遇到的问题，帮助他认识到自己哪里做错了，以及如何纠正这个错误。"你在抢球时动手推了他们，他们真的很生气。让我们练习一下如何在不动手的情况下礼貌地提出要求。"孩子需要了解他在事件中的角色、他做错了什么，以及他是否刻薄、粗暴、吵闹、好与人做对、取笑他人、容易闷闷不乐、沉默、不愿与人交往。家长需要教孩子不同的让自己更受欢迎的方法，然后和他一起反复练习，直到他能够应用自如。

◎ 步骤 1：早期干预

1. 评估孩子的交友能力

　　孩子和同龄人在一起时，家长要更仔细地观察他，包括在玩游戏时、在操场上，或是在足球训练时。家长要试着在孩子最放松的时候观察他与朋友的互动情况，但别让他知道自己在观察他，并客观地看一看，孩子是不是在行为举止上有什么问题，才使得其他孩子反感。找到其中的原因可能要花点时间，所以家长要持续观察，看看孩子是缺乏哪些能力，还是做了什么令人不快的事情。下面列举了一些孩子被排斥最常见的原因，家长可以看看哪些符合孩子的情况。

- 缺乏交朋友的能力。

- 太执拗，不喜欢接受别人的拒绝。

- 太霸道、太挑剔或者过于咄咄逼人，从而引起其他孩子反感。

- 过于好斗、冲动或者有破坏性行为。

- 举止行为不成熟，故意引人注意。

- 长相、说话方式、穿着或者行为与大家不同。

- 有不良行为，例如逃学、发火、说脏话、偷窃、打架、撒谎、滥用药物。

- 邋里邋遢，不注意个人卫生。

- 过度敏感，总是哭泣或抱怨。

- 不值得信任、撒谎、对朋友不忠诚。

- 吹牛、炫耀、夸大其词或满嘴瞎话。

- 难以理解对方的情绪。

- 性格无趣：缺乏兴趣爱好和激情。

- 与排斥自己的群体毫无共同之处。

- 傲慢或者假装比其他孩子出色。

家长要记下可以帮孩子改进的不足之处，让他不再总被排斥，例如，如果孩子不讲卫生，就坚持让他每天早上洗澡，或者使用止汗剂消除腋臭；如果他太霸道，就教他学会用合适的方式客气、得体地说话。

2. 指导孩子时重要的是授之以渔

美国奥本大学的研究人员发现，和孩子谈论一些具体的、帮助同龄人之间相处的问题，以及鼓励孩子尝试新方法，并指导孩子，能有效地帮助孩子提升社交能力。研究表明，在指导孩子时，要授之以渔，与其告诉他具体要怎么做，不如鼓励他思考下一步该怎么做。

3. 帮孩子找到志同道合的朋友

事实上，孩子不需要很多朋友，有一个一起玩的朋友就可以了。在孩子小的时候，家长对孩子交哪些朋友有更多的控制权，但等孩子长大一点儿，家长也仍然可以影响孩子的择友。随着孩子逐渐成长，他会更愿意选择和自己有相似价值观或者兴趣爱好的朋友，心理学家称之为"吸引力法则"。家长可以想想孩子喜欢的活动或兴趣（象棋、艺术、小提琴、滑板等），然后找个俱乐部、运动队或者课外兴趣班来进一步培养他的兴趣，帮助孩子在这群人里面找一个他喜欢的、可以一起玩的朋友。这段经历将提升孩子的自我认可度，同时也能为他提供练习新社交技能的机会，慢慢地，孩子将能够游刃有余地应对各种社交场合。

◎ 步骤 2：快速反应

1. 对孩子的遭遇表现出同理心

被同龄人排斥会让孩子痛苦，所以家长要对孩子的遭遇表现出同理心。不要说"你会熬过去的"或者"坚强起来"之类的话，也不要质问孩子"你做了什么让其他孩子反感？"。大多数被冷落或者不受欢迎的孩子实际上并不知道他们因为什么被排斥。家长应该安慰孩子，表示理解他的痛苦。"你一定很痛苦。""你今天不开心，我也为你感到难过。"

2. 鼓励孩子要乐观

孩子告诉家长自己最近被排斥时，家长要鼓励孩子，然后告诉他学习一些新的社交技能可能需要一点儿时间，但是自己相信他最终会振作起来，并再次尝试交朋友，而且自己会帮助他。这能让孩子明白被朋友排斥很正常，甚至连父母也经历过。家长可以和孩子分享自己被同龄人排斥的故事，最重要的是，要给他希望，让他意识到事情会有转机的。

3. 教孩子辨识非语言信号

孩子也许是在社交时难以理解其他孩子的非语言信号，才没有意识到自己让小伙伴反感。如果是的话，家长要温和地指出孩子的不足之处，并引导孩子逐步改善。这样，孩子既不会因为任务太多而不堪重负，又会享受到不断进步的乐趣，会愿意把学到的社交技巧付诸实践。家长可以这样说："我注意到，如果不让你先玩，你就会噘着嘴。你看到其他小朋友的表情了吗？你让他们很扫兴。在边上等着轮到你时，你要表现得开开心心的。"

4.指导孩子如何融入游戏小组

如果孩子央求小朋友和他玩、抱怨小朋友不理他或者磨着小朋友非要加入游戏小组时，小朋友反而会产生反感，这时就算孩子站在一边等着别人邀请自己一起玩也无济于事。家长要教孩子如何融入一个游戏小组，帮助孩子被接纳，而不是总被拒绝。家长可以教给孩子以下方法。

- 让孩子近距离观察游戏小组，看看如何加入。孩子要站得离游戏小组近一点儿，让他们看见自己，但又不能太近，以免引起反感，然后观察并问自己这些问题：这个小组是排斥新玩伴还是愿意接受新玩伴加入一起玩？他们的游戏是刚刚开始还是即将结束？我知道他们的游戏规则吗？我知道如何参与这个游戏吗？
- 靠近其中一个小朋友或者整个小组。要昂首挺胸，看起来很自信地靠近。
- 看向其中一个小朋友。这个小朋友看起来友好吗？小朋友也朝你这边看了吗？他对你微笑了吗？如果有一个问题的答案是否定的，那就走开。很有可能这个小朋友不想让你加入，那就去执行下一步，找其他小朋友玩。
- 跟小朋友打个招呼或者赞美他。让孩子主动说"你好"、"好球"或者"看起来很有趣"。
- 试着与其中一位成员进行眼神交流并微笑。如果注意到小组成员对自己表现出兴趣（如果有小朋友看着你，并对你微笑，那就代表有希望），那就请求加入。让孩子主动说："我可以和你们一起玩吗？""你们还需要球员吗？""我可以加入吗？"
- 如果被拒绝了就离开，继续找找看。不要央求、恳求或者抱怨。即使被拒绝也没关系，再试试别的小组。

5. 了解具体细节

有时候，了解具体细节可以帮助家长判断孩子是每天被忽视还是长期被排斥，因为二者造成的伤害程度有区别。家长还要了解孩子被排斥的频率，这样做也有助于发现是只有一个同学排斥孩子，还是所有同学都排斥孩子，可以问孩子："这和你之前告诉我的是同样的问题吗？""这种情况一周发生几次？""你在校车上和谁坐在一起（或者在操场上和谁一起玩、在食堂里和谁一起吃饭）？"对于大一点儿的孩子家长可以问："为什么莱拉不邀请你参加她的派对？给我说说。""杰克从你身边走过却对你视而不见，他为什么这样对你呢？"

6. 换个角度看问题

家长可能得问问其他在社交场合接触孩子的大人（例如孩子的老师、学校辅导员、教练等），了解他们对孩子被排斥的看法。

7. 坦率而具体

伊利诺伊大学针对 400 个孩子开展的一项长期研究发现，经常被同伴排斥或厌恶的孩子往往不知道为什么其他孩子不和自己玩。研究人员建议，家长通过真实的同伴冲突帮助孩子分析他做的哪些事招人反感。例如："我注意到你不能第一个玩的时候就会抱怨，你看到其他孩子看你的表情了吗？如果你那样表现，他们还会和你玩吗？""你挤进了队伍。你觉得其他孩子会怎么想？如果你这样做，他们还会愿意和你一起玩吗？"研究人员发现，一些孩子在意识到自己对其他孩子的影响后会改变自己的行为。所以，家长要和孩子说清楚，不过，每次只说一个需要改正的毛病，这样孩子就不会感到压力太大或不知所措，也会受到鼓励开始努力进步。

家长须知

以下 31 项社交技能可以帮助孩子，特别是被排斥的孩子，重新建立融洽的人际关系。

总是被排斥或者不受欢迎的孩子通常会做出让其他孩子反感的行

为。家长常常以为孩子能意识到他的错误或者知道他需要掌握的社交技能，但事实并非如此。以下列举的是一些十分重要的社交技能，它们有助于孩子与他人融洽相处。想让孩子掌握这些技能，关键是每次只教孩子一项技能，然后提供大量的练习机会，直到他能够独立应用自如。（参见第33问"缺乏体育精神"）

合作技能

（1）轮流玩和分享。

（2）询问自己是否可以玩、能否玩一次或者加入。

（3）保守秘密。

（4）能原谅他人。

（5）做错了就要道歉。

（6）想出有趣的事情一起尝试。

（7）关注别人。

沟通技能

（1）说话时保持眼神交流、看着对方。

（2）对方说话时认真倾听。

（3）向别人提供帮助或者建议。

（4）开启和结束对话。

（5）提出请求、寻求帮助。

（6）自我介绍、道别。

（7）事先准备好聊天话题。

（8）讲合适的笑话。

回应技能

（1）不时微笑。

（2）支持朋友。

（3）当对方表现出色时赞美或者欢呼。

（4）祝贺胜利者。

（5）当对方情绪低落时鼓励对方。

（6）安慰别人。

（7）理解别人的感受。

自我调节技能

（1）保持冷静和控制愤怒的情绪。

（2）有争议时就给出其他建议。

（3）解决问题。

（4）被取笑时能冷静应对。

（5）说话时冷静沉着。

（6）体面地面对拒绝。

（7）安静地离开。

（8）维护自己的立场。

（9）避免危险情况，不会因为受到鼓动就去尝试危险的事。

家长分享

一位妈妈分享了自己的经验。

我的女儿非常强势霸道，其他孩子经常排斥她。我告诉她"要友善点儿"，但是并没有奏效。后来有一天，我们在公园里玩球，刚好看到旁边的一个女孩故意用力扔球给朋友以致朋友接不到，最后朋友不开心地走了。我趁机提醒女儿观察霸道的小孩会让小伙伴们有什么反应，她终于明白了。看来只是说教没效果，女儿需要亲眼看看霸道的孩子是怎么引起小伙伴反感的，才会有所感悟。这次经历帮助女儿改掉了坏习惯。

◎ 步骤 3：培养良好的习惯

1. 教孩子如何开启谈话

儿童发展研究人员分别让受欢迎和被排斥的 3 年级小学生谈自己想谈的话题，并给他们录了视频。当研究人员分析视频时，他们意识到受欢迎的孩子不仅有更好的倾听技巧，而且讨论的话题更能吸引对方的注意力。家长要帮助孩子建立一个他这个年龄段的孩子可能感兴趣的话题库（如学校、体育、时尚、电影等）。要确保这些话题不是只有孩子自己喜欢或者非常小众，例如古典钢琴家、第一次世界大战时的武器等，否则其他孩子可能无法与孩子交谈。接下来，家长要帮助孩子练习挑起话题后如何让对话进行下去。

2. 提升孩子辨识情绪的能力

佐治亚大学的研究人员发现，比起容易被排斥的孩子，那些受同龄人欢迎的孩子明显更会识别他人的情绪。所以，家长要帮孩子提高情商，可以观察孩子，用语言描述他的情绪："你今天看起来很伤心。我能看到你的嘴唇紧紧抿着。""发生了什么事？你瞪着眼睛，你看起来很生气。"家长还可以带孩子观察杂志、书籍和电视画面中人物的面部表情，也可以让孩子观察其他孩子在游乐场、公园或者购物中心时的表情和肢体语言，试着猜测他们的情绪状态："观察他的脸，他看起来是什么情绪？""他双臂交叉在胸前站着。你觉得他现在是什么感受？"

3. 先交一个亲密的朋友

只与一个孩子发展友谊比融入一个群体容易。对于经常被排斥的孩子来说，加入一个更大的群体可能会引发焦虑，因此家长可以建议孩子先邀请某一个同学一起玩。

4. 让孩子接触校外的同龄人

如果孩子在学校被排斥，那就帮助他在校外获得归属感。家长要为孩子制造与校外同龄人碰面的机会，例如去公园和游乐场、参加青少年俱乐部、加入运动队、参加课后班。交朋友是孩子的事，家长的任务是帮助他找到与其他孩子产生交集的地方，以方便他结交新朋友。

5. 帮助孩子融入集体

家长要看看其他孩子的穿着打扮和行为举止。衣服、发型、鞋的款式和配饰确实在帮助孩子获得同伴认可方面很重要，而个人卫生也是其中重要的大问题。家长要仔细观察其他孩子的穿着和举止，如果他们都穿某种牛仔裤或者鞋子、背着某种背包，而你却禁止孩子穿这些衣服，那就得重新考虑你定的规矩是否合适（当然，这些衣服要符合家长的价值观）。这不是为了要孩子紧随潮流或者让他失去个性，而是让孩子合群、能被接纳。事实上，孩子的外表、行为和卫生状况确实会影响同龄人对孩子的接受度。

6. 寻求专业人士的帮助

研究表明，一旦孩子们决定排斥某个孩子，他们就会形成习惯，以后这个孩子会经常被排斥。如果家长发现孩子有这样的遭遇，就要寻求专业人士的帮助。毕竟，没有哪个孩子想在没有朋友的情况下生活。

实用妙招

教孩子应对被拒绝的情况

孩子接受不了拒绝，抱怨、生气、哭泣或者向大人告状，会让其他小朋友非常反感。孩子孤单一人当然会很痛苦，但是他必须学会迅速平复心情。家长可以教给孩子以下方法。

- 保持镇定。家长要告诉孩子被拒绝后要泰然自若，同时要控制好情绪，若无其事地看着那个拒绝自己的小朋友，尽量不要做鬼脸、瞪着对方或者露出难过的表情。
- 放松心情。被拒绝后情绪崩溃会让小朋友更反感，因此，要让孩子试着放松心情，在感到心烦意乱时，通过深呼吸或者想别的事情转移注意力。

- 接受小朋友的拒绝，说"好吧"。让孩子用尽可能坚定有力的声音回答："好吧，也许下次吧。"不要争辩或者乞求，这不管用。如果孩子不理解小朋友为什么拒绝自己，可以另找时间再提出来。不要让孩子每次都问"为什么不让我也加入呢？"这样的话，小朋友会嫌你的孩子爱抱怨。
- 走开，继续找别的小朋友玩。家长要告诉孩子，即使内心痛苦也要昂首挺胸离开，并帮助孩子练习如何体面地走开，直到他能够应用自如。

 ## 不同成长阶段孩子的表现

◎ 学龄前儿童

学龄前儿童不喜欢那些有身体攻击行为（如抢别人的物品或者威胁别人）、言语攻击行为（如喜欢取笑别人）的孩子。

◎ 学龄儿童

到了 8 岁，大约有 3% 的女孩和 8% 的男孩会被同龄人排斥。遭到同性和异性排斥的常见原因是孩子有攻击性、行为冲动、爱捣乱以及违反规则。故意用恼人的行为吸引注意力，对玩笑过度敏感也会让同龄人反感。

◎ 即将步入青春期的孩子

在这个阶段，爱惹麻烦、不值得信任、富有攻击性、霸道、爱捣乱、不尊重大人、社交能力差、经常夸大事实、撒谎、爱胡说八道、个人卫生差的孩子最容易被排斥。与同龄人明显"不同"的孩子（如肥胖、有语言障碍或者对同龄人的文化一无所知）也有可能被排斥。

第61问　偶像崇拜

相关问题另见：第31问"物质至上"、第53问"过度关注穿着打扮"、第58问"早熟"、第59问"同伴压力"、第62问"性教育"、第79问"不愿意沟通"、第92问"电视瘾"、第97问"进食障碍"

 问题

"我儿子崇拜的运动员滥用类固醇，我女儿喜欢的演员未婚先孕。我怎么才能帮助我的孩子找到合适的榜样呢？我怎样才能说服他们不要学习这些被宠坏、道德上有污点的所谓超级明星呢？"

解决方案

如今，很多偶像都有污点，孩子可能崇拜他们，羡慕他们快节奏的生活方式，而家长觉得他们虽然有钱、有名，却有很多不光彩的过去，比如吸毒、未婚先孕、自杀未遂、滥用类固醇和其他药物等。事实上，77%的美国人认为很多知名人士（如嘻哈歌手、丑闻不断的继承人和滥用类固醇的体育明星）对孩子有严重的不良影响。

如今，美国心理协会的一项研究证实了许多家长所担心的这个事情：淫秽、色情信息确实对孩子（特别是女孩子）有不良影响，导致儿童进食障碍、自卑和抑郁等问题急剧增加，男孩子中使用类固醇的人越来越多。近60%的青少年反映，他们钦佩的职业运动员曾承认用过类固醇，因此他们也觉得使用类固醇没什么太大问题。

　　家长也不要因此丧失希望，可以参考以下教育方法消除这些劣迹偶像对孩子造成的不良影响，帮助他们找到可以崇拜和模仿的优秀的榜样。

1. 要认识到自己对孩子有重要影响

　　家长应该很高兴看到这个消息：一项对 1 300 多名年轻人的调查发现，大多数孩子依然把他们的父母（尤其是妈妈）列为自己心目中最伟大的英雄。事实上，超过四分之三的青少年认为，与父母在一起比与朋友在一起更快乐。

2. 留意孩子还有什么缺失

　　孩子是否会受到劣迹偶像的影响主要取决于以下 4 个因素。孩子在这些方面的问题越多，家长就越应该采取有针对性的补救措施。

- 正常发育中的问题。即将步入青春期的孩子最容易受到媒体的影响，所以要时刻了解他们的情感和社交情况。

- 缺乏自我认同感。豪华派对、财富和美貌对那些缺乏自我认同感的孩子很有吸引力。家长一定要在孩子面前淡化受欢迎度、外表和名气的重要性，让他学会肯定自己的价值。

- 缺乏业余兴趣爱好。如果孩子的兴趣爱好比较少，他就更有可能崇拜明星。因此，家长要培养孩子的独特优势，培养他的自信心和自我认同感，让孩子拥有健康的兴趣爱好。

- 亲子关系不够密切。如果孩子与家长的关系不够密切，孩子也会更容易受到劣迹偶像的负面影响。因此，家长要尽量和孩子更亲近些。

3. 教孩子明白什么样的人才是真正的英雄

　　不要想当然地以为孩子明白"英雄"的真正含义。家长要先帮助孩子理解这个词，再给他指出哪些才是真正的榜样。家长可以在字典中查"英雄"这个词的解释，讨论其含义，然后和孩子一起给它下个新定义，例如是"你崇拜的人"或者是"一个让世界变得更好的人"。只要能让孩子意识到英雄不一定非要富有或者有名就行。

4. 向孩子解释为什么不能崇拜某些偶像

如果家长觉得孩子崇拜某些偶像不好，那就要向他解释自己为什么会这么担心："这个人对社会没有什么贡献"；"她进过很多次监狱（或者多次酒驾）"；"他似乎并不关心他的家人，只关心自己的名气"。2002 年"搜索研究所"的一项调查发现，只有 25% 的孩子表示家长和自己谈论过他们的个人价值观。家长要利用和孩子讨论偶像的机会，向他阐明自己的价值观，解释为什么某个所谓的偶像不值得崇拜，最后，让孩子知道自己的偶像是谁以及自己为什么崇拜对方（提示：不要太主观，要有理有据）。

5. 寻找真正的榜样

引导孩子向真正的榜样学习，让他们知道自己不需要依靠饮酒、隆胸、节食或穿名牌来让自己显得有魅力，让他们明白新榜样可以是隔壁的邻居，或是孩子的爷爷。家长要让孩子接触真实、自信的人，告诉孩子自己钦佩他们的原因。此外，家长还要了解孩子真正的兴趣所在，并引导他向相关领域的正面榜样学习。

6. 和孩子保持密切关系，发挥自己对孩子的影响力

一项由美国女童子军针对 2 700 多名儿童开展的调查表明：在 8 ~ 9 岁的女孩中，有 91% 的孩子会先向她们的妈妈寻求建议。到了 10 ~ 12 岁，女孩会与朋友更亲近，向朋友寻求建议的次数几乎和向妈妈寻求建议的次数一样多（有时甚至更多）。可以看到，这里不可忽视的重要一点是：对即将步入青春期的孩子来说，妈妈仍然是她们极其重要的知己，她们可以对妈妈敞开心扉、无所不谈。因此，家长要找到与孩子保持密切关系的方法，特别是当孩子到了十几岁的时候，这样家长才能继续做孩子的榜样。随着孩子慢慢长大，与孩子保持紧密互动可能需要一点儿创造力，家长可以参考以下方法。

- 和其他孩子的妈妈联合起来。设立一个亲子读书俱乐部，或者和孩子一起去做瑜伽、上烹饪课、看电影或者散步。和孩子的朋友，以及他们的妈妈

一起做有意义的事。

- 走进孩子的世界。家长可以和孩子一起看他们喜欢的书籍、电视剧、电影，或是一起玩电子游戏，或者就照一位妈妈告诉我的那样，浏览相关的青少年杂志，这样就能了解孩子的世界，学会孩子的流行语。

- 看看有什么共同的兴趣爱好。有没有什么事情是家长和孩子都喜欢，还可以一起做的？做瑜伽、阅读、编织、跑步、做慈善、骑自行车、参加棒球比赛、健身……找到一个你与孩子共同的兴趣爱好，然后聊聊这个话题，以此来保持良好的亲子关系，提升自己对孩子的影响力！

7. 激发孩子潜在的激情

家长要发掘孩子天生的激情和天赋，无论是冲浪、打篮球、搞艺术、做瑜伽还是踢足球，都要支持他积极参与。这些有意义的活动可以让家长更多地看到孩子的天赋和兴趣所在，还能帮助他认识到你在乎的是他的优点，而不是他的外表或者是发达的肌肉。这也会帮助孩子在个人兴趣的基础上，发展更强烈的自我认同感，而不是去盲目崇拜杂志封面上年轻、富有的名人。发掘孩子自身的天赋和激情也是提升其内在动力的最佳方法，这样孩子就会珍视自我价值、理性看待偶像，不会在成长道路上迷失方向。

崇拜优秀偶像的孩子会受到很多激励，变得更出色。如果孩子本身就认识自己的榜样，他会有更高的自我认可度，学习成绩也会更好。如果孩子可以寻求家庭成员、朋友、老师或者教练的帮助和建议，那么他做出危险举动（例如吸烟、酗酒等）的风险就会显著降低。家长要提高自己在孩子心目中的影响力，并尽力成为他崇拜的榜样，这样他有困惑时就会向家长寻求帮助。要记住，减少偶像崇拜负面影响的最佳方法是走进孩子的世界，陪伴孩子成长！

第 62 问　性教育

相关问题另见：第 18 问"冲动"、第 32 问"不能明辨是非"、第 49 问"坏朋友"、第 54 问"早恋"、第 56 问"饮酒"、第 58 问"早熟"、第 59 问"同伴压力"、第 61 问"偶像崇拜"、第 79 问"不愿意沟通"

 问题

孩子觉得和家长谈论有关性的话题很尴尬，或者不愿意开口；性观念不正确或者不健康；和早熟的伙伴一起玩；轻易发生性行为。

◎ 为什么需要做出改变

家长会有疑问："为什么父母要和孩子谈论性？"我会告诉你，原因数不胜数。以下是我总结的主要原因：

（1）如今的孩子深受限制级媒体内容的影响。最新的研究表明，多次接触音乐、电影、电视和杂志中关于性的信息，会使青少年过早发生性行为。

（2）孩子不费什么事就可以在网上接触各种色情内容。那些"不被家长认可"的网站以性话题为卖点，早已潜入了孩子的生活。有些孩子深受其影响，也跟着谈论性。

（3）太多的年轻偶像不仅穿着性感，而且有性滥交的情况，甚至美化自己未成年时怀孕的行为。

（4）现在的孩子比上一代人更早发生性行为。事实上，口交在 13 岁大的孩子中很流行。

（5）由于艾滋病病例的增多，青少年的乱交行为很有可能会危及生命。

（6）未婚先孕的情况再次呈上升趋势。

家长不能再无视这个问题的严重性了。难道你不认为孩子从你这里获得性知识比从媒体或孩子的朋友那里获得更好吗？你可以运用本节的技巧和孩子讨论这个重要话题。要记住，越早开始越好！

 解决方案

1. 了解当今的青少年文化

现在的世界在很多方面都与往日不同，比如青少年对性的看法。他们对性行为的态度更加随意，与性伴侣建立亲密的、高质量固定关系的可能性更小。如今的青少年开始有性行为的年龄比以往更小。美国儿科学会开展的一项研究发现，现在的青少年相信口交比性交更安全、风险更低。所以，家长要多多关注孩子是否有早熟的迹象，这样在和孩子谈论性话题时，才知道该谈什么。

2. 阅读相关资料，做好准备

如今的孩子大多更开放，在很小的时候就会问家长有关性的问题。所以，家长要阅读相关资料，做好准备。如果不知道应该说什么（别担心，很多家长都这样），就要认真阅读相关书籍。

3. 给孩子讲讲性知识，越早越好

家长越早开始和孩子谈论基本的性知识，就能越轻松地讨论以后出现的更复杂的话题。这并不意味着家长要滔滔不绝地给学龄前的孩子讲有关性的细节，或者上一节人体解剖课。家长讲述的内容应该符合孩子的年龄和成长阶段。关于性的谈话不会只有一次，家长现在就可以着手准备首次谈话，以下是一些建议。

- 适当使用标准称呼。性教育不是一门词汇课，所以家长可以只在有必要的时候使用标准称呼。但是，从孩子学说话的时候起，家长就要在日常对话中自然地教孩子一些人体生理结构的标准称呼。家长可以使用"阴茎"和"阴道"这两个标准表达，它们并不粗俗。

- 不要避而不答。如果孩子开始问有关性的问题，家长就要明白孩子已经长大了，可以谈论性了，而自己需要对他进行性教育。家长要准备好回答孩子提出的各种问题。

- 保持冷静。如果家长觉得自己会很尴尬，那就先演练好，如果孩子的问题难以回答，可以这样解释："这是个好问题。让我好好想想，这样我才能给出正确的答案。我很高兴你问我这个问题。"孩子会觉察到家长是否在避实就虚，如果家长感到不自在，孩子会觉得自己的问题不合适，以后就不会再问了。家长需要表现得冷静和自信，这样孩子以后才会继续问家长相关问题。

- 言简意赅地回答孩子的问题。及时回答孩子的问题，不要回避，但是也不要长篇大论。家长要倾听孩子的问题，并言简意赅地给出答案，不要讲得太多，也不要讲太少，每次提供必要的信息就行。

- 弄清楚孩子的问题。家长要确保自己明白孩子在问什么，这样才能给出正确的答案，可以这样问："你认为这是什么意思？"或者"让我确认一下你的问题，你是想知道婴儿是怎么生出来的吗"。家长要先确认再回答问题，接着问孩子自己是否帮他消除了困惑，同时观察他的反应，看看孩子对自己的回答是否满意，是不是需要了解更多。

- 充分利用适当的机会教育孩子。在合适的语境中提起性话题，会显得更自然，例如，在孩子洗澡时谈论身体部位；在家里的狗生小狗时，讨论婴儿是怎么出生的；在电视里谈到性时借机和孩子聊一聊。

- 多对孩子进行性教育。性教育不应该只进行一次，家长要多和孩子聊聊。要让孩子知道自己随时可以回答他的问题，而且接受他提出的任何问题。

4. 和孩子交流自己的价值观

家长跟孩子谈性话题时不仅要讲解身体器官，还要记得传达自己的性观念，这样孩子就能知道家长对亲密关系、承诺和爱的看法。这并不意味着孩子一定会接受家长的价值观，但既然家长要指导他的行为，他当然需要听到家长关于性的观念和抱有这种观念的原因。家长一定要向孩子强调，大多数孩子觉得与很多人有性行为可以表明自己很受欢迎，但事实并非如此，这样做只会让自己落下"很随便"的名声，并且很难摆脱掉，这会给他们带来长期的负面影响。家长还应该和孩子讨论避孕措施，告诉孩子只有没有性行为才能完全保证不会怀孕、不会感染性病或者艾滋病。研究发现，如果家长对孩子强调不要在未成年时就发生性行为，那么孩子过早发生性行为的可能性就会减少。顺便提一下，即便孩子问起家长的性行为史，家长也不必透露，可以选择避而不答，或者告诉他自己不愿意谈论隐私。

5. 密切注意孩子和他的朋友

孩子的首次性行为最有可能发生在晚上或者周末家长不在的时候，地点可能是自己家里或者对方的家里。所以，家长要密切注意孩子的行踪，了解他的朋友，在孩子进入青春期前就定下规矩："一定不要在你的卧室里单独和异性朋友一起玩。这是规定。"家长还要锁好家里的酒。研究表明，饮酒是未成年人发生性行为的前兆。

6. 保持密切的亲子关系

与孩子保持密切的亲子关系能有效避免孩子过早发生性行为。在亲子关系不好的、即将步入青春期的孩子中，大约有20%的孩子在15岁之前就发生了性行为，而这种行为发生在亲子关系良好的同龄人中的概率大约只有10%。所以，家长要和孩子保持密切的关系，特别是在孩子处于青春期前的那几年：他们开始自然地疏远父母，寻求同龄人的建议。事实上，这个时期的孩子最需要家长的引导。研究表明，"那些觉得可以和父母谈论性的孩子不太可能做出高风险性行为，因为他们的父母会坦率地和他们谈论性，并且能认真地倾听他们的问题"。

　　一位妈妈分享了自己的经验。

　　我一直没有和女儿谈过有关性的话题，等我想对她进行性教育的时候，我感觉很尴尬，我知道女儿也不自在。幸运的是，我发现她的中学健康课程有一部分涉及性教育，于是我趁着她做这部分作业的时候，很自然地聊起这个话题。我想，家长如果觉得直接聊很尴尬，那就找机会自然地开启这个话题，比如利用孩子的健康教育书籍、青少年杂志，或者用未婚先孕的年轻名人作例子。当今社会有很多这样的例子。

不同成长阶段孩子的表现

◎ 学龄前儿童

　　学龄前儿童会开始认识到不同性别之间的生理差异，明显的区别是男性有阴茎，女性有阴道。进行性教育时家长应该言简意赅，和孩子的认知水平相符，并使用正确的词（例如阴茎和阴道），同时还要提到"触摸"和"私处"这样的概念，让孩子明白任何人都不应该触摸自己"泳衣覆盖的部位"，如果有人触摸自己的隐私部位，必须马上告诉家长。

◎ 学龄儿童

　　学龄儿童依然对性很好奇，特别是在现代社会，电影等媒体中充满了性、孩子的朋友也总聊起性，他们难免受到影响。他们可能会提出一些问题，如"你是怎么进行性行为的？""婴儿是怎么从妈妈体内出来的？"。在6～8岁的时候，孩子应该知道人体生理结构的准确称呼，例如阴道、乳房、阴茎和睾丸等。如果孩子都7岁了还不谈论有关性的话题或者向家长询问相关问题，那么说明他可能觉得性是个禁忌话题，在这种情况下，家长要主动提起相关话题。

◎ 即将步入青春期的孩子

即将步入青春期的孩子应该明白婴儿是如何出生的、人的生理周期有哪些表现，以及性交、精液、射精和精子等词的含义。这个时期的孩子同伴压力越来越大，许多即将步入青春期的孩子反映他们的朋友曾鼓动自己体验性行为。家长应该和孩子讨论如何拒绝这种不合理要求、什么是健康的恋爱关系和真正的爱情，以及"世上没有后悔药"等话题。口交行为增加的一个重要原因是这个年龄段的孩子认为这是一种低风险的性行为。家长要向孩子强调诸如意外怀孕、感染艾滋病和某些性传播疾病的相关风险因素。

> **研究速递**
>
> 美国心理学协会的研究表明，避免女儿过早发生性行为最有效的方法之一就是提高她的自我认可度。事实上，一项研究发现，12 ～ 13 岁时自我认可度较低的女孩在 15 岁时发生性行为的可能性几乎是其他同龄女孩的两倍。更糟糕的是，广告、商品包装和媒体中充斥着大量女孩和年轻女性的性感形象，这非常不利于女孩的自我形象认知和身心健康发展，也会导致她们产生诸如进食障碍、自卑和抑郁等常见的心理问题。家长要找到健康的方法来提升孩子的自我认可度，让她们不要盲目地追随媒体所宣扬的那些价值观，例如要瘦、要不停地锻炼、要看起来性感。让孩子根据自己的兴趣选择一些活动，例如弹钢琴、弹吉他。家长要让孩子观看内容更积极的电影和电视节目，阅读内容更健康的杂志。
>
> 研究还发现，自我价值感较高的即将步入青春期的男孩更容易发生未成年性行为。所以，别忘了教育儿子、和他进行严肃的谈话，强调他应该在成年后再开始性行为。教育儿子不要与女孩发生性关系，特别是那些缺乏自信的女孩。

第 63 问　不愿意分享

相关问题另见：第 13 问"霸道"、第 28 问"待人冷漠"、第 31 问"物质至上"、第 34 问"自私任性"、第 51 问"欺凌他人"、第 59 问"同伴压力"、第 78 问"不愿意做家务"

 问题

　　孩子把自己的玩具和其他物品藏起来；不愿意和小伙伴轮流玩玩具；不愿意分享自己的东西；不愿意等待；不考虑他人的需求和感受；以自我为中心。

　　"我女儿 5 岁了，她从来都不愿意分享自己的玩具，这让我很尴尬。我能做些什么来帮助她学会和小朋友轮流玩呢？"

　　只告诉孩子要"待人友好"并不会改变他们的行为，家长还需要向孩子展示如何分享，告诉她为什么分享很重要。分享和轮流玩玩具都是后天习得的行为，家长需要反复耐心培养。家长要每天充分利用适当的机会教育孩子学会分享、轮流玩和妥协，例如，家庭成员轮流选择电视节目和甜点、晚上轮流给大家大声读书或者玩棋盘游戏，直到孩子意识到这些行为是生活中必不可少的一部分。

◎ 为什么需要做出改变

　　"这是我的！""我先拿到的！""我想要先玩！""你不能用我的东西。""你已经玩过一次了。"

　　这些话对很多家长来说都很熟悉。不愿意分享是孩子常见的问题之一。如果孩子没有学会公平分享，就免不了会流泪、争吵、伤心和打架。但是，学习如何给予和索取并不总是那么容易。让年幼的孩子学会分享最为困难，因为他们正处于以自我为中心的发育阶段，总是迫切地想着自己的需求，很难为别人着想。不过年龄稍大的孩子也很难和人分享。推崇物质主义的小伙伴（"我的东西比你的酷"）和激烈竞争的影响使得他们常常把自己放在第一位，忽视了公平。

孩子需要学会分享，这是与人互动的首要基本技能。无论是在排队、聊天、玩游戏、在餐厅点餐，还是只是耐心等待轮到自己，分享都是十分重要的技能。分享意识也会为待人慷慨、讲礼貌、尊重他人、建立友谊、解决冲突、谈判和表达同理心等社交行为奠定基础。这就是为什么教孩子学会分享和耐心等待轮到自己如此重要。只有养成了这些行为习惯，孩子才能融洽相处，成为彼此的好伙伴。

哈佛医学院的儿科荣誉退休教授、世界著名儿科医生 T. 贝里·布雷泽尔顿博士敦促家长要尽快帮助孩子学会分享，至少在 2 岁或者 3 岁的时候，孩子就需要学会了。家长可以运用本节的方法，培养起孩子的这一习惯，以便孩子能和大家融洽相处、发展出公平意识，顺利融入集体。

◎ 问题表现

孩子天生以自我为中心，难以学会分享，因此，家长需要温和地提醒他们，要耐心地引导他们。如果孩子有以下表现，则说明他抗拒分享，家长需要帮助他改掉这个坏习惯。

- 很自私。孩子总是优先考虑自己的需要，不顾其他孩子的感受；心里只有自己。
- 引起争吵。孩子不愿分享，导致朋友间发生口角，伤害对方的感情。
- 争强好胜。孩子拿自己的物品和别人的比较，并总是强调"我的更好"。
- 独占一些物品。孩子与朋友一起玩耍时，会独自占有一些物品，而且总是比其他小伙伴占有的更多。
- 引起其他孩子的反感。孩子总是吹牛、独占物品或者缺乏公平意识，让其他孩子感到厌烦。

- 宁愿独自一人玩。尽管有其他小朋友在场，孩子还是选择独自玩耍。

 解决方案

◎ 步骤 1：早期干预

1. 找出问题产生的原因

以下列举的是孩子不愿分享和不愿耐心等待轮到自己的常见原因，家长可以看看哪些符合自家孩子的情况，再想办法帮他们纠正坏习惯。

- 孩子还小，正处于以自我为中心的发育阶段。
- 自私或以自我为中心；不考虑别人的需求。
- 家长从来不要求孩子与别人分享或者考虑别人的需求。
- 孩子很少有机会与其他孩子一起玩，所以也没有机会学习如何分享或者与他人建立友谊。
- 孩子几乎没什么玩具或者个人物品，所以不舍得分享；这些物品对孩子来说意义重大，所以孩子不想与人分享。
- 家长总是向孩子强调要照看好和保护好自己的东西，所以他害怕与人分享。
- 孩子愿意分享，但是同伴不愿，因此孩子认为分享没有回报。
- 孩子觉得自己的东西不如小朋友的，或者不够好，不好意思与人分享。

看到这里，家长觉得孩子究竟是为什么不愿分享呢？有没有帮助孩子改变的简单方法呢？

2. 提醒孩子优先考虑分享

要想让孩子学会分享，家长就要在家里培养他的公平意识。"记住，我们要好好听取每个人的想法。""大家要轮流玩。""上周你坐在前排，现在轮到弟弟了。"

3. 向孩子强调分享的重要性

家长要向孩子讲明分享的重要性，这样孩子以后才会继续和他人分享。"你看到了吗，你分享自己的玩具时詹娜笑了，你这样做让她很开心。""乔希很喜欢来咱们家玩，因为你是个很热情的小主人，会和他分享你的玩具。""你看到那个球员传球给他的队友了吗？他没有只顾自己玩。我敢打赌，他的队友们一定很高兴能有机会参与。"

4. 教孩子如何分享

堪萨斯大学的研究表明，让孩子学会分享最有效的方法是向孩子示范如何分享，并在他们分享和互帮互助时表扬他们。以下是教不同年龄段的孩子学会分享的方法。

- 以身作则。让孩子看到家长是如何分享的，这样他就有可以模仿的榜样了：和孩子分享馅饼，并把最大的那份留给他；让孩子戴上自己有趣的帽子，并让他知道这是自己非常喜欢的帽子，或者给孩子讲讲自己为什么喜欢分享——因为这会让别人开心。

- 和孩子玩"轮到我了，轮到你了"的游戏。如果孩子年龄还小，家长可以和孩子一起坐在地板上，互相滚动一个橡皮球，一边滚，一边说："轮到我了！准备好，又滚过去了。好球，现在轮到你了。好，再把它滚给妈妈。"这个游戏会让孩子意识到分享意味着耐心等待轮到自己，同时孩子也有可能学着家长的样子说话。

- 在客人到来之前，明确告诉孩子他应该遵守的规矩。等了解了立好的规矩，家长就可以等着看他和客人分享了。有些孩子需要家长在朋友到来之前再次提醒："金就要来了，把你觉得她会喜欢的玩具拿出来"、"萨姆来玩的时候，记住我们的规矩，要和他分享"。在孩子的玩伴到来之前，把他不想分享的玩具收起来，这样做实际上起到了鼓励他分享的作用。毕竟，有些玩具和物品对孩子来说可能是非常特别的，孩子不愿分享，在朋友来之前把它们收好，可以避免潜在的争吵。然后家长要提醒孩子："任何没被收起来的东西都是可以分享的。"注意：孩子永远不应该被要求分享他的特殊安全毯、毛绒玩具，或者是其他可以给他安慰的东西。

- 玩交换玩具的游戏。如果孩子还处于学龄前阶段，那么家长可以坐在他和小朋友中间，给每个孩子发一个玩具，然后玩交换玩具的游戏：来回传递这些玩具，并且每次都要说"现在轮到你的朋友了，来交换手中的玩具吧"。这个游戏可以帮助孩子学会等待和轮流玩耍。

- 玩桌游和纸牌游戏。家长可以和孩子一起玩棋盘游戏，这是教孩子学会轮流玩的最佳方式。家长要教育孩子按顺序轮流来，不要犯规，让孩子明白每个人都有机会。

- 让家庭成员轮流做主。想办法让家庭成员轮流做主，例如选择要朗读的书、看什么电视节目、看什么视频、吃哪种甜点等，还可以安排大家轮流做家务和使用电脑。家长可以用印有每个家庭成员名字或者照片的卡片帮助孩子了解清楚家人的排序，让他们确信总会轮到自己做主。把卡片按顺序叠好，轮到一个家庭成员时，让他选一件自己可以做主的事情，然后把该成员的卡片放到这一叠卡片的底部，等到所有人都轮了一遍，再按着顺序重新开始。

实用妙招

买一个计时器！

为了确保每个孩子使用某个物品的时间一样，最简单的解决方法是让孩子使用计时器。先教孩子如何使用这个计时器（烤箱计时器、沙漏计时器、鸡蛋计时器，或者手表），再让孩子商量好每人可以使用这个物品的时长（通常只有几分钟），然后把计时器设定好，并开始计时。等时间一到，就要求把东西传给下一个孩子。这个方法可以有效防止孩子争吵。

家长分享

一位妈妈分享了自己的经验。

我儿子4岁了，我们会约他的朋友到家里玩。令我非常尴尬的是，儿子不愿意分享他的玩具，不管我怎么哄他、怎么定规矩都没有用。

家里你哭我喊，乱作一团，简直就是灾难现场。后来我突然意识到，也许是因为我在家里时常向他强调"照顾好自己的东西"，他才会有这样的心态。当然，我是觉得有些玩具太贵了，担心被他弄坏才这样强调的。反思过后，下一次我们又约小朋友来玩时，我选择了公园这样的公共场所，还让两个男孩都带一些玩具。果然，儿子看到小朋友，就迫不及待地想分享他带来的玩具。后来，我也开始买一些不那么贵的玩具给儿子玩，他也再没有出现分享方面的问题了。

◎ 步骤2：快速反应

如果不分享，就要接受惩罚

如果家长付出了很大努力，孩子仍然把东西收起来、拒绝分享，那就要制定惩罚措施。以下是针对不同年龄段孩子的惩罚措施。

- 如果孩子"忘记分享"，就让他立刻改正错误，让他学着多为还没有摸到玩具的孩子考虑。"告诉妹妹，你可以和她一起玩。不要抓住玩具不让她玩。""接下来把泡泡机递给你朋友，这样他就也有机会吹泡泡了。"

- 如果孩子因为年幼不懂事而拒绝分享某个玩具，家长可以把这个玩具没收，过一段时间再拿出来，并告诉孩子之前没有被分享的小朋友可以优先选择玩这个玩具。

- 对于大一点儿的孩子，家长可以这样规定："如果你不分享，朋友就可以连续玩两次。"

- 让孩子设身处地地为对方着想。"你整天占着电脑玩游戏，光顾自己开心，你觉得他会怎么想？"家长也可以让年龄稍大的孩子试着换位思考，想想一直没机会玩的朋友会有什么反应，或者有什么感受："你一直没有让苏用过电脑，只顾自己，你觉得她会是什么感觉？"对于年幼的孩子，家长可以用洋娃娃或毛绒玩具来扮演另一个孩子的角色。

- 年龄稍大的孩子如果仍然拒绝分享，就不让他和朋友一起玩。家长可以规定："如果你不分享，就不能和朋友一起玩。"

◎ 步骤 3：培养良好的习惯

与人分享并不是孩子与生俱来的技能，是后天习得的，而且需要大量的练习。以下列举的是一些重要的分享技巧，家长可以教给孩子，让他能够熟练应用，与大家和谐相处。

1. 教孩子使用有关分享的表达

家长要教孩子有礼貌地沟通以保证公平。以下列举的是社交场合可以用到的有关分享的措辞，每个孩子都应该学习。"你想玩吗？""谁想先玩？""你先选择第一个游戏，然后我选择下一个。""让我们轮流玩吧。""下一个就轮到我了。""如果你保证还给我的时候玩具还好好的，我就让你玩。"

2. 巧妙打破僵局，以此减少争吵、确保公平

以下的实用小技巧，可以帮助孩子学会分享，确保公平。它们可以帮孩子决定游戏的先后顺序、打破僵局、减少冲突，并确保每个人玩一个玩具或者使用一个物品的时间相同。家长可以先在家里运用这些技巧（如哪个家庭成员可以选择早上看什么卡通片、优先选择吃第一块蛋糕、坐最舒服的椅子、有权决定玩什么游戏等），让孩子不再争吵，直到孩子可以在社交场合和朋友使用这些技巧。

- "祖母的法则。"基本的规则是这样的：如果你负责切蛋糕，其他人就可以决定优先选择吃哪一块。它适用于很多情况。例如，如果一个孩子选择决定大家做什么游戏，那么另一个孩子就可以选择先玩；如果一个孩子负责倒果汁，那么他的朋友就可以选择先选喝哪一杯。
- 抛硬币。如果两个孩子没有合适的规则可以参考，僵持不下，那就通过抛硬币来决定玩的顺序和具体规则，由负责抛硬币的孩子请对方猜是正面还是反面，如果对方猜对了，就听对方的；如果对方猜错了，那么就听自己的。
- 计时器。家长可以先让一起玩的孩子商量好一个时间（通常只有几分钟），在这个时间里，有一个孩子单独使用这个玩具，然后用计时器定好时间，

等时间一到，就把这个东西传给下一个孩子。计时器可以由孩子慢慢地数数数到一百、背诵字母表，或者唱五遍"生日快乐"歌等来代替。

● 石头、剪刀、布。每个孩子同时出石头、剪刀或布，谁赢就听谁的。每个孩子都需要学会一些可以打破僵局、结果随机的小游戏。

3. 分享放在眼前的玩具

有位爸爸制定了这样的规矩："如果你把玩具放在大家都能看到的地方，没有收起来，那你就必须和大家分享"；"如果你不想分享，那就在客人来之前收起来"。

4. 不要让玩具离开家

有些孩子不愿分享自己心爱的玩具，因为担心小朋友不还。家长要向他保证，分享给小朋友玩并不意味着玩具永远消失了，可以这样解释："你的朋友要回家了，但他不会带走你的玩具，玩具还在这里呀。"当然，家长也要确保其他孩子遵守这个规矩。

5. 使用别人的东西时先征得主人同意

家长要告诉孩子，如果他想用不属于自己的东西，那就必须先征得主人的同意。家里人互相借东西时也适用这条规则："在咱们家，你在玩别人的东西之前必须先问一声，看主人是否同意"；"那是我爸爸的。在我们使用它之前，我必须先问问他"。这条规矩也有助于加深孩子这样一种观念：我是我玩具的小主人，如果其他小朋友想要玩我的玩具，就要先问问我的意见。家长也不应该总是介入，要求孩子必须分享他的玩具。

6. 只分享自己的东西

家长要向孩子讲明家里的规矩，强调每个人只能分享属于自己的东西，否则需要另外征得主人的许可。"这是我哥哥的，我不能随便拿给别人。"

7. 爱护别人的东西

就像孩子对自己的东西有占有欲一样，他也必须学会爱护别人的东西。"要爱护朋友的玩具，你肯定也希望他爱护你的吧。"

8. 为家庭做贡献

家长应该要求每个孩子轮流为家庭做贡献，可以列出孩子可以为彼此做的力所能及的事情：摆桌椅、倒垃圾、帮助弟弟妹妹、遛狗等。

9. 为社区做贡献

家长可以让孩子为有需要的家庭送食物，或者拜访上了年纪的邻居。家长要寻找机会，让孩子为他人做些力所能及的事，从而变得乐于助人，要让他意识到他不仅能帮助自己的家人，还能让陌生人受益。渐渐地，孩子就会理解分享就是表达对他人的关爱。

研究速递

南伊利诺伊大学卡本代尔分校的研究人员发现了培养学龄前儿童分享习惯的简单方法。首先，研究人员为孩子阅读关于分享和轮流玩游戏的书籍。接下来，研究人员用木偶示范故事中的角色如何分享。最后，他们鼓励孩子自己用木偶再次还原那些分享的场景。结果表明，这3个步骤可以有效提高孩子分享的积极性。家长可以使用同样的方法帮助孩子养成分享的习惯。

 不同成长阶段孩子的表现

◎ 学龄前儿童

到了大约两岁半的时候，学龄前儿童就能够进行简单的社交了，比如轮流说话和对他人的话做出反应，但是他们仍然经常需要大人从旁提醒。3 岁的孩子只关注自己的愿望和需求，不会优先想到分享。对 4 ~ 5 岁的孩子来说，分享变得容易些了，特别是和熟悉的玩伴在一起时，但是他们仍然会尽力保护自己的东西。虽然孩子不太愿意分享，但是在大人的鼓励下，也会表现得非常慷慨。

◎ 学龄儿童

以自我为中心的阶段已经结束了，孩子不再只想着自己，所以会在没有大人提醒的情况下主动分享。这个年龄段的孩子会开始考虑别人的需求和感受，不过要再过一段时间，他们才能真正学会换位思考。

◎ 即将步入青春期的孩子

即将步入青春期的孩子的分享能力又上了一个台阶，他们学会了妥协、谈判等技能。孩子可能不愿分享自己拥有的昂贵物品，例如自己的衣服、电子产品等，这是可以理解，也是可取的。

第 64 问　告状

相关问题另见：第 6 问"同胞竞争"、第 10 问"总和别人吵架"、第 57 问"友谊破裂"

 问题

　　孩子说对方的闲话、抱怨对方或者透露对方的行动、计划，这样做是为了伤害对方、逃避责任、获得同情或关注；不知道如何解决问题，所以通过告状来找个仲裁者或者解决问题的人。

　　"妈妈！莎拉刚刚偷吃了一块饼干！""卡拉掐我！""我要告诉爸爸，你有大麻烦了。""我要把你刚才做的事告诉老师！"

　　我们都知道，告状可能会扼杀友谊。谁会希望自己的朋友（或兄弟姐妹）迫不及待地向大人告发自己呢？告状是后天习得的行为，一般从孩子学龄前就开始了，而且通常是其他不良行为的先兆（例如恶意散布流言）。如果孩子一直告朋友的状，就会逐渐失去朋友。毕竟，有哪个孩子会愿意和一个总是告他状的小伙伴一起玩呢？这种行为没有任何可取之处，只会让双方互不喜欢，而且经常会导致怨恨和友谊破裂。对孩子来说，爱告状的小伙伴通常不值得信任，还给人一种"爱拍马屁"的印象。大人们也不喜欢爱告状的小孩。家长会喜欢一个不断抱怨或者稍微有点不满就来你这里告状的孩子吗？令人欣慰的是，这种令人讨厌的行为是可以改变的。本节提供了简单可行的解决方案。

 解决方案

1. 找出问题产生的原因

家长首先要思考孩子为什么想告状。以下列举了一些常见原因，家长可以看看哪些符合自家孩子的情况。

- 孩子是否只是渴望得到家长的关注？

- 孩子是在寻求控制权吗？他是不是觉得告状就能让兄弟姐妹或者朋友陷入困境。

- 孩子是否想报复一个伤害过他的孩子，这是他报复的方式吗？

- 孩子是否陷入了一个他不知道如何解决的麻烦中，希望大人介入并解决一切？

- 孩子是不是没有足够的时间和家长在一起，在用告状的方式与家长分享他的生活发生了什么？

- 孩子是否控制不住自己的冲动，什么都说给家长听？

- 孩子的同龄人是不是不接纳他，因此他只好试图和大人打成一片？

- 孩子是否道德感太强？过于强烈的道德感会导致孩子自以为是，让朋友们望而却步。

- 孩子是否缺乏自信，不能维护自己的利益，只能通过告状让家长把他的需求转达给别的孩子？

- 孩子是不是觉得自己是家长的"得力小助手"？家长是否在和孩子的互动中强化了这一点，比如跟孩子说，"谢谢你告诉我！""嗯，你不应该和这样的朋友在一起玩"。家长是不是对他的每一个小抱怨都积极回应，从而无意中鼓励他来告状呢？

你觉得孩子告状的主要原因是什么？你能采取什么措施来改掉他的坏习惯？

2. 向孩子解释"告状"和"告诉"的区别

如果孩子爱告状，那家长就需要教育她，让他明白什么时候可以告状，什么时候不可以。要向孩子解释"告状"和"告诉"的区别："'告状'是指他想让朋友陷入麻烦，'告诉'是让大人了解有关情况，让朋友摆脱麻烦或者避免朋友受伤害。"同时家长要让孩子明白，当他或者别的孩子感到害怕、感觉不安全、被触摸隐私部位、受到伤害、处于危险境地或者对某些事感到担心时，一定要立刻告诉家长。家长还要告诉孩子，自己不希望他为了引起注意或者打击小伙伴而向大人告状。

3. 宣布新规矩

一旦孩子明白了"告状"和"告诉"的区别，家长就要宣布新规矩："从现在开始，我不会听你说朋友或者家人的任何闲话，别再告状。"孩子需要知道家长是认真的，所以一定要用严肃的语气向他宣布新规定。

4. 冷静地按照新规矩处理孩子的问题

从这一刻起，家长要不断淡化孩子告状的行为，直到他意识到这样做是行不通的。当然，总会有一些例外的情况，以下解决方法可以帮助家长处理最典型的告状问题。

- 如果孩子太小，忘了新规矩，又来告状，家长只须问他这个简单的问题："你告诉我这些是为了帮助朋友还是让朋友受惩罚？"然后提醒孩子自己只听他讲朋友们需要帮助的事，而不是琐碎的打打闹闹。

- 如果孩子不愿意看到朋友违反他们必须遵守的家规，家长要表示理解："我知道你认为这是不公平的。你可以直接告诉朋友你的感受。"

- 如果告状的孩子提供的信息是真实的（你心知肚明，因为你目睹了事件的过程），家长需要保持冷静，简单地说"我来处理这件事"，然后找犯错的孩子交谈，但是谈话时不要让告状的孩子听到。

- 如果孩子依赖家长替他解决问题，家长就不要总出面干预，要退后一步，让孩子知道你希望他独立解决问题。

- 如果孩子的告状行为正在影响一段关系，家长就需要帮助孩子意识到他的行为带给朋友的感受："每次玛丽亚来，你都要告她的状。你觉得她会是什么感受？"

- 如果孩子告状已经造成与其他人的关系紧张，家长则需要宣布这条规矩："如果我没有亲眼看见或者亲耳听到，我就不会惩罚他们。"当然，在某些情况下，家长可以找到证据，根据事实推断，但是在大多数情况下，要坚持这条规矩，没有亲眼看见，就不要惩罚。

- 如果孩子是因为道德感太强才觉得有必要报告每一项违规行为，家长就可以用这个方法："你遵守咱们家的规矩，把玩具收好，这很好，但是我不需要知道你的朋友有没有遵守咱们家的规矩，这应该由他们的爸爸妈妈管。"不要让孩子得一个"告状精"的外号，其他孩子很快就会跟着叫，并开始取笑和谩骂孩子。

实用妙招

竖起 5 根手指，不再告状

　　一些孩子，尤其是年幼的孩子，不知道如何解决问题才会选择告状。下次孩子希望家长出面替他解决问题时，可以教他竖 5 根手指开动脑筋。

　　家长：竖起你的大拇指，说出你的问题。

　　孩子（竖起拇指）：莎拉拿走了我的洋娃娃。

　　家长：现在说出 3 个解决问题的方法。每说出一个解决方法，就竖起一根手指。

　　孩子（竖起食指）：你可以给我买个新娃娃。

　　（竖起中指）：我可以从她那里拿回我的洋娃娃。

　　（竖起无名指）：我们可以轮流玩我的洋娃娃。

　　家长（竖起小指）：现在还有一根手指没用上呢，竖起你的小指，想想解决这个问题的最佳方法是什么？

　　孩子：我们轮流玩。

　　家长要反复耐心地重复这些步骤，直到孩子能够独立解决自己的问题，而不是找家长告状。当然，家长也可以教年龄稍大的孩子用同样的方法解决问题，只是不必用到手指。关键在于要教孩子自己开动脑筋，找到解决问题的方法。

5. 态度一致

如果家长想要改变孩子的坏习惯，那就必须在他每次告状的时候都坚守规矩。家长最好把自己的决定告诉照顾孩子的其他人，例如奶奶、孩子的老师、保姆、孩子小伙伴的妈妈等，以确保他们和自己的管教态度一致，会采取同样的方式回应孩子。一段时间后，孩子就会明白家长是认真的，是不会容忍他的错误行为的。

家长分享

一位妈妈分享了自己的经验。

我儿子经常告状，不管是什么琐碎的小事和问题都指望我帮他解决。于是，我设想了一些儿子可能会遇到的情景，例如"弟弟摔倒了，站不起来"，"妹妹爬到树上，下不来了"，"球滚到了马路上，肯尼想冒险去捡它"，然后和他试着寻找解决问题的方法。儿子喜欢这样演练，这样做也让他领悟到，他可以在没有我帮助的情况下独立解决问题。

 不同成长阶段孩子的表现

◎ 学龄前儿童

学龄前儿童正处于道德观发展初期，态度更认真、更不能容忍犯规，而且更关心对错。4～5岁的孩子对是否遵守大人制定的规矩特别敏感，看到任何哪怕是轻微违反规则的行为，都会觉得自己有责任向大人报告。如果看到有的小伙伴可以违反规矩，而自己却被要求遵守这些规矩，甚至可能因此受到惩罚，他们会特别难过。小孩子的道德观就是要遵守爸爸妈妈定下的规矩。

◎ 学龄儿童

5～7岁的孩子会变得越来越不能容忍任何侵犯他们权利和特权的行为（特别不能忍受弟弟妹妹乱来）。孩子变得更加争强好胜，所以家长要注意孩子告状可能只是想让自己胜对方一筹。

◎ 即将步入青春期的孩子

到了这个阶段，孩子不会再告状了，他们的行为升级成了散布恶意流言，可能是以网络（手机、电子邮件、短信）的形式，也可能是直接面对面传播。孩子们只是通过闲聊同伴的事来确定自己在小团体中所处的地位。这种形式的"告状"在女孩中比在男孩中更为普遍。

第 65 问　被取笑

相关问题另见：第 44 问"敏感"、第 45 问"害羞"、第 50 问"被欺凌"、第 59 问"同伴压力"、第 60 问"被排斥"

 问题

孩子难以应对朋友的调侃，对言语取笑过于敏感；经常对善意的玩笑反应过度，认为大家在针对自己。

"我知道孩子都会被取笑，但是我儿子很敏感，凡事都放在心上，即使是无伤大雅的玩笑也不行。我怎样才能帮助他更体面地应对善意的玩笑，不至于内心崩溃呢？"

帮助孩子应对取笑最有效的方法是情景模拟，家长可以假装成他的朋友取笑他，让孩子尝试以不同的回应方式，直到他找到适合自己的方式。孩子很敏感，所以家长要帮助他练习掩饰沮丧的表情，并告诉他应该和你保持眼神交流。这两条建议会让他看起来不那么像个受害者，能更加掌控局面。关键是要不断练习新的反应方式，直到孩子适应这样的场景，能够脱口而出。这样一来，下次有人取笑他时，他就能熟练地用新方式回应。

◎ 为什么需要做出改变

被取笑是孩子成长过程的必不可少的一部分，它并不一定会伤害孩子。善意的取笑可以培养孩子的幽默感，让孩子学会平复情绪，还可以帮他学会更多社交技能。

但是，并不是所有的取笑都是有趣或善意的，尤其是在现在。研究发现，现在的孩子在取笑别人时远比过去恶毒，而且情况越来越严重。美国每天都有16万名儿童因为害怕被骚扰、取笑而不愿去上学。到了初中，这一问题更加严重，取笑他人的言语也变得更加残忍和恶毒。这些言语上的讽刺经常被用来嘲笑、羞辱、戏弄或故意骚扰某些孩子。

显而易见的是，某些孩子似乎确实更容易被取笑和谩骂。当然，家长可以告诉孩子"耸耸肩表示不在乎""不要太当真"，但是有些孩子很难做到毫不在乎。有些取笑的话很刻薄，确实会刺痛孩子！家长虽然不能保护孩子免受奚落，但是可以教他一些应对的方法，并让孩子不再那么容易被取笑。家长必须这样做，因为经常被取笑的孩子更容易自卑、焦虑和抑郁。孩子需要学习有关方法，灵活应对善意的和恶意的取笑。

◎ 问题表现

尽管所有的孩子都时不时会被取笑，但是研究人员发现，有些孩子更容易成为被取笑的对象，也更容易被别人嘲弄或者谩骂。孩子有以下特点时，更有可能成为被恶意取笑的对象。

- 身体更弱、个头更小。
- 更容易服从取笑者（或校园欺凌者）。
- 看起来很痛苦（经常哭泣、哀号、心烦意乱、表现得精神紧张）。
- 缺乏幽默感；听不出讽刺。
- 几乎没有什么朋友。
- 可能在某方面与众不同或者在社交上缺乏安全感。
- 缺乏社交技能或者试图加入某个群体但方法不对。

家长分享

　　一位妈妈分享了自己的经验。

　　我的女儿7岁了，她几乎每天都哭着回家，说其他孩子欺负她。我们意识到我们总是出面保护她，以致她不知道如何应对。在接下来的几天里，我和先生开始有意拿女儿打趣。刚开始，她不知所措地哭了，于是我们告诉她，每个人都会被取笑，即使在亲近的人之间也会有这样的情况。先生和我甚至互相取笑对方，所以她逐渐明白了善意的取笑是可以被接受的，不必小题大做。两周后，两个女孩向女儿打招呼时友善地调侃了她，她露出了灿烂的笑容，平心静气地小声对我说："没事的，妈妈。我知道她们只是在和我开玩笑。"我很开心我们的策略奏效了。

 **解决方案**

◎ 步骤1：早期干预

1.找出潜在的原因

所有的孩子都会被取笑，但那些长期或频繁被取笑的孩子，通常是做了某些过分或者极端的行为。家长要在社交场合更仔细地观察孩子如何应对取笑，或者让其他孩子告诉自己孩子在被取笑时是如何回应的。孩子有没有做过什么事让其他孩子反感或者让他自己成为被取笑的对象？以下列举的是常见原因，家长可以看看哪些符合自家孩子的情况。

- 社交经验有限：家里也没人开过孩子善意的玩笑。
- 太敏感，脸皮薄：对善意的取笑太较真。
- 反应太强烈：以哭泣、抱怨的方式回应；威胁说"要告诉大人"或者通过向大人告状回击。
- 缺乏自信：看起来"好欺负"，很温顺，说话时别人难以听清、身体颤抖，或者声音小。
- 太不成熟：行为比同龄人幼稚。
- 不同于其他的孩子：不管是外表还是行为，都很突出。
- 太烦人：试图用吸引注意力的方式融入群体。
- 太优秀：是老师的宠儿，赢得了所有的奖项，其他的孩子嫉妒。
- 太边缘化：被排斥；经常独自一人，没有同伴保护。
- 太冲动：过于活跃；脾气暴躁；想到什么说什么，在其他孩子眼里很滑稽。

2. 教孩子分清善意的玩笑和恶意的取笑

家长要告诉孩子，所有的孩子都被取笑过，关键是要分清善意的玩笑和恶意的取笑。善意的调侃可能只是为了活跃气氛，至少不是为了伤害你的感情。而小伙伴在恶意取笑时，会不管不顾地嘲笑你的口音、体重、肤色甚至是戴的眼镜，而不在乎你是否会伤心哭泣。家长可能需要与孩子多谈几次才能帮助他学会区分这两种取笑，所以，家长要做好反复和孩子讨论两者差异的准备。家长需要注意的是，在一项针对高年级学生的研究中，80%的孩子承认曾恶意取笑过同学，并坦白他们当时的目的就是让对方痛苦。只有20%的孩子声称他们当时只是善意地调侃对方。

女孩和男孩取笑同学的方式有差异

小学高年级的男孩更可能针对同学的弱点开玩笑，或者是通过质疑同学的男子气概来取笑对方。越来越多即将步入青春期的孩子称被取笑的对象为"同性恋"，并发表恐惧同性恋的言论，这都是出于歧视心理。女孩在取笑别人的时候更加不易觉察，她们会更倾向于散播谣言，或者取笑其他女孩的外表。

◎ 步骤 2：快速反应

1. 主动和孩子谈及相关话题

孩子被取笑后很少会主动向家长求助，所以家长要多留意他的情况。"你看起来很生气。有人取笑你了吗？""萨利告诉我，你和提姆又大吵了一架，因为他又取笑你了，是吧？我们谈谈吧。"孩子相互取笑的情况现在越来越多，告诉孩子这个信息不会缓解他的痛苦，但是可以让他明白并非只有他一人被取笑过。

2. 了解相关情况

家长要了解相关情况，看看孩子受到的到底是善意的调侃还是恶意的取笑，还是性骚扰或者校园欺凌（如果是的话，参见第 50 问"被欺凌"）。家长可以通过询问孩子以下问题来了解相关细节："发生了什么？""这种情况以前发生过吗？""总是同一个孩子在取笑你吗？""他取笑你什么？""你当时怎么说的？有效吗？""以后再遇到这种情况，你想怎么做？"

3. 理解孩子的感受

取笑会伤害孩子，所以家长要试着理解孩子的感受。如果孩子一再受到恶意的嘲笑，不要低估他受到的伤害。最新的脑部扫描研究表明，大脑对被取笑和被排斥的反应与遭到身体伤害的反应是一样的。孩子被取笑后确实很痛苦。

"你好像因为斯科特的话很难过。""听起来斯嘉丽真的让你很伤心。""你一定很生气。你朋友对你说的那些话真的很伤人。"

4. 不要扮演救援者

家长要抑制住告诉孩子"不要担心"的冲动，也不要抱有"我来帮你处理"的态度。不要关注孩子哪里做错了，而是要安慰他，并试着理解他所面对的棘手的情况。

5. 和孩子谈谈为什么孩子之间会有取笑行为

小学生和初中生取笑同学的原因通常有：

- 以此为乐。
- 他们对自己不满，所以就通过贬低、取笑别的对象来提高自尊。
- 为了获取关注。
- 他们嘴上说自己是想开玩笑，实际上他们就是不善良。
- 为了报复。
- 他们小团体里的其他孩子取笑过别人，他们也想做同样的事。

6. 让孩子阅读一些相关书籍

心理咨询师认为，阅读谈论取笑的书籍可以帮助孩子明白并非只有他被取笑，这样孩子有可能会主动向家长倾诉他的痛苦。

实用妙招

让孩子整个人看起来充满自信

研究发现，如果孩子看起来"好欺负"（低着头、耷拉着肩膀、膝盖颤抖、把手插在口袋里），就更容易被嘲笑。所以，家长要教孩子简单易行的方法，从头到脚改变他的肢体语言，帮助孩子整个人看起来充满自信。

头：身体站直，抬起头。

眼睛：直视对方的眼睛。

声音：说话声音要足够大，声音要坚定有力（但是不要大喊大叫）。

肩膀：说话时不要驼背，要挺胸，上身向前倾，不断靠近对方，不要向后缩。

手：不要把手插在口袋里，要把手拿出来。

脚：双脚分开站立，间距大约30厘米。

◎ 步骤3：培养良好的习惯

孩子可以采取多种方式应对别人的取笑。以下列举的是一些有效的反击方法，家长可以和孩子分享这些策略，让他选择一个最适合自己的方法进行尝试，接下来帮助他反复练习，直到他在真实的互动中能够自如地应用。

- 质问对方。"你为什么这么说？""你为什么要说我很笨（很胖或其他弱点），故意让我痛苦？"

- 坚定有力地表达反抗的态度。"我要你离我远点"或者"我要你别再取笑我了"。一定要坚定地说出来，不要听起来很懦弱。

- 把取笑调侃当作对自己的赞美。"嘿，谢谢。我很开心你能这么说我！""你能注意到真是太好了。""谢谢你的夸奖。"

- 表示同意。"你说得对。""100%正确！""哇哦，你赢了！""大家经常这么说我。"

- 使用讽刺。"我会在乎吗？""你可省省吧。""哦，你这么说真是太好了。"说这句话时表情必须相匹配，可以先翻白眼，然后走开。这通常只适用于年龄较大的孩子，因为他们能理解讽刺。

- 不予理会。不看取笑自己的人直接走开，假装没看见，看一眼别的东西笑一笑，表现得完全不感兴趣，完全没听到……
  这些方式都可以。如果孩子不擅长口头回击，那么使用这样的方法最有效，不过，这些方法只在孩子可以避开对方的开阔场所（例如在公园或者游乐场）有效，而在空间较小的封闭场所（例如在校车上或在同一张餐桌上）则起不到作用。

- 显得惊讶。"真的吗？我不知道。""谢谢你告诉我。"说的时候要表现得真的像第一次听到别人这么取笑自己一样。

- 表达不满。"你这样取笑我，真让我生气。""我不喜欢你在其他人面前取笑我，你可能觉得这样说很好笑，但是对我来说不是。""如果你还想继续和我做朋友，那就别再取笑我了。"如果孩子的朋友真的让他如此痛苦，那就鼓励孩子表达自己的不满。

不同成长阶段孩子的表现

根据孩子所处的成长阶段和年龄，家长可以预料到一些常见的取笑行为。

◎ 学龄前儿童

学龄前儿童之间的取笑和谩骂是很常见的，尽管他们通常不会故意伤害对方。这个年龄段的孩子还不明白要想一想再开口，他们很可能口无遮拦，不假思索地就把心中所想告诉对方。他们更有可能嘲笑他人、说傻话，或者只是对某个孩子的变化以及与众不同之处表达天真的看法。

◎ 学龄儿童

能否被同伴接纳对学龄儿童来说变得越来越重要，所以孩子可能会通过取笑他人来展示他们的权力和与同伴的关系。这个阶段的孩子语言技能在不断提高，因此会更不易被觉察地、更伤人地取笑对方，他们还会专门找隐蔽的地方取笑别人，以免被成年人发现。如果有人告诉大人，他们通常会否认。这个阶段的孩子一般会取笑别人的外表、体重、行为、能力和衣着。

◎ 即将步入青春期的孩子

即将步入青春期的孩子取笑他人时伤害性更强，这种取笑甚至会发展为言语欺凌，因为取笑对方通常是为了让对方在他人面前感到难堪，或者是为了获得自己所处群体的认可。即将步入青春期的孩子能发现同龄人的弱点，并将矛头对准这些弱点。最容易被取笑的方面包括：外表、能力、身份（性别、宗教、文化背景）、行为、家庭条件、所有物、观点、名字、感受和社交圈。男孩经常会取笑女孩的生理变化，还会用露骨的语言提到性。

实用妙招

冷静回击法

家长可以教孩子按以下 4 步回击对方：

保持冷静。不要让对方知道自己很难过。告诉自己要冷静，要保持深呼吸。

维护自己。选择一个孩子认为自己擅长的回击方式来维护自己。

直视对方的眼睛。不要低头往下看，要昂首挺胸；不要驼背。

坚定地反驳。用坚定的声音反驳对方，但不要反过来侮辱或取笑对方。

第六部分

学校

你们家谁是老大？爸爸还是妈妈？

孩子的回答精彩得让人惊讶。

二年级小学生这样回答：

（1）妈妈不想当老大，不过她不得不当，因为爸爸没有妈妈聪明；

（2）妈妈是老大，她检查我房间时扫一眼，就能发现床下藏了东西；

（3）我觉得是妈妈吧，不过那只是因为比起爸爸，她要做更多的事。

第66问　选择幼儿园要注意什么

相关问题另见：第 12 问"咬人"、第 49 问"坏朋友"、第 74 问"家长会"

 问题

"我听说过很多有关幼儿园的可怕传闻。我怎么才能为儿子选到最好的幼儿园呢？"

 **解决方案**

我强烈建议家长在幼儿园开园的时候去实地探访，并问自己一个关键问题："我想让自己的孩子在这里接受启蒙教育吗？"一项美国权威儿童保育研究发现，把孩子送去幼儿园有利有弊。上精品幼儿园的孩子语言技能和短期记忆能力更强，然而，每周在幼儿园里度过超过 30 个小时的孩子中，有 17% 表现出更多的攻击性（例如打人、欺负小朋友和打断他人说话等），他们的表现与家庭背景无关，而且他们可能直到小学 6 年级都还这样做。因此，家长必须谨慎，做出明智的决定，可以问自己、幼儿园工作人员和其他家长以下 10 个问题，再做出最终决定。

（1）幼儿园的大多数孩子表现好吗？他们是否听老师的话？

（2）如果孩子生病，园内是否有可以将孩子隔离开的专用隔离室？

（3）幼儿园是否有固定的课程与日常活动安排？安排是否合理？

（4）幼儿园的师生比是否合理，能否确保每个孩子都得到照顾？

（5）对于那些富有攻击性的孩子，幼儿园是否有相应的惩罚措施？我是否认同这些措施？

（6）幼儿园的学费是否在我的预算范围内？学费是否包括了所有费用，例如活动材料费、交通费等？

（7）幼儿园的孩子玩得开心吗？他们看起来幸福、活跃吗？

（8）幼儿园会组织各种适合各年龄段孩子的活动吗？我的孩子会喜欢吗？孩子能边玩边学吗？

（9）幼儿园是否会优先考虑孩子的安全，尽力排除一切安全隐患？例如，安保工作是否到位？电源插座是否有保护措施？是否配备灭火器？员工是否接受过心肺复苏培训？

（10）幼儿园的老师是否关心孩子，是否有耐心？他们喜欢孩子吗？孩子喜欢老师吗？

考虑到这些老师将与你的孩子相处，家长要确定他们的言行是否符合你的价值观，家长还要观察老师是否能以身作则，例如：这里的老师对人彬彬有礼吗？他们要求孩子讲礼貌吗？他们对孩子也很礼貌吗？他们的穿着打扮整洁得体吗？

最重要的是，家长在为孩子择园时要运用自己的直觉。你觉得孩子在这所幼儿园能无忧无虑地开心成长吗？如果是，那你很有可能是对的，这所幼儿园符合你的要求。即便如此，在孩子入园后的头几周，也要密切观察孩子的攻击性行为是否增加。如果有，请尽快与老师沟通。如果孩子的行为没有得到改善，你可能需要换一所幼儿园。

第 67 问　容易放弃

相关问题另见：第 37 问"愤怒"、第 42 问"追求完美"、第 47 问"精神压力大"、第 68 问"家庭作业"、第 96 问"抑郁症"、第 97 问"进食障碍"

 问题

孩子遇到困难就放弃，或者希望有人帮他解决问题，很容易气馁，认为一旦做错就意味着失败。

"数学作业简直就是噩梦！我女儿看到作业，发现自己最多只会做几道题，就哭着放弃了。老师说女儿其实能做出来这些题，只是她刚遇到困难就放弃了。我们要怎么做才能让她不再一遇到困难，就否定自己、轻易放弃呢？"

以下方法可以帮助孩子不轻言放弃。

◎ 为什么需要做出改变

只有坚持不懈才能成功——这个最简单的原则也是最重要的经验。如果孩子想要在这个竞争激烈的世界中生存并成功，那他就必须学会坚持。坚持不懈往往是成功的关键。家长可以想想，孩子遇到事情，是有内在动力和毅力坚持下去，还是会被挫败感所困扰，不愿尽最大的努力，在快要成功时放弃？

培养孩子的毅力能增加他们成功的可能，让他们振作起来，不被挫折击垮，愿意面对生活中的起起落落！本节提供的方法简单易行，可以帮助家长培养孩子的毅力。

◎ 问题表现

孩子容易放弃的原因主要有以下几种。

- 孩子过于担心失败或犯错，不愿意尝试新事物。
- 孩子遇到困难或者挫折时，很容易气馁。
- 孩子需要鼓励或者奖励才能完成具有挑战性的任务。
- 孩子犯了错经常为自己辩护，或者责备他人
- 如果未能成功完成任务，孩子不愿意再试一次。
- 孩子认为成功更依赖于运气，而非努力。
- 如果没有成功，孩子经常会做出消极的自我评价。
- 如果没有成功或者没有得到最高分，孩子会感到崩溃。
- 在事情变得困难时，孩子会变得过度沮丧、伤心，或者容易生气。

 **解决方案**

◎ 步骤 1：早期干预

1. 深入挖掘问题产生的原因

家长首先要找出孩子容易放弃的原因，一旦弄清楚了，就能具体问题具体分析，找到合适的方法培养孩子坚持不懈的精神。以下列举的是孩子容易放弃的常见原因。

- 害怕失败。孩子过分重视成功、成绩、奖杯或者奖励。
- 抱有不切实际的期望。任务难度或者要求远远超出孩子目前的能力。
- 害怕让家长失望。孩子觉得家长对自己的爱只建立在自己成功的基础上。
- 希望别人替自己解决问题。总有其他人帮孩子完成项目、任务、应该做的家务或者家庭作业。
- 追求完美。与其承受高标准、高要求带给自己的压力，放弃反倒更轻松。

- 学习或者情绪方面有问题。学习、神经系统或者情绪方面出现了问题，孩子难以坚持完成任务。
- 集中注意力的时间短。孩子很难集中注意力，患有注意力缺陷多动障碍或者其他注意力缺陷障碍，很容易分心。
- 精神压力大。孩子最近受到了心理创伤或生病了，因此难以集中注意力。
- 害怕在别人面前丢脸。孩子不想在同龄人或者其他人面前丢脸。

2. 给孩子解释什么是毅力

家长要专门花点时间给孩子解释什么是毅力——"不轻言放弃"或者"坚持到底"。接下来，家长要充分利用机会使用这个词，帮助孩子理解毅力的重要性，在孩子坚持完成任务时要告诉他："尽管很难，你还是坚持到了最后。这就是毅力。"

家长分享

一位妈妈分享了自己的经验。

儿子一遇到困难就轻易放弃，我必须想办法帮助他学会坚持。我开始采取行动。我拿了一把尺子，用黑色记号笔在背面写上"最佳毅力奖"，接着我告诉孩子，大家都要努力，谁最有毅力谁就能获奖。每天晚餐时，我和先生都会宣布家里谁获奖了以及获奖的原因，并把获奖者的名字写在尺子上。例如，今天吉米获奖，是因为他练琴的时间最长；今天莎莉获奖，是因为她坚持不懈，终于学会怎么把床单掖在床垫下了。孩子非常喜欢数他们的名字在尺子上出现了几次，我好激动！但最令人开心的是，儿子学会了坚持，遇到困难不再那么快就放弃，因为他也希望自己的名字出现在那把尺子上！

3. 给孩子树立坚持到底的榜样

家长要以身作则，遇到困难，也不能放弃，在开始做一项新任务之前，要刻意大声对自己说："我要坚持下去，直到我成功完成任务。"声音要足够大，确保孩子能无意中听见你鼓励自己。以身作则永远是最重要的家庭教育方法，家长要有意识地在日常行为中展示自己做事的毅力。

研究速递

密歇根大学的心理学教授哈罗德·史蒂文森试图回答许多美国人提出的一个问题："为什么亚洲学生在学业上往往比美国学生表现得好？"他的研究团队开展了5项深入的跨国研究，分析了美国、中国和日本学生的学习成绩，并得出结论：亚洲学生在学业上表现突出是因为亚洲家长强调学习需要毅力和努力，强调"竭尽全力，你就会成功。"研究人员发现，总的来说，亚洲孩子比他们的美国同龄人学习时间更长、更努力，因为他们明白能否成功取决于自己是否努力。对欧美家长来说，孩子在学习过程中是否努力不太重要，最重要的是结果——成绩等级或者分数。

以上研究告诉各位家长，要向孩子强调努力而不是结果（等级或者分数）的重要性。研究表明，不要只是问孩子"你考了多少分"，而应该问"你学习有多努力？"，这样才会增加孩子成功的可能性，并让孩子获得坚持下去的毅力。

4. 编写鼓励大家"永不放弃"的家庭格言

如果你家里还没有这样的家庭格言，那就试试"不成功就绝不放弃"这一句吧。一位爸爸告诉我，教孩子坚持不懈真的太重要了。他和孩子花了一个下午想了很多有关毅力的家庭格言，例如"努力、努力、再努力，你最终会赢""在我们家，我们做事要坚持到底，有头有尾""如果放弃，就肯定不会成功""轻易放弃的人不会成功"。他们把这些格言写在卡片上，贴在孩子卧室的墙上。家长还可以写一些家庭格言来提醒全家人：我们家的家庭行为准则就是永不言弃。

强调努力，而不是智力

哥伦比亚大学开展的一项研究表明，家长的鼓励能帮助孩子扩展视野、提高成绩，让他们养成坚持不懈的好习惯。研究人员研究了数百个初中生在数学课上的表现，并得出结论：相比于那些认为智力水平永远不会发生变化的学生，那些相信智力水平可以提高的孩子学习成绩更出色。更重要的是，两组学生在数学成绩上的差异在两年后变得更大了。

研究还发现，当孩子认为智力水平可以通过刻苦学习和坚持不懈得到提高时，他们会更加努力地学习，且不轻易放弃。所以，不要对孩子说"你真聪明！"、"你真有天赋！"或者"老师说你很聪明！"，要向孩子强调他取得的成就和进步都是他自己努力学习和坚持到底的结果。

◎ 步骤 2：快速反应

1. 反思对孩子的期望是否合理

孩子轻易放弃的原因之一是他们背负着不切实际的期望。合理的期望应该循序渐进地提升孩子的能力，而不是让孩子丧失自信心，就像橡皮筋一样，虽然橡皮筋可以被拉长，但是如果在它达到弹力极限时，还一直盲目地拉它，橡皮筋就会断。家长可以问问自己以下 4 个问题，以确保对孩子的期望能帮助他发挥潜力，不会无意削弱他的自我价值感。

● 符合孩子当前的发展阶段。孩子是否已经有能力完成家长所要求的这些任务？家长对孩子的要求是否太过苛刻？家长要了解哪些任务适合孩子当前的发展阶段，但要记住，要灵活应用发展阶段的能力量表；契合和孩子的实际情况。

- 基于孩子的承受能力。家长对孩子的期望是否合理？是不是太为难孩子了？设置的任务难度是否远远超出了孩子目前的能力？合理的期望会鼓励孩子不断进步，循序渐进地追求更高的目标，但过高的目标会让孩子难以应对，自信心受挫。

- 基于孩子的梦想设定目标。你设定的目标究竟是基于你自己的渴望还是孩子的渴望？家长都希望孩子成功，但必须时刻提醒自己，不要为了圆自己的梦而为孩子设定目标，要考虑孩子自己的梦想。

- 为了孩子的全面发展。家长是否期望孩子成为负责任的、可靠的、有价值的人，而不是过于功利化的人？合理的期望能鼓励孩子成为更好的自己，让他更加自信。

如果家长发现自己的期望不现实，那就应该给孩子"松松绑"，停掉一些非必要的课外补习班、足球联赛培训队或者吉他培训班等。家长要明白孩子的自我认可更重要，不切实际的期望只会导致孩子内心沮丧、充满挫败感，并想要放弃。

2. 延长努力的时间

在孩子做一些容易放弃的事情（例如拉大提琴、复习数学、阅读等）时，家长要在孩子不知情的情况下，留意他每次能坚持多长时间，并记下平均时间（例如"复习数学：5分钟"），然后告诉孩子自己的发现，并说出自己的期望，例如"下次多坚持1分钟"（或者根据孩子的情况设置合理的时长，比目前的学习时长稍长就行），也可以定个闹钟，并要求孩子在规定时间内必须一直保持学习状态，铃响时才能休息。家长的目标是逐步延长孩子每次的学习时长，不管需要多少天都要坚持下去，直到他的学习时长是原来的两倍。要注意，这个训练过程需要一段时间，家长要确保自己的期望合理，同时要不断鼓励孩子。

以下方法可以帮助孩子不轻言放弃

设立一个新的家庭规矩："在咱们家，一旦开始做事就要坚持到底，不能轻易放弃。"老师对你女儿的能力进行了肯定，所以，要严格要求她"没做完作业就不准看电视、打电话"。

给孩子准备一个计时器，放在她的桌子上，定时10分钟（或者根据她的注意力时长合理调整），告诉她铃声不响就必须一直学习，铃声响后可以休息一会儿，然后重新计时，开始下一轮学习。

鼓励孩子统计每个时间段完成的题目数量，在铃响前看她完成了多少，这样她就能了解自己是否达到了目标。孩子可能需要几天才能适应这种做家庭作业的方式，但是这样练习一周后，孩子应该就可以在没有家长督促的情况下专心做10分钟的作业。之后家长可以根据具体情况适当延长时间。

通过要求孩子在一个个较短的时间段内专心学习，帮助她意识到自己可以一点点取得进步，这样她就不会遇到困难就放弃，会不断坚持下去，自信心也会得到提升。同时，家长要不断鼓励她，表扬她所做的努力！

3. 帮孩子摒弃犯错误就一定会导致失败的错误观念

学会面对失败，才能学会坚持。事实上，孩子在学习过程中难免会犯错误。成功要靠坚持不懈的努力，不要让挫折把孩子打倒。以下4个方法可以帮助孩子认识到，犯错误并不一定会导致失败，它其实也可以是重新开始的机会。

- 告诉孩子"犯错误没关系"。孩子都非常想让家长开心，渴望能出类拔萃，并为此承受着巨大的压力。家长要允许孩子失败，并帮助他认识到自己可以从中吸取教训并获得进步。

- 承认自己的错误。家长要勇于承认自己的错误，帮助孩子认识到每个人都会犯错。

- 接纳孩子的错误。如果孩子认为犯错误是可怕的，那家长就要表现出完全接纳错误的态度，这是让孩子摒弃这种想法最有效的方式。

- 以身作则。家长犯错误时，不仅要向孩子解释自己的错误，还要解释自己从错误中学到了什么："我吸取的教训是应该在加鸡蛋之前仔细阅读食谱"；"我浪费了很长时间找钥匙，导致上班迟到。我学到了应该每天都把钥匙放在同一个地方"。

实用妙招

不要把不严重的错误叫"错误"！

研究发现，成绩优异的孩子都有一个共同点：他们不会被自己的错误所困扰，因此不太容易放弃。而且，他们经常用别的方式描述自己的错误（例如不小心失误了、小漏洞、暂时的小问题），这样他们就不容易气馁。家长可以告诉孩子，犯错的时候更应该在脑海里说一些话鼓励自己，并让孩子反复练习，这样当孩子真的犯错时，他就会记得说类似的话来鼓励自己。我知道有位老师让他的学生把错误称为"机会"。在他上课时，有一个孩子犯错了。这个孩子旁边的同学立刻靠过来，低声说道："记住，这是个机会！"犯错孩子的脸上立刻露出的微笑说明，老师的这个教育方法是有效的！

◎ 步骤3：培养良好的习惯

1. 和孩子聊聊那些永不放弃的人

我特别喜欢给那些正在苦苦挣扎的孩子讲一些名人在逆境中成功的励志故事，他们听到这些故事会重拾希望。这个世界上有很多人遭遇过巨大的困难和挫折，但是他们都没有屈服或者绝望。相反，他们把困难视为机遇，一直坚持梦想，直到最终获得成功。这些坚持不懈的人是孩子的好榜样。

- 爱迪生的老师曾经说他太蠢了，什么都学不会。
- 著名的博物学家、进化论的创始人查尔斯·达尔文早年成绩很差，甚至连大学的医学课考试都没及格。

- 现代物理学家阿尔伯特·爱因斯坦 4 岁才会说话，9 岁才会读书。在高中阶段，他几乎所有的课程成绩都很差，也没有通过大学入学考试。
- 德国著名作曲家、钢琴家路德维希·凡·贝多芬的音乐老师曾经说他没有希望成为作曲家。
- 美国著名篮球运动员、"空中飞人"迈克尔·乔丹曾被他的高中篮球队除名。
- 美国著名动画大师、迪士尼公司的创始人沃尔特·迪士尼曾因缺乏好点子被报社解雇。他破产了，还精神崩溃了，并一再被别人告知"别再画米老鼠了，大家不会喜欢的"。

2. 教孩子一些鼓励自己的话

帮助孩子学会坚持的一个有效方法是教他学会鼓励自己从逆境中振作起来。脑海中浮现的自我鼓励的语句可以帮助孩子坚持下去，最终完成艰巨的任务。家长可以跟孩子一起想几句话，然后让他选择一句对自己最有效的话，让他在接下来的几天里大声练习，直到他能牢记这句，例如："我不需要太过完美"；"我要从错误中吸取教训"；"犯错误没关系"；"每个人都会犯错"；"只是一个错误而已"；"不勇敢试一试，就不会进步"；"我只是犯了个小错，吃一堑，长一智。我会转败为胜的"。

不同成长阶段孩子的表现

◎ 学龄前儿童

学龄前儿童非常想要满足家长的期望，所以家长要确保自己对孩子的期望是基于孩子的实际能力提出来的。学龄前儿童（尤其是男孩）的注意力持续时间较短，家长给孩子的要求和任务应该根据他们的能力有所调整。为了增加孩子成功的可能性，家长要根据孩子的学习风格选择幼儿园和学前班。让孩子参加竞技性过强的运动时，家长要慎重考虑。家长要明白最重要的是让孩子享受学习的乐趣并提升学习的基本技能，否则孩子会因为受到挫折而伤心，进而产生放弃的想法。

◎ 学龄儿童

学龄儿童争强好胜，在体育运动、各种活动和竞赛中患得患失，如果家长对孩子抱有不合理的期望，孩子的信心就可能受到打击。因此，家长不要给孩子安排过多的任务，太多的活动会导致孩子精神压力过大，容易放弃。这个年龄段的孩子可能还不具备清晰的表达能力，也没有足够的勇气来向家长表明自己的沮丧心情，所以他们可能无法解释自己想要退出某个团队、课外班或者活动的理由。他们会更加看重成绩等级和考试分数，会更加追求完美。如果孩子觉得任务太困难，就可能通过作弊实现目标。因此，家长必须让孩子知道，自己对孩子的爱是无条件的，不管成绩是好是坏，自己都会始终如一地爱他。

◎ 即将步入青春期的孩子

即将步入青春期的孩子会非常想融入集体。孩子轻易放弃可能是为了避免在同龄人面前丢脸，例如，在棒球比赛中被三振出局、在拼写比赛中表现不好或者在演讲时大脑一片空白。学校作业和考试分数带来的压力越来越大，可能会让孩子喘不过气来。这个年龄段的孩子最有可能因为竞争太激烈或者难以享受其中的乐趣而退出运动队。

家长须知

什么时候可以让孩子中途退出

你是否遇到过这样的情况：女儿在努力拉大提琴，但是她说自己并不喜欢拉大提琴。儿子埋怨他的教练总是对他大吼大叫，他想退出球队。女儿说"实验班"的数学课太难了，她想转到"普通班"。家长可以考量以下 5 个因素以决定是否应该让孩子中途退出。

（1）压力过大。孩子出现了明显与平时不同的、令人不安的变化（如精神压力大、有睡眠问题、易怒、食欲不振、头疼或者胃痛），这些都明显与孩子参加的活动有关。

（2）不能乐在其中。尽管付出了努力，孩子仍然无法从这项运动或活动中获得满足和乐趣，而以前他常常乐在其中。

（3）超出了孩子的能力。尽管孩子努力了，但是考虑到他目前的能力，这项活动还是太难了。

（4）教育理念有问题。教练（或者老师）没有给孩子足够的玩耍时间，经常对孩子大喊大叫，鼓励过于激烈的竞争，强调要为了获胜不惜一切代价，或者对待孩子明显不公平。

（5）难以进步。孩子已经竭尽全力，但是仍然很难取得进步。挫败感和退出的想法时时萦绕在孩子心头。

如果孩子的情况符合以上任何一种，也许最好的选择就是中途退出，同时，家长要告诉孩子自己为他曾经的全力以赴感到骄傲。

第 68 问 家庭作业

相关问题另见：第 47 问 "精神压力大"、第 67 问 "容易放弃"、第 87 问 "睡眠问题"、第 94 问 "难以集中注意力"

 问题

　　孩子写家庭作业时闹脾气、哭泣、精神崩溃；学习能力差，不会合理安排时间；没有记下老师布置的作业；没有自主学习能力；磨蹭很长时间才能完成家庭作业。

　　"孩子应该晚上 7 点开始写作业，但是他总是哭哭啼啼，求我和丈夫陪着他写，他实际上就是希望我们帮他把作业都写了。坦白地讲，替他写作业其实更省事，我非常不愿意看到孩子哭闹、磨蹭。有什么好办法能让孩子乖乖完成家庭作业呢？我和先生已经筋疲力尽了。"

　　在辅导孩子写作业时，家长最需要注意的就是不能替孩子写作业。完成作业是孩子的任务，不是家长的。当然，你需要辅导他们，确保他们理解所学的内容，有能力自己完成作业。但是如果孩子希望你替他写作业，你绝不能答应。家长应该记住这条育儿箴言："孩子自己能做到的，家长不要代劳。"孩子可能需要很长一段时间才能慢慢学会自己做，但家长仍要坚持原则，不去插手，直到孩子养成独立学习、自我激励的好习惯。到那时，家长自然就不用费心了。

◎ 为什么需要做出改变

"但是你上周帮过我呀！""你就不能给老师写个便条说我病了吗？""我已经做完大部分了，剩下的你就帮我写了吧。""你没告诉我有家庭作业呀！"

这些话听上去是不是很熟悉？事实上，很多家长都为孩子写作业这事头疼不已。一项调查显示，近一半的小学生家长表示，他们曾因家庭作业和孩子争吵吼叫，孩子也哭闹不止。三分之一的家长承认，家庭作业经常导致孩子情绪崩溃。

现在，社会上有一些关于家庭作业的争议。有些人认为没有必要让孩子写家庭作业，学校的管理政策要求老师留作业，只是为了让家长觉得学校对孩子的教育是认真负责的，或者是为了确保学校的升学率。然而，研究表明，适当地布置家庭作业有助于孩子学习及提高学校生活中不可或缺的基本技能：自主安排时间、学会自我管理、自主解决问题、提升内在动力、集中注意力、增强记忆能力、学习合理设定目标、增强个人毅力等。另外，通过做作业，他们真的能学到一些东西！

◎ 问题表现

家长需要面对这样一个现实，很少有孩子喜欢写家庭作业。大多数孩子更愿意开开心心地玩。家长不要因此而责怪孩子，以免扼杀他爱玩的天性，但是，如果孩子有以下表现，就需要帮助他。

- 总是折腾家长。孩子哭闹、和家长争吵、发脾气或大喊大叫。家长和孩子每晚都因为写作业而痛苦地挣扎。
- 撒谎。孩子告诉家长老师没有布置作业，或者自己已经写完了，而家长后来了解到事实不是这样。
- 作业没有挑战性。作业对孩子来说简单、无聊，孩子只是在打发时间。
- 作业太难。作业的要求超出了孩子的能力范围，孩子学起来很困难。
- 依赖别人。其他人会帮孩子写个开头或者完成余下的作业；孩子条理性差或者不能独立完成作业。

 解决方案

◎ 步骤 1：早期干预

1. 排除潜在的问题

　　家长首先要确定孩子不爱写作业的原因，可以通过以下这些问题来寻找答案。

- 作业是太难了，还是太简单了？

- 某个科目、整个课程或者学习项目是否太难或者进度太快？

- 孩子是否需要请家教才能赶上进度？

- 孩子是不是太容易分心了，他有注意力缺陷多动障碍吗？（参见第 94 问"难以集中注意力"。）孩子是否具备完成作业所需的学习技能以及安排时间的技能？

- 孩子是否经常揉眼睛、过度眨眼或者眯眼，需要去做眼科检查？

- 孩子是否需要心理评估，看看有没有学习或者情绪问题？（家长可以先咨询老师。）

- 孩子是否压力过大？是不是作业留得过多导致孩子注意力不容易集中？

- 孩子是否只是单纯不愿意做作业？他是不是真的拖着拖着就不用做了？

如果家长怀疑孩子有特殊的问题（例如视力有问题、注意力分散或者难以回忆起学过的内容等），就要向专业人士寻求建议，儿科医生、神经科医生、语言治疗师、眼科验光师、学校的心理老师、代课老师、心理咨询师都可以帮忙。同时，家长也可以想想，怎么才能帮助孩子好好做作业呢？

2. 让孩子明白作业不写不行

家长从一开始就要坚定、认真地对待孩子写作业的事。孩子需要知道，家庭作业必须做好，不能有什么"如果我先玩一会儿"、"你和我一起做"或者"但是我现在不想做"等例外。家长一定要让孩子"做完作业再去玩"。（顺便说一句，孩子做作业时，家长要关掉电视，看电视或者玩电子游戏的噪音会影响孩子，同时对他也不公平。家长这时可以通过读报纸或者读书来打发时间！）

3. 列出孩子要写的作业

家长可以帮助孩子列出每天或者每周要完成的家庭作业。家长可以买一块白板或者黑板，在上面列出一周或者一个月的日期，然后在日期后面写明孩子每天或者每周的安排（例如，周一：故事分享；周三：图书馆；周五：拼写测试），可以用不同颜色的笔来记录不同孩子的安排（例如，约翰是蓝色的，莎莉是绿色的）。家长要把这个作业安排放在家里的显眼位置，以方便每个人随时查看。

4. 了解老师的要求

家长与孩子的老师关系越好，孩子在学校的表现就越积极。家长的目标是与老师建立合作关系，所以家长需要参加所有开放日和家长会，了解每一个学期目标，记住老师的要求和家庭作业，这样家长、老师和孩子就能达成共识。家长要了解老师会给孩子的作业打分吗？这对孩子的期末成绩评分有多大影响？家长要了解老师多久布置一次作业？家长如何了解孩子的进步或遇到的问题？最重要的是，孩子每晚做作业平均需要多长时间？一旦你了解了老师的这些要求，就可以和孩子谈谈，让他知道家长不仅知道这些要求，还会帮助他按照老师的要求来做。如果孩子在上中学，每个科目的老师都有各自的要求，那么家长就必须详细询问每一个科目老师这些问题，并记住相关要求。

◎ 步骤2：快速反应

1. 家长要反思自己的行为

孩子不好好做作业时，你有什么反应？你是会恳求孩子写作业呢，还是和他吵起来，或者是对他提出硬性要求？你有没有全程陪着孩子并监督他，有没有过度纠正孩子的错误或者在作业没做完时帮孩子找借口？孩子没有好好写作业时，你会不会采取答应给他签字或者承诺给他物质奖励的方式让他好好把作业写完？你的要求是否现实，是否适合孩子？你是否坚持让孩子按老师的要求做？你是否可以改变你的应对方式，既维持良好的亲子关系，又让孩子按时完成作业？

2. 给孩子安排一个专门写作业的环境

为了帮助孩子认识写作业的重要性，家长可以给他找一个专门用来写作业的地方，这个地方考虑孩子自己的喜好，还要保证光线好、安静。一般来说，孩子越小，这个地方应该离家长越近（例如餐桌，因为家长准备晚餐时，餐桌离你最近）。家长选好后，就让孩子把必要的学习用品，例如笔、纸、剪刀、尺子、计算器和字典等，放在这个写作业的地方。如果家里没有书桌，就把学习用品存放在一个塑料收纳箱或者盒子里，这样可以帮助孩子变得有条理，避免他浪费时间找东西："我找不到尺子了""字典在哪儿"。如果学习时必须使用电脑，就一定要把它放在一个家长一眼就能看见屏幕内容的地方，这样方便家长随时查看孩子在网上浏览的内容。

3. 从一开始就在固定的时间写作业

选择一个最适合孩子做作业的时间，不管是放学后、晚饭前还是晚饭后，然后一直坚持让孩子在这个时间写作业。这个时间选择须征求孩子的意见，并尽量配合他的时间安排。如果写作业的时间安排在放学后，那就一定要先给孩子吃点零食，让他能在忙碌了一天后稍微休息一下。把写作业的时间固定下来可以让孩子养成习惯，不再磨磨唧唧地不写作业。家长还可以给年幼的孩子画一个钟表，标出写作业的时间，提醒他们要遵守安排。

4. 表扬孩子

如果看到孩子正在努力写作业，或者在没有人督促的情况下主动写作业，家长一定要表扬孩子！家长还要克制自己想要纠正错误的冲动，不要只盯着错误，忽视孩子好的一面。

家长分享

一位妈妈分享了自己的经验。

我儿子写作业时老是磨蹭，我不得不在他旁边反复唠叨。后来我发现定闹钟的方法很好。儿子每天都很关注自己在计时器响之前能做多少题，是否比前一天完成得更好、更快。这个方法不仅帮助他写得更快，而且还能激励他超越自我。我也不必再唠叨。

◎ 步骤 3：培养良好的习惯

1. 让孩子养成有条理、有计划的好习惯

教孩子按先后顺序列出每晚需要做的事情，并在每一项任务完成后将其划掉。如果孩子还年幼，可以先在不同的纸条上把各项任务列出来，再按照他计划完成的顺序把它们装订在一起。每完成一项任务，就撕下相应的纸条，直到撕掉所有的纸条。

2. 把作业分成若干个小部分

有些孩子很难坚持完成作业，甚至被作业压得喘不过气来，这种情况下，家长可以把作业分成若干个小部分，这样孩子才有耐心完成。家长要鼓励孩子"一

次只做一小部分"。随着孩子信心的增加，家长可以相应地增加每次布置的作业量。如果孩子很难集中注意力，可以建议他每次写20分钟，然后稍作休息。如果还是不行，须酌情减少每个时间段的作业量，或者调整时长。

3. 教孩子先做最难的作业

教孩子先做最难的作业，因为完成这部分作业最需要集中注意力且最耗时，而刚开始学习时注意力通常最集中。此外，如果孩子在考试中有需要背诵或者复习巩固的内容，不要等到最后一分钟才"临阵磨枪"，应该让孩子在精力最充足的时候尽早复习，最好是在一段时间内将所学内容分成若干部分背诵复习，然后，让孩子早上去学校考试前再复习一遍，这样才有助于进一步巩固所学知识。

4. 孩子做完作业后家长要检查

老师经常会要求孩子做完作业后拿给家长检查、签字，家长自己也可以做出类似的要求。对于年龄小的孩子，家长可以直接告诉他要把完成好的作业拿给自己看。如果是大一点儿的孩子需要查阅网络资料做作业，家长就一定要看他写的报告，同时还要针对他引用的资料问一些相关问题，如果他无法回答，那就危险了，他可能是直接复制、粘贴了网上的内容，而没有认真阅读。如果孩子犯了错误，不要告诉他具体的错误在哪里，而是要引导他，让他自己找到错误。家长可以这样引导孩子："我看到第一行有两个错误"，"上半部分有四道题是错的。你检查一下，改正过来"。同时注意培养孩子养成自己收拾的好习惯，一旦作业完成，就让他立即把作业整整齐齐地收进固定的文件夹或者活页夹，然后放在书包里，并且还要把书包放在玄关，以方便第二天早晨上学时带走。

5. 明确告诉孩子相应的惩罚措施

如果家长发现孩子没有完成作业，或者完成的质量不太理想，那就明确告诉他相应的惩罚措施。孩子需要明白完成作业是一件必要的事。例如，如果孩子没有在规定的时间内完成作业（理想情况下，在每晚固定的时间内完成），他就会知道他将在当天晚上或者第二天受到相应的惩罚，比如不能做想做的事。家长也可以设立"先做作业，再玩游戏"的规定，或者告诉孩子只有认真对待作业，按照家长期望的标准完成作业，才可以在自己的房间里独自做作业。

家长须知

孩子的作业是不是太多了？

美国国家教育协会和全美家庭与教师协会建议，作业要按照"10分钟法则"来布置，对于一年级小学生，每晚布置的作业最多10分钟就能完成，每升一个年级，相应的完成时间便增加10分钟。但是对很多家庭来说，孩子的作业量似乎并不是基于这个法则布置的。密歇根大学开展的一项研究发现，许多孩子的作业量是这个数量的3倍。如果家长担心孩子因为作业量太大需要熬夜，可以挑选一周，然后记录孩子这一周写作业所花费的总时长，随后与老师沟通："这个作业孩子花了两个小时才做完，您本来预计孩子需要多长时间完成？"如果老师还是不管不顾地继续布置繁重的作业，那家长最好主动和老师开诚布公地谈谈自己所担心的事。如果你认为老师的要求不切实际，那不妨和其他家长谈谈，了解他们的看法，看看他们认为作业是太难、太简单，还是刚刚好？他们的孩子对此有什么看法？如果你和这些家长仍然觉得作业量太大，那接下来就去和校方谈谈。

 不同成长阶段孩子的表现

◎ 学龄前儿童

对于学龄前儿童来说，家长每天晚上用有趣、轻松的方式给孩子朗读就是最好的作业。通常，这个年龄段的孩子唯一的作业就是把每周要和大家分享的东西带到学校。家长可以要求孩子每天把书包和作业放在指定的地方，让他们养成整理的习惯。

◎ 学龄儿童

在这个阶段，每天晚上让孩子在固定的时间和地点完成作业，能非常有效地让他养成良好的学习习惯。家长可以告诉孩子，要把老师布置的作业写在笔记本上，把完成作业要用到的书本放在书包里。如果孩子不确定老师布置了什么作业，家长就要确保孩子在回家前向老师问清楚。对于 7 岁的孩子来说，每晚做作业的时间大概是 30 分钟。尽管 9 岁的孩子每晚可以坚持 45 ~ 60 分钟，但是大多数专家不建议孩子每晚写作业的时间超过 40 分钟。

◎ 即将步入青春期的孩子

即将步入青春期的孩子需要花更多时间完成作业，因此自主学习和时间管理的技能变得越来越重要。在这个阶段，孩子要打交道的教师和学习的科目都增加了，所以孩子需要养成随时记下作业和自己安排学习进度的好习惯。这个年龄段的女孩每天花在作业上的平均时间为 1.4 个小时，而男孩则为 1.1 个小时。家长还需要注意这个年龄段孩子的压力，不要让孩子负担太重，因为学业压力在这个阶段会急剧上升。

第69问　缺乏领导力

相关问题另见：第10问"总和别人吵架"、第38问"依赖家长"、第59问"同伴压力"、第61问"偶像崇拜"、第78问"不愿意做家务"

 问题

"我女儿特别喜欢跟在别的孩子后面，总是随大流，别的孩子告诉她做什么，她就会去做。我怎么才能让她变得独立又自信，培养她的领导才能呢？"

解决方案

家长都希望自己的孩子成为领导者。毕竟，无论是学校的足球队队长、辩论队队长、校报编辑、话剧导演，还是学生会主席，都是大家心中成功的典范，这样的孩子家长赞赏、学生羡慕。毫无疑问，在学校担任学生干部的经历会让孩子有信心领导一个团队。每一次成功的领导经验都会让孩子得以进步，即使是很小的进步也会让孩子不断积累优势，帮助孩子获得奖学金或者其他东西，更重要的是，这些当领导者的经历能有效培养孩子良好的性格、正直的品格和强大的自信心。

但是，如果孩子既聪明又正直，却似乎缺乏担当领导者的信心或者兴趣，没有自己的主见，爱跟风该怎么办呢？好消息是，有一些方法可以帮助孩子改掉爱跟风的习惯，并学会如何领导别的孩子。研究还表明，领导能力在任何年龄阶段都是可以被培养的，不过越早开始效果越好。最令人兴奋的是，这些领导能力不管是在现在还是在未来，都能帮助孩子在生活的各个方面取得成功。以下列举的是培养孩子领导力的方法。

1. 家长要以身作则

不管年龄、性别、居住地或者家庭经济状况如何，孩子一般都将自己的家庭成员和直系亲属，特别是自己的妈妈，视作他们最崇拜的人。你的孩子如何描述你的领导风格？你在家里和公共场合都有发言权吗？你会帮助解决你关心的社会问题吗？你会与家人讨论你的观点吗？你会了解正在发生的世界大事，然后找时间与孩子讨论吗？你会与家人分享你的政治观点吗？不要低估你的影响力！孩子在观察模仿你和其他人的行为。

2. 让孩子了解不同的领导风格

孩子需要了解不同的领导风格。有的领导喜欢积极采取行动，有的领导则倾向于反思问题，而有的领导会尽力支持团队工作，并提供反馈。家长可以在书本、杂志、视频中收集不同类型的著名领导人的成长故事，让孩子加以了解。家长还可以和孩子讨论产生积极影响的领导人（比如不张扬、有同情心的圣雄甘地，曼德拉）和产生消极影响的领导人（比如阿道夫·希特勒），并告诉孩子有的领导者善于建设团队，并让队员们相互支持。家长要帮助孩子找到属于他自己的风格。家长同时还要告诉孩子，他不需要成为一个强有力的领导者。领导力的关键是用自己的独特优势和才能来领导别人，而且，有时候做个追随者也挺好的。

3. 鼓励孩子勇敢发言

有孩子反映，对他们来说，担任领导的最大障碍是害怕公开发言——他们会感到害羞、手足无措。如果孩子有这种担忧，那家长就要想办法让他自信地表达自己的观点，这样他就能慢慢地勇敢发言了。

- 放手让孩子表达自我。如果家长想让孩子敢于发言，那就不要打断他！也不要在他说完以后替他解释（"他真正的意思是……"）。不要因为觉得孩子害羞、有语言障碍或者年纪太小，就不给孩子表达自我的机会。孩子有了表达的机会，才能逐渐变勇敢！

- 询问孩子的意见。即使孩子还很小，家长也要询问他的想法，并认真倾听。家长不必同意孩子的观点，但是一定要让他知道自己对他说的话感兴趣。

- 举办家庭辩论会。让孩子在家里练习表达自己的观点，这样他就能自信地在朋友面前发言。家长可以收集那些争议性很大的新闻报道，并通过举办家庭辩论会或家庭会议的方式，利用晚餐或者晚上的空闲时间组织全家一起讨论。总之，要让孩子开口表达自己的观点！

- 通过各种途径培养孩子的自信心。参加话剧表演、辩论赛、合唱团或演讲训练等都能培养孩子的自信心。家长要为孩子选择合适的活动。

- 让孩子多了解公众人物是如何表达自我的。带着孩子去听各类演讲，或者一起坐在电视机前，观看新闻访谈节目、政治辩论会、新闻发布会或者是非官方的政治性电视广播节目，讨论那些被采访者和政客的表达风格。

- 如果孩子是女孩，那家长要告诉她即使有男孩在场，也要勇敢发言。多项研究发现，当男孩在身边时，女孩会感觉害怕、不敢自由表达。所以，家长要提高女孩的安全感，先要给她提供安全的环境，让她敢于发出自己的声音，帮助她建立自信心，然后慢慢邀请异性到场听她发言，让她学会掌控情绪，自信表达自己的观点。

4.让孩子学会做主

很多研究表明，家里最大的孩子最有可能成为公司总裁、诺贝尔奖得主或者领导者，但这种现象不是由基因决定的，而是由后天形成的。家长在这些孩子年纪还小的时候就让他们学会负责分内的事务，因此，他们学会了承担责任。所以，家长不要剥夺孩子发挥领导潜力的机会，要给他分配分内的家务，让他积极履行家庭成员的责任，以培养他的领导力，并让他学会应对生活中的各项琐碎事务。家长可以让孩子帮忙策划家庭聚餐、自己学着洗衣服或者做参观动物园的计划表。当然，家长要根据孩子的能力和年龄来适当调整要求。（参见第78问"不愿意做家务"）

5. 举行家庭会议

举行家庭会议可以锻炼孩子的领导技能、团队合作能力、自我表达能力、解决问题的能力，还能让孩子了解民主程序。家庭会议的话题可以非常广泛，可以是解决兄弟姐妹间的矛盾、讨论家务及零花钱的分配、就政治话题展开辩论或者只是单纯聊聊天，享受彼此的陪伴。以下列举的方法可以让孩子学习民主原则、锻炼领导能力，家长可以根据家庭情况灵活运用。

- 保证民主。家长要鼓励孩子畅所欲言，不要随意评判，要平等对待每个家庭成员的意见，互相认真倾听。每个人都可以提出各种问题，自由表达自己的想法。

- 一起做决定。通常情况下，按照多数人的意见做决定就可以了。不过一些专家认为，全体一致同意才能做出决定。

- 定期安排家庭会议。每周要至少开一次会，对于年龄太小的孩子，会议可以保持在20～30分钟，而对于年长的孩子，会议时间应该稍微再长一点儿。每个人都要尽量参加，最好每次都记录一下考勤。如果家里有重要的事，例如搬家或者选择新学校，则更要通过开会讨论。

- 轮流做会议主席。家长可以给孩子分配不同的任务，让他们每周轮流担任领导角色，职位可以是会议主席，负责主持会议、在会议开始和结束时做简短发言，并督促每个人就待议事项发表看法；可以是资深议员，确保大家遵守规则；可以是会议策划，负责安排会议日期和具体时间；还可以是秘书，负责做会议记录。如果孩子太小，就可以让他做会议记录者，让他用录音笔来记录会议内容。

5. 寻找锻炼孩子领导力的机会

仅靠阅读或者听大人说教，孩子是没法锻炼领导力的，因此家长要给孩子找一些可以锻炼的机会，让他通过实践来学习。这样，孩子才能逐渐学会掌控局面，并获得信心。家长不要以为做领导就是指担任像班长或者队长这样的职位，其实任何让孩子领导别人的机会都是锻炼的好机会，例如：帮着照看别人家的孩子，辅导邻居的孩子做作业，照看弟弟妹妹或者帮老师辅导同学。重点不是领导多少人，而是要让孩子有领导的机会。如果某些活动主要由成年人主导，而且组织严密，那么就不要让孩子参加这类活动，因为如果总是有人指挥孩子做事，他就永远无法得到锻炼。

6. 找机会让孩子为社会做贡献

事实上，任何年龄阶段的领导者都渴望实现某个目标。家长需要了解孩子的爱好和关注的事情（例如，保护北极熊、减少污染、减少使用化石燃料等），并帮助他扩充相关知识。让孩子收集相关的新闻报道、查阅图书馆的相关书籍或者上网查资料，这些都能使孩子对相关问题更感兴趣、理解更深入。家长还可以鼓励孩子去帮助公益组织把人们捐赠的服装送到收容所、为洪水受灾者筹集捐款、主动做社区服务、为无家可归的人策划闲置物品售卖活动，或者阻止校园欺凌，等等。家长要鼓励孩子提前制订好计划，与志同道合的孩子建立联系、交流对某个问题的想法，并建立自己的团队。无论行动与团队的规模大小，孩子都可以通过积极发挥自己的领导力，为社会做出贡献。

第70问　体育运动

相关问题另见：第 33 问 "缺乏体育精神"、第 42 问 "追求完美"、第 58 问 "早熟"、第 67 问 "容易放弃"、第 83 问 "日程安排过满"

 问题

"我希望儿子能在体育领域大展身手，想给他报名参加运动俱乐部，但是我怎么判断儿子目前是否已经准备好了呢？"

 **解决方案**

尽管每个孩子的身体发育和心智成熟速度各不相同，但是大多数专家（包括美国儿科学会）认为孩子到 6 岁左右才能参加团体运动，到 8 岁才有能力参加有身体接触的对抗性体育运动。这是因为孩子至少要到 6 岁才会听从指令并遵守规则。过早强迫孩子参加某项体育运动，会让他情绪沮丧，并对这项运动产生负面印象。如果想弄清楚孩子是否有能力参加某项体育运动，家长可以思考以下 7 个方面的问题。

（1）兴趣。这是孩子自己想参加的运动吗？他表达过自己很感兴趣吗？

（2）注意力持续时间。孩子能在一定时间内集中注意力、听从指令、认真训练、遵守运动规则吗？

（3）团队合作。孩子了解什么是团队合作吗？他知道如何与队友相处吗？

（4）情绪管理。孩子能经受住挫折吗？他能应对激烈的竞争吗？

（5）身体发育。孩子的耐力和身体承受力是否适合这项运动？他的身高和体重是否和正常发育的同龄人相差不大？（家长要给孩子做身体检查。）

（6）教练。教练是否对孩子友好？教练是否非常擅长这项运动？教练是否可以帮助孩子掌握基本技能，还能让他体验到运动的乐趣和美好？

（7）家长的直觉判断。家长认为孩子真的准备好参加这项体育运动了吗？训练时间和收费是否符合家庭的日程安排和预算？

如果家长决定让孩子参加某项体育运动，那就要不断鼓励他。记住，过早让孩子参加运动可能会让孩子受到打击，甚至会让他对运动失去兴趣。

第71问　学习拖延

相关问题另见：第42问"追求完美"、第47问"精神压力大"、第67问"容易放弃"、第68问"家庭作业"、第94问"难以集中注意力"、第96问"抑郁症"

 问题

　　孩子做事总是磨磨蹭蹭，总是要别人来帮助他或者督促他，时间观念太弱。

　　"你总是给我那么点时间怎么行！""我跟你说过我明天会做完的。""别催我了！"这些话听起来熟悉吗？如果熟悉，你家宝贝做事肯定是拖拖拉拉。随着孩子不断长大、升学，家庭作业和课外活动的难度也会增加，做事拖拉可能成为孩子学习和社交的主要障碍。家长要面对现实：没有哪个老师、教练、朋友会喜欢爱迟到的孩子。

　　虽然没有什么神奇的方法能立竿见影地治疗拖延症，但是本节的建议可以帮助孩子学会重要的时间管理技能，让孩子尽早积极地行动起来，而不是一拖再拖。父母要明白，孩子的拖延症并不是天生的缺陷，而是后天养成的坏习惯，是可以改掉的。家长可以参考以下方案，帮孩子做出积极的改变。

家长须知

　　圣劳伦斯大学的心理学副教授帕米拉·撒切尔分析了一些学生的学习习惯，那些学习拖拉或者不得不熬夜学习的学生的平均成绩远低于那些平时积极主动、按时学习的学生。家长需要改变孩子爱拖延的坏习惯，提高他的学习能力，并让孩子明白要想提高成绩，把事情拖到最后一分钟是行不通的。

 解决方案

1. 明确问题产生的原因

家长要先找出孩子习惯性迟到和拖延的原因，这样才能事半功倍地解决问题。家长一定要花点时间耐心地问问孩子，例如，"那个科学项目你拖到了最后一分钟才动手，是为什么啊？怎样才能让你尽早开始呢？"答案可能比你想象的简单，孩子可能是在布置任务的那天生病了，或者是没有合适的材料，不能立刻开始。如果孩子说不出拖延的合理理由，那家长可以看看以下列举的这些原因，判断哪些符合自家孩子的情况。

- 模仿他人。孩子看见别人（包括家长自己）没有按时完成任务或者总是拖到最后一分钟。
- 总是有人帮孩子。总有人督促孩子开始或者完成家务、活动及家庭作业。
- 有注意力缺陷。孩子有学习障碍，注意力持续时间短或难以集中注意力；容易冲动。
- 天生就爱磨蹭。孩子天性喜欢更放松、更悠闲的生活，喜欢享受自己的"甜蜜时光"。
- 不会计时。孩子不会看表，或者没有手表可看。
- 不想被家长管。孩子逃避任务是为了故意激怒家长；孩子正在尝试独立。
- 不堪重负。任务太多，孩子无法安排好，或者精神压力大、生病了、有抑郁情绪。
- 学习能力很差。孩子东西乱放，找不到要用的资料，缺乏学习能力。
- 家里混乱。孩子没有学习的地方；家里的环境容易分散孩子的注意力；家里的其他孩子把他的作业或者项目成果弄坏了。
- 很懒惰。孩子认为这项任务"工作量太大"，自己没有毅力完成或者更愿意玩。

- 没有受到过惩罚。孩子从来没有因为迟到而受到惩罚。

- 害怕失败。孩子是个完美主义者，因为害怕失败，才不愿开始。

- 对孩子的要求不切实际。就孩子当前的发展情况来看，这项任务不合适或者太难。

2. 教孩子如何进行时间管理

家长自己是否能按时开始做一项任务，而且能及时完成？如果满分 10 分，你给自己的表现打几分？孩子是否听你说过"我明天再做""还有时间，我以后再做"，或者"我还有其他事情要做"之类的话？如果你想改掉孩子的坏习惯，那就要先改正自己的。如果家长平时会用时间管理工具，例如记事簿、厨房日历、任务清单等，那就可以给孩子看看自己是如何记录和安排要做的任务的，教他进行时间管理。

3. 教孩子把作业分成若干个小部分，并定好每个部分的最后完成期限

如果孩子因为感到不堪重负而做事拖延，那就教他把作业或者那些较繁重的任务分割成若干个较小的部分，然后给每个小的部分设定一个完成期限。例如：周二把衣服收好；周三整理衣橱；每天晚上阅读 10 页，坚持一周；星期六开始写读书报告，星期天完成。这是为了让孩子重视那些耗时较长的任务，比如完成科学项目或者写读书报告。注意，在每个任务结束时给孩子一点儿奖励，效果会更好，例如，使用电脑的时间可以延长 1 小时或者可以在别的小朋友家过夜。不过家长要注意不要让孩子过分关注奖励。（参见第 17 问"有奖励才有动力"）

4. 定好规矩，做好日常安排

做事拖拉的孩子总是想着"我以后再做"。他们还经常浪费时间，总是慢吞吞的，并且拖延的花招层出不穷。以下方法可以帮助孩子改正爱拖延的坏习惯。

- 定下"重要的事情先做"的规矩。家长要找到那些孩子总是拖着不做的重要的事，定下"重要的事情先做"的规矩，并坚持执行，例如："要做任

务时不能以手头有事为借口拖拖拉拉";"写完作业才能看电视";"先做完家务才能玩"。

- 准备好明确的时间表。拖延的孩子需要明确的任务开始时间和完成时间,这样他们才可以按照既定的安排采取行动。家长要为自己和孩子制订可行的时间表,例如,周一到周五晚上 7 ~ 8 点是做作业的时间;星期六 10 ~ 11 点做家务,接着去踢足球。每天早上,家长可以帮孩子快速了解一下当天的活动安排,并让他做好心理准备。

- 教孩子学会记录待做事项。家长可以给孩子准备一个设计简单的记事簿或者笔记本,让他记录日常活动和任务,并安排好每件要做的事情。

- 准备一本挂历。家长可以准备一本尺寸较大的月历,让孩子每周在相应的日期上标注要做的任务和作业。每过完一天,就划掉一天,这样他就会明白时间在流逝,最后期限在临近,不能再拖延了。

- 便条提醒。家长可以鼓励孩子在浴室的镜子或者电脑屏幕上贴便条,以提醒自己哪个任务快到最后期限了,要赶快开始做。

5. 运用时间管理策略帮孩子建立时间观念

爱拖延的孩子只顾眼前,所以经常做事磨蹭,家长可以试试以下办法,帮孩子建立更明确的时间观念。

- 事先通知。家长要随时提醒孩子:"开始做准备吧。琼斯太太 10 分钟后来接你";"足球训练半小时后开始。一定要给自己足够的时间准备,以免迟到"。

- 设闹钟。家长可以在便利贴上写上重要事情的时间,也可以给孩子买个闹钟或者在他手机上设置一个闹钟,还可以在纸上画个时钟,标出孩子要做的事和开始的时间,把它放在真的时钟旁边,用沙漏、煮蛋计时器、微波炉或者烤箱计时器也可以,从孩子做作业开始计时,一直到计时器响起为止。结束后,家长可以过来检查孩子的进展,然后让孩子稍作休息后再开始下一轮的计时。

- 留出更多时间。如果孩子总是拖延很长时间才开始，并因此耽误家人的时间，引起矛盾，那么就多留点时间给他。

  问题：孩子没赶上校车，因为他磨蹭了很长时间才准备好。

  解决方法：提前 30 分钟叫醒孩子，并在前一天晚上就把第二天要穿的衣服准备好。

  问题：孩子拖了很长时间才到上课地点。

  解决方法：让孩子提前 10 分钟到达上课地点。

- 玩定时挑战游戏。家长可以带孩子进行定时挑战，以培养他快速行动的好习惯："你能多快收拾好你的玩具？预备！好！开始！"接下来，家长可以逐渐让孩子打破自己的纪录："昨天，你在 20 分钟内做了 5 道题。你觉得今天能比昨天做得更快吗？"

6. 让孩子承担相应的后果

当然，最终的目标是让孩子在没有家长帮助的情况下自己着手完成任务，所以要耐心培养这个习惯。

第 1 步：你要先给孩子一些指导，帮助他开始做项目或者分内的家务。

第 2 步：一旦你确定孩子已经了解如何完成任务，并知道他已经动手了，就马上退后一步，放手让他自己完成。

第 3 步：当你知道孩子有能力并且可以自己开始和完成任务的时候，不要插手帮他。如果他不能按时完成，就让他自己承担后果。毕竟，孩子训练迟到了，教练会批评他；他读书报告交迟了，老师会给他较低的分数。无论如何，孩子在年龄还小时就吸取这些重要的教训总比以后得到更大的教训要好。

> **研究速递**
>
> 加拿大卡尔加里大学的工业心理学家皮尔斯·斯蒂尔开展的一项历时 10 年的研究发现，那些总是拖延到最后一刻的人往往不那么富裕，身体也不太健康，而且有这种习惯的人一直在增加。1978 年，5% 的美

国人认为自己有拖延症，而现在，这个数字增加到了 26%。爱拖延的人越来越多，这背后的原因是什么呢？因为现在的诱惑太多了：手机、电视、网络视频、网络冲浪、iPod、电子游戏等等。

家长可以采取简单有效的方法改掉孩子爱拖延的坏习惯：无论如何，都要先完成手头上该做的事。家长可以要求孩子先倒垃圾再玩手机；先做完作业才能看电视；先练习双簧管才可以玩电子游戏。

家长分享

一位妈妈分享了自己的经验。

我儿子总是磨蹭，导致我上班也常常迟到。我给他讲道理，试图让他明白磨蹭的弊端，请求他不要再拖延，承诺如果他能做到就给他奖励，还试着早点叫醒他，但是都不管用。我终于受够了，爆发了。我警告儿子，时间一到，我就直接送他去学校，不管他有没有穿好衣服。在这之前我事先和老师沟通过，他承诺会百分百支持我。于是，第二天早上 8 点，孩子还穿着睡衣时，我就把他塞进车里，同时告知老师孩子的情况。我们开车到校门口时，老师正等在路边，儿子大为震惊，他本来以为我不会真这样做。然后老师就真的带他去上课了。我知道这样做很过分，但这确实治好了我儿子的拖延症。

 不同成长阶段孩子的表现

◎ **学龄前儿童**

学龄前儿童刚刚开始接触抽象的时间概念（"30 分钟后就可以和小朋友一起玩了"），还不太理解时间是怎么回事，也不太会看时钟，即使看了，通常也只会看时针，而不会看分针和秒针。学龄前儿童往往需要大人提醒才能着手做任务。

◎ 学龄儿童

学龄儿童会在数学课上学着看时钟；6～7岁的孩子可以辨认出半小时或者几分钟。虽然学龄儿童仍然只在意眼前的事，意识不到拖延的后果，但是他们已经有能力学习时间管理了。这个年龄段的孩子普遍爱拖延，因此家长需要及早介入，以免孩子养成爱拖延的坏习惯。到了四年级左右，孩子的学习任务加重，磨蹭会对学业和社交造成明显的负面影响。

◎ 即将步入青春期的孩子

即将步入青春期的孩子由于睡眠不足，早晨经常磨蹭。由于身体发育和激素水平的变化，他们的生物钟也随之变化。他们已经掌握了计时的技巧，能自己设闹钟，能做好日程安排，以便准时到达目的地。这个年龄段的孩子学业负担更重，对自己的期望也更高，因此更需要改掉拖延的坏习惯。

第72问　不喜欢阅读

相关问题另见：第 47 问"精神压力大"、第 68 问"家庭作业"、第 77 问"觉得无聊"、第 83 问"日程安排过满"、第 92 问"电视瘾"、第 93 问"沉迷于电子游戏"

 问题

"我儿子确实很聪明，我很确信这一点，但是他从来不读书，这样怎么与热爱阅读的孩子竞争呢？我怎么能让儿子静下心来阅读呢？如果认真阅读，我相信他肯定能学到很多东西，能丰富他的人生。我怎么才能让他相信书是智慧的源泉，使他能通过阅读变得更聪明、心智更成熟呢？"

解决方案

家长是否希望孩子在学校表现出色，被心仪的大学录取，未来也能事业有成，成长为一位好公民？如果是，那就要逐步培养孩子对阅读的兴趣。大量研究表明，阅读是取得学业成功的关键，75% 的家长认为阅读是孩子最重要的技能。

然而，最近的研究发现，为了乐趣而读书的孩子很少，只有 25% 的孩子每天因为喜欢阅读而阅读，22% 的孩子很少或者从不阅读。同时，在这 20 年间，孩子的阅读成绩稳步下降，这个现象并不足为奇。那么，为什么现在的孩子不阅读呢？他们不阅读的主要原因是"太忙"、"没时间"，还是"太累"？

孩子的阅读危机是真实存在的，它所造成的负面影响也是难以估量的。大多数家长已经意识到了这个问题的严重性，但是不知道如何让他们爱上阅读。以下方法能帮助孩子静下心来阅读，甚至享受阅读的乐趣。

1. 为孩子找到有趣的儿童读物

家长和孩子普遍反映，孩子不愿阅读很大程度上是因为找不到有趣的书。所以，家长要积极收集有趣的书籍，它们可以是孩子最喜欢的读物，排行榜上的书，也可以是作家推荐的书，或者是儿童图书馆馆员、老师推荐的书。家长要积极采取行动，不要再找借口了。

2. 不要只局限于书本

想让孩子爱上阅读，就要为孩子找到符合他的阅读水平和兴趣的读物，任何适合孩子的阅读材料都可以。家长可以让孩子从阅读配料表、漫画、体育报纸、互联网上的信息和杂志开始。一旦你发现了孩子感兴趣的方向，就多给他找一些这方面的资料，这些资料的文学价值或许微不足道，但能让孩子开始愿意阅读。

3. 挤出阅读时间

孩子普遍反映，他们不爱阅读最主要的原因是时间不够用。因此，家长可以帮孩子挤出几分钟的阅读时间，可以让孩子少看一个电视节目或者是少做某项任务，这样每周至少就可以腾出 30 分钟来阅读。在卫生间、车上、厨房或者孩子的书包里放上孩子喜欢的读物，可以在很大程度上方便他利用点滴时间去阅读。家长也可以要求家庭成员每晚留出 10 分钟的时间进行阅读，让大家都养成阅读的习惯。如果家长不积极培养孩子的阅读习惯，孩子就会因为时间太紧而忘记阅读。

4. 在家里多放些书

研究表明，家里的书越多，孩子就越有可能养成爱阅读的习惯。家长可以去图书馆借书，也可以去书展买适合孩子的读物，或者给孩子订阅杂志。在家里多放些书不一定会花费很多，重点是要给孩子不断收集合适的阅读材料。

5. 组建亲子读书俱乐部

很多即将步入青春期的孩子表示，他们担心读书太多会显得不合群，并被那些受欢迎的孩子排斥。家长可以和孩子朋友的妈妈组建亲子读书俱乐部，帮助他们抵御来自同伴的压力。希尔恩·多德森的亲子读书图书俱乐部，朱迪·格尔曼和维姬·莱维·克房伯的儿童图书俱乐部提供了组建俱乐部的方法、为相应年龄段的孩子找到感兴趣的书籍的方法，以及设计适合的阅读活动的方法。

6. 讨论由原著改编的电影

家长可以让孩子先读原著，再看由原著改编的电影，例如《查理和巧克力工厂》《都是戴茜惹的祸》《公主新娘》等。孩子们大多喜欢评论看过的电影，讨论原著和改编的电影哪个更引人入胜。家长也可以先让孩子在长途旅行或者度假时一起听有声书，然后阅读实体书。

7. 给孩子大声朗读合适的读物

研究表明，喜欢阅读的孩子的比例在8岁左右开始下降，而大多数家长也是在这个时候不再带孩子读书的。别停下阅读的脚步！找一本书，或者让孩子自己选择一本书，大声朗读或者和孩子一起一人一段轮流朗读。

8. 参考学校推荐的必读书目

家长可以参考孩子学校列出的推荐必读书目买书，注意阅读清单上的每本书都要买两本：一本给孩子读，另一本自己读。家长和孩子可以单独阅读，但是一定要一起讨论，这是一个与孩子交流的好方法。

9. 树立爱阅读的好榜样

研究表明，看到家长读书，孩子会更愿意主动读书。所以，家长要让孩子知道自己重视阅读，让他们看到自己经常阅读。家长可以读名人书单上的书、加入读书俱乐部、经常随身携带一本书，或者号召朋友、邻居一起阅读。

10. 寻求帮助

如果孩子在阅读方面确实有困难，家长就要咨询专业人士：咨询儿科医生，明确是否是视力问题；与孩子的老师交流，明确他是否只是对阅读缺乏兴趣，而不是有学习障碍。如果孩子还是有阅读困难，那家长就要坚持帮助他阅读，同时带他及时就诊。

"哈利·波特"系列的畅销证明了大多数孩子确实是喜欢阅读的，也就是说，如果家长能给孩子准备合适的书，他们肯定也会安安静静地享受阅读，而且家长和孩子一起读肯定没什么坏处。事实上，孩子读得越多，就越会喜欢通过文字寻找乐趣，也越有可能养成终身阅读的习惯。所以，家长要鼓励孩子阅读，还要帮助孩子拓宽阅读的范围！引导孩子爱上阅读是家长送给孩子最好的礼物。

第 73 问　请病假

相关问题另见：第 30 问"撒谎"、第 39 问"胆小恐惧"、第 50 问"被欺凌"

 问题

"有时候我觉得儿子是为了逃避考试而装病，因此我不管他怎么说，还是要坚持送他去学校。但过后我又觉得自己应该给他请病假，让他待在家里休息。孩子不舒服时，我该怎么判断他是否真的需要请假呢？"

解决方案

有时，孩子为了逃避考试或者躲避校园欺凌，会找各种理由待在家里。因此，在帮他请假之前，家长要密切关注学校里孩子的交友情况、考试日期，以及重要作业的最后期限。当然，孩子可能确实是感觉身体很不舒服，在这种情况下，家长应该立刻带他去看医生，以便他能及时得到诊断和治疗。而且，如果孩子请求待在家里，而你却执意把他送去上学，结果刚过了 1 个小时，就接到学校告诉你孩子应该在家休息的电话，你会感到内疚。你可以通过以下 7 个方面，判断孩子到底是因为身体很不舒服无法上学，还是出于其他原因不愿上学。

1. 孩子是否在发烧

如果孩子的体温超过 37.8 摄氏度，那就需要请假待在家里。如果你怀疑孩子装病，那不妨给他测下体温。测量体温时要留意孩子的动静，以免他搞小动作，大约 10 分钟后，再重新给孩子测量一次，看看体温是否相同。有些孩子会故意把体温计插进热水里以提高温度显示数字，假装自己体温很高。

2. 是否传染

孩子有不明皮疹，眼睛发炎，长虱子，长疖疮，口腔里长水泡，痰浊咳嗽，出水痘，长麻疹，得甲型肝炎、腮腺炎、百日咳、脓疱病和链球菌性咽喉炎等，都会传染给其他孩子，在这样的情况下，家长就需要给孩子请病假，让他居家休息。

3. 无法参与学校活动

孩子感觉不舒服，无法参加常规活动或者和大家正常玩耍。

4. 短时间内难以恢复健康

如果孩子喉咙痛、吞咽困难（观察孩子是否连平时最喜欢的饮料都难以咽下）、喘息或者耳痛（躺下时会更严重）、持续咳嗽、呼吸困难、胃痛持续两个多小时或者反复腹泻，那就需要让他待在家里。如果他在 24 小时内呕吐了 2 次或以上，非处方止痛药无法缓解其症状，家长就需要带孩子去医院就诊。如果孩子受伤，引起身体剧烈疼痛、肿胀或者变形，或者孩子在努力避免受伤的身体部位用力，家长也要带孩子去医院就诊。

5. 学校的出勤规定

一些学校或者幼儿园会禁止有指定症状的孩子出勤。

6. 家长的直觉

如果家长真的觉得孩子病得太重了，他的一举一动都不对劲，那就让他待在家里休息，或者问问自己："我想让我的孩子和有同样症状的孩子待在一起吗？"

7. 如果症状超过 24 小时没缓解，家长要尽快和医生联系

如果孩子病得太重，不能去上学，家长就不要同意他起床到处走动、玩电子游戏、请朋友过来探病或者上网。家长要让孩子遵守"卧床"的规定，这样孩子就不太可能装病了。如果你发现孩子在装病，而且真的没有生病，那么就要想想他为什么这样做，他想逃避什么。孩子是在有拼写测试的每周五都看起来像"生病"了吗？还是每隔一周的星期二都会"生病"，以避免在体育活动前和同学一起换衣服？家长要想办法找到孩子"生病"的真正原因，帮助他解决问题。每个家长需要处理的可能是完全不同的问题。

第 74 问　家长会

相关问题另见：第 66 问 "选择幼儿园要注意什么"、第 67 问 "容易放弃"、第 68 问 "家庭作业"、第 72 问 "不喜欢阅读"

问题

"我刚收到孩子学校的通知，家长会的时间已经定下来了。这将是我第一次参加家长会，我该问老师什么问题呢？"

解决方案

家长要记住，家长会上老师和大家的交流时间有限，所以要有效利用每一分钟。家长可以在家长会开始前花几分钟写下想问的问题，并随身携带，以免忘记，还要事先问问孩子，老师是否会告诉自己一些他没提过的事情。家长参加家长会的目的是与老师建立相互尊重的关系，了解孩子的在校表现，与老师携手帮助孩子学习进步。家长可以请教老师以下 8 个方面的问题，以便与老师建立重要的联系。

1. 老师对孩子的看法
老师认为孩子有哪些优点和不足之处？

2. 学习表现

孩子哪个科目最强，哪个科目最弱？和班上其他孩子相比，孩子的学习成绩处于什么水平？和同年级学生相比，孩子的学习表现怎么样？

3. 家庭作业

老师多久留一次家庭作业（参见第 68 问"家庭作业"）？孩子每天晚上应该花多长时间做作业？如果作业太难怎么办？老师有没有推荐的书单？考试安排在什么时候，孩子有什么读书报告或者项目要做吗？

4. 社交生活

孩子与同学相处得怎么样？他是否礼貌待人？孩子经常和谁一起玩？老师认为哪个同学会和孩子成为好朋友？

5. 孩子的行为

我的孩子在长辈面前表现如何？他讲不讲礼貌？如果孩子有行为问题，老师会如何管教？

6. 家长的角色

在家里家长该如何帮助孩子更好地成长？家长能为学校帮上什么忙吗？例如，协助老师带孩子实地考察、帮助老师做项目？

7. 联系方式

怎样联系老师最方便？用电子邮件、电话、还是短信？什么时间联系最合适？联系频率有要求吗？

8. 孩子出了问题

如果孩子出了什么问题，老师会如何通知家长？家长怎么知道情况是在改善还是在持续恶化？如果情况没有改善，家长和老师下一步该采取什么措施？

家长会后，要告诉孩子你在会上了解到的内容，接下来要牢记你与老师讨论后的决定，并坚持遵守。如果合适的话，家长可以给老师写个感谢便条，谢谢老师耐心和你交流探讨，给你提建议。你能这样心怀感恩，老师一定会很开心。

　　我也曾经当过老师，我深知老师是受过训练的专业人士，他们大多很珍惜教育孩子的机会。因此，请配合老师，帮助孩子成为最好的自己。如果你发现孩子在学习、日常行为或者社交方面有问题，而 2 ~ 3 周内问题没有得到改善，那就再找机会和老师见面聊一聊。如果问题仍然没有得到解决，就可以寻求比老师更高一级的领导的帮助。

第 75 问　考试焦虑

相关问题另见：第 39 问"胆小恐惧"、第 43 问"悲观"、第 68 问"家庭作业"、第 71 问"学习拖延"、第 74 问"家长会"、第 94 问"难以集中注意力"

 问题

"儿子学习很努力，平时也认真完成作业，可是一到考试，他就会突然感到极度恐慌、身体僵硬、双手出汗、忐忑不安，脑子里充满消极的想法，比如'我及不了格''我太笨了'，然后就会头脑一片空白。我能做些什么来帮助孩子摆脱焦虑，在考试中正常发挥呢？"

解决方案

近 20% 即将步入青春期的孩子经历过考试焦虑，但是如今，随着考试对人生的影响越来越大，即使是年龄很小的孩子也会出现考试焦虑的情况。毫无疑问，考试焦虑会给孩子的学习、社交和情感发展带来严重的负面影响。反复焦虑的孩子更有可能在学业上受挫、在活动中表现不佳，这会导致孩子的自我认可度下降，使得孩子最终产生排斥上学的心理。没有什么方法能快速帮孩子摆脱考试焦虑，但家长可以参考以下方法帮助孩子缓解焦虑，降低其发作的频率，帮助提高孩子的考试分数。

◎ 考试前

1. 观察孩子的反应

考试前紧张不安是正常现象，但是如果孩子过度担心自己的考试表现，就会产生情绪问题。以下是考试焦虑的一些基本表现。

生理特征：紧张、双手发冷或者出汗、头疼、恶心、心率加快、口干，感觉要晕倒、全身一阵热或者一阵冷、头晕。

情绪迹象：感到无助、悲观、想哭、焦虑。

认知迹象：忘记所学内容、比平时更难集中精力思考、脑海里充斥着考试失利的消极想法。

2. 保持冷静，告诉孩子无论考得怎么样你都会爱他

家长要保持冷静，先让孩子安心下来，孩子才有可能向家长敞开心扉，坦白他对考试的担忧。孩子最担心的就是让爸爸妈妈失望，所以，不管孩子的分数是高是低，家长都要明确地告诉他父母对他的爱是纯粹的、无条件的。研究表明，家长给予孩子越温暖的爱，对他的期望越合理，越有助于缓解他的考试焦虑。

3. 制订计划，提高孩子应对考试的能力

家长要先确定孩子当前的学习习惯，然后找到一两个简单的方法来帮助他提高应对考试的能力，可以参考以下方法。

- 把考点写在卡片上，随身携带，这样就可以见缝插针地复习了。
- 必要时给孩子请个家教。
- 与老师联系，以便了解考试时间的安排，帮助孩子提前做准备，同时询问老师的建议，请教学习技巧。
- 如果孩子过度劳累，就减少一些课外活动。
- 如果孩子看上去手足无措，就找一个安静的地方让他能专心学习。（参见第 68 问"家庭作业"和第 94 问"难以集中注意力"）

4.打破消极的思维模式

焦虑的孩子往往会对自己的表现产生消极的想法，进而影响考试表现。所以，家长要引导孩子摆脱消极的想法，向他证明这些想法并不总是准确的。例如，如果孩子悲观地说"我考试总是考得不好"，家长可以反驳说"周五用闪卡复习单词后，你的拼写成绩明显提高了"；如果孩子抱怨"我什么都不记得了"，家长可以说"吃一顿丰盛的早餐似乎能提高你的记忆力，上次数学考试你就考得不错"。

5. 教孩子一些应试策略

家长可以教孩子以下简单的应试技巧，以提高他的考试成绩，同时减少他的焦虑。

● 弄清考题。如果孩子不确定某道考题是否有问题，要举手向老师问清楚。

● 拿到考卷先快速翻阅，这样可以立刻了解题型，并预估出答卷需要的时长。

● 先做会做的。拿到试卷先做会做的考题，并确保把答案写在了答题卡上。

● 检查试卷。交卷之前一定要检查，以确保没有漏掉哪道题。如果还有时间，一定要认真检查答案。

6.不要到了考前才临阵磨枪，死记硬背

有些考前焦虑的孩子认为，如果他们等到考前再复习，在最后一刻死记硬背，就不会有大问题。但是这样做往往会事与愿违，因为孩子不仅不太可能理解背诵的内容，而且也会意识到自己其实还没有准备好。正确的做法应该是在考试前的几个晚上就在日历上标出用来复习的时间，并开始好好复习。

7.安排切合实际的学习时间

家长要根据孩子的注意力持续时长来安排学习时间和休息时间，并让孩子有时间放松。以下是不同年龄段孩子的注意力平均持续时间。

6 ~ 8 岁：15 分钟

9 ~ 10 岁：20 分钟

11 ~ 12 岁：30 分钟

13 岁及以上：30 ～ 40 分钟

8. 让孩子做模拟题

孩子越熟悉考试流程，就越不容易焦虑。因此，家长可以向老师要一些模拟题，或者买练习册。孩子可以通过模拟练习增强信心，并运用学到的应试策略及缓解焦虑的方法。

◎ 考试当天

1. 保证充足的睡眠

无数研究发现，孩子的睡眠情况和考试成绩之间存在显著的相关性。特拉维夫大学的研究发现，平均每晚少睡 31 分钟的 4 年级和 6 年级学生在测试中的表现明显较差。弗吉尼亚大学的研究发现，小学生睡眠不足时，词汇测试平均多丢 7 分。明尼苏达大学开展的一项针对超过 7 000 名高中生的研究发现，"成绩为 A 的青少年平均睡眠时间比成绩为 B 的学生多 15 分钟，而成绩为 B 的学生的平均睡眠时间比成绩为 C 的学生多 11 分钟，成绩为 C 的学生的平均睡眠时间比成绩为 D 的学生多 10 分钟"。

2. 要让孩子吃好早餐

不能让孩子不吃早餐就去考试。研究证明，早餐吃点全谷燕麦片、瘦肉或鸡蛋能让孩子精力充沛，在考试期间反应更加迅速。

3. 采用缓解焦虑的方法

研究表明，一些放松方法可以缓解考试焦虑。在大考前几周，家长可以教孩子以下 3 种放松方法。

自我对话：默默重复让自己放松的话，例如："这只是一次考试而已"、"我不一定要做到完美"、"以后再担心，现在要集中注意力考试"。

深呼吸：可以采用"吸 3 呼 3"呼吸法，即从 1 数到 3，缓缓以鼻吸气，然后再从 1 数到 3，缓缓以口呼气，如此重复至少 3 次。

想象一个平静的场景：闭上眼睛，想象一个自己去过的快乐而又宁静祥和的地方（如公园、海滩、树屋等）。

家长可以鼓励孩子在有其他压力的情况下也使用这些方法，例如，在朋友家过夜或者与亲朋好友聚会。家长可以在遇到麻烦（比如做的舒芙蕾不够松软或者电脑无法启动）时，给孩子示范如何放松下来，也可以一家人一起做放松练习，比如在睡前练习深呼吸。孩子在生活中多看、多体会怎么放松，慢慢也会将其运用于考试时。

◎ 考试后

1. 复盘考试时的表现

在孩子放松的时候，家长可以帮助孩子评估他的考试表现和成绩，问问他以下问题："这次考试你感觉放松点了吗？""'吸 3 呼 3'（或者其他方法）有帮助吗？""卷子哪个部分最容易？哪个部分最难？""哪些方法对你有帮助，让你想以后再试一次？"

复盘的关键是帮助孩子认识到什么方法有效，这样他就可以在下一次考试中再次使用这个方法。家长还可以想想哪些问题需要纠正，或者如何制订更好的考试计划。

2. 跟进情况

虽然孩子在考试前感到焦虑是正常的，但是如果焦虑一直持续、加剧甚至干扰了他的学业或者正常生活，那家长就需要寻求帮助了。家长可以找老师聊聊，了解孩子的学习情况，明确他是否能理解课上所讲的内容。如果孩子反而更加焦虑，或者孩子还是在学习上遇到了很多困难，那就需要寻求心理学专业人士的建议。

不管孩子准备得多么充分，能力有多强，他对自己表现的过分关注都可能导致他难以集中注意力，无法考出真实水平，因此，家长要帮助孩子尽早学会有效的考试技巧和应对焦虑的方法，最重要的是，在考试焦虑问题刚露头时就解决它。

7

第七部分
日常生活

怎样才能让妈妈更完美？

孩子的回答精彩得让人惊讶。

二年级小学生这样回答：

（1）妈妈的内心世界已经很完美了，外表吧，我觉得需要
做个整形手术什么的；

（2）节食吧，妈妈有点胖，还有就是妈妈头发的颜色，换
成蓝色就更好了。

第 76 问　刷牙大战

相关问题另见：第 38 问"依赖家长"、第 78 问"不愿意做家务"

 问题

"我知道刷牙对女儿很重要，但是这会引发耗时耗力的'刷牙大战'，她编造过的最离谱的借口是'我的牙刷飞走了'和'洗脸池有个黑洞'。请问有没有什么简单易行的方法能让孩子乖乖刷牙呢？"

解决方案

众所周知，口腔健康很重要，但是即使家长尽了最大努力，近 50% 的受访家长也还是表示他们的孩子不愿意刷牙。在 5 ~ 9 岁的孩子中有 50% 出现过蛀牙或需要补牙。以下方法可以避免刷牙大战，培养孩子良好的口腔卫生习惯，甚至让刷牙变得有趣。

1. 以身作则

如果家长做出表率，孩子会学得更快。因此，家长要以身作则，向孩子演示如何正确保持口腔卫生，树立良好的榜样。

2. 让孩子拥有选择权

家长可以给孩子买适合的牙线和色彩丰富、设计有趣的儿童牙刷。有些孩子对味道和气味很敏感，所以要确保是孩子喜欢的牙膏味道。如果孩子刷牙会干呕，那就试试牙粉。

3. 向孩子演示如何刷牙

家长要告诉孩子，挤牙膏时只挤小拇指指甲盖大小的量就够了（因为牙膏太多会引起干呕）。如果用电动牙刷，孩子肯定能像牙医建议的那样让牙刷在牙齿表面轻轻打圈，以确保牙齿刷干净了，不过不用电动牙刷也没关系，只要好好刷牙就行。家长可以让年龄小的孩子想象牙刷是一列小火车，牙齿是轨道，刷牙其实是让"小火车"在"轨道"上滑动（家长可以在旁边发出火车行进时的声音，以增强刷牙的乐趣）。如果孩子仍然胡乱刷两下就敷衍了事，那就让他用儿童漱口水，有些品牌的漱口水含抗蛀牙氟化物，可以为牙齿提供额外的保护。漱口水还会给孩子嘴里的食物残渣染上颜色，这样当他往外吐漱口水时，就能看到这些残渣颗粒，意识到下次需要更好地清洁牙齿。

4. 在孩子刷牙时计时

牙医建议刷牙要刷够两分钟，但大多数孩子做不到。家长可以让孩子刷牙时在脑子里哼唱 3 遍"生日快乐"歌，或从 120 开始倒数，或者用计时器定时两分钟。

5. 把刷牙变成一项日程安排

孩子提前知道要做什么，就会慢慢养成习惯，所以家长要告诉孩子早上（比如吃完早餐后）、晚上（比如孩子换上睡衣后）都要刷牙，让这个行为成为一项日程。如果孩子年纪还小，家长可以让他通过在表格上贴贴纸来做记录。

蛀牙是当今美国儿童中非常常见的问题，家长一定要坚持让孩子刷牙。记住，尽管瓶装水可以很好地替代苏打水和果汁饮料，但是它不像自来水那样含有预防蛀牙的氟化物。如果家长不确定孩子是不是刷牙了，那就让他对自己呼气，这样家长就可以知道他是否真的刷牙了，如果没有，就让他去卫生间再刷一次。

第 77 问　觉得无聊

相关问题另见：第 19 问"犹豫不决"、第 38 问"依赖家长"、第 39 问"胆小恐惧"、第 47 问"精神压力大"、第 67 问"容易放弃"、第 71 问"学习拖延"、第 83 问"日程安排过满"、第 92 问"电视瘾"、第 93 问"沉迷于电子游戏"

问题

大多数家长听到孩子说"妈妈，我感觉很无聊呀"时会抓狂。孩子从很久以前就开始这么说了，每个孩子都会时不时地发牢骚，但是现在的孩子似乎更经常这样说。孩子总是抱怨他感到无聊，应该如何应对呢？

解决方案

孩子普遍感觉无聊，我认为这样的"流行病"有以下两个"病因"。

首先，很多孩子的大部分日常活动是由大人主导、事先安排好的，无论是游戏小组、学校课业、运动，还是上培训课都是如此，老师、教练、保姆或家长会安排好孩子要做的所有事。结果，孩子就会觉得他在任何时候都需要大人的安排，自己做主时反倒不知道该如何是好。

其次，很多家长对孩子的成长过程有很深的误解，以为孩子在醒着的每时每刻都需要得到高质量的刺激，如果不这样做，就会对他们的心智发展造成某种程度上不可挽回的影响。但是，研究证明，孩子的大脑不需要持续不断的刺激。

（真的是这样！）事实上，科学家们认为周期性的"闲暇时光"可以锻炼孩子的大脑开始进行创造性思维。

"无所事事"并不是件坏事。现在的孩子是有史以来最聪明的一代，但是也是压力最大的一代，而他们自己也明白这一点。孩子需要这美妙的"无所事事的闲暇时光"来缓解压力，安心地独处一会儿，了解周围的世界，看云卷云舒，或感受钻过脚趾间的草，或观察瓢虫，或者什么也不做，只是任思绪飞扬。事实证明，孩子需要学会打发无聊时光和自娱自乐。研究发现，不容易感觉无聊的人在学习和职业生涯中会表现得更好，也更自立。

以下是帮助孩子（也可以帮助大人）开心度过闲暇时光的方法。

1. 减轻内疚感

这些无所事事的时光可以帮助孩子重新"充电"，发展创造性思维，让他们变得更机智、提高解决问题的能力，而在一切都被事先安排好并有大人引导的情况下，孩子无法做到这些。研究还表明，鼓励孩子"无所事事"或做一会儿白日梦可以帮助其产生激发创造力的脑电波。所以，即使家长没有让孩子每时每刻都接受刺激智力发展的活动，也不要内疚，不用担心这会妨碍孩子的智力发展。

2. 设定目标要循序渐进

家长不要对孩子的生活大包大揽，不要觉得有必要把他们醒着的每一分钟都安排得满满当当的，要设定目标，让孩子慢慢学会自娱自乐。如果孩子已经习惯总是有人给自己示范、讲解和解决问题，那么他可能需要很长一段时间才能调整和改变。因此，家长要先根据孩子的年龄和心智成熟度，给他留出一小段时间自娱自乐，然后再逐渐延长时间。

3. 找出问题产生的真正原因

当孩子难以描述真正困扰他的问题时，他就会用"我很无聊"这样笼统的说法。对家长来说，最大的挑战往往是理解孩子口中的"无聊"究竟是什么意思。以下列出的是孩子感觉无聊的常见原因，家长可以看看哪些符合自家孩子的情况。

- 日程安排过满。生活中的一切都被事先安排好，以至于几乎没时间停下来休息。因此，当有闲暇时间时，孩子反倒手足无措。
- 沉迷于电子产品。孩子依赖于被动的娱乐形式，比如看电视、玩电子游戏或电脑。没有这些电子产品时，他不知道该如何玩耍。
- 缺乏业余爱好。孩子对什么都没有激情，缺乏能让他自娱自乐的爱好。
- 逃避任务。孩子因觉得任务太困难而感到沮丧，于是以无聊为借口逃避。
- 总有人帮孩子解决问题。孩子已经习惯了家长陪他玩，习惯了家长教他如何做事。
- 感觉被忽视或想要得到大人的认可。孩子总是围着家长转，想引起家长的注意。
- 不理解。孩子无法理解指令或交给他的任务。
- 缺乏挑战。孩子知道这项活动或任务会有什么结果，无法感受任务的刺激性、趣味性和挑战性。

4. 教孩子消除无聊的方法

虽然家长的目标是让孩子自己创造消除无聊的方法，但是如果他已经习惯了总是有人陪着玩的话，可能需要你先教他一些方法。家长如果想帮助孩子学会自娱自乐，减少对你的依赖，可以试试以下方法。

- 准备一个"消除无聊的方法"宝盒。家长可以让孩子在纸条上把解闷的方法画下来或写下来，然后把纸条放在一个盒子里，当孩子抱怨没什么可做的时候，就告诉他去看看他自己记录的方法。如果孩子记不起来了，家长也可以帮孩子添加一些你所了解的孩子喜欢的活动，例如玩拼图、画画和阅读等。
- 轮流玩玩具和游戏。如果孩子对经常玩的玩具和游戏感到厌倦，那家长可以把其中一些收走，过几周再把它们拿出来，孩子就会觉得它们像全新的玩具一样。家长也可以和另一位家长商量好，让孩子互相交换玩具。

- 阅读。家长可以给孩子订杂志、借图书馆的书、下载有声书、买漫画书、给他订体育报纸，总之，要让孩子阅读！

5. 让孩子学着打发闲暇时光

今天的孩子是在一种即时满足、不断得到刺激的文化中长大的，他们总是不断参加活动，停下来或等待可能让他们感到无聊和不安。因此，家长要让孩子学会自己打发时间，不要打断他，鼓励他做一些需要耐心、无法一口气完成的项目，例如，让孩子先尝试 25 片装的拼图，然后是 100 片，最后是 1 000 片。如果孩子喜欢画画，那家长可以给他准备一本素描簿，方便他心血来潮时放手创作。坚持让孩子参加博物馆或图书馆为孩子组织的活动，但注意不要把活动安排得太满，给孩子留出时间，让孩子学着打发闲暇时光。

6. 限制孩子使用电子设备的时间

那些想不出怎么打发空闲时间的孩子常常会看电视或玩电子游戏。但是，电子娱乐会剥夺孩子发展创造力和提升智力的机会。所以，家长要少让孩子接触电子设备，并让孩子自己记录每天看电视的时间，或者选择"播放限制"设定孩子每天看电视的总时长。（参见第 92 问"电视瘾"及第 93 问"沉迷于电子游戏"）

7. 激发孩子的创造力

在学校学习能让孩子增长知识、提高认知能力，但是家长不要忘记帮助他学会跳出思维框架、灵活处理问题，可以给孩子准备以下物品，然后让他尽情玩耍，这有助于激发孩子的创造力，同时也能让他不再抱怨"无事可做"。

（1）纸盒、纸箱和床单。家长可以给孩子准备纸盒、纸箱、胶带和彩色记号笔，让他尽情发挥想象力。孩子的创意是无穷无尽的，他们会用这些材料建造船只、城堡、车库、商店、酒店。最棒的是，你不用花钱就能让孩子享受到无穷的乐趣。家长还可以用床单把箱子、椅子和床盖上，假装它们是夜幕下的村庄和堡垒，接着关掉灯，把手电开着放在床单下，给孩子一种全新的体验。

（2）闲置服饰。家长可以在家里搜罗旧衣服、帽子、浴巾和布料，然后放在一个箱子里，再准备一些安全别针，鼓励孩子利用这些材料自编、自导、自演一个节目，并邀请朋友、家人、邻居观看，也可以让孩子享受穿搭的乐趣。

（3）手工和美术材料。家长可以在抽屉或箱子里准备好手工材料，例如胶水、蜡笔、纸、剪刀和记号笔等，也可以是一些可回收物（例如麦片盒、纸筒、雪糕棍、杂志和报纸）。

8. 培养孩子的兴趣爱好

孩子通常会做各种各样有趣的事情来打发时间，这就是为什么当孩子抱怨自己"无所事事"时，家长会感到沮丧。无聊并不是因为无事可做，而是因为孩子无法专注于某项特定的活动、无法忘我地投入。如果孩子没有什么兴趣爱好，那就培养一个，吉他、木工、编织、瑜伽、绘画、摄影或烹饪都可以，家长也可以鼓励孩子收集石头、干花、昆虫标本、硬币或邮票，关键是要帮助孩子在"无所事事"的时候找到发自内心热爱的事情。家长要做的就是为孩子准备必要的工具、教孩子相应的技能，并给予支持。

9. 倾听孩子的心声，鼓励孩子自己解决问题

孩子抱怨"我很无聊"时，家长要倾听他的心声，也要表示自己感同身受："有时我也会觉得无聊"或者"我理解"。不过家长不要给孩子安排娱乐活动，要抑制住帮他解决问题的冲动，可以试着只发出类似"嗯""啊""哦""啊哈"等语气词而不是以具体的指示来回应孩子的问题，直到孩子明白家长并不打算给他安排活动。如果孩子还来找家长问新点子，家长就可以引导他："动动你的小脑袋，想想你能玩什么呢？"记住，要帮助孩子学会自己主动解决问题，在感到无聊时不依赖家长。

我建议家长立刻行动起来，可以和孩子先尝试一种方法，然后坚持下去，直到他能自娱自乐。如果孩子再抱怨"好无聊呀"，那就指一指贴在冰箱上的家务清单，提议他帮忙一起做家务。我敢肯定孩子会立即有事可做，乖乖走开。

第78问　不愿意做家务

相关问题另见：第 11 问"顶嘴"、第 17 问"有奖励才有动力"、第 38 问"依赖家长"、第 71 问"学习拖延"、第 76 问"刷牙大战"、第 81 问"缺乏财商"

 问题

孩子不愿意或者拒绝帮大人做力所能及的家务；做家务时做到一半就不做了；为了不做家务撒谎或和大人顶嘴；不愿意与人合作；不理解"我们是一家人，家务活要一起分担"。

"孩子总是为做家务而生气、争吵，我觉得自己直接给他们整理床铺或倒垃圾反而更省事。究竟怎样才能让孩子不再因为做家务而打来打去呢？"

◎ 为什么需要做出改变

在《时代》周刊和美国有线电视新闻网联合开展的一项民意调查中，75%的受访者表示，相比于 10 或 15 年前的孩子，现在的孩子做的家务活比较少。你是不是也经常听到这样的说法呢？无论出于什么原因，要么是家长太忙碌，要么是孩子日程安排过满，家长总是为孩子找借口不让他帮忙。一些貌似合理的借口有"孩子的日程安排太紧了，都没有时间放松放松"、"还是我自己做比较省心"、"女儿在学校学习很努力，需要休息一下"。

家长给孩子要做的事排先后顺序时，有时候会很自然地把家务排在后面，毕竟孩子还有很多其他事要做。但是，家长应该让孩子挽起袖子分担力所能及的家务，这一点是有科学依据的。研究证明，让孩子参与家务劳动非常重要，做家务可以帮助他学习照顾自己的技能，培养他的责任感、同理心、合作精神和自力更生的能力，让他成长为适应能力更好的年轻人。此外，这些研究还表明，从小做家务的孩子更有可能顺利完成学业，规划好自己的职业道路，与家人和朋友建立良好的关系。快让孩子离开沙发，开始分担能承担的家务吧！

◎ 问题表现

如果孩子有以下表现，家长就要着手改变孩子对做家务的态度了。

- 做家务态度不积极。孩子很少做家务活，即使做，也是敷衍了事。
- 因做家务吵架。家长和孩子经常因为做家务的事吵架；孩子不愿分担家务，或者干脆拒绝。
- 需要给奖励。家长为了让孩子做家务不得不请求他、给他奖励或不断唠叨。
- 欺骗大人。孩子说他已经完成了家务，但其实没做。
- 需要帮助。孩子希望家长替自己做或重新做一遍他敷衍完成的家务，而家长确实也会帮他做。

- 不会做。孩子对做家务一无所知，既不会整理床铺，也不会扫地。
- 缺乏合作意识。孩子不理解作为家庭成员意味着"我们是一家人，家务活要一起分担"。
- 缺乏责任感。孩子很少主动做家务；家长必须提醒他、给他奖励或没完没了地催他，他才会动手做。

解决方案

从现在起，家长必须坚持这条准则：永远不要替孩子做他们自己能做的事情。如果孩子知道家长会替他们做事，那就永远学不会承担责任。同时，家长要定一条易懂易记的家规：做完家务才能玩耍。接下来就是让孩子遵守这条规定，让孩子知道家长真心希望他们能分担家务，减轻大人的负担。

◎ 步骤 1：早期干预

1. 找出问题产生的原因
以下是孩子不愿意或拒绝做家务一些最常见的原因和简单的解决方法。

- 孩子："做家务太难了！"
  解决方法：把分给孩子的家务分解成若干个小部分，直到孩子逐步掌握全部家务的做法。

- 孩子："我不能做得像你那样好。"
  解决方法：不需要孩子做得完美，只需要他完成。

- 孩子："我不知道怎么做。"
  解决方法：先给孩子示范如何做家务，然后和他一起做。

- 孩子："你为什么不做呢？"

  解决方法：为孩子留出他需要做的家务，不要帮他做。

- 孩子："我没有时间！"

  解决方法：检查孩子的日程安排，给他留出空闲时间，安排所有的家庭成员都在周末上午做家务，或者减少孩子日常要做的家务，只做必要的。

- 孩子："我为什么要做？"

  解决方法：向孩子解释做家务的重要性，让他心服口服。

- 孩子："我得去见我的朋友。"

  解决方法：告诉孩子完成任务的明确期限，绝不通融。

- 孩子："我不想做家务。"

  解决方法：孩子不做家务就得接受惩罚，比如不能和朋友玩、不能看电视、不能获得零花钱或不能做其他想做的事。

2. 在孩子很小时就开始训练

家长越早要求孩子积极分担力所能及的家务，他们就越愿意帮你做。即便孩子只有 3 岁，他也可以帮忙做点小事。虽然什么时候训练孩子做家务都可以，但是早点开始肯定更容易让孩子适应。

家长须知

哈佛大学的心理学家丹·金德伦通过研究发现，不用做家务或只在家里帮点小忙的孩子患抑郁症的风险更大，而且他们往往喜欢以自我为中心。该研究还发现，那些在家不经常帮忙的青少年更有可能认为自己被宠坏了：他们知道大人会做好一切，自己可以不劳而获。

一项研究发现，如果家长没有教孩子如何做家务，孩子就通常会因为不会做而沮丧地放弃。因此，家长可以按照以下3个步骤教孩子做家务。

（1）解释。家长要让孩子了解做这项家务活的每个步骤，并教会孩子怎么做。

（2）监督。家长要观察孩子，确保他能成功做完这项家务。孩子最初几次独自做家务时，家长可以让他展示他的成果，以确保孩子能正确完成任务。

（3）检查。家长要让孩子独立完成家务，并让他知道你会突击检查，以确保他能按你的要求完成任务。

◎ 步骤 2：快速反应

1. 宣布自己的要求

如果家长想让孩子做家务，让孩子承担应尽的责任，那么可以召开家庭会议直接宣布新要求。孩子肯定会唉声叹气、抱怨不已，家长一定不要动摇。

2. 分配家务

分配家务的方法有很多种，找到适合自己家的方法后，家长就要坚持下去，可以每周召开一次简短的家庭会议来回顾本周的家务完成情况。家长需要明白的是，分配家务的方法没有对错之分，关键是要找到最适合你和家人的解决方案。以下列举的是分配家务的不同方法。

- 给每个孩子每天分配3项简单的家务，每周分配一项难度较大的家务。
- 给每个孩子分配一项简单的家务（如倒垃圾）和一项相对难一点儿的家务（如洗碗）。
- 要求孩子整理他的个人物品和房间（衣服、玩具、卧室）。
- 让孩子选择一项他喜欢做的家务，再给他分配一项他不那么喜欢的家务。
- 由孩子选择一项他想在一周内学会的家务。

3. 设定最后期限

家长与其要求孩子立即完成家务活，不如给孩子设定一个完成的截止时间（如"睡觉之前"或"周六之前"）。只有在特殊情况下，例如生日、身体不适或即将有重要考试时，孩子才能延迟完成。

4. 让孩子觉得做家务很重要

家长可以给孩子分配一些家务，告诉孩子他是在为家庭做贡献，也可以向即将步入青春期的孩子解释，自己教他做的家务能帮助他在几年内独立生活。

5. 提醒孩子

家长可以把分配给孩子的家务和完成日期记录在家务表里，并提醒孩子要按时完成。如果孩子还不认字，家长可以通过图片或照片记录他该做的家务，方便他查看。

6. 分解家务

家长可以把每项家务分解成若干更小、更容易处理的部分，直到孩子能独立完成。家长要明确对孩子的要求。

7. 注意语气

一项调查发现，25% 的受访家长承认，他们经常唠叨着让孩子要打扫自己的房间。别唠叨了！

8. 表扬孩子

如果孩子按时出色地完成了家务，家长一定要记得表扬，当孩子掌握了一项新家务技能时，家长也要记得表扬一下他。

9. 设立惩罚

如果孩子不能按时完成家务，他就要接受惩罚。

- 接受顺理成章的惩罚。如果孩子不把脏衣服放进洗衣篮，那就让衣服那么放着不洗了。
- 扣零花钱。孩子没有完成家务，就不要给他零花钱。尽管研究人员对是否应该付钱让孩子做家务有极为不同的意见，但是如果家长认为孩子能否得到零花钱取决于他是否做家务，那么在给孩子发零花钱之前，家长就要确保他完成了分配给他的家务。
- 让孩子支付钟点工的费用。如果孩子不做该他做的家务，家长就请钟点工来做，但要让孩子用他的零花钱来付费。

实用妙招

家长可以每周（或每天）一次，让每个家庭成员（包括家里的大人）打扫一个房间或区域，给大家分发扫帚、抹布和垃圾袋，设定 5 分钟的时限，鼓励每个家庭成员冲向自己负责的区域，并在时间到达前迅速收拾干净。孩子喜欢这样速战速决。更棒的是，这能让每个成员都尽自己的一分力量，让家里在几分钟内变得整洁。

家长分享

一位妈妈分享了自己的经验。

我很注重让孩子做家务，为了让他们意识到这一点，我要求每周召开一次家庭会议，评估每个孩子这一周以来的家务完成情况。如果孩子表现出色，我会给他们发零花钱和给予奖励；如果孩子没有完成，我就不给他发零花钱。我们的家庭会议不仅减少了因做家务而引发的争吵，帮助孩子学会合作，还成为解决其他问题和庆祝孩子个人进步的好机会。

◎ 步骤3：培养良好的习惯

家长一项非常重要的任务是帮助孩子为未来的独立生活做好准备。为了更好地适应成人世界并取得个人成功，孩子需要掌握一些基本的生活技能，而做家务能非常有效地帮助他们获得这些。一次教孩子做一项家务可以最好地确保学习效果：先示范孩子如何做这项家务，然后和他一起做几次，直到他能独立完成。以下是适合不同年龄段孩子的家务清单。

3岁：孩子可以捡起玩具，放进箱子里；清理掉在桌子上的食物；帮忙摆桌子；把脏衣服放进脏衣篮，或者把洗净的衣服放到指定的地方；帮助喂养宠物；把干净的袜子一双一双放好，方便其他人叠；做其他简单的家务，成为家长"勤快的小帮手"。

4~5岁：除了更小的孩子可以做的家务外，这个年龄段的孩子还可以整理床铺；吃完饭后收拾桌子上的碗盘；帮着大人把餐具放在桌子上，摆放吃西餐要用的刀叉、汤匙和餐巾纸；把洗干净的餐具放回抽屉；用喷瓶和海绵清洁厨房台面；把看过的报纸和杂志收拾好；把小废纸篓里的垃圾倒掉；浇花；帮忙把快递拿回家。

6~7岁：除了更小的孩子可以做的家务外，这个年龄段的孩子还可以摆放餐具；清理桌子；遛狗；把洗好的碗盘从洗碗机里拿出来；接电话；擦灰尘；制作零食；自己装好午餐便当。

8~9岁：除了更小的孩子可以做的家务外，这个年龄段的孩子还可以把脏盘子放进洗碗机；用吸尘器和扫帚打扫卫生；自己做午餐；做些简单的凉菜和甜点；照顾宠物（包括喂食、清洁笼子、帮宠物刷牙、洗澡）；整理卧室（包括除尘、收拾物品、清洁衣橱）；清洁卫生间的洗脸池和台面；用微波炉做零食；缝纽扣；把脏衣篮里的衣服放进洗衣机清洗。

10~11岁：除了更小的孩子可以做的家务外，这个年龄段的孩子还可以使用洗衣机和烘干机；把洗好的衣服叠放好；洗衣服时把浅色和深色的衣服分开洗；把较重的垃圾拿出去扔掉；把日常杂物收拾好；做简单的食物（如果使用炉灶或烤箱，家长要在一边确保安全）；帮忙洗车；缝好开线或破了的衣服；照看婴孩（要有大人在场）。

12~13岁：除了更小的孩子可以做的家务外，这个年龄段的孩子还可以在白天照看婴孩（大人要在附近）；换床单；按照衣服洗涤说明自己洗衣服，处理易清理的衣服污渍；更换吸尘器袋；清洁窗户内外；换灯泡；按照食谱独立做一些家常菜；使用所有的家用电器；储存食物以避免变质；清洁淋浴房、马桶和浴缸；洗车和擦车窗；铲雪；清理冰箱；拖地；管理自己的零花钱，不乱消费。

 ## 不同成长阶段孩子的表现

◎ 学龄前儿童

家长应该给学龄前儿童分配简单的家务以减少孩子的挫折感，要逐步教孩子如何完成任务，并不断给予指导和鼓励，也可以给孩子准备小号的扫帚、簸箕和其他工具。让孩子在家务表上贴上星星贴纸，直观地记录自己完成的任务。

◎ 学龄儿童

这时候孩子大一点儿了，当他们在必须做的事情上有一定发言权时，他们会更愿意合作：家长可以与孩子协商要做多少家务，或者列出可能要做的家务。这个年龄段的孩子能够分担一些室内以及院子里的轻松家务。

◎ 即将步入青春期的孩子

这个年龄段的孩子不喜欢别人告诉自己该做什么，所以家长要理解他对独立的渴望，避免用居高临下的语气和他说话。家长可以尝试让孩子选择想做的家务，问问他想做什么家务，或者向他示范如何做家务。孩子可能会因为做过家务而生气，对做家务有抵触心理，尤其是在家长过去没有要求孩子做家务的情况下，但是家长千万不要让步。几年后孩子就需要独立生活了，让孩子做家务也是为了锻炼他未来独立生活的能力。

第79问　不愿意沟通

相关问题另见：第10问"总和别人吵架"、第11问"顶嘴"、第24问"不听家长的话"、第25问"大喊大叫"、第45问"害羞"

 问题

"我儿子不跟我和他爸爸沟通，我们想和他说说话，结果总像是我们大人在自说自话。我怎样才能让儿子愿意和我们交流呢？"

解决方案

与孩子交流有时就像穿越雷区。家长自认为问了孩子一个简单、真诚的问题，结果却不小心引发了"第三次世界大战"。原本在你面前快乐开朗的小天使突然变得沉默，像一本无法打开的书，让你难以捉摸。你那即将步入青春期的孩子看起来聪明伶俐，但是要么只用一个词敷衍你的问题，要么至多"咕哝"一声算是回应你。这些都是在抚养孩子的过程中令人沮丧的时刻。毕竟，家长都明白良好的沟通有助于建立、维系良好的亲子关系。研究表明，最有效的避免孩子做出危险行为的办法就是让孩子与家长保持紧密的亲子关系。但是，如果你每天与孩子的日常对话变成了自己单方面的自说自话，那还怎么和孩子沟通呢？如果你那脾气随和的孩子突然变得喜怒无常或叛逆，你要怎样和他讨论重要的问题呢？如果你听到的只是孩子敷衍的回应和抱怨，你怎样才能了解他生活的具体情况呢？以下是几个有效的解决方法，有助于家长与孩子沟通。

1. 努力提高自己的倾听技巧

研究发现，在 1 000 多名青少年中，35% 的孩子认为父母的倾听技巧仅仅在及格水平或压根儿不及格。家长应采取什么措施练习自己的倾听技巧呢？如果家长想和孩子顺畅交流，就要调整自己的沟通技巧，可以阅读一些指导家长如何与孩子交流的经典著作（例如美国心理学家托马斯·戈登所著的《父母效能训练手册》、阿黛尔·法伯和伊莱恩·玛兹丽施所著的《如何说孩子才会听 怎么听孩子才肯说》、海姆·吉诺特所著的《孩子，把你的手给我》等），也可以参加家庭教育培训课程或小组讨论会，或者观察孩子眼中那些擅长倾听的大人，获得一些经验。

2. 避免常见的"沟通障碍"

很多孩子反映，大人的一些行为会让他们丧失交流的欲望。以下列出的是家长需要避免的做法。

- 唉声叹气。家长不要发出沉重的叹息或呻吟声。你要小心，你甚至可能不知道自己发出了这样的声音。

- 催促。家长要留给孩子足够的时间整理思路，不要催孩子马上表达他的想法。

- 说教。不要说教或像演讲一样说话。

- 长篇大论。孩子不喜欢听家长啰唆，家长要遵守"一分钟法则"：如果说话的时间超过一分钟，孩子很可能会分神。要少说多听。此外，学龄前儿童以及疲惫、精神压力大或者睡眠不足的孩子，注意力的持续时间会更短。

- 没有全神贯注地倾听。如果家长想让孩子认真听自己说，那就要确保自己也愿意听孩子说。坐下来，与孩子直接进行眼神交流。孩子们反映，家长和自己有眼神交流，这样他们才能知道家长确实在倾听。事实上，在倾听的时候看着孩子的眼睛永远是最简单有效的方法。

- 态度不温和。家长要保持语气平静、温和，乐意并善于和孩子沟通。要让孩子感觉到家长确实在认真倾听，让他感觉他的观点确实和大人的一样重要。家长还应当经常反思：我和孩子说话的语气像是在和朋友交流吗？

- 肢体语言令孩子反感。家长要注意，不要发出让孩子反感的非语言信号，例如假笑、耸肩或扬起眉毛。家长可能并不是故意这样做的，但是这些微妙的信号会让孩子立马产生反感。

- 一心多用。孩子希望家长能完全专注于当下的沟通，所以在谈到重要的事情时，家长不要一心多用，要停下正在做的事情，全神贯注地和孩子沟通。

- 批评。学龄前儿童无法理解语言中细微的差别、讽刺或笑话，而即将步入青春期的孩子通常非常敏感，容易受到激素的影响，情绪波动剧烈。所以，家长不要批评或讽刺孩子，要就事论事，避免说"你总是……"或"你从不……"这样的话，孩子一听到这种话就不想再沟通了。

- 多听少说。如果家长想让孩子说话，那就要给他时间。我们生来有两只耳朵和一张嘴是有原因的，这说明我们听的应该比说的多一倍。

3. 多与孩子聊聊他的生活

如果家长和孩子的交流有些不顺畅，那就用孩子感兴趣的话题作为开场白，稍后再谈比较棘手的话题。现在，试着先用比较保险的话题让孩子敞开心扉吧。以下建议供家长参考：

- 了解孩子的兴趣点。家长要聊聊孩子感兴趣的话题，例如电视节目、体育、歌词、书籍或时尚。家长可以阅读孩子喜欢的杂志，这样就能和孩子谈论他最喜欢的名人的最新消息了，或者仔细阅读报纸的体育版，这样就可以知道孩子的棒球偶像的平均击球率。关键是要对孩子的生活表现出兴趣，多和他聊聊相关话题。

- 让孩子帮忙。家长可以让孩子帮忙解决问题，比如让孩子教自己使用手机的某项功能。53%的青少年表示发信息改善了他们与父母的关系。家长要想办法和孩子多交流，不断融入他的生活。

- 去孩子喜欢的地方。家长可以找一个让孩子觉得舒服的地方，购物中心、棒球场、树屋或星巴克都可以，带他去那里放松心情，顺便聊聊天。

- 边做孩子喜欢的事，边聊天。有些孩子，尤其是男孩，在运动中更容易打开心扉。家长可以试着在孩子做喜欢的事时和他聊天，比如投篮、开车或搭乐高。

- 留出思考的时间。斯坦福大学的研究发现，孩子在说话之前需要花时间消化他们听到的内容。所以，无论家长什么时候问问题或提要求，都要记住至少要等 10 秒钟，让孩子思考他所听到的内容。这样他会理解得更透彻，更愿意做出回应，也回答得更全面。

- 重新组织你的问题。如果家长想让孩子敞开心扉，那就不要问他只需要回答"是"或"不是"的问题，免得家长自说自话。家长可以问一些开放式的问题，让孩子觉得家长真的很想与他交流。不要总是问一些老一套的问题："昨晚玩得开心吗？""最近学习怎么样？"不要让孩子觉得家长只是为了和他随便聊两句才问他问题（"瞧，我妈妈又会问我'你今天过得怎么样'，她总是这样。"），这样，家长得到的回答只会是"很好"两个字。家长要问一些需要具体答案的问题。

- 多以"我"来开头，避免孩子反感。以"你"为开头的句子通常会让孩子反感，因为这样的语气往往是具有批判性的："你从来没想过你在做什么吗？""你从来都不好好听话。"所以，家长要以"我"而不是"你"开头，多谈谈自己的感受，而不是针对孩子的行为。家长可以以"我很生气……""我很难过……""我很伤心……"开头，接下来告诉孩子是他的行为让自己产生了这种感受。简单地转换一下主语，批评听起来就没那么刺耳了，孩子更有可能会听进去家长说的话。马上就试试吧！

- 选择适当的谈话时机。谈话的时机至关重要，因此，在和孩子说话之前家长要试着判断孩子当下的情绪。孩子情绪波动大、疲惫或心情沮丧时最好不要与他讨论严肃的问题，等他调整好状态后再聊。家长也要观察孩子更愿意在什么时间和你谈话，然后尽量留出那段时间。请注意避开最糟糕的两个谈话时间。第一个通常是早上孩子刚起床时，这个时候他通常还想睡而且有起床气。第二个是孩子放学后刚回到家时，这时他通常静不下心来或疲惫不堪。以我的例子来说，我发现我的一个儿子喜欢在下午五点左右在冰箱前和我说话，于是我就留出那段时间和他聊天。

- 不要放弃！家长要不断尝试一些新的回应方式，甚至讨论一些新话题，看看怎样才能重建良好的亲子关系，开启有效对话。如果和孩子的谈话总是以哭泣或大吼大叫结束，那家长就要下决定下次和孩子说话时只说鼓励的话，直到孩子愿意打开心扉。如果气氛开始紧张，那就停下来，和孩子分开一会儿，待各自释放压力、情绪平复后再继续谈话。如果孩子拒绝和家长沟通，家长可以给孩子写便条，这比面对面地沟通效果更好。一位妈妈反映，有一段时间她和女儿只通过便条交流，但是她们通过这种方式有效地保持了联系，挽救了她们的亲子关系。

改变习惯不是件容易的事。家长不要放弃！可能要努力很长一段时间才能看到改变，但要坚持下去。尊重孩子、坦诚地与孩子沟通，这是育儿的秘诀之一。此外，家长要注意是否有其他因素导致了沟通障碍，例如孩子精神压力大、喝酒、处于青春期、被欺负、受到心理创伤、哀伤或抑郁。如果家长和孩子之间沟通依然不畅，亲子关系依然僵化，那就要考虑寻求心理学专业人士的帮助。

第 80 问　做事没有条理

相关问题另见：第 18 问 "冲动"、第 68 问 "家庭作业"、第 78 问 "不愿意做家务"、第 94 问 "难以集中注意力"

问题

"我的女儿很可爱，也很有爱心，但是做事毫无条理。我总是要把她忘记的作业放到书包里，或者提醒她日程安排。我担心她需要一个助理才能完成高中学业。现在我能做些什么来帮助她做事更有条理呢？"

解决方案

家长当然有办法帮助孩子做事更有条理。现在就着手培养，这对孩子未来的独立生活大有帮助，到时候家长就不会跑前跑后替他收拾残局了。秘诀在于，让孩子一次只解决一个问题，找到适合孩子的简单的解决方法，让他坚持练习，直到他能应用自如，形成习惯。以下是一些非常有效的解决方法。

1. 不要再替孩子解决问题

第一步通常最重要，也最难迈出。如果家长真的希望孩子能井井有条地做事，那就绝不能再插手帮助他。家长要下定决心教孩子如何变得有条理，一旦他掌握了方法，家长就要退后一步，让他为自己的行为负责。例如，假如孩子错过交报告的截止日期、把图书馆的书弄丢了或乱放运动装备，他就要承担相应的责任。

2. 每件物品都有固定的摆放位置

下一步是帮助孩子整理他的东西，让他知道物品的位置，并让他在用完后物归原处。不必烦恼，先从那些通常会引起麻烦和争吵的问题入手，找到简单的解决方法即可。

- 问题：乱放鞋子和外套。
  解决方法：给壁柜清理出空间，购买一些便宜的壁柜收纳筐，让孩子每次把脱掉的鞋子和外套放在收纳筐里，方便拿取。

- 问题：乱放学校作业和文具。
  解决方法：在前门挂个挂钩，让孩子一回家就把书包挂在挂钩上；让孩子做作业时把所有的作业都拿出来，完成后再放回书包里。

- 问题：找不到运动装备。
  解决方法：家长可以准备存放这些装备的小塑料桶，贴上写有装备名字的标签，如果孩子太小还不识字，就贴上装备的图片。

3. 扔掉杂七杂八的东西

如果没有太多杂七杂八的东西，孩子会更容易整理。家长要仔细检查他的抽屉、衣柜、玩具箱和存放运动装备的小桶，清理其中不必要的物品。家长还应该处理掉从未使用过的或已经损坏的东西（至少每 6 ~ 8 周就清理一次，如果孩子总把自己的东西弄得特别乱，那就多清理几次）。以下方法有助于减少杂物。

- 收起部分玩具，下次再收另一部分。孩子每天玩不了那么多玩具，家长可以把其中一些收起来，几周后再把它们拿出来，这样孩子会觉得它们像全新的玩具一样，而放在外面的玩具也没那么多了。家长可以制定一条规矩，就是当孩子把收起来的玩具拿出来时，他要先把外面的玩具收起来。

- 举办社区闲置物品售卖活动。家长可以让孩子通过这样的活动出售旧玩具、旧衣服和旧书，借此赚点外快，让孩子负责制作传单、准备存放现金的箱子、摆放好待售物品。

- 捐赠给慈善机构。家长可以给孩子一个箱子，让他在里面放一些比较新但他不再需要的东西，然后帮他把东西送到他选择的慈善机构。

- 把东西储存在床下。家长可以买一些带轮子的储物箱来存放那些偶尔才会用到的杂物，然后把箱子放在孩子的床下面。"眼不见，心不烦"也是一种收纳策略。眼前的物品越少，孩子就越不会乱放东西，这也能防止他忘记把东西放哪儿了。

4. 安排好固定的整理时间

孩子掌握了整理的方法后，家长就要帮他养成习惯。要做到这一点，最好是让孩子一周定期整理一次或两次。家长不要指望孩子整理的房间能完全符合要求，要现实一些，找出那些需要经常收拾的区域，然后让孩子整理，并在日历上标注整理的日子（例如：周一，桌子；周二，卧室；周六，体育装备；周日，书包。）然后家长要告诉孩子"整理完了才能玩（或才能给朋友发邮件、打电话）"。我的一个女性朋友培养出了镇上做事最有条理的两个孩子，她将周日定为"整理书包日"，成功培养了孩子整理的习惯。孩子会花 10 分钟写完他们的作业、给活页笔记本换纸、削好铅笔。另一个朋友则是用计时器定时 10 分钟，鼓励孩子在这个时间内争分夺秒地整理东西，以此激励孩子提前完成任务。

家长不要期望孩子一夜之间就变得有条理，要有耐心。习惯了乱摆乱放的孩子很难一下子变得爱整洁，但是只要家长有耐心，坚持要求孩子按规矩做，就能帮助孩子做事更有条理，养成终身受益的好习惯。

第81问　缺乏财商

相关问题另见：第31问"物质至上"、第34问"自私任性"、第36问"不懂得感恩"、第53问"过度关注穿着打扮"、第78问"不愿意做家务"

 问题

孩子经常花光自己所有的零花钱；借钱；会冲动消费；不会存钱；不理解金钱的价值；有时试图避免与钱打交道。

"别的妈妈都会给孩子零花钱，并让他们自己支配。我儿子都7岁了，甚至还不会找同一双袜子穿。我是不是应该至少等儿子学会了加减法再给他零花钱？"

◎ 为什么需要做出改变

家长是否觉得自己是孩子的自动取款机？孩子是否存不住钱，刚拿到钱就会花光？家长是否担心孩子在45岁时还会透支信用卡，让自己接济他？如果是这样，家长也别太焦虑，很多家长都面临类似的情况。

有些家长最担心的问题是孩子不会理财。这些担忧并非无稽之谈。能否学会正确地存钱和消费对孩子未来的成功有巨大的影响。研究表明，很多家长在培养孩子的基本理财技能方面做得不够。以下是有关孩子的财商调查研究数据。

- 接受调查的家长中，只有不到50%的人表示他们教过自己11～14岁的孩子如何记账、做预算。

- 三分之一的 12 岁儿童不知道用信用卡支付是一种借款形式（除非持卡人每个月都全额还款）。
- 有 40% 12 岁的孩子不知道银行发放贷款要收取利息。

事实上，家长可以从孩子三四岁的时候就开始教他们理财技巧，注意不必讲太深奥的内容。要教孩子学习理财，最好是在日常生活中给孩子找一些实践机会，例如，用自动取款机存取现金、支付账单、对账、做预算以及讨论可能的消费决定。家长需要有耐心、有毅力地对孩子进行理财教育，培养孩子正确的消费习惯，帮他树立正确的理财观念，让他掌握良好的理财技能，这对他的生活至关重要，也是对孩子进行理财教育的目标。本节提供了简单的解决方案，以培养孩子良好的理财习惯，确保未来他在财务上更有保障。

◎ 问题表现

孩子不善于理财的表现会因年龄不同而有所不同。以下是一些家长需要注意的表现。

- 冲动消费。孩子一有钱就会花掉，不会提前考虑自己想要什么或需要什么，只是一时兴起，冲动消费。
- 借钱。孩子总是需要借钱，并希望从家长这里不断借到钱。
- 存钱。孩子成了一个顽固不化的小气鬼，把自己的钱都存起来，从不花一分钱；孩子一直没学会如何做预算。
- 丢钱。孩子对钱不谨慎，喜欢随便乱放，不懂得把现金存放在安全的地方，比如银行、钱包或抽屉。
- 随便拿钱。孩子直接把家里放在显眼位置的钱拿走或从家长的钱包里拿钱；不愿把店员不小心多找的零钱退还回去。
- 想要多少就要多少。在孩子眼里，钱来得很容易，想要就有，因为他很容易从家长那里得到钱。
- 不存钱。孩子的存钱罐永远不会被装满；他的储蓄账户总是没有余额。

家长须知

家长和孩子聊过理财的话题吗？如果没有，最好现在就开始！

　　在一项调查研究中，大约 1 500 名高年级的高中学生需要回答有关个人理财的基本问题，但大多数学生被这些问题难住了。95% 的学生在调查中获得的分数低于 C。因此，另一项调查研究的结果也就不足为奇了：近 80% 的大学新生承认从未与父母讨论过理财问题。更严重的是，近 25% 的青少年认为，不向父母汇报如何花掉 500 美元并没有什么关系。如果家长担心孩子未来有不好的消费习惯，那就要从现在开始教孩子理财，要让他知道钱来之不易，让他明白你对他的支出有明确的要求和限额，并给他讲明具体细节。

 **解决方案**

　　在孩子还小的时候，家长就可以帮他逐渐了解金钱的价值。大多数专家认为，孩子刚上小学时是开始发放零花钱的最佳时机，因为家长可以借此教孩子有关金钱的基础知识。家长要一边给孩子解释理财的基本理论知识，一边逐步让他学会支配自己的小金库。即使你的孩子才 7 岁，他也可以分配自己的零花钱，购买自己的午餐、小糖果或玩具。孩子渴望拥有属于自己的钱。零花钱还可以提高孩子的数学技能，因为他需要了解不同硬币的价值，还需要不时计算自己

小金库的总额。不过，家长要向孩子讲清楚自己希望他如何管理自己的小金库。

◎ 步骤 1：早期干预

1. 反思自己的教育方式

通过以下测试，家长可以快速反思自己在帮助孩子学习理财方面做得如何。

- 孩子是否可以在没有家长干预的情况下独立理财？他是否犯过消费错误，并由此理解了相应的后果？
- 家长有没有帮助孩子做好消费计划和存钱计划？
- 孩子是否经常通过做家务或打零工挣零花钱？
- 在理财方面家长是否做到了言传身教？
- 孩子是否明白"需要"(必需品)和"想要"(非必需品或奢侈品)之间的区别？
- 家长是否鼓励过孩子自己制订短期和长期的消费计划？
- 家长是否教过孩子尽量不要选择借钱？
- 随着年龄的增长，孩子是否承担了越来越多的理财责任？
- 孩子做出明智的理财决定时，家长有没有表扬他？

看看自己对以上问题的回答，家长就能明白应该在哪些方面帮助孩子学习理财技能。

2. 做个好榜样

孩子总是通过模仿来学习。如果家长一直透支消费，又怎么能指望孩子做好预算呢？如果家长总是在冲动时买衣服，又怎么能指望女儿等清仓甩卖时再入手呢？如果家长不和孩子谈论钱的价值，那么孩子也自然会认为钱来得容易。请努力成为孩子的理财榜样。孩子在看着你呢，会受你的影响。

3. 减少孩子看电视的时间

电视广告是促使孩子冲动消费的原因之一，广告不停地试图让孩子买、买、买。所以，家长要尽量减少孩子看电视的时间，以免他接触太多广告。

4.给孩子解释金钱是如何运作的

家长应该在孩子很小的时候就教他理财。家长可以带孩子去银行，让他知道先存钱才能取出钱；也可以让孩子扮演商店收银员，让他操作玩具收银机，让他明白只有经过一系列收钱、找零钱的过程，顾客才能把商品带走；还可以把家里的日用品都贴上价格标签，然后帮助孩子明白购买每一件物品要付多少钱。如果孩子还在上幼儿园，那家长就给他准备一个小小的透明罐子（婴儿食品罐大小的就行），让他用来存放硬币，让他看着罐子里的硬币越来越多，并反复告诉孩子，当罐子装满时他才可以买到一些特别的东西。家长也可以让孩子先在商店里买点小东西，同时让他算算自己花了多少钱买这些小东西。

5.利用生活中的各种例子

家长可以带孩子去上班，让他明白需要挣钱才能有钱花；也可以让孩子看看自己是如何记账、对账的；如果要贷款购车，那就和孩子谈谈经销商是如何检查信用记录的；让孩子看看家里的账单，让他了解需要缴纳的电费、煤气费、水费、电话费和宽带网费的金额。家长不需要透露收入或储蓄情况，但应该利用生活中的机会来加深孩子对金钱的理解。

实用妙招

在日常生活中使用理财术语是帮助孩子理解财物概念的简单方法之一。例如，家长可以在超市购物时说"我需要按照预算花钱，即不超过 25 美元"；在谈论自己的愿望清单时说"如果我在接下来的 6 个月里能省下 50 美元，我就能买那套立体音箱了"。孩子在上高中之前应该知道的财务方面的词语包括硬币、元、找零、现金、储蓄、支出、借款、收支平衡、预算、支票、信用卡、取款、储蓄账户、收入、加薪等。家长给孩子讲相关知识的时候不要长篇大论，要根据孩子的理解能力决定该讲到什么程度。用真实的、生活中发生的例子说明、讲解，孩子很快就会成为理财小能手。

◎ 步骤 2：快速反应

1.尽量不要让孩子预支

孩子需要学会从错误中吸取经验教训，例如，如果有一周他超支了，连看电影的钱都没有了，家长也不要帮他。就这样让他反思自己的错误！如果家长预支给孩子零花钱，那就要考虑收取利息。孩子很快就会意识到借钱的代价。家长可以和孩子聊聊如何通过工作得到额外的报酬，比如帮父母洗车。如果孩子正在计划买一个价格偏高或特殊的东西，他就需要努力存钱。

2. 设定预算

家长要给孩子一定数额的钱用于购买必需品，比如开学的新校服。为了激励孩子节俭，家长可以告诉他如果钱没有花完，就留下来慢慢花。家长也要允许孩子为那些非必需品买单，比如最时髦的运动鞋或昂贵的牛仔裤，也可以替他支付一部分，但是超出预算的部分孩子必须自己补足。

3.给孩子零花钱

给孩子零花钱是让孩子学习理财、做预算非常有效的方法。一些理财专家表示，在孩子能认清数字，并且没有吞咽硬币的风险、能听懂有关金钱的话题时，家长就应该给孩子发放零用钱了。也有一些人认为，应该等到孩子上小学、心智更成熟时再给零用钱，这样才更明智。其实给孩子多少零花钱、什么时候给主要取决于家长自己的判断，孩子的消费习惯以及他的心智成熟度。以下是给孩子零花钱时要特别注意的事项。

● 确定金额。家长可以采用孩子几岁，零花钱就给几元的方式来确定零花钱的金额；也可以参考孩子花钱的实际情况或朋友给他们孩子的零花钱数额来确定所给的金额。当然，到底给多少也要看家庭的实际经济情况，特别是如果家长手头紧，那就坦诚地告诉孩子目前无法给他零花钱，不必遮遮掩掩或感到内疚。

● 解释清楚零花钱的用途。孩子用这些零花钱是支付学校的午餐、电影票、护肤品和朋友的生日礼物，还是完全由他自己自由支配？这个问题，家长要与孩子商量清楚，以免孩子因不清楚而乱花钱。

- 举行庆祝仪式。孩子第一次拥有自己的零用钱时，一家人可以一起聚餐或拍照来庆祝一下。

- 增加理财责任。随着孩子年龄的增长，家长可以给他更多的零花钱，并逐步放手让他用自己的零花钱支付个人所需（衣服、糖果、电影票等）。

- 不随意更改相关决定。零花钱应该在每周同一时间发放，而且数额不应随意更改，除非家长事先和孩子讨论过。

- 不要让零花钱与家务挂钩。孩子一旦有了其他收入（家人或亲戚给的红包或得到兼职工作），就通常会拒绝做家务，因为他不需要挣家长发的这份"工资"了。孩子做家务是否给零花钱取决于家长，但是要知道，77%的父母和许多儿童教育专家认为，家务不应该与零花钱挂钩。

- 不要帮助孩子。如前所述，要让孩子在年龄很小时就试错，以便从中吸取教训，因为这时的犯错风险一般不会太高。

- 不要把扣零花钱当作手段来约束孩子。即使孩子表现不好，也不要将扣发零用钱作为惩罚措施。

4. 鼓励孩子存钱

一项研究表明，孩子越是追求物质，就越存不下钱。他学会的是花钱而不是存钱。以下方法可以帮助孩子克服消费冲动，学会存钱。家长可以看看以下哪种方法最适合自家孩子的情况。

- 让孩子捐款。让孩子把他的一部分零花钱捐给他选择的慈善机构。

- 让孩子把存钱罐装满。存钱罐装满或达到一定重量时，孩子才能从里面拿钱花。最好使用透明的容器，方便孩子看到他的钱慢慢多起来。

- 给孩子小面额的现金。给孩子5张1元的纸币，而不是一张5元的纸币；也可以把1元纸币换成多个硬币。小面额的现金更能鼓励孩子存钱。

- 给孩子开个储蓄账户。这能让孩子真正像大人一样管理他的钱。

- 给予激励。孩子每次存钱时，家长都给他一定金额的奖励，例如，每存10元，就奖励 1 元，或者每存 1 元，就奖励 1 元。

- 设定储蓄目标。家长可以鼓励孩子为一个长远目标存钱，例如买一辆自行车、一套运动装备、一台音响或支付大学费用等。
- 使用四罐存钱法。给孩子准备四个透明的罐子：一个存用于日常开销的钱，一个存用于短期消费目标的钱，一个存用于慈善捐款的钱，一个存用于长期储蓄的钱。接下来，家长要帮孩子理清如何分配现金。年龄太小的孩子可以从两个罐子开始：一个存用于消费的钱，另一个存用于储蓄的钱。

5. 让孩子记账

从孩子会写字和数数的时候起，家长就要给他准备简单的记账本。年龄太小的孩子可以只记录他自己的收入（包括节日红包）；大一点儿的孩子可以记录他自己的收入和支出。

实用妙招

教孩子"花钱前先权衡"，帮助孩子减少冲动购物

家长可以设立一条规定，即要求孩子写下近期打算购买的全部昂贵商品，然后让他至少等 24 小时后再决定是否购买。年龄太小的孩子可以把想买的东西画在自己的"愿望清单"上。根据孩子的年龄和心智成熟度，等待时间可以是 1 个小时或 1 天，也可以是 1 个星期或 1 个月。如果孩子在等待时间结束前就失去了购买兴趣，那就说明他也觉得自己并不是真的想要那个东西。

家长分享

一位妈妈分享了自己的经验。

儿子扎克 12 岁了，他总是问我要很多现金，我觉得自己像他的自动取款机。儿子从来没存过钱，所以我决定鼓励他存钱。我告诉儿子，以后不管他存多少钱，只要存，我就会奖励他存款数目的 25%，同时告诉他不会再给他预支费用了。我想让儿子明白，他要想买东西，就必须努力存钱。儿子花了一段时间才领悟到这一点，现在他的存款已经超过 100 美元了。

◎ 步骤 3：培养良好的习惯

1. 培养理性消费的习惯

家长要鼓励孩子在购买昂贵的电子产品之前在网上看看相关评论。在去商场之前，家长要让女儿列出购物清单，并让她严格按照清单去买东西；要让儿子去了解一下商场现在有哪些促销优惠。家长要让孩子先比较价格再做选择，也别忘了给孩子做好服装预算，或者让他自己估算要花多少钱，然后坚持让他按预算消费。现在就帮助孩子养成理财消费的习惯，为他以后的独立生活做好准备。

2. 鼓励孩子创业

家长可以帮助孩子创业，让摆摊位卖柠檬水，或打印上面写明孩子可以做的一些零工的宣传单（例如，为邻居修剪草坪、临时照看孩子、遛狗等），这样孩子从很小的时候就会明白只有努力工作才能挣钱。家长要鼓励孩子多尝试，还要帮助他认识到金钱的价值。

 不同成长阶段孩子的表现

◎ 学龄前儿童

如果孩子能从 1 数到 10，那么他就已经有能力学习有关金钱的知识了。家长可以先教孩子认知不同硬币的金额，教他数硬币、用存钱罐存钱，并让他知道用钱才能买到商品和服务，以及只有工作才能挣钱的道理。到 5 岁时，大多数孩子已经可以理解金钱的价值了，并可能已经树立了有关金钱的价值观，他们在这个时候是渴望拥有自己的零花钱的，所以家长要尽早开始理财教育。

◎ 学龄儿童

学龄儿童应当掌握的理财技能包括计算找零、了解硬币和纸币所代表的不同金额及它们之间的换算、独自带着钱买东西、进行短期储蓄以及把消费保持在合理的预算内。

◎ 即将步入青春期的孩子

这个阶段的孩子应该学会写支票、对账和管理自己的储蓄账户，以及明白利息、预算、赤字、借钱、取款、贷款、信用和借记等理财术语的含义。孩子已经有能力购买自己的衣服、在固定的预算之内消费、支付自己所有娱乐活动的费用，以及通过做要求更高的家务和做兼职挣钱。

第 82 问　搬家

相关问题另见：第 39 问"胆小恐惧"、第 47 问"精神压力大"、第 57 问"友谊破裂"、第 60 问"被排斥"

 问题

孩子变得黏人，出现行为倒退，例如吮吸拇指或尿床等；经常胃疼；总是焦虑不安；违抗大人，行为变得有攻击性。

"我们下个月就要搬家了，我女儿非常难过，埋怨我毁了她的生活。我不知道我们是否做了错误的决定。搬家会对孩子产生什么影响？"

◎ 为什么需要做出改变

"我们要搬家？什么意思？""但是这儿才是我的家，我喜欢这里！""到了新地方我怎么交朋友？没有人会喜欢我的。""太谢谢你了，妈妈。你毁了我的生活！"

无论你们家是搬到隔壁小区，还是搬到别的很远的地方，这种改变对家里的每个人来说都不容易。每年约有五分之一的家庭搬家。一想到熟悉的一切被连根拔起，孩子就会感到不安，甚至害怕。搬家对于孩子来说不仅是装修一间新卧室，还涉及一系列问题，包括转校、结交新朋友、加入一个新团队或游戏小组，他需要试着融入新集体，找可以一起玩游戏或去学校餐厅吃饭的朋友。事实上，研究表明，家长犯的一大错误是没有意识到搬家会让孩子沮丧，甚至可能导致孩子遭受精神压力或心理创伤。其实，家长可以采取措施，引导孩子度过这段难熬的时间。本节提供的解决方案可以帮助孩子更加积极地面对搬家，甚至可以提高孩子的自信心、社交技能和应对变化的能力。同时，请记住："心在哪里，家就在哪里。"不管搬到哪里或因为什么搬家，家之所以是家，是因为一家人能够在一起，并彼此关爱。

◎ 问题表现

即使是适应能力很强的孩子也难以应对搬家带来的一系列问题。家长要更密切地关注孩子的表现，尤其是搬家前两周和搬家后两周，在这段时间里，孩子因搬家受到的精神压力往往达到顶峰，因为他会逐渐意识到熟悉的一切终将改变。以下可能是孩子在搬家后会出现的一些不适情况。

- 身体不适：食欲不振、失眠、胃疼、头疼。
- 黏人、依赖大人：不愿意离开家，不愿意与家长或其他家人分开。
- 行为倒退：像新宝宝一样咿咿呀呀地说话、吮吸拇指、尿床。
- 暴怒或痛哭：发脾气、抱怨、易怒、变得有攻击性、心情沮丧或情绪起伏不定。
- 精神压力：产生睡眠问题、经常做噩梦、注意力难以集中、成绩下滑。
- 异常行为：突然出现撒谎、偷窃、喜欢对抗家长等异常行为。

尽管研究人员称，孩子通常需要长达 16 个月的时间才能完全适应新变化和新环境，但是，如果孩子表现出持续两周以上的严重焦虑症状或焦虑程度不断增加，又或者是孩子的行为出现了显著变化，家长感觉很担心，就应寻求专业人士的帮助。

家长须知

家长有时候也是不得已才选择搬家的。不管孩子处于哪个成长阶段，搬家都可能给孩子带来挑战，但是，在以下 5 种情况下，孩子的精神压力会增加，搬家带来的负面影响会更大。

（1）在学期中间搬家。如果搬家时孩子还没放假，特别是在孩子才刚开学时，搬家对孩子来说就很困难。在夏天或长假期间搬家比较好，因为孩子可以在开学前有更多的时间结交新朋友，并逐步适应环境。

（2）孩子还没上学或是在上中学。搬家对学龄前儿童和青少年来说最困难。搬家容易给学龄前儿童带来精神压力，因为他们还没有掌握应对压力的技能，也难以应对变化。中学生在搬家时会很难过，因为他们对自己的身份认可往往是建立在被同龄人接纳的基础上的，搬家就意味着他好不容易建立起来的基础现在没用了，另外，他们也舍不得离开友谊深厚的朋友。

（3）孩子是男生。相比于同年龄的女生，搬家对男生来说更困难。

（4）搬家前孩子有过心理创伤。自然灾害（飓风、火灾），家庭经济问题，父母离婚，父母中一方去世、或随军离开家等都会加剧孩子在搬家时的痛苦情绪。

（5）家长也不愿意搬家。如果家长对搬家持负面态度，年龄较大的孩子感受到的相关压力和陷入抑郁的风险会显著增加。

不要认为相比于把家搬到街对面，把家搬到遥远的地方对孩子来说更困难。研究表明，对孩子来说，在同一个城市或学区内转学往往比搬到另一个城市或学区更难让人适应。南卡罗来纳大学心理学教授、博士弗雷德里克·梅德韦研究了搬家带来的影响，是这一领域的知名专家，他指出，父母可能没有意识到，即使是搬到"不太远的地方"也会给孩子带来压力，因此不管搬家的距离远近，家长都应该发挥作用，帮助孩子顺利过渡。

解决方案

搬家会给孩子和家长带来压力。孩子如何应对和适应这个情况取决于很多因素，包括他的年龄、性格、家长的态度以及搬家会引起的变化。有些孩子觉得搬家就像探险；有的则会表现得很痛苦，好像自己被判了无期徒刑一样，需要很长的时间适应。孩子有情绪是很正常的，因为搬家，孩子远离了熟悉的朋友和环境，因此，他会将搬家视为一种损失，感觉非常悲伤。家长可以和孩子谈心，表示搬家后他确实会远离熟悉的一切，自己也非常理解他的难过和失落。但家长不必为此感到愧疚，而是应该马上行动起来，努力帮助孩子做好充分的准备，让孩子能顺利度过这段时间。家长要积极面对问题，专注于自己能做的，尽快让孩子放下心理负担。虽然有时孩子需要几个月才能适应，但是最终适应之后，孩子会觉得新的生活环境就是"甜蜜的家"。

　　家长可以参考以下具体解决方案，在搬家的 3 个阶段（搬家前、搬家期间和搬家后）帮助孩子和家人更顺利地适应变化。

◎ 步骤 1：早期干预

搬家前，家长可以参考以下方法帮助孩子做好准备。

1. 预测孩子担忧的问题

　　无论是同城搬家还是搬到别的城市，孩子都常常担忧以下问题。家长可以看看下面的问题，想想孩子可能会担心什么，如果能预测到孩子的问题，就能提前采取措施，更有效地缓解孩子的不安情绪，增强孩子的信心。

- 担心会不喜欢新家、新小区或新社区。
- 担心会在搬家过程中丢失个人财物。
- 担心结交不到新朋友、难以融入新社区或难以被接纳。
- 担心无法继续目前的运动或兴趣爱好。
- 担心会与老朋友失去联系。
- 担心搬家带来的经济压力。
- 担心不适应新学校或新班级的要求。
- 担心再次经历同样的社交问题（如名声不佳、被欺负或感到被排斥）

2. 保持乐观和冷静

家长要掩饰自己的不安，首先消化好自己的情绪，尽可能乐观地面对这次搬家"冒险"。孩子能感知家长的情绪，家长的态度会对孩子产生重大影响。

3. 强调搬家的好处

家长可以向孩子解释搬家的好处，这样他才会积极起来，同时他才可以向朋友解释搬家的原因。"你一直都想打排球，等搬过去就方便打了！""我们会搬到更大的房子里。""我们的新家离奶奶家更近。"

4. 解释搬家的具体安排

家长要向孩子解释搬家的具体安排，注意要根据孩子的能力和理解水平来解释。年幼的孩子注意力集中的时间较短，所以不要一次讲太多细节。大一点儿的孩子会想要知道细节（例如，我们要搬去哪里呢？我们怎么搬过去？我们什么时候搬？新房子看起来怎么样？我什么时候开始到新学校上学？），这时就要告诉孩子详细的信息，最好是父母亲自给孩子讲。

5. 预测问题

家长要准备好面对孩子对搬家的抵触心理，考虑到他可能会大吵大闹来宣泄情绪。家长要保持耐心，平静地应对孩子的这个问题。

6. 通过多种渠道了解新家的相关情况

家长可以请房地产经纪人发送新家的照片和平面图，还可以找一些新社区的地图和儿童活动宣传册，或登录新学校和新家所在城市的网站，让孩子浏览、了解相关信息。

7. 准备好必要的文件

家长要联系新的学校、幼儿园、体育俱乐部、儿科医生、牙医和兽医，看看他们需要哪些信息和文件，提前准备好孩子目前的学籍资料和疫苗接种记录，并把它们转寄给新学校，也要和孩子新学校的老师、教练谈谈，询问他们对孩子新入学的一些建议。

8. 让孩子参与搬家的过程

让大一点儿的孩子看看新家（尤其是孩子的卧室）的平面图，这样他就可以负责新卧室家具的布置，甚至可以指挥搬家工人摆放家具。家长给孩子一点儿选择权，让他感觉自己在搬家过程中有一定的控制权，他就能真正参与其中。例如，你还可以问他"你喜欢什么样的床单？""我们把秋千放在后院的什么地方会好一些？""把你的房间漆成什么颜色好呢？"

家长分享

一位妈妈分享了自己的经验。

我儿子很担心自己不能融入新班级。于是我决定先从穿着上把儿子"武装"起来。在他入学的前两天，我们开车去他的新学校门口，观察这里的孩子的穿着。儿子非常喜欢他们的书包、夹克和鞋子。于是我们也买了类似的东西，这样，儿子就在外表上和大家很"合群"了，这真的让他在新学校感觉更自在了。

◎ 步骤 2：快速反应

在搬家当天，家长可以用以下方法帮助孩子应对压力。

1. 分散孩子的注意力

搬家当天肯定会压力很大，所以家长最好安排孩子到别处去玩，以缓解孩子和自己的不安。家长可以请个保姆临时照看孩子，或者把孩子送到邻居家，又或者是请求朋友照看孩子。

2. 先搬运孩子的个人物品

家长可以让孩子用贴纸或记号笔给他装个人物品的箱子做标记，并向孩子保证，这些箱子会最先运到新家，随后让搬运工先装运这些箱子。孩子最宝贝的个人物品，例如枕头、毯子、电动玩偶、娃娃、素描本、铅笔和剪贴簿等，可以放在他自己的小背包里随身携带。

3. 把必需品放在手边

家长最好把那些你不想在忙乱中打包或丢失的必需品放在手边，例如手机、药品、尿布、湿巾、记号笔、通讯录、健康零食、喝水瓶、安抚奶嘴或杯子等，还要准备一些"以防万一"的小物件，以便在孩子要闹时，让孩子打发时间，比如新的涂色书或字谜书、电子产品，或孩子喜欢的其他玩具。

实用妙招

教孩子通过自我介绍来结交新朋友

家长可以教孩子按以下步骤进行自我介绍，这可以帮他结交新朋友。

（1）选择一个他喜欢的孩子。让孩子找一个看起来友好、有空闲，或者和自己兴趣爱好相同的孩子，然后让他自信地走过去打招呼。

（2）看着对方的眼睛。让孩子走过去时昂首挺胸、站直、朝对方微笑！如果对方没有同样看着孩子，那他可能对孩子不感兴趣，那就让孩子继续朝前走，去找别的孩子试试吧。

（3）用坚定、友好的声音问好，然后介绍自己。"嗨，我叫莎拉。"孩子可以主动伸出手握手，如果对方没有介绍自己的名字，就主动提问："你叫什么名字？"

（4）友好地说点什么或问个友好的问题。如"很高兴见到你。""你住在这附近吗？""你经常在这里滑冰吗？"孩子也可以介绍自己："我住在黄色的房子里"、"我也喜欢玩滑板"。

（5）记下对方的姓名、电话号码或电子邮箱。家长可以在孩子的口袋或背包里放上便签卡和铅笔。如果孩子和新认识的小伙伴很合得来，就可以告诉孩子记下对方的姓名、电话等，以便孩子给他打电话或约他见面，这样他们就可能成为新的好朋友了。

◎ 步骤 3：培养良好的习惯

搬家后要尽快安顿下来，家长要帮助孩子了解新家和新社区。以下是一些家长可以参考的方法。

1. 参观新家，庆祝新的开始

举办仪式来庆祝一家人乔迁新居。一家人可以一起在院子里种一棵树，以纪念新的开始；可以拍一张全家福，发给所有的老朋友；可以为家人举行特别的庆祝晚宴，为彼此的健康和幸福干杯。

2. 参观周围环境

家长要多带孩子熟悉新社区，可以去参观当地的图书馆、公园、学校、青少年活动中心、足球俱乐部或游泳馆，也可以带孩子去参观他的新学校。

3. 保持以往的家庭习惯

家长要按照以往的习惯安排家庭活动，尤其是搬家后的前几天：做家人最喜欢吃的晚餐、看平时喜欢观看的电视节目、读孩子喜欢听的睡前故事等。这能帮助孩子意识到，尽管搬家了，但是家还是那个家。

4. 帮助孩子融入新集体

孩子的衣服、发型、鞋子和配饰确实对他能否获得同龄人的认可很重要，而且每个社区都有自己的文化。家长应该去孩子的学校（如果可能，甚至在搬家之前就要这样做）看看他同学的穿着打扮，想想自家孩子的穿着打扮和他们是否类似。如果答案是否定的，那家长就要给孩子买些新衣服，以便他能更顺利地融入新集体。

5. 告诉孩子你理解他的感受

如果孩子没有向家长诉说他的感受，家长应该告诉孩子自己理解他的感受，并帮他表达出来："你一定感到孤独，你在想念你以前的朋友"、"我能看出来你很担心"、"你还不认识新同学，很难加入他们的团队"。家长要让孩子明白这些感受是正常的。即使孩子不愿和你交流，你也要继续和他说话。"我能做些什么，让你感觉更自在些？""新同学穿的衣服和以前的同学穿的有什么不同吗？你需要买新衣服吗？""你想让我和你的老师谈谈吗？"家长要有耐心，努力理解孩子，并告诉孩子他还需要一段时间才能适应。家长可以鼓励他把自己对这次搬家的感受写在纸上，然后放在一个罐子里，当作时间胶囊埋起来，待一两年后再挖出来读，到那时，他也许就会发现当时所面对的困难确实不算什么。

6. 和其他孩子的父母交朋友

孩子入校后，家长要尽快参加有关活动，例如，和其他家长一起拼车接送孩子、报名做孩子的教练、给孩子加入的新团队提供帮助、与其他参加露营的孩子的家长见面、参加家长会和其他学校活动等。家长要主动向邻居介绍自己。如果有新同事，那就和有孩子的同事多联系，这样不仅可以了解新家附近有哪些儿童活动，也有可能为孩子找到新朋友或者保姆。

7. 为孩子寻找结交同龄人的机会

家长要寻找机会帮孩子认识其他同龄人，例如去公园玩，参加比赛、青少年俱乐部、运动队、图书馆活动、课外培训班，或参加其他为孩子开展的项目。交朋友是孩子的事，家长要做的是帮助孩子找到合适的途径，帮助他遇到可能成为朋友的同龄人。

不同成长阶段孩子的表现

◎ 学龄前儿童

学龄前儿童在情感上非常依赖他们的个人物品（小床、毯子、秋千、玩具等），会把它们看得很紧，因此，搬家时的打包过程可能会令他们不安，物品装箱后更是如此。家长可以用玩具屋或鞋盒来代表新家和旧家，再准备一辆玩具卡车，给孩子演示卡车是如何开到家门前以及把他的东西搬运到新家的。为了减轻过渡期间的压力，家长可以最后再搬运孩子的床。学龄前儿童在不能预知接下来会发生什么事时，会发脾气并哭闹，因为他们无法事先表达自己的不安。学龄前儿童通常会有一段时间的焦虑不安，还可能会产生睡眠问题，并且在搬家前更容易患上上呼吸道感染。

◎ 学龄儿童

这个年龄段的孩子会关心搬家的细节问题：怎么才能把我们的东西运过去？搬家的工人什么时候来？我们为什么要搬家？家长要耐心地回答孩子的所有问题。孩子最需要了解的问题涉及新学校、学业要求、体育运动、喜爱的活动，以及自己能否适应新生活。如果可能，家长最好在搬家前就在新家附近给孩子报名他喜欢的活动，告诉他搬家后马上就能参加了，以缓解他的不安情绪。家长需要确保孩子的能力与组里的其他孩子相近，以便他们可以互相配合。

◎ 即将步入青春期的孩子

如果这个年龄段的孩子表现出愤怒或明显的悲伤，家长不要惊讶，因为即将步入青春期的孩子通常最难适应新环境，对搬家的抵触心理最强。他们害怕离开珍视的亲朋好友，也担心难以融入新集体。家长需要翻阅新学校的手册或查看学校的网站，帮助孩子了解新学校，并拿到孩子新班级的课程表、书单和活动安排。家长甚至可以查看班上学生的照片，这样就可以提前了解孩子同学的穿着风格，并做好准备。

第83问　日程安排过满

相关问题另见：第 21 问"发脾气"、第 38 问"依赖家长"、第 47 问"精神压力大"、第 87 问"睡眠问题"

 问题

"我总是读到专家的观点，他们认为孩子的日程安排过满，我的孩子就有这种问题。但是我觉得孩子忙碌一点儿才能取得进步。该怎么判断孩子的日程是否安排太满了呢？"

解决方案

参加适量的活动对孩子是有好处的，有些孩子确实因为参加了很多活动而取得了进步。但是，每个孩子的喜好各不相同，有的喜欢不断参加活动、不断学习，有的则喜欢享受更多的自由时光，所以，对家长来说，真正的挑战是判断自己孩子的日程是否安排得过满，关键是要根据孩子的需求、个人能力和性格做出判断，找到平衡。如果出现以下 8 种情况，就表明孩子的日程安排可能过多，家长需要适当地减少或重新安排这些活动。即使孩子只有其中一项表现，家长也需要检查一下孩子的日程安排。

（1）情绪变化。孩子的情绪突然变化，持续两周以上，并与他平时的性情明显不同。例如，由于日程安排变多，孩子明显比以往更爱发牢骚、不开心、易怒、富有攻击性、不听话、黏人。

（2）抗拒。要去参加活动时，孩子表现出抗拒或大发雷霆。

（3）匆忙。孩子总是抱怨时间不够用，总是匆匆忙忙地完成日常事务，比如吃饭、穿衣、写作业、做任务，或无法按时完成任务。

（4）睡眠问题。孩子怎么睡都睡不够、无法入睡或睡不安稳；总是觉得累，不断打哈欠。

（5）健康问题。孩子突然头疼、胃疼、起皮疹、频繁感冒、难以集中注意力。

（6）生活质量下降。孩子的成绩下滑；失去朋友，不再和朋友们一起玩；因为没有时间，被迫放弃喜欢的运动或兴趣爱好。

（7）生活失衡。家长太重视孩子的运动训练和音乐培训、学习，孩子没有机会培养其他的兴趣特长。在理想情况下，各项活动的安排要保持平衡，孩子才可以在大人的监督下参加这些活动（如运动训练、乐器学习等），同时也有足够的时间学习，还可以在没有大人看管的情况下和朋友玩耍，享受生活的乐趣，让自己放松下来，无须你追我赶地竞争。

（8）糟糕的亲子关系。家长几乎没有时间和孩子建立良好的亲子关系，无法让他享受和家人在一起的时光；家长觉得自己更像是司机，而不是家长，每天所做的只是接送孩子参加各项活动。孩子的生活节奏太快，几乎没有休息时间。

最简单的判断方法往往被家长忽略：直接问，问孩子是否觉得负担太重？如何评价自己的日程安排？最关键的是，如果孩子说他太忙、感到不堪重负时，家长是否做好削减活动的准备。

每隔一段时间，家长都应该检查一下孩子的生活节奏，列出孩子的所有活动，并把他参加活动的时间加起来，这个总数可能会令人大吃一惊。家长和孩子在这些活动中投入了很多时间、精力和金钱，这一切真的值得吗？如果答案是否定的，那就去掉一些活动。

第 84 问　养宠物的利与弊

相关问题另见：第 34 问"自私任性"、第 38 问"依赖家长"、第 39 问"胆小恐惧"、第 78 问"不愿意做家务"

 问题

　　"我儿子恳求我给他买个宠物，但是我有点犹豫。孩子多大才适合养宠物？养宠物对孩子真的有好处吗？"

解决方案

　　坦白讲，我真的非常喜欢养宠物，所以我的答案也许不够客观。不过研究确实表明，养宠物对孩子有明显的好处。养宠物可以培养孩子的责任感，让他逐渐明白生命和死亡意味着什么，甚至可以通过让孩子理解动物的情绪信号培养他的同理心。与宠物一起长大的孩子成年后更善于交际。（我最小的孩子就是通过和家里的巨型雪纳瑞交谈才学会了说话。）宠物也是很好的心理治疗师，在一项研究中，40% 的孩子反映，他们不高兴时就会去找宠物寻求安慰！但是，即使养宠物有很多好处，家长在购买前也要仔细权衡利弊，确保孩子的年龄和性格适合养宠物。

　　年幼的孩子不适合接触年龄太小的狗和猫。如果孩子不满 6 岁，可以考虑养两岁以上、刚成年的狗或猫，并确保它们已经接受过训练。另外，家长要仔细阅读宠物手册，了解对孩子有益的品种，并时刻注意家里宠物的性情。

美国儿童和青少年精神病学会建议，学龄前儿童和宠物在一起时应有大人在场，因为这个年龄段的孩子很容易感到懊恼，家长要小心不要让宠物因此觉得受到了威胁，继而伤害孩子。家长还要注意由狗和猫引发的儿童过敏反应。不过也有新的研究发现，在有两只及两只以上猫或狗的家庭中长大的孩子 1 岁后不太容易患上过敏和哮喘。10 岁以下的孩子无法独自照顾猫或狗，但是可以照顾豚鼠、鱼或老鼠。就我们家而言，我的 3 个孩子养过蛇、兔子、豚鼠、狗、鱼等，你能想到的他们基本上都养过，到目前为止，最温柔、最容易照顾的是豚鼠。我们养了几十只，最后才学会分辨它们的性别。

一旦家长决定了养什么宠物，就必须抽出时间教孩子重要的健康和安全知识，比如在触摸宠物后要用香皂和流水洗手。兽医警告说，孩子需要学会温柔地和宠物玩耍或触摸它们，不要过度刺激它们，当它们受伤时不要近距离接触，甚至要学会读懂宠物的身体语言（如嘶嘶声、弓背、咆哮声或蜷缩），训练宠物的问题则通常由家长负责。

家长还需要认真思考以下问题：孩子与宠物互动时，自己有空时时刻刻在一旁照看吗？一旦养了宠物，就要一直养下去，自己准备好承担相应的责任了吗？养宠物的底线是，除非孩子已经是个青少年，或是年龄小一点儿，但是心智非常成熟，否则养宠物最终都需要家长承担起照顾的责任，孩子只会和宠物玩。所以，请谨慎做决定，一旦养了宠物就要负责到底！

第 85 问　挑食

相关问题另见：第 47 问"精神压力大"、第 96 问"抑郁症"、第 97 问"进食障碍"、第 100 问"体重超标"

 问题

孩子拒绝吃曾经喜欢的食物；对食物很挑剔；只吃一种食物；拒绝尝试新的食物；总是因为吃饭与家长争吵。

每晚孩子只吃奶酪通心粉，或者只吃四颗葡萄、三块饼干和一片面包，你是否已经厌倦总做这些食物，希望孩子会吃腻，可总是希望落空？每次吃饭都像打仗一样，孩子就吃一两口，你是不是因此疲惫不堪，担心他每天不能获得必要的营养？如果你的回答是肯定的，那你的孩子确实很挑食。令人欣慰的是，研究表明，孩子挑食并不是由家长的烹饪技术不好导致的。

伦敦大学的露西·库克主持的一项研究发现，孩子挑食主要是由遗传导致的。研究人员分析了近 5 400 对 8 ~ 11 岁的双胞胎，发现 78% 的孩子挑食是由基因决定的，但是家长不要因此就觉得没法改正孩子挑食的毛病。新的研究还证实，家长确实可以用简单的方法让孩子不那么挑食，让他们愿意吃豌豆和西蓝花。虽然这些方法肯定不会马上让孩子变得不再抗拒任何食物，或者成为什么都愿意尝试的美食家，但是它们可以帮助孩子更享受吃饭的时光，甚至吃得更健康。仅这两个改变就值得家长付诸行动去尝试。

美国儿科学会和其他研究人员开展的研究发现，大多数孩子长大后会改掉挑食的习惯，并不会有什么不良后果。一项为期10年的研究发现，那些早期饮食习惯有较多问题的孩子长大后患进食障碍的风险会增加，但是这项结论仍需要更多的研究来进一步证实。以下6种表现说明孩子挑食的问题较为严重，家长需要多加关注或寻求建议，尽快帮他改掉挑食的习惯。

（1）体重下降。如果孩子吃的量和以前差不多，但是体重仍在下降，或者孩子的体重明显比身高相仿的同龄人低，家长就要考虑厌食症等疾病的可能性。6岁的孩子也可能患上厌食症。家长也要留心孩子有没有腹泻、发烧、呕吐或吃一些食物时出现恶心的症状。

（2）突然的食欲改变。孩子可能很早以前就挑食，但是如果他突然变得更挑食，甚至拒绝吃饭，那就可能是由其他原因造成的，比如精神压力大、抑郁、被欺凌、学习有困难或进食障碍等。

（3）头发变稀疏或脱发。这可能是因为孩子营养不良、贫血或有精神压力。

（4）行为异常。孩子是否突然变得倦怠、易怒、难以集中注意力、有睡眠困难或难以跟上同学的学习进度？如果是这样，家长就要密切关注孩子的行为，这可能是由不均衡的饮食引发的。

（5）食物过敏。如果孩子在吃了某些食物后的几分钟内（最多两小时内），出现诸如咳嗽、流鼻涕、皮肤或眼睛瘙痒、皮疹、皮肤肿胀、恶心、腹泻、胀气、抽筋、气喘、哭闹或打喷嚏等症状，他可能对该种食物过敏。

（6）其他方面的困扰。如果孩子对食物的挑剔影响了他在日常生活中的其他方面（例如穿衣打扮、卫生状况等），家长就需要咨询医生关于强迫症的信息。

如果家长担心孩子的健康，也可以给他验个血，排除贫血的可能性。这种情况下，孩子可能每天服用复合维生素就行了，但是家长也不要忽视孩子的症状或自己的直觉。

 **解决方案**

1. 营造更加轻松的用餐氛围

科学研究的结果一致表明，更放松的用餐氛围会让所有孩子，尤其是挑剔的孩子受益。事实上，研究人员发现，当用餐氛围轻松时，挑食的孩子更有可能吃更多的蔬菜（不包括水果），并且愿意多吃。家长要营造轻松的家庭用餐氛围，避免以下 5 种行为。

- 不要坚持让孩子吃完他碗里的食物。哄骗孩子"多吃点"不会有什么效果。家长不要强迫孩子吃饭，但要鼓励孩子什么食物都至少尝一口，但可以不必多吃。如果孩子说他吃好了，就不必再劝他多吃点，要相信他！

- 不要催孩子。有些孩子，尤其是年龄较小的孩子，吃饭要花更长的时间。如果孩子吃得慢，家长要给他留点时间，让他按照自己的节奏吃饭。

- 不要再给孩子单独做饭。给孩子另做一份他喜欢的饭只会让挑食的孩子认为"反正妈妈会做别的东西给我吃，我不需要吃我碗里的食物了"。所以，家长不要再单独给孩子做饭，相反，要给孩子准备一些他不太喜欢吃的食物，并搭配上他比较喜欢的食物（或者至少搭配一种孩子会吃下的食物），然后坐下来享受自己的晚餐就可以了。

- 不要过犹不及。研究表明，挑食的孩子是否会变得更加挑剔取决于家长的反应是否得当。告诉孩子只要吃饭就能得到奖励反而会让他更加厌恶进食。吃饭时，家长不要为了让孩子多吃点，就不断说教、和他讨价还价、承诺给奖励、下最后通牒或惩罚他。事实上，在吃饭时，家长说得越少越好，最好是保持沉着和冷静。

- 不要让孩子独自吃饭。吃饭应该是一家人围坐在一起开开心心地吃。即使孩子不吃饭，他也应该坐在餐桌旁。但是如果他还没吃完，不要留他独自吃饭，家长最好坐在旁边陪着他。

2. 订立健康的饮食计划

家长可以在固定的时间给孩子准备正餐和零食来增加他的食欲，但一定不要在开饭前给孩子零食，以免破坏他的食欲。家长可以让孩子在两到三种健康的食物中选择，并限制孩子吃容易饱腹的快餐、糖果、饼干、薯条和奶制品等。

3. 少让孩子吃会降低食欲的食物

家长要少让孩子吃那些可能降低食欲的食物。饮料容易饱腹，所含的热量也不容忽视。美国儿科学会的一项研究警告父母，不要让孩子喝太多的牛奶（这似乎挺令人吃惊！）和软饮料，这些食物会降低食欲，要让孩子喝水。如果孩子是"果汁狂"，家长可以在果汁中加水来稀释它的糖分，也可以让孩子阅读有趣的相关书籍，帮助他理解健康饮食的必要性。

4. 做孩子喜欢的食物

孩子的口味和喜欢的食物确实与成年人不同。家长可以尽量给孩子吃他更喜欢的食物，以下建议供参考。

- 听取孩子的意见。家长可以试着带孩子一起去买菜，并让他一起计划做什么菜、帮着做菜和上菜。如果做饼干，家长可以事先给孩子准备一小块面团和工具，让他用准备好的材料做出有趣的形状；也可以让孩子充分发挥自己的创意，让他自主设计一些菜，比如用胡萝卜丝做土豆的头发，用葡萄干做眼睛等。孩子通常更愿意吃自己参与做的食物，家长只要让做饭的过程变得有趣就好。

- 少盛一些。给孩子盛饭时要少盛一些，避免他一看就觉得吃不了。家长可以在较小的盘子里盛一点儿，甚至就盛一小勺。

- 顺其自然。如果孩子要求食物不能混放在一起，那家长就按他说的做，把不同的食物分开盛放。孩子要玩食物也暂时不要管，年幼的孩子经常喜欢触摸、闻和玩没见过的食物。

- 选择口感、形状和颜色上能吸引孩子的食物。孩子喜欢颜色鲜艳、口感有趣的食物，家长在准备食物时要考虑孩子的这些偏好，不要只关注食物的味道，还要关注孩子是否愿意吃这些食物。事实上，家长不要问孩子"味道怎么样？"，而是要多关注"你喜欢这种口感吗？""多么漂亮的颜色啊！""你不喜欢这个有趣的形状吗？"。

● 给食物起个有趣的名字。康奈尔大学的一项研究发现，给蔬菜起一个有趣的名字，比如"X光好视力胡萝卜""能量豌豆""恐龙西蓝花树"等，会让挑食的学龄前儿童觉得吃饭更有趣。更重要的是，第二天孩子会更乐意吃这些食物。

5. 不断尝试

研究表明，家长连续 5 ~ 14 天让孩子吃同一种新食物（特别是蔬菜）通常能有效地帮孩子克服对新食物的反感。因此，即使孩子第一次吃某种食物就说"恶心"，家长也不要放弃。每次只给孩子吃一种新食物，即使孩子只吃一小勺也可以。家长可以用一些熟悉的主食来搭配孩子未尝试过的食物，这样孩子会更愿意尝试。一定要让孩子知道食物的味道，到底是甜的、咸的还是酸的。如果实在没有办法，为了孩子的营养，家长可以试着在意大利面酱中加入少许蔬菜泥，或者在奶昔中加入少许蛋白粉（具体搭配可以参考相关书籍），把健康食物藏在孩子最喜欢的食物里，这样他就会不知不觉地吃掉了。

不是每个孩子都喜欢所有的食物，总有挑食的孩子，而且家长也不可能立刻就改变孩子的饮食习惯，所以要有耐心。真正的目标是确保孩子现在有愉快的饮食体验，这有助于他养成受益终生的健康饮食习惯。要实现这一目标就要营造愉快的用餐氛围，让一家人都能开开心心地吃饭。心情好，胃口才好！

 不同成长阶段孩子的表现

◎ 学龄前儿童

挑食在学龄前儿童中非常普遍，而且不分性别。孩子通常在 2 岁左右就不愿尝试各种各样的食物了，他们的味蕾开始变化，食欲开始减弱，这种行为可能会持续到 4 ~ 5 岁，也有可能更久。孩子只想反复吃同一种食物，对新食物的本能抵触是儿童发育的正常现象，这种现象可能持续 1 年，甚至更久。孩子通常更喜欢甜味和咸味的食物，拒绝任何酸味或苦味的食物。喝太多牛奶会抑制孩子的食欲，对这个年龄段的孩子来说更是如此。

研究速递

5 个方法让家长对孩子的饮食习惯产生积极影响

虽然孩子挑食在很大程度上是由基因决定的，但是有大量证据表明，家长可以通过教育降低孩子挑食的概率。研究发现，孩子不那么挑食的家长通常会采用以下 5 个方法。

（1）以身作则，多吃水果和蔬菜，给孩子树立健康饮食的好榜样。

（2）让孩子在很小的时候就尝试各种各样的食物。

（3）坚持让孩子接触某种他不喜欢的食物，每种至少 10 ~ 15 次。

（4）不通过施加压力或给予奖励来让孩子吃东西（如"如果吃了你的豌豆，就有甜点吃"）。

（5）不对自己喜欢或不喜欢的食物发表太多看法。

家长要注意，孩子正在旁边看着你，会模仿你的行为。反思一下，你自己的饮食习惯健康吗？

◎ 学龄儿童

家长可以在家里准备好水果和蔬菜，方便孩子随时吃，家长自己也要以身作则，多吃水果和蔬菜，教孩子逐渐接受和享受各种食物。注意不要让孩子过度饮用含糖饮料，例如果汁含量达不到 100% 的软饮料和调味饮料。这些饮料会增加热量的摄入，让孩子容易有饱腹感，而且不能为身体提供必需的营养。

◎ 即将步入青春期的孩子

　　即将步入青春期的孩子往往不那么挑食了，不过有些孩子难以改掉童年早期的饮食习惯，仍然有强烈的食物偏好。不爱运动的孩子胃口会变差，戴牙套的孩子在咀嚼某些食物时会不舒服。这个阶段的孩子经受的同伴压力最大，所以如果孩子的同学或兄弟姐妹喜欢某一种食物，那他就很有可能也喜欢这种食物，或者受到影响去尝试本来不愿意吃的食物。家长可以邀请孩子的朋友共进晚餐，观察孩子朋友的口味是否在影响孩子的口味。在这个年龄段，孩子改变饮食习惯（例如拒绝食用肉类产品）、食欲发生变化都很常见，这通常是因为受到了同伴的影响或开始形成自己的观点。这个阶段的孩子最容易患进食障碍，所以如果孩子挑食变得更加严重，家长就要当心。家长要密切关注孩子有没有异常表现：体重突然下降，批评、贬低或过度关注自己的外貌，过度频繁地称体重或计算热量摄入、身体不适（例如出现头疼、胃疼、头晕或疲惫）。如果孩子的情况令人担忧，家长要立刻带他就医。

家长分享

　　一位妈妈分享了自己的经验。

　　我女儿可以说是世界上最挑剔的孩子了，她能连续几周都只吃同样的食物。有一天，我看到女儿在看美食频道，我就突然顿悟了。我给女儿买了一套量匙和一本儿童烹饪书，让她开始学着下厨，像洗葡萄啦，做小甜点和配菜啦，她很喜欢这些。女儿吃着自己做的饭，尝试了很多以前没尝试过的食物。当然，她的爸爸和哥哥也对她做的饭夸个不停，这让女儿很受鼓舞。

第 86 问　安全问题

相关问题另见：第 29 问"不包容"、第 38 问"依赖家长"、第 50 问"被欺凌"、第 51 问"欺凌他人"、第 59 问"同伴压力"、第 65 问"被取笑"、第 90 问"网络欺凌"、第 91 问"安全上网"

 问题

　　孩子有冒险或不安全的行为；容易轻信他人；对身边的潜在危险一无所知；不知道如何识别可疑行为或寻求帮助；决策能力差；过于依赖家长。

　　家长需要面对现实，抚养孩子的过程中肯定会遇到让家长提心吊胆的安全问题，而如今的社会确实有一些问题会让家长更不安，例如绑架、网络欺凌和恋童癖等。除此之外，还有自然灾害和意外事故：地震、火灾、飓风、车祸、溺水等。虽然家长无法时刻保证孩子的健康和幸福，但是研究证明，家长可以帮助孩子学习常用的安全防范知识，学会估量不安全的因素，从而降低孩子受到伤害的风险。在孩子上学前，家长就可以开始提高他们的安全防范意识。家长可能担心谈论这些可怕的问题会吓坏孩子，但是不这样做才是犯了大错，关键是要以轻松的方式提起安全话题，就像讨论其他日常事务一样，不要一次涉及太多内容，要考虑孩子的年龄和理解能力，以及他在这个阶段所需要掌握的安全知识。以下是 4 个最常见的儿童安全问题以及实用的防范方法。孩子掌握这些方法后会更安全，万一发生紧急情况，他将知道该怎么做，这样家长也能更安心。

**解决方案**

1. 遭遇绑架和性侵犯该怎么办

绑架和性侵犯是家长非常关心的安全问题，尽管这种事情发生的可能性较小，可是它们在当今世界依然不容忽视。事实上，孩子被自己认识的人绑架或性侵犯的例子甚至不算少见。以下列举的重要安全策略可以防止悲剧的发生。

- 采取防范措施。不要把孩子的名字写在衣服或物品上，以免陌生人窃取孩子的个人信息。保存一张孩子最近的高清照片。每6个月更新一次有关孩子外表的信息，包括身高、体重等。孩子的病史和牙科治疗记录要存放在手边，方便查看。在钱包里放一张孩子的照片，以便他在公园或商场走失时寻找。

- 密切关注相关信息。家长要随时了解孩子的去向、孩子的朋友及其父母的信息。当即将步入青春期的孩子外出时，要让他养成经常和家长联系的习惯，以方便家长随时知道他的动向。家长可以考虑给年幼的孩子买带全球定位系统的便宜的手机，给即将步入青春期的孩子买功能简单的手机，方便自己随时了解他们的去向。

- 告诉孩子不能随便让人触碰隐私部位。家长要告诉孩子哪些是身体隐私部位，以及"正常"和"不正常"的触摸之间的区别。家长要告诉孩子，如果有人试图触摸他的隐私部位，或让他感到害怕、不舒服或可疑，要勇敢说"不"，而且要尽快离开现场。

- 叮嘱孩子"有的秘密不能保守"。家长要和孩子约定好："如果有大人让你保守秘密，你要马上告诉我，我担心你会受到伤害。"

- 教孩子识别可疑行为。专家建议，不要将"陌生人等同于危险"的理论灌输给孩子，这会吓到孩子，或让他感到困惑。家长不如教孩子识别可疑的情况，告诉孩子与成年人相处时要警惕以下可疑的行为：

（1）寻求帮助："我需要你帮忙找我的孩子。请帮帮我！""你能帮我找找我的小狗吗？"

（2）提供奖励："你想吃些糖果吗？""我的车里有块滑板。你想玩吗？"

（3）假装有紧急情况："快点！你妈妈出了车祸。我带你去医院。"

（4）假装是同学的家长："我觉得你就是那个伤害我儿子的孩子。跟我来，去找你爸妈。"

（5）假装是家长的朋友："我是你爸爸的老朋友。他让我过来找你的。你能带我去你家吗？"

让孩子练习在这些可疑情景中怎样应对，这样他能留下深刻印象，提高警惕性，以便以后在生活中遇到真正的危险时也能反应迅速。另外，家长要反复提醒孩子不要给陌生人开门，也不要告诉别人爸爸妈妈不在家。

- 准备一个秘密暗号。家长要告诉孩子一些基本要求："永远不要跟不知道咱们家秘密暗号的人离开。"家长可以选择一些简单易记的词作为秘密暗号，例如"英雄"，并向孩子强调必须保密。知道暗号的人只能是家人、指定的紧急联系人（比如朋友或亲戚）、临时负责照顾孩子的受家长信任的人（比如保姆或临时保姆）。

- 禁止孩子和网友见面。家长要告诉孩子绝不能在网上泄露个人信息，例如自己的姓名（以及家长的姓名）、地址、生日、电话号码等。家长要向孩子强调，在任何情况下都不应该与只在电话或网上联系过的人见面。给孩子解释清楚，在网上自称 11 岁孩子的人可能实际上是一个 30 岁的儿童性骚扰者。（参见第 91 问"安全上网"）

- 教孩子"扔下东西、大声呼救、逃跑"。家长应当告诉孩子，如果遇到危险，要扔下手中的东西（如果没有拿东西，会跑得更快），大声呼救、挣扎，然后快速跑开。如果可能，向成年人求救："帮帮我！这个人不是我爸爸！"家长还要告诉孩子，如果他被抓住了，一定要反击、尖叫、能抓到什么就抓紧什么（比如自行车把手或车门），抓紧后能坚持多久就尽力坚持多久，以避免绑架者轻易把他带走。家长要向孩子强调，如果他在试图保护自己时弄丢了东西或者伤害了别人，自己绝不会因此生气。

2. 注意公共场所的安全问题

家长可以参考以下方法，教孩子如何在公共场所保护自己。(参见第50问"被欺凌")

- 教孩子寻求帮助。家长要让孩子练习说"我需要帮助"，这样他在遇到危险时会更容易开口向他人求助。家长要告诉孩子，如果他走失了，应该走到收银台或找到穿工作服的员工、警察或女性(最好是带着孩子的女性)求助。家长要叮嘱孩子一定不要离开走失时所在的建筑物，除非当时发生火灾或有人威胁要伤害他。

- 教孩子待在原地等大人。家长要告诉孩子，一旦意识到自己走丢了，就要"停下，张望，呼叫，等待"，意思是停下来，待在原地，站在那里环顾四周，看看是否能看到爸爸妈妈，同时要一直大喊"妈妈！"或"爸爸！"，然后耐心等待家长找到他。这个方法特别适合在户外或开放的地方走丢时使用。家长还可以教孩子喊自己的全名，这样能更快地引起家长的注意。小提示：外出时或在公共场所给孩子穿鲜艳的衣服，这样他在人群中会更显眼，家长能更快地发现他。

- 事先约定碰头地点。去人多的地方时，家长一定要和孩子事先约定碰头的地点，以防孩子走失后不知道去哪里。

- 让孩子练习安全地过马路。过马路的时候，家长不要高估孩子的"安全智慧"。美国国家公路交通安全管理局发现，孩子至少要到10岁以上才能掌握安全过马路的能力。家长要告诫孩子不要在马路附近玩耍，如果球滚到马路上不要自己去捡，要及时告知大人。家长在教孩子练习过马路时，要让他"先停，左看，右看，再左看"，意思是他应该在路边先停下来，然后在过马路前向左、向右、向左看。即使已经先观察过了，孩子也应该在过马路时时刻注意过往车辆。家长还要教孩子注意转弯的车辆，并学会采用各种方式尽量引起司机的注意(大多数孩子会误以为司机能看到自己)。学龄前儿童容易冲动，会急着冲到马路上，所以过马路时家长要紧紧抓住孩子的手，同时提醒他遵守规则："你要紧紧握住妈妈的手，不能自己冲过去。"

- 教孩子待在能被"看到和听到"的地方。家长要确保孩子知道，他只能在光线充足、人流量大的地方走路、玩滑板或骑自行车，要告诉孩子安全的地方是成年人可以看到他或听到他动静的地方，例如操场或公园的中央、建筑前面光线好的空地、街灯下、巴士司机背后的座位（司机可以从后视镜里看到孩子）等。难以被看见和听见的地点包括公园的僻静角落、没有照明的区域、建筑物的后部、洗手间的最后一个隔间和停车场的角落等。这一点至关重要，因为在成年人注意不到的地方，孩子更有可能成为恶霸、绑匪或儿童性侵犯者的猎物。家长要嘱咐孩子尽量和朋友待在一起。

● 提醒孩子使用公共卫生间时要小心。年幼的孩子去公共卫生间时，家长一定要陪同。如果是稍大一点儿的孩子，家长要让他使用离门口最近的隔间，并叫上朋友陪他去。

3. 遭遇自然灾害的自救方法

大多数专家建议，家长要教孩子遭遇自然灾害时的自救方法。

● 制订家庭应急计划。计划好万一发生天气异常的紧急情况，一家人要去哪里。家长要和孩子进行演习，这样如果危险发生时大家不在一起，他们也知道去哪里可以找到家长。

● 选择一个家庭联系人。为了防止危险发生时和孩子失散，家长要事先指定一名外地的亲朋好友作为紧急联系人，让孩子记住联系人的姓名、电话号码以及具体地址。

● 找到应急物资。家长要告诉孩子急救箱、手电筒、电池、扳手和用电池供电的收音机的具体存放位置，并教年龄大一点儿的孩子基本的急救知识，以及如何操作灭火器、如何关掉热水器和煤气阀、如何调到当地的广播电台收听详细的天气信息（或者购买一台天气收音机，以便能 24 小时不间断地收听天气情况和其他紧急情况的信息播报）。

● 练习安全防范措施。家长要告诉孩子，如果遭遇暴风雨，不要携带任何金属材质的物品或站在树下，以免被闪电击中；在暴风雨来临时，不要使用固定电话、不要泡澡或淋浴。如果遇到龙卷风、地震或爆炸，孩子应该躲在结实的餐桌或书桌下，双膝跪地，双手十指交叉相扣地护住后脑和颈部，并远离窗户、炉子、玻璃或掉落的物体。

4. 了解日常生活中的安全知识

家长要根据孩子的年龄引导孩子学习日常生活中的安全知识，并让他多加练习，以便在遇到紧急情况时能应用自如。

- 切勿触碰掉落的电线。
- 当心流浪动物。不要接近任何正在吼叫或龇牙咧嘴、气势汹汹地的流浪动物，也不要接近任何看起来烦躁的动物。
- 如果闻到失火的烟味，为了避免吸入有毒气体，一定要俯身爬到安全的地方。如果门有点热，说明火已经封门了，不要打开它。如果有湿毛巾，要用它掩住口鼻，并护住头部和颈部。
- 如果听到嘶嘶声或闻到天然气的味道，请立即离开所在建筑。

 不同成长阶段孩子的表现

◎ 学龄前儿童

虽然学龄前儿童非常担心和父母分开，但是他们仍然可能从大人身边跑走，所以家长要时时刻刻让孩子待在自己的视野内。孩子要能准确说出自己的姓名、家长的姓名及电话号码。孩子也要学会通过拨打报警电话来求救，如果孩子还没能力掌握，那家长就要让他戴上附有紧急联系信息的医疗手环。这个年龄段的孩子需要知道迷路时该做什么，如何寻求帮助，也需要明白除非遇到特殊情况，否则应该在走失的建筑内原地等待。家长要教给孩子基本的安全防范知识："陌生人"是我们不认识的人；永远不要说父母不在家，也不要自己开门。家长要告诉孩子在紧急情况下可以求助的人，例如商店员工（教孩子辨识员工的铭牌或工作服）、家长的朋友（与爸爸妈妈一起吃饭的人）或别的小朋友的妈妈（带着孩子的女士）。家长还要向孩子指明哪些是身体的隐私部位，什么是"正常"

和"不正常"的触摸。

◎ 学龄儿童

除了学龄前儿童必须掌握的安全防范知识外，家长还要教这个年龄段的孩子相信他们的直觉，如果某个人或某种情况让自己感觉不舒服或不安全，就要大声拒绝，即使这样看起来是在跟大人顶嘴也无所谓。家长要向孩子强调，自己会支持他的决定。家长可以和孩子玩"如果……怎么办"的游戏，帮助孩子做好应对安全问题的准备："如果一个陌生人提议载你一程，你会怎么做？""如果你在外面听到雷声呢？"孩子可能认为自己已经很成熟了，但家长要明白学龄儿童怎么说都不能算是成熟，他们无法及时做出正确的判断来保护自己。

◎ 即将步入青春期的孩子

即将步入青春期的孩子不再总有家长陪着，这个年龄段的孩子最渴望融入集体，所以他们的安全问题还包括那些涉及同伴压力的问题，例如饮酒、依赖处方药、吸烟、性行为和冒险行为等。家长要教导孩子如何做出更安全、更负责任的选择，并和他一起练习遇到危险情境的应对方法。不管孩子如何追求独立，家长都要参与他的生活，设立明确的界限和规矩。家长要随时了解孩子的去向，特别是在放学后，因为这是孩子最容易惹麻烦、最不安全的一段时间。

第 87 问　睡眠问题

相关问题另见：第 15 问"逆反心理"、第 39 问"胆小恐惧"、第 40 问"哀伤"、第 42 问"追求完美"、第 47 问"精神压力大"、第 60 问"被排斥"、第 75 问"考试焦虑"、第 96 问"抑郁症"

 问题

孩子不愿意上床睡觉，或因为家长要求他早睡而吵闹；入睡困难或睡不安稳；睡眠不足对孩子的行为、学习、情绪或身体健康产生了负面影响。

"我知道我女儿有时睡眠不足，但是我该怎么判断她是否有严重的睡眠问题呢？"

◎ 为什么需要做出改变

长期的睡眠困难是当今非常常见的儿童问题。美国睡眠医学会的研究估计，有三分之一的孩子睡眠不足。更严重的是，90% 的家长认为他们的孩子睡眠充足，可是事实并非如此。睡眠不足会造成孩子易怒、亢奋、喜怒无常、难以集中注意力、头疼、总是昏昏欲睡。如果你的孩子有这些表现，可能也是因为睡眠不足。

密歇根大学开展的研究发现，患有注意力缺陷多动障碍的孩子中，有 25% 有潜在的睡眠障碍。如果不帮孩子改善睡眠习惯，孩子可能发育减缓、成绩下降、行为表现变差、饮酒、自我认可度降低，而睡眠充足的孩子更有可能学习优秀，情绪也比较稳定。

不采取措施，只等待着孩子的睡眠问题自然消失，这是不现实的。睡眠对孩子的健康和成长至关重要。研究人员对学龄儿童进行了跟踪调查，发现许多有睡眠问题的孩子一年后仍然入睡困难。本节阐述的方法可以有效帮孩子养成良好的睡眠习惯，让他们顺利入睡，睡醒后精力充沛。

◎ 问题表现

每个孩子睡眠不足时的表现不同，有以下表现说明他可能睡眠不足。

- 更容易生气，更冲动或叛逆。
- 更情绪化，更焦躁和古怪，更悲伤，更容易流泪或焦虑。
- 难以集中注意力，更容易分心和忘事，在学校表现不好。
- 不愿起床，出门磨蹭，走路不稳，上课迟到。
- 经常打哈欠，上课时爱打瞌睡，白天很疲惫，经常打盹。
- 发脾气频率更高，会经常情绪失控或崩溃，行为问题更多。
- 需要家长、老师更多的关注，更黏人，行为倒退（比如吮吸拇指），语言能力退化。
- 入睡困难，晚上醒来后很难再次入睡，常做噩梦。
- 说话过多，行为更亢奋或紧张，似乎过度疲劳，喝更多含咖啡因的饮料（如可乐或能量饮料）。

解决方案

每个孩子都会偶尔失眠，但是如果孩子经常有睡眠问题，行为、情绪、学习、健康或家庭关系也受到了影响，家长就可以尝试本节提供的方法。如果这些方法都无效，就需要带孩子及时就医。

◎ 步骤 1：早期干预

1. 找出产生睡眠问题的真正原因

家长要先找到孩子失眠的原因，这样才能采取有针对性的措施。以下是导致孩子失眠的 11 个常见原因，家长可以看看哪些可能是造成孩子睡眠问题的罪魁祸首。

- 天生就是晚睡型。孩子的生物钟不适合早睡，早早入睡非常困难。有些孩子需要的睡眠时间长，有些则需要的时间短。

- 担心和恐惧。正常的恐惧和精神压力——无论是由现实生活中像即将搬家这样的事件引起的，还是由想象中的"怪物"引起的——都会让孩子做噩梦，从熟睡中惊醒。

- 生物钟紊乱。熬夜和早上起床过晚会打乱孩子的生物钟，让孩子在该睡的时候睡不着，该醒的时候昏昏欲睡。不要让孩子总去小朋友家过夜，这会影响他的睡眠！

- 摄入过量咖啡因。每天至少喝一杯含咖啡因饮料的孩子平均每周会少睡 3.5 小时。家长尽量不要让孩子吃巧克力、咖啡味冰激凌或其他提神的药物，也不要让他喝苏打水、咖啡、能量饮料。

- 睡前太过兴奋。在家长不知情的情况下，孩子会在睡前给朋友打电话聊天、发信息、玩视频游戏、看电视、和宠物玩耍，而这些活动都会过度刺激孩子，让孩子难以在平时的睡眠时间入睡，即使睡着了，也容易惊醒。62% 的孩子承认自己在上床后会使用手机，而他们的父母对此一无所知。

- 白天睡觉。时间过长或不必要的午睡会扰乱夜间睡眠。即将步入青春期的孩子的午睡时间不应该超过 60 分钟，而且在晚餐后一定不能小睡。

- 睡前活动不固定。有规律的日常生活会使孩子的身体更适应在同一时间睡觉和起床。

- 剧烈活动。在睡前打闹、玩游戏，以及锻炼都会过度刺激孩子，让他们难以放松和平静下来。

- 日程安排过满和精神压力大。日常活动安排得太满导致孩子精神压力增加，经常筋疲力尽，导致身体需要通过分泌额外的皮质醇进行补偿，从而产生睡眠问题。

- 卧室氛围。光线会让大脑清醒；房间太热会影响深度睡眠，改变睡眠模式。理想的睡眠环境应温度适中，光线昏暗。

- 身体不舒服。牙疼、耳朵疼、鼻塞、尿床、戴牙套、睡眠呼吸暂停综合征和不宁腿综合征等都会给孩子的睡眠带来不良影响。

2. 了解孩子的特殊睡眠需求

正如上文提到的，接受调查的家长中有 90% 认为自己的孩子睡眠充足，但他们应该大部分都错了。为了帮助孩子，家长必须了解孩子的睡眠需求，记录自己的发现，然后根据他的需求制定解决方案。

- 记录孩子的正常睡眠时间。家长可以记下一周里，孩子每天上床的确切时间，以及他最后入睡的时间。很多孩子反映自己很难入睡，比他们父母所认为的要困难得多。孩子上床后，家长一定要观察他是不是真的睡着了。

- 观察孩子是否有睡眠问题。上文列出了孩子睡眠不足的表现，有哪些符合孩子的情况？孩子在第一节早课上的表现最能反映他的实际情况，家长可以向相关老师打听。

- 咨询专家。孩子需要睡多长时间才能达到最佳状态？请参考本节最后一部分"不同成长阶段孩子的表现"，查看每个年龄段孩子的睡眠需求。不过家长要记住，每个孩子都是独一无二的，不同的孩子在睡眠方面也会有差异。

- 留意孩子是否已经困了。家长要观察孩子是否已经困了，例如开始打哈欠、揉眼睛、脾气暴躁、一直躺着、心不在焉、黏人、说自己累了等。如果孩子每天晚上都在差不多的时间犯困，那就让他这个时候睡觉。

- 看看孩子需要什么来助眠。家长要明确孩子的需求，什么可以帮助孩子睡得更香，就给他准备好。例如，"要开小夜灯吗？""要给你多加一条被子吗？""要放催眠音乐吗？"

- 排除健康问题。如果孩子梦游、有不宁腿综合征或睡眠呼吸暂停综合征、易尿床等健康问题，家长应向医生寻求建议。

破坏睡眠的 5 大因素和简单有效的解决方法

（1）噩梦。

孩子大多会做噩梦，这很正常。孩子通常会在凌晨做噩梦，吓醒后能回忆起梦中那些可怕的，甚至是骇人的生动细节，会因为被吓到而很难再入睡。

解决方法：家长这时要保持冷静，如果孩子允许，就抱着他，用柔和、令人安心的声音和他聊一会儿，直到他再次入睡。家长最好不要问"你梦到什么了？"，因为回忆噩梦会再次引发恐惧。精神压力和担忧会导致孩子做噩梦，家长要想想他的压力是否太大了。

（2）夜惊。

孩子突然从沉睡中惊醒，坐起来，目光呆滞，大声呼救，家长和孩子说话却得不到他的回应，这其实是因为他正处于半梦半醒的状态，第二天可能什么都不记得。

解决方法：家长要保护孩子免受伤害，但是不要试图唤醒他，甚至安慰他，这样做可能会吓到他，让他更难平静下来。夜惊通常会自行消失，而且这并不代表孩子有什么心理问题。

（3）梦游。

孩子睁着眼睛，笨手笨脚地四处走动，第二天早上通常也什么都不记得。

解决方法：家长要确保孩子周围的环境是安全的，隔开不安全的区域，轻轻地把孩子带回床上。

（4）不宁腿综合征。

孩子晚上睡觉时腿发麻或反复踢腿，一般是孩子患有不宁腿综合征的原因。

解决方法：锻炼和充足的睡眠可以解决问题，但是如果问题持续存在，就应寻求医生的帮助。

（5）睡眠呼吸暂停综合征。

孩子睡觉时打呼噜、喘粗气、呼吸短促，这会导致他白天嗜睡和头疼，尤其是在早上。

解决方法：咨询儿科医生。医生可能会建议家长密切关注孩子的夜间睡眠情况、切除变大的扁桃体或腺样体，或者让他减肥。

实用妙招

让孩子按时作息

一项针对 170 个孩子的研究发现，白领家庭的孩子比蓝领家庭的孩子睡得更晚，起得更早，但是他们的睡眠质量却更高。为什么会这样呢？原因很简单：白领家庭的孩子按照固定的时间睡觉和起床，而且他们能坚持这一作息。家长要让孩子坚持按时睡觉，直到养成习惯。

◎ 步骤 2：快速反应

家长需要根据孩子独特的性情、生物钟和睡眠需求来安排作息，然后督促他坚持下去。

1. 安排固定的睡觉时间

一旦家长了解了孩子的睡眠需求，就要安排好他的睡觉时间并坚持督促孩子。研究发现，孩子不按时睡觉的话很可能晚上睡不安稳。

2. 帮孩子调整假期的生物钟，尽量让这个生物钟和上学时的作息同步

家长要提前做好计划，督促孩子在假期里也按时睡觉，让他的生物钟与开学后的作息时间同步。如果调整后的睡眠时间会减少超过一小时，家长就需要逐步帮孩子调整适应，从每晚缩短 20 分钟开始，逐渐变得更多。这个过程可能需要几天到几周的时间。

3. 早点开始睡前准备

家长至少在熄灯前 20 到 30 分钟就督促孩子开始做入睡准备，注意要让孩子尽量平静地接受，避免因督促他睡觉与他发生争执。对于年幼的孩子，家长可以试着挂一张图，明确列出睡前活动的顺序，例如吃零食、洗澡、换上睡衣、刷牙、听睡前故事、和家人说说心里话和互道晚安。家长每天晚上都要给孩子安排同样的活动，直到他养成习惯。

4. 安排让孩子逐渐放松下来的睡前活动

许多孩子因运动、学习或过满的日程安排而情绪紧张，以致熄灯时还很难入睡。如果孩子需要时间放松，家长就要配合他做好安排。传统的像泡热水澡、写日记、看书、喝热牛奶等活动，都能让孩子放松，并起到助眠效果。家长还可以试试给孩子做个舒缓的背部按摩。迈阿密大学医学院发现，按摩不仅能帮助孩子更快入睡，还能提高整体的睡眠质量。家长要帮助孩子看看什么对他有效，然后每晚都安排同样的活动来帮助他放松。

5. 让孩子变得期待睡觉

家长要注意，不要把督促孩子睡觉当作一种管教："如果你不照我说的做，就得乖乖去睡觉。"这只会让矛盾升级，其实，家长要做的是让孩子期待睡觉："好了，到时间了，该挨着妈妈在床上听睡前故事了。""熄灯前妈妈要抱抱你，和你说晚安。""妈妈明天早上给你做你最爱吃的薄煎饼，开开心心地睡一觉就能吃喽。"

6. 鼓励孩子自己睡觉

一旦孩子习惯了和家长一起睡，就不愿意独自睡在自己的小床上了。如果家长允许孩子先在家长的床上睡觉，等他睡着后再把他挪到他自己的床上去，会对孩子的睡眠产生不利影响。家长可以态度坚定地要求他："你必须睡你自己的小床。"家长可以让孩子慢慢学会自己睡，开始可以在自己床边的地板上放一个睡袋（不是在床上），让孩子睡在睡袋里，然后每天晚上轻轻地拖睡袋，并逐步向他的房间靠近，直到他最终可以独自在自己的小床上睡觉。

7. 只满足一个要求

家长好不容易让孩子躺到床上，收拾好一切，结果他突然开始提要求：要喝水、要拥抱、要再读一遍书。睡眠专家乔迪·明德尔建议，家长最好只满足孩子一个要求，然后就此打住。如果是年龄小的孩子，家长可以给他一块积木（或者其他什么东西都可以），代表"可以提一个要求"。一旦家长满足了孩子的一个要求，他就要把积木交还给家长，不能再提其他任何要求了。家长必须态度坚定，并坚持到底。

8. 联合照顾孩子的其他大人

家长需要告诉所有照顾孩子的大人（保姆、家里的其他大人）自己给孩子安排的作息，以及自己为帮助孩子提高睡眠质量所做的其他安排。这样，大家在照顾孩子时就能保持一致，这一点至关重要。

实用妙招

让孩子想象自己身处宁静的地方

家长要先帮助孩子回忆起他熟悉的宁静的地方，例如奶奶家、树屋、海滩等，接下来让他想象："还记得你在湖边感觉有多平静吗？睡觉前你可以想象这个宁静的画面。"家长要引导孩子一边深呼吸一边想象自己身处这个地方，然后让他反复练习，直到他能够主动回忆有关画面来减少紧张感，更快地入睡。

◎ 步骤 3：培养良好的习惯

家长要做的最后一件事是督促孩子每晚规律地作息，让他形成生物钟，从而提高睡眠质量。孩子在家里、在朋友家过夜、在夏令营或大学住宿时家长也要督促他按时作息。以下是一些行之有效的方法，供家长参考。

1. 听舒缓的音乐

台湾大学的研究发现，睡前听轻松的音乐可以降低心率，一旦坚持一周以上，睡眠质量能提高 26%。柔和而缓慢的音乐是最适合的，它们大约每分钟 60 到 80 拍，比如莫扎特的音乐、温馨的歌曲或均匀的白噪声，但是要让孩子自己选择。家长可以给孩子下载好音乐，让他在外面留宿时听。

2. 调整睡觉时间

家长要告诉年龄稍大的孩子什么因素会影响睡眠质量，鼓励他调整自己的作息，让他睡得更香。家长可以先这样启发孩子："你认为你需要睡多长时间？我们需要想办法让你睡够。"然后家长可以这样提醒孩子："至少在睡觉前半小时关掉电脑或电视。那些闪烁的灯光会向你的大脑发出信号，让你无法入睡"；"放学后就练习舞蹈会好些吧？临睡前锻炼会让你过于兴奋"；"这些饮料现在对你有帮助，但是你晚上可能睡不着。为了不影响睡眠，你在睡前就不能再喝可乐了"。

3. 教孩子放松精神

很多孩子睡着后会在半夜醒来，随后无法再入睡，家长这时可以教孩子一种放松的练习：先深吸一口气，同时将注意力从头部逐渐向下转移，慢慢经过身体的每个部位，最后到脚，接下来在呼气时放松每个部位；也可以让孩子闭上眼睛，从 100 开始倒数，或者数绵羊。

家长分享

一位爸爸分享了自己的经验。

我们尝试了所有常规的睡前助眠活动——喝热牛奶、泡热水澡、读睡前故事，但是儿子还是不愿意睡觉。一天晚上，他问我是否愿意和他一起玩士兵游戏。我想不出这有什么好玩的，但还是答应了。我们玩了几分钟，然后我让他到床上睡觉，给他盖好被子。从那以后，他整个白天都会期待和我一起做睡前游戏，我们的睡前大战也就此停止了。经过反思，我发现儿子真正想要的是和我亲密地待在一起。我多希望我早点意识到这一点！

 ## 不同成长阶段孩子的表现

每个孩子都有不同的睡眠需求，有些孩子需要的睡眠时间比别的孩子更长。下面总结的是通常情况下不同年龄段的孩子所需的睡眠时间，家长一定要根据自家孩子的具体情况安排作息。

◎ 学龄前儿童

学龄前儿童总共需要 11 ~ 13 个小时的睡眠，包括午睡（3 岁的孩子，总共需要 12 个小时; 4 岁的孩子，总共需要 11.5 小时; 5 岁的孩子，总共需要 11 个小时）。孩子通常在下午午睡 1 ~ 2 个小时，在 3 ~ 5 岁停止午睡，只有 24% 的 5 岁儿童还需要午睡。这个年龄段的孩子想象力丰富，所以夜间常常会有恐惧感并做噩梦。梦游和夜惊也常在这个阶段发生。

◎ 学龄儿童

学龄儿童总共需要 9 到 11 个小时的睡眠（6 ~ 7 岁的孩子，每晚总共需要 10 ~ 11 个小时; 8 ~ 9 岁的孩子，每晚总共需要 10 到 10.25 个小时; 10 岁的孩子，每晚总共需要 9.75 个小时）。睡眠问题在 7 ~ 10 岁的孩子中很常见，因为他们"浅睡眠"的时间较长，"深睡眠"的时间较短。近 40% 的学龄儿童睡眠不足，这可能会导致他们产生情绪波动、多动或难以集中注意力等问题。在这个阶段，孩子的社交活动、体育运动和课外活动会增加，学校的要求会有所提高，孩子的精神压力也随之变大。

◎ 即将步入青春期的孩子

　　11 岁时，孩子总共需要 9.5 个小时的睡眠；12 ～ 13 岁时，孩子总共需要 9.25 个小时来睡觉。孩子的生物钟在这个时候会开始发生变化，这使得他们更难早起，总感觉昏昏欲睡。孩子的睡眠需求平均每年会自然减少约 15 分钟。睡眠不足会导致孩子情绪波动大、易怒、难以集中注意力，对孩子的学业产生不良影响。

第 88 问　旅游规划

相关问题另见：第 6 问 "同胞竞争"、第 72 问 "不喜欢阅读"、第 77 问 "觉得无聊"

 问题

"我们要带着 3 个孩子自驾游。我希望旅途中他们除了看电影和吵架以外还能干点别的，可是孩子们已经习惯了电子娱乐。我希望您能给我们提些简单的建议，让这次出游更顺利。谢谢！"

 **解决方案**

"我们还没到吗？" "我们为什么要这么傻傻地自驾游呢？" "妈妈，姐姐打我！" 家长想带孩子自驾游，本来是想给他们留下终生难忘的记忆，但是事情并没有这么简单，与孩子长时间地待在车内肯定会让人心烦意乱。家长可以参考以下建议让一家人的旅途更轻松愉快，无论大家是乘坐汽车、火车还是飞机。真正的秘诀就在于对每个环节都要细致规划。

1. 事先制定旅途规则

"不许打人，也不许大喊大叫。" "座位每天轮换。" 家长要想一想旅途中可能发生的问题，并制定相应的规则，让孩子不那么折腾，同时确保他们的安全。在出发前就要制定好规则，一旦孩子意识到家长是认真的，就会乖乖听话。

2. 准备适合旅途中吃的食物

家长可以带上不粘手的零食，一定要注意糖的含量不能太高，否则不仅会损害孩子的牙齿，而且食物碎屑会掉得车上到处都是。另外，家长要带上装满瓶装水或盒装饮料的小冷藏箱，并把这个小箱子放在后座中间，就能有效隔开两个孩子，而且还能当内置的桌子用，方便孩子画画或写字，但是一定要提醒孩子在行车时手中不要拿笔，以免急刹车时造成危险。

3. 要求孩子装好要随身携带的东西

家长可以给每个孩子一个小背包，让他在里面装好自己想随身携带的物品（除了衣服和药品），例如泰迪熊、小枕头、书、儿童画板、电子设备、贴纸书等。旅途中背包应该放在孩子脚边或方便他拿取东西的地方。

4. 活跃气氛

让孩子在旅途中学习经典儿歌，带上有趣的游戏卡或笑话书，也可以"任命"其中一个孩子成为大家的随行喜剧演员，每隔 15 分钟就给大家讲一个不同的笑话。

5. 开展寻宝游戏

家长可以让孩子开动脑筋，想一想每天要收集的东西。这些东西必须是免费的，需要他们自己去寻得。例如鸟的羽毛、野花、鹅卵石等。家长可以给每个孩子一个小盒子或文件盒，用来存放他的纪念品。

6. 欣赏有声书

家长可以下载有声书，或者带上点读书，这样每个孩子都可以听自己最喜欢的故事。当然，听音乐也很美妙。试想如果在旅途中听了《飞天巨桃历险记》或《夏洛特的网》等妙趣横生的作品，孩子们的记忆该是多么美好啊。

7. 学习地理知识

家长可以给孩子带一张地图，让他们用记号笔标出一家人旅游的路线，顺便学习如何使用地图并增加地理知识。

8. 多停车休息

停车休息，让大家下车放松一会儿。稍微玩会儿飞盘或接力赛可以让孩子恢复活力。无论如何，至少每两个小时要停车休息一次。

如果以上方法都无效，那家长可以考虑在晚上或白天孩子打盹的时候赶路，并给自己准备好必需的东西。毕竟，带孩子自驾游时大人也要放松心情，享受生活。

第八部分

电子产品

"如果你可以改变妈妈的某个方面，你希望改变什么？"
孩子的回答精彩得让人惊讶。

二年级小学生这样回答：

（1）妈妈总是督促我把自己的房间打扫得干干净净，这有
  点过分了，我希望妈妈降低要求；

（2）我希望把妈妈变得更聪明，这样她就会明白做错事的
  是妹妹，不是我；

（3）我希望把妈妈后脑勺上那些看不见的"眼睛"变没。

第 89 问　手机上瘾

相关问题另见：第 31 问"物质至上"、第 81 问"缺乏财商"、第 90 问"网络欺凌"、第 91 问"安全上网"、第 93 问"沉迷于电子游戏"

 问题

　　"我们给 10 岁的女儿买了一部手机，方便她到校后或在足球训练结束后给我们打电话。可是女儿现在整天都用手机聊天，给朋友发短信，我们家的话费翻了 3 倍。更糟糕的是，我撞见她在手机上浏览色情网站。现在我们 5 岁的小女儿也想要一部手机。我希望我的孩子更安全，也能随时与我们保持联系，但是我怎么才能让孩子不那么沉迷于手机，并减少话费呢？"

解决方案

　　你还记得以前你会在鞋子里放一枚硬币，以便需要时能给家里打投币电话吗？那些日子一去不复返了。如今的孩子，从上幼儿园开始就带着手机。事实上，美国 5 岁的孩子中 5% ~ 10% 有手机；10 岁的孩子中三分之一有手机。未来 3 年内，8 ~ 12 岁的孩子中超过一半会拥有自己的手机。

　　许多家长在为是否该给孩子买手机苦恼。家长会为了省心而干脆给孩子买吗？家长能控制住孩子每月的话费吗？如何防止孩子在课堂上发信息？怎么判断孩子是否会手机上瘾？孩子是否真的需要手机？另外，现在的手机功能强大，但也带来了潜在的问题，例如信息泄露、网络欺凌、儿童性侵犯、传播色情内容等。

以下方法可以帮助家长改变和控制孩子使用手机的方式。

1. 区分"需要"和"想要"

每个孩子都想要一部手机，但是仅仅因为"拥有手机很酷"而想要一部手机，与真的非常需要一部手机存在很大的区别。家长可以考量以下因素，决定是否应该为孩子购买手机。

- 安全：孩子是否一个人走路回家？孩子是否需要在没有大人直接监管的情况下面对一些人和事？孩子在学校有没有被欺负？孩子是否有情绪问题？孩子是否因身体不适正在接受治疗？

- 日程安排：家长是否有时没法接送孩子，需要及时和他联系？孩子的课后活动是否经常变动，需要及时告诉你？

- 安心：知道自己可以随时通过手机联系孩子，是否会让你安心？

- 经济条件：家里的经济条件能负担得起手机及相关费用吗？

- 责任心：孩子是否有责任心？他是否有能力在没有大人提醒的情况下看管好自己的财物？

家长要仔细权衡以上因素，只要有任何疑虑，就先别急着买，即使孩子说："大家都有手机，就我没有"。在 8 ~ 10 岁的孩子中，54% 的孩子更可能借用父母的手机（每周借用 3 次以上），因为他们还没有自己的手机。家长可以让孩子先试着借用自己的手机，评估一下他的责任心，判断他是否能按照要求使用手机。

2. 多了解手机的功能

现在的手机几乎融合了电脑的所有功能，所以家长必须多了解手机的功能。以下是孩子使用手机的潜在问题。

- 偷拍。孩子偷拍别人的隐私照或视频（比如女孩在更衣室里换衣服），然后把它们发布到网上。

- 网络欺凌。孩子发送或接收恶意或猥亵的信息或电子邮件。

- 作弊。孩子把答案下载到手机上，为了在上课回答问题时作参考，或者在考试时发信息作弊。

- 访问其他少儿不宜的网站，或者玩少儿不宜的游戏。有了手机，孩子接触这些内容轻而易举，而家长通常无法时刻监督孩子在手机上看了什么内容。

3. 给孩子买手机后要采取的防范措施

- 留心孩子拍的照片和浏览网页的记录。
- 添加安全功能，比如防火墙，阻止孩子访问少儿不宜的网站，保护孩子免遭不良信息的影响。
- 设置来电拦截，让孩子只接家长认识并信任的亲朋好友的电话。美国全国防止儿童性侵害协会主席泰德·汤普森提醒家长要保持警惕，现在的儿童性侵犯者经常会通过手机与孩子建立联系，并逐步获得孩子的信任，以达到不可告人的目的。
- 提醒孩子不要和那些只通过电话、网上聊天的陌生人见面。

4. 限制孩子打电话的时间和发短信的数量

家长给孩子买有基本功能的手机就行了，不用买彩铃等附加服务，要给孩子定好每月的话费和流量，并选择价格合适的套餐。如果孩子的话费快用完了，就会有提醒短信发送到家长的手机上，余额用尽后孩子就只能拨打紧急号码，如此就能避免手机费用过高。

5. 制定明确的手机使用规则

家长要多向孩子强调手机的使用规则，要告诉孩子，任何不负责任的行为，例如未经大人允许就下载游戏或彩铃，或向同学发送恶意短信等，都意味着手机会被没收。家长可以让孩子签一份合同，让他们同意遵守家长定的手机使用规则，合同内容可以参考以下几条。

- 禁止外借。提醒孩子不要把手机借给别人，借手机的朋友需要付费。
- 学习第一。让孩子每天回家先做功课，再玩手机。如果孩子的成绩下降，就减少他的手机使用时间。

- 使用的话费和流量不能超出套餐的限额。任何额外的费用，都由孩子自己支付。

- 手机使用礼仪。家长要提醒孩子和别人说话时不能听音乐、收发短信。在公共场合要把手机关掉，或者至少调成振动，并且永远不能在餐桌上使用手机。打电话时声音不要太大，要确保 1 米以外的人听不到你的声音。

- 遵守学校的手机管理规定。家长有责任让孩子遵守学校有关手机的管理规定，一定事先查看学生手册。

家长可以在孩子熄灯后拿走孩子的手机。很多孩子因为深夜发信息而睡眠不足。

6. 让孩子查看每月的手机费用账单

要让孩子知道自己每月的手机费用是多少，这能使他体谅家长，理性消费。家长可以先让孩子上网比较不同套餐的性价比，再让他查看每月的账单，并与前一个月的账单进行比较，然后和孩子商量是否需要增加或减少通话时间。一定要让孩子用自己的零花钱支付额外的费用，比如超出套餐的费用或使用收费铃声的费用。

7. 和孩子发信息交流

在一项调查中，超过一半的青少年反映，发信息可以改善他们与父母的关系。用信息交流不仅能迅速与孩子取得联系，而且也会让孩子没法隐瞒他的去向。一些即将步入青春期的孩子还表示，当他们需要家长接他们，帮他们远离不安全的场合或不良的同伴压力时，发信息比打电话更安全（可以避免被同伴在无意中听到）。家长要明确告诉孩子，如果需要拿爸爸妈妈当借口，就可以给自己发短信，自己事后并不会盘问他们。在紧急情况下（比如发生自然灾害或其他灾难时），家长也需要发信息联系孩子。因此，家长要能够熟练地发信息！

手机是孩子世界的一部分，数据显示，如今连幼儿园的孩子都开始使用手机了。对家长来说，处理这个事情的诀窍就是保持领先，了解先进的手机技术。

无所不知是保证孩子安全的最佳方法。同时，家长要帮助孩子学会承担责任和理性消费。记住，家长永远是孩子最好的防火墙，因此家长一定要行动起来，积极发挥自己的影响力。

第 90 问　网络欺凌

相关问题另见：第 50 问"被欺凌"、第 51 问"欺凌他人"、第 52 问"小团体"、第 65 问"被取笑"、第 86 问"安全问题"、第 91 问"安全上网"

 问题

　　孩子受到同学的威胁或骚扰；用过电脑后心烦意乱或情绪低落；上网时间异常长；与朋友疏远；看起来很抑郁。

　　"许多中学生，包括我女儿，收到过来自同龄人的恶意匿名电子邮件和信息。学校给每个家长都发了一封信，称这种问题为'网络欺凌'。操场上的欺凌已经很糟糕了，但是至少受害者能看见欺负自己的人。家长能做些什么来阻止这种冷血残忍的行为呢？"

◎ 为什么需要做出改变

　　网络欺凌会对孩子的心理健康和道德观念造成极大伤害。需要说明的是，网络欺凌通常发生在未成年人之间，如果有成年人参与，这种行为就会被认定为网络骚扰或网络跟踪（参见第 91 问"安全上网"）。网络欺凌涉及恶意的伤害行为，施暴的孩子用电脑，手机等发送骚扰、侮辱、威胁和诽谤同龄人的信息。欺凌行为的具体表现可能是把同学从好友名单中删除，也可能是在网站上恶意传播与受害者相关的谣言、写恐吓信或者以其他方法威胁他人人身安全。虽然网络欺凌在初中生中最为常见，但是这一情况正在向年龄更小的群体蔓延，而且有愈演愈烈的趋势。网络欺凌毋庸置疑给受伤害的孩子造成了严重的心理伤害，其中一些年龄小的受害者甚至痛苦到结束了自己的生命。

欺凌是孩子在成长过程中遇到的非常严重的问题，而科技又让施暴变得更加容易。更糟糕的是，受害者可能不止一个，只须点击一下鼠标，来自某个街区或全国各地的几十名甚至数千名孩子就会在网络空间同时收到相同的恶意信息。

◎ 问题表现

孩子有可能不会主动告诉家长他正在遭受网络欺凌，家长要注意孩子有没有以下表现：

- 不愿意上网；收到即时消息、电子邮件或手机短信时，会感到紧张。
- 用过电脑或手机后，明显心情沮丧，或者突然开始避免使用电脑或手机。
- 发现家长靠近时，会忙着关闭或删除正在看的电脑页面，或者关掉手机。
- 上网时间更长，但看起来更紧张、更沮丧。
- 在家里接到可疑的电话，收到可疑的电子邮件或包裹。
- 不愿意与朋友交往，无法跟上学习进度，或不愿意上学。
- 会突然闷闷不乐、说话遮遮掩掩或孤僻；性格或行为有显著的变化。
- 没有食欲；过度情绪化，喜欢哭闹；看起来情绪低落，或者入睡困难。
- 学习成绩下降。

 解决方案

网络欺凌，这种数字时代的恶行完全可以用"冷血残忍"来形容。具体来说，网络欺凌是利用数字技术进行的欺凌行为，包括伤害、威胁、侮辱、骚扰、勒索等。每一个接触孩子的成年人，例如父母、教育工作者、图书管理员、警察、儿科医生、教练、保姆等，都必须了解这种极具伤害性的新型欺凌方式，以便一起努力阻止这种不良行为。可以成立家长读书俱乐部，大家一起阅读网络欺凌的相关资料，

并展开讨论；赞助学校的反欺凌集会；邀请警察与孩子进行交流；举办有关互联网安全的工作坊，教孩子如何保护自己；创办简报，在社区普及网络欺凌的相关知识；也可以询问孩子的想法（本节步骤 3 中有详细阐述）。

◎ 步骤 1：早期干预

1. 与孩子开诚布公地交流

家长要持续与孩子开诚布公地对话，让他没有顾虑地、坦诚地告诉家长他在网上或其他地方经历了什么不好的事情。无论是线上还是线下，家长都是孩子最好的过滤器。家长要和孩子建立信任关系，仔细听他讲述网上的经历（参见第 79 问"不愿意沟通"），还要明确地告诉孩子，收到了不适当的信息要告诉你。

2. 熟练使用电脑

如果孩子在网上遇到问题，家长要能非常熟练地操作电脑，这样才能给他最好的指导。家长可以观看电脑操作教程，阅读使用手册，或者去上培训课。要随时了解孩子可能使用的所有电子设备，并学会操作。但是请记住，家长最好的老师可能就是孩子，可以让孩子教自己，并看看他和同学最常浏览的热门网站。相信我，这样的学习很有趣，也会让你得到很多相关信息（参见第 91 问"安全上网"）。

3. 向孩子强调要尊重别人，发送信息时要文明

家长要向孩子强调，做任何事都应该"三思而后行"，提醒孩子永远不要通过网站、电子邮件或短信发送任何伤害别人的内容，或者提醒他"己所不欲，勿施于人"。家长应该明确地告诉孩子学校和执法人员会认真对待网络威胁，违法者肯定会被追究法律责任，甚至是刑事责任。家长要警告孩子如果他不遵守规矩就会被没收电脑。

4. 在网上搜索孩子的姓名

家长最好定期在网上搜索孩子和自己的姓名，搜索时注意加上双引号，这样可以获得精确、匹配的信息。

5. 查看孩子的网上个人简介

家长要像了解孩子的线下朋友一样了解他的网友，定期查看孩子的网上个人简介或好友通讯录，看看他保存了多少人的联系方式。有些家长只允许孩子与线下见过面而且家长也见过的朋友发电子邮件或聊天。家长应该禁止即将步入青春期的孩子在网上与陌生人聊天或使用陌生的社交网站，如果允许孩子使用某个社交网站，家长就要确保自己完全了解该网站，确保它确定适合孩子的年龄和心智发展阶段。

6. 随时掌握孩子的上网账号和密码

家长应该随时掌握孩子的上网账号和密码、手机号码和密码、家里的宽带账号和密码。如果孩子受到骚扰，家长就可以更改孩子的账号和密码。

7. 留心孩子的同伴关系

家长要了解孩子的朋友，可以邀请他们到家里来，像朋友一样和他们沟通，同时要观察孩子与朋友之间的互动。孩子和朋友相处得怎么样？他是否需要学习社交技能，以便更好地与朋友相处？家长有时可以通过关注孩子面对面的互动来避免潜在的网上交友问题，不过这种方法不会次次都有效。

家长分享

一位妈妈分享了自己的经验。

我不允许我女儿使用陌生的社交网站，所以当一位妈妈告诉我，我女儿的照片、个人信息以及过分的言论出现在"聚友"网上时，我感到非常震惊。我立即联系了这个网站，要求它删除女儿的信息和令人不快的内容。网站工作人员了解到我的诉求后立刻帮我解决了问题，他们还给了我一些安全上网的建议，建议之一是定期在网上搜索孩子的名字，看看网上有哪些与他们有关的信息。我采纳了他们的建议，最近一直在做这些事。

◎ 步骤 2：快速反应

针对不太严重的网络攻击

如果家长发现孩子是网络欺凌的受害者，且欺凌还不太严重，那么可以在最初 24 小时内采取以下措施。

1. 理解和支持孩子

家长发现孩子遭受网络欺凌时，要认真对待，设身处地地考虑他的感受。孩子很有可能遭受的是无妄之灾，所以家长要支持他，同时要找出事情的真相。一项调查发现，几乎有一半收到不法信息的孩子不知道信息的来源。如果孩子说他不知道是谁发的信息，那就相信他。家长可以问问孩子以前是否发生过类似情况，如果有，那就问他频率有多高。如果类似的问题还是一再发生，就让孩子及时告诉自己。网络欺凌通常不会自动消失，而且往往会反复发生。

2. 不要反应过度

克莱姆森大学开展的一项研究发现，由于担心家长不再让自己上网，孩子经常会向家长隐瞒自己受到网络欺凌的事。研究发现，遭到网络欺凌时，近60% 的孩子没有告诉他们的父母。因此，家长不要过度反应，也不要完全禁止孩子上网，毕竟，你肯定希望孩子在自己身边时感到自在。

3. 根据事情的严重程度采取相应的措施

如果第一次的网络欺凌情节轻微，那么家长最好的回应就是屏蔽它们，或者干脆不回应，并告诉孩子也这样做。但是要明确的是，如果孩子再次收到恶意更大的信息，那就一定要让他及时联系自己，告诉自己发送信息的学生在学校是如何对待他的（如果孩子知道发送者是谁）。家长最好保存这些消息并打印一份纸质文件。在接下来的一两个星期里，家长要更密切地关注孩子收到的所有信息，看看事态是否变严重了。

针对更加严重的网络攻击

如果家长发现事态变得严重，孩子收到的信息语气更咄咄逼人、内容更具威胁性，那就需要采取相应的措施，可以遵循以下步骤。

1. 保存证据

网络欺凌者的身份有时是可以确定的，如果可以确定，家长就需要向相关部门或向施暴者的父母提供这一证据。家长应该把所有的恶意信息保存到硬盘上，并且打印一份纸质版。如果收到的是电子邮件，家长就要保留完整的电子邮件标题以及发件人信息，以方便执法人员追踪发件人。如果是在网上互动时收到的即时消息，家长可以通过截图、收藏等方式进行保存。总之，就是要把所有正在伤害、诽谤或威胁孩子的信息收集和保存起来。

2. 拦截恶意信息

家长可以安装合适的拦截电子邮件的软件，或者把施暴者的邮件地址设为垃圾邮件，这样，大多数电子邮件服务器会自动把该地址发送的邮件放入垃圾邮件里。在手机上把施暴者的号码设置为骚扰号码也可以拦截其呼叫及信息。

3. 联系网络运营商

如果孩子受到网络欺凌，家长要帮助孩子更改他的电话号码、密码和电子邮件账户，并向网络运营商举报。家长要仔细查看帮助页面，了解如何举报恶意邮件，并尽快将电子邮件转发给该网络运营商，同时保留一份原件，因为一段时间后，有的信息可能无法查看。

4. 保存手机接收到的恶意信息

如果孩子收到恶意短信或留言，家长要把日期、收到信息的具体时间和施暴者的号码等细节都记下来。如果对方号码无法显示或是虚拟号码，也要保存该消息，并向电信运营商反映自己收到了恶意短信，运营商可以追踪该电话号码。家长也可以考虑给孩子更换手机号码，或是买个可以拦截和追踪恶意信息的新手机。

5. 与老师和校长交流

如果欺负孩子的人是孩子的同学或同校学生，家长一定要通知学校的辅导员、老师或校长，如果有必要，可以请求与校长、老师或辅导员见面。他们可以安慰孩子，也会提出他们的建议，这有助于解决问题。需要注意的是，如果网络欺凌不是通过学校网站实施的，那么校方并不会帮忙追查欺负孩子的学生，甚至有可能不会惩罚对方。

6. 决定做出回应

虽然一般的建议是家长不要回复这些信息，但是如果网络欺凌一再发生，家长就不能置之不理了。家长可以试着用语气严厉但是不具有威胁性的短信来回复对方，在短信中表明自己已了解情况，并保存了所有证据，如果对方还不收手，自己将与相关部门联系。这些回复也要保留一份。如果能确定对方身份，那就可以带着对方实施恶意行为的证据联系其家长。家长可能需要一个中立的第三方陪着自己去，不过，家长最好不要这样面对面地解决问题，因为这可能起到反效果。除非是有确凿的证据，否则对方父母通常会否认这些行为，维护他们的孩子，甚至指责一切都是由受害者引发的，因此，采取此类行动要谨慎。

7. 如果安全受到威胁，要联系警方

如果孩子的安全受到威胁，家长就需要报警并通知校方，特别是当网络欺凌严重到可能会对孩子造成身体伤害，或有人跟踪、骚扰孩子、给孩子发送色情图片或实施勒索时，家长一定要这样认真地对待这些威胁。如果孩子收到威

胁其他孩子的电子邮件，家长也要打电话向相关部门反映情况。如果对方威胁要实施暴力或勒索孩子，家长不要犹豫，要立刻拿起电话报警。

8. 寻求专业帮助

网络欺凌会导致严重的情感伤害，还会导致抑郁。家长要仔细照看孩子，密切关注他发出的情绪信号，以及他接下来几周的行为。家长要特别留心孩子是否有反常行为：情绪、睡眠或食欲的突然变化；难以集中注意力，或者无法正常生活（参见第 96 问"抑郁症"）。如果有，家长就要寻求心理学专业人士的帮助。

9. 考虑是否需要聘请律师

如果家长已经联系了对方父母而网络欺凌还在继续，或者家长不想联系对方父母，那么家长可能需要聘请一名律师，代表自己与对方沟通或给对方发律师函，明确告知对方如果不马上停止网络欺凌，自己将诉诸法律手段。在极少数情况下，一般是在孩子受到了骚扰或威胁，以致遭受了严重的精神、身体或声誉上的损害时，家长才需要联系刑辩律师。

◎ 步骤 3：培养良好的习惯

1. 问问孩子的想法

我曾目睹几十个社区的孩子为防止同伴的网络欺凌行为想出了最具创新性的方法：男孩女孩俱乐部制作了印有反网络欺凌建议的餐垫，分发给餐厅；一所中学的学生发起了一个"反校园欺凌"项目；高中生每周都在新闻专栏发表相关文章。无论孩子的残忍行为是发生在操场上还是网络上，家长都绝对不能容忍。有责任感的成年人（和孩子）需要联合起来，才能有效阻止这些行为的发生。

2. 教孩子网络防范守则

每个孩子都需要学习如何在网上保护自己。家长可以教孩子以下 4 个方法，以避免他们成为网络欺凌的受害者。

不要回应。永远不要回应网络欺凌者，回应只会让事情变得更糟。最好的方法是关掉电脑显示器，离开座位，告诉大人自己遭到网络欺凌了。注意不要关掉电脑，否则会失去证据。

告诉大人，不要憋在心里。网络欺凌通常会升级，而且不会自然消失。孩子要尽快向父母、老师或其他信任的大人反映情况。父母需要给孩子申请新账户和密码，并且定期修改密码。

不要泄露个人信息。永远不要透露个人信息，比如自己的姓名（或父母的姓名）、地址、电话号码、出生日期或信用卡号。即使是最亲密的朋友，也永远不要告诉彼此的密码，也不要随便让别人假装成自己操作电脑。

保存证据。不要删除收到的欺凌短信或电话留言，要保存相关的电子邮件、博客或页面，并打印一份纸质版出来，同时要向大人展示这些电子证据，让大人根据这些证据来追查施暴者，阻止再次被网络欺凌。

3. 向孩子强调网络文明

现实中的许多规则也适用于网络空间。家长需要强调，自己希望孩子无论是在网络上还是在现实世界中都能讲文明。另外，家长要告诉孩子一些核心的计算机安全规则：不要在网上与人发生冲突；不要语言粗俗；不要抄袭他人的劳动成果；不要散布恶意或不真实的信息。

 不同成长阶段孩子的表现

◎ 学龄前儿童

学龄前儿童年龄还太小，不会参与网络欺凌，也不应该在没有大人陪伴的情况下独自使用电脑。美国儿科学会建议，即便如此，家长也应该限制孩子使用电子产品的时间。学龄前儿童可以开始学习网络防范守则，并理解这些规则也适用于现实世界："在网络和现实世界，与人交流要态度友好，不要随便攻击对方；永远不要透露你的姓名、地址、电话号码或生日；你只能在大人的陪伴下使用电脑。"

◎ 学龄儿童

学龄儿童用手机发送恶意信息或语音邮件比发送电子邮件更常见。年龄小的孩子这样做通常是因为觉得好玩，他们并没有意识到后果。4 ~ 5 年级的女孩们会通过即时消息散布谣言或向另一个女孩发送恶意电子邮件进行报复。当孩子开始习惯使用键盘后，网络欺凌问题就会出现，所以，家长一定要和孩子多谈谈相关问题。

◎ 即将步入青春期的孩子

网络欺凌在 9 ~ 14 岁之间的孩子中最为普遍，通常在孩子 13 岁左右时达到顶峰。在这一年龄段的孩子中，近三分之一的女孩经历过网络欺凌，并利用过网络嘲笑他人或传播恶意谣言。10% 的男孩经历过网络欺凌，并可能发表露骨的性言论。他们可能会用手机发送下流的信息，或者拍下同龄人的隐私照片，然后通过电子邮件发送给别人或发布在网上。

第91问　安全上网

相关问题另见：第 27 问"作弊"、第 30 问"撒谎"、第 39 问"胆小恐惧"、第 86 问"安全问题"、第 90 问"网络欺凌"

 问题

孩子在使用电脑后显得焦虑不安或情绪低落；上网时间异常长；不愿和朋友来往，显得抑郁；家里收到可疑来电和包裹。

"我可能有点偏执了，但是我真的很担心，不愿意让我的女儿上网，因为我读过很多关于网络上有色情内容、仇恨言论和网络捕食者的可怕报道。一些成年人为了性或其他目的，会欺骗和利用上网的未成年人。我是不是过度担心了？家长能做些什么来保证孩子的安全上网？"

研究速递

每个家长都要了解网络捕食者

新罕布什尔大学设有针对未成年人的犯罪行为研究中心，该中心的研究人员分别以 3 000 名 10～17 岁的网民和 2 000 名美国执法官员为对象进行调查研究，结果令人惊讶。在大多数情况下，网络捕食者会盯上具备某些特征的孩子，特别是那些自我认可度较低、缺乏强烈的身份认同感或社交能力较薄弱的孩子。具备以下特征的孩子最容易在网上受到侵害。

● 曾经遭到性虐待或身体虐待。

- 经常在现实世界或网上有冒险行为。

- 经常在聊天室聊天。

- 在网上谈论有关性的话题。

- 在网上泄露个人信息。

- 与父母缺乏牢固、健康的亲子关系。

- 同性恋男孩，或者怀疑自己性取向的男孩。

家长要多和孩子谈论什么是健康的亲子关系，要不断提高孩子的自我认可度和身份认同感。家长越是深入参与孩子的生活，孩子受到伤害的可能性就越小。好消息是，现在的孩子对网络捕食者的了解越来越深，且已经树立起了基本的防范意识，因为被调查者中没有一个受害者年龄在 12 岁以下。此外，在 12 ~ 17 岁的青少年中，有三分之二曾在网上被陌生人联系过，孩子也表示他们并没有理睬这些陌生人。但同时，近 75% 的受害者不止一次在现实世界中与罪犯见过面。因此，家长要多和孩子聊聊相关话题，帮孩子树立起防范意识！

◎ 为什么需要做出改变

如今的孩子被称为"网一代"，这个形容真是非常恰当。毕竟，他们是首批出生在这个网络时代的孩子，从小接触 iPod、手机、短信、网站、播客和博客等。科技改变了孩子的生活，他们只须点击一下鼠标，就可以轻松获取海量的信息。但同时，网络上也鱼龙混杂，隐匿着网络捕食者和网络跟踪狂，充斥着色情内容。事实上，《父母》杂志的一项调查发现，50% 的家长不仅对互联网上隐藏着的性侵犯者非常担心，他们也担心现实生活中潜藏在社区的性侵犯者。另一项调查表明，33% 的年轻网民承认他们曾在上网时被推送色情内容。

家长的教育目标不是禁止孩子上网。毕竟，网络会一直存在，孩子也会从网络中获得巨大的教育益处。不过，家长需要更加了解孩子在网上做什么，以便指导他们如何安全地使用互联网。家长还需要教他们关键的技能，帮助他们无论在何时何地都可以在网络空间中保护自己。本节提供的解决方案可以帮助孩子在广阔的网络中遨游，同时有惊无险地度过令人恐惧的时刻。

◎ 问题表现

以下迹象表明孩子可能觉得上网不安全，或者可能有不适当的网上行为。

- 孩子在网上花费的时间更长，心情更紧张、更沉重。
- 不愿和朋友来往，学习成绩下降，或者想逃学。
- 家长的信用卡账单上显示出可疑的购物记录。
- 孩子突然变得闷闷不乐、闪烁其词或变得孤僻；性格或行为有显著的变化。
- 食欲不振、情绪波动很大、爱哭闹、情绪低落或睡眠不好。
- 家里接到可疑的电话、收到可疑的邮件或可疑的包裹。
- 孩子发现家长靠近时，会停止打字，遮住屏幕，点击"删除"，或者关闭电脑。

解决方案

如果家长想要让孩子远离网络险境，最简单的方法是一开始就不要让他们接触这些危险因素。一些量身定做的"网络净化器"起到了防火墙的作用，它们不仅可以追踪孩子经常访问的网站，监控他们的聊天记录、即时信息和电子邮件，还可以屏蔽少儿不宜的网站，甚至可以通过电子邮件向家长报告孩子的上网情况。一旦给家庭网络安装了这种过滤软件，家长就要坚持每周更新。不过，即使安装了过滤软件，它们也并不总是有效，所以不要完全依赖它们来解决问题。真正有效的方法是告诉孩子明确的互联网安全规则，同时监控他的电脑。请记住，家长永远是最可靠的过滤器。

◎ 步骤 1：早期干预

1. 家长要多了解互联网

家长可以看看社区或孩子的学校里有哪些相关的研讨会，积极地与其他家长一起学习安全上网知识，以确保当孩子在朋友家里上网时，朋友的父母也会像自己一样密切地监督孩子的上网活动。家长还要知道孩子的密码、网名和账户信息，并设置一个家庭账户名，让家里人共享。

2. 设立明确的上网规则

当父母没有制定明确的网络使用规则时，87% 的孩子反映他们会随便浏览网页，相比之下，当父母制定了规则时，这一比例仅为 63%。因此，家长要设定适当的电脑使用规则，并坚持监督孩子上网，就像在街上或在公园里小心照看孩子一样。家长可以把写着规则的便条贴在电脑上，也可以在网上搜索专为即将步入青春期的孩子设计的可打印协议。家长一定要和孩子谈谈家中购置的每一个新电子设备，并制定明确和适当的使用规则。如今，精通电脑技术的孩子甚至可以通过邻居未加密的无线网络上网，因此，家长要明确告知孩子，无论在哪里、用什么设备上网，都要遵守家长设立的上网规则。

3. 和孩子谈谈安全上网

接受调查的孩子中，只有一半的人反映父母警告过他们网络上可能存在的危险。家长要向孩子解释清楚，尽管有人在网上自称只有 12 岁，但其实他很有可能是 35 岁的性骚扰者，如果孩子不愿相信，那就告诉他 10 ~ 17 岁的孩子中有五分之一在网上被人挑逗过。最好的防范措施永远是尽责的父母，家长要要求孩子遵守网络防范守则，同时要和孩子保持良好的亲子关系，要向孩子强调，无论是在网上还是现实世界，不管是什么时候，只要他感到不安，都可以来找你商量。

4. 把电脑放在方便家长查看的地方

要把电脑放在家里人经常路过的、家长可以随时查看的地方。不要把电脑放在孩子的卧室。

5. 规定孩子用电脑时不能遮遮掩掩

家长要向孩子强调，如果他在用电脑，那么不管自己什么时候经过他，他都不能遮遮掩掩，例如遮住屏幕、切换页面、关闭正在使用的程序，或者快速关闭电脑，否则家长就会拔掉插头，不会给他争辩的机会。

6. 学习孩子的网络用语

孩子会用他们自己的网络用语和数不胜数的缩写词，提醒朋友家长在自己房间。一项调查发现，95% 的家长不知道孩子之间常见的聊天用语。因此家长要学习孩子的网络用语，这样才能真正监督孩子上网。

7. 限制孩子的上网时间

家长要限制孩子上网的时间，就像限制他看电视和玩游戏的时间一样。不要让孩子无节制地上网，他更需要的是学习如何在现实中与人相处，并通过面对面的交流培养社交技能。有些家长会限制孩子发送电子邮件、上网或玩游戏的时间。提示：有些软件可以记录孩子的上网时间，让家长知道孩子上网的情况。

8. 教孩子要注意保护隐私

家长可以和孩子约法三章，告诉他未经允许，不能在任何网站注册账号。家长要先阅读一下网站的隐私政策再谨慎做决定，并提醒孩子不要透露任何个人信息，还要向孩子解释，网站可能会通过免费赠送润唇膏或海报来引诱孩子透露自己的名字。

9. 引导孩子上正规网站

引导孩子上正规网站能减少他接触不良内容的风险。家长要注意检查孩子浏览的网站是否在正常运行，帮孩子把常用的正规网站收藏起来以方便浏览，然后设定规则，限制孩子只能浏览那些自己预先审核过的网站。

10. 在网上搜索孩子的姓名

家长应该经常在网上搜索孩子的姓名，看看网上是否有关于孩子的消息，这样可以了解孩子的个人信息是否泄露给了网上的陌生人。另外，家长应该每月至少检查一次孩子下载的文件，每周至少检查一次孩子上网的历史记录。

11. 不能让孩子随意用家长的账户支付

防止孩子看色情网站的最好方法是不让他随意用家长的信用卡支付，因为大多数色情网站需要充钱才能浏览。

◎ 步骤2：快速反应

无论是孩子说他遇到了网络捕食者，还是家长发现他经常浏览色情网站，家长都要保持冷静。我知道这一点说起来容易做起来难，但是家长的冷静态度能在"快速反应"这一步起关键作用。缓慢地深呼吸后，家长可以尝试以下方法。

1. 多了解情况

家长要和孩子聊聊，尽可能多地收集信息，看看这事发生多久了，是否还有其他孩子参与其中，如果有，就通知这些孩子的父母。如果孩子的人身安全已经受到威胁，家长就要报警，并确定哪些机构或哪些人可以提供帮助。如果孩子违反了家长设立的电脑使用规则（如下载了少儿不宜的内容；用家长的账户支付，或频繁访问少儿不宜的网站），就要接受惩罚。

2. 不让孩子随便用电脑

家长要在孩子使用电脑时监督他，或者禁止孩子在自己不在场的情况下上网。

3. 联系网络服务商

一些网络运营商允许家长通过设置，让孩子只能收到特定联系人的电子邮件。家长可以快速浏览一下发件人的地址，以了解孩子都在和什么样的人联系。如果家长接到了来自恶意团体或孩子在网上认识的可疑陌生人的电话，就联系电话服务公司，要求更改电话号码。

4. 注意自己的账户情况

如果孩子使用家长的账户访问色情网站或购买少儿不宜的物品，那就要更改家长账户的密码或重新办卡。家长也要随时注意账户情况，而不是只等待月底莫名其妙的消费账单。

5. 查看邮件和包裹

要注意那些寄给孩子的可疑包裹。另外，有一些给家长的莫名其妙的邮件，其实是寄给孩子的。家长可以开一个邮政信箱，这样可以筛选掉大部分垃圾邮件或群发邮件。

6. 密切关注孩子

如果家长注意到孩子在行为、睡眠、食欲、情绪、注意力等方面有突然的异常变化，那就要寻求心理学专业人士的指导。

家长须知

孩子的网络防范意识薄弱

美国男孩女孩俱乐部调查了近 600 名儿童和青少年对网络的看法，结果表明，在安全上网方面，家长还需要多教育孩子，以加强他们的防范意识。以下是孩子对部分调查问题的回答情况。

- 34% 的孩子认为"和在网上聊了很久的网友线下见面没问题"。
- 28% 的孩子认为"在聊天室里说出我的真名没问题"。
- 23% 的孩子认为"把我的地址放到网上没问题"。

- 23% 的孩子认为"把我的照片放到网上没问题"。

◎ 步骤 3：养成良好的习惯

网上潜藏着大量的危险：网络捕食者、反社会网站、粗俗言论、色情内容、暴力内容等。虽然不能保证万无一失，但是保证孩子安全的最好方法依然是制定明确的规则、安装强大的过滤软件，同时监督孩子上网。以下是家长必须教给孩子的 7 条注意事项。

1. 不要上未经家长审核的网站

如果孩子不知道哪些网站是"家长认可的"，或者是有疑问，就要问问家长。（家长要坚持这条原则，如果确定孩子不会乱来，也不必太紧张。）

2. 不要随意下载或网购

孩子未经家长同意，不能在网上买东西，不能接受网友的东西，或者给网友任何东西；未经家长许可，不能下载任何文件或安装软件。

3. 不要隐瞒网上的遭遇

孩子因为和别人在网上交流而感到不安或不舒服，或者感觉受到了威胁时，要立即告诉家长，然后和家长商量是否需要申请新账户和更换密码。不管有没有危险情况，都要定期修改密码。如果孩子登录了少儿不宜的网站，也要告诉家长，因为他需要记住，家长可以追查他经常浏览的网站的历史记录，所以他必须要坦诚。家长有权在任何时候查看孩子的任何文件，以确保孩子的安全。

4. 不要在网上透露个人信息

孩子不应该在网上透露任何个人信息，比如自己的姓名或父母的姓名、出生日期、地址、电话号码、密码或银行账户，也不应该把照片发给没有在现实世界见过面的网友。

5. 不要和别人交换密码

即使是对最亲密的朋友，孩子也不应该泄露密码，也不该让他登录自己的账号代替自己操作。

6. 不要回复

如果孩子觉得内心不安或者收到奇怪的信息，一定不要回复，应该点击关闭键，立即退出，然后告诉家长所发生的事情。

7. 不要线下见面

在家长不在场的情况下，孩子绝不能在线下见网友。

 不同成长阶段孩子的表现

◎ 学龄前儿童

学龄前儿童不应该在没有大人监督的情况下使用电脑。即便需要使用，家长也要限制孩子每天使用电子设备的时间。家长要开始教这个年龄段的孩子基本的网络防范守则："永远不要在网上透露你的姓名、地址、电话号码或生日信息。你只能在大人的陪伴下使用电脑。"这个年龄段的孩子很冲动，所以家长可以帮他们提前登录游戏，以便孩子一坐到电脑前马上就可以开始玩。家长可以尝试利用软件或程序帮助孩子练习基本的阅读和数学技能，同时教他初步学习使用键盘和鼠标。

◎ 学龄儿童

家长要监督学龄儿童上网：把电脑放在家里方便监督的公共区域；限制孩子使用电脑的时间；检查孩子玩过的所有电脑游戏的评级；开始教孩子网络礼仪，

并逐渐教给孩子所有的网络防范守则，让其树立起防范意识。这个年龄段的孩子很难保守秘密，所以要经常更改账户密码。家长要向孩子强调不能在网上透露他的真实姓名，他父母的姓名，他的电话号码、地址、出生日期或出生地等个人信息。家长要让孩子阅读网站发布的"用户须知"，比如要使用文明用语、不能欺骗他人。如果孩子年龄太小，还不会打开电脑、启动程序、正确地退出账户或关闭电脑，那他就还不具备独自上网的资格。

◎ 即将步入青春期的孩子

6 年级（上网比例为 60%）和 7 年级（上网比例为 82%）的即将步入青春期的孩子最喜欢上网；男孩在网上远不如女孩活跃，另外，女孩更喜欢发即时信息。家长不应把青少年和成人社交网站推荐给这个年龄段的孩子。

第 92 问　电视瘾

相关问题另见：第 68 问"家庭作业"、第 90 问"网络欺凌"、第 93 问"沉迷于电子游戏"

 问题

　　孩子每天一有空就看电视，根本没时间跟朋友玩和培养兴趣爱好，生活的其他方面也深受影响；如果不让孩子看电视，他就什么都不想做或大发脾气。

　　"我就不能再看一小时电视吗？""但是我没什么可做的，而且这是我最喜欢的节目！"孩子很容易沉迷于电视。但是，孩子看电视的时间越多，就越没有时间培养创造力、参加体育运动、培养爱好、在户外玩耍、练习社交技能，而只是学会了自娱自乐。那些重要的一家人聚在一起谈心的时间也被看电视占去了，孩子因此失去了和家人或朋友交流彼此人生体验和心得体会的机会。

　　统计数据更是令人沮丧：从 6 个月的婴儿到 6 岁的儿童，这些孩子看电视的时间是他们独自或与大人一起阅读的时间的 3 倍。三分之一 6 岁及 6 岁以下的孩子卧室里有电视机。美国的孩子平均每天花 4 个小时看电视。大多数家长开始意识到孩子看电视的时间越来越长了，这不是他们想看到的结果。本节提供的解决方案可以改掉孩子爱看电视的坏习惯，帮助他们找到更健康的娱乐方式（甚至可以节省电费）。

 **解决方案**

1. 记录全家人看电视的习惯

　　家长是否认真记录过自己和孩子每天看电视的时长？如果没有，那就接受挑战：在接下来的几天里，记录下自己和家人看电视的时间，只要有人看电视就必须做记录，然后把这些时间加起来（或者让孩子自己加，这也是很有意义的算术练习）。得出的数字可能会让家长震惊，也可能会让家长高兴，但是记住，家长也要加上自己看电视的时间。这个数字会坚定家长帮助孩子戒除电视瘾的决心。

2. 督促一家人一起改掉坏习惯

　　研究表明，孩子看电视越多，体重超标和学习成绩差的可能性就越大。幸好，电视瘾是可以戒掉的，通过坚定、始终如一的尽心管教，脱瘾一定会成功。以下是戒掉电视瘾的方法，家长要尽一切可能，让孩子知道自己是认真地想要帮他改掉爱看电视的坏习惯。

- 和家人谈谈看电视上瘾的不良影响和有节制地看电视的好处，以理服人，让他们更愿意一起努力。

- 要求家人坚持至少一两个月完全不看电视，并严肃对待这条规矩，坚决不让步。

- 拔掉电视机的电源插头。有些家庭甚至会把电视机锁在壁柜里。

- 给孩子安排一些健康、积极的活动，例如：桌游，教孩子玩纸牌游戏；学习乐器或欣赏音乐；培养孩子新的爱好，比如编织、绘画或练瑜伽等；与家人一起去健身房、打篮球，让孩子参加游泳比赛或体育俱乐部；给家里的每个人都办张借书证，鼓励大家多阅读。安排的关键是要让孩子找到感兴趣的活动，最好的方法是让他参与这个不断寻找的过程，鼓励他要不断尝试，不要轻易放弃。

3. 限制孩子看电视的时间

一旦孩子不再沉迷于看电视，家长就可以要求他每天看电视不能超过规定时间，并要求孩子遵守这个规定，否则就要接受惩罚。以下是具体执行方法。

- 在电视机旁贴一张纸，用来记录孩子每次看电视的时间，也可以用电子计时器，让孩子记录下自己看电视的时间。
- 在电视遥控器上设定每天允许孩子看电视的总时长。
- 孩子要看的节目结束后立刻关掉电视。
- 不要让孩子一直换台。
- 规定什么时间不能看电视，比如晚饭时间，以及孩子通常需要做作业的时间。
- 指定某个晚上（或上学期间的晚上）不能看电视。如果这个晚上会播放孩子最喜欢的节目，那么家长可以录下来让孩子在周末观看。如果想让孩子学会如何与其他孩子相处，那么当孩子的朋友来访时，家长可以要求他们一起遵守"不看电视"的原则，以免他们只是呆坐着看电视，没有真正的互动。

4. 事先定好要看的电视节目

家长可以让孩子提前选择自己想看的节目，并约定以后只有在获得批准后他才可以看，还要向孩子解释，从现在开始，他必须事先预约才能看电视。

5. 不要在孩子的卧室里放电视

相比于卧室里没有电视的孩子，卧室里有电视的孩子平均一年在看电视上会多花 286 个小时。研究表明，闪烁的屏幕（有时孩子会在家长上床睡觉后再偷偷打开电视）也会干扰孩子的睡眠。另一项研究发现，房间里有电视的孩子学习成绩通常较差。家长很难监督孩子独自在房间里看什么电视节目以及看了多长时间，所以，应该马上把电视从孩子的房间里搬走。

不同成长阶段孩子的表现

◎ 学龄前儿童

想象力丰富、蹒跚学步的学龄前儿童容易感到恐惧，家长要留心孩子在看什么电视节目，以免孩子做噩梦。家长要密切关注节目的内容和语言，因为孩子会模仿他们听到的语言，会跟着某些电视节目说不好的话。

◎ 学龄儿童

家长要限制孩子看电视的时间，特别是在上学的日子里，晚上看电视会占用孩子做作业和阅读的时间。电视暴力会导致孩子的攻击行为增加 15%，所以家长要密切关注孩子在看什么电视节目，确保这些节目的内容与自家的家庭价值观一致。

◎ 即将步入青春期的孩子

即将步入青春期的孩子对物质主义的推崇会达到顶峰，而无处不在的电视广告又让这种趋势愈演愈烈。另外，家长要反复提醒孩子遵守家里的电视节目观看规则，并注意不要让孩子看到那些充斥着性画面、粗俗语言和暴力行为的晚间节目。家长最担心的还有电视上有关突发事件的一些报道，担心如果没有大人在旁边解释，孩子会感到害怕。

一位妈妈分享了自己的经验。

我意识到孩子的生活正围绕着电视转，于是开始严格限制他们看电视的时间。他们抱怨不看电视无事可做，我就在几个塑料箱里放了一些可以让他们发挥创意的材料：乐高积木、黏土、工艺棒、胶水、记号笔、纸等。我还鼓励他们去参加有趣的户外活动。我耐心地劝他们别看电视，多尝试别的活动，两周后，他们不再总想着看电视了，开始更加开心地探索远离电视的"不插电"生活。

第 93 问 沉迷于电子游戏

相关问题另见：第 68 问 "家庭作业"、第 77 问 "觉得无聊"、第 90 问 "网络欺凌"、第 91 问 "安全上网"、第 92 问 "电视瘾"

 问题

孩子每天一有空就玩电子游戏，根本没时间跟朋友玩和培养兴趣爱好，生活的其他方面也深受影响；如果不让孩子玩电子游戏，他就什么都不想做或大发脾气。

你家的孩子是否沉迷于电子游戏？如果有，那么你和许多家长一样在为此烦恼，因为孩子玩电子游戏会给家庭带来许多问题。"我就不能再玩一小时吗？""但是除了玩游戏，我没什么别的事可做！""妈妈冷静点！这款游戏并没有那么暴力。"毫无疑问，如今玩电子游戏成了孩子生活的一部分，他们一出生就被电子产品围绕，实属"插电的一代"。研究表明，在 12 ~ 17 岁的孩子中，99% 的男孩和 94% 的女孩玩电脑游戏、网络游戏、便携式或掌机游戏，超过 90% 的孩子每天会花 30 分钟玩电子游戏，男孩花在游戏上的时间是女孩的两倍，有些孩子的心思完全都在玩游戏上。这就是为什么家长越来越担心电子游戏的潜在不良影响：孩子会变得更有攻击性；总是坐着玩游戏会抑制孩子的认知发展，影响其学习。毕竟，孩子很容易养成紧握控制器、盯着屏幕不停玩游戏的习惯。

事实上，不管孩子喜欢的是什么游戏，玩太多的电子游戏都对他的身心健康没好处，会导致孩子没时间参加户外活动、阅读、做作业、学习与他人相处等。美国心理协会发现，越来越多的孩子沉迷于玩游戏，而且他们一玩就是几个小时。

不过家长不要急于下结论，认为电子游戏一无是处，其实，电子游戏开发商已经取得了长足的进步。真正适合孩子的游戏实际上也有利于他的学业和肢体灵活性；有些甚至可以帮助孩子保持更好的体形。本节提供的解决方案可以帮助家长真正了解电子游戏究竟是在促进还是在阻碍孩子的成长。

家长须知

以下是电子游戏正对孩子产生不良影响的危险信号。

- 电子游戏替代了小伙伴。孩子总是玩电子游戏，没有时间与朋友或其他孩子一起玩。
- 上瘾。电子游戏取代了孩子生活中其他形式的娱乐活动。如果家长限制孩子玩电子游戏，他的行为会突然失控，会有"电子游戏戒断反应"，因为他只想玩电子游戏。美国心理协会非常关注这方面的问题，其成员激烈讨论了是否应该将电子游戏成瘾归为一种精神障碍。
- 更有攻击性。孩子在玩了电子游戏后变得更冲动或更有攻击性。
- 不像以前那么关心他人。孩子不像以前那么关心或理解他人。
- 成绩下降。孩子做作业时会更频繁地与家长起冲突；成绩下降。
- 失眠。孩子很难入睡或睡眠质量不佳。需要注意的是，快速变换的屏幕图像和具有攻击性的内容会激活孩子的大脑，让孩子保持清醒。
- "沙发土豆"的生活方式。孩子玩电子游戏的时间太长，久坐不动；玩游戏导致孩子得不到足够的锻炼，体重增加。
- 不明消费记录。家长的账单显示有不明原因的消费。网络游戏是收费的，孩子在用家长的钱付费玩；孩子可以通过刷信用卡在网上随便购买电子游戏软件。

 **解决方案**

1. 了解孩子

就我个人而言，我认为孩子玩涉及暴力的电子游戏会有不良影响。不要误解我的意思，玩电子游戏不会造成不可挽回的伤害，但家长需要注意的是，有些孩子会受到攻击性内容的不良影响。密歇根大学的研究人员在梳理了85项研究后发现，"电子游戏会助长孩子们的攻击性思维、愤怒情绪、攻击行为，减少他们帮助他人的行为"。那些更敏感、富有攻击性或容易亢奋的孩子，或者是因为目睹或经历过暴力而产生攻击倾向的孩子，在玩过某些电子游戏后攻击性有可能会变得更强。在玩游戏的青少年中，有近三分之二的孩子表示看到或听到过"有人在玩游戏时言辞刻薄和攻击性过强"，49%的孩子表示他们看到"有人在玩游戏时表现出反社会以及带有种族主义或性别歧视的思维倾向"。不过，家长不需要刻意证明孩子的变化，只要更密切地关注孩子的行为就行了。如果某款游戏让孩子变得易怒或更富有攻击性，解决方法很简单：不让孩子再玩这款游戏。家长要及时了解相关的最新研究，理智地决定怎么做才是对孩子最好的。

2. 根据孩子的情况制定合理的规矩

家长不仅要给孩子讲清楚哪些游戏是不能玩的，还要讲清楚孩子最多能玩多长时间，以下是具体方法。

- 制定合理的规矩。家长可以规定孩子平时可以玩半小时，周末可以玩两个小时并向孩子强调："要先完成家庭作业才能玩电子游戏。"
- 根据具体情况调整要求。如果孩子难以入睡或睡眠质量不佳，可以要求孩子"在睡觉前至少两个小时内不能玩游戏"。如果成绩下降是因为花太多时间玩游戏，那家长就应该要求他立刻关掉游戏，不能再玩。
- 把玩游戏作为奖励。家长可以把玩电子游戏作为孩子达到特定要求的奖励，例如告诉孩子："阅读半小时后可以玩半小时电子游戏。"

- 坚持执行。一旦设定了规定，家长就要坚持要求孩子遵守。

- 不要让孩子随意接触各类游戏。游戏机和电脑不要放在孩子的卧室里。家庭成员（包括家里的大人）拥有的不适合孩子的游戏都不能让孩子和他的朋友接触。

- 巧用计时器。为了确保孩子玩游戏没有超过规定的时间，家长可以让他用计时器定好时间，一旦计时器响了，就不能再玩了。计时器比家长在旁边督促他停下来要有效得多。

研究速递

电子游戏可能会降低孩子对他人情绪的感受能力

多伦多大学开展的一项研究调查了 150 名 4 ～ 5 年级的小学生，该研究发现，在那些玩暴力电子游戏的学生中，玩游戏时间最多的人最可能认同这样的说法："带着枪或刀的人很酷"，以及"家长应该告诉孩子，如果有必要就动手打架"。这些孩子也更有可能不认同这样的说法："当我对别人刻薄时，我通常稍后会感觉后悔"，或者"当老师表扬我的朋友做得很好时，我为朋友感到高兴"。许多儿童专家（包括我自己）担心玩暴力电子游戏会降低孩子理解他人感受的能力，而这种能力对孩子来说非常重要。电子游戏会对孩子造成长期和短期的影响，不过具体会造成什么长期影响则需要更多的研究才能确定。无论如何，家长都一定要密切关注孩子的行为。

---

3. 了解全部游戏内容

许多游戏在玩家技能水平较低时显得较为温和，但是随着玩家技能的提高，游戏会变得越来越暴力。如果相关的介绍资料不见了，家长最好从头到尾观察孩子在玩什么，或者让孩子给你演示一遍。

4. 让孩子留出时间和朋友相处

加州大学洛杉矶分校开展的研究发现，虽然某些电子游戏可以提高孩子的智商，但是这是以牺牲孩子学习关键社交技能的时间为代价的。所以，家长不要让孩子因为玩电子游戏减少与朋友相处的时光。孩子的朋友来家里玩时，家长可能需要限制孩子玩游戏的时间，或者限制他们一起玩电子游戏的时间。但是我们也需要知道一个事实，玩游戏也是孩子重要的社交活动之一。如果家长限制孩子在家里玩游戏的时间，孩子可能会花更多的时间在朋友家玩。如果朋友的父母允许他们无节制地玩游戏，那就需要和对方谈谈，告诉他们自己家的规矩。他们可能也会决定像你一样，把孩子玩游戏的时间限制在一个规定时间内。

5. 给孩子安排更有趣的活动

如果家长想让孩子少玩电子游戏，或者注意到他玩游戏已经上瘾了，那就要给孩子安排别的活动，看看有什么活动能引起孩子的兴趣。培养一个新爱好？参加某项体育运动？骑自行车？练习投篮？尝试举重？学一门乐器？玩数独游戏或填字游戏？收集昆虫标本？阅读？因为许多孩子反映他们玩电子游戏是因为感到无聊，不过我确信每个家里肯定都会有许多其他的选择，孩子这时可能只是一时想不起来玩什么。所以，如果孩子正处于戒除电子游戏瘾的阶段，家长可以考虑准备一个盒子，放些孩子能玩的材料并定时更换新的，以防他觉得没什么可玩的（参见第 77 问"觉得无聊"）。

6. 想办法让孩子从玩游戏中受益

家长不用急着扔掉孩子的电子游戏机。研究表明，玩电子游戏也是有好处的，它可以培养孩子的团队合作精神，提高他的决策能力、解决问题的能力、制定战略的能力、思维敏捷性和创造力，甚至可以帮助孩子了解文明社会的基础建设和管理方法。家长要找到合适的游戏，然后正确利用，可以参考以下 3 种方法。

- 玩不含暴力内容的游戏。加州大学洛杉矶分校开展的一项研究发现，让孩子玩带有挑战性的游戏，例如破解谜题、解决问题和推翻各种假设的游戏，可以提升孩子的非语言智商。家长可以找一些不含暴力内容的幻想或冒险类游戏、政治策略类游戏给孩子玩，例如城市建造模拟游戏《模拟城市》、历史和地理教学类游戏《神偷卡门》，或讲授经济原理的游戏《柠檬水小摊》等。

- 和孩子一起玩。一项研究发现，孩子和家长玩电子游戏的时间越多，他们和家长一起参加其他活动的时间也就越多。解谜类游戏、桌游，以及智力问答游戏都适合家长和孩子一起玩。

- 玩运动类游戏。梅奥诊所的研究人员发现，以活动为导向的运动类电子游戏，例如踢足球、打棒球、打保龄球等，能激励孩子塑形；要求孩子在玩游戏时移动、跳舞、踢腿或躲避的电子游戏，例如《劲舞革命》和《爱淘儿》，能让瘦弱和轻度肥胖的孩子的能量消耗增加 3 倍，因为孩子喜欢跟着游戏动起来。对于更肥胖的孩子来说，那些跳舞类电子游戏会让孩子的能量消耗增加 6 倍。如果家长想让孩子减重，让他玩适合他的电子游戏可能会有意想不到的效果。最好是让全家人都参与，一起开开心心运动起来！

7. 教孩子学会管理愤怒的情绪

一项针对 1 254 名即将步入青春期的孩子的研究发现，孩子玩电子游戏的一个重要原因是想要调节自己的情绪，包括缓解愤怒的情绪和精神压力。家长要帮助孩子了解释放愤怒的健康方法：锻炼、健康饮食、写日记、和别人聊聊、深呼吸或冥想。家长可以鼓励孩子使用这些方法来缓解愤怒的情绪。

 不同成长阶段孩子的表现

◎ 学龄前儿童

学龄前儿童很难区分现实生活和幻想，他们会误以为暴力画面是真实发生过的，甚至会因此而做噩梦或受到创伤。这个阶段的孩子只能玩适合他们的幼儿游戏。这里需要注意的是，超过 1 000 项研究发现，如果孩子小时候就接触过暴力游戏，那么他们在以后的生活中极有可能会变得更有攻击性。所以家长一定要多关注孩子的行为！

◎ 学龄儿童

学龄儿童中玩电子游戏的人数在开始增加，尤其是对男孩来说，玩电子游戏似乎已经成为他们流行文化的一部分；4 ~ 6 年级的男孩中有 60% 承认他们每天玩电子游戏或电脑游戏。

◎ 即将步入青春期的孩子

8 年级的孩子最热衷于玩电子游戏，男孩花在玩电子游戏上的时间最多，平均每周有 23 个小时，而女孩则是每周 12 个小时。在接受调查的 900 多名孩子中，近一半的孩子承认他们最喜欢的电子游戏涉及暴力元素，而其他男孩最喜欢的游戏则属于打斗类、射击类、体育类、角色扮演类、动作冒险类和战略类等。女孩一般更喜欢经典的桌游、扑克、骰子游戏、各科知识问答和破解谜题的游戏。

家长分享

一位妈妈分享了自己的经验。

我现在对儿子玩什么游戏非常警惕，因为我曾经判断失误，购买了一款任天堂公司出品的《松鼠库克倒霉的一天》，期望它能够像《大金刚》或《超级马里奥》那样适合家庭成员一起玩，结果并非如此：一只可爱的小松鼠在酒吧喝醉了，不仅呕吐，还满嘴脏话，然后就昏倒了。它原本只是一个给小孩子玩的游戏。这次经历给我敲响了警钟。于是我制定了一条新规定："我得先了解网络上的游戏内容简介和评级，再决定是否要购买。"此后，儿子想买什么游戏，就必须先帮我把需要了解的资料打印好，以方便我阅读了解、做决定。到了要买的时候，我还会阅读封底简介和游戏评级，甚至在买来之后，我还会让儿子先给我演示一下。

第九部分

特殊问题

爸爸和妈妈有什么不同？

孩子的回答精彩得让人惊讶。

二年级的小学生这样回答：

（1）妈妈上班和在家时都很忙，爸爸只是上班忙，在家就休息；

（2）妈妈知道要平心静气地和老师聊我的事；

（3）爸爸更高更壮，但是妈妈才是真正掌控一切的人，如果你想去朋友家过夜，你要先得到妈妈的许可；

（4）妈妈有魔法，我生病的时候，她即使不给我吃药也能让我感觉舒服些。

第 94 问　难以集中注意力

相关问题另见：第 16 问"要求过分"、第 21 问"发脾气"、第 24 问"不听家长的话"、第 30 问"撒谎"、第 37 问"愤怒"、第 47 问"精神压力大"、第 68 问"家庭作业"、第 75 问"考试焦虑"

 问题

孩子难以专心，无法集中注意力；喜欢打断他人谈话；不能三思而后行；很容易分心。

"我儿子一直都很活泼、天真率直、性格冲动，老师认为他患有注意力缺陷多动障碍，应该服用一种名叫'哌甲酯'的药物。老师还抱怨他注意力不集中，容易分心，无法完成作业。我们该怎么判断孩子的行为是否不正常，情况是否严重呢？"

许多孩子在注意力方面都有问题，但是只有极少数孩子会被诊断为患有注意力缺陷多动障碍。家长应该和老师一起寻找解决孩子注意力问题的方法，这样他才能在学校取得好成绩。家长可以参考以下 3 点来判断自家的孩子是否患有注意力缺陷多动障碍。

（1）与其他同性别的同龄人相比，孩子在注意力方面的问题显而易见，甚至特别严重。

（2）孩子的注意力缺陷问题已经持续了至少 6 个月，并且在至少两种不同的环境中（例如在家和在学校）都很明显。

（3）孩子的注意力问题严重影响了他的正常生活和学习，而且他无法控制自己。

如果以上 3 点都符合孩子的情况，那么他显然在苦苦挣扎，他很有可能会面临各种风险：自我认可度降低、学业失败、交友不慎。为了防止以上情况的发生，家长要向专家寻求建议。

◎ 为什么需要做出改变

家长需要面对现实，有些孩子就是很难集中注意力。这会让他们的生活更具挑战性，毕竟，无论是与他人相处还是学习新知识，我们都需要时刻集中注意力，时刻关注我们的所见所闻。但是，这并不意味着只要孩子无法长时间集中注意力或活泼好动，就是患有临床疾病，甚至需要药物来治疗。

不管孩子是活泼好动，还是确实有注意力缺陷多动障碍，他都需要学习如何更好地集中注意力，如何专注更长时间。好消息是，家长可以采用一些简单的技巧来提升孩子的注意力，增强他的记忆力。孩子的注意力问题得到改善后，能够表现得更出色。家长可以参考本节的解决方案，帮助孩子改善注意力方面的问题。

◎ 问题表现

不容易集中注意力的孩子通常会有以下常见表现。

- 记忆力差。听好几遍指令才能记住；一次只能记住一个指令，比如，如果家长让他去厨房拿水，他会去厨房，但是会忘了要做什么。
- 注意力集中的时间短。不管完成任务的时间是长是短，他都很难集中注意力去完成；老师们抱怨他心不在焉。
- 容易分心。孩子总是走神，或者东张西望；不能专注于手头的任务。
- 不注重细节。他对细节的关注不够，常常因为粗心而犯错。
- 不善于倾听。孩子和别人面对面交谈时，似乎没有听进去。
- 条理性差。孩子很难给自己分配或安排好任务；容易丢失物品（如玩具、作业、书本、文具等）；经常记不起自己的东西放在哪里了。

- 不愿意动脑思考。孩子不喜欢或者不愿意参与需要长时间进行脑力劳动的任务。

- 不愿意等待。孩子烦躁不安，不愿意等待，经常会打断或者打扰他人；别人讲话时爱插嘴；喜欢中途加入小朋友的游戏。

 解决方案

◎ 步骤 1：早期干预

1. 找出问题产生的原因

大多数家长认为孩子注意力不集中是因为有健康问题（比如注意力缺陷多动障碍），其实不一定。以下列举了导致孩子出现注意力问题的常见原因，家长可以看看哪些符合孩子的情况，并着手改善。

- 认知能力受损。孩子有神经损伤、认知障碍和痉挛的情况。

- 听力或者语言能力有缺陷。孩子有听力问题、耳部受到过感染、语言能力有问题。

- 疲劳。孩子生病了、过度劳累或睡眠不足。

- 情绪问题。孩子情绪低落或者精神压力大；受过心理创伤，例如遭遇过交通事故、父母离婚或者亲人去世；由于受到欺负而长期处于精神紧张的状态；家庭环境不稳定。

- 家长对孩子的期望过高。家长对孩子的教导或者给孩子布置的任务不适合孩子的心智发育水平、学习节奏或者能力。

- 指令不明确。孩子接收的指令不清晰；指导者未顾及孩子的反应就做出指示。

- 分心。环境太嘈杂、太明亮，容易分散注意力；对孩子的刺激太多或者激励太少。

- 故意我行我素。孩子只听他想听的；故意表现得漫不经心来回避不想做的事情；孩子意识到有人会为他做这件事；不愿顺从大人。
- 遗传。虽然还没有研究能证明注意力缺陷与特定基因有关，但是这种病症似乎存在遗传现象。如果孩子患有注意力缺陷多动障碍，父母中的一方往往也患有这种疾病，近亲家属中的患病率则在 10% 至 35%。

家长觉得孩子有注意力问题的原因是什么？有没有简单的解决方案可以帮孩子改善？

研究速递

孩子年龄还小时，家长要限制他看电视

西雅图儿童医院和地区医疗中心开展了针对 2 600 多名儿童的研究，研究人员发现，1 ~ 3 岁的孩子如果每天看 1 小时电视，日后出现注意力问题的风险会增加近 10%，而且这些注意力问题，例如注意力不集中和烦躁不安，到孩子 7 岁左右才会表现出来。研究人员推测，那些快速播放的电视图像会影响孩子早期的大脑发育，使得他不容易集中注意力。因此，家长要在孩子还小的时候限制他看电视的时间，这能大大地减少他上学后出现注意力问题的风险。

2. 设定适当的期望

确保孩子的作业难度与他目前的学习能力相匹配。例如，如果他的阅读水平为 1.5 级，就不要指望他阅读难度为 4.2 级的读物。作业难度应比孩子的能力稍高一点儿，如果高出太多，他就会有畏难情绪，以致心不在焉，无法专心学习。相应地，家长还要确保任务的难度不要设置得太低，太简单的作业会让孩子觉得无聊，也会导致注意力不集中。家长也可以向孩子的老师寻求建议。

3. 不要给孩子贴标签

家长不要给孩子贴任何负面标签（"注意力有缺陷的孩子"），或者给孩子取含贬义的绰号（"健忘专家"）。这些称呼会提醒孩子他有缺陷，以至于叫着叫着最后就成真了。更严重的是，它们往往让孩子难以摆脱。家长要谨记：如果绰号含贬义那就不要这么叫。如果家长听到有人用不太好的词语来形容孩子，那就纠正对方的说法，用正面的词语来描述孩子的情况。如果对方说"他太亢奋了"，家长就纠正为"是的，他真的精力充沛"；如果对方说"她真的很古怪"，那家长就改成"她的白日梦启发了她，给了她很棒的灵感"。

家长须知

孩子是不是患有注意力缺陷多动障碍，也就是俗称的多动症？

美国精神病学协会出版的官方手册《精神障碍诊断与统计手册》第四版列出了所有的精神和行为障碍。美国医生发现了3种注意力缺陷的症状。

（1）注意力不集中。孩子难以专注于任务或者游戏活动；常犯粗心的错误；面对面交谈时难以集中精力；经常容易分心；健忘；不遵守指令；无法完成学业、分内的家务或者其他应该自己做的事。

（2）多动。孩子在座位上坐立不安或者不停扭动；在老师未发出指令的情况下擅自离开座位；多话；不愿意等待；总是动个不停；打断或者打扰他人；打断他人提问，只顾着自己回答问题；经常一刻不停地动来动去，好像有个马达在驱动他，让他不知疲倦。

（3）冲动。孩子经常在别人问话未结束时就抢着回答；难以安静地等待；喜欢打断或打扰他人。

注意力缺陷多动障碍包含3种亚型：混合型（症状包括注意力不集中、冲动和多动等）、以注意障碍为主型和以多动／冲动为主型。确诊每种亚型都需要特定的症状，例如，要确诊注意力不集中或者冲动类型，须观察孩子是否在6个月内表现出6种或者6种以上的问题行为，且这些问题行为已对孩子的学业或者人际关系等造成了明显的负面影响，与正常的发育水平不相符。如果家长怀疑孩子患有注意力缺陷多动障碍，一定要请医生、儿童神经学家、心理咨询师或者在儿童行为和发育方面获得认证的儿科专家对孩子的情况进行正规诊断。

调整孩子的睡眠习惯

家长不要先认定孩子有注意力缺陷问题。在某些情况下，解决孩子注意力问题的方法可能比家长想象的要简单，比如，睡眠不足的孩子也往往难以集中注意力，并且表现出冲动和多动的症状。家长要做的是试着改变他的睡眠习惯，提升他的睡眠质量（参见第87问"睡眠问题"）。研究表明，只是调整孩子的睡眠时间（比如让他早上床、增加睡眠时间等），就可以极大地改善他的注意力集中情况。

◎ 步骤2：快速反应

1. 仔细了解孩子的情况

家长要先仔细了解孩子的注意力集中情况。例如，在一般情况下，孩子的注意力每次能集中多长时间？他在处理哪些事情时能保持专注（例如，他是否能花数小时玩某个电子游戏或者滑板）？哪些任务最令孩子烦恼？什么方法能最有效地帮助孩子集中注意力？（例如，是平心静气地给出指令、重复两次指令，还是画一幅画来帮助孩子记忆？）准确了解孩子的注意力集中能力和问题可能需要花一些时间，但是这一步必不可少。家长也可以与其他家长交流，找出最能帮助孩子集中注意力的方法。家长可以记笔记、仔细观察，以便确定哪些方法有效，哪些无效。家长一定要观察孩子在不同环境中的表现，向他的老师、教练和其他相关大人寻求建议。

2. 反思目前的应对方式

家长要不断尝试，直到发现最能帮助孩子集中注意力的方法，然后坚持应用，以下方法可供参考。

- 首先要吸引孩子的注意力。先引起孩子的注意，再给出指令，这有助于提升他们的注意力。

- 眼神交流。家长给指令时要让孩子看着自己的眼睛，并认真倾听。

- 放低声音。家长要心平气和地和孩子说话。
- 轻轻碰碰孩子。家长可以把手轻轻地放在孩子的肩膀或者手上，以便引起他的注意。
- 指令要简短。家长要保持指令言简意赅。
- 打手势。家长可以伸出手，做出表示"停止"的手势，提示孩子停止手头的事情，专注于要做的任务。
- 标重点。家长在阅读时可以用手指着孩子应该注意的重点，或者教他标出重点，强化他的记忆，并做到一行一行慢慢读。

3. 给孩子安排固定的日程

对于有注意力缺陷的孩子，家长最好给孩子安排固定的日程，这样孩子可以明确地知道接下来要做什么，从而减轻他的压力，帮助他集中注意力。家长要根据孩子注意力集中时间的长短，更好地安排他做作业、睡觉、吃饭。家长要注意把孩子的活动时间与他的兄弟姐妹的分开，可以通过把时间表贴在冰箱或者白板上来提醒孩子坚持。

4. 减少干扰

注意力持续时间短的孩子很容易被噪声、气味和图像分散注意力。家长要仔细观察，看看哪些因素会分散孩子的注意力（例如头顶上闪烁的灯光、布谷鸟钟、狗叫声、邻居孩子的喊叫等），并尽可能消除这些诱因。马萨诸塞大学阿默斯特分校开展的一项研究发现，电视的背景声音或者图像会分散孩子的注意力，哪怕孩子只是偶尔看几眼。所以如果家里没人在看电视，那家长就应该把它关掉。

5. 布置理想的学习场所

家长弄清楚哪些因素有利于孩子集中注意力后，就可以为孩子布置理想的学习环境了。孩子通常在面积较小、较封闭、没有窗户、不对着走廊、没有噪声影响的地方更容易集中注意力。此外，把桌子放在没有装饰的墙旁边也可以减少孩子分心的可能。有些孩子戴着耳塞、耳机甚至听着某些类型的音乐会更容易集中注意力。家长可以让孩子多尝试几种方法，直到找到最佳方案。例如，一位爸爸说，他按照儿子的建议在板条箱里放了一张小桌子，他儿子在这样特殊的小空间里学习得非常专注。

6. 允许孩子偶尔活动

美国佛罗里达大学开展的一项研究发现，患有注意力缺陷多动障碍的儿童需要通过不时的活动来保持警醒，特别是在做挑战记忆的任务时，大脑需要对信息进行存储和处理，就更需要活动了。研究人员建议，当孩子做作业时，可以让他动一动、站起来或者嚼口香糖。除非孩子的行为具有破坏性，否则严格限制他的活动可能会起到反作用，会降低他的注意力。家长可以尝试多种方法，帮助孩子在做数学题或者更具挑战性的作业时集中注意力。

7. 经常给孩子积极的反馈

孩子为完成任务做了任何努力后，家长都要表扬孩子。"你做到了！真棒！""谢谢你，你听我说话时能看着我。""你能先权衡利弊再行动，真棒！"孩子需要听到积极的反馈。一些孩子会为了获得物质或精神奖励努力做得更好。不过，等孩子不需要奖励也能专注做事时，家长要立即停止这种方法。家长也可以向老师寻求帮助，为孩子制订有效的行为矫正计划。

8. 联合相关的大人

如果有机会，家长最好与孩子的老师以及辅导员、儿科医生等交流一下，为孩子制订改善问题行为和提高学习效率的计划。家长还可以询问学校是否需要请心理医生评估孩子的表现。如果每个接触孩子的大人都能在应对孩子的态度和方法上达成共识，家长一定会欣喜地看到积极的效果。

9. 尽早接受治疗

美国辛辛那提儿童医学中心的研究人员对 3 000 多名 8 ~ 15 岁的孩子进行

了研究，发现尽管近 9% 的孩子有某种形式的注意力缺陷症状，但其中只有不到一半的孩子接受了治疗，而患有注意力缺陷的女孩更不容易被确诊。一项为期 3 年的研究发现，对于大多数接受注意力缺陷多动障碍治疗的孩子而言（无论是药物治疗、行为治疗，还是两者都有），相关问题都会随着时间的推移而得到改善。如果家长怀疑孩子不仅仅是注意力不集中，那就要找有资质的专家评估孩子的情况。别等了！因为有注意力缺陷多动障碍的孩子经常容易自卑、与同龄人相处困难、在学校里表现不佳。

家长须知

家长应该让孩子服药吗？

药物治疗一直备受争议，家长绝不能草率地做出决定。目前的研究表明，对于被正规医疗机构确诊为严重的注意力缺陷多动障碍的孩子，药物治疗是最有效的。即便如此，家长也还是要谨慎行事，向医生咨询以下问题，从而做出正确的决定。

- 您为什么推荐这种药物？您还给其他孩子开过这种药吗？这种药的效果好吗？您是通过什么途径了解该药物的效果的？家长要尽量获取更多细节。

- 您预计孩子多久能够停药？

- 孩子服药后病情会有哪些改善？药物多久能够见效？家长要根据孩子的病情询问具体情况，例如，这会减少孩子发脾气的次数吗？能让他专注起来吗？能缓解烦躁的情绪吗？

- 能产生治疗效果的最低剂量是多少？（理想情况下，应该从小剂量开始服用，然后慢慢增加剂量。）如果孩子有一次忘了吃怎么办？他需要每天服药吗，周末呢？

- 在哪里查看这种药物的研究报告和可能产生的副作用？

- 有什么替代方案吗？下一步该怎么做？您会怎样跟进孩子的治疗？

家长最好多咨询几个医生，这样才能找出最适合孩子的方案。即便如此，改善孩子的病情也不能全靠药物治疗。一项为期 3 年的研究发现,对于大多数有注意力缺陷多动障碍的孩子来说,无论是药物治疗、行为治疗,还是两者结合,都能让他们的注意力在几年内有很大的改善。家长要多咨询,确保孩子得到最有效的治疗!

◎ 步骤3:培养良好的习惯

1.消耗额外的能量

研究发现,有注意力缺陷的孩子通常"在户外(特别是公园或者后院)活动一段时间后能更冷静、更专注,更能按照指令行事"。在户外活动一段时间似乎能让孩子在做作业之前有机会消耗掉多余的能量,从而集中更长时间的注意力。家长可以带孩子去他可能喜欢的户外场所,帮助他释放多余的精力,以延长他专注的时间。家长也可以让孩子参加体操训练、练跆拳道或空手道、打篮球、骑自行车、游泳或者玩滑板,选择一些能让孩子兴奋起来的活动即可。

2.教孩子有条理地做事

注意力持续时间短的孩子通常做事也没有条理,家长要帮助孩子学会安排任务,规划下一步要做的事。家长可以先给孩子准备一个小记事本,让孩子记下学校每天布置的任务,再买一个小活页夹,用不同颜色的隔页纸标记不同的任务,并在一张隔页纸上写上"待做任务",在另一张隔页纸上写上"已完成",然后在余下的隔页纸上写下剩余作业的名称。如果孩子还不太认字,那家长就可以用图标来表示以上内容(例如,画一本书表示"阅读"作业,写个数字表示"数学"作业)。然后,家长要教孩子按照以下6个步骤一步一步地完成任务。

(1)记下作业。老师布置作业的时候,要立刻在记事本上找到作业截止日期的对应页,然后记下要写的作业。

(2)收拾好作业。把作业本放在"待做任务"部分,方便清点。

(3)做作业。先看一下记事本上记下的作业,然后把要写的作业从活页夹的"待做任务"页拿出来。

(4)划掉"已完成"。在记事本中划掉已完成的作业。

（5）结束。将每项完成的作业放在活页夹的"已完成"页。

（6）收拾好完成的作业。完成所有作业后，将作业本放回书包，再将书包放在固定的位置（比如玄关），方便第二天早上带走。

家长要循序渐进地教孩子安排好任务，然后和他一起练习，直到他养成好习惯。

3. 将任务分成若干个更小的部分

注意力持续时间短的孩子经常因为任务太复杂而不知所措，家长可以教他把任务分成若干更小的部分，以帮助他保持专注。如果孩子还没开始做就已经蒙了，家长可以问他："你需要做的第一件事是什么？"如果整整一页数学作业都看起来令人生畏，那就将这页折成 3 等份，告诉孩子先做前三分之一，然后做中间部分，最后做余下的部分，或者建议他先完成任务中最困难的部分，以便减轻压力。

4. 帮助孩子提高记忆力

有注意力缺陷的孩子往往会把注意力集中在分散的细节上，或者难以有逻辑地记住重要知识点。以下方法可以帮助孩子记住重要信息，并让他有意识地按照一定的逻辑去归纳整理学到的知识，把注意力放在重点上。

（1）归纳中心思想。在孩子读过、听过一个故事或者看了一部纪录片后，家长可以向孩子提问："它的中心思想是什么？"这其实是问孩子："看完后你最想记住的信息是什么？"当孩子开始分神时，家长可以提出这个问题让他保持专注。

（2）画出接收到的信息。让孩子把听到或读到的信息画出来，这有助于一些孩子集中注意力。

（3）标出重点。家长可以鼓励孩子在阅读时用彩色荧光笔标注重点，可以告诉年幼的孩子，黄色会让最重要的知识点沐浴着"阳光"。

（4）晚餐时间复述别人的发言。家长可以安排每个家庭成员在晚餐时轮流讲讲一天中发生的事情并要求每一位演讲者必须正确地重述前一位的发言后才能分享自己的经历。为了让这个环节更具挑战性，家长可以在每个人都发过言后，看看孩子能不能从每个人的发言中找出关键点。这可以帮助孩子学会更加认真地倾听别人说话。

（5）知识点小卡片。家长可以教孩子在读完或者听完一句话（或者一段、一页）后停下来，在便携小卡片上写下或者画出重要的知识点。作业完成后，家长可以借助这些卡片帮助孩子复习，然后将其储存在大小合适的盒子中。孩子可以在考试前复习卡片上的这些笔记，以回忆重要的知识点。

家长分享

一位妈妈分享了自己的经验。

我儿子的注意力持续时间很短，每天晚上做作业就像一场战斗。后来，我摸索出了儿子的注意力最多能集中多久，到时间了就让他稍微休息 5 分钟，让他去喝水、跳高，或者只是捏几下弹力球。这样短暂的休息似乎可以帮助他重新集中精力，可以减少"大战"的爆发。下一步，我准备随着儿子注意力的提升，逐渐减少他的休息时间。我们的目标是"循序渐进，稳步前进"。

 不同成长阶段孩子的表现

◎ **学龄前儿童**

学龄前儿童常常不愿意倾听、难以长时间稳坐、对书面任务缺乏兴趣，很容易被误认为患有注意力缺陷多动障碍，但是医生通常不会因为学龄前儿童爱忘事、丢三落四、在某种程度上容易分心、无法长时间保持注意力（尤其是男孩）就诊断他们患上了注意力缺陷多动障碍，因为大多数孩子都会有这样的表现。所以，家长不要随意断定自己的孩子患有注意力缺陷多动障碍，而是要观察孩子有没有极端的行为模式，例如，孩子是否明显比其他孩子更容易分心、是否经常与朋友发生摩擦，或者是否需要大人反复提醒才能认真听别人说话等。

◎ 学龄儿童

孩子在一二年级时可能表现出很多明显的症状，例如无法听从指令，只能完成少量作业等，但症状并不严重。到了孩子三四年级需要更独立地学习时，更严重的问题才会显现出来。这时的症状主要表现为在学校难以完成课堂上的任务，而在家可能需要几个小时才能完成作业。大约 3% ~ 5% 的学龄儿童被确诊患有注意力缺陷多动障碍，其中男孩居多（男孩与女孩患病的比例为 5 : 1）。

◎ 即将步入青春期的孩子

随着学业压力的增加，孩子的成绩拉开差距，表现差的孩子自我认可度可能直线下降。精神压力、同伴压力、校园欺凌、日程安排过满和睡眠不足等都会导致注意力难以集中。被诊断为注意力缺陷多动障碍的孩子更容易出现很多行为问题，包括入室盗窃、滥用药物，以及其他可能导致身体受伤害的违法和危险行为（尤其是男孩）。在被确诊患有注意力缺陷的即将步入青春期的孩子中，70% ~ 80% 的孩子在青少年和成人时期仍持续表现出相关症状。

第 95 问　自闭症谱系障碍

相关问题另见：第 18 问"冲动"、第 28 问"待人冷漠"、第 37 问"愤怒"、第 45 问"害羞"、第 50 问"被欺凌"、第 60 问"被排斥"、第 65 问"被取笑"、第 74 问"家长会"、第 94 问"难以集中注意力"、第 98 问"天资超群"、第 99 问"学习障碍"

 问题

孩子不合群；行为古怪，包括身体强迫性摇晃、手臂抽搐和动作重复；语言发育落后，表达有困难；专注地自言自语，一次只能专注于一件事，不愿意分心，不愿意与他人交往；有社交障碍；明显地与其他孩子不同；因为与其他孩子主要特征不同而被排斥或者被孤立。

"我的儿子明显与其他孩子不同。他各方面的发育都与正常的发育指标不一样，不是落后就是领先。儿子痴迷于气象学，谈论和思考的都是气象学，让别的孩子感到厌烦，因此儿子也没有朋友。他的老师说他可能有阿斯伯格综合征①。我应该带他去看医生吗？"

虽然我们应该赞美并接受孩子的不同之处，但是如果孩子的表现"不正常"，家长还是应该带孩子去看医生。我建议家长在判断孩子的表现是否正常时考虑以下 4 个因素。

（1）家庭生活：你的家庭生活因为孩子异于常人的表现受到影响了吗？每个人都小心翼翼吗？

———————————
① 自闭症谱系障碍的一种。——编者注

（2）孩子自身：这些古怪的行为是否影响了孩子的幸福感和正常生活？家长是不是已经尽了最大的努力，而孩子仍在苦苦挣扎？

（3）家长的直觉：家长是否觉得有些事情不对劲？孩子是否与同龄人明显不同，发育迟缓？

（4）持续时间：孩子的异常表现是否持续存在，甚至随着时间的推移变得更严重？

如果家长对以上一个或者多个问题的回答是肯定的，那就要认真对待孩子的情况了。家长要先与孩子的老师和学校的心理医生交流，看看他们是否认同你的判断，是否认为应该给孩子做全方位的诊断。

◎ 为什么需要做出改变

当然，所有的孩子都与众不同，他们都是独特的！但不幸的是，有些孩子被边缘化了，因为其他孩子认为他们太古怪了。他们的行为、精神以及外表确实很突出，但是这种突出会给他们的生活带来负面影响。他们经常会被同龄人排斥，会感到焦虑、抑郁、自卑和极度的孤独。其中，患有自闭症谱系障碍的孩子被认为是最古怪的，所以他们的痛苦也最深。

自闭症是一种"谱系障碍"，患者的症状可能不尽相同，且轻重不一。如今，专家一般认为，不管症状是轻微还是严重，这样的儿童都应该被诊断为自闭症谱系障碍。

目前，有关自闭症谱系障碍的理论已达数十种，在病因、能否治愈和治疗方法上尚未达成一致意见。但是，我可以非常明确地说，自闭症是神经系统疾病，而不是心理或者行为问题，也不是因育儿方法不当造成的。我强调这一点是因为 30 年前的社会普遍把患儿母亲叫作"冰箱妈妈"，认为是因为母亲冷漠才让孩子患病的。我现在也仍为那些我认识的最有爱心的妈妈所遭受的不公正待遇而耿耿于怀，她们曾如此相信那种可怕的假说，认为自己是导致孩子患病的原因并因而感到内疚。孩子患病并不是妈妈们造成的。妈妈们需要明白这一点，并从接受事实开始帮助孩子。

毫无疑问，世界需要能够"跳出条条框框"的思考和行动"古怪"的成年人，例如英国著名的物理学家艾萨克·牛顿爵士、现代物理学家阿尔伯特·爱因斯坦、丹麦童话作家汉斯·克里斯汀·安徒生、奥地利作曲家沃尔夫冈·阿玛多伊斯·莫扎特、微软公司联合创始人比尔·盖茨等。但是家长要做的其实是帮助孩子提升各方面的能力，让孩子能更好地生活。对于这一点，专家们都认为早期干预确实有效果。如果家长怀疑或者确定孩子患有某种程度的自闭症谱系障碍，那么可以参考本节的解决方案，帮助孩子改善病情，尽力让他享受更好的人生。

◎ 问题表现

如果孩子从很小的时候起就表现出以下一些明显症状，且症状一直没有得到缓解，才有可能会被诊断为自闭症谱系障碍。家长需要注意的是，只有专业医生才能做出准确的诊断。根据孩子病情的严重程度，医生会确定相应的治疗方案。以下列举的是自闭症的主要症状。

- 脾气极端：极度易怒或者黏人；长期沮丧或者极度平静。
- 社交障碍：难以与他人建立友谊，无法与他人分享快乐或者成就，缺乏社交技能；不擅长社交；喜欢独自玩耍；不愿意玩"过家家"或者与正常发展水平相符的孩子玩假扮大人的游戏。
- 非语言交流障碍：避免与人进行眼神接触；难以理解他人的面部表情、姿势和手势。
- 情商不足：难以理解他人的情绪，不能理解他人的暗示；不懂得别人的感受；理解事物时不会全面考虑，不理解事物的细微差别、不理解模棱两可的事物。
- 缺乏同理心：无视他人的观点；只从自己的角度看问题。
- 社交沟通和语言障碍：有不寻常的语言模式，难以发起或者继续对话；不停地说话，但是无法清晰地表达观点；只谈自己感兴趣的话题或者根本不说话。
- 极度需要固定日程：必须按固定日程做事；任何变化都会让孩子心烦意乱。

- 有重复的和不适当的行为：不断地摇晃、拍手或大发脾气，通常意识不到自己行为不当。
- 沉迷于某件事：对某事有强烈的兴趣，甚至到了痴迷的程度（有的孩子只说与天文学相关的话题，有的孩子只会下国际象棋）。
- 运动能力差：协调能力差，走路或者跑步时姿态怪异；身体笨拙。
- 感官过于敏感：对声音、光线、质地或者气味过于敏感。

 解决方案

◎ 步骤 1：早期干预

1. 接受孩子与他人的差异

毫无疑问，孩子需求特殊、被边缘化给育儿带来了很大困难。但是为了让孩子认识到自己与他人的差异，家长必须接受孩子的现状，他需要家长无条件的爱和支持。发现孩子的"古怪之处"，这样家长才能找到预防潜在问题的方法。例如，如果孩子必须在某个时间吃午饭，那么就让他在去公园之前吃饱；如果孩子害怕气球爆裂的声音，就在参加派对之前，提前告诉派对主人，看看能不能不安排踩爆气球这样的活动；如果糨糊的气味让孩子感到焦躁不安，那就事先向老师申请用固体胶棒。提前摸清楚孩子在情绪失控前能坚持多长时间，这样家长就可以提前半小时来接他，避免他表现出异常。

2. 与学校老师建立合作关系

家长要与孩子所在学校的老师、心理医生、校长或者辅导员谈谈，询问他们对孩子在校表现的看法，了解他们可以提供什么样的教育和心理支持。有些学校可能会提供额外的帮助，例如，在孩子班里安排一个教师助理专门帮助他；为他量身打造一个俱乐部；留出一个安静的地方，让孩子在觉得失控的时候有个去处；安排孩子和兴趣相似的学生交往。家长要充分利用现有资源，让孩子

更好地成长。

3. 为孩子辩护

孩子的行为可能会让别人感到诧异，家长也可能会听到负面评价。家长需要冷静地面对这些情况，随时准备好这样回应："感谢上帝，他真的与众不同"，或者"我们在培养下一个莫扎特（或者爱因斯坦）"。家长要自信地说出来，然后带孩子离开。家长就是孩子最有力的拥护者和支持者。

4. 理解孩子的处境，帮助他勇敢面对

一些行为异常的孩子察觉不出他们与别的孩子的差异，也感觉不到其他孩子的排斥。但是，如果孩子能意识到自己正被排斥，那家长就要告诉他，这种差异可能会让一切变得艰难，而且难以消除。"我知道在一个特殊的班级里真的有很多困难。""你说得对，兴奋的时候很难忍住不拍手。""他们说你笨，只是因为他们不知道你有多聪明。"孩子每到一处，家长都可以拜托一个同理心强的孩子来关照他。

5. 找到更多相关人士帮助孩子

孩子需要有人为他加油打气，家长要与负责照顾和教育孩子的老师联系，向他们解释孩子的不同之处，让他们知道孩子不是故意的，不是为了故意吸引注意力。家长要告诉老师自己应对孩子特殊行为的策略以及孩子的一些需求，这有利于老师更好地帮助孩子。家长可以毛遂自荐到课堂上帮忙，或者加入家长与教师协会，积极参与学校和社区中的各种活动，以帮助孩子结交朋友并融入其中。

家长须知

孩子是否应该接受特殊教育？

大多数家长会犹豫是否应该让患有自闭症谱系障碍的孩子接受特殊教育，无论是天才班、特殊教育课堂，还是专门针对孩子独特兴趣

或者需求的私立学校。家长可以实地考察几次，与老师和管理员聊聊，咨询以下问题来帮助自己做出决定。

- 孩子在这里能交得到朋友吗，他能与这里的学生融为一体吗？
- 这个班级或者学校是否能让我的孩子发挥优势？这里的课程是否会满足孩子的需求？
- 这里的员工是否经过专门的培训？他们能否应对孩子的行为和特殊需求？他们是否了解并能够使用最具权威的教育策略来教育孩子？
- 该项目的收费是否合理？这个是否值得参加？
- 老师是否会制订针对孩子情况的个性化教育计划？
- 我是否想让孩子在这个环境中学习？处在这种环境中，孩子会感觉更快乐或者更安全吗？
- 孩子在目前的环境里是否快乐？能否茁壮成长？相比于其他环境，这里的环境能更好地满足他的需求吗？对我的孩子和家人来说，做出改变让孩子到这里学习值吗？

◎ 步骤2：快速反应

1. 决定是否带孩子去看医生

家长必须考量，孩子的古怪行为是无伤大雅，还是需要特殊的治疗、教育。如果是后者，那就要请专业人士对他进行诊断。家长可以参考以下问题决定是否应该带孩子去看医生。

诊断能确定孩子表现异常的原因吗？孩子是身体发育迟缓，还是神经发育障碍？包括自闭症在内的很多因素都会导致孩子异常，但是患有自闭症谱系障碍的孩子通常还伴有其他症状，比如感觉障碍、注意力缺陷障碍或者注意力缺陷多动障碍、抑郁症、强迫症、学习障碍，等等。如果没有全面的诊断，家长无从知道孩子的问题是由自闭症谱系障碍引起的，还是由其他疾病引起的。

诊断后，孩子能获得更有效的治疗吗？没有哪种治疗方案是万能的。每种治疗方案都必须建立在有正规诊断的基础上。此外，如果没有确诊，孩子将无法得到有针对性的治疗、教育和心理辅导（这些资源可以帮家长节省不少钱）。

诊断后，孩子能更好地生活吗？在过去的几周里，孩子在生活中的各个方面有多幸福？家长可以给孩子的总体"幸福指数"打分，幸福程度从 1 到 10 逐渐递增。如果他总体上很快乐，得分在 6 ~ 10（每个孩子都有开心和沮丧的时候），那么家长可以不必急着带他看医生。如果孩子得分在 1 ~ 5，那家长就需要进一步观察孩子，以便采取针对性的措施，帮助孩子生活得更幸福。提示：若孩子无法交到朋友，幸福感会大大降低，这通常是家长决定让孩子接受诊断的首要原因。

如果家长给出的答案都是肯定的，那就要及时带孩子就医，要找正规渠道的心理医生或者精神科医生。最后记住不必告诉别人诊断结果，也不必让别人知道孩子的病情，以免有人对孩子说三道四。

2. 寻求最有效的治疗方法

在孩子的诊断结果出来后，家长要多收集信息，寻求最适合孩子的有效治疗方法。研究方向不同的专业人士给出的建议会差异很大。儿科神经学家、职业治疗师或者特殊教育教师很可能有截然不同甚至相互矛盾的观点。家长要向具备自闭症谱系障碍知识和受过相关培训的专业人士寻求建议。据说有数十种针对自闭症谱系障碍的治疗方法（很多都相当昂贵）能奇迹般地"治愈"患者，家长在签字同意接受治疗前，一定要查查这一治疗方案的相关研究结果和疗效报告。

3. 学习相关育儿知识

每一位家长都应该通过不断的学习来提高自己的育儿水平，尤其是当孩子被诊断为自闭症谱系障碍时，对孩子的状况了解得越多，就越能照顾好他。

4. 针对孩子量身定制育儿方案

事实上，大多数育儿策略对患有自闭症谱系障碍的孩子是不起作用的，他们的大脑结构与一般孩子不同，反应也不同。以下是一些主要针对自闭症谱系障碍患儿的育儿方案（家长了解后也可以分享给照顾孩子的其他大人）。

- 控制情绪。家长最好冷静地、逻辑清晰地、开门见山地回应孩子。患有自闭症谱系障碍的孩子通常非常敏感，难以承受过多的情绪，家长一定要保持冷静。

- 不要强迫孩子与自己进行眼神交流。孩子很难与家长进行眼神交流，但这并不意味着他没有在听家长讲话，事实上，强迫他看着家长往往会对他造成干扰，使他更难集中注意力。

- 逐步给出指令。患有自闭症谱系障碍的孩子非常看重规则，他们需要知道别人对自己的要求。家长要清晰、言简意赅地给出指令和解释，说得慢一点儿，必要时要重复指令，如果有必要，可以用图片或者手势提示孩子。

- 说话要直白。患有自闭症谱系障碍的孩子通常无法理解"言外之意"，也不能理解幽默、讽刺或者含蓄的表达。家长跟孩子说话时要直接。

- 保持耐心。患有自闭症谱系障碍的孩子可能比一般孩子需要更长的时间来理解家长的话。家长要给他留出思考的时间。如果家长打断了他的思路，他可能不得不从头再想一遍。

- 按固定的日程安排生活。家长要按固定的日程安排孩子的生活，让孩子能预见接下来要做什么事，以减轻孩子的压力。如果日程安排不得不发生变化，家长要尽可能提前告诉孩子，如果有需要，家长可以平静地提醒孩子几次，让他有心理准备。

- 缓解精神压力。加州大学圣地亚哥分校的研究人员发现，过大的压力会导致暂时的记忆力丧失，患有自闭症谱系障碍的孩子会进入大脑锁定模式，不能思考，也无法应用掌握的技能回忆起信息。家长要帮助孩子缓解压力，减少噪声、强光等一切会过度刺激孩子的因素。家长不要让孩子一次和太多小朋友玩或是一次玩太长时间。孩子感到不知所措时，家长要帮他找一个安静的地方冷静下来。总之，家长要时刻关注孩子，并遇事保持冷静。

- 把事情分解成若干步骤。无论是握手还是说再见，患有自闭症谱系障碍的孩子都需要把事情分解成若干步骤才能理解。家长可以把每一步画出来（孩子能看见的话，印象会更深），然后让孩子坚持练习，直到他能应用自如。

- 事先做好准备。家长可以帮助孩子做好社交的准备，从而缓解他在社交场合的压力，比如告诉他参加人数、活动主题、持续时间以及其他可以让他感到安全的细节信息。

5. 加入相关互助小组

如果家长因为孩子的病情感到痛苦（这很常见），那可以考虑参加本地区或者网上的父母互助小组，或者接受专业咨询，找到支持自己的内在力量，以便更坚强地帮助孩子。

家长分享

一位爸爸分享了自己的经验。

我儿子被诊断出患有阿斯伯格综合征，但是他也很有天赋。同时，因为他的爱好都十分独特，别的孩子总是不愿和他交往。我意识到儿子需要社交渠道，所以就开始通过图书馆、搜索引擎找适合儿子参加的小组。幸运的是，我不仅找到了填字游戏俱乐部，而且结识了几个和儿子一样热爱古代历史的孩子。最终，儿子交到了朋友，变得开心多了。

◎ 步骤3：培养良好的习惯

1. 教患自闭症谱系障碍的孩子养成新习惯

正如前文所说，普通的育儿策略通常不适用于患自闭症谱系障碍的孩子，所以，家长需要跳出思维定式，用一些其他方法。

- 问题：孩子总是拍手、挥手。
  解决方法：试着给孩子戴上负重护腕，帮助他保持双手下垂，或者在每个口袋里放一个小玩具，鼓励他多玩玩具，减少挥手和拍手。

- 问题：孩子总是重复同一个话题。

  解决方法：试着给孩子一个带盖子的小盒子，用来"关住想法"。家长可以告诉孩子，每当他无法摆脱一个想法时，就用这个盒子把它牢牢关起来。

- 问题：孩子不停抖腿。

  解决方法：在椅子腿上缠绕上弹力绳，并告诉孩子，在忍不住要抖腿时，可以把脚踩在上面。这种"振动感"通常能有效地减少孩子乱动腿的问题。

家长找到有效的策略后可以分享给照顾孩子的其他大人。

2. 教孩子在冒犯了别人后怎么办

对于患自闭症谱系障碍的孩子来说，与他人相处往往是最难的。他们无法像正常的孩子那样理解他人的暗示、感受或者与他人共情，因此他们常常会在无意中伤害许多人的感情。家长要教孩子怎么和对方道歉。孩子需要时间来理解为什么要道歉，他可能暂时意识不到自己做错了什么但他需要学会相关技能来修复人际关系。家长一次只教一句就好，直到孩子能够应用自如，例如，"对不起！""我不该那么说。""我不是有意伤害你的感情的。""我能做点什么弥补你吗？"

3. 帮助孩子融入集体

事实上，孩子不仅会因为某个孩子的性格接纳或排斥他，也会基于他的外表来做选择。孩子的外表并不难改变。无论孩子有多与众不同，家长都可以给他精心打扮，帮他保持良好的卫生习惯，让他穿与其他孩子相同风格的衣服。还有，孩子是做了什么会让其他孩子反感的事情吗？所有的孩子都需要学习一些基本的社交技能，包括耐心等待、说"对不起"、大方地认输、主动与人交谈。家长要专注于自己可以改变的小事，帮助孩子自在地融入集体。

4. 培养孩子的某个天赋

一些患自闭症谱系障碍的孩子都有自己特殊的闪光点，例如，痴迷于中世纪历史、兰花、计算机、天文学、蚁群或者双簧管演奏。家长要想办法让孩子展示这种天赋，让他获得适当的关注，甚至交到朋友。

5. 给孩子找一位领路人或者积极的榜样

家长可以考虑找一个成年人做孩子的领路人，艺术家、棋手、木匠、人类学家、历史爱好者或者电脑高手都可以，重点是他要能理解孩子的现状，并能鼓励孩子追求自己的兴趣爱好。这样，孩子会认识到外面的世界里有很多像他一样的人，他们都非常快乐、事业成功。患自闭症谱系障碍的孩子通常更喜欢与比自己年长的孩子或者成年人待在一起。

6. 找到有相似兴趣的孩子

令人痛心的是，行为古怪的孩子往往会被排斥，但是如果家长开动脑筋，或许可以帮助孩子找到朋友。家长可以向他的老师寻求建议，也可以鼓励家里的其他孩子对患病的孩子更友善，或者找一些能培养孩子天赋的兴趣俱乐部（例如，如果他喜欢油画，就带他去博物馆；如果他喜欢马，就带他去青少年马术俱乐部。）来帮助他结交朋友，因为在这些地方，可能更能遇到其他有相似爱好的孩子。

 不同成长阶段孩子的表现

◎ 学龄前儿童

被诊断为自闭症谱系障碍的学龄前儿童中，有 10% 的孩子是在 4 岁时被确诊的。他们在玩游戏时表现得与同龄人明显不同，通常喜欢独自玩耍，而别的小朋友则在附近一起玩耍。他们不愿意跟其他孩子交往，也不愿意参加集体游戏，在与成年人互动时往往表现得比与同龄人互动时更自在。他们需要成年人的指导时才会主动与人交往。他们经常收集某些特定的玩具或者物品，但更喜欢把它们排成一行，数一数，或者一会儿放这儿，一会儿放那儿，或者排成特定的形状，而不是拿着它们玩。他们在旁人看来可能有些古怪，例如，看起来木讷呆滞，但又常常大吵大闹，或者总是重复某些动作，抑或过于好斗。

◎ 学龄儿童

患有自闭症谱系障碍的学龄儿童会表现出更加明显的社交障碍。他们不愿意与人交往，有时会做出令人生厌、幼稚的行为，他们也可能非常吵闹或者爱管闲事，这导致同龄人对他们避之不及。到了小学三四年级，孩子可能会意识到自己无法融入集体，不过他并不能理解其中的缘由。50% 患有阿斯伯格综合征的儿童在 5 ~ 10 岁被确诊。

◎ 即将步入青春期的孩子

即将步入青春期的孩子很重视交友，因此，社交场合对因患有自闭症谱系障碍而缺乏社交能力的孩子来说可能困难重重。家长要注意观察孩子有没有被同伴取笑、欺凌和排斥（参见第 50 问"被欺凌"和第 60 问"被排斥"以及第 65 问"被取笑"）。孩子的自我认可度会急剧下降，甚至可能会抑郁（参见第 96 问"抑郁症"）。20% 患有阿斯伯格综合征的孩子在 10 ~ 12 岁被确诊。

研究速递

明尼苏达州弗雷泽研究所的儿科神经心理学家金·克莱恩及同事帕特·普利斯对阿斯伯格综合征的长期影响进行了研究。尽管参与调查的对象不多，但是初步得出的结论应该会让家长感到安慰。研究对比了健康的青年与患有阿斯伯格综合征的青年，发现患有阿斯伯格综合征的青年的基本情况如下：

- 与健康青年的高中毕业率相同。
- 与健康青年的就业率相同，不过工作时间更短，工作变动更频繁。
- 酒精滥用的可能性远远小于健康青年。
- 违法的可能性远远小于健康青年。

但是，研究也发现患有阿斯伯格综合征的青年还是会有一些困难。他们中有69%需要对抑郁症进行药物治疗，而参与研究的健康青年中只有39%有此需要。患有阿斯伯格综合征的青年也需要更多的家庭支持才能取得成功，他们不太可能恋爱或者结婚，一般和父母住在一起，不善于处理问题，也难以做出正确的判断。

第 96 问　抑郁症

相关问题另见：第 37 问"愤怒"、第 38 问"依赖家长"、第 39 问"胆小恐惧"、第 40 问"哀伤"、第 44 问"敏感"、第 47 问"精神压力大"、第 50 问"被欺凌"、第 51 问"欺凌他人"、第 60 问"被排斥"、第 65 问"被取笑"、第 87 问"睡眠问题"、第 99 问"学习障碍"

 问题

孩子常常感到难过，容易流泪，甚至有自杀的念头；身体不适，却又查不出具体原因；无端对人产生敌意或者攻击性；感到疲惫，精神不振；极度敏感；以前喜欢的活动现在却提不起兴趣；饮食或者睡眠习惯有所改变。

"我们刚搬到一个新城市，女儿很难交到朋友。她常常哭哭啼啼，情绪很不稳定。我怎么判断这是孩子刚进入新环境时的正常反应，还是预示着更严重的问题？"

每个孩子都会时不时地感到难过，甚至喜怒无常，但是在正常情况下，这种情绪不会持续太长时间。家长可以通过以下几个问题判断这是孩子成长中的正常现象，还是抑郁的前兆。孩子是否过度悲伤？这样的负面情绪是否持续时间过长，是否出现频率过高？这样的负面情绪是否影响到孩子生活中的方方面面，比如家庭生活、学习、交友？如果答案是"是"，那么孩子可能有患抑郁症的倾向。如果家长发现孩子明显与以前不一样，却找不到原因，同时这些症状持续了数周还没有改善，那孩子很可能是患上了抑郁症，需要接受专业的心理辅导和治疗。

◎ 为什么需要做出改变

　　尽管在儿童时期，抑郁症在男孩和女孩中同样常见，但是发病的时间和症状会因性别不同而呈现差异。年龄小的男孩比女孩更容易患抑郁症，更可能通过捣乱、打架、违抗命令和违反纪律来宣泄抑郁情绪。年龄小的女孩更容易不愿与人交往、安静，或者被孤立。这一趋势在孩子 12 岁时会发生逆转，这时，女孩患抑郁症的风险是男孩的 2 倍，抑郁的程度更严重，首次发病持续的时间也更长。

　　有时候，家长对于儿童抑郁症有误解："她太小了，不可能抑郁"；"别担心，孩子情绪低落只是暂时的"；"只有青少年和成年人才会真的患上抑郁症"；"孩子长大点就没事了"。可是，不容忽视的现实是，孩子的确会患上抑郁症，而且症状有可能很严重。

　　美国儿童和青少年精神病学会发布的统计数据表明，每 20 名儿童和青少年中就有 1 名有重度抑郁症。不仅儿童抑郁症的发病率在上升，而且发病年龄越来越小。相比于那些在 20 世纪 30 年代之前出生的孩子，现在的孩子患重度抑郁症的风险增加了 10 倍。13 岁的孩子中，近三分之一的孩子有明显的抑郁症状，而到孩子高中毕业时，近 15% 的孩子有过重度抑郁症病史。由于抑郁症经常被忽视，一些权威专家推测，几乎 25% 的孩子在高中毕业前有过重度抑郁症。

　　抑郁症难以自愈，造成的后果也非常严重，有时甚至会危及生命，而其长期影响更是不容忽视。耶鲁大学医学院开展的一项研究发现，在 25 岁左右的年轻人当中，患有抑郁症的人酗酒的概率几乎是没有抑郁症的人的 4 倍。在青春期前就患上重度抑郁症的儿童中，有近十分之一的孩子会选择自杀，而儿童和青少年的自杀率在最近 30 年里则增加了 3 倍。

　　令人欣慰的是，如果孩子在抑郁症发病初期就能被确诊，并得到适当的治疗，病情就会好转，孩子也会感觉更开心。家长越早带孩子寻求治疗，效果越好。研究表明，适当的教育能帮孩子预防或者大幅降低患病风险。正如儿童抑郁症领域的权威玛丽·科瓦奇指出的那样："为了有效预防抑郁症，家长要在孩子患病之前就行动起来，真正的解决办法是给孩子接种'心理疫苗'。"家长可以参考本节的方法，以便科学有效地帮助孩子。

◎ 问题表现

- 孩子身体不适的情况愈发频繁，多次出现头疼、胃疼、恶心、手心出汗、失眠或者嗜睡等症状，虽然吃了非处方药，也休息了，但这些症状并没有得到缓解。

- 孩子的个性、脾气或者行为突然发生了剧烈的变化，让人担心。

- 孩子的症状持续了两个星期以上，并且变得更加严重；症状反复出现，孩子的痛苦难以缓解。

- 孩子满脑子都是死亡，或者总是感到绝望，在画或写关于死亡主题的东西，或者在聊天时喜欢谈论死亡；孩子开始把个人物品托付给别人，还总说"有什么用呢"？

- 悲伤情绪干扰了孩子的日常社交、学习或者家庭生活。

- 孩子的朋友告诉家长他们对孩子的担心，家长不要忽视他们反映给自己的情况，要多听听他们的看法。

- 孩子告诉家长他心理出了问题，需要帮助，家长对此不要掉以轻心。

- 家长明显感受到孩子不对劲，这时千万不要大意，孩子很可能真的患上了抑郁症。

　　如果以上问题在加速失控，例如孩子说一些可怕的话，或者家长觉得孩子要自杀，那家长千万不要犹豫，要立刻采取措施，拨打心理咨询热线寻求帮助，或者立即将孩子送往最近的急诊室。

家长须知

确诊抑郁症后，应尽快治疗以防复发

　　美国俄勒冈研究所的著名抑郁症研究人员彼得·莱温森针对 1 700 名孩子开展了为期十年以上的跟踪调查。研究发现，在初次发病小于 18 岁的孩子中，有 44% 的孩子在 24 岁之前复发了。其他研究表明，

近 50% 未经治疗的抑郁症儿童会在 3 年内再次发病。如果尽早治疗，复发的可能性可以显著降低。如果家长怀疑孩子患有抑郁症，不要犹豫，要立刻向专业人士寻求帮助。

 **解决方案**

◎ 步骤 1：早期干预

1. 关注发病因素

一些特定的因素会导致孩子更容易患抑郁症。家长要留心那些会造成严重后果的偶发或持续发生的事件，它们会削弱孩子的自我认可度，或者降低他的情绪复原力和安全感。以下是抑郁症的一系列发病因素。

- 有家族病史。如果父母或者其他近亲属患过抑郁症，孩子患病的风险会相应增加。家长需要调查一下家族病史。

- 有抑郁症病史。如果孩子有过抑郁症病史，未来将可能复发。

- 缺乏应对问题的能力。孩子缺乏韧性和情绪调节能力，遭受挫折后难以恢复平静。

- 因突发事件压力巨大。孩子生病住院、父母中有一方去世、父母离婚、发现自己不是父母亲生的、父母中有一方失业或者家中争吵频繁等都会增加孩子的压力，并引发抑郁症。

- 不稳定的家庭环境。孩子生活的环境不稳定，这会对孩子的成长造成负面影响。

- 虐待和创伤。孩子经历过或者正在经历语言、情感、性、身体方面的骚扰或者虐待。

- 灾难。严重影响孩子安全感的自然灾害或者人为灾难，例如飓风、地震、火灾、绑架、车祸、恐怖袭击（即使不在身边发生）、枪击等都可能引发抑郁。

- 被同伴排斥和欺凌。孩子由于同伴的不良行为在情感上饱受折磨。

- 经常受挫。孩子经常在社交、学业或者情感上受挫。

2. 了解孩子的正常情绪反应

所有的孩子都会不时地感到悲伤和愤怒，有些孩子或许只是性格内敛，容易焦躁不安，或者不喜欢分享私事。家长要了解孩子平时的性格，这样才能发现他的显著变化。如果怀疑孩子是得了抑郁症，就赶紧带他治疗。家长要在不同的场合仔细观察孩子，并且要和那些了解和关心孩子的人进行交流，对孩子的变化时时保持警惕。家长要注意，与患抑郁症的成年人相比，患抑郁症的孩子通常反应更强烈、更易怒，情绪波动更大。尽管儿童抑郁症很难诊断，但在发病之前，孩子的焦虑情绪通常会明显加重。

3. 尽可能多地了解相关知识

家长了解的儿童抑郁症的相关知识越多，就越能帮助孩子。家长可以阅读相关书籍、咨询相关专家、加入支持小组，或参加研讨会。

4. 尽可能减轻孩子的压力

虽然压力不会导致抑郁症，但它会加重抑郁情绪。所以，家长要认真考量孩子的日程安排，尽可能减少孩子的压力。在这一关键阶段，没有什么比孩子的情绪健康更重要。让他放松一下吧！

5. 家长不要过于内疚

最新研究表明，儿童抑郁症是由遗传、脑内代谢紊乱及其他多种因素引起的。在绝大多数情况下，孩子患抑郁症并不是因为家长没有悉心养育。因此，家长不要过于自责。虽然出于对孩子的爱，家长很难减轻负罪感，但是也要明白，只有帮自己恢复心灵的平静，才能更有效地帮孩子恢复心理健康。

6. 以身作则，树立积极的人生观

研究表明，抑郁的孩子会受到周围人的影响，遇事消极悲观，抑郁情绪加

重。因此家长要反省自己：我为孩子树立了什么样的榜样？我如何应对失败？职场或者人际关系出现问题时，我是怎么做的？我有没有情绪低落、赖床不起，或者酗酒？注意，家长对生活琐事的消极应对方式可能会影响孩子，使得他也以消极的方式应对压力。同时，家长还要注意自己是否患有抑郁症？是否需要治疗？

家长分享

一位妈妈分享了自己的经验。

我女儿情绪低落了很长一段时间，我当时以为这是暂时的，以为她很快就会回到无忧无虑的状态。在我看来，她没有什么可烦恼的，但是我的一位女性朋友劝我在日历上记录女儿每天的心情变化。结果我发现，女儿不仅大部分时间都很伤心，甚至一连几天都这样，我赶紧给医生打了电话。医生说孩子表现出了抑郁症的主要症状，需要立即住院治疗。这是我做过的最艰难的决定，但是我最终还是让女儿住了两周院。我非常庆幸当时做了这个选择。那两周救了女儿。医生表示，孩子已经患抑郁症一年多了，一直在苦苦挣扎，甚至有自杀的念头。医生给女儿开了一种抗抑郁药，女儿说服药后她再次感到了快乐。女儿现在正接受心理咨询师的"谈话疗法"，这种治疗方法似乎也有效果，帮助她减少了一些悲观想法。抑郁症的治疗是一场艰苦的斗争，我们还有很长一段路要走，但是我们每天都在努力。真希望我当时能够早点发现她的病情，及时带她看医生。

◎ 步骤 2：快速反应

1. 接纳孩子

患有抑郁症的孩子最需要的是爱、同理心和接纳。如果家长不知道自己应该做什么，那就试着从孩子的角度看问题，理解他的现状，想象一下他的恐惧（"我到底怎么了？"）、悲伤（"我为什么这么容易难过？"）和绝望（"我永远不会好转，何必麻烦呢？"）家长要陪着孩子，让他明白他只是生病了，而自己会尽一切努力帮他好起来。

2. 多陪陪孩子

缓解抑郁情绪的最好方式，就是与孩子建立牢固的"爱的纽带"。这条纽带是健康、积极的亲子关系的基础，也正是孩子现在所需要的。家长需要留出较长的一段时间和孩子待在一起。如果他不愿意说话（大多数陷入抑郁情绪的人都这样），那家长就安安静静地陪着他，揉揉他的背，与他一起看电视、读书，或者只是坐在他旁边陪着他，让他知道你爱他。

3. 让孩子按固定的日程生活

如果有固定的时间表，孩子就能知道下一步要做什么，并因此获得安全感，而这正是患有抑郁症的孩子所需要的。家长要尽量让孩子按固定的日程生活，例如每天早晚做相同的活动，定时做作业、吃晚饭和上床睡觉，尽量让一切看起来都在正常进行，尽管事实可能并非如此。

4. 照顾好自己

家长必须照顾好自己，这样才能照顾好孩子。家长可以找一个互助小组，互相帮助；积极运动；雇个保姆，给自己一点儿自由的时间，每天出去呼吸新鲜空气；就近绕着街区走走转转，让自己得到片刻放松；寻求周围人的帮助；关上卧室的门，请家人暂时不要打扰，静心休息一会儿。

5. 减少对孩子的负面评价

患有抑郁症的孩子经常感到沮丧，因此特别需要鼓励，所以，家长尽量不要对孩子进行负面评价，这只会让孩子更加气馁。家长可以记录自己对孩子做出消极与积极评价的次数，数一数一个小时（或者30分钟）内自己做出了几次负面评价，然后给自己设定减少负面评价、多说鼓励的话的目标。理想情况下，家长鼓励孩子的频率应该是批评孩子的5倍（尤其是对一个患有抑郁症的孩子）。

家长能做到吗？如果做不到，那就慢慢改变，先试着每批评孩子 1 次，就至少鼓励他 1 次，直到改变了以批评为主的习惯，这能有效地改善孩子的情绪。

6. 保持语气平和

患有抑郁症的孩子极度敏感。家长眼中无关紧要的小事也会让他生气。因此家长和孩子说话时要尽量降低音量，保持冷静。即使稍微高于正常音量，也可能让患抑郁症的孩子不知所措。高度敏感的孩子很难理解情绪暗示，会误以为大人生气了。如果孩子非常敏感，那家长就要明确地向他表达自己的感受，避免他误会："你是不是认为我生气了？我没有生气，我只是累了。"同时，家长也要注意自己的表情，比如假笑或者扬起眉毛，因为即使是这些小动作，也会引起孩子的情绪波动。如果有需要，家长可以在自己情绪失控前独自待一小会儿，尽力让自己冷静下来。

7. 带孩子接受治疗

家长一定要带孩子寻求帮助，而且越早越好。儿童抑郁症很难诊断，家长需要寻找接受过儿童和青少年精神病学培训，并获得相关执照的专业人士对孩子的现状进行评估。

8. 为孩子找到最好的治疗方法

在孩子的病情得到评估后，家长可能需要做出艰难的选择：是否要服用处方药？是否要持续接受心理治疗（尤其是认知行为治疗、谈话治疗和人际关系治疗）？要不要接受住院治疗？家长要记住，有效的治疗方法不止一种。家长越了解每一种疗法以及它们对孩子的效果，就越能做出明智的选择。家长要向这些专业人士咨询他们推荐的治疗方案的风险和益处，最好能请他们根据孩子的情况制定有针对性的治疗方案。家长要多咨询，听取不同的意见，直到找到对孩子最有效的治疗方法。不要轻言放弃！

应该让孩子进行药物治疗吗?

家长往往会犹豫是否该让孩子服药。请注意,抑郁症是一种危及生命的疾病,不进行有效治疗可能导致孩子产生自杀的想法。高达80%患有抑郁症的年轻人产生过自杀的想法,高达35%的年轻患者曾试图自杀。因此,家长要权衡药物治疗的副作用和不接受药物治疗可能导致的巨大危险。如果家长确定要选择药物治疗,那就要咨询接受过儿童和青少年药理学培训的医生,请他们对孩子的病情进行全面的分析。治疗开始后,家长要记录孩子的日常情绪状态和服药后的不良反应,未经医生许可,不要擅自停药,否则可能会导致孩子焦虑不安和抑郁的情绪加重。如果孩子有自杀的念头,做出了伤害自己的行为,表现出焦虑、躁动、极具攻击性或者冲动的行为,家长要立即联系医生。一项长期研究发现,对于患有抑郁症的青少年来说,最有效的治疗方法是通过药物治疗减轻躯体症状,同时结合心理治疗帮他们掌握应对负面情绪的方法。

研究速递

宾夕法尼亚大学的著名心理学家马丁·塞利格曼开展的研究发现,教孩子以积极乐观的态度看待问题,能有效减少他们患抑郁症的风险,能让他们更好地从逆境中振作起来。家长要用更客观的视角说服孩子对抗消极思维。假如孩子没有加入足球队,并且认为自己是个糟糕的球员,家长可以客观地反驳:"我知道你为没能入选球队感到失望,可是你滑雪滑得很出色,旱冰也滑得很棒啊。"家长也要时常反思,想想自己是否会消极地看待问题。如果是,就要改正,因为孩子会观察家长的一言一行,并模仿家长的做法。

◎ 步骤 3：培养良好的习惯

1. 营造积极的氛围

孩子患抑郁症后，不仅孩子会很痛苦，家里也会常常愁云惨雾。家长要想办法营造积极的家庭氛围，减少家里其他人受到的影响。家长可以在吃晚饭时让每个家庭成员讲讲当天发生在自己身上的好事；寻找励志的书籍和视频给家庭成员看，以展示生活中美好的一面；有意识地分享一些积极的消息，并故意大声地让孩子听见；注意孩子看的电视节目、网站、歌词、视频游戏、电影等，观察其中是否含有负面内容；从报纸和杂志上收集励志文章，与家人分享。家长还可以设立家庭守则来帮助消除家人的消极情绪："如果谁说了消极的话，就得再说一句积极的话。"坚持执行这些方法会逐渐减少家人的负面想法，因此你必须始终如一地坚持让大家遵守。

2. 教孩子如何放松

迈阿密大学触摸研究所的蒂芙尼·菲尔德开展的研究发现，孩子在接受每周 2 次、每次 30 分钟的按摩后，抑郁情绪会有所缓解。看让人放松的视频似乎也有效果，瑜伽也能有效地缓解抑郁症。家长要帮助孩子找到合适的放松方法，比如泡热水澡或骑自行车。家长也要问孩子喜欢什么，是投篮、听音乐，还是写日记。如果有需要，家长可以给他提些建议，鼓励他用这些方法舒缓情绪。

3. 让孩子多享受生活

孩子患上抑郁症对家长和孩子自己来说都是一种打击，家长要想办法让他尽可能地开心起来。家长不要指望孩子自愈（他做不到），而是要帮他多享受生活，比如钓鱼、玩棋类游戏、打棒球，关键是找到孩子喜欢做的事情，以便让他逐渐开心起来。洛马琳达大学公共卫生学院的研究人员发现，看 1 个小时的喜剧视频就可以减轻抑郁孩子的焦虑感，因此家长可以选择和孩子一起看喜剧电影。

不同成长阶段孩子的表现

著名儿童和青少年精神病学家大卫·法斯勒与林恩·杜马斯列举了各年龄段孩子抑郁症的常见症状。

◎ 学龄前儿童

学龄前儿童的语言能力有限，很难表达清楚自己的感受。患上抑郁症的孩子难以在游戏中享受到乐趣，会频繁胃疼、头疼和感到疲惫，却又无法解释原因；过度烦躁和过度不安；易怒或者对挫折的容忍度低；经常感到悲伤。孩子身上常见的学龄前行为（例如分离焦虑、抱怨、发脾气、做噩梦等）会变得更严重，并持续数周，且发作时间通常不固定。

◎ 学龄儿童

学龄儿童患上抑郁症后除了会表现出上述学龄前儿童的症状外，还可能会有睡眠习惯的变化、体重显著减轻或者增加、容易流泪、过度担忧或自我认可度低、无缘无故就产生敌意或攻击性心理、成绩下降、拒绝或不愿上学、不愿与同龄人玩耍，以及感觉自己没有价值，如经常说"没人喜欢我""我满身缺点""我什么都做不好。"

◎ 即将步入青春期的孩子

即将步入青春期的孩子在患上抑郁症后，除了会表现出学龄儿童的症状，还可能有睡眠时间过长、感到绝望、喜欢酗酒、喜欢吸烟、不遵守校规、经常感觉疲惫、对以前喜欢的活动失去兴趣、自伤、人际关系紧张、进食障碍、被孤立、不再关注外表、对被同学排斥或者失败极端敏感、动作迟缓或者过快、产生负面想法或自杀的念头等一系列问题。

第 97 问　进食障碍

相关问题另见：第 42 问"追求完美"、第 47 问"精神压力大"、第 59 问"同伴压力"、第 60 问"被排斥"、第 65 问"被取笑"、第 85 问"挑食"、第 96 问"抑郁症"、第 100 问"体重超标"

 问题

　　孩子过分关注自己的体重和外表；对肥胖有强烈的恐惧；吃得太多或太少；想一个人吃饭；剧烈运动；购买减肥药、泻药和利尿剂等促进排泄，以减轻体重。

　　"我女儿只有 10 岁，但是身体非常虚弱，吃得像鸟一样少，而且非常容易生气。我觉得女儿可能患有进食障碍，但是大家都说她还小，这只是激素的问题。我要怎么判断孩子的情况是否严重呢？"

　　如今，连 6 岁的孩子都可能患有进食障碍，所以不管孩子多大，家长都应该关注他的饮食习惯。孩子出现异常时，家长很难区分这究竟是进食障碍还是青春期前的正常表现，这个年龄段的孩子原本就喜怒无常，十分关心自己的外表和体重，但家长仍要保持警惕，留意孩子是否有异常症状和表现，例如，孩子总是计算热量摄入、无休止地锻炼、对自己的体重要求不切实际、总说自己"太胖了"。孩子通常会把减肥药、泻药或者食品包装藏起来，或者通过故意打开花洒来掩盖自己呕吐的声音。孩子可能会抑郁或者易怒，对吃东西有负罪感，总是想一个人吃饭，或者在卫生间待很长时间。每个孩子的表现都不一样，家长可能在孩子一开始发病时看不出明显的迹象。

◎ 为什么需要做出改变

"进食障碍？不可能！" "我女儿不可能有这种病！"家长在读到有关神经性厌食症、神经性贪食症和暴食障碍的新闻时，第一反应通常是否定孩子有患上这类疾病的可能。事实上，至少10%的青春期女孩患有进食障碍，而在患有进食障碍的孩子中，男孩约占30%。无论男女老少，无论来自城市还是农村，任何人都有可能患上这种疾病，而且这种病的发病率一直都在持续上升。

10多年前，34%的高中女生认为自己超重，但现在这一比例已经上升到了90%。在短短5年内，女孩们服用的减肥药的种类及数量几乎翻了一番。近63%的少女通过不健康的方法控制体重，例如服用减肥药、使用泻药、催吐或者禁食等。最令人不安的是，如今就连5岁的儿童都有被诊断过患有进食障碍。

毫无疑问，患上进食障碍的后果非常严重。患有进食障碍的孩子也更可能患上睡眠呼吸暂停综合征、哮喘、高血压、糖尿病、抑郁症、中风和心脏病。神经性厌食症会使孩子早逝的风险增加12倍以上。每年有超过1 000名妇女和少女死于进食障碍的并发症。如果家长发现任何蛛丝马迹，不要犹豫，立刻带孩子看医生。因为治疗开始得越早，孩子康复或者至少能显著好转的可能性就越大。

◎ 问题表现

进食障碍在早期很难被察觉到，但家长可以看看自家孩子有没有以下表现。

- 孩子在吃饭时表现出抵触情绪：总是找借口逃避吃饭，有时会跳过一餐不吃；喜欢独自进食；表达抵触并不是因为挑剔食物的口味或者外观，而是因为担心进食会摄入更多的热量。

- 奇怪的进食行为：咀嚼食物后不吞咽，而是吐出来；咀嚼每一口食物的时间过长；把食物切成小块；把食物藏起来，撒谎说自己吃掉了。

- 过度关注摄入的热量：不断称体重；对肥胖有强烈的恐惧感；不吃任何甜食、零食和脂肪含量高的食物；不停地锻炼；非常关注外表和身材。

- 对自己的体重认知有明显偏差：体重明显偏低，却总说自己"太胖"。

- 停经：月经不调或者完全闭经。

- 脾气大变：易怒、抑郁；有睡眠问题；不愿意社交。

- 身体变化：皮肤干燥、面部浮肿、皮肤发黄；体毛变多；指甲变脆；头发稀疏、干燥或者易断；脚部肿胀，关节疼痛；手发凉。

- 囤积或者藏食物：偷偷进食；吃饭时吃得不多，或者说自己不饿，但是橱柜里的甜食和垃圾食品莫名不见了；家长在家里发现空的食物包装袋。

- 在卫生间有奇怪的行为：饭后躲到卫生间；经常冲马桶、打开水龙头或者打开淋浴花洒以掩盖呕吐声；家里的消毒喷雾剂或者漱口水消耗过快。

- 体重变化大：体重出现明显波动；喜欢穿宽松的衣服来掩饰身形。

- 极端节食：使用泻药、灌肠剂、去水丸（利尿剂）或者减肥药减肥。

- 关节、牙龈或者牙齿有问题：手指伸进喉咙催吐时擦伤了指关节；牙齿变色、牙龈萎缩；呕吐导致脸颊肿胀；关节疼痛。

- 强迫性进食：在不饿的情况下，进食量明显大于其他人正常情况下的进食量；暴饮暴食。

家长须知

提防那些宣扬减肥的网站

斯坦福大学医学院开展的研究发现，连10岁的孩子都会在网上学习减肥和催吐的方法。孩子从网络上收集的"有效的窍门"包括"在淋浴时催吐，因为水流声会掩盖呕吐的声音"，"涂能促进指甲生长的指甲油，这样指甲看起来就不会那么薄"，以及"禁食可以让你轻松克服不良的饮食习惯和成瘾性"。那些网站贴出瘦骨嶙峋的时装模特的照片，以激励大家减肥。事实上，96%患有进食障碍的年轻患者承认，他们是在网上学会的借助催吐、服泻药等方式清理肠胃和减轻体重。不到三分之一的家长表示，他们曾与孩子讨论过此类网站。家长要与孩子谈谈网络信息的不良影响，并密切关注孩子上网都看些什么。

 **解决方案**

◎ 步骤 1：早期干预

1. 深入挖掘问题产生的原因

　　研究双胞胎神经性厌食症的研究人员推断，进食障碍的患病风险主要是由基因决定的。不过，虽然基因决定了发病的风险，但该病通常是由环境因素（比如家庭问题、父母的教育方式或者社会的影响）引发的。家长挖掘问题根源的时候，要把注意力放在那些自己可以帮助孩子改变的地方。以下是导致孩子患进食障碍最常见的原因，家长可以看看哪些符合自家孩子的情况。

- 基因。如果家里有一名孩子患上了神经性厌食症，那其他孩子患神经性厌食症的风险要比一般人群高出 12 倍左右；如果家里有一名孩子患上了神经性贪食症，那其他孩子患神经性贪食症的风险是一般人群的 3 倍。不过，家长要注意，即使有家族病史，孩子也不一定会患上进食障碍，环境因素也有很大的作用。

- 压力大。压力来源可能包括孩子和男朋友分手、因为超重被运动队淘汰、因为"太胖"被同伴排斥、有人不分场合地对孩子的体重指指点点、父母离婚等。

- 性格或者脾气。孩子天生就是个完美主义者，比大多数人更容易焦虑和冲动，需要一切都尽在掌握、整齐有序，或者孩子解决问题的能力不足。

- 参加的活动竞争激烈。孩子参与了竞争激烈或追求"美"的活动，例如体操队、啦啦队、芭蕾舞团、摔跤队、拳击队、模特队等，这些项目对体重和外貌都很看重。

- 自我认可度低。孩子的自我认知出现了偏差，他的自我认知建立在自己的体形和体重上；孩子认为人们认可他是因为他的长相，而不是因为他的内在。

- 同伴压力。孩子非常需要归属感，渴望变得合群，而他所在的小团体恰好推崇苗条的身材。

- 社会的影响。网上各种图片和信息都在强调瘦一点儿才好看，孩子受此影响，也崇拜那些很瘦的名人。

- 不健康的饮食习惯。孩子有不健康的饮食习惯，包括饮食时间不规律、吃得比正常饭量多（或者少）、因为对吃东西时有负罪感或者因对自己的体重感到羞愧而节食；过多讨论节食和摄入热量的话题。

- 父母有进食障碍。妈妈过分关注自己的身体形象，并且患有进食障碍，或者妈妈对孩子和其他人的体重和外貌有负面评价。

- 家庭氛围。家长对孩子的情感支持和理解不足；家庭成员之间缺乏沟通，交流时不够坦诚；父母过度关注孩子的成就而非孩子本身。

- 遭受过身体虐待或者性虐待。研究表明，入院治疗的贪食症患者中，近60%经历过身体虐待或者性虐待。

家长一定要带孩子做一个全面的检查，看看孩子有没有身体不适或者情绪问题，找到真正的病因。

2. 了解相关知识

进食障碍的发病率正在上升。如今，神经性厌食症已经成为流行病，发病率比50年前增长了1 000倍。作为家长，我们需要了解这种疾病的相关知识，知晓其危险性，并做好预防。家长对进食障碍的症状和发病原因越了解，就越能有效地帮助孩子。家长要熟悉以下3种最常见的进食障碍类型及症状。

（1）神经性厌食症。孩子害怕体重增加或者变胖，严格限制热量的摄入。

（2）神经性贪食症。孩子暴饮暴食，然后试图通过不健康的方式排出或者消耗这些热量，例如催吐、服用泻药、禁食或者强迫自己大量运动。

（3）暴食障碍。这种疾病与贪食症类似，但是患者不会借助催吐或者服用泻药等方式清空肠胃。

3. 反思自己的态度

孩子看到和听到爸爸妈妈（尤其是妈妈）担心自己的体重和外表时，可能会误以为美的标准就是瘦，并盲目追求这个目标。虽然家长的本意不是要让孩子患上进食障碍，但是这可能会让本来就有致病基因的孩子受父母态度的影响而患上进食障碍。家长一定要注意自己是怎么评价"美"的，孩子在看着呢!

4. 积极的自我认可

预防进食障碍两个非常有效的方法是进行积极全面的自我认可和保持健康的身体形象。家长要想办法帮助孩子在体育、社交和学习方面获得认可，赞美孩子的内在品质，而不是他的外表，帮助他发现和发展自己与生俱来的优势和个人品质，让他知道家长会无条件地爱他。进食障碍不仅与饮食有关，还与孩子的自我认可度有关。

研究速递

限制孩子翻阅时尚和节食类杂志

家长最近浏览过有关时尚或者名流的杂志吗? 杂志里大肆宣扬"以瘦为美"的理念，向人们灌输要让自己更瘦的想法，这确实会影响女孩子的饮食习惯。美国儿科学会针对 2 516 名青少年开展了一项历时 5 年的研究。该研究发现，经常阅读有关节食和减肥话题的文章的女孩更有可能通过禁食、催吐或者服用泻药减肥。女孩阅读这些时尚杂志的频率越高，就越有可能采取极端的行为控制体重。研究人员对家长提出了以下几点建议。

- 家长要更密切地关注孩子接触的社交媒体，也要注意孩子浏览的健美杂志，以免孩子受到不良影响。

- 家长要限制孩子接触那些宣传"以瘦为美"的杂志，给孩子订阅内容更健康的杂志。

- 家长要教孩子理性看待媒体宣扬的内容，抵制电视、电影和杂志的某些不良理念，例如"纤瘦的女性魅力四射""肌肉发达的男性无所不能"。

- 家长要坦率地与孩子交流进食障碍的可怕后果，例如牙齿受损、脱发、骨质疏松、指甲脆裂，甚至死亡。

家长自己也不要看那些杂志，孩子在旁边看着呢!

---

5. 留心追求美感的体育运动

参加体育运动的确是一种健康、积极的发泄方式，但它也有不利的一面：需要极端训练、持续增重、限制饮食，激烈竞争的运动还可能引发进食障碍。那些追求美感的体育运动（例如体操、健美操、滑冰、舞蹈和游泳）对外表和体重有明确要求，更有可能导致 5 ~ 7 岁的女孩过度在意自己的体重，而没有参加体育运动或者参加了对美感要求不高的运动（例如排球、足球、篮球、垒球、冰球、网球和武术）的女孩则不会太在意体重。家长可以向孩子的教练反映自己的担忧，或者鼓励孩子换一项运动，避免他过分关注自己的体重。

6. 留心孩子的朋友

一项针对 15 349 名青少年的研究发现，女孩们会分享自己极端的节食秘诀，例如禁食、服用减肥药和泻药等，还会大肆宣扬她们的厌食经历，这使得进食障碍在女孩们之中流行起来。这种风气无论是在农村，还是在城市和郊区的青少年中都很盛行。所以，家长要更密切地关注女儿的朋友们在谈论什么。如果她们关注的焦点都是衣服的尺寸和最新的节食方法，那就要引导孩子与其他人生观更健康的朋友交往了。

7. 定期进行全家聚餐

一项针对 1 500 多名青少年的纵向调查发现，每周定期和家人在温馨的氛围中聚餐的女孩患进食障碍的风险要比没有这样做的女孩低三分之一，极端节食的可能性也显著降低。如果家人无法一起吃晚餐，那就一起吃早餐吧，但是一定要找时间让一家人定期聚在一起，享受彼此的陪伴。

◎ 步骤 2：快速反应

1. 确定孩子情况的严重性

哪怕只有一点儿因进食障碍而危及孩子生命的迹象出现，家长也要送孩子去最近的医院就医。为了挽救孩子的生命，医生可能需要采取急救措施。如果孩子不愿治疗，那就请人陪伴你，或者打电话请执法人员来帮助你渡过难关。如果怀疑孩子患有进食障碍，但是情况不紧急，可以参考后面的措施。

2. 记录孩子的饮食习惯

进食障碍在初期往往很难被发现。孩子看上去是在追求更健康的饮食，会减少脂肪摄入、只吃绿色蔬菜等。家长要相信自己的直觉，一旦感受到异样就开始记录孩子的日常饮食习惯：他吃什么，吃多少；他是否不按时吃饭；他是否有进食障碍的相关行为，比如隐藏食物、独自吃饭、偷偷待在卫生间等；他运动的频率和持续时间长短。家长可能需要让医生参考这些记录对孩子进行诊断，也要给孩子看看自己的记录，让他明白自己为什么那么担心。另外，家长也可以通过这些记录判断自己是否有必要担心孩子的情况。

3. 告诉孩子你很担心他

对许多家长来说，最困难的是直接告诉孩子他可能患上了进食障碍，但是家长必须这样做，这样孩子才能得到帮助。家长要先想一想自己要说什么，然后找一个最合适的时机以关心的语气告诉孩子自己很担心，并告诉他为什么他的饮食或者锻炼习惯让自己担心，如有必要，给他看看自己的记录（参见上一条措施）。家长要仔细倾听孩子的心声，了解他这么做的原因。孩子可能很害怕，担心家长会采取一些措施，或感到羞愧、生气，甚至否认家长描述的他的行为。所有这些都是孩子的正常反应，可能一些孩子实际上是松了一口气，因为他们终于不再需要遮遮掩掩了。如果家长怀疑孩子患有进食障碍，那就预约心理学专业人士，不要因为孩子的抗拒或者犹豫就放弃带孩子就医，要向孩子强调自己对他的爱，强调自己不能拿他的健康冒险。然后，你就可以祝贺自己为孩子的康复迈出关键的一步了。

> **家长分享**
>
> 一位妈妈分享了自己的经验。
>
> 进食障碍的发病率正在上升。作为妈妈，我和几个朋友都非常担

心自己的女儿，于是我们成立了一个母女俱乐部，以加强与女儿的情感交流，帮她们自信地度过青春期。我们六个人每月轮流邀请大家到自己家小聚一次，坦率地谈论女孩会遇到的各种问题，例如青春期、自我认知、厌食症，以及媒体宣扬的"以瘦为美"的理念。我们的女儿真的很喜欢这样的聚会。这些聚会让我们受益颇多，也让我们与女儿们保持着亲密的关系。今年是我们俱乐部成立的第四个年头，看到女儿成长为自信的年轻女性，能够接纳自我，我们非常欣慰。

◎ 步骤 3：培养良好的习惯

1. 让孩子参与进来

改变饮食习惯最终还是要靠孩子自己。家长可以让孩子帮着把橱柜里的垃圾食品倒掉，更换为一些更健康的食物；让孩子参与制订膳食计划，让他们自己种植蔬菜，或者学做简单但更美味、更健康的零食；让孩子帮着切蔬菜，然后放进冰箱。让孩子一起准备三餐有助于他们养成健康的饮食习惯。

2. 鼓励孩子发展积极的兴趣爱好

如果家长注意到孩子（和他的朋友们）太过关注外表，那就帮孩子找到他的兴趣爱好：拉大提琴、踢足球、编织、滑雪、弹吉他、绘画都可以，总之，要想办法挖掘孩子的天赋，支持他们发展自己的兴趣爱好。这会帮助孩子意识到内在美的重要性。

3. 让孩子学会自我监督

教孩子学会管理自己的饮食行为有助于他们养成良好的饮食习惯。如果孩子愿意，家长可以给他准备好记录饮食情况的工具，例如笔记本、日历、日记本，鼓励他记录下自己希望改善的行为——可以是他的饮食和锻炼习惯，也可以是他暴饮暴食和清理肠胃的习惯。孩子在查看记录后，常常会惊讶于自己暴食或者不吃饭的频率。这些记录可以帮助孩子初步意识到他需要做出的改变。请注意，孩子在管理自己的饮食习惯时，家长不要鼓励孩子称体重。

4. 寻求帮助

家长最好在刚发现孩子有进食障碍的征兆时，就帮他培养健康的饮食和行为习惯。家长很可能需要找专业人士来指导自己如何帮孩子养成新习惯，医生、学校心理医生、辅导员、心理咨询师等都可以。家长可以多咨询几位专业人士，直到找到最适合孩子的人。这个人最好是在进食障碍领域具备丰富的经验和知识，有成功治愈过其他患者的成功案例，并且了解最新的治疗方法，能与孩子有效沟通的人。

5. 要有耐心

孩子需要一定时间、不断努力才能恢复健康，所以家长要有耐心。他现在比任何时候都需要家长。要知道，在面对内心冲突、心理创伤或者精神压力的时候，孩子更可能通过进食来应对和逃避问题。家长也不要忽视其他可能受到情绪影响的孩子。但家长也要为自己留出时间，只有先照顾好自己才能照顾好孩子。这段时间很艰难，但是你已经走在帮助孩子摆脱困境的路上了。

实用妙招

把家里的体重秤藏起来

明尼苏达大学开展了一项针对 2 000 多名青少年的研究，研究表明那些经常称体重的青少年更可能暴食、不吃饭，并通过服用减肥药、泻药或催吐来减肥。总称体重可能会导致孩子过度关注体重，并造成不良后果，而对那些本身已经很在意自己长相的女孩来说更是如此。家长要把体重秤藏起来，帮助孩子摆脱体重焦虑。在美国，超过 50%的少女表示她们对自己的体重不满意，超过三分之一体重正常的女孩表示她们正在节食。

不同成长阶段孩子的表现

◎ 学龄前儿童

进食障碍的发病年龄提前了，4 ~ 5 岁的小女孩就有患神经性厌食症的早期迹象。学龄前儿童已经形成了饮食习惯，有自己熟悉和喜欢的食物，他们不愿尝试任何没尝试过的或者不同的食物，但是家长要让孩子试着吃营养食品，让他们保持均衡的饮食习惯。

◎ 学龄儿童

媒体宣扬的"以瘦为美"的理念在学龄儿童的心中开始生根发芽。8 ~ 10 岁的孩子中，有 50% 的女孩和三分之一的男孩对自己的身材不满意；到 4 年级时，80% 的孩子已经开始节食。家长要教导孩子关注自己的内在品质，让孩子对自己有自信心。

◎ 即将步入青春期的孩子

即将步入青春期的孩子对自己身体形象的认知在很大程度上受同伴的影响，他们会更加渴望变得苗条。这个阶段的孩子更追求完美、更渴望取得卓越的成就。10 岁至 14 岁的女孩中有 30% 在节食。在接受调查的 4 746 名青春期女孩中，有 12% 的孩子承认她们曾通过催吐或者服用减肥药、泻药、利尿剂来减重。自我认可度低的青春期女孩尤其容易受到身材纤瘦的模特和名人形象的影响。

第 98 问　天资超群

相关问题另见：第 37 问"愤怒"、第 42 问"追求完美"、第 47 问"精神压力大"、第 60 问"被排斥"、第 72 问"不喜欢阅读"、第 77 问"觉得无聊"、第 87 问"睡眠问题"、第 96 问"抑郁症"

 问题

　　孩子有完美主义倾向或者害怕失败；任务没有挑战性时会感到无聊；活动超负荷会感到精疲力竭；任务难度太大会有精神压力；因表现得"太与众不同"而遭到同伴排斥；由于过分注重才智而忽视了社交、情感或者道德的发展；因为被贴上"天资超群"的标签而产生非我莫属的优越感。

◎ 为什么需要做出改变

　　我曾在《今日秀》节目中谈过几十个育儿话题，但是没有一个像"你的孩子有天赋吗？"这个话题一样，引得成百上千的家长涌入我的博客，询问天才儿童的特质——他们坚信他们的孩子的确拥有这些特质。哪个家长不希望自己的孩子有超常的智商呢？毕竟，只有 2.5% ~ 3% 的孩子能幸运地获得"天才"的称号。

　　事实上，培养天资超群的孩子会面临独特的挑战。天资超群的孩子与普通孩子的思维和行为模式不同，这些差异迫使家长不得不改变传统的教育方式，以便满足孩子的需求。天资超群的孩子对学习有无限的热情和强烈的好奇心，对任何事情都有无穷无尽的问题。他们可能会对实验、拼装东西和一些不同寻常的事情感兴趣。虽然这都是优秀的品质，但它们也会给家长带来压力——仅仅是回答孩子无休止的问题就可能让他们精疲力竭。孩子在上学时也可能会遇到问题，家长要确保在其他学生努力追赶课业进度的时候，自己的孩子没有把时间耗在既没挑战性又繁重的任务上。家长不要误以为孩子天资超群就可以撒手不管，实际上，即便是天才，孩子也需要别人的帮助才能成功。如果没有这些家长的帮助和支持，他们可能成为后进生，甚至会辍学。令人惊讶的是，天才儿童的辍学率与普通儿童的辍学率相同，这两个群体中均有约 5% 的学生会肄业。虽然大多数有天赋的孩子是有朋友的，也没有不合群，但是他们的特质确实会导致他们产生一些社交和情感问题。

研究速递

引导孩子发挥潜能，但不要强迫

芝加哥大学的著名心理学家米哈里·契克森米哈赖和他的研究团队针对 200 名极具天赋的学生开展了为期 4 年的研究，以发现他们能在多大程度上发挥自己的潜能，又是什么原因导致他们泯然众人。研究发现，如果家长引导孩子学习，而不是强迫他们学习，那么孩子将更有可能发挥自己的潜能。强迫孩子和引导孩子之间有以下细微但关键的区别。

强迫孩子发展某方面的才能是因为家长对此感兴趣，是由家长主导的；引导孩子则是遵循孩子的兴趣，由孩子主导。

强迫孩子学习的家长往往会遵循已有的课程规划（例如利用练习册、课本、闪卡等）；引导孩子的家长则是结合生活中的教育机会和孩子的实际体验来培养他的兴趣。

强迫孩子学习时，家长往往会遵循已经安排好的时间表或者追求设定好的目标；引导孩子学习时，家长一般会采用比较灵活的教学方式，注重孩子的想法，让他按照自己的节奏发展兴趣。

强迫孩子学习的家长往往会让孩子学习超纲内容、在短时间内学习过多内容、学习难度过大的内容；引导孩子的家长则通过观察孩子的兴趣和能力水平，为孩子选择略高于其能力的学习内容。

　　强迫孩子学习强调的是外部激励，家长会采取奖励和强化措施鼓励孩子坚持下去；引导孩子学习则强调内在动机，鼓励孩子发自内心地对学习内容感兴趣，主动发挥自己的潜能。

　　强迫孩子学习可能剥夺孩子的创造力，引发其焦虑，导致孩子对自己的表现吹毛求疵，继而产生精神压力，失去学习的乐趣；引导孩子更有可能帮助孩子保持兴趣，让他全心全意地享受学习过程，并不断提高能力，发挥潜能。

 解决方案

1. 看看孩子是否真的天资超群

　　真正天资超群的孩子会明显地表现出与众不同之处。到目前为止，关于"天资超群"还没有一个统一的定义，不过可以肯定的是，有些孩子的确智商较高，而且他们的天分表现在不同方面。以下列举的是这类孩子的特征，家长需要注意，孩子只要具有其中几项特征就可以算是天资超群了。

- 早慧：在某一领域明显领先；能力明显高于同龄人。

- 强烈的兴趣：对阅读、科学、历史、技术、人物、音乐或者其他领域有强烈的、自发的兴趣。

- 强烈的好奇心：愿意不断试验并尝试新方法，有无穷无尽的问题，想象力丰富。

- 高度专注：能够长时间专注于一项任务；精力充沛。

- 高度敏感：在情感、行为和想法上有强烈的反应。

- 具有发散性思维和出色的推理能力：常常能独辟蹊径，以不同寻常的方式将想法或者事物联系在一起；思路缜密独到；拥有出色的解决问题的能力。

- 学习能力强：无须反复练习，也不用大人督促，就能掌握学习的内容。
- 出色的记忆力：能够清楚地记忆大量信息。
- 丰富的词汇量：有远超自身年龄段的词汇量；对语言的微妙之处有很好的理解和把握，悟性强。

2. 想想自己是否希望孩子被认定为"天才"

大多数天才项目要求孩子先通过测试，家长要慎重考虑是否让孩子接受测试。以下小贴士供参考：

- 了解测试流程。要被认定为天才，孩子通常需要在线下参加由经认证的心理医生提供的标准化个人智商测试。智商超过 132 的孩子通常被认定为天资超群。除了智商测试，学校还可能通过老师的点评、孩子的成绩或者他在某一特定领域（例如数学或者音乐）的天赋来确定孩子是否天资过人。智商测试一般不适用于 5 岁以下的孩子，家长至少要等到孩子上小学之后再让孩子测试。
- 和老师聊一聊。在让孩子参加测试前，家长最好找机会和孩子的老师聊一聊："您发现孩子的潜力了吗？"家长也要注意，数项研究表明，在那些经过测试天资过人的学生中，只有不到半数在老师眼中也拥有超群的天赋。
- 了解测试结果。家长一定要请有资质的心理医生来解读测试结果。天资超群的孩子通常也只在某些方面有天赋，家长可以通过测试结果发现孩子的优势和劣势，同时，要询问医生对孩子的学习有什么建议。记住，家长不一定要告诉其他人测试结果，即使孩子的确天资超群，家长也不必让他到天才班学习。

3. 培养孩子独特的天赋

芝加哥大学的著名教育家本杰明·布鲁姆带领团队对 120 名极具天赋的年轻人（包括杰出的数学家、科学家、钢琴家、奥林匹克运动会游泳选手和雕塑家）开展了为期 5 年的研究。研究发现，这些世界级天才不仅天资聪颖，还得到了良好的后天栽培。尽管每个年轻人的成功之路略有不同，但是他们的家长都采取了非常相似的做法来培养他们的天赋。当然，孩子成为超级明星的概率微乎其微，但是我们可以用同样的教育方法帮助孩子过上更有成就感的生活。以下是具体步骤。

- 确定孩子的天赋。家长要先发现孩子的独特才能。即使孩子天赋过人，他也通常只在一到两个领域而不是所有领域表现出非凡的天赋。家长要注意孩子对哪些方面表现出强烈的兴趣或者热情，并确保是孩子感兴趣，而不是自己对此感兴趣。接下来，家长要选择其中一个领域（最多同时选择两个），让孩子深入探索，家长也可以通过观察孩子的兴趣有多浓厚来帮助孩子选择。

- 多鼓励孩子。家长要引导孩子，鼓励孩子，让他在早期发展特长时获得乐趣，不要强迫他去学习。

- 让练习变得有趣。家长可以在孩子做练习时坐在旁边陪着他，让练习氛围变得轻松愉快。

- 不断提供资源。家长要不断为孩子提供必要的资源，这样，孩子的天赋才能得到发展。

- 家长也表现出兴趣。家长要参加对孩子来说意义重大的每一项活动，表示自己对孩子的支持，还应该经常自学孩子在学的技能，以便能更好地陪孩子。

- 无论输赢都要支持孩子。每一位超级巨星的身边都有鼓励他的父母——成功时为他庆祝，失败时给他安慰。

- 重视孩子的天赋。所有的家长都非常重视孩子的天赋，并在这一领域的培养中投入了大量的时间和精力。

4. 让孩子的学习经历变得真实、丰富

家长要放下记忆卡，关掉那些号称能培养"聪明宝宝"的视频。没有研究能证明这些所谓的可以提高智商的视频确实有效。此外，记忆卡、练习册和课程指南只能让孩子学习知识，无法帮孩子提升智力。天资超群的孩子需要丰富、真实的经历来满足他们的求知欲和好奇心。他们通常讨厌千篇一律的教学材料，喜欢探索和实验。一旦他们发现感兴趣的东西，不管是小提琴、闹钟零件、恐

龙、岩石，还是其他东西，就会投入全部精力去探索。家长要给孩子自由追寻兴趣的空间，然后给孩子报相关的辅导班或者找一些学习材料来帮他提高。培养孩子的途径很多，例如家长带孩子去做田野调查、参观博物馆、订阅孩子感兴趣的杂志、从图书馆查找视频和书籍、在网上搜索适合天才儿童的学习资料、找能指导孩子的人、让孩子参加大学举办的暑期少年班等。

5. 为孩子找到合适的学校

为天资超群的孩子选择合适的学校并不容易。家长要记住，并没有所谓的完美的项目或者课程，总有某些地方需要妥协。不过，家长的确要考虑以下 5 个方面，它们确实会影响孩子的成长。

- 快乐。孩子会觉得学习令人兴奋吗？他喜欢上这位老师的课吗？学校是否有相应的指导方针来帮助孩子融入集体？他和同学相处愉快吗？这个项目会帮助孩子学习社交技巧吗？

- 筛选流程。该项目筛选学生的流程是否合理？入学需要通过老师推荐吗？该项目是否只招收天赋非凡的孩子？

- 挑战性。课程能否基于孩子目前的水平增加难度，以拓展孩子的思维？它能帮助孩子进一步探索吗？它能让孩子获得提升吗？它能根据孩子的情况灵活安排进度，让孩子更深入地学习某个方面吗？

- 教师。老师能否与天资超群的孩子建立良好的师生关系？孩子个性独特，老师能照顾到吗？老师是否会定期接受培训，是否能满足天才儿童的需求，能以适合天才儿童的教育理念进行教学吗？老师是否有明确的计划帮助孩子开发潜力？

- 价值。让孩子花费这么多时间、精力或者金钱参加这个项目值得吗？

6. 不要给孩子贴标签

"我应该告诉孩子他有超常的天赋吗？"这是家长经常会问我的问题。其实，即使家长不告诉孩子，孩子也会意识到自己与众不同。早在 3 ~ 4 岁的时候，这些孩子就能意识到自己可以更快速地理解他人要传达的信息，思考方式也与同龄人不同。不过,如果孩子在"天才班"学习,家长就要向孩子解释清楚他的天赋意味着什么,可以从以下方面谈。

- 告诉孩子不要有优越感。有优越感的孩子会招同学反感。家长最好向孩子强调:"每个人都有自己的特殊才能,大家都很棒。"

- 不要总说孩子"是个天才"。大多数天资超群的孩子不喜欢这个标签,因为他们想要融入集体,而这个标签会让他们显得与众不同。孩子最讨厌当其他孩子的榜样。因此,家长不要说孩子"天资超群",而要强调孩子的具体特质。

- 强调孩子的努力,而不是智商。哥伦比亚大学开展的一项研究发现,不管孩子的智商如何,那些被贴上"聪明"标签的学生都比那些被表扬"勤奋"的学生得到的分数低。因此,家长不要再用"聪明"这个词表扬孩子(即使孩子确实很聪明)了,要强调他所做出的努力和表现出的兴趣。不要说"你真聪明",而要说"你付出努力做的这个项目,看起来太棒了"。

尽管高智商的孩子平时学习和考试都更容易(在高考中也能获得更高的分数),但是"天才"的标签并不能保证一个孩子永远成功。家长要把眼光放长远些,不要只看到孩子的智商而忽略对他的社交、情感和道德感的培养。不管孩子的智商如何,好的家庭教育都是一样的:接纳孩子,爱孩子这个人,而不是只在孩子达到要求时爱他。

家长须知

天资超群的孩子面临的潜在问题

天资超群的孩子的大部分需求与其他孩子相同,但他们的某些特点还是可能引发潜在的问题。冰冻三尺,非一日之寒。家长不必为了某一个问题而担心孩子,只要留心孩子的行为模式即可。以下是需要注意的问题信号。

- 和同伴关系不好。孩子安排同伴做事,而且只顾坚守规则,不知变通,导致大家有怨气。这会让孩子的自我认可度降低。

- 发展不平衡。孩子的运动能力（尤其是精细运动技能）落后于认知能力，导致他经常情绪失控。

- 过度的自我批评。孩子富有洞察力，并由此为自己设定了理想中的形象，当他做不到时，就会自我批评。

- 完美主义。孩子给自己设定了不切实际的高目标，这使他难以发挥潜力，害怕失败，焦虑情绪加重。

- 极度敏感。孩子情感丰富，对批评非常敏感，容易受到同伴的嘲笑和欺凌。

- 焦虑。日程安排过满或者课程安排太过超前都会导致孩子极度易怒、精神压力大、失眠、抑郁等。

不同成长阶段孩子的表现

◎ 学龄前儿童

孩子在某个方面的发展明显领先于同龄儿童时，就可以说他早慧了。在这个年龄段，天资超群的孩子在语言方面成熟较早，有丰富的词汇量，并且可能很早就开始阅读。他们对学习充满热情，对感兴趣的领域表现出强烈的关注。他们也会比较霸道，会要求朋友们遵守规则，或者试着组织其他小朋友。

◎ 学龄儿童

这个年龄段的孩子测智商的结果最可靠。孩子的推理能力更加引人注目，他在某些科目上的表现远远超过同龄人。如果学习缺乏挑战性，孩子会觉得无聊。家长要确保孩子学会必要的交友技巧，特别是能和同龄孩子交朋友。孩子极度敏感，洞察力太强，可能难以和同龄人相处，也有可能被排斥。天资超群的孩子可能更喜欢和年长的孩子一起玩，因为他们认知能力更接近。

◎ 即将步入青春期的孩子

即将步入青春期的孩子想要融入集体，他们可能因为被大家说"太聪明"而承受精神压力。孩子在某一领域的智商或者才能很突出时，他可能需要专业辅导、越级学习或者参加"天才班"，孩子的智商在 145 以上时更应如此。研究发现，如果挑战适中，天资超群的孩子即使跟比自己年龄大得多的学生在一个班上，通常也能适应得很好，并且表现出色。如果学习进度不能适当加快，孩子的学习积极性会受到打击。

家长分享

一位妈妈分享了自己的经验。

我儿子在一年级的时候就被认定为天才，不过我在很久以前就已经意识到这一点了。他有强烈的好奇心，问题不断。我发誓，他说话时最常用的词就是"为什么"，看到儿子的求知欲这么强烈令我很开心。但是他提问后总想立刻就得到答案，这让我筋疲力尽，坦白讲，有一半的问题我都不知道答案。于是，每当我不知道答案时，我就和儿子把问题写在本子上，我向他保证，等我有时间，我们会一起找到答案。这个方法为我赢得了一些时间，儿子也喜欢回看他问过的问题。更重要的是，我们后来一起在网上搜索答案时，他掌握了出色的研究方法。

第99问　学习障碍

相关问题另见：第17问"有奖励才有动力"、第18问"冲动"、第67问"容易放弃"、第68问"家庭作业"、第72问"不喜欢阅读"、第74问"家长会"、第75问"考试焦虑"、第94问"难以集中注意力"

 问题

"我儿子感到学习很困难，在学校里非常痛苦。我该怎么判断他是否有学习障碍呢？我应不应该让他接受测试，看看他是否需要特殊教育呢？"

解决方案

作为家长，看着孩子努力挣扎确实很难受，但是现实就是这样残酷，学习对一些孩子来说并不容易。孩子一天中的大部分时间是待在学校的，在学习中遇到困难会使他们的自我认可度急剧下降。

学习障碍意味着孩子某一学科的成绩明显低于他这一年龄受教育程度和智力水平应该达到的标准。80%的学习障碍和阅读困难有关。作为一名前特殊教育教师，我必须说明，没有哪种简单的方法能解决学习障碍带来的困难。要想讲清楚各种类型的学习障碍，以及相应的解决方法，得写一本书才行。但是，为了让家长初步快速地了解学习障碍，本节将介绍一些关键的解决方法。

1. 与老师联合

如果家长怀疑孩子可能有学习障碍，那就找机会与老师商量一下。孩子的老师最有可能做出公正的评价，并告诉家长孩子与同班同学相比究竟表现如何，判断家长的担心合不合理，并给出适合孩子情况的关于项目和环境的建议。（参见第 74 问"家长会"）

2. 了解孩子的具体学习情况

一般来说，孩子不会在所有科目上都遇到困难。家长的首要任务是确定孩子最不擅长和最擅长的科目或者作业类型。孩子做作业时，家长要仔细观察一下，听他谈谈学校的情况，同时要向老师打听孩子学习方面的优势和劣势，例如孩子最喜欢的和最不喜欢的科目分别是哪些。家长要记录这些信息，并据此给孩子制订学习计划。

3. 了解孩子如何学习效果最好

哈佛大学的霍华德·加德纳博士提出了"多元智能理论"，他认为每个孩子都天生具有 8 类独特的智能组合方式，当他使用自己最强的智能时，学习效果最好。家长可以阅读加德纳的专著《智能的结构》，找到孩子的独特优势，然后尝试将孩子的优势与支持这种优势的学习策略相结合，让孩子学起来不再那么困难（孩子的老师应该也能提些建议）。以下列举了这 8 类智能组合方式，家长可以看看自家孩子拥有哪些强项，属于哪种类型的学习者。

（1）言语—语言智能：以此类智能为强项的学习者喜欢读、写和讲故事。他们通过听和读来学习，能掌握大量高级词汇，能逐字背诵，记住的信息远多于一般人。

（2）身体—动觉运动智能：以此类智能为强项的学习者能够轻松自如地控制自己的身体，擅长利用身体进行运动或者艺术创作，精细运动能力强。

（3）内省智能：以此类智能为强项的学习者具有很强的自我认知能力和独创性，喜欢独自工作以追求自己的兴趣和目标，有强烈的是非感。

（4）人际交往智能：以此类智能为强项的学习者能较好地理解、领导和组织他人，喜欢有很多朋友，在他人的期望中做出决定、调解冲突，喜欢加入团体。

（5）音乐—节奏智能：以此类智能为强项的学习者能较好地欣赏节奏、音调和旋律，对音乐有敏锐的捕捉能力。他们能记住旋律，跟上节拍，可能会演奏乐器，喜欢唱歌和哼曲子。

（6）逻辑—数理智能：以此类智能为强项的学习者能较好地理解数字、规律和事物间的关系，喜欢科学和数学。他们擅长分类、善于提问和做实验，能弄清事情的来龙去脉。

（7）视觉—空间关系智能：以此类智能为强项的学习者喜欢画画、设计和创造事物，善于运用想象力。他们能记住所看到的东西，喜欢阅读地图和图表，善于运用颜色和图像。

（8）自然观察智能：以此类智能为强项的学习者喜欢户外活动，好奇心强，能对环境特征进行分类。

4. 排除可能的干扰因素

很多因素会使孩子学习更加困难，分散孩子的注意力，家长要先考虑一下可能干扰孩子学习的因素，然后试着排除这些因素，看看是否有好转。以下是几个需要考虑的因素。

（1）听力。是不是过敏、听力受损或者游泳性耳炎导致孩子听不清楚指令？

（2）视力。孩子能在座位上看清黑板吗？孩子是否需要离得很近才能看清书上的文字？孩子做过视力检查吗？

（3）注意力。孩子是否患有注意力缺陷障碍或者注意力缺陷多动障碍？（参见第94问"难以集中注意力"）孩子服用的处方药是否影响了他的注意力集中？家长要向药剂师咨询孩子服用的药物是否有副作用。

（4）精神压力。孩子是否因为家庭矛盾、心理创伤、不久前的事故、亲人去世或者欺凌等精神压力过大？（参见第47问"精神压力大"）

（5）睡眠。孩子的睡眠好吗？（参见第87问"睡眠问题"）

（6）饮食习惯。孩子是否按时吃饭？

（7）老师。老师是否与孩子关系融洽？老师是否采用了最佳教学方法，并能按照孩子的自身情况调整对孩子的要求，帮他进步？

（8）课堂环境。教室是否太嘈杂？学生是否太多而显得拥挤？课余活动是否太多？

（9）社交场合。孩子的同学或朋友是否对孩子有积极影响？

5. 了解测试结果

家长要了解孩子的各科考试成绩，看看孩子在同龄人中的水平。别不好意思，一定要问问孩子的成绩说明了什么。家长还要看看孩子在随堂测验中的得分。如果分数总是很低，那家长就要问问老师，班级的平均水平对孩子来说是否过高？阅读课或者数学课对孩子来说是否太难？

6. 决定是否让孩子接受测试

如果家长已经尽力帮助孩子了，他的成绩还是没有起色，那么孩子或许需要接受学习障碍测试。家长一定要带孩子找具备资质的学习专家或者心理医生。测试通常包括一项标准化的学业成就测试（用于评估孩子的学业水平）和一项智商测试（用于评估孩子的智力水平）。通常情况下，如果孩子的学业成就和智商之间表现出显著差异，他就会被诊断为有学习障碍。家长可以先寻求老师的建议，再决定是否让孩子接受测试。

7. 决定孩子是否需要特殊教育

家长需要明白的是，即使测试结果表明孩子有学习障碍，他也不一定需要接受特殊教育或者进入特殊班级，只有孩子的学习障碍非常严重时，他才需要接受特殊教育。家长要确保老师在特殊教育方面有过培训，有相应的资格证。留级几乎解决不了问题，孩子需要的是特殊教育，是能满足他自己的独特学习需求的教育。

8. 提升孩子的自我认可度

学习有困难的孩子都需要增强自信心。因此，家长要发现孩子的强项，支持他发展兴趣爱好。公共演讲、音乐、空手道、射箭、足球、美术、电脑编程等都可以，关键是要发现孩子的天分和兴趣所在，然后专注培养，让孩子有机会脱颖而出。

与此同时，家长一定要努力理解孩子的感受，学习对他来说并不容易。幸好针对学习障碍儿童的最新教学方法效果很好。家长要坚持为孩子寻找最适合他的老师、课程和教学方法，满足孩子的独特需求。家长永远要维护孩子，不要放弃。

第 100 问　体重超标

相关问题另见：、第 40 问"哀伤"、第 47 问"精神压力大"、第 85 问"挑食"、第 87 问"睡眠问题"、第 92 问"电视瘾"、第 93 问"沉迷于电子游戏"、第 96 问"抑郁症"、第 97 问"进食障碍"

 问题

　　孩子的饮食习惯不健康，不喜欢运动；身体不如同龄人健康，因体重超标被排斥或者被取笑；穿宽大的衣服遮掩体形；因为吃饭的问题和大人争吵。

　　"儿子在同龄人中算高大健壮的，但是我先生希望儿子再壮实点，这样他就可以打橄榄球，获得奖学金。我担心儿子会因为体形被嘲笑，甚至会有健康问题。我怎么判断孩子究竟是超重还是正常的体格健壮呢？"

　　判断孩子体重是否正常的最佳方法是咨询医生，医生会按照孩子的性别、年龄和身高对照标准生长曲线图做出判断。如果孩子有以下两种表现，则可能面临患儿童肥胖症的风险。

　　（1）3 岁以后，孩子的体重增长速度比身高更快。家长可以找医生计算一下孩子的身体质量指数（体重 / 身高^2），看看是否在健康范围内。

　　（2）在标准生长曲线图上，孩子的身体质量指数超过 85%（这属于超重，如果超过 95% 则为过度肥胖），而且其体重比相同性别、年龄和身高的儿童至少重 20%。

　　通常情况下，男孩的体脂率达到 25% 以上，女孩的体脂率达到 32% 以上，就会被认定为过度肥胖。如果家长担心孩子过于肥胖，就要尽早采取措施，越早帮助孩子养成健康的饮食习惯，让孩子进行充分的锻炼，就越有可能帮助孩子健康成长。

◎ 为什么需要做出改变

来自医学界的报告结论几乎一致：如今的年轻人可能是有史以来最聪明的一代，但也是最不健康、最缺乏活力的一代。将近六分之一的孩子患有儿童肥胖症，自 1970 年以来，这一比例已经增加了两倍多。毫无疑问，肥胖的长期后果非常严重。超重和肥胖的孩子不仅更经常头疼，更容易患上睡眠呼吸暂停综合征、高血压、糖尿病、哮喘、中风和心脏病等疾病，还更容易受到同伴的排斥、自我认可度降低，甚至抑郁。

儿童肥胖症不是通过接种疫苗或服药就可以预防或治愈的，它需要整个家庭养成新的生活习惯。新生活习惯能让孩子身心更健康，生活更快乐，甚至在学校里表现更出色。圣地亚哥州立大学开展的一项研究发现，健康的孩子在学业各方面的评估中得分更高。虽然不是所有肥胖的婴儿成年后都依旧肥胖，但是，从童年早期就开始肥胖的孩子确实很有可能终生肥胖。家长要注意，大多数超重的孩子成年后依旧会超重。

虽然肥胖受遗传因素的影响，但是最新研究也表明，正确的教育方法能帮助孩子有效控制体重、明显改善健康状况。家长要先认识到孩子的体重问题。一项针对 1 100 多个家庭的研究发现，89% 5 ～ 6 岁超重儿童的家长和 63% 10 ～ 12 岁超重儿童的家长没有意识到他们的孩子超重。

研究速递

限制孩子看电视的时间，或者干脆关掉电视！

研究发现，帮助孩子减重最有效的方法是减少他看电视的时间。家长应该关掉电视，或者至少限制孩子的观看时长，然后帮他找些更健康的活动，也可以让孩子在广告时间做跳跃运动，总之，别让孩子老坐在沙发上，要让他站起来活动活动。

◎ 问题表现

每个孩子的体型天生不同，但是如果孩子有以下表现，家长就要密切关注孩子的体重、体育活动和饮食习惯，或许还需要寻求医生的帮助。

- 用"太胖"或者"太丑"这样的词来描述自己；过度关注自己的外表；经常拿自己和别人做比较；对自己的身材感到非常羞愧；言谈之间流露出对体重的担忧。

- 不能客观看待自己的体重；孩子明显超重时，仍说自己"刚刚好"。

- 经常因为吃东西和大人吵架；家长总是责骂孩子吃太多，让他少吃点，或者告诉他少吃点的话就给他奖励。

- 体重迅速增加。

- 吃饭不规律、突然不肯吃饭或用不吃早餐、午餐的方式减肥。

- 经常吃高热量、不健康的食物。

- 大部分空闲时间用来看电视、玩视频游戏或者电脑。

- 因体重超标被同龄人取笑，或者被取外号。

- 性格或者行为突然发生巨大变化，变得闷闷不乐、易怒、抑郁；想要回避学校活动或者集体郊游；自我认可度下降。

- 精力不足；体重超标使得孩子在体育活动中很难跟上同学。

家长须知

暴食的表现

暴食是指频繁地不加节制地进食，且暴食后没有清空肠胃（例如催吐或者服用泻药）。暴食障碍是目前最常见的进食障碍问题，研究表明，儿童肥胖症可能与该病有关。家长要注意孩子有没有以下表现：不受控制地暴饮暴食，然后撒谎解释家里的食物为什么没有了；一下吃掉很多食物，然后因此感到羞愧或者厌恶；吃饭时间不规律，会在深夜等不正常的时间进食；吃完东西后把食品包装藏起来。肥胖的孩子或者节食减肥的青春期女孩往往会暴饮暴食。如果家长看到孩子有这些表现，不要等待，要赶紧带孩子就医。

解决方案

◎ 步骤 1：早期干预

1. 找到问题产生的原因

孩子超重不会只有一种原因。家长要深入挖掘、分析可能导致该问题的所有因素，并尽力做出改变。以下列举的是常见原因，家长可以看看哪些符合自家孩子的情况。家长不要把孩子的饮食习惯归咎于基因：习惯是后天养成的，也是可以改变的。

- 日常饮食。孩子吃的大多是高热量食物；平常总吃甜点和糖果；经常外食，喜欢吃快餐，且食量很大；学校的午餐脂肪含量很高。

- 家规。家里的规矩是"要吃光自己盘子里的食物"；孩子会因为吃光了盘子里的所有食物而受到表扬或者奖励，所以他没有学会吃饱了就停止进食。

- 身体不适。某些药物或者病症（例如甲状腺功能减退）影响了代谢。

- 喜欢久坐。孩子不喜欢运动，最喜欢的休闲活动是看电视、玩电子游戏或者电脑，没有机会消耗热量。

- 遗传。如果父母中有一方肥胖，那么孩子超重的可能性会增加一倍。

- 活动机会少。学校课间休息的时间减少或者被取消；孩子的日程安排过满，留给体育活动的时间有限；社区或者家里不方便进行体育锻炼。

- 情感因素。孩子在遇到困难、压力过大、自我认可度低或者无聊时会暴饮暴食。

- 食品广告。孩子受到了不健康、高热量食物广告的影响。

- 家长不能以身作则。家长总做高热量的食物，自己很少运动；家长不重视健康饮食。

- 睡眠不足。睡眠不足会增加孩子超重的风险。每多睡一小时，儿童超重或者肥胖的概率就会降低 9%。（家长可以参见第 87 问"睡眠问题"，了解不同年龄段的孩子所需的睡眠时间。）

家长觉得孩子超重的原因是什么？有什么简单易行的方法能帮助孩子和家人养成更健康的饮食习惯吗？

2. 自我反省

家长要花点时间想想自己的饮食习惯和生活方式是否不利于孩子控制体重。

- 你会和孩子谈论节食、变胖、衣服尺寸吗？
- 你是否过度关注自己的外表或食量？
- 你吃垃圾食品吗？你会囤积那些流行的减肥食品吗？
- 全家人是否每周不止一次外出就餐？大家是否经常光顾快餐店？
- 你是否一直为家人准备营养丰富且热量较低的食物？
- 你会给孩子盛很多食物，还会因为孩子吃完了盘子里的所有食物而表扬他吗？孩子吃完了甜点，你还会给他再拿一份吗？
- 你会因为孩子的体重和饮食习惯批评他吗？
- 你是否因为害怕伤害孩子的自尊心或者引发冲突而避免与他讨论体重问题？你是否不愿承认孩子超重？
- 你会通过吃东西解压吗？
- 你超重吗？你过去节食过吗？你坚持下来了吗？你会给孩子传达"节食没用"或者"你的体重减不下来"的信息吗？
- 你是否喜欢久坐，经常看电视，很少锻炼？

请记住，家长的一言一行确实会影响孩子。家长能不能改变自己的习惯，帮助孩子变得更健康、更快乐呢？

3. 带孩子检查身体

家长要带孩子检查身体，并和医生谈谈，以确保孩子体重迅速增加没有生理或者情绪上的原因。家长要请医生评估孩子的身体质量指数，给孩子推荐最合适的减肥方法。最新研究还表明，过度肥胖的孩子往往会血压高，成年后也会面临器官长期受损和其他健康风险。家长要请医生测量孩子的血压，问问医生的建议，了解应该多久带孩子检查一次身体。

◎ 步骤 2：快速反应

1. 不要唠叨孩子的体重问题

虽然运动和健康饮食对控制体重至关重要，但是培养孩子良好饮食习惯的方式也很重要。不要强迫孩子在进食时严格控制热量摄入而是要强调"适度饮食"，以培养孩子更健康的饮食习惯。唠叨、责骂或者批评都不会起到任何帮助作用，甚至可能适得其反。研究表明，无论是男孩还是女孩，如果家长鼓励他们节食，孩子 5 年后仍然超重的可能性大约会增加 3 倍。所以，请不要对孩子说"别吃了！你吃得够多了"。

2. 少让孩子外出就餐

在接受调查的家庭中，超过 50% 的家庭承认全家每周会在餐馆吃两到三顿饭，而在餐馆吃饭通常意味着每顿饭至少比在家吃摄入更多热量。此外，孩子在餐馆吃的蔬菜、水果和牛奶也会比在家里少得多。因此，在外面吃饭时，家长要引导孩子选择更健康的食物。

实用妙招

每年计算一次孩子的身体质量指数

身体质量指数是体重与身高的比值，是测量身体脂肪最准确的指标之一，通常被用作识别体重问题的筛查指标。美国儿科学会建议，家长至少每年计算一次孩子的身体质量指数。计算方法是体重（千克）除以身高（米）的平方。例如，一个 10 岁男孩的体重是 25 千克，身高是 1.4 米，那么他的身体质量指数大约为 12.8。如果家长担心计算错误，那就请医生测算。家长要问问医生，就孩子的年龄和身高而言，健康的身体质量指数范围应该是多少，并请医生看看孩子的身体质量指数是否正常。

3. 支持孩子，鼓励孩子认可自己

家长在孩子的生活中发挥着至关重要的作用。家长不仅要帮助孩子控制体重，养成更健康的饮食习惯，还要让孩子感到爸爸妈妈会无条件地接纳他、爱他。家长要观察孩子是否对自己的体重感到沮丧，是否被同学取笑和排斥，要多陪伴孩子，耐心倾听他对自己体重和生活的感受。家长要让孩子知道自己会一直支持他，会帮助他养成更健康的生活习惯。家长不要忽视孩子暴饮暴食的情绪诱因，他可能是因为心情沮丧或者需要关心。

4. 把体重秤藏起来

一项研究调查了 2 000 多名经常称体重的青少年，结果发现，他们更容易大吃大喝、跳过某一餐不吃、服用减肥药、使用泻药或催吐。那些经常称重的孩子的体重经常会不降反增，而且体重的增加量是不经常称体重的孩子的近两倍。

5. 当心电视食品广告

平均每个孩子每年都会接触到超过 4 万条电视广告，其中 80% 的广告内容涉及快餐、加糖的麦片和糖果。这些广告确实会影响孩子。事实上，一些研究表明，在过去的几年里，儿童肥胖症的急剧增加与针对儿童的不健康食品、苏打水和快餐广告的增多有关。不要让电视广告影响孩子的健康饮食习惯。在播放广告时按下静音按钮，鼓励家人离开沙发做跳跃运动，然后等广告结束再看。提高孩子的媒体素养，帮助他认识到这些广告的真正目的是推销产品，而不是关心孩子的营养摄入。

6. 让孩子坚持运动

明尼苏达大学医学院发现，减肥成功的曾经超重的孩子往往会更积极地参加运动。家长要找一项孩子喜欢的运动，并鼓励他坚持下去，直到他养成运动

的习惯，也可以让全家人都参与这项运动，帮助大家一起变得更健康、更快乐。家长可以参考以下建议。

- 培养孩子的运动爱好。滑板、空手道、举重、拳击、舞蹈、跳绳、骑马……家长要鼓励孩子参加所有他喜欢的运动。
- 利用后院。家长可以在自家后院搭一个攀爬架或安一个篮球筐。
- 在社区里找到运动机会。家长可以鼓励孩子参加运动队（足球队、棒球队、篮球队、冰球队等），或者为他报名体操课、游泳课、舞蹈课等。
- 给孩子准备健身器材。家长可以给孩子买跑步机、哑铃或健身单车。超重的女孩常常可以通过力量训练和强化训练成功减肥。
- 设立母女健身俱乐部。家长可以邀请另一位妈妈和她的女儿（最好是孩子的朋友）到家里来，一起做普拉提或瑜伽。
- 买个计步器。美国儿科学会敦促男孩每天至少走 1.1 万步，女孩每天至少走 1.3 万步。家长可以让每个家庭成员都戴上计步器，把走路变成有趣的挑战，在每天晚上休息前看看谁的步数最多。
- 买体感游戏机。研究发现，体感游戏机能帮助孩子在游戏中快乐锻炼，孩子可以一边在跑步机上走，一边跳舞、踢腿和闪躲。轻度肥胖的孩子在游戏中消耗的能量是平时的 3 倍，更加肥胖的孩子的能量消耗会比平时增加 6 倍。合适的电子游戏还可以有效帮助孩子塑形。

7. 通过阅读培养孩子的饮食习惯

家长可以带孩子阅读相关书籍，教他营养知识，培养孩子新的饮食和锻炼习惯。

◎ 步骤 3：培养良好的习惯

1. 设定切实可行的目标

家长要帮孩子设定减肥目标，如一个月减 0.5 千克，最多不超过 1 千克，这样孩子就不容易气馁。需要记住的是，真正的目标并不是让孩子减肥，而是让孩子的体重增加速度减缓或者不再增重，让其养成良好的饮食习惯并增加运动量，让孩子变得更加健康。研究还表明，最有效的儿童体重管理计划通常囊括多个方面，例如改变饮食习惯、订立锻炼计划、定期带孩子去医院检查身体、全家一起行动等。家长要在计划中强调"健康"和"锻炼"，避免提及"饮食""减肥"等字眼，表扬孩子在改变饮食和锻炼习惯方面所做的大大小小的努力。

实用妙招

教孩子"红绿灯"饮食法

"红绿灯"饮食法已被证明能显著帮助孩子改变饮食习惯。根据食物的营养价值和脂肪含量，可以把它们划分为"红灯、黄灯、绿灯"3个等级。绿灯食物可以放心吃，比如西蓝花、胡萝卜和芹菜等，吃多少都可以；黄灯食物要谨慎吃，比如金枪鱼和低脂酸奶，要注意适量食用；红灯食物最好不要吃，比如薯条、汽水和甜甜圈等。一项研究发现，孩子学会"红绿灯"饮食法后，5～10年内的饮食习惯都会继续受此影响。

2. 改变全家人的饮食习惯

研究表明，从长期发展来看，节食减肥反而更容易导致发胖。控制孩子体重最有效的方法是"改变全家人的生活方式，让体重管理变得更可行、更健康"。以下13个小技巧可以逐渐帮全家人养成更健康的饮食习惯。

（1）每次只盛少量食物。家长可以考虑用较小的盘子盛食物，这样容易控制食物分量。

（2）不要"再来一份"。每人盛一份食物，余下的食物不要留在餐桌上。

（3）准备更健康的零食。家长要给孩子准备更健康的零食，这样可以让孩子少吃些垃圾食品。

（4）不要禁止孩子吃他喜爱的食物。禁止孩子吃他喜爱的食物只会让孩子更想吃，家长应该偶尔为孩子准备他们喜欢的食物。

（5）计算热量摄入。家长要让孩子少吃高热量的食物；用烧烤代替油炸；

多准备瘦肉和富含蛋白质的食物，如鱼、蛋、豆类和坚果。

（6）少喝碳酸饮料。用水和低脂牛奶代替碳酸饮料和其他含糖饮料。

（7）不要吃太快。吃得快就会吃得多，家长要让孩子细嚼慢咽。

（8）饮食适度。家长要告诉孩子吃饱了就别再吃了，而不是敦促他们"吃光盘子里的食物"。

（9）不要给超重的孩子更多食物。为每个孩子准备相同种类和分量的食物。

（10）坐着吃，不要站着。在厨房站着吃零食会增加孩子的食物摄入量。为了避免孩子不知不觉地吃下很多东西，家长要让全家人一起坐在餐桌边吃饭。

（11）吃饭时不要看电视。孩子看电视时会久坐不动，注意力也不集中，也会在不自觉的情况下吃下过多的食物。

（12）吃早餐。一项针对 2 000 多名青少年的研究发现，那些每天吃早餐的孩子饮食习惯更健康，在其他时间也不会吃得过多。

（13）不要放弃！要想让孩子喜欢上以前没吃过的食物，家长通常需要尝试 10 ~ 15 次。家长也不要过度勉强孩子（否则会引发争吵），但是还是要坚持给孩子准备更健康、热量更低的食物。

3. 让孩子参与进来

想让孩子养成新的饮食习惯，关键是要让他参与到这个过程中来，让他学会自己安排吃什么、怎么吃，这样，孩子会更有可能主动做出改变。例如让孩子帮忙把橱柜里的垃圾食品清理出来扔掉；让孩子跟着一起买吃的、规划全家人的饮食方案、搭配各种食谱，甚至亲自种菜；教孩子制作简单又好吃、健康的零食；请孩子帮着切好蔬菜，并存放在冰箱里；和孩子聊聊，看他想参加什么运动项目；鼓励孩子自我监督，记录自己每天摄入了多少热量。

4. 保持耐心，态度坚定

家长不要指望采取措施后会有立竿见影的效果。一定要有耐心，要坚定地执行自己的计划。研究表明，要想迎来改变，关键就是要坚持不懈地帮助孩子养成更健康的饮食和锻炼习惯。不要放弃，你正在改变孩子现在和未来的生活。

一位妈妈分享了自己的经验。

有一天，我和其他几个家长一起聊孩子有多不爱运动，然后发现大多数孩子是坐车上学的。经过商讨，我们决定每周选出固定的一天，陪孩子步行上学。现在，我儿子不仅体重减轻了，还很期待和其他孩子一起走路上学的日子，而我还省了不少汽油钱。

 # 不同成长阶段孩子的表现

◎ 学龄前儿童

以同年龄、同身高的学龄前儿童的平均体重为标准，3 ~ 6 岁孩子的体重不应超过平均体重 8 磅。在过去 20 年里，2 ~ 5 岁超重儿童的数量翻了一倍还多，其中大约有 12% 的儿童有肥胖问题。这个年龄段是培养孩子健康的饮食习惯和控制孩子体重的最佳时期。研究表明，幼儿阶段或者学龄前阶段超重的孩子在青春期早期更可能超重。

◎ 学龄儿童

家长要关注孩子的体重问题。5 ~ 6 岁超重儿童的家长中，有 90% 的人没有意识到自己的孩子体重超标。患肥胖症的 6 ~ 11 岁儿童在 20 年内几乎增加了 2 倍，这也导致青少年在成年后患肥胖的风险增长了 10 倍以上。6 岁以后，孩子的体重不应超过同年龄、同身高孩子的平均体重 15 磅。看电视和玩电子游戏会导致孩子久坐不动，变得肥胖。被限制吃零食的 5 ~ 7 岁女孩比同龄女孩更容易吃得多。因此，家长不要禁止孩子吃零食，而是要给孩子准备更健康的零食，例如芹菜棒、椒盐脆饼干等。

◎ 即将步入青春期的孩子

与青少年时期相比，9 ~ 12 岁即将步入青春期的女孩更有可能超重。快餐文化和同伴压力是影响孩子饮食习惯的主要因素。孩子会开始跟朋友保持同样的饮食习惯，而不是听从父母的饮食建议。由于日程安排过满和作业负担加重，孩子参加运动的时间也会有所减少。